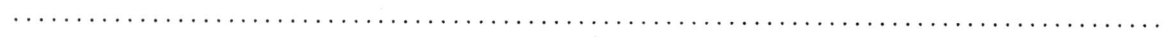

2017

年鉴 Yearbook

浙江大学校长办公室编

浙江大学

Seeking Truth Pursuing Innovation

ZHEJIANG UNIVERSITY PRESS
浙江大学出版社

图书在版编目（CIP）数据

浙江大学年鉴. 2017 / 浙江大学校长办公室编. —
杭州：浙江大学出版社，2017.12
ISBN 978-7-308-17670-5

Ⅰ.①浙… Ⅱ.①浙… Ⅲ.①浙江大学—2017—年鉴
Ⅳ.①G649.285.51-54

中国版本图书馆 CIP 数据核字（2017）第 283042 号

浙江大学年鉴 2017
浙江大学校长办公室　编

策划编辑	葛　娟
责任编辑	杨利军
文字编辑	马一萍
责任校对	沈巧华　吴蒙蒙
封面设计	刘依群
出版发行	浙江大学出版社
	（杭州市天目山路 148 号　邮政编码 310007）
	（网址：http://www.zjupress.com）
排　版	杭州中大图文设计有限公司
印　刷	杭州杭新印务有限公司
开　本	710mm×1000mm　1/16
印　张	30.25
插　页	4
字　数	709 千
版 印 次	2017 年 12 月第 1 版　2017 年 12 月第 1 次印刷
书　号	ISBN 978-7-308-17670-5
定　价	88.00 元

▲ 9月5日，二十国集团领导人杭州峰会之"美好青春我做主——艾滋病防治宣传校园行"活动在浙江大学紫金港校区举行。

▲ 4月15日，浙江大学召开"两学一做"学习教育动员大会。

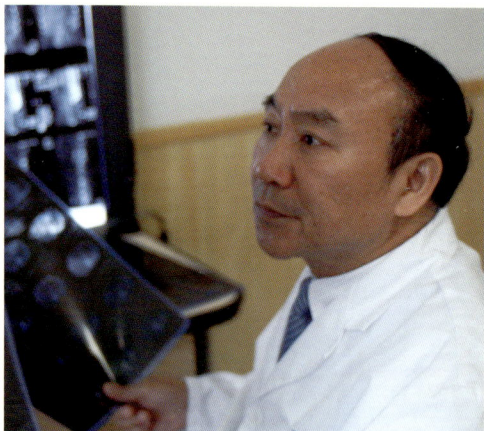

▲ 1月8日，医学院郑树森与李兰娟院士领衔的"终末期肝病综合诊断创新团队"获得2015年度国家科技进步奖（创新团队），其主持的"肝癌肝移植新型分子分层体系研究"于12月26日入选2016年度"中国高等学校十大科技进展"。

▲ 4月29日，材料科学与工程学院教授杨德仁获"全国五一劳动奖章"和"浙江省劳动模范"称号。

◀ 12月26日，计算机科学与技术学院教授吴朝晖主持的"脑机融合的混合智能理论与方法"入选2016年度"中国高等学校十大科技进展"。

▶ 5月19日（美国当地时间），*Science*杂志在线发表化学工程与生物工程学院邢华斌实验室和国际合作者的研究成果——《杂化多孔材料孔化学和尺寸控制实现乙炔乙烯分离》。

▲ 5月16日，医学院教授田梅（左）和求是高等研究院、医学院双聘教授胡海岚获第十四届中国青年科技奖。

▲ 4月13日，在日内瓦市举办的第44届日内瓦国际发明展上，浙江大学的"空气吸收装置"项目获特别大奖和金奖。

▲ 8月22日，医学院临床医学（七年制）学生陈鹏飞获第十届中国青少年科技创新奖。

▲ 9月23日—24日，浙江大学"葱课Congacademy"项目在第三届"创青春"中国青年创新创业大赛互联网组全国赛暨2016"互联青春创梦未来"中国青年互联网创业大赛总决赛中获正式创业组金奖。

▲ 4月10日、9月20日，浙江大学先后授聘2007年诺贝尔经济学奖得主、哈佛大学教授埃里克·马斯金（左），2010年诺贝尔物理学奖获得者安德烈·海姆为名誉教授。

▲ 9月12日，浙江大学工程师学院（浙江工程师学院）举行开学典礼，首届新生入学。

▲ 12月29日，中国科学院院士朱诗尧加盟浙江大学。

▶ 9月13日，教育部"长江学者"奖励计划特聘教授、著名翻译家许钧受聘成为浙江大学文科资深教授。

◀ 4月11日，浙江大学伊利诺伊大学厄巴纳香槟校区联合学院（简称ZJU–UIUC联合学院）成立仪式在浙江大学紫金港校区举行。

▲ 11月27日，校长吴朝晖与来访的国际行动理事会联席主席、爱尔兰前总理伯蒂·埃亨，哥伦比亚前总统安德烈斯·帕斯特拉纳等就加强智库合作进行交流。

▲ 1月8日，浙江大学、宾夕法尼亚大学和北京大学在浙江大学签署中美商学院合作谅解备忘录。

▲ 6月17—19日，由浙江大学联合2016年T20的牵头机构——中国社会科学院世界经济与政治研究所等3家机构共同主办的"二十国集团智库会议（T20）"之一——"创新、新经济与结构改革"国际会议在浙江省安吉县举行。

▲ 3月31日—4月1日，"二十国新愿景：全球治理前沿问题国际论坛"（简称V20国际论坛）在浙江大学举行。

▲ 11月21日，"德国慕尼黑大学—中国学术网第二届科学论坛"在浙江大学开幕。

◀ 4月25日，浙江大学与云南省人民政府在杭州签署战略合作协议。

▲ 3月17日，浙江大学佛教资源与研究中心成立，并与国际文献保护基金会签约合作建设"佛教通用数字档案馆"。

▲ 5月25日，中国文化遗产研究院与浙江大学签订战略合作框架协议。

▶ 8月9日，浙江大学与新疆生产建设兵团在乌鲁木齐市签署全面战略合作框架协议。

▲ 1月9日，建筑工程学院原院长董石麟院士及其夫人周定中女士向浙江大学教育基金会捐赠设立"董石麟周定中夫妇空间结构科技专项教育基金"。

▲ 1月8日，泰然金融集团向浙大教育基金会捐资设立浙江大学泰然互联网金融教育基金。

◄ 4月12日，唐仲英基金会捐赠支持浙江大学中国西部地区古代石窟壁画数字保护及资源库建设项目。

▲ 11月1日、12月13日，浙江大学授聘台湾潘氏企业集团董事长潘方仁先生（左图）、新尚集团董事长兼总裁唐立新先生为校董。

◄ 10月13日，2016年联合国人力资源外联项目宣介会首次走进浙江大学。

► 8月22日，浙江大学G20峰会志愿者佩戴"小青荷"统一装备，开展岗上演练和服务工作。

◄ 12月5日，第二届中国政府海洋奖学金留学生游学活动在浙江大学紫金港校区开幕。

► 6月21日，浙江大学攀岩队在攀登。

《浙江大学年鉴2017》编委会

编 辑 说 明

　　《浙江大学年鉴2017》全面系统地反映浙江大学2016年事业发展及重大活动的基本情况，包括人才培养、科学研究、社会服务、党的建设等方面的内容，为教职员工提供学校的基本文献、基本数据、科研成果和最新工作经验，是兄弟院校和社会各界了解浙江大学的窗口。《浙江大学年鉴》每年一期。

　　一、《浙江大学年鉴》客观地记述学校各领域、各方面的建设发展情况。

　　二、年鉴分特载、专题、浙江大学概况、党建与思想政治工作、人才培养、科学研究与社会服务、规划与重点建设、学科与师资队伍建设、对外交流与合作、院系基本情况、财务与资产管理、校园文化建设、办学支撑体系建设、后勤服务与管理、附属医院、机构与干部、表彰与奖励、人物、大事记等栏目。

　　年鉴的内容表述有专文、条目、图片、附录等几种形式，以条目为主。

　　全书主体内容按分类排列，分栏目、分目和条目。

　　三、选题基本范围为2016年1月1日至2016年12月31日间的重大事件、重要活动及各个领域的新进展、新成果、新信息，依实际情况，部分内容时间上可有前后延伸。

　　四、《浙江大学年鉴2017》所刊内容由各单位确定专人撰稿，并经本单位负责人审定。本年鉴以分目为单位撰稿，撰稿人及审稿人在文后署名。

《浙江大学年鉴2017》编委会

CONTENTS
目　录

特载 /1

浙江大学 2016 年工作总结/1

浙江大学 2016 年工作要点/10

专题 /14

在第三次教育教学大讨论总结会议上的讲话/14

坚定信心　深化改革　营造氛围　　构建以立德树人全面发展为导向
的人才培养体系/18

浙江大学概况 /23

浙江大学简介/23

机构简介/25

学术机构/25

学院（系）/25

学校职能部门/25

学校直属单位/25

附录

    附录1　浙江大学 2016 年教职工基本情况/26

    附录2　浙江大学 2016 年各类学生数/26

党建与思想政治工作 /27

思想建设/27

概况/27

深入学习贯彻党的十八届六中全会精神/28

健全意识形态工作责任制/28

深入学习贯彻全国高校思想政治工作会议精神/28

组织建设/29

概况/29

深入开展"两学一做"学习教育/30

作风建设/30

概况/30

统战工作/32

概况/32

成立浙江大学社会主义学院/34

安全稳定/35

概况/35

平安护航 G20 峰会/35

教代会与工会/35

概况/35

七届三次教代会提案工作成效显著/36

举办浙江大学"茂华杯"首届教职工社团文化节/37

举办"2016 浙大制造·科技生活"双年展/37

学生思政/37

概况/37

建设首批大学生思想政治教育特色示范基地/39

组建本科生党员"先锋学子"全员培训计划讲师团/39

举行"两学一做"微党课大赛/39

浙江省高校心理咨询工作联盟成立/39

完善研究生干部队伍培养体系/40

团学工作/40

概况/40

召开共青团浙江大学第二十次代表大会/41

浙江大学"四进四信"项目获评团中央优秀项目/41

人才培养/42

本科生教育/42

概况/42

第三次教育教学大讨论收官/44

增设通识教育中心/44

优化主修专业确认方案/44

启动线上线下混合式教学模式改革试点课程/44

建立专业定期自查自评制度/44

建立领导干部听课制度/45

探索跨学科团队实习新模式/45

获浙江省教学成果一等奖/45

浙江大学竺可桢学院/45

附录

    附录1 浙江大学2016年本科专业/46

    附录2 浙江大学国家级教学基地/51

    附录3 浙江大学国家级实验教学(含虚拟仿真)示范中心/51

    附录4 浙江大学全国大学生校外实践教育基地/52

    附录5 浙江大学国家级精品视频公开课/53

    附录6 浙江大学国家级精品资源共享课/54

    附录7 浙江大学2016年本科学生分类录取情况/56

    附录8 浙江大学2016年本科学生数(按学科门类统计)/57

    附录9 浙江大学2016年本科学生数(按院系统计)/58

    附录10 2016年浙江大学本科生参加学科竞赛获奖情况/59

    附录11 2016年浙江大学各学院(系)本科生对外交流情况/60

    附录12 浙江大学2016年本科生分省录取情况/61

    附录13 浙江大学2016届参加就业本科毕业生就业流向(按单位性质统计)/62

    附录14 浙江大学2016届参加就业本科毕业生就业流向(按地区统计)/63

研究生教育/63

概况/63

实施优质生源工程/65

推进博士生招生机制改革/65

全面启动新一轮研究生培养方案制定工作/65

积极推进学科交叉融合共享/66

"工程硕士实习实践优秀成果获得者"评选/66

获评全国示范性工程专业学位研究生联合培养基地/66

启用新版学位证书制定英文翻译标准/67

首届浙江大学优秀博士学位论文评选/67

浙江大学工程师学院(浙江工程师学院)成立/67

附录

    附录1 浙江大学获教育教学成果奖情况/68

    附录2 浙江大学2013—2014学年优秀博士学位论文名单/69

    附录3 浙江大学2014—2015学年优秀博士学位论文名单/70

    附录4 浙江大学2016年博士、硕士学位授权学科/70

    附录5 2016年浙江大学博士、硕士专业学位授权点/81

    附录6 2016年浙江大学在岗博士生导师/84

    附录7 浙江大学2016年分学科研究生数/101

    附录8 浙江大学2016年分学院研究生数/102

    附录9 浙江大学2016年在职攻读硕士学位在学人数/104

    附录10 浙江大学2016年争创优秀博士学位论文资助情况/104

    附录11 浙江大学2016届毕业研究生就业流向(按单位性质统计)/105

    附录12 浙江大学2016届毕业研究生就业流向(按单位地区统计)/106

继续教育/107

概况/107

主办第十七届海峡两岸继续教育论坛/108

编制继续教育"十三五"规划/108

开展继续教育财务收支专项审计/108

附录

    附录1 2016年浙江大学教育培训情况/109

    附录2 2016年浙江大学远程教育学生情况/109

    附录3 2016年浙江大学远程教育招生层次和专业/109

    附录4 2016年浙江大学远程教育授权招生学习中心分布情况/110

    附录5 2016年浙江大学自学考试主考专业/111

留学生教育/111

概况/111

浙江大学留学生会成立/112

获提升杭州国际化水平"金点子"奖/112

留学生志愿者服务 G20/112

附录

    附录1 2016 年浙江大学外国留学生数/112

    附录2 2016 年浙江大学分学部院系外国留学生数/113

    附录3 2016 年浙江大学 MBBS(全英文医学本科)项目留学生数/114

    附录4 2016 年分经费来源外国留学生数/114

    附录5 2016 年主要国家留学生数/114

    附录6 2016 年分大洲外国留学生数/115

    附录7 2016 年毕业、结业外国留学生数/115

科学研究与社会服务 /116

科学技术研究/116

概况/116

"16+X"科技联盟完成布局/118

邢华斌实验室研究成果在 *Science* 杂志发表/118

获 2016 年度国家科学技术进步奖一等奖(创新团队)/118

"超重力离心模拟与试验装置"项目被列入《国家重大科技基础设施建设"十三五"规划》/118

2 项研究成果入选 2016 年"中国高等学校十大科技进展"/119

垃圾焚烧技术与装备国家工程实验室获批/119

附录

    附录1 2016 年浙江大学科研机构(研究所)/119

    附录2 2016 年浙江大学科研机构(独立研究院)/125

    附录3 2016 年浙江大学国家、省部级科研基地/126

    附录4 2016 年浙江大学新增国家级科技计划项目情况/134

    附录5 2016 年浙江大学各学院(系)、研究机构新增国家自然科学基金项目情况/134

    附录6 2016 年浙江大学各学院(系)新增国际合作项目情况/136

    附录7 2016 年各学院(系)科研经费到款情况/136

    附录8 2016 年各学院(系)发表 SCI 学术论文、授权发明专利情况/137

    附录9 2016 年浙江大学各学院(系)获国家、省部级科技奖励情况/138

    附录10 2016 年浙江大学科技成果获奖项目/139

人文社会科学研究/145

概况/145

出台《浙江大学人文社会科学研究机构管理办法》/146

首次设立重大基础理论研究专项/146

首次设立学科交叉预研专项/146

浙江大学智库建设进展顺利/146

推进"经典文化传承与引领计划"项目/147

聘任许钧为浙大文科资深教授/147

附录

    附录1 浙江大学2016年人文社科承担国家社科基金立项项目/147

    附录2 浙江大学2016年人文社科承担省部级项目/149

    附录3 浙江大学2016年人文社科经费到款情况/151

    附录4 浙江大学2016年人文社科获省部级以上奖项/151

    附录5 2016年浙江大学人文社科研究所/152

    附录6 2016年浙江大学人文社科研究中心/155

社会服务/160

概况/160

《浙江大学—云南省人民政府战略合作协议书》签署/162

浙江大学e-WORKS创业实验室联合在杭高校成立"在校高校众创空间联盟"/162

《新疆生产建设兵团—浙江大学全面战略合作框架协议》签署/162

《山西省人民政府—浙江大学战略合作框架协议》签署/162

规划与重点建设/163

学校发展规划/163

制定并组织实施浙江大学"十三五"发展规划/163

附录

    浙江大学"十三五"期间重点项目/164

重点建设专项/165

"双一流"特色引导专项立项和经费安排/165

学科与人才队伍建设专项/166

组织学科与人才队伍建设专项中期考核/166

学科与师资队伍建设/167

学科建设/167

概况/167

建设一流学科体系/168

做好教育部学位中心第四轮评估工作/168

做好教育部专业学位水平评估工作/168

推进学科交叉融合共享/168

附录

    2016 年浙江大学各类重点学科分布情况/169

师资队伍建设/171

概况/171

启动实施学术大师汇聚工程/174

学科与人才队伍建设中期评估/174

规范事业编制人员招聘办法/174

附录

    附录 1   2016 年浙江大学博士后流动站/174

    附录 2   2016 年浙江大学评聘正高级专业技术人员/175

    附录 3   2016 年浙江大学包氏奖学金派出人员/178

    附录 4   2016 年浙江大学包氏奖学金回国人员/179

对外交流与合作/180

外事与国际学术交流/180

概况/180

举办"2016 浙大—斯坦福创业成长与创新跨越论坛"/181

与普林斯顿大学开展本科生暑期科研双向交换项目/181

与多伦多大学实现教授双聘任/181

与墨尔本大学签署战略合作框架协议/181

与基尔大学举办建立校际合作 30 年庆典活动/181

德国慕尼黑大学—中国学术网第二届科学论坛/181

附录

    附录 1   2016 年浙江大学各学院对外合作交流情况/182

    附录 2   2016 年浙江大学接待国外主要来访人员/183

港澳台工作/186

概况/186

出席首届亚洲高等教育峰会并做主题发言/186

签署《绿色大学联盟合作协议书》/186

附录

    浙江大学 2016 年接待港澳台地区主要来访团组(人员)/187

合作办学/187

概况/187

浙江大学爱丁堡大学联合学院(ZJE)开学/188

浙江大学伊利诺伊大学厄巴纳香槟校区联合学院(ZJUI)开学/188

与沃顿商学院签署谅解备忘录/188

校友工作/188

概况/188

浙江大学校友总会 2016 年常务理事会(扩大)会议/189

浙江大学校友总会上市公司企业家校友联谊会成立/189

浙江大学全球各地校友会秘书长会议暨 2016 年南部地区校友会联谊会年
    会/190

附录

    2016 年浙江大学校友工作重要活动/190

院系基本情况/192

人文学院/192

概况/192

举办"文苑英华·首届浙江大学人文学院师生校友书画展"/193

研究成果入选《国家哲学社会科学成果文库》/194

举办"教育传承与大学文化"学术论坛/194

外国语言文化与国际交流学院/194

概况/194

翻译学家许钧受聘浙大文科资深教授/195

2 位诺贝尔文学奖得主做客浙江大学/195

"2030 学科畅想"暨高层学术论坛举行/195

传媒与国际文化学院/196

概况/196

Communication and the Public 创刊/197

举办首届全国大学生电视节目策划大赛/197

经济学院/198

概况/198

获浙江省教学成果奖一等奖/199

新增浙江大学文科领军人才/199

设立泰然互联网金融教育基金/200

光华法学院/201

概况/201

召开2016年互联网法律大会/202

获国家社科基金重大项目/203

教育学院/203

概况/203

"经济转型与创业教育"国际研讨会/205

学院首开美国游学之旅/205

助力"神舟十一号"飞船航天员首次完成太空健身跑/205

管理学院/205

概况/205

学系结构性调整/206

成为CEEMAN在中国的首位理事会委员/206

承办第七届"中国管理研究国际学会(IACMR)年会"/207

公共管理学院/208

概况/208

共同举办V20峰会/209

农林经济管理学科转入公共管理学院/209

4家研究机构入选中国智库索引(CTTI)首批来源智库/210

马克思主义学院/210

概况/210

科研项目立项取得重大突破/211

师资队伍建设成效明显/212

举办全国性高端学术会议/212

数学科学学院/212

概况/212

举办2016年国家自然科学基金委数学天元基金委员会"基础数学"研究生暑期
学校/214

包刚教授团队获国家自然科学基金创新研究群体项目资助/214

首获两项国家自然科学基金重大研究计划集成项目/214

物理学系/215

概况/215

中国科学院院士朱诗尧加盟/215

化学系/216

概况/216

研究所调整到位/218

两位教师入选国家"万人计划"/218

重大科学研究项目立项取得突破/218

地球科学学院/218

概况/218

举办"地球科学前沿"论坛暨地球科学学院八十华诞庆典/220

翟明国院士加盟地球科学学院/220

"千人计划"夏江海教授和徐义贤教授加盟地球科学学院/220

心理与行为科学系/220

概况/220

重大合作项目推动心理学研究新生长点/222

获浙江大学优秀博士学位论文/222

机械工程学院/222

概况/222

获 2016 年度国家科技进步二等奖/223

新增教育部"长江学者"/223

材料科学与工程学院/224

概况/224

2 项科研成果获国家奖/225

杨德仁获"全国五一劳动奖章"/226

举办先进功能材料前沿论坛暨国际暑期学校/226

能源工程学院/227

概况/227

获 2016 年度国家科学进步奖一等奖(创新团队)/228

垃圾焚烧技术与装备国家工程实验室获批/229

入选国家自然科学基金创新研究群体/229

电气工程学院/229

概况/229

何湘宁领衔项目获国家自然科学奖二等奖/231

举办首届全国高校自动化专业青年教师实验设备设计"创客大赛"/231

徐德鸿获 2016 年度 IEEE PELS R. David Middlebrook Achievement Award/231

建筑工程学院/231

概况/231

高层次人才引进/232

目 录

获批国家级虚拟仿真实验教学中心/232

首次获批国家级平台/232

化学工程与生物工程学院/234

概况/234

高水平论文频出/234

获两项国家科技奖/235

化机学科并入能源工程学院/235

海洋学院/236

概况/236

舟山校区试验设施陆续投入使用/236

舟山校区迎来首批研究生新生/236

叶瑛赴南极科考/237

航空航天学院/237

概况/237

微波毫米波射频产业联盟参加第二届军民融合发展高技术成果展览/238

"沙滩"高空高亚音速隐身无人机通过国家技术鉴定/239

高分子科学与工程学系/240

概况/240

李寒莹获国家杰出青年科学基金资助/240

徐志康入选全国优秀科技工作者名单/240

获浙江省自然科学一等奖/241

光电科学与工程学院/241

概况/241

国家国际科技合作基地获批成立/242

师资队伍建设取得突出成绩/243

人才培养取得新成绩/243

信息与电子工程学院/244

概况/244

浙江省先进微纳电子器件智能系统及应用重点实验室获认定/244

科学研究体量增长迅速/245

获国家自然科学基金杰出青年基金资助/245

控制科学与工程学院/246

概况/246

陈积明入选教育部"长江学者"特聘教授/247

获中国自动化学会(CAA)高等教学成果一等奖/248

成立"流程生产质量优化与控制"国家级国际联合研究中心/248

计算机科学与技术学院/248

概况/248

获吴文俊人工智能科学技术创新奖一等奖/249

获国际顶级会议 UbiComp2016 最佳论文奖/249

在世界顶级黑客大赛中夺冠/250

软件学院/251

概况/251

共建"工业大数据应用推广中心"/251

获全国研究生数学建模竞赛一等奖/251

生物医学工程与仪器科学学院/251

概况/251

获 2015 年度浙江省技术发明一等奖/253

建设创新创业平台/253

获"启真杯"浙江大学 2016 年度学生十大学术新成果奖/253

医学院/253

概况/253

获 2 项国家自然科学杰出青年基金/256

设立医学教育教学奖励基金/256

药学院/256

概况/256

学科声誉和科研实力快速提升/258

药物安全评价研究中心通过国际 AAALAC 认证/258

招生数和国际交流本科生数创历史新高/258

生命科学学院/258

概况/258

"国际植物日"全国大型科普活动启动仪式/260

举办首届校友学术论坛/260

获首届全国大学生生命科学创新实验大赛一等奖/260

生物系统工程与食品科学学院/261

概况/261

重奖为本科人才培养做出突出贡献的一线教师/262

1 项重大科技成果成功转化/263

环境与资源学院/263

概况/263

获批国家级实验教学示范中心/265

获批国家基金创新群体/265

目 录

获教育部高等学校自然科学一等奖/265

农业与生物技术学院/265

概况/265

喻景权教授获国家科技进步奖二等奖/267

张明方教授团队在 *Nature Genetics* 上发表论文/267

汪自强教授获全国优秀教师荣誉称号/268

动物科学学院/268

概况/268

获批科技部重点领域创新团队/270

国家自然科学基金"优青"项目实现零的突破/270

彭金荣教授课题组在 *PLoS Biology* 上发表论文/270

财务与资产管理/271

财务工作/271

概况/271

审计工作/274

概况/274

国有资产管理/275

概况/275

启动学校公车处置工作/276

开展资产清查工作/276

附录

    附录1　2016 年浙江大学国有资产总额构成情况/277

    附录2　2016 年浙江大学净资产构成情况/278

    附录3　2016 年浙江大学校办企业财务状况/279

浙江大学教育基金会/279

概况/279

附录

    2016 年浙江大学教育基金会接收社会各界实际到款情况（人民币 30 万元
    及以上）/280

校园文化建设/286

校园文化/286

概况/286

承办寻访"中国大学生自强之星"颁奖典礼/287

获第九届世界合唱比赛金奖 2 项/287

获 2016 年浙江省大学生艺术节一等奖 2 项/287

体育活动/287

概况/287

获全国大学生田径锦标赛金牌 4 枚/288

获第 21 届中国大学生网球锦标赛 1 金 2 银/288

获 2016 年中国大学生武术锦标赛金牌 17 枚/288

获 2016 年中国大学生跆拳道锦标赛金牌 1 枚/288

社团活动/289

概况/289

研究生艺术团赴湄潭交流演出/289

举办第十八届学生社团文化节/289

成立浙江大学学生法律援助中心/289

青年志愿者服务活动/290

概况/290

博士生报告团"精准扶贫"志愿服务活动/290

研究生"弘毅实践计划"/290

浙江大学团委获评"中国青年志愿者工作优秀组织奖"/290

浙江大学工疗站助残志愿服务项目荣获全国优秀项目奖/291

社会实践活动/291

概况/291

发起"一带一路"中国大学生公益联盟/291

探索"PTPA"社会实践新模式/292

召开浙江大学研究生挂职锻炼 20 周年纪念会/292

创新创业活动/292

概况/292

国家级宜宾临港开发区·浙江大学 Idea Bank 创客空间启用/294

在全国研究生创新实践系列活动中获奖/294

获第二届中国"互联网＋"大学生创新创业大赛先进集体奖/294

获得 2018 年"创青春"全国大学生创业大赛承办权/294

办学支撑体系建设/295

图书情报工作/295

概况/295

图书馆获 2016 年度中图学会"全国阅读"先进单位称号/296

《浙江大学图书馆古籍善本书目》出版/296

附录

    附录 1 浙江大学 2016 年图书经费情况/296

    附录 2 浙江大学 2016 年图书馆藏及流通情况/296

实验室建设与设备管理/297

概况/297

开展实验室安全达标考评/297

组织研究生安全知识竞赛/298

附录

    2016 年浙江大学教学科研仪器设备情况/298

校园信息化建设/300

概况/300

G20 峰会网络信息安全保障/301

出版工作/301

概况/301

大转型时代的中国:赢在转折点——"中国经济转型与创新发展丛书"座谈
    会/302

"中国历代绘画大系"参加北京国际图书博览会及印尼国际书展/303

档案工作/303

概况/303

举办李岚清"大美杭州—李岚清书法篆刻展"/304

举行陈英士生平与英士大学图书展暨档案史料捐赠仪式和陈英士逝世 100 周
    年纪念座谈会/304

"决定命运的东方巨响——两弹一星功勋成就展"在紫金港校区和青海原子能
    纪念馆两地共同推出/305

附录

    附录 1 浙江大学 2016 年档案进馆情况/305

    附录 2 浙江大学 2016 年馆藏档案情况/306

采购工作/307

概况/307

附录

    2016 年浙江大学采购情况/307

后勤服务与管理/308

基本建设/308

概况/308

附录

　　附录　浙江大学 2016 年在建基本建设情况/309

房地产管理/310

概况/310

"1250 安居工程"建设取得阶段性成果/311

优化教师公寓管理与服务系统/311

附录

　　附录1　2016 年浙江大学土地资源情况/312

　　附录2　2016 年浙江大学校舍情况/312

学生公寓建设与管理/313

概况/313

继续建设"毕至居"/314

后勤管理/314

概况/314

服务保障 G20/315

后勤服务综合督导队伍/315

"浙大后勤"微信平台正式上线/315

医疗保健工作/315

概况/315

海宁国际校区医务室开业/316

"艾滋病防治宣传校园行"活动成功举办/316

"关爱老人志愿帮扶结对活动"启动/316

附录

　　2016 年浙江大学校医院概况/317

附属医院/318

附属第一医院/318

概况/318

达芬奇机器人单机手术量蝉联全球第一/319

浙一互联网医院上线/319

李兰娟院士获2016年度"谈家桢生命科学奖"/319

附属第二医院/320

概况/320

创新实施"急症症候群"模式/321

浙西国际心脏中心破土动工/322

王建安获2015年度浙江省"科技重大贡献奖"/323

附属邵逸夫医院/323

概况/323

两院区同时高分通过JCI评审/324

"互联网+医疗"实践取得新进展/324

附属妇产科医院/325

概况/325

吕卫国教授主持项目获国家重点研发计划立项/326

"妇产科学"入选教育部"来华留学英语授课品牌课程"(第二期)/326

周坚红获评2016浙江民革"骄傲人物"/327

附属儿童医院/328

概况/328

举办65周年院庆学术活动周/329

通过ISO 15189国际认证/329

于国内率先开展儿童医疗辅助项目(Child Life)/330

附属口腔医院/330

概况/330

医院扩建工程项目正式开工/331

主办浙江省第35届口腔医学学术会议暨浙江大学口腔医学院成立40周年大
    会/332

成立浙江省口腔生物医学研究重点实验室/332

附属第四医院/332

概况/332

获批成为省内第一家绿色建筑二星级综合医院/333

首届紫龙山国际学术周启动/334

举办"2016中国微笑行动走进义乌"活动/334

机构与干部/335

学校党政领导班子/335

中共浙江大学委员会委员/335

中共浙江大学常务委员会委员/335

中共浙江大学纪律检查委员会委员/336

总会计师、校长助理/336

党委办公室、校长办公室负责人/336

党委部门负责人/337

行政部门负责人/338

党委和行政派出机构负责人/341

群众团体负责人/342

学术机构负责人/342

学院(系)负责人/343

直属单位负责人/349

附属医院负责人/352

独立学院负责人/353

产业与后勤系统中层领导干部/353

表彰与奖励/355

2016 年部分获奖(表彰)集体/355

2016 年部分获奖(表彰)个人/355

2016 年浙江大学"竺可桢奖"获得者/356

2016 年浙江大学第五届"永平奖教金"获得者/356

2016 年浙江大学"唐立新优秀学者奖"获得者/356

2016 年浙江大学"宝钢优秀教师奖"获得者/357

2016 年浙江大学校级先进工作者/357

浙江大学 2015—2015 学年优秀班主任/360

2016 年浙江大学优秀辅导员/362

浙江大学 2015—2016 学年优秀研究生德育导师/362

浙江大学 2015—2016 学年竺可桢奖学金获得者/363

2016 年浙江大学第七届"十佳大学生"获得者/364

浙江大学 2016 年本科生国家奖学金获得者/365

浙江大学 2015—2016 学年优秀学生奖学金获得者/367

浙江大学 2015—2016 学年本科生外设奖学金及获奖情况/372

浙江大学 2016 届浙江省优秀本科毕业生/373

浙江大学 2015—2016 学年研究生国家奖学金获得者/376

浙江大学 2015—2016 学年研究生奖学金获得者/380

浙江大学 2015—2016 学年研究生专项奖学金及获奖情况/380

浙江大学 2016 届浙江省优秀毕业研究生/381

人　物/385

在校两院院士/385

浙江大学文科资深教授/385

在校全国和省市三级人大代表/386

在校全国和省市三级政协委员/386

在校各民主党派委员/387

"国家特支计划"入选者/389

国家"千人计划"入选者/391

教育部"长江学者"奖励计划入选者/399

教育部高等学校教学名师奖获得者/404

国家杰出青年科学基金项目获得者/405

中国青年科技奖获得者/409

教育部"新世纪优秀人才支持计划"入选者/411

国家自然科学基金创新研究群体/419

优秀青年科学基金项目获得者/420

教育部创新团队/423

"973 计划"首席科学家/424

国家"百千万人才工程"入选者/426

浙江省"千人计划"入选者/429

浙江省特级专家入选者/433

2016 年新增浙江大学光彪讲座教授/435

2016 年新增浙江大学求是特聘教授/435

2016 年新增浙江大学求是讲座教授/437

2016 年浙江大学在职正高职名单/438

2016 年新增兼职教授名录/448

大事记/451

浙江大学 2016 年工作总结

（2017 年 3 月 6 日）

　　2016 年是浙江大学实施"十三五"事业发展规划的开局之年。一年来，在中共中央、教育部和中共浙江省委、省政府的正确领导下，学校深入学习贯彻党的十八大及十八届三中、四中、五中、六中全会和习近平总书记系列重要讲话精神，全面实施"六高强校"战略，认真落实"十三五"发展规划，不断深化综合改革，进一步强优势、补短板、谋全局、创一流，学校各项事业持续呈现蓬勃发展的良好势头。

一、学习贯彻中央精神，坚决落实中央部署，牢牢把握社会主义办学方向

　　1. 坚持用习近平总书记系列重要讲话精神统一思想认识。通过党委中心组理论学习会、报告会、座谈会等形式，组织师生员工认真学习党的十八大及十八届三中、四中、五中、六中全会和习近平总书记系列重要讲话精神，学习贯彻全国高校思想政治工作会议、十八届中央纪律委员会七次全会、全国科技创新大会、哲学社会科学工作座谈会等中央会议精神，学习领会国务院《统筹推进世界一流大学和一流学科建设总体方案》，牢固树立政治意识、大局意识、核心意识、看齐意识，在思想上、政治上、行动上与以习近平同志为核心的党中央保持高度一致，不断增强扎根中国大地办世界一流大学的信念和决心，进一步明确建设中国特色世界一流大学的发展思路与战略举措。

　　2. 深入开展"两学一做"学习教育。学校成立"两学一做"学习教育领导小组和工作机构，研究制定"两学一做"学习教育方案，学校党委书记直接面向全校万余名党员进行了动员,并带头面向全体中层正职干部、教师党员、学生党员分别讲了3次专题党课,其他党员校领导也面向分管部门、联系单位师生讲专题党课共计24场(次)。各级党员领导干部带头讲好党课、学习研讨、听取意见、谈心谈话、查摆问题、加强整改。认真开好党员领导干部民主生活会、党支部专题组织生活会,抓好民主评议党员工作。坚持学做结合,把抓好学习教育落实到推进学校事业发展的各项工作中,做到"两手抓、两促进"。学校学习教育开展情况获中组部《"两学一做"学习教育情况通报》专题介绍及央视《新闻直播间》、共产党员网等媒体报道,并得到中央督导组、中组部督查调研组的肯定。

3. 圆满完成服务保障G20杭州峰会工作。学校成立G20杭州峰会校园维稳安保工作领导小组及指挥部,周密部署、层层推进、突出重点、狠抓落实,团带领全校师生员工圆满完成峰会八大重要活动之一的"美好青春我做主——艾滋病防治宣传校园行"活动,以及礼宾接待、志愿服务、医疗保障、校园安全等重要任务。活动结束后,中央专门委托中共浙江省委向学校表示肯定。学校荣获"浙江省服务保障G20杭州峰会先进集体"荣誉称号,117名师生荣获国家部委及省市关于G20杭州峰会的各类先进个人等荣誉。

二、坚持立德树人根本任务,深化教育教学大讨论,人才培养体系和环境进一步优化

4. 完成第三次教育教学大讨论。在为期一年的大讨论中,各单位认真组织实施,全校师生积极参与,紧紧围绕"为谁培养人""培养什么人"和"怎样培养人"等重大课题,深入研讨了包括招生、教学模式、科教协同、实践训练、国际交流、创新创业、思政教育等涵盖人才培养全过程的一系列重大问题,出台《浙江大学关于进一步深化教育教学改革的若干意见》(浙大发本〔2017〕1号),进一步形成培养"时代高才"的目标共识,进一步明晰"知识传授、能力培养、素质提升、人格塑造"四位一体(KAQ2.0)的人才培养体系,进一步推进培养目标、培养模式、培养路径、培养方式的整合与协同,为学校全面提高人才培养质量统一了思想、深化了认识,打下了基础。

5. 深化本科教学改革。完善本科生管理模式,实施"1+3"本科生管理体制改革,改进主修专业确认办法。稳步推进各类课程建设,加强系列核心课程建设,优化通识课程体系顶层设计,推进本科课程网络平台建设,启动线上线下混合式教学模式改革试点课程项目。建立专业定期自查自评制度,出台《浙江大学领导干部听课制度》(浙大发本〔2016〕170号)、《浙江大学本科教学督导管理办法》(浙大发本〔2016〕176号),推进学生学习过程评价记录平台建设,完善教育教学质量保障体系。持续开展深度型实习、探究性实验与过程型实践相结合的立体化实践教学模式,推进科教融合协同育人工作。加强师德师风建设,优化"永平奖教金""优质教学奖""三育人标兵"评选机制。强化基层教学组织建设和教学名师培养,我校教师荣获"第三届全国高校青年教师教学竞赛工科组一等奖";45门课程入选首批国家精品资源共享课,入选数居全国高校第二。

6. 完善研究生培养机制。结合新一轮研究生培养工作全面修订方案,制定研究生素养与能力培养型课程体系建设的实施意见,进一步优化研究生课程体系。加快建设工程师学院,推进工程专业学位研究生教育改革,建成4个高水平实训中心。继续做好研究生课程教学质量评价工作,进一步完善研究生评教、督导评估与管理人员评价相结合的质量评价体系。出台《浙江大学关于推进学科交叉融合共享的指导意见》(浙大发研〔2016〕79号),制定"多学科交叉人才培养卓越中心"博士研究生培养计划实施细则,构建多学科交叉人才培养体系。加大对学位论文的抽查力度,做好优秀博士学位论文评选工作,完善学位论文质量保障和监督体系。

7.改进招生和就业指导工作。加强学校领导分片指导、学院(系)积极参与的本科招生队伍建设,创新招生宣传方式,拓宽多元录取途径,继续做好"三位一体"综合评价招生工作,本科生招生投档线保持全国高校前列。应对新高考改革,精心谋划招生布局,不断完善招生工作制度化建设。平稳实施全日制和非全日制硕士研究生招生方式并轨,继续扩大博士生招录"申请—考核"制推行范围,启动交叉学科博士生招生试点工作。2016年,招收全日制本科生6,030人,硕士研究生5,540人,博士研究生2,101人;授予博士学位1,636人,硕士学位5,873人,学士学位5,510人。加强学生就业指导与服务,本科毕业生海内外深造率首次突破60%,出国学生中赴世界100强高校深造人数近800人,占出国总数的55.9%。

8.强化思想政治教育。继续做好与中共浙江省委宣传部共建马克思主义学院,积极推进全国重点马克思主义学院建设工作,马克思主义理论学科成功入选浙江省一流学科。深入推进思政名师培养工程和思想政治理论课教学改革,进一步落实思想政治理论课特聘教授制度。进一步加强学生思想政治与政策教育,建设首批大学生思想政治教育特色示范基地6个。发挥专业教师思想育人作用,加强专兼职辅导员、班主任、德育导师队伍建设,完善"新生之友"寝室联系制度,推进研究生"五好"导学团队评选工作,进一步完善"三全育人"体系。不断优化心理健康教育工作,发起成立浙江省首个高校心理咨询工作联盟。学生资助工作在全国资助工作绩效评估中考核优秀,居C9(国家首批985重点建设学校)高校第二。

9.打造创新创业教育品牌。学校成立创新创业学院,推动创新创业教育平台和网络不断拓展,全链条式的协同教育体系不断完善。积极对接和整合创业实践平台资源,建设Idea Bank创客空间,继续发挥e-WORKS创业实验室、紫金创业元空间及创业训练平台和创业学生社团作用,在校学生创业团队全年融资总额达1.43亿元。在"创青春"(挑战杯)全国大学生创业大赛、中国"互联网+"大学生创新创业大赛和中国青年互联网创业大赛等比赛中荣获全国金奖11项,总金奖数居全国高校第一。学校获得首批"全国高校创新创业50强""全国首批深化创新创业教育改革示范高校"等称号。

10.推进学生全面发展。完善素质拓展体系,创新第一课堂、第二课堂、第三课堂、第四课堂的融通机制。推进大学生领导力教育中心、大学生创业发展中心、情绪智能(EQ)发展研究中心等综合素质训练平台建设,深入实施"健心"计划研究生综合素质提升工程。打造社会实践品牌,成立"一带一路"中国大学生公益联盟,组织710余支团队、7,600余名学生开展社会实践与科技服务,探索形成"一个教授"带领一个团队,实施一个公益项目,完成一项实践成果"的"PTPA"社会实践新模式。举行研究生挂职锻炼20周年纪念活动,推进博士生必修环节社会实践工作。支持大学生参加各类学科竞赛和文体活动,我校学生在国际国内重大赛事上荣获特等奖5项、一等奖67项。其中,学生作品"空气洗手装置"斩获第44届日内瓦国际发明展的最高金奖和特别大奖;文琴艺术团在第九届世界合唱比赛青年混声组和无伴奏民谣组均获金奖。

三、聚焦学科和人才"一号工程",优化学科战略布局,学科和人才队伍建设成效进一步彰显

11.加快学科内涵发展。做好全国第四轮学科评估、学位授权点自我评估工作,稳步实施高峰学科建设支持计划、一流骨干基础学科建设支持计划,加快学科布局调整,促进学科交叉融合。据2017年1月公布的基本科学指标数据库(简称ESI)数据显示,我校综合学科排名跃居全国高校第二,其中18个学科进入世界学术机构前1%,7个学科进入世界前100位,居全国高校第二;6个学科(新增药理学与毒理学)进入全球学术机构前1‰,4个学科进入世界前50位,居全国高校第一。

12.加大人才引进培育力度。启动实施学术大师会聚工程,深入实施"高层次人才培育支持计划"和"高水平团队培育支持计划",继续推进"百人计划",正式启动"博士后千人队伍三年建设计划",不断加大思政教育、管理服务、实验技术等各类人才队伍建设力度,人才队伍结构持续优化;首次设立"仲英青年学者"项目,更加重视青年人才培养和发展;继续实施学科与人才队伍专项建设,开展中期评估,发挥院系在学科和人才队伍建设中的主体作用。2016年新引进教师171人,其中获得海外博士学位70人,占41%;新增国家"千人计划"入选者8人,"长江学者"特聘教授6人;国家杰出青年基金获得者11人;国家优秀青年基金获得者17人;"长江学者"青年项目入选者14人;第十二批国家"青年千人计划"入选者33人;增选通过第十三批国家"青年千人计划"40人,居全国高校第一。

13.做好人才服务保障工作。开展专业技术职务评聘办法修订工作,更加突出"质量优先、内涵发展"的人才评价导向;全年评审教授(研究员)90人,副教授(副研究员)110人;探索试行校机关党政管理人员宽带细分的岗位津贴体系,完善党政管理人员的晋升与激励机制。完善人事管理制度,完成新一轮事业单位基本工资调整及绩效减扣工作,稳步推进事业养老保险入轨工作,规范劳务派遣管理工作。

四、服务创新驱动发展战略,提高科研内涵品质和成果转化水平,学术创新活力和社会服务能力进一步增强

14.加快提升自主创新能力。全面推进"16+X"科技联盟建设,瞄准重大关键科学问题开展前瞻研究和联合攻关。支持推进网络信息国家实验室前期筹建工作,我校牵头的"超重力离心模拟与试验装置"国家重大科技基础设施建设项目已列入《国家重大科技基础设施建设"十三五"规划》优先项目启动建设目录。科研规模保持稳步增长,全年到款科研总经费35.18亿元,比上年增长6.09万,居全国高校第二。承担国家重大研究任务能力持续提升,获得国家自然科学基金项目769项,立项数居全国第二,资助总金额达5.58亿元,其中获批国家自然科学基金杰出青年基金9项、国家自然科学基金优秀青年基金17项、重点项目22项、重大科研仪器研制项目3项;牵头首批国家重点研发计划24项,总经费9.34亿元;获得国家社科基金各类项目 36 项,获得教育部重大课题攻关项目 2 项。新增 4 个国家自然科学基金创新群体,居全国高校第一;新增 1 个国家工程实验室、1 个国家地方联合工程实验室、4 个科技部国际科技合作基地等国家级科研平台,新增 1 个"111 计划"高等学校学科创新引智基地。

15. 加快培育重大创新成果。优化科研评价,强化对高引论文、重大项目等标志性成果的激励机制。发表论文数量和质量继续保持全国高校领先水平,2016 年在国际顶级学术期刊《细胞》《自然》《科学》(CNS)三大期刊及其子刊发表论文 24 篇,在 PNAS(《美国科学院院报》)发表论文 2 篇,被 SCI(科学引文索引,是美国科学情报研究所出版的一个世界著名的期刊文献检索工具)收录论文 5,974 篇,居全国高校第二;十年累计国际论文被引 45,307 篇(478,919 次),保持全国高校第一;"表现不俗"论文(被引次数高于学科均线)2,489 篇,居全国高校第二;被 SSCI(社会科学引文索引)收录论文 382 篇,排名保持全国高校前列;被A&HCI(艺术与人文科学索引)收录论文 53 篇,稳居全国高校第一;获得国家科学技术奖励13 项,其中作为第一完成单位 9 项,居全国高校第一;2 项自然科学成果入选 2016 年度"中国高等学校十大科技进展",与北京大学并列全国高校第二;2 项人文社科成果入选 2016 年度国家哲学社科成果文库。

16. 推动人文社会科学学科繁荣发展。首次设立重大基础理论研究专项课题和学科交叉预研专项项目,持续支持人文高等研究院建设,推动理论性、基础性、原创性学术研究。建立智库建设工作领导小组,加快建设中国特色新型智库,2016 年 6 家智库入选全国首批"智库索引",多项研究成果得到党和国家领导人及有关部门的重视和批示,推动浙江大学区域协调发展研究中心争创国家高端智库建设试点单位。学术期刊办刊品质再次获得认可,在中国科学技术信息研究所发布并首次独立出版的《2016 年版中国科技期刊引证报告(核心版)社会科学卷》中,《浙江大学学报(人文社会科学版)》在全国综合性高校人文社科学报中排名第一。持续推进大型文化传承研究项目《中国历代绘画大系》编撰工作,继《宋画全集》(23 册)、《元画全集》(16 册)出版后,《明画全集》《清画全集》已陆续付印。

17. 促进科技成果落地转化。落实促进科技成果转化的文件及配套政策,制定实施科技成果转化审批细则,加快科研成果转化和产业化。积极参与杭州"城西科创大走廊"建设,"紫金众创小镇"被列入浙江省特色小镇重点培育名单,浙江知识产权交易中心挂牌成立;不断完善"泛浙大"科技创新创业体系,进一步做大做强辐射全国的科研成果转化网络。全年获得授权专利 2,150 件,其中发明专利 1,628 件,居全国高校第一;转化科技成果 220 项,知识产权收益 1.35 亿元,专利转化率位居全国高校前列。

18. 优化社会服务体系。构建"两边两路"社会服务新格局,加快推进与杭州市、宁波市、湖州市、舟山市等省内重点城市及云南省、贵州省、山西省等省外重点区域的战略合作,深入推进援藏援疆和对口支援新疆建设兵团、塔里木大学工作,认真做好对云南省景东县定点扶贫和对贵州省台江县全面精准扶贫工作,持续推进对浙江省武义县新宅镇的结对帮扶工作。不断完善选派科技特派员制度,2016 年共派出 37 人担任第十二批省科技特派员,我校汪自强教授被授予"全国优秀教师"荣誉称号。推进继续教育高端化、品牌化、国际化发展,全年办学总收入达8.12亿元,同比增长12.6%。发挥医院管理办公室的作用,加强统筹协调,支持各附属医院服务浙江省委、省政府"双下沉、两提升"战略,推动一流临床学科建设、医工信结合、临床医学创新中心筹建工作,支持社会资本办医,探索开展高水平医疗联合体建设试点,积极推动附属第一医院余杭院区建设及附属妇产科医院钱江院区、附属儿童医院滨江院区二期工程申报工作,努力提升服务地方卫生与健康发展的能力。7家附属医院门诊、急诊量约1,523万人次,住院约56万人次,手术约24万人次;业务总收入约156亿元,同比增长11.76%。

五、加快国际化发展步伐,加强文化软实力建设,学校全球影响力和海内外声誉进一步提升

19.加强国际化建设战略谋划。启动实施声誉提升与国际化战略,制定教育对外开放规划,成立声誉提升与国际化工作领导小组,强化专职力量配备,增强学校网络宣传、声誉评估和外事工作能力,不断提升学校国际影响力和海内外声誉。学校在国内大学排行榜中基本位列前三,在国际主流大学排行榜中名次呈现较快上升态势,其中在英国"泰晤士报高等教育专刊"的世界大学声誉排行榜中,我校跻身世界百强。

20.提高国际化办学水平。努力构建以顶尖大学合作为"峰",以欧美国家、亚太国家、金砖国家、"一带一路"教育合作交流和国际组织合作交流为"脉"的多层次国际合作网络体系。实施"顶尖大学合作计划",深入推进"一流学科伙伴提升计划",与牛津大学、麻省理工学院、斯坦福大学等名校开展人才培养、科学研究和产业化合作,取得阶段性成果。加快海宁国际校区建设,与伊利诺伊大学香槟分校、爱丁堡大学共建的两个联合学院顺利开学,筹建浙江大学伦敦中心;与沃顿商学院签署谅解备忘录,建设中美商学院。工程师学院与法国巴黎综合理工学院等三所法国知名大学开展联合培养。深化以海外教师为主导的全英文课程建设,提升学生国际视野和跨文化交流能力。深化国际交流与合作,全年接待海外访问团组1,218人次,新签和续签校际合作协议及学生交换协议41项,全校师生海外学习交流总数达8,884人次,其中本科生赴海外学习交流2,650人次,同比增长15%;选送2,209名研究生公派出国(境),同比增长19.1%,研究生参加高水平国际学术会议人数同比增长24.68%,博士研究生海外交流率突破70%。

21.提高留学生教育质量。加大留学生招生宣传力度,稳步提升留学生教育规模和层次水平,在校外国留学生总数达6,237人(含非学历学生),同比增长7%;其中攻读学位留学生总数达3,498人,同比增长14%。扎实推进留学生管理和思政教育工作,继续强化教师班主任制及管理干部辅导员制的留学生管理制度,形成优胜劣汰的良性培养机制。做好合作共建海外孔子学院工作,促进中外学生交流,传播中华文化。

22.推进文化软实力建设。以文化校园建设为契机,积极推进求是书院文化元素建筑群、西迁文化园、东教学区学生文化长廊、师生交流吧建设,设计学校视觉形象识别系统并在玉泉校区试点应用,构建具有浙大特色的文化表达和形象识别体系。精心培育系列文化品牌活动,开展师生十大学术成果评选、"浙大好医生""浙大好护士"评选及"西迁历史文化展"

"首届海峡两岸大学生科学传播能力提升训练营"等活动,举办"浙大欢迎您""浙大祝贺您""浙大感谢您"等系列仪式活动,营造更加浓厚的尊师重教氛围和文化育人环境。全面推进纪念建校120周年系列活动筹备工作,不断拓展校友联系网络。积极推进校史文化传承与创新工程,编纂《浙江大学图史》《百廿求是丛书》《浙大史料选编一(1897—1949)》,完成全校可移动文物普查工作。

六、深化综合改革,优化发展战略格局,学校可持续发展的资源保障能力进一步提高

23.加快治理体系和治理能力建设。积极落实学校章程,加大改革攻坚力度,构建完善中国特色现代大学制度。全面贯彻学校党委领导下的校长负责制,健全重大事项咨询论证、意见征求和合法性审查制度,完善学校领导班子成员分工和AB角工作制度,落实学校领导联系基层和调查研究制度。不断完善校院两级管理体制,院系办学自主权不断扩大,逐渐构建起权责利相统一的院系管理体制。强化各级学术委员会建设,组织修订学术委员会章程,做好学校、学部两级学术委员会换届工作,不断完善学术治理架构。

24.深入推进管理服务体系改革。进一步完善"三张清单一张网",启用新一代协同办公系统和网上审批平台,启动"网上浙大五年建设计划",不断健全网络信息安全管理机制。推进行政服务办事大厅建设,大厅入驻部门15个,可集中办理事项410项,全年师生满意率达99.9%。努力推进审计工作转型,积极推进重点领域专项审计、经济责任审计、科研经费审计、工程审计和校属企业年报审计等工作,完善基建修缮工程全过程审计工作。深化采购项目精细化管理,全年完成采购预算金额63,329.37万元,成交金额60,675.41万元,直接节约采购资金2,653.97万元。加强实验室建设管理,推进大型仪器公共技术服务平台建设,全年新增仪器设备固定资产总台件23,749台(套),总额63,262.24万元。

25.完善支撑保障条件。优化战略格局,拓展办学空间,紫金港校区西区全面开工建设,海宁国际校区一期工程正式启用,舟山校区的办学规模和质量稳步提升,工程师学院顺利开学,应杭州市委市政府、宁波市委市政府多年要求,加快促进城市学院和宁波理工学院转型发展。优化校区功能布局,推进公用房物业化管理,深化"三室一堂一卫"文明创建工作,"美丽校园"建设取得积极成效。财务资源保障能力不断增强,国有资产管理继续规范,资产使用效益进一步提高。全年学校财务总收入123.42亿元,居全国高校第二。完善筹资工作体制机制,签约捐赠达9.75亿元。健全图书文献资源建设体系,加强古籍保护与开发,推进数字图书馆、数字档案馆建设。巩固和完善杭州五校区有线无线网络一体化运维体系,视频交互平台建设覆盖全校7个校区,提升信息化公共服务质量。

26.促进学校产业与后勤发展。支持产业系统开拓进取,科学谋划发展定位,加强内部管理,努力推进科技产业与后勤产业的改革发展,进一步向"行业一流"目标迈进。圆正控股集团实现年收入18.37亿元,净利润1.28亿元,上缴税费0.91亿元。创新技术研究院投资的科技型公司,全年出资孵化成立的总项目累计27个。浙江大学国家大学科技园被科技部评为"A类(优秀)国家科技企业孵化器",新增入园企业97家,培育毕业企业25家,入选"青蓝计划"企业11家,大学生创业企业38家。建筑设计研究院全年签订设计合同575项,合

同总金额 4.6 亿元。出版社全年总收入 2.37 亿,同比增长 6.8%。坚持以质量为核心,推进后勤服务队伍专业化和服务保障体系现代化。

27. 建设平安和谐校园。完善安全责任体系,强化校园综合治理和安全宣传教育,加强学校安全稳定评估排查和隐患整改,实行校园安全网格化管理,推进紫金港校区监控系统改造、交通智能化管理、消防基础设施建设,确保校园治安、交通、消防、食品、防疫、实验室等安全。完善信访工作机制,做好矛盾纠纷排查,推进重大疑难信访事项和积案化解工作,维护校园和谐稳定。继续开展"书记有约""校长有约"活动,畅通师生意见表达渠道。关心师生发展,启用师生意见建议网上公开回复平台,顺利完成"1250 安居工程"人才房第二批申购和销售工作。

七、加强党的领导,健全党风廉政建设体系,全面从严治党主体责任和监督责任进一步落实

28. 推动宣传思想工作创新发展。认真组织校院两级党委中心组理论学习,组建新一届理论宣讲团并开展理论宣讲活动 70 余次,着力做好理论武装工作。健全意识形态工作责任制,严格课堂讲授纪律,严格执行讲座论坛等活动管理制度,改进活动管理审批方式。加强内外宣联动、聚焦式宣传,强化新媒体平台和"求是网军"建设,组建媒体传播专家库,提升学校声誉。进一步完善网络舆情搜集、处理、反馈和引导机制,牢牢掌握网络舆论主导权。学校荣获教育部"2016 年度教育政务新媒体综合力十强"称号。

29. 加强各级领导班子和干部队伍建设。坚持从严管理干部,认真执行干部选拔任用工作纪实办法,完善选人用人全程监督和倒查追责机制。学校组成 7 个调研组,对 61 个中层领导班子开展干部队伍建设专题调研,全年新选拔任用中层领导干部 44 人,平级调整 24 人。加强优秀年轻干部的培养,全年新提任科职干部 88 人,新选派挂职干部 66 人,接收挂职干部 14 人,第二轮 21 位优秀专业教师顺利完成为期一年的校部机关挂职工作。加强干部监督和管理,修订完善党员领导干部兼职规定,规范经济独立核算单位负责人薪酬管理,严格执行对领导干部的提醒、函询和诫勉制度,做好干部出国(境)、报告个人重大事项管理和档案集中专项审核工作。

30. 强化基层党建工作。结合纪念红军长征胜利 80 周年、建党 95 周年,加强党的优良传统和作风教育。出台《浙江大学学院党政联席会议议事规则(试行)》(党委发〔2016〕16 号),推进"五好"院级党委建设,组织开展年度院级党组织书记抓基层党建工作述职评议考核,进一步强化院级党组织党建工作主体责任。继续推进"五好"党支部和优秀"五好"党支部创建活动,分别有 1,644 个党支部、121 个优秀"五好"党支部通过验收。加强党员发展和教育管理服务工作,全年新发展党员 1,925 名,做好各级"两优一先"评选推荐工作。抓好党员组织关系集中排查工作、基层党组织按期换届专项检查和党费收缴工作专项检查,制定进一步规范党费收缴、使用和管理的若干规定,推动全面从严治党向基层延伸。扎实推进"育人强师"培训工作,全年共举办 17 期培训班,培训 981 人次。面向全校学生正式党员启动实施"先锋学子"全员培训,全年共举办 285 期(场),覆盖学生正式党员 13,000 余人。筹建浙江大学延安培训学院,为广大教师在革命圣地接受现场教育创造良好条件。实施"事业之友"教职工党员与非党员教职工结对联系制度,目前52个院级党组织(不包括圆正控股集团党委、后勤集团党委、国际联合学院党工委和工程师学院党工委)已结对非党员教职工10,221人,结对覆盖率达到66.11%。

31.做好统一战线和群团工作。认真贯彻落实中央统战工作会议精神和《中国共产党统一战线工作条例(试行)》,成立浙江大学党委统一战线工作领导小组,成立社会主义学院,进一步健全学校大统战工作格局,受到中央统一战线工作调研检查组的肯定。大力做好党外代表人士的发现、培养、使用和管理工作,支持党派组织加强自身建设。贯彻落实全国和全省宗教工作会议精神,成立民族宗教事务管理工作小组,做好防范和抵御利用宗教向校园渗透工作,关心少数民族师生的学习工作生活。进一步贯彻党的群团工作会议精神,健全以"双代会"为基本形式的民主管理制度,完善关系教职工切身利益的重大事项提交会议审议的制度,圆满完成提案办理和"回头看"工作。举办首届教职工社团文化节、"浙大制造·科技生活"双年展,继续开展教职工合理化建议("金点子")征集办理工作,进一步发挥教职工在学校管理中的重要作用。制定并试行浙江大学教职工疗休养管理办法,启动工会会员生日关怀计划,做大做强"爱心基金"和大病医疗互助,进一步营造"心齐、气顺、劲足、实干"的良好氛围。成功召开共青团浙江大学第二十次代表大会,深化新形势下党建带团建工作,推动基层团组织建设创新,指导学生会、研究生会、博士生会加强自身建设。加强离退休干部思想政治建设,发挥离退休老同志的作用,构建倾情关爱网、生活服务网、困难帮扶网;提高离休人员离休费和退休人员基本养老金标准,进一步做好老同志服务管理工作。学校关工委荣获"全国教育系统关心下一代先进集体"荣誉称号。

32.切实加强党风廉政建设。加强廉洁教育和党纪党规培训,认真学习贯彻《中国共产党问责条例》《关于新形势下党内政治生活若干准则》和《中国共产党党内监督条例》。严格执行党风廉政建设责任制,党委书记和校长与班子成员谈心谈话20余人次,与新提任中层领导干部任前廉政谈话53人次,校领导班子成员与分管、联系单位廉政谈话180余人次。制定内部控制体系建设实施方案,着力构建全面有效的内部控制体系,进一步推进依法治校。健全党风廉政建设制度体系,制定二级单位落实党风廉政建设"两个责任"清单,进一步明确任务和要求。修订公务接待管理实施办法、党政机关办公用房管理办法、会议费管理办法、差旅费管理办法、外宾接待管理实施办法,推进公务用车改革。贯彻教育部党组印发的《高等学校深化落实中央八项规定精神的若干规定》,认真做好国有资产管理专项检查整改工作;开展继续教育财务收支专项审计,并加强整改力度。践行"四种形态",强化监督执纪问责力度,司法机关处理1人,校内处分4人,组织调整1人,诫勉谈话13人,通报批评11人,批评提醒教育9人,书面函询5人。持续推进内部巡查工作,抓好巡查发现问题的整改工作,营造风清气正的办学环境。

浙江大学 2016 年工作要点

(2016 年 3 月 15 日)

2016 年学校工作的总体要求：深入贯彻党的十八大及十八届三中、四中、五中全会和习近平总书记系列重要讲话精神，牢固树立"创新、协同、人本、开放"发展理念，深入实施"六高强校"战略，落实规划任务，深化综合改革，推动内涵发展，提高质量声誉，全面从严治党，为实现 2020 年前后达到世界一流大学目标奠定更加坚实的基础。

一、坚持以世界一流为目标，积极对接国家"双一流"战略

1. 完善并启动实施学校"十三五"规划。完善学校"十三五"总体规划及各分项规划。建立健全"十三五"规划实施机制，推进各项规划任务的分解落实和有序实施。

2. 科学制定学校"双一流"计划。认真做好学校"双一流"建设方案编制工作，系统研究规划我校加快冲刺世界一流大学和一流学科的建设路径，组织开展建设项目立项和论证工作。认真谋划和做好新一轮省部共建浙江大学工作，积极争取国家和浙江省更多支持。

二、坚持以立德树人为根本，努力提高人才培养质量

3. 深入开展教育教学大讨论。围绕优化人才培养体系，着重在招生就业、专业与课程建设、教学方式创新、思政教育、质量保障及责任体系等方面深入研讨，提出具有战略性又务实有效的改革举措和政策意见，力争取得实质性成果。

4. 提高本科生教育质量。加强招生队伍的专业化与体系化建设，规范特殊类型招生选拔工作，着力提高生源质量。推进本科专业认证（评估），加强校院两级教师教学发展组织建设，落实院系育人主体责任和配套政策资源。加强竺可桢学院创新建设。加强通识基础课程体系建设，完善本科学生管理模式，建立求是学院和专业院系协同合作机制，做好低年级学生的培养工作。进一步完善就业指导工作。

5. 完善研究生培养机制。深入开展优质生源工程。完善研究生招生指标分配机制，推进博士生招生"申请—考核"制，优化研究生学位类型结构。启动新一轮研究生培养方案全面制（修）定工作，加大课程建设和教学改革试点项目建设力度。推进科教融合和产学结合，深化多学科交叉培养研究生的体制机制改革和模式创新。

6. 提升创新创业教育品牌。彰显创新创业教育特色，构建完善课程教学、竞赛、实训、孵化产业化一体全链条式协同教育体系，打造四个课堂融会贯通的创新创业教育。研究建立浙江大学创业学院，进一步拓展优化学生创业空间，为学生创新创业实践提供全方位支持和服务保障。

7. 提高思想政治教育水平。推进马克思主义学科建设和思想政治理论课改革,创新教学方式方法,提高思想政治教育针对性和有效性。完善"三全育人"工作体系,强化学生思想引领和素质全面发展,启动"先锋学子"全员培训计划。加强网络思想政治教育工作,促进思想政治教育线上线下有机互动。

三、坚持以追求卓越为动力,进一步推动核心能力建设

8. 加快推进一流学科建设。实施高峰学科建设支持计划,打造一批国内领先、国际上有卓越影响力的品牌学科。实施一流骨干基础学科建设支持计划,建设一批国际先进、国内一流的基础学科。统筹做好全国一级学科评估、学位点自我评估工作,完善专业设置和学科动态调整机制。积极探索学科交叉汇聚的政策机制创新,做好自主设置二级学科工作,推进在新领域、新方向深度实质性合作。

9. 加快汇聚一流人才队伍。启动实施学术大师汇聚工程,加大力度引进和培养国际知名的名家大师。深入实施高层次人才培育支持专项计划,集聚一批具有国际影响力的优秀学者和杰出研究团队。完善青年人才的职业发展通道和成长环境,优化"百人计划"及相关配套政策。完善聘任考评体系,构建完善多元人才评价机制。健全人才激励体系,推进岗位聘任与绩效工资改革,完善教职工的薪酬保障和激励机制。

10. 提升科研质量和声誉。完善大科学研究组织方式,谋划推进国家实验室和国家重大科技基础设施建设。探索新型科研组织体系与运行模式,全面推进"16＋X"科研联盟建设,推动形成亿级重大项目群。凝练战略研究主题,促进农工交叉、医工结合、文理交融和国防科技创新,引导产生标志性成果。促进文科繁荣发展,加快培育精品力作,加强特色智库体系建设。

11. 加快促进成果转化。完善科技成果转化组织体系,加快科技创新与成果产业化步伐。着力构筑"泛浙大"科技创新创业体系,进一步建立开放、联动、国际化、产业化的协同机制,形成创新链与产业链互融的系统解决方案。整合校内外创新创业资源,积极推进"紫金众创小镇"和成果转化基地建设,打造引领创新创业的生态系统和示范区。

四、坚持以协同发展为牵引,推动完善战略布局和办学环境

12. 完善办学战略布局。优化本部校区功能布局,以紫金港西区建设为牵引,合理定位和完善各校区功能。完善舟山校区建设与管理,加强海洋研究院建设。海宁国际校区一期工程建成使用。积极推进工程师学院建设,统筹推动城市学院和宁波理工学院转型发展。

13. 优化社会服务体系。完善战略布局,突出服务重点,立足浙江推进与重点区域、重点城市的战略合作。优化农业技术推广体系布局,为农业转型升级和现代化提供科技引领支撑。构建一流附属医院和医疗合作体系,进一步构建基础医学与临床医学协同融合发展体系,加快医学中心和转化医学研究院建设,提高医疗健康服务水平和"双下沉"工作成效。打造继续教育高端品牌体系,提升干部教育培训、企业培训、行业培训的层次。落实对口支援和定点扶贫任务,推进与贵州大学、塔里木大学合作发展。

14. 大力推进校园环境建设。全面启动紫金港校区西区建设,确保工程质量和进度。深化"三室一堂一卫"文明创建活动,加强校园环境整治和修缮改造工作。启动并实施"网上浙大"工程,推进智慧校园建设,探索应用新一代互联网技术,完善校务服务网,提高数字文献资源服务保障水平。推进文化校园建设,构建具有浙大特色的文化表达和形象识别体系,精心培育系列文化品牌活动,充分挖掘校园文化育人功能。弘扬求是创新精神,建设优良师风学风,践行浙大共同价值观。深化平安校园建设,完善校园安全防范体系、预警机制和应急处置机制,确保杭州 G20 峰会期间校园的安全稳定。推进和谐校园建设,完成"1250 工程"第二批人才专项房配售工作,确保在建人才专项房的施工质量。

15. 强化办学资源筹措配置。完善财力资源规划,推进预算体制改革,提升各部门、院系、单位预算管理水平,扩大院系统筹经费的自主权。大力拓展办学资源,积极落实和细化筹款行动计划。推进科技产业和后勤服务发展,提高学校产业发展质量和效益。推进仪器设备开放共享,完善公用房管理制度。

五、坚持以开放合作为途径,进一步提高国际化办学水平

16. 加快教育国际化进程。加快国际联合学院建设,深化与帝国理工学院、沃顿商学院、巴黎综合理工学院等名校的合作。优化国际合作办学体制机制,加快建设国际高等教育合作示范点。推进"海外一流学科伙伴提升计划",加强与世界顶尖大学和学术机构的实质性合作,打造国际合作交流品牌项目。大力拓展师生到海外名校学习交流的渠道,加强全英文课程和海外师资队伍建设,推进国际联合人才培养,提高留学生教育层次和水平。

17. 实施声誉提升战略。加强与世界著名高等教育和宣传机构的合作,提升学校在国际大学组织中的作用,进一步树立我校学术品牌和声誉形象。抓住杭州 G20 峰会机遇,主动策划系列重大活动,提升学校的国际影响力。做好 120 周年校庆筹备工作。

六、坚持以综合改革为契机,加快治理体系和治理能力建设

18. 贯彻党委领导下的校长负责制。健全重大事项咨询论证、意见征求和合法性审查制度,完善学校议事协调机构作用发挥机制,进一步提高科学决策、民主决策水平。完善班子成员分工和 AB 角工作制度,落实校领导联系基层和调查研究制度。

19. 完善校院两级管理体制。厘清校院两级权责配置及实现方式,继续推进简政放权和管理重心下移,进一步发挥院系主体作用,构建权责利相统一的院系管理体制。强化校院联动,加强对院系办学主体的目标管理和绩效考核。

20. 加强各级学术委员会建设。加强学术委员会体系与规范化工作,完善院系学术委员会议事规则,构建学校—学部—院系学术委员会一体化联动机制。营造良好学术氛围和学术生态环境,继续开展"十大学术进展"等品牌活动,进一步严格学术规范、严明学术纪律。

21. 加强校务管理和公共服务。创新校务管理和行政服务模式,优化机关部门的组织机构、业务模块和工作流程,推进"三张清单一张网"建设,深化行政服务办事大厅规范化管理,启动建设新一代协同办公系统和网上审批平台。建立完善师生意见建议公开回复机制。

完善以董事会为核心的社会参与办学体制改革,积极发挥董事会作用。

七、坚持以从严治党为要求,全面加强和改进党的建设

22. 深入开展"两学一做"学习教育。按照中央统一部署,认真组织在全体党员中深入开展"学系列讲话、学党章党规,做合格党员"学习教育,增强党员看齐意识,提升党员思想定力、行动定力和政治定力。

23. 落实党委意识形态工作责任制。逐级落实意识形态工作责任,建立意识形态问责机制。严格课堂讲授纪律,严格执行讲座论坛等活动管理制度,改进活动管理审批方式,加强舆论渠道和阵地管理。

24. 巩固群众路线和"三严三实"专题教育成果。强化问题整改,明确整改责任、工作步骤和完成期限,建立和完善长效机制。抓好公用房、公务用车、"三公"经费专项检查的整改工作,细化并严格执行各项制度规定,加强对科研经费使用的监管。研究落实公务用车制度改革。

25. 加强各级班子和干部队伍建设。加强领导班子思想政治建设、作风建设、能力素质建设和党政协同工作机制建设,改进中层领导班子及班子成员考核办法,强化考核结果的运用。进一步完善干部选拔任用制度,加快形成干部能上能下的常态化机制。从严管理干部,严格落实干部监督制度。

26. 发挥各级党组织和党员作用。加强基层党组织建设,修订《学院党政联席会议议事规则》,进一步健全完善学院领导体制和工作机制。完善党建工作责任体系,开展院级党组织书记抓基层党建工作述职评议考核。继续推进"五好"院级党委和"五好"党支部创建工作。深入推进"育人强师"培训,实施"先锋学子"全员培训计划,实施"事业之友"教职工党员与非党员教职工联系结对制度,完善服务群众工作机制。

27. 加强对统战和群团工作的领导。贯彻落实中共中央统战工作会议精神,抓好统战工作各项制度的落实,加强民主党派后备干部队伍建设,完善建言渠道和作用发挥机制。贯彻落实中共中央党的群团工作会议精神,健全以"教代会""学代会"为基本形式的民主管理制度,发挥师生员工在学校民主管理和民主监督中的作用。切实增强共青团组织对广大青年学生的影响力、吸引力,发挥学生自我教育、自我管理、自我服务作用。做好离退休老干部工作,充分发挥老干部作用。

28. 切实加强党风廉政建设。严明党的纪律,深入学习贯彻《中国共产党廉洁自律准则》和《中国共产党纪律处分条例》。强化党风廉政建设党委主体责任和纪委监督责任,层层落实从严治党责任,建立院级党政班子向校党委、纪委定期汇报履行主体责任情况制度。深化惩防体系建设,抓好重要部门、重点领域和关键环节的廉政风险防控。加强监督执纪问责,完善纪律审查工作流程,强化责任追究。继续做好内部巡查工作,加强预防性、诊断性监督检查。

专 题

在第三次教育教学大讨论总结会议上的讲话

金德水

（2016 年 7 月 6 日）

同志们：

今天我们在这里召开教育教学大讨论总结大会，对为期一年的第三次教育教学大讨论进行全面总结。刚才朝晖同志做了重要讲话，分析了教育教学面临的形势，提出了进一步提高人才培养质量的思路和举措。建红同志介绍了学校关于深化教育教学改革的意见，我都很赞同。

人才培养始终是大学最核心、最本质的任务，人才培养质量是评价一所大学最直接、最重要的指标。教育部新一轮学科评估将人才培养质量摆在十分重要的位置。前不久，学校听取各学科专题汇报，大家普遍感到人才培养的若干指标是制约我校学科发展的重要瓶颈。因此，重视教育教学，全面提升人才培养质量，体现人才培养与学校整体发展的高度统一，迫在眉睫。

适时开展全校教育教学大讨论是浙江大学的优良传统，这次大讨论紧紧围绕"为谁培养人""培养什么人"和"怎样培养人"等重大课题，深入研讨了包括招生、教学模式、科教协同、实践训练、国际交流、创新创业、思政教育等涵盖人才培养全过程的一系列问题。在为期一年的讨论中，各单位认真组织实施，全校师生积极热情参与，形成了一些重要共识，主要体现在以下几个方面：一是进一步形成了培养"时代高才"的目标共识，人才培养中心地位不断强化；二是进一步形成了"知识传授、能力培养、素质提升、人格塑造"四位一体的人才培养体系共识，人才培养定位更加明确；三是进一步形成了协同育人的路径共识，科教协同理念得到有效体现；四是进一步形成了教师教学、学生学习的多元化评价共识，教学相长的内在活力不断增强；五是进一步形成了院系教育教学主体责任共识，推动了教育教学工作重心下移；六是进一步形成了创新教育教学管理体制共识，理顺了学园和院系的有机衔接。这次讨论为学校全面提高人才培养质量统一了思想、深化了认识、打下了基础，成绩值得充分肯定。我代表学校党委行政向各部门、各单位、各院系及广大师生表示衷心的感谢！

在看到成绩的同时，我们也要清醒地认识到教育教学工作存在的差距和不足：一是对教育教学特别是本科教学的责任感有待进一步增强，人才培养中心地位有待进一步树立；二是教育教学管理体制机制改革有待进一步深化，人才培养工作合力有待进一步形成；三是教与学的动力有待进一步激发，良好的师德师风、教风学风有待进一步营造；四是教育教学瓶颈有待进一步突破，人才培养的品牌特色有待进一步巩固。通过学科评估，我们发现学校的国家级教学名师、国家级教材、国家级教学成果奖都比较欠缺，与学校的办学地位很不相称。这些都是我们必须正视的差距，其中一些问题在上一轮学科评估时已经显现出来，一直没有得到很好地解决。对此学校也负有一定的责任，我们一定要认真总结，加强教育教学大讨论成果的运用，在今后一段时期进一步发优势、补短板、谋全局、创一流，全面提升人才培养的质量和水平。下面，我结合这次教育教学大讨论成果、结合贯彻落实习近平总书记对学校提出的精心育人的要求再讲四点意见。

一、弘扬优良师德师风，树立尊师重教新风气

去年教师节前夕，习近平总书记特别嘱托中共中央办公厅转达了他对浙大教师的节日祝贺，指出"浙大教师信念坚定、师德高尚、业务精良，为党和国家事业培养了大批人才。"这既是莫大的鼓舞，更是巨大的鞭策，全校教师要以此为标准，营造良好师德师风。

第一，深刻把握优良师德师风的内涵。古人云："经师易求、人师难得。"一个优秀的老师，应该是"经师"和"人师"的统一，既要精于"授业""解惑"，更要以"传道"为责任和使命。就当前形势而言，一个优秀的教师首先要能够践行好师德师风。所谓"师德"就是要求教师做品德高尚之人，忠诚于党的教育事业，坚守政治纪律、坚守精神家园、坚守人格底线，以自己的模范行为影响和带动学生。所谓"师风"就是教师的作风，要求教师养成良好学风、教风及生活作风，爱生如子、视教如命、履职尽责，有"捧着一颗心来，不带半根草去"的奉献精神。每一位教师都要深刻领悟好师德师风的内涵和要求，在这方面决不含糊，更不能突破教师思想行为底线。

第二，加强优良师德师风的引导和培育。要大力弘扬师德师风，把加强师德师风建设贯穿教师职业生涯的全过程。一要引导树立崇高理想，通过开展新教师入职教育、"育人强师"全员培训计划等，让广大教师了解中国特色社会主义事业的伟大成就，不断增强教书育人的使命感、责任感、自豪感。二要加大典型宣传力度，以永平奖获得者、"三育人"标兵等为榜样，挖掘为人师表、受人敬仰的师德典型，努力营造崇尚师德、争创师德典型的良好氛围。三要加强实践锻炼，组织教师到部委、地方政府和基层参加挂职、实践等锻炼，在理论与实践的结合中，增进对社会的了解，将所见所学、所感、所获带回课堂、指导学生。

第三,加强师德师风制度建设。一要建立健全师德师风考核机制,完善教师评价的"指挥棒""风向标",在教师职称评审、岗位聘用、招生指标等环节建立师德师风"一票否决制"。二要建立公正公平公开的学术评价体系,规范学术权力的行使,引导教师形成按规矩、按规则办事的行动自觉,营造风清气正的学风、教风、师风。三要加强监督管理,充分发挥好教代会、学术委员会、教授委员会等作用,构建多方参与的监督体系。加强教育教学督导队伍建设,重视督导结果的运用,校党委常委会将每年听取一次督导工作情况汇报。

二、创新教材教法,取得教育教学新成效

好教材、好教法,对于提高教育教学质量,既是关键,也是基础。说其关键,是因为教材、教师、学生是课堂三要素,缺一不可,而教法将这三要素串成了一个有机整体。说其基础,是因为好教材、好教法的形成不在一朝一夕,而是靠长期的积累和深度的提炼,对人才培养具有深远的影响。从这一轮学科评估来看,我校缺乏在全国范围内具有广泛影响的好教材,也缺乏具备产生重大教学成果的好教法,直接影响了学校人才培养质量。下一步,要下大决心、花大力气解决这两个突出问题。

第一,编写好教材,夯实教学基础。编写教材是一项系统工程。一要注重挖掘凝练,要将科研成果形成教学案例,与教学心得相融合、再转化,在日积月累中形成好教材。二要加强科教协同,编写好教材需要在学科交叉中产生灵感,在科教协同中产生成果。三要完善激励和保障,加大对国家级教学名师、国家级教材、国家级教学成果的奖励力度。

第二,研究好教法,优化教学过程。好的教学方法要体现在三个方面:一是方式创新,信息化是大势所趋,应当主动占领慕课、微课、网络精品课等在线教育阵地,主动通过新媒体做好网络思想政治教育,促进线上线下良性互动。这是大势所趋,不能忽视回避,否则必将错失良机。二是内容创新,精心设计培养方案、课程体系和教学内容,多运用案例教学、实践教学,增强学生在课堂上的参与感,让一些学生从"低头看手机"变成"抬头看老师"。三是问题导向,注重基于问题的启发式、探究式教学,重视培养学生的思辨思维,让学生带着问题去看书思考、去查阅资料、去动手解决,在解决问题过程中提升学习能力,在思考与辩论中澄清认识、提升觉悟、修正自我。学生在这一过程中学到的知识将远远超出书本和课堂。

教法的落实还需要学校方方面面的配合,特别是硬件支撑要落实到位。要在紫金港校区西区建设中统筹规划教学空间的功能分布,建设好讨论教室和敞开式讨论空间,为教师开展小班化教学讨论提供良好条件和环境。

第三,注重因材施教和多元培养。有了好教材、好教法,还要注重因材施教,推动学生个性化发展。一要构建多元化评价方式,从"知识为中心"向"学生为中心"的转变,彰显能力素质评价的目标导向和育人功能。二要设计多元化发展通道,针对拔尖生、普通生、困难生、国防生、民族生等不同群体研究针对性培养措施,满足学生不同成长路径需求。三要加快国际化人才培养,持续拓宽海外交流渠道,积极争取资源支撑海外学习交流项目,为更多的学生提供到境外知名高校和科研机构开展学习与交流的机会,提升学生国际化视野和跨文化交流能力。

三、关心学生成长成才,激发教学相长新动力

关心学生、言传身教、教学相长,既是落实学生为本的必然要求,也是未来教育发展的特色所在、基础所在。在信息化时代,传统教学阵地有被网络阵地取代的趋势,大学如何构建未来的核心竞争力?一个非常重要的领域就是关心并参与学生成长的全过程,教师以独到的思想见解、精湛的知识技能、厚实的人生阅历指引学生成长,让学生在接受教育中拥有更多的获得感、体验感。这些将是网络无法替代的。

第一,思想引领、答疑解惑。一要重视加强思想政治教育,要增强教育的思想性、理论性和针对性,要将道理讲深、讲活、讲透,善于在思想交锋中答疑解惑,让学生真懂、真信、真用,建立起对党的领导和党的事业的信心,树立报效国家的理想信念。二要真正掌握大学生所思所想,不断深化完善"新生之友"寝室联系等师生结对制度,使广大教师、干部以朋友的身份与大学生坦诚交往、贴近交流,掌握他们的心理特征,了解他们的实际需求,有针对性地给予指导。三要强化老师的育人职责,充分发挥专业课教师和研究生导师的育人作用,构建良好的师生关系,真正形成全员参与育人的良好局面。

第二,悉心关怀、真诚服务。一要关心学生的学业,老师要舍得花时间和精力帮助学生提高学习成绩,特别是要想办法加强对学习困难学生的帮扶。在学生处分中,既要严格执行学校规章制度,又要在执行过程中体现对学生的人文关怀,让更多的学生自立、自信、自强。二要优化管理服务流程,进一步加强行政服务办事大厅建设,加强图书馆、教务管理系统建设,减少学生的排队时间,优化对学生的应答服务,最大限度地满足学生学习成长的个性化要求。三要关心学生的生活,加强校园整治,创建文明"三室一堂一卫",公布标准、建立台账、加强验收、接受监督,力争分批整治到位,不断改善学生学习生活条件。在紫金港校区西区规划建好学生新街,加强党员之家、师生交流吧建设,打造一流的成长环境。

第三,搭建平台、帮助成长。一要搭建学生创新创业教育平台,加快紫金众创小镇建设,完善创新创业学院体制机制,进一步提高创新创业教育质量,充分激发学生创造潜能。二要搭建学生实践平台,提高大学生实习实践和社会服务成效,加强大学生社会实践基地建设,促使"一二三四"[①]课堂有机衔接。三要搭建学生全面发展的平台,重视德智体美等各方面的教育,打造丰富多彩的校园文化品牌,提高就业指导的针对性和有效性,为学生形成全面的综合素质奠定扎实基础。

四、加强党的建设,开创立德树人新局面

各级党组织要继续以"实施党建伟大工程,实现党的伟大事业"的高度政治责任感,在思想上、政策上调动全校教师教书育人的积极性和自觉性。

学校党委要坚持立德树人的导向,进一步强化教育教学中心地位。一要切实履行全面从严治党主体责任,坚定社会主义办学方向,认真贯彻党的教育方针,贯彻落实好党委领导

---

① 第一课堂、第二课堂、第三课堂、第四课堂。

下的校长负责制,全面落实立德树人根本任务,抓好党风廉政建设,为全面提高教育质量提供更加坚强的政治保证。二要加强育人指导,发挥好学术委员会、教学指导委员会的作用,推动教育教学责任落实,加强教育教学督导工作,确保教育教学质量。三要加大统筹力度,在重点改革、重要政策、重大投入上加强资源配置,确保教育教学各项任务顺利实施。

院系党委要承担资源投入、一线管理的直接任务,进一步强化教育教学主体责任。一要坚决落实意识形态责任制,按照"学术研究无禁区但要有规范、课堂讲授高水平且要有纪律"的要求,严格课堂教学管理,加强师德师风监督,真正做到守土有责。二要整合教育教学资源,落实教授为本科生授课制度,落实完善教材、改进教法、关心学生各项任务。三要加强与学园衔接,积极发挥院系教学资源优势,构建园院有效协同机制。

基层党支部既是党的基层组织,又是抓好师生思想政治教育的一线阵地,要以推进优秀"五好"党支部创建为契机,将师生的思想、组织和作风建设抓好抓实,真正发挥好一线战斗堡垒作用。

广大党员教师要在开展"两学一做"学习教育中争做"四讲四有"的合格党员,争当"信念坚定、师德高尚、业务精良"的教师,进一步增强政治意识、大局意识、核心意识、看齐意识,为党的教育事业做出更大贡献。

同志们,培养一流人才是建设一流大学的永恒主题。我们要以这次教育教学大讨论为动力,进一步对标中国特色、世界一流,不断深化教育教学改革,源源不断地培养造就德才兼备、爱国奉献的时代高才,为实现中华民族伟大复兴中国梦做出新的更大贡献!

坚定信心 深化改革 营造氛围
构建以立德树人全面发展为导向的
人才培养体系
——在第三次教育教学大讨论总结会议上的讲话

吴朝晖

(2016 年 7 月 6 日)

同志们:

历经一年多的全校教育教学大讨论即将收官,我们今天在此召开会议,总结回顾这次大讨论取得的成果,继续推动教育教学改革发展向纵深挺进,努力开创学校培养一流人才的新局面。

刚才，罗建红副校长作了很好的报告，我非常赞同。一会儿金书记还要作重要讲话，下面我先谈几点意见。

一、把握高等教育改革发展趋势，进一步明确人才培养的目标和定位

当前，世界高等教育正在发生快速深远的变化。一方面，从高等教育发展的时代背景看，科学革命、技术革命和产业革命加速会聚融合，对高等教育提出新的需求和挑战。能源互联网、智能机器人与物联网、服务网络融合的第四次工业革命，以及脑科学和智能科学引起的第二次机器革命，带来了广阔的创新空间。特别是第二次机器革命预示着人的体力劳动被加速替代，人的脑力劳动被部分替代，这将改变未来人才的需求结构。另一方面，从高等教育自身发展阶段看，目前正孕育着革命性发展的端倪，全人教育思潮引领全球高等教育变革，教育资源跨境流动共享成为常态，信息技术与认知科学驱动着教育 1.0 向学习 2.0 创新发展，教与学的方式将发生重要变化，大学教育创新步伐不断加快。

在教育 1.0 向学习 2.0 创新发展的背景下，大学的教育教学正在呈现以下变革趋势：一是培养模式改革，学校不再局限于培养特定学科的专业人才，而是更加注重通识教育，更加注重能力素质培养，通专融合、通跨融合成为主流；二是教学方法创新，新的教学思想和新的技术手段深度改造传统的教育教学方式，师生成为学习的共同体，更加偏爱开放式、个性化的在线教育和体验教学；三是资源体系开放，教育教学资源由封闭转向共享，形成了全球流动的格局；四是办学空间拓展，教育教学活动场所加速全球移动，并通过信息网络的放大作用及认知技术的增强作用，使传统办学空间极大扩张，实现了多次数、多地点学习和不同群体的共同学习。

伴随着高等教育的深刻变革，涌现出致力于颠覆传统的新型精英大学，比如近年来引发全球关注的美国密涅瓦大学、奇点大学等。为了应对挑战，传统的顶尖大学也积极推进改革创新，比如斯坦福大学刚刚推出了革命性的"开环大学计划"。这项计划将本科学制从 4 年改为 6 年，学生录取年龄不限，没有规定的毕业时间和限定的专业，学生也不需要一直在学校里接受课堂教育，可以选择在任何时候进入社会工作或者回校学习。为此，斯坦福大学将打破传统的课程与学生结构，创新录取方式和教学模式，建立基于能力的学习平台，打造带有使命的学习目标，从而构建更具活力的教育和学习环境。

面对高等教育改革发展的新趋势，着眼于未来世界和国家发展对各类人才的新需求，我们必须重新审视浙江大学的人才培养目标定位，并以此驱动未来的教育教学改革。浙江大学总体的人才培养目标已经确定，即培养具有求是创新精神和国际视野的拔尖创新人才及未来领导者。我们要培养的绝不是仅仅拥有一技之长的专业人才，而是未来世界的创新者和领导者。经过本次教育教学大讨论，我们要更加坚定人才培养的目标定位，更加坚定推动人才培养的体系优化。

浙江大学的教育定位，正从知识、能力、素质俱佳的 KAQ1.0 阶段，迈向知识、能力、素质、人格并重的 KAQ2.0 阶段。在 KAQ1.0 阶段，学校从以专业为本培养高级专门人才，到以知识为本注重塑造基础和交叉知识结构，再到以人为本强调知识、能力、素质并重。如今进入 KAQ2.0 阶段,学校以立德树人、全面发展为导向,更加强调国际视野与中国实践的结合,更加强调能力、素质与人格塑造的结合,定位于知识传授、能力培养、素质提升、人格塑造"四位一体"的培养。尤其面向全球化和知识经济时代的精英人才需求,要进一步突出能力和素质提升,更加强调批判包容思想与解决综合问题能力,更加强调全球合作思维与跨界领导能力,更加强调主动开创精神与灵活应变能力,更加强调好奇心想象力与信息评估能力,以及更加突出思想品德和人格魅力塑造,这些也体现了全人教育的思想。

二、推进整合培养、协同育人,进一步完善以学生为本的人才培养体系

在当前的新形势下,浙江大学的教育改革势在必行。我校的三次教育教学大讨论交织着学校教育改革的脉络。2001 年第一次教育教学大讨论,学校提出"以人为本、整合培养、求是创新、追求卓越"的教育理念。2010 年第二次教育教学大讨论,学校进一步确立了人才培养的中心地位,并围绕完善教育教学模式、优化人才培养环境,提出了十条改革意见。2015 年启动的第三次教育教学大讨论,聚焦以立德树人、全面发展为导向的人才培养体系,结合实施综合改革和"十三五"规划,探讨深化教育改革和创新的举措。

纵观这三次大讨论,教育目标和教育理念始终一脉相承、与时俱进,教育改革不断立体展开、纵深推进。当前以及未来一个时期,我们要以系统改革的思维,进一步提升并实践"整合培养"理念,重塑以学生为本的人才培养体系。这个体系应该具备四个特征:一是整合性,主要体现学生的整合培养,即集成人才培养的全要素、全链条、全周期,使教育活动成为一个有机的生态整体;二是协同性,主要强调协同育人的要求,即服务于统一的人才培养目标,各组成部分同步规划、同步实施、同步检验、同步改进,形成系统培养的格局;三是开放性,主要体现教育资源的开放共享,即打通学校育人环境和社会环境、国际环境,将校外教育资源引入学校教育体系;四是互动性,主要强调教和学的互动,即教师和学生通过紧密的联系,保持信息、知识、能力、德性的沟通交流,构建具有生命力的教育系统。

优化人才培养体系,落实"整合培养、协同育人"理念,就是要全面推进培养目标、培养模式、培养路径、培养方式的整合与协同。具体而言,必须在以下四个方向有效突破:

第一,促进知识传授、能力培养、素质提升、人格塑造有机结合,树立全人教育的培养目标。围绕 KAQ2.0 的教育定位,要强化四大培养目标的整合性举措,着力培养具备宽厚基础、卓越能力、全面素质和健全人格的"时代高才"。要重构人才遴选的标准和方法,提高招生的质量,选拔汇聚符合浙大精神气质和能力素质要求的优秀人才。要推动知识、能力、素质与人格的有机结合,将人格塑造摆在更加重要的位置,促进学生的全面发展。

第二,推动通识教育、专业教育、交叉培养、思政教育深度融合,创新全员育人的培养模式。深度融合的全员育人,就是针对学生全面协调发展的培养。我们不仅要强调系统扎实的专业教育,而且要强调通识教育的功能。这种深度融合,主要体现为推动专业基础课程与通识核心课程的结合,奠定学生宽厚的知识基础;推动专业培养与跨专业培养的连接,培养学生独特的能力结构;推动思想政治教育与通识教育的融合,造就学生良好的素质和人格魅力。

第三,加强第一课堂、第二课堂、第三课堂、第四课堂协同培养,构建全过程的教育生态圈。四课堂协同培养彰显了紧密和谐的师生关系、导学关系,构建了全面素质能力提升的教育生态。通过四课堂融通,学生系统学习各类知识,获得课题研究、实践创造、团队合作、国际化等多方面能力的提升;教师改进教学内容和方法,创建协同育人的多种培养环境;师生互动共同实施教学和实践活动,促进构建有活力的教育系统。要推动开放创新、科教协同、跨界融合,整合课内外、校内外和海内外的教育资源,形成四课堂融通的特色生态体系。

　　第四,深化课堂教育、慕课教学、移动学习、网络平台创新互动,打造全方位的教学新体验。现代信息网络技术的快速发展正在推动教育教学模式的不断创新。要构建移动学习、虚拟学习的平台和环境,推动多种教育学习方式的汇聚融合,打造超体验的学习交互空间。要实现教育教学资源的充分共享,引领学习2.0模式下的教学方法创新,推动教学从以知识为主转向以能力为主,为自主性学习、交叉性学习、研究性学习创造更好条件。

三、巩固落实教育教学大讨论成果,进一步提高人才培养的能力和质量

　　本次教育教学大讨论,围绕"弘扬求是精神,强化责任体系,创新教育模式,培育时代高才"主题,经过大家的共同努力,总体上取得了一系列阶段性成果。在培养目标上,更加明确了教育教学的目标定位;在培养模式上,更加重视了通识教育,强调了院系为主的专业教育,推动了跨院系的交叉培养,畅通了思政教育贯彻培养全过程;在培养路径上,明确了四个课堂的功能定位及贯通思路;在培养方式上,强调了教学方法创新的重要性,促进了教育教学资源的开放共享;在学生管理上,优化了学生评价体系,确立了招生、就业和培养的高标准;在育人责任上,明确了院系的教育主体责任,强化了教师的育人职责,加强了教育教学的组织协同和资源保障。这些成果,必须进一步加以巩固和落实,才能真正提高人才培养的能力和质量。

　　下一阶段,我们要紧紧围绕构建完善以立德树人、全面发展为导向的人才培养体系,坚持贯彻调动人的积极性和组织的积极性这两条主线,继续深化系统性的教育改革。调动人的积极性,一是要调动学生学习的主动性和创造性,二是要调动教师教学的责任性和创新性,三是要建立教与学、教与研的协同机制。调动组织的积极性,一是要强化基层教学组织的自主功能,二是要落实院系的教育主体责任,三是要提升学校及职能部门的保障、监督和评价能力。

　　提高本科生和研究生的教育质量,必须聚焦育人体系的优化和教育模式的创新,关键要推进以下三方面的工作:

　　第一,优化本科生培养体系,打造全人教育的卓越品牌。一要完善招生工作体系,积极谋划应对未来的考试招生制度改革,建立高效互动的生源指导与宣传平台,促进招生工作重心下移和战略前移,更有效释放教育教学资源优势和学科专业影响力,着力打造并凸显专业的特色和优势,增强学校对一流生源和特质优异学生的吸引力。二要完善就业工作体系,力争学生就业创业方向与学校人才培养目标一致,要构建具有浙大特色的就业和创业促进网络,在就业指导和培养过程上保持高度互动并形成系统合力,不仅仅满足于一次就业率,要在学生就业布局上保持高品质。三要完善学生培养体系,落实以学生为中心的教育理念,建设高品质的博雅通识教育基础课程和专业核心课程体系,打造一批具有挑战性的高水平荣誉课程,推动交叉领域的人才培养进一步破题,完善"通识教育＋专业教育＋跨学科教育"的培养模式。要不断推进系统优化和改革创新,推动竺可桢学院发挥教改试验田的作用,鼓励专业院系深化教学和课程改革,支持教师改革完善教学方式方法。四要完善德育工作体系,推进以德育为核心的素质教育和人格塑造,推动思想政治教育与综合素质教育、人文艺术教育紧密结合,贯穿于院系和学园的联动并根植于学园社区,同时促进四课堂育人的融合互动,发挥马克思主义哲学学科的育人作用,强化核心价值体系和思想引领功能,打造学生素质全面提升的平台和环境。

第二,推进研究生教育创新,形成科教融合的培养特色。一要加强培养质量管控,充分发挥院系学术委员会的作用,推动研究生培养质量把关的重心下移,提高培养出口标准,严格培养流程标准,全面提高博士生的创新能力和学术素养,进一步提升研究生培养的品质内涵。二要推进科教融合创新,促进科研体系与研究生教育体系的深度互动,推动科研资源与研究生培养的紧密结合,积极探索科教协同、产教融合的专业硕士培养模式,推动研究生培养能力再上一个台阶。三要创新本研贯通培养,打通本科生与研究生的教育体系,探索推进小班化、探究式、互动式教学改革,进一步扩大硕博连读、本科直接攻博的规模。四要加快教育国际化步伐,充分运用学校丰富的国际化资源,加大力度支持研究生的联合培养、海外访学、科研合作和参加国际学术会议,加强国际师资和全英文课程及教材建设,以国际联合学院为试点积极探索研究生培养的新模式和新机制,进一步提高研究生教育的整体水平。

第三,落实各方面育人责任,营造尊师重教的环境氛围。一要落实院系的育人主体责任,明确院系负责培养目标、培养方案的规划和实施,加强对院系领导班子履行育人职责和人才培养绩效的考核,完善基层教学组织的管理和支持办法,落实基层教学组织的权力、责任和资源。二要完善教与学的责任机制、激励政策,明确教师教学的主体责任,引导教师加强教育教学研究、推动教学方法改革,让教育教学业绩在聘岗晋升、评奖评优中有充分体现。同时改革完善学习评价机制,加强对学习方法的研究和科学指导,促进学生的自主性学习和研究性学习,有效激发学生的学习兴趣和潜能。三要完善教育教学的质量评价和控制系统,健全教学督导机制,强化学科专业和教学工作评估,学校和院系都要建立教育教学的质量标准,以及相应的淘汰机制。四要营造重视教育的环境氛围,加强优良师德师风和学风建设,改善人才培养的基础设施条件,加大教育教学资源投入,构建以师生为本的文化氛围和制度环境。

同志们,提高教育教学质量,培养一流拔尖人才,是浙江大学建设世界一流大学的中心任务,需要我们持之以恒的奋斗。本次教育教学大讨论活动虽然就此告一段落,但我校对人才培养工作的改革探索将会继续引向深入。我们要切实承担起时代赋予的重任,紧紧依靠全校师生员工的共同努力,弘扬求是创新精神,构建一流人才培养体系,打造卓越教育教学品牌,为加快建成中国特色的世界一流大学做出新的贡献。

浙江大学概况

浙江大学简介

　　浙江大学是一所历史悠久的国家重点高校,是首批进入国家"211工程"和"985工程"建设的若干所重点大学之一。建校一个多世纪以来,浙江大学以民族振兴、国家强盛为己任,不断创新发展,已成为一所实力雄厚、特色鲜明,具有国内一流教学水平,在国际上享有较大影响力的综合型、研究型、创新型大学。浙江大学以"求是创新"为校训,现任校长是吴朝晖教授。

　　浙江大学位于中国历史文化名城、世界著名的风景游览胜地——浙江省杭州市,现有玉泉、西溪、华家池、之江、紫金港等5个校区,占地总面积6398.48亩,分布于杭州市区不同方位。另有分布在杭州以外的2个校区,分别是舟山校区(一期),占地面积480亩;海宁国际校区(一期)于8月投入使用,占地面积330亩。各校区环境幽雅,花木繁茂,碧草如茵,景色宜人,是读书治学的理想园地。

　　浙江大学的前身是建于1897年的求是书院,为中国人自己创办的最早的新式高等学府之一。1928年,学校正式定名为国立浙江大学,是中国最早的国立大学之一。1936年,著名科学家竺可桢出任国立浙江大学校长,广延名师,实行民主办学、教授治校,使国立浙江大学声誉鹊起,逐渐崛起成为一所文、理、工、农、医和师范学科齐全,享誉海内外的著名大学。期间由于抗日战争爆发,浙江大学举校西迁,流亡办学历时九年,足迹遍及浙、赣、湘、桂、闽、粤、黔7省,谱写了"文军长征"的辉煌篇章。在遵义、湄潭等地艰苦办学的七年间,浙江大学弦歌不绝,以杰出的成就赢得了"东方剑桥"的美誉。20世纪50年代初期,在全国高等院校调整时,浙江大学曾被分为多所单科性学校,其中在杭的4所学校,即原浙江大学、杭州大学、浙江农业大学、浙江医科大学于1998年9月合并组建为新的浙江大学,重新成为学科门类齐全的综合性重点大学。

　　浙江大学的百年历史上,群星璀璨,俊彦云集。马一浮、丰子恺、许寿裳、梅光迪、郭斌和、夏鼐、钱穆、吴定良、张其昀、张荫麟、马叙伦、马寅初、夏承焘、姜亮夫、李浩培、沙孟海等学术大师和著名学者曾经在这里任教。新文化运动的先驱、中国共产党的创办人之一陈独秀，北京大学校长何燮侯和蒋梦麟，著名教育家邵裴子和郑晓沧，我国新闻界的先驱邵飘萍，新文化运动和电影事业的先驱夏衍，"敦煌保护神"、著名画家常书鸿等著名历史文化名人，也在浙江大学留下了他们求学的身影。此外，陈建功、苏步青、谷超豪、胡刚复、束星北、何增禄、王淦昌、卢鹤绂、吴健雄、李政道、程开甲、钱三强、卢嘉锡、贝时璋、谈家桢、罗宗洛、谭其骧、陈立、竺可桢、叶笃正、赵九章、蔡邦华、王季午、钱令希、梁守槃等一大批著名科学家都曾在浙江大学求学或任教。据统计，曾在浙江大学求学或任教的中国科学院院士和中国工程院院士共有 160 余名，其中曾经在浙江大学求学的有 90 余名。

今天的浙江大学，学科门类齐全，综合实力居全国高校前列。学校建有 7 个学部，下设 36 个院系。另有 2 个国际联合学院、1 个工程师学院。现有 140 个本科专业，308 个硕士学位授权点，54 个一级学科博士学位授权点，273 个二级学科博士学位授权点，54 个博士后流动站，另有博士专业学位类别 4 种，硕士专业学位类别 27 种；有一级学科国家重点学科 14 个，二级学科国家重点学科 21 个和国家重点（培育）学科 10 个；有国家重点实验室 10 个，国家专业实验室 4 个，国家（地方联合）工程实验室 7 个，国家工程（技术）研究中心 6 个，普通高等学校人文社会科学重点研究基地 3 个，国家基础科学研究和教学人才培养基地 8 个，国家工科基础课程教学基地 4 个，国家战略产业人才培养基地 3 个，国家动画教学研究基地 1 个，国家教学试验示范中心 14 个，国家大学生文化素质教育基地 1 个，全国大学生校外实践教育基地 23 个。

学校师资力量雄厚，浙江大学现有教职工 8,423 人，其中专任教师 3,502 人，专任教师中有正高职人员 1,631 人，副高职人员 1,357 人。教师中有中国科学院院士 18 人，中国工程院院士 19 人，文科资深教授 9 人，国家"千人计划"学者 81 人，"长江学者"特聘（讲座）教授 128 人，浙江省特级专家 44 人，国家杰出青年基金获得者 129 人，教育部高等学校教学名师奖获得者 10 人。

浙江大学坚持"以人为本，整合培养，求是创新，追求卓越"的教育理念，不断培养具有国际视野的未来领导者和大批杰出创新人才。截至 2016 年底，学校现有全日制在校学生 48,762 人，其中博士研究生 9,537 人，硕士研究生 15,092 人，本科生 24,133 人。另有在校留学生（含非学历留学生）6,237 人，其中攻读学位的留学生为 3,498 人，远程教育学生 48,868 人。

学校综合办学条件优良，基本设施齐全。校舍总建筑面积为 257 万余平方米，拥有计算中心、分析测试中心等先进的教学科研机构和科学馆、体育场、活动中心等各类公共服务设施。全校藏书量达 693.5 万余册，数字化图书资源的数量与支撑技术处于国际领先水平。学校还拥有 7 家设备先进、水平一流的省级附属医院及 1 家出版社。高速计算机骨干网络及特设的公交线路将各校区和附属医院联为一体。

"国有成均，在浙之滨。"作为中国高等教育管理体制改革的试点之一，浙江大学一直继续秉承求是创新精神，致力于创造与传播知识、弘扬与传承文明、服务与引领社会，积极推动国家繁荣、社会发展和人类进步，努力跻身世界一流大学行列，为中华民族的伟大复兴不懈奋斗。

机构简介

【学术机构】 校学术委员会/人文学部/社会科学学部/理学部/工学部/信息学部/农业生命环境学部/医药学部

【学院(系)】 人文学院/外国语言文化与国际交流学院/传媒与国际文化学院/经济学院/光华法学院/教育学院/管理学院/公共管理学院/马克思主义学院

数学科学学院/物理学系/化学系/地球科学学院/心理与行为科学系/机械工程学院/材料科学与工程学院/能源工程学院/电气工程学院/建筑工程学院/化学工程与生物工程学院/海洋学院/航空航天学院/高分子科学与工程学系/光电科学与工程学院/信息与电子工程学院/控制科学与工程学院/计算机科学与技术学院/软件学院/生物医学工程与仪器科学学院/生命科学学院/生物系统工程与食品科学学院/环境与资源学院/农业与生物技术学院/动物科学学院/医学院/药学院

【学校职能部门】 党委办公室(含保密办公室、信访办公室)/校长办公室(含法律事务办公室)/纪律检查委员会办公室/党委组织部/党委宣传部、新闻办公室(合署)/党委统战部/党委学生工作部/党委研究生工作部/党委安全保卫部(与安全保卫处合署)/学生工作处(与党委学生工作部合署)/机关党委/离休党工委(与离退休工作处合署)/工会/团委/发展规划处/政策研究室/人才工作办公室(与人事处合署)/外事处(含港澳台事务办公室)/本科生院/研究生院/科学技术研究院/社会科学研究院/继续教育管理处/地方合作处(含科教兴农办公室)/医院管理办公室/计划财务处(含经营性资产管理办公室、国有资产管理办公室、采购管理办公室)/审计处/监察处(与党委纪律检查委员会办公室合署)/实验室与设备管理处/房地产管理处(含"1250安居工程"办公室)/基本建设处/安全保卫处/后勤管理处/离退休工作处

【学校直属单位】 发展联络办公室(含发展委员会办公室、校友总会秘书处、教育基金会秘书处)/就业指导与服务中心/图书与信息中心/档案馆/艺术与考古博物馆/竺可桢学院/继续教育学院、成人教育学院、远程教育学院(合署)/全国干部教育培训浙江大学基地/国际教育学院/公共体育与艺术部/中国科教战略研究院/工业技术转化研究院/先进技术研究院/新农村发展研究院(含农业技术推广中心)/校医院/出版社/建筑设计研究院/国家大学科技园管理委员会(与工业技术转化研究院合署)/农业科技园管理委员会、农业试验站(合署)/采购中心(副处级机构,归口实验室与设备管理处管理)/医学中心(筹)(归口医学院管理)/国际联合学院(海宁国际校区)/工程师学院

附录 1　浙江大学 2016 年教职工基本情况 （单位：人）

职称级别	总计	专任教师	行政人员	教学科研支撑人员	科研机构人员	其他人员
总计	8,423	3,502	1,339	805	1,362	1,415
正高级	1,812	1,631	38	29	66	48
副高级	2,488	1,357	317	216	334	264
中级及以下	4,123	514	984	560	962	1,103

附录 2　浙江大学 2016 年各类学生数 （单位：人）

学生类别	毕业生数	招生数	在校学生数	毕业班学生数
一、研究生*	6,005	7,591	25,724	9,857
其中：博士生	1,611	2,051	10,106	5,472
硕士生	4,394	5,540	15,618	4,385
二、本科生	5,518	6,030	24,133	5,965
三、留学生	3,115	2,875	6,237	
其中：攻读学位留学生	376	935	3,498	372
四、远程教育	15,379	13,764	48,868	—

注：＊含留学生数。

党建与思想政治工作

思想建设

【概况】 2016年,浙江大学深入学习贯彻党的十八大和十八届三中、四中、五中、六中全会精神,学习贯彻全国高校思想政治工作会议精神和习近平总书记系列重要讲话精神,紧紧围绕"立德树人"根本任务,着力做好理论武装、精神塑造、舆论引导、媒体融合、文化建设等各方面工作,为全面实施"六高强校"战略、加快建设中国特色世界一流大学提供强有力的思想基础、舆论环境和文化条件。

深化理论学习和思想武装,发布《浙江大学2016年党委中心组理论学习计划》《中共浙江大学委员会关于深入学习贯彻习近平总书记在党的新闻舆论工作座谈会上重要讲话精神的通知》《中共浙江大学委员会关于认真学习贯彻习近平总书记在庆祝中国共产党成立95周年大会上的重要讲话精神的通知》《中共浙江大学委员会关于深入学习贯彻党的十八届六中全会精神的通知》

《中共浙江大学委员会关于深入学习贯彻全国高校思想政治工作会议精神的通知》等文件,组织中心组理论学习会、专题学习会、报告会、座谈会等形式多样的学习活动,深入学习领会习近平总书记治国理政新理念、新思想、新战略。做好"两学一做"学习教育专题宣传,组建学校理论宣讲团和"两学一做"学习教育讲师团,切实增强宣讲的针对性和实效性。认真落实中央有关意识形态工作文件精神,健全意识形态工作责任制,强化党管意识形态主体责任和教师思想政治工作。

紧扣中心任务,深化媒体合作,强化深度报道,全方位立体式展现学校改革发展新进展。中央地方主流媒体报道浙江大学新闻近200篇,中央电视台累计播出浙江大学新闻近20条。《学生也能亮相校级平台》《塑料有了复杂形变记忆》《接地气的麻辣院士》《从不对农民说"不"》等报道被人民日报、光明日报、中国教育报等媒体采用。积极传播G20杭州峰会期间的校园热点,力学系李铁风教授团队软体机器人项目、"G20峰会·外交小灵通"进浙大活动等受到央视、新华社等多家权威媒体报道。《浙江大学报》以周报形式连续出版 37 期,获中国高校校报好新闻评选一等奖 3 项、二等奖 1 项和浙江省高校校报好新闻评选一等奖 10 项。校广播电视台选送的师生作品获中国高校电视奖一等奖 5 部、二等奖 2 部。

完善新媒体发展整体格局,全面深化"网上浙大"建设。建成德语、俄语等多语种门户网站,夯实网络宣传员队伍建设,组建媒体传播专家库。截至 2016 年 12 月 31 日,浙江大学官方微博粉丝人数约 42 万,微信粉丝人数约 22 万,"今日头条"日均触达用户 13 万人以上,创作了诸多阅读量破万的热点文章。根据"学术中国"与"清博指数"发布的高校网络影响力排行指数显示:浙江大学新媒体影响力居全国高校第二,网络影响力位列全国高校第三,获教育部(中国教育学会教育新闻宣传分会)"2016 年教育系统新媒体综合力十强"荣誉称号。

进一步加强校园文化建设,营造纪念建校 120 周年良好氛围。大力推进紫金港北区西迁文化园、学生文化长廊、师生交流吧等建设。设计学校视觉形象识别系统(VI),确定以蓝色为标准色,红色为主辅助色。积极培育"立德树人"文化品牌,开展第三届"启真杯"学生十大学术新成果评选。"学霸赛龙舟·龙舟文化传承实践活动"获评教育部"礼敬中华优秀传统文化"系列活动特色展示项目,"研究生五好导学团队"项目获教育部全国高校校园文化建设优秀成果二等奖。做好纪念建校 120 周年各项宣传工作,编辑"百廿求是"丛书,求是创新校庆画册,进一步传承、丰富和发展浙大精神文化的价值内涵。

【深入学习贯彻党的十八届六中全会精神】
2016 年 10 月 24 日至 27 日,党的十八届六中全会在北京胜利召开。全会明确了"以习近平同志为核心的党中央",对全面从严治党重大问题进行了专题部署,是我国进入全面建成小康社会决胜阶段、迎接党的十九大的背景下召开的一次十分重要的会议。浙江大学将学习宣传贯彻党的十八届六中全会精神作为一项重要政治任务,通过举行党委中心组理论学习(扩大)会议、干部会议、学生党员专题党课,组织宣讲团、报告会、座谈会等多种形式,切实把思想和行动统一到中央精神和决策部署上来,坚定不移地将全面从严治党各项要求落到实处,为创建中国特色世界一流大学提供坚实的政治保障。

【健全意识形态工作责任制】 根据中央办公厅发《党委(党组)意识形态工作责任制实施办法》精神,按照属地管理、分级负责和"谁主管谁负责"原则,浙江大学党委与各院级党组织、各部门、各单位签订意识形态工作责任书,明确各院级党组织、各部门、各单位领导班子、领导干部的意识形态工作责任。进一步健全了相关职能部门(单位)各司其职、各负其责、共同履责的意识形态工作体系,切实形成党委统一领导,党政齐抓共管,职能部门分工负责,各院级党组织、各部门、各单位具体实施,广大干部师生共同参与的工作格局。

【深入学习贯彻全国高校思想政治工作会议精神】 2016 年 12 月 7 日至 8 日,党中央召开全国高校思想政治工作会议,习近平总书记出席会议并发表重要讲话,对加强和改进新形势下高校思想政治工作做出重大部署,是高校改革发展、党的建设和思想政治工作中具有里程碑意义的一件大事,为做好高校思想政治工作指明了前进方向。浙江大学通过下发文件,召开党委中心组理论学习会、中心组理论学习(扩大)会、各师生群体代表座谈会,组织宣讲团、报告会、优秀典型表彰大会等多种形式,广泛开展学习宣传贯彻会议精神活动,切实把思想政治工作贯穿教育教学全过程,在建设世界一流大学过程中培养时代高才。

(江宁宁撰稿　应飚审稿)

组织建设

【概况】 至 2016 年底,全校共有院级党组织 57 个,其中党委 52 个、离休党工委 1 个、国际联合学院(海宁国际校区)党工委 1 个、工程师学院党工委 1 个、直属党总支 2 个;校党委派出机构 7 个;党总支(不含直属党总支)94 个;党支部 1,525 个,其中在职教职工党支部 597 个、离退休党支部 153 个、学生党支部 775 个。

全校共有中共党员 34,895 人。其中,学生党员 14,948 人,占学生总数的 30.66%(其中研究生党员 12,499 人,占研究生总数的 50.75%;本科生党员 2,449 人,占本科生总数的 10.15%);在职教职工党员 14,056 人(其中专任教师党员 2,099 人,占专任教师总数的 59.93%);离退休党员 3,909 人;长期出国、挂靠等其他党员 1,982 人。

全校共有中层干部 502 人。其中,正职 171 人(含主持工作副职 7 人)、副职 331 人;女干部 120 人,占中层干部总数的 24.1%;非中共党员干部 63 人,占中层行政干部总数的 20.1%。中层干部平均年龄为 48.8 岁,其中正职平均年龄为 51.6 岁,副职平均年龄为 47.2 岁;45 岁以下的中层干部共有

146 人,占中层干部总数的 29.1%。中层干部中有硕士、博士学位者 421 人(其中博士学位 239 人),占中层干部总数的 83.9%;有高级职称的 431 人(其中正高职称 267 人),占中层干部总数的 85.9%。

进一步加强中层领导班子和干部队伍建设。加强中层领导班子的思想政治建设、作风建设、能力素质建设和党政协同工作机制建设,出台《浙江大学学院党政联席会议议事规则(试行)》(党委发〔2016〕16 号)。完成中层领导干部年度考核,21 位中层领导干部通过试用期考核。组成 7 个调研组,对 61 个中层领导班子开展干部队伍建设专题调研。落实从严治党要求,选拔任用干部坚持“凡提四必①”,认真执行《浙江大学干部选拔任用工作纪实办法(试行)》(党委发〔2015〕78 号),对领导干部严格执行提醒、函询和诫勉制度。做好 2016 年度中层领导干部个人有关事项集中报告和综合汇总工作,按 10% 的比例进行随机抽查核实。做好中层领导干部出国(境)管理有关工作,统一保管中层领导干部因私出国(境)证件。加强年轻干部培养锻炼,继续做好外派、接收和校内挂职工作。协同抓好辅导员队伍建设。全年调整中层干部 86 人次,其中新提任正职 6 人、副职 38 人。全校各院系、机关部门、直属单位共调整科职干部 159 人次,其中新提任正职 39 人、副职 49 人。派出援疆、援藏、对口支援滇西等挂职干部 66 人,在岗总数 87 人,接收 14 名校外干部挂职锻炼,校内挂职 21 人。

进一步加强基层党组织和党员队伍建设。根据上级统一部署,扎实做好党员组织

---

① “凡提四必”,即讨论决定前,对拟提拔或进一步使用人选的干部档案必审、个人有关事项报告必核、纪检监察机关意见必听、线索具体的信访举报必查,坚决防止“带病提拔”。

关系集中排查、基层党组织按期换届专项检查及党费收缴工作专项检查等各项基层党建重点任务,印发《关于进一步规范党费收缴、使用和管理的若干规定》(浙大组〔2016〕17号),推动全面从严治党向基层延伸。进一步落实基层党建工作责任,开展2016年度院级党组织书记抓基层党建工作述职评议考核,8位院级党组织书记进行现场述职和评议,42位院级党组织书记进行书面述职和评议。继续开展"五好"党支部创建活动,累计1,644个党支部通过验收。除了下半年新成立的2个党支部,2011年校党委提出的"用五年时间,使在职教工党支部达到'五好'党支部的建设标准"任务基本完成。开展第二批优秀"五好"党支部创建活动,共评审出121个优秀"五好"党支部。1位党员被评为全国"优秀共产党员"。

坚持党校姓党根本原则,着力加强党员干部教育培训。围绕"两学一做"①学习教育要求,扎实推进"育人强师"培训工作。强化学生党员经常性教育培训工作,面向学生正式党员启动实施"先锋学子"全员培训。健全入党前两级培训制度,由学校统一举办发展对象短期集中培训,院级党组织实施入党积极分子培训。全年共培训干部教师1,029人次(含境外进修48人次),培训党建骨干、党员和发展对象3,441人次,选送干部教师参加上级组织调训29人次。新成立2所分党校。

【深入开展"两学一做"学习教育】 根据中共中央统一部署,深入开展"两学一做"学习教育,印发《浙江大学关于在全体党员中开展"学党章党规、学系列讲话,做合格党员"学习教育方案》(党委发〔2016〕27号),在全校中共党员中开展"两学一做"学习教育。学校领导班子带头多次开展集中学习研讨,党委书记分别面向全体中层干部、教师党员、学生党员讲了3次专题党课,其他党员校领导分别到所在党支部、分管和联系的部门(单位)讲专题党课。全校抽调8个督导联络小组,分片深入基层党组织,通过经常性实地走访、座谈交流、参加活动、查阅台账等方式,了解掌握情况,强化指导督促,确保学习教育各项任务在党支部层面落地见效。坚持"学""做"结合,多种形式丰富"学""做"载体。开展"两学一做"专题培训4期,组织师生参加教育部"两学一做"专题网络培训示范班2期,启用学习教育基础知识微信学习平台。实施"事业之友"教职工党员与非党员教职工联系结对制度,全校被结对的非党员教职工10,221人,结对覆盖率达到66.11%。开展"两学一做"支部风采展示、学生党员微党课大赛等活动。抓好院院两级领导班子"两学一做"专题民主生活会、党支部专题组织生活会和民主评议党员工作。中央督导组分别于2016年6月和10月莅临学校开展专题督导调研,并全程参加学校领导班子民主生活会,对学校"两学一做"学习教育成效给予充分肯定。中组部《"两学一做"情况通报》、央视《新闻直播间》、共产党员网等媒体报道了学校"两学一做"学习教育先进做法和优秀典型。

(盛 芳撰稿 赵文波审稿)

作风建设

【概况】 2016年,浙江大学贯彻执行中央、

---

① "两学一做",即"学党章党规、学系列讲话,做合格党员"。

教育部和中共浙江省委的决策部署，坚定不移推进全面从严治党、党风廉政建设和反腐败工作。深入学习贯彻《关于新形势下党内政治生活的若干准则》和《中国共产党党内监督条例》等党纪党规。分层分类开展廉洁教育和党纪党规培训，全年对领导干部、重要岗位人员及师生员工等开展专项培训20余场次。以"廉洁教育季"等活动为载体，以廉洁文化"一院一品"建设为重点，深入推进廉洁文化精品创建工作，通过举办"清心•正道"廉政书画作品征集、廉洁教育讲座，组织开展廉洁教育课题研究、指导廉洁类学生社团等方式，拓展反腐倡廉宣教平台，推进廉政理论研究。召开2016年度党风廉政建设工作会议，党委常委会28次研究部署党风廉政建设工作，专题召开党风廉政建设情况分析会；党委书记、校长及领导班子其他成员全面落实党风廉政建设责任制；制定《二级单位落实党风廉政建设"两个责任"清单》，强化党政主要负责人的第一责任人责任和班子成员的"一岗双责"。出台《浙江大学内部控制体系建设实施方案》，修订《浙江大学公务接待管理实施办法》《浙江大学党政机关办公用房管理办法（试行）》《浙江大学会议费管理规定（暂行）》《浙江大学差旅费管理办法（暂行）》《浙江大学外宾接待管理实施办法》等制度文件，建立健全党风廉政建设及相关的长效机制。抓好党风廉政建设分析会、纪委全委会、二级单位纪委书记例会、附属医院纪委书记联席会议等会议制度，建立院级党政班子向校党委、纪委定期汇报履行主体责任情况制度。抓住基本建设、采购招标、科研经费、特殊类型招生、继续教育、附属医院、公款存放、师德师风等重点领域和关键环节的廉政风险防控机制，推进建章立制工作。进一步贯彻落实中央八项

规定精神、驰而不息纠正"四风"，完成教育部专项检查组发现的714个问题的整改，开展公务接待自查整改工作；进一步细化学校公务接待、会议管理、因公因私出国（境）、公用房管理等规定，推进落实公务用车制度改革。

健全领导干部带头改进作风、深入基层调查研究机制，办好"书记有约""校长有约"和师生意见建议公开回复平台；精简会议活动和文件简报，改进会风文风，推进机关效能建设。对违反中央八项规定精神的现象进行严肃查处，组织调整1人，诫勉谈话15家单位和13人，批评教育32人次，通报批评5家单位。

深入推进廉政风险防控机制，建立健全重点领域和关口监督的长效机制。抓住学校修缮项目和紫金港西区建设项目集中推进的时机，学校纪委组织协同审计、后勤、房产、基建、工会等部门，加大对紫金港西区建设工程、大额基建（修缮）工程、"1250安居工程"等项目的监督与检查，推进与地方检察机关协同预防职务犯罪工作。认真做好国有资产管理专项检查整改工作，开展继续教育财务收支专项审计。

贯彻《高等学校践行监督执纪四种形态的指导意见》精神，完善信访季度专报制度，落实纪检监察建议书、重要信访件跟踪办理等工作举措，全年共受理来信来访来电和网络信访举报件53件（次），按"四种标准"处置问题线索，做到件件有着落。严格纪律审查，1人因违法被追究刑事责任，受到开除公职、开除党籍处分；1人因违反工作纪律受到降低岗位等级、党内严重警告处分；1人因违反廉洁纪律受到记过处分；2人因学术诚信问题受到警告处分。针对苗头性、倾向性问题和轻微违纪但没有达到党政纪处分的情况，积极践行"四种形态"，严格责任追究，进行组

织调整 1 人，诫勉谈话 30 人次、通报批评 8 人次、批评教育 35 人次、书面函询 5 人。推进内部巡查工作，加强对宁波理工学院、本科生院内部巡查整改工作的监督检查。学校党政领导干部选拔任用征求纪委意见 79 人次。

进一步健全纪检监察体制机制，明确校院两级纪检监察工作职责，加强对二级单位纪检工作指导；健全二级单位纪委书记例会制度和医学院附属医院纪委书记联席会议制度，全年召开例会 6 次。加大校院两级纪检监察干部培养使用力度，有针对性地开展纪检业务专题培训 250 余人次。切实发挥民主党派、教代会代表等民主监督作用，组织特邀监察员等群众监督力量，积极开展行政监察、效能监察、行风建设、专项监督检查和调查研究等工作。从严加强纪检监察队伍的管理，强化日常管理和监督。

（许慧珍撰稿　张子法审稿）

2016 年，实施 2015 年修订出台的《浙江大学建立健全师德建设长效机制的实施细则》，明确坚持政治标准和学术标准相统一，将师德表现及教师参与思想政治工作纳入考核，在人才引进、职务晋升、干部选拔、岗位聘任、评奖评优、年度考核、聘期考核等各个环节将"德"的考察内容作为重要依据，对道德失范教师实行"德"的一票否决制。坚持马克思主义在意识形态和哲学社会科学中的指导地位，加强教师的理想信念教育、职业道德教育和师德师风教育，将师德教育摆在首位，贯穿教师职业生涯全过程。2016 年 200 余位新入职的教师参加了新教工始业教育培训，培训内容涵盖理想信念、师德师风、校纪校规等专题。举办了浙江大学第三十三、三十四期育人强师培训班，对 130 余位新评聘高级职称的专任教师进行了师德师风方面的集中培训。完善师德表

彰奖励制度，通过评选表彰"三育人"标兵、"永平奖教金""好医生好护士"，加大先进典型和优秀事迹的宣传和推广力度，弘扬求是精神，培育风清气正的校园风尚。建立健全师风师德监督体系，严格师德惩处。教师若在教学科研活动中违反高校教师职业道德，则根据情节轻重，分别给予警告、记过、降低专业技术职务等级、撤销专业技术职务或者行政职务、解除聘用合同或者开除等处分。2016 年教职工因违反学校规章制度、违反学术道德行为规范受到学校政纪处分的有 5 人，其中开除 1 人，降低岗位等级处分 2 人，警告处分 2 人。

（刘偲偲撰稿　金达胜审稿）

机关作风建设主要按照"一流管理，服务师生"主题活动的实施方案，围绕年初工作要点，持续推进六方面工作：简政放权，进一步办好行政服务办事大厅；建立机关作风建设督导员制度；加强"三公"经费和办公用房管理；加强对党政管理人员的教育培训；加强院系机关作风建设和征集合理化建议（金点子）等工作。开展机关部门及部分直属单位 2016 年度工作网上测评，共收到意见和建议 139 条，并将各测评部门（单位）的回复意见通过校师生意见建议公开回复平台统一公布。不断查找和改进机关作风建设中存在的问题，落实具体问题涉及的责任部门。坚持基层群众评判和监督为第一导向，以评促建，改进作风，促进机关作风转变。

（苏传令撰稿　胡义镰审稿）

统战工作

【概况】 2016 年，浙江大学共有民主党派

成员 2,348 人(见表 1),民主党派在职人员中具有高级职称的占 80.5%。党外人士中,担任全国人大常委会委员 1 人,担任全国政协委员 4 人(其中常委 1 人);任浙江省人大代表 7 人(其中常委会副主任 1 人、常委 4 人);任浙江省政协委员 35 人(其中副主席 2 人、常委 6 人)。民主党派中,担任民主党派中央委员 15 人(其中常委 4 人);担任民主党派省委会委员 68 人(其中主委 3 人、副主委 10 人、常委 19 人)(见表 2)。

表 1 2016 年浙江大学民主党派组织机构

党派名称	委员会/个	总支/个	支部/个	成员数/人
民 革	1	0	9	207
民 盟	1	5	20	580
民 建	1	0	3	63
民 进	1	0	14	470
农工党	1	0	9	336
致公党	1	0	4	117
九三学社	1	0	17	568
台 盟	0	0	1	7
合 计	7	5	77	2,348

表 2 2016 年浙江大学各民主党派和统战团体负责人

名称	姓名	职称	职务	所在单位
民 革	段会龙	教 授	主 委	生物医学工程与仪器科学学院
民 盟	唐睿康	教 授	主 委	化学系
民 建	张 英	教 授	主 委	生物系统工程与食品科学学院
民 进	陈 忠	教 授	主 委	药学院
农工党	徐志康	教 授	主 委	高分子科学与工程学系
致公党	裘云庆	主任医师	主 委	医学院附属第一医院
九三学社	谭建荣	中国工程院院士	主 委	机械工程学院
台 盟	陈艳虹	副主任医师	主 委	医学院附属第一医院
知联会	杨华勇	中国工程院院士	会 长	机械工程学院
侨联、留联会	唐睿康	教 授	主席、会长	化学系

召开浙江大学民主党派统战团体学习习近平总书记系列重要讲话精神座谈会、浙江大学统一战线国庆座谈会暨情况通报会等,组织党外人士认真学习党的十八大及十八届三中、四中、五中、六中全会精神和习近平总书记系列重要讲话精神,号召党外人士积极践行"三学四信五作为",增强政治共识。

成立浙江大学党委统一战线工作领导小组,进一步健全学校大统战工作格局,切实加强新时期统一战线工作。中央统一战线工作调研检查组来校调研学校贯彻落实中央关于统一战线系列重大决策部署情况,充分肯定了学校统战工作取得的积极成果。加强院级党委统战工作,推动校院两级统战工作协调发展。开展党外代表人士队伍建设专项调研,分别听取各院级党组织书记的意见。

持续推进"111"党外代表人士培养计划,即重点培养10名左右旗帜性党外代表人士、100名左右党外代表人士、100名左右年轻党外代表人士后备人选。赴各院(系)、民主党派基层组织开展优秀党外年轻人才专项调研,建立党外代表人士档案,初步形成党外代表人士人才库。重视党外代表人士的培养锻炼,先后推荐7位院系党外优秀青年教师到校部机关挂职,有3位党外人士到省级机关和地方挂职。

积极发挥统一战线广大成员作用。支持民主党派发起的全校党外人士凝心聚力纪念建校120周年的倡议,开展党外人士"爱浙大、展风采、做贡献"凝心聚力纪念建校120周年系列活动。积极主动为各级党外人大代表、政协委员履职创造条件,做好服务。学校各级党外人大代表、政协委员积极参政议政,得到了有关部门的高度重视和媒体的广泛关注,在2016年召开的浙江省政协十一届四次会议上共提交了42件提案。

指导学校侨联、留联会换届工作,帮助做好新增选理事的推荐工作。组织开展"浙江大学统一战线论坛",承办"绿盛杯"全省高校侨(留)联系统羽毛球联谊赛等。组织浙江大学高层次归国留学人员开展科技对接等活动,与吴兴、安吉等地开展战略合作。2位老师获第六届中国侨界贡献奖。进一步加强同港澳台胞等的联络联谊,做好"台湾大学生浙江夏令营""2016琼港青年参访团"等的来访接待和交流联谊工作。

贯彻落实全国和全省宗教工作会议精神,成立浙江大学民族宗教事务管理工作小组,出台关于做好防范和抵御利用宗教向校园渗透工作的文件。组织开展党的民族宗教政策的宣传教育和学习培训,支持相关专家开展课题研究,提升专兼职统战干部做好相关工作的能力素质。组织少数民族教师赴少数民族地区调研考察。

推进统战理论研究工作。召开浙江大学统战理论研究会理事会议,选举产生第三届理事会。组织开展统战理论分类课题研究,2016年共立项8项研究课题。

【成立浙江大学社会主义学院】 12月,举行浙江大学社会主义学院成立仪式并举办第一期专兼职统战干部培训班。加强对党外代表人士、党派骨干、优秀青年归国留学人员、专兼职统战干部的教育培训,不断增强"四个意识"和"四个自信",不断巩固团结奋斗的共同思想政治基础,为建设中国特色世界一流大学、实现民族复兴凝聚力量。

(孟 礁撰稿 许 翔审稿)

安全稳定

【概况】 2016 年,以"两学一做"学习教育为契机,以"平安护航 G20 杭州峰会"为重点,做好责任落实、专项整治工作。强化安全防范措施,全面落实隐患排查工作,安保处获得了"浙江省公安厅 G20 峰会安保工作先进集体""浙江省国家安全人民防线建设优秀单位""杭州市高校情报信息工作先进单位"等荣誉称号。

构建多层次安全责任体系,学校与 103 家校内二级单位签订《浙江大学校园综合治理和深化"平安校园"建设责任书》,层层落实安全责任。

维护校园政治稳定,加强专项调研,做好信息搜集,处置网上有害信息;加强与公安部门联动,完善重点人员数据;协助公安、安全部门开展专项工作 100 余次。

夯实安全教育,前移教育关口,本科新生入学前进行网上安全教育考试;多层次、多形式全面铺开安全宣传,深入开展培训演练,普及安全知识,开展教育活动 128 次,参与师生近 31,000 余人次。

齐抓共管推动消防安全,落实消防安全责任。深化宣传教育,查改结合,将隐患排查整改落到实处,建立长效工作机制,共开展安全检查 317 次,整改安全隐患 531 处;定期维护和检测消防设施,确保设施完好有效。

强化校园综合治理,多措并举严厉打击各类盗窃案件;加强校门管理,不定时查验进出校园人员的身份;针对老校区停车难问题,挖掘扩建了 373 个停车位;智能化管理校园交通,启用车辆进校预约系统,升级车牌识别系统。规范危化物品管理,对 112 家通过资质认定的实验室进行年审,落实"五双"管理制度。

提升窗口服务水平,优化办事流程,开通支付宝、微信等第三方支付,开发微信公众号公务接待票申购系统,给师生提供更加高效便捷的服务;加强安全服务效能,落实 24 小时值班防控制度,全年接处警 4,600 余次,参与学校大型活动的安保工作 176 次。

完善校园技防体系,紫金港校区新增 76 个监控探头、19 根可视化综合报警立柱,升级监控系统管理平台;完成西溪校区教学楼消防给水远程监测平台建设;完成西溪校区和华家池校区的消控联网建设;完成玉泉校区教学区和之江校区消防管网改造。

【平安护航 G20 峰会】 落实护航任务,分阶段加强校外人员、车辆进校管理,共查验身份证 302,891 人次、校园卡 69,755 人次,车辆预约 2,348 车次;推行网格化管理,全校分为 220 个网格,筛查整治隐患 107 处;备案各类活动 112 项,排查"低小慢"飞行器 18 架,核查校内流动人口 3,124 人次。配合公安部门封闭"配偶活动"场馆,开展消防检查 45 次,发现整改隐患 61 处,开展 3 次全面安检,检出违禁物品 10 车;开展校内交通、紧急疏散、全要素演练,组织 5 次制高点管控、防暴培训演练;部署 286 人进行制高点管控、交通管制、安全巡逻,确保紫金港校区"配偶活动"平安举行。

(吴红飞撰稿　陈　伟审稿)

教代会与工会

【概况】 2016 年,浙江大学七届三次教代会提案办理继续设立"校领导领办提案",首次开展重点提案"回头看"督查工作,代表满意率有较大提升。召开教代会代表校情通报会,由校长吴朝晖通报学校创新生态体系构建和一流大学建设情况。组织教代会代表巡视"1250安居工程"人才房建设情况。组织第31期"育人强师"培训班,选拔工会系统先进个人和干部赴延安干部学院学习。悉心助推教师成长发展,组织"师说"论坛,开展"三育人"标兵领航计划,搭建教师职业发展交流平台;组织青年教职工素质拓展活动。开展先进模范评选表彰,杨德仁获全国五一劳动奖章,俞小莉获浙江省"最美教师"称号。开展第八届"三育人"先进集体、标兵评选活动,组织"三育人"事迹报告团走进学院、附属医院,弘扬师德师风。精心组织青年教师教学竞赛,农学院外籍教师英兰获得全国高校第三届青年教师教学竞赛工科组一等奖。至此,浙大实现了文科、理科、工科三个组别一等奖"大满贯"。

创新群众工作,进一步营造民主、和谐、温暖、快乐的工会文化。社团文化节开启教职工文化工作新格局。举办浙江大学首届教职工社团文化节,展现了教职工新风貌。教职工合唱团夺得省教育系统大合唱比赛第一名;发挥集邮协会作用,促成"浙江大学建校120周年纪念邮票"发行。"巾帼行"活动谱写女性工作新篇章。精心策划并组织"庆三八·巾帼行"系列活动,进一步推动"妈咪暖心小屋"建设;"全面二孩政策背景下女性发展论坛""青年女科学家与求是学子面对面""爱生活·巧手秀"等活动深受欢迎。举行浙江大学妇女组织与湖州市妇联合作十周年纪念活动,签订新一轮框架协议。"青春汇"活动开辟青工工作新征程。青年教授联谊会参加"校长有约"活动,为提

升学校声誉和国际化战略贡献力量。组织"在路上,因你而精彩"青年教职工迎新晚会,启动"一元微公益",汇聚青春正能量。

全面启动"五心"服务工程,营造"心齐、气顺、劲足、实干"的良好氛围。切实维护合法权益让教职工放心。启动工会会员"生日关怀计划",做好非编职工入会、帮扶困难职工等工作,继续推动企业职工工资集体协商工作,促进校园和谐稳定;不断拓宽公共服务体系让教职工省心。举办"浙大制造·科技生活"双年展,为科技惠及职工生活搭建展示平台。精心组织教师节系列服务和优惠活动。关心教职工子女发展,为引进人才子女入学、入园提供帮助;做大做强"爱心基金"和大病医疗互助保障,让教职工宽心。2016年有8,199名教职工向爱心基金捐款,捐款总额达51.96万元,累计向33位身患重病的教职工补助47.21万元。组织13,599位教职工参加了第三期省级产业工会职工大病医疗互助保障。启动实施疗休养制度,让教职工暖心。制定并实施《浙江大学教职工疗休养管理办法》,校院两级工会精心组织教职工疗休养,收到良好成效。强化安居乐业条件建设让教职工安心。充分发挥人才房工作委员会的作用,配合职能部门完成西湖区块人才房(第二批)申购销售工作,做好相关服务工作。

【七届三次教代会提案工作成效显著】 七届三次教代会共收到代表提案92件,经提案工作委员会审理,最终正式立案69件,作为意见、建议的22件,不予立案的1件,立案率75%。七届三次教代会提案办理继续设立"校领导领办提案",校党委书记金德水、校长吴朝晖等10余位校领导与代表进行面对面交流,推动了难点、重点问题的有效解决。开展重点提案"回头看"督查工

作,要求相关单位对承办的重点提案逐件进行再梳理、再分析、再落实,实现了提案跨年度延续办理,进一步提高提案办理质量和成效。代表们对提案办理给予了充分肯定,69件提案办理,代表对办理态度全部"满意";其中对办理结果"满意"的58件,占84.06%,"基本满意"的11件,占15.94%,没有"不满意"提案。对办理态度"满意"的增加4个百分点,对办理结果"满意"的增加6个百分点,满意率有较大提升。

【举办浙江大学"茂华杯"首届教职工社团文化节】 该文化节于10月28日晚开幕。作为迎接纪念浙江大学建校120周年的重要活动之一,该文化节为期三个月,为全校教职工打造了一个展现自我、锻炼自我和充实自我的平台。

【举办"2016浙大制造·科技生活"双年展】 该展于12月20日开展,这是浙江大学首次通过展览回顾和呈现师生在"十二五"期间取得的与人民生活紧密相关的代表性创新成果,共32项科技作品,覆盖了理、工、农、医各学科领域。这次活动由校工会、党委宣传部等单位组织。

(潘怡蒙撰稿　王　勤审稿)

学生思政

【概况】 2016年,浙江大学继续实施党员素质提升工程,全年培训本科生预备党员1,108人、本科生党建骨干183人、研究生预备党员850人、研究生党支部书记384人、研究生党支部书记著作研读示范班培训学员50人、培训研究生干部80人、组织研究生党支部书记36人参加第四届研究生党支部书记技能大赛。

通过组建本科生党员"先锋学子"全员培训计划讲师团、"两学一做"微党课大赛和"两学一做"学习平台,全面系统地推进了"两学一做"学习教育活动。同时,加强对本科生党员"两学一做"学习教育的督促检查和具体指导,确保学习教育扎实有效推进。组建宣讲团,在一年级学生的形势政策课、党员骨干培训班、预备党员培训班中开展十八大精神宣讲活动。拓展形势与政策教育渠道,创新教育形式,丰富教育内容。按照分类规划、分层指导的原则,指导各院(系)、学园组织开展主题教育活动。举办开学典礼、毕业典礼暨学位授予仪式等重大典礼活动,将大学精神的追求、求是文化的传统、学术创新的使命、学校育人的理念等有机地融入典礼之中,激发学生的青春理想和责任担当。以"浙大微学工""浙大研究生""求是潮""空中党校——研究生党员教育手机报A-Pi"等为载体,加强校园网络文化建设,着力打造服务学生的新媒体网络教育和服务平台。

进一步完善大学生综合素质训练体系构建。指导大学生领导力教育中心、大学生创业发展中心、口才中心、礼仪与形象管理中心、卓越工程师素质发展中心、情绪智能(EQ)发展研究中心、女性职业特质研究与发展中心、职业发展中心、"互联网+"创新创业平台、写作中心等平台以"一个中心、一个工作室、一个学生组织、一系列培训、一个实践基地"的五位一体模式完善大学生综合素质训练机制,给予以上平台经费支持100余万元,以此凝练的"基于KAQ2.0的学生综合素质教育体系构建与实施——全面发展目标下的人才培养新模式"获浙江省教学成果一等奖。以品质提升为目标,大力抓好大学生综合素质训练（SQTP 项目）工作和"一流大学"本科建设规划项目之"学生综合素质能力推进工程"，2016—2017 学年 SQTP 项目共立项 555 项，资助总经费 95.1 万元。"一流大学"本科建设规划项目之"学生综合素质能力推进工程"经费 100 万元，共支持 10 个平台项目和 21 个立项项目。

继续实施"健心"计划研究生综合素质提升工程，第四期"健心"计划以立项形式与各院系共同建设特色研究生教育项目 19 个，内容涵盖学术科研引领、创新创业、校史校情、毕业感恩、实验室安全、理论研读与宣讲等方面，通过推动各院系教育资源面向全校研究生开放，满足了研究生在专业学术领域之外自我提升、自我完善、自我发展的需求，其中人文学院"博雅大讲堂"研究生人文素养提升计划、马克思主义学院研究生党员骨干著作研读示范班、数学学院研究生数据处理技术系列讲座、机械学院研究生意志力训练营、材料学院实验室安全知识竞赛、电气学院研究生毕业季系列活动等 6 个项目被评为"优秀项目"。

全年心理咨询来访共 1,032 人、2,615 人次；开设心理健康通识课共计 160 学时；开展新任辅导员第三期"心理助人能力培训"班；邀请国内知名专家前来开设全校性的心理讲座；组织开展校内外案例督导活动。举办"心晴四季"宣传教育活动 137 项，开展 2016 级新生普及教育及心理委员培训工作，完成本科生、研究生新生心理测量共计 12,409 人。发起成立全省首个高校心理咨询工作联盟，举办浙江省高校心理咨询工作联盟成立大会暨浙江省首届"高校心理工作者的故事"心理情景剧会演。

完善分层次、分类别的辅导员培训体系，全年共举办专题辅导报告 13 场、辅导员论坛 9 场、研究生辅导员 Seminar 6 场、问学沙龙 3 场、午间沙龙 8 场，并选派多人参加各级各类培训。同时，加强兼职辅导员建设，各学院均制定了兼职辅导员工作条例，全校共聘任机关兼职辅导员 10 名。2016 年共评选产生 10 名优秀辅导员，4 人被评为浙江省优秀辅导员。组织参加辅导员职业能力大赛，1 人获省赛一等奖、华东赛一等奖并获全国赛二等奖，1 人获省赛一等奖、华东赛二等奖。促进学生工作队伍朝学习型、研究型、专家型的方向发展，为 24 名新上岗辅导员选聘学术导师；开设 24 门辅导员课程（工作坊）超市；启动第八期学生思想政治教育与管理课题申报工作；开展浙江大学新任辅导员研究起航计划，第六届立项课题结题工作及第七届课题申报立项工作；3 个项目获教育部人文社会科学研究专项任务项目（高校思想政治工作）辅导员专项课题；完善以辅导员工作室为核心的辅导员专业化发展计划，工作室现有成员 78 人，直接受益学生逾千人。开展 2016 级新生班主任上岗培训工作，评选出 2015—2016 学年优秀班主任 98 人。1,439 名教职工担任 2016 级的"新生之友"，评选出 2015 级优秀"新生之友"76 人。评选出 2015—2016 学年优秀研究生德育导师 85 人。陈红民团队、陈凌团队、张彦团队、傅建中团队、陈云敏团队、王珂团队、张传溪团队、李兰娟团队、沈华浩团队、杨波团队等 10 个优秀团队获得第六届研究生"五好"导学团队荣誉，10 个团队获得提名奖。

继续做好各类奖学金及荣誉称号的评比工作，共评选出 2015—2016 学年浙江大学竺可桢奖学金 24 人（其中本科生 12 人）、特别奖学金 1 名及 1 个团队、国家奖学金 933 人（其中本科生 328 人）、2016 届浙江省优秀毕业生 563 人(其中本科生 281 人)。优化奖学金激励功能,在大北农教育基金的资助下,设计了研究生干部的海外交流项目,第一期选拔 10 名研究生干部赴美国哥伦比亚大学、耶鲁大学、麻省理工学院和哈佛大学等高校进行为期 10 天的交流考察。

全年认定家庭经济困难本科学生共 3,592 人,并为 470 名家庭困难本科新生开通"绿色通道"办理入学。全年发放国家励志奖学金 387 万元、国家助学金 466.05 万元和各类困难补助 44.65 万元;发放国家助学贷款 799.66 万元、校内无息借款 60.35 万元;外设助学金共计资助 1,298 人,总金额 585.25 万元;全年共计 9,967 名本科生参与勤工助学,发放勤工助学经费 720 万元。

发放研究生岗位助学金学校部分 24,828.66 万元、学业奖学金 12,542.4 万元;评选优秀博士生岗位助学金 882 人,发放金额 882 万元;2016 级研究生教育扶植基金共发放 576.36 万元,共有 600 人受益。继续实施研究生"绿色通道"政策,通过国家助学贷款、学业奖学金代偿等方式,让经济困难的研究生可以顺利入学并完成学业。

全年共处理本科学生违纪事件 47 起,其中留校察看 2 人,记过 35 人,严重警告 7 人,警告 3 人;处理研究生违纪事件 1 起,其中严重警告 1 人。

【建设首批大学生思想政治教育特色示范基地】 浙江大学为进一步加强和改进大学生思想政治教育,落实立德树人根本任务,于 2016 年建设完成首批 6 个大学生思想政治教育特色示范基地,分别为"思政先锋"党员素质发展中心、"核心价值观进班级"讲师团、党员主题教育示范基地、"信念课堂"大学生理想信念教育基地、于子三爱国主义教育基地、国防生思想政治教育特色示范基地。基地以学生全面发展和成长成才为目标,着眼于人才培养全过程,整合教育资源,突出院系特色,认真探索思想政治教育的有效载体和创新模式,进一步加强和改进了大学生思想政治教育。全年开展主题活动逾百场,直接受益学生逾 1.2 万人次,活动形式丰富(讲座、竞赛、班会、党课等),树立一批优秀学生党员、优秀国防生等先进典型。

【组建本科生党员"先锋学子"全员培训计划讲师团】 该讲师团于 6 月组建,由 49 名学工线的老师组成,分成 8 个小组,分别对学习党纪党规、党章与党性修养、实现中华民族伟大复兴的中国梦、四个全面战略布局、五大发展理念、建设社会主义文化强国、新型国际关系、科学的思想方法和工作方法等 8 大主题进行系统地梳理、完善并开展宣讲工作,夯实党员培养与教育工作。

【举行"两学一做"微党课大赛】 该大赛于 2016 年 9 月至 12 月举行,分为初赛、复赛和决赛,历时 3 个多月,紧扣学生的学习生活实践,围绕"两学一做"、学习习近平总书记"七一"重要讲话、纪念建党 95 周年和红军长征胜利 80 周年等主题,学生党员用 8 分钟的现场讲演展现了共产党员的风采。37 个院级党委举办了初赛,其中 71 名优秀选手(其中含党支部书记、支委和普通党员)晋级复赛。4 个赛组(紫金港赛区本科生组、紫金港赛区研究生组、玉泉赛区本科生组、玉泉赛区研究生组)复赛推选 13 名优秀选手参加决赛,决赛于 12 月 13 日举行,最终产生 5 名一等奖,8 名二等奖。

【浙江省高校心理咨询工作联盟成立】 该联盟于 2016 年 12 月 22 日成立。联盟立足浙江省高校心理咨询工作现状,以规范高校心理咨询、心理测量和危机干预工作为目标,以促进心理咨询工作交流为核心,以提升心理咨询队伍的专业能力和伦理规范为抓手,打造一支专业化的心理咨询工作队伍,促进全省高校心理咨询工作健康发展。联盟设会长1名、副会长2名、秘书长1名、副秘书长若干名。会长由浙江大学党委分管领导担任,副会长及秘书长由各高校学工部、研工部分管心理工作负责人、心理健康教育中心主任担任。所有高校均为理事单位。成立仪式当天,浙江省首届高校心理工作者心理情景剧汇演在浙江大学举办,这是联盟成立以来的第一个大型活动,亦属国内首创。情景剧汇演立足高校心理工作者自身的故事,围绕高校心理工作者的角色冲突、高校心理危机干预、咨询室里的故事、心理咨询师的自我成长等主题进行创作。全省共分8个片区:温台丽片区、嘉湖绍片区、金衢片区、宁舟片区、滨江片区、下沙片区、小和山片区、浙江大学片区,由片区推选节目参加汇演,共有56所高校参与,95名演员全部是各高校心理工作者。

【完善研究生干部队伍培养体系】 2016年,第十二期研干讲习所更加注重理论积淀,邀请知名专家学者开展理论讲座,创新与马克思主义学院合作开展马列经典著作读书分享会;更加注重课程体系完善,围绕"学而信、学而用、学而行"三大板块邀请专家学者授课;更加注重社会实践体系建设,大力推进"弘毅计划"社会实践;同时注重发挥研干导师作用,在导师的带领下开展了各具特色的育人活动。此外,结合素质拓展、时政研习、展翅计划、井冈山红色学习等模块,加强对80名研究生干部综合素质的历练和提升。

（袁　瑢　单珏慧撰稿　邬小撑　吕森华审稿）

团学工作

【概况】 2016年,共青团浙江大学委员会积极完善"思想引领、组织建设、科创实践、校园文化"四大工作格局,改革创新团学工作。至2016年底,浙江大学共有基层团委52个,其中院系(学园)团委40个,青工系统团委12个;团总支144个,学生团支部1,521个,青工团支部127个,团员44,142名;共有团干部158名,其中专职126名,兼职32名。

强化思想引领,坚定青年理想信念。以"四进四信"①"我的中国梦""红色寻访"等为主题,结合红军长征胜利80周年等重要时间节点开展主题宣传教育活动1,000余场。完善以"四网四平台"为重点的全媒体平台建设,推进"网上共青团"建设,提升工作信息化水平。树立求是榜样,线上线下共同推广"浙大人笔尖上的社会主义核心价值观"等专题内容,推送的文章《你我,让中国更有力量》被教育部思想政治工作司、国家互联网信息办公室网络社会工作局评为首届全国高校网络宣传思想教育优秀作品特等奖;结合"浙关注""浙焦点""浙青年"等专栏平台,推出正面宣传报道300余篇,微信年阅读量超过122万人次;开展"向上向善好青年""六有"②浙大学生等寻访遴选活动,

---

① 四进:进支部、进社团、进网络、进团课。四信:牢固树立对党的科学理论的信仰、坚定走中国特色社会主义道路实现"中国梦"的信念、增强对党和政府的信任、增进对以习近平同志为总书记的党中央的信赖。

② 六有:有理想、有追求、有担当、有作为、有品质、有修养。

树立先进典型 30 余个,宣传报道典型事迹 100 余篇;依托 29 家"悦空间"基地,开展"全民阅读月"活动,营造校园学习氛围。

坚持从严治团,推进团的自身建设。强化党建带团建,持续做好"推优入党"工作,全年举办两期发展对象培训班,累计培训发展对象 541 人。深化"团干部如何健康成长"教育实践,建立团干部"1+100"直接联系青年制度,全校 156 名专兼职团干部直接联系团员青年 15,859 名。开展基层团组织建设月活动,创新主题团日活动形式内容,支持院级团委开展"活力提升工程"项目 35 个,验收通过校级"五四红旗团支部" 80 个,新培育校级"五四红旗团支部"争创单位86 个,共有 1 个团支部获 2016 年度"全国五四红旗团支部",2 个团支部获 2016 年度全国高校"活力团支部"称号。推进"薪火"团干研修计划,建立"全体覆盖、分类分层、校院联动"的团学干部教育培养体系。加强团学干部挂职锻炼工作,选派 2 名专职团干部到团省委和基层挂职,选拔 120 余名优秀青年担任校院两级团委学生挂职干部。扎实推进"青马工程"建设,选拔校级第九期青马学员37 名。推进青工团建工作,新培育校级"青年文明号"争创单位 8 家,新增国家级"青年文明号"2 家。

加强对学生会、研究生会和博士生会的指导,促进校风学风建设。6 月 12 日,产生第三十一届学生委员会第三任主席团成员,由章成之任主席,秦晓砺、赵彦钧、王禅童、蒋刘一琦(女)、谢月歌(女)、陈瑞雪(女)任副主席。10 月 26 日,产生第二十九届研究生会主席团成员,由叶新任主席,赵丹青(女)、刘焕磊、张哲、袁松任副主席。10 月 27 日,产生第十五届博士生会主席团成员,由王煌任主席,蒋姝函(女)、陈狄、欧阳、刘敏(女)、刘嘉冰任副主席。

【召开共青团浙江大学第二十次代表大会】该代表大会于 5 月 28 日在紫金港校区剧场召开。校党委书记金德水,共青团浙江省委副书记、党组副书记朱林森,以及学校机关各部门、各直属单位、各院系领导与 800 余名团干部、团员青年参加了会议。各代表团组织学习了金德水和朱林森讲话精神,讨论了工作报告。第十九届团委书记班子成员对各代表团学习和讨论情况进行走访。大会审议通过关于工作报告的决议,选举产生共青团浙江大学第二十届委员会及新一届委员会常委和书记班子成员,明确今后学校共青团的目标愿景、发展思路和工作部署。

【浙江大学"四进四信"项目获评团中央优秀项目】浙江大学团委于 2016 年扎实推进习近平总书记系列重要讲话精神"进支部、进社团、进网络、进团课"的"四进四信"活动,以主题团日活动为主线,以学生理论学习型社团为抓手,以网络创意内容为载体,以教育培训为路径。浙江大学推荐的"以活动为抓手、以学习为基础、以传播为使命——依靠理论学习型社团做好'四进四信'活动"被团中央评为全国高校共青团"四进四信"活动优秀项目。浙江大学作为高校代表之一,在高校共青团学习宣传贯彻习近平总书记系列重要讲话精神"四进四信"活动工作推进会上做经验介绍。

(闵浩宇撰稿　沈黎勇审稿)

人才培养

本科生教育

【概况】 浙江大学共有本科生专业 140 个，涵盖哲学、经济学、法学、教育学、文学、历史学、理学、工学、农学、医学、管理学、艺术学等 12 大学科门类。其中，哲学类专业 1 个、经济学类专业 4 个、法学类专业 4 个、教育学类专业 5 个、文学类专业 15 个、历史学类专业 2 个、理学类专业 18 个、工学类专业 48 个、农学类专业 9 个、医学类专业 11 个、管理学类专业 19 个、艺术学类专业 4 个。

浙江大学拥有 16 个国家级教学基地，包括 8 个国家级基础科学研究和教学人才培养基地、4 个国家级工科基础课程教学基地、3 个国家级战略产业人才培养基地、1 个国家动画教学研究基地、1 个国家大学生文化素质教育基地。建有 14 个国家级实验教学示范中心、23 个全国大学生校外实践教育基地。

2016 年，浙江大学本科生招生计划 6,100 人，实际招收 6,030 人。2016 届毕业生共计 5,518 人，授予学士学位 5,511 人，获辅修证书 232 人，第二专业证书 6 人，双学士学位 62 人，结业生换发毕业证书 157 人。

2016 届参加就业的本科毕业生为 5,617 人，其中就业人数为 5,424 人（含国内升学 2,004 人、海外升学 1,416 人、签订就业协议书 1,807 人、灵活就业 127 人、定向 70 人），待就业 193 人，初次就业率达到 96.56%。

浙江大学已开设 16 门国家级精品视频公开课，50 门国家级精品资源共享课，16 门国家级 MOOC 开放课程（见表 1）。为进一步推动课程国际化建设，召开了全英文原味课程建设研讨会，启动 2017 年全英文原味课程建设工作。推动课程信息化建设，完成大类、专业核心课程及全英文原味课程 BB 平台的装载工作，共装载课程 400 余门。

表 1　浙江大学在中国大学 MOOC 平台上线的开放课程

序号	负责人	课程名称	所在学院(系)
1	陈　越	数据结构	计算机科学与技术学院
2	段治文	中国近代史纲要	马克思主义学院
3	胡可先	唐诗经典	人文学院
4	蒋文华	博弈论基础	公共管理学院
5	韦　路	新媒体概论	传媒与国际文化学院
6	翁　恺	零基础学 Java 语言	计算机科学与技术学院
7	翁　恺	面向对象程序设计——Java 语言	计算机科学与技术学院
8	翁　恺	C 语言程序设计进阶	计算机科学与技术学院
9	翁　恺	程序设计入门——C 语言	计算机科学与技术学院
10	邢以群	管理概论	管理学院
11	张帼奋	概率论与数理统计	数学科学学院
12	张帼奋	概率论与数理统计:习题与案例分析	数学科学学院
13	章雪富	哲学问题	人文学院
14	翁　恺	C 语言程序设计(大学先修课)	计算机科学与技术学院
15	张帼奋	概率论与数理统计(大学先修课)	数学科学学院
16	胡可先	唐诗经典(大学先修课)	人文学院

组织好实践实习和毕业设计(论文)等教学环节,在 3 个学院开展毕业论文/设计工作改革试点,共 568 名 2016 届毕业生参加;继续开展本科生长时间实习,共有 16 个院系超过 800 名学生参加;深度实习计划推行进入第三年,其中 78 个本科专业开展了不同程度的深度实习,占比 75%,人均实习天数约 32 天;启动"飞扬青春·广目多闻"跨学科团队实践工作。

组织开展本科实验教学自制仪器设备立项工作,17 个院系共申报 58 项,立项 41 项;组织参加第四届全国高等学校自制实验教学仪器设备评选活动,共 5 个作品参评,获一、二、三等奖各 1 项,获学校团体奖;组织实施本科新生实验室安全考试。

深入开展校院、省、国家和企业大学生四级科研训练项目,2016 年共立校院(系)大学生科研训练计划(SRTP)项目 1,233 项、国家大学生创新创业训练项目 120 项、浙江省大学生科技创新项目 175 项。

组织 24 大类 66 项学科竞赛,组队参加各级各类学科竞赛获奖项总数为 709 项,其中获国际特等奖 1 项,一等奖 48 项,二等奖 79 项,小计 128 项;全国特等奖 4 项,一等奖 16 项,二等奖 13 项,三等奖 12 项,单项奖 2 项,小计 47 项;浙江省一等奖 40 项,二等奖 48 项,三等奖 27 项,小计 115 项;浙江大学特等奖 6 项,一等奖 82 项,二等奖 118 项,三等奖 213 项,单项奖 6 项,小计 421 项。获奖学生高达 2,200 多人次,并获多项全国和浙江省大学生学科竞赛优秀组织奖。

组织学生出国(境)交流学习活动,完成校、院两级本科生境外交流项目 426 项,选派 2,650 人次本科生赴境外交流。其中,在海外修读学分者 578 人次,短期出国(境)学习(不修学分)、游学、参加会议或竞赛者 2,072 人次。此外,接收 72 名港澳台学生访学交流。

全年共有 57 名学生获得国家留学基金委(CSC)的资助,其中 13 个项目 34 名学生获得优秀本科生国际交流项目的资助,20 名学生获得 CSC—加拿大 MITACS 项目的资助,2 名学生获得 CSC—加拿大阿尔伯塔大学寒暑假实习生项目的资助,1 名学生获得 CSC—中美 FULBRIGHT(富布赖特)硕士生项目(2016—2017 学年度)的资助。

【第三次教育教学大讨论收官】 7 月 6 日,浙江大学召开第三次教育教学大讨论总结会议,为期一年的大讨论正式收官。本次大讨论主要分为四个阶段:一是发动阶段(2015 年 5—7 月),制定工作方案,建立组织机构,明确工作任务,召开启动会议;二是调研阶段(2015 年 8—12 月),学校专题小组、各院(系)、相关职能部门开展相关调研工作,形成调研报告;三是研讨阶段(2016 年 1—4 月),邀请国内外专家做报告,开办研讨会议,提出相关意见;四是总结阶段(2016 年 5—7 月),召开总结交流会议,在招生体系、学生管理、教学模式、科教协同、园院协同、海外交流、创新创业、思政教育等方面都形成了广泛共识,并于 2017 年 1 月 5 日出台《浙江大学关于进一步深化教育教学改革的若干意见》(浙大发本〔2017〕1 号)。

【增设通识教育中心】 分别于 3 月 15 日、3 月 18 日、3 月 25 日邀请部分资深教授、任课教师、相关院系负责人召开 3 次全校通识课程建设研讨会,深入探讨了通识教育的目标、课程特色、教学模式和评价方法等诸多问题。4 月 8 日,召开通识教育学生座谈会,面向全校学生调研通识课程建设情况。重组通识课程建设委员会,对现有通识课程体系进行优化提升,建设符合浙江大学特色的高质量、高水平的通识课程。并于 12 月在本科生院内增设独立机构——通识教育中心,对全校通识教育工作进行专业化、高质量管理。

【优化主修专业确认方案】 完善本科生管理模式是浙江大学 2016 年度工作重点任务之一,也是深化综合改革工作的重中之重。为此,于 8 月 25 日出台了《浙江大学本科生主修专业确认办法》(浙大发本〔2016〕109 号),新生在第一学期进行主修专业确认,改变学生凭成绩点选专业而非凭兴趣选专业的现象,同时为学生提供更多选择专业的权利,专业扩容比例到 20%,为求是学院的管理模式从"1+1+2"调整为"1+3"做好充分的准备工作。

【启动线上线下混合式教学模式改革试点课程】 为推动现代教育技术与教育教学的深度融合,鼓励教师利用国内外优质在线开放课程,于 10 月启动线上线下混合式教学模式改革试点课程项目,项目立项为有条件立项,重点支持通识课程、公共基础课和专业基础课程,要求课程内容适合采用线上线下混合式教学。评审通过的项目负责人需参加定点培训并签署项目建设任务书后,方为正式立项,首次立项"唐诗经典研读""创新设计思维"等 25 个项目,资助经费共 93 万。

【建立专业定期自查自评制度】 为加强专业评估认证工作的统筹规划和指导,全面推进学校专业评估、认证工作,在广泛征求院系意见的基础上,于 2017 年 2 月 21 日出台《浙江大学本科专业定期自查自评实施办法(试行)》(浙大发本〔2017〕15 号),建立院(系)为主、学校协助的专业自查自评制度,完善教学质量保证体系。为鼓励学院（系）参加认可度较高的国际、国内专业认证或评估，已参加国际、国内认证或评估的专业，在认证有效期内可不按本办法进行自查自评。

【建立领导干部听课制度】 为进一步完善教学质量监控与保障制度，推进领导干部带头深入教学一线，通过听课评课、及时掌握教师教学和学生学习情况，研究解决教学中存在的问题，促进本科教育教学质量提升，2016年11月颁布了《浙江大学领导干部听课制度》（浙大发本〔2016〕170号）。根据这一制度，校领导及相关职能部门、学院（系）领导每人每年至少深入课堂听课4学时。各学院（系）每年向学校递交本学院（系）党政班子成员听课的书面总结，且党政班子成员听课情况纳入学校对各学院（系）本科教学工作的考核。本科生院每年须对全校领导干部听课情况进行汇总分析，并向校党委常委会汇报。自听课制度文件颁布后，2016—2017学年冬学期校领导已听课19学时，学院（系）和相关职能部门领导已听课315学时。

【探索跨学科团队实习新模式】 本项目由学院（系）负责实施，包括招募团队成员、组织实习团队、联系实习单位、设计实习内容、完成实习计划等，成员面向低年级本科生，成员来自不同年级、不同学科/学院（系），文理兼收、理工结合。参与学生在完成实习过程和相关要求后，可获得相应专业的认识实习课程学分。实习单位组一般由临近的重点企事业单位组成。2016年暑期，首次组织"飞扬青春·广目多闻"跨学科团队认识实习活动。该模式希望能促进低年级本科生"交朋友、拓眼界、灵市面、树远志"，开拓本科生了解国情和学科发展的渠道，为学生搭建了解国民经济重点行业领域的平台，使

实践教学与国家需要和生产实际紧密结合，培养学生以天下为己任的家国情怀。

【获浙江省教学成果一等奖】 2016年11月，邱利民、唐晓武、钟蓉戎等领衔的"求是为基 创新为魂——多元化拔尖创新人才培养模式的探索与实践"和吴晓波、邱利民、魏江等领衔的"基于创新的创业人才培养生态体系的构建（IEEE）——浙江大学创新与创业强化班实践"获得浙江省教学成果一等奖。

【浙江大学竺可桢学院】 该学院成立于2000年5月，是以原校长竺可桢之名命名，其前身为创办于1984年的原浙江大学（工科）混合班，现任院长由校长吴朝晖兼任。该学院是浙江大学对优秀本科生实施"特别培养"和"精英培养"的荣誉学院，是实施英才教育、培养优秀本科生的一个重要基地。它始终秉持"志存高远、追求卓越"的院训，以"为杰出人才的成长奠定坚实的基础"为宗旨，实施哲学思想教育、数理能力训练等本科全程培养的卓越教育计划，为培养造就基础宽厚，知识、能力、素质俱佳，在专业及相关领域具有国际视野和持久竞争力的高素质创新人才和未来领导者奠定坚实基础。学院依托学校强大的学科和高水平师资，实施宽口径、厚基础通识教育与个性化、自主性专业培养相结合的培养模式，采用多元化培养模式和个性化培养方案，为优秀学生的个性充分发挥、潜能充分发掘提供朝气蓬勃、张弛有度的发展空间，为培养战略性科学家、创新性工程科技人才、高科技创业人才及各界领袖人物打好坚实基础。

竺可桢学院设有混合班、人文社科实验班、求是科学班、工科试验班（交叉创新平台）、医学实验班（巴德年医学班）等核心主修方向，以及工程教育高级班、创新与创业

管理强化班、公共管理强化班等交叉辅修方向。通过高考、新生入校后择优录取的方式招收新生,2016年招生规模见表1。

表1 竺可桢学院2016年招生数　　　　（单位:人）

平台	招生数	平台	招生数
混合班	129	巴德年医学班	65
工科试验班(交叉创新平台)	100	工程教育高级班	40
人文社科实验班	46	创新与创业管理强化班(研究生及校友)	40+20
求是科学班	99	公共管理强化班	40
总人数		579	

【附录】

附录1　浙江大学2016年本科专业

学院	学院(系)	序号	专业代码	专业名称	授予学位
人文学部	人文学院	1	010101	哲学	哲学
		2	060104	文物与博物馆学	历史学
		3	050101	汉语言文学	文学
		4	050105	古典文献学	文学
		5	050305	编辑出版学	文学
		6	060101	历史学	历史学
		7	130401	美术学	艺术学
		8	130502	视觉传达设计	艺术学
		9	130503	环境设计	艺术学
	外国语言文化与国际交流学院	10	050261	翻译	文学
		11	050202	俄语	文学
		12	050207	日语	文学
		13	050203	德语	文学
		14	050204	法语	文学
		15	050205	西班牙语	文学
		16	050201	英语	文学
	传媒与国际文化学院	17	050301	新闻学	文学
		18	050103	汉语国际教育	文学
		19	050302	广播电视学	文学
		20	050303	广告学	文学

人才培养

学院	学院(系)	序号	专业代码	专业名称	授予学位
社会科学学部	经济学院	21	020101	经济学	经济学
		22	020401	国际经济与贸易	经济学
		23	120801	电子商务	管理学
		24	020301K	金融学	经济学
		25	020201K	财政学	经济学
	光华法学院	26	030101K	法学	法 学
	教育学院	27	040101	教育学	教育学
		28	040104	教育技术学	教育学
		29	040202K	运动训练	教育学
		30	040204K	武术与民族传统体育	教育学
		31	120212T	体育经济与管理	管理学
		32	040201	体育教育	教育学
		33	120401	公共事业管理	管理学
	管理学院	34	120302	农村区域发展	管理学
		35	120901K	旅游管理	管理学
		36	120102	信息管理与信息系统	管理学
			120801	电子商务	管理学
		37	120203K	会计学	管理学
		38	120204	财务管理	管理学
		39	120202	市场营销	管理学
		40	120201K	工商管理	管理学
		41	120206	人力资源管理	管理学
		42	120601	物流管理	管理学
	公共管理学院	43	120402	行政管理	管理学
		44	120403	劳动与社会保障	管理学
		45	120404	土地资源管理	管理学
		46	030202	国际政治	法 学
		47	030201	政治学与行政学	法 学
		48	120503	信息资源管理	管理学
		49	030301	社会学	法 学
		50	120301	农林经济管理	管理学
			120401	公共事业管理	管理学

浙江大学年鉴

学院	学院（系）	序号	专业代码	专业名称	授予学位
理学部	数学科学学院	51	070102	信息与计算科学	理 学
		52	071201	统计学	理 学
		53	070101	数学与应用数学	理 学
	物理学系	54	070201	物理学	理 学
	化学系	55	070302	应用化学	理 学
		56	070301	化学	理 学
	地球科学学院	57	070504	地理信息科学	理 学
		58	070503	人文地理与城乡规划	理 学
		59	070601	大气科学	理 学
		60	070903T	地球信息科学与技术	理 学
		61	070901	地质学	理 学
	心理与行为科学系	62	071102	应用心理学	理 学
		63	071101	心理学	理 学
工学部	机械工程学院	64	080204	机械电子工程	工 学
		65	120701	工业工程	工 学
		66	080201	机械工程	工 学
	材料科学与工程学院	67	080401	材料科学与工程	工 学
	能源工程学院	68	080503T	新能源科学与工程	工 学
		69	080502T	能源与环境系统工程	工 学
		70	080202	机械设计制造及其自动化	工 学
		71	080206	过程装备与控制工程	工 学
	电气工程学院	72	080701	电子信息工程	工 学
		73	080714T	电子信息科学与技术	工 学
			080801	自动化	工 学
		74	120101	管理科学	理 学
		75	080601	电气工程及其自动化	工 学
	建筑工程学院	76	082801	建筑学	建筑学
		77	082802	城乡规划	工 学
		78	081001	土木工程	工 学
		79	081802	交通工程	工 学
		80	081101	水利水电工程	工 学

学院	学院(系)	序号	专业代码	专业名称	授予学位
工学部	化学工程与生物工程学院	81	081301	化学工程与工艺	工　学
		82	081302	制药工程	工　学
		83	083001	生物工程	工　学
	海洋学院	84	070701	海洋科学	理　学
		85	081902T	海洋工程与技术	工　学
		86	081103	港口航道与海岸工程	工　学
		87	081901	船舶与海洋工程	工　学
	航空航天学院	88	082002	飞行器设计与工程	工　学
		89	080102	工程力学	工　学
	高分子科学与工程学系	90	080407	高分子材料与工程	工　学
		91	080403	材料化学	工　学
信息学部	光电科学与工程学院	92	080705	光电信息科学与工程	工　学
	信息与电子工程学院	93	080702	电子科学与技术	工　学
		94	080706	信息工程	工　学
		95	080703	通信工程	工　学
		96	080704	微电子科学与工程	工　学
	控制科学与工程学院	97	080801	自动化	工　学
	计算机科学与技术学院	98	080902	软件工程	工　学
		99	080906	数字媒体技术	工　学
		100	080205	工业设计	工　学
		101	130504	产品设计	艺术学
		102	080901	计算机科学与技术	工　学
		103	080904K	信息安全	工　学
	生物医学工程与仪器科学学院	104	082601	生物医学工程	工　学
		105	080301	测控技术与仪器	工　学
农业生命环境学部	生命科学学院	106	071002	生物技术	理　学
		107	071001	生物科学	理　学
		108	071003	生物信息学	理　学
		109	071004	生态学	理　学

学院	学院(系)	序号	专业代码	专业名称	授予学位
农业生命环境学部	生物系统工程与食品科学学院	110	082301	农业工程	工 学
		111	083001	生物工程	工 学
		112	082701	食品科学与工程	工 学
	环境与资源学院	113	082502	环境工程	工 学
		114	082506T	资源环境科学	理 学
		115	090201	农业资源与环境	农 学
		116	082503	环境科学	理 学
	农业与生物技术学院	117	090101	农学	农 学
		118	090102	园艺	农 学
		119	090502	园林	农 学
		120	090103	植物保护	农 学
		121	090107T	茶学	农 学
		122	090109T	应用生物科学	农 学
	动物科学学院	123	090401	动物医学	农 学
		124	090301	动物科学	农 学
医药学部	医学院	125	100201K	临床医学	医 学
		126	100401K	预防医学	医 学
		127	100301K	口腔医学	医 学
		128	100101K	基础医学	医 学
		129	100102TK	生物医学	理 学
		130	101101	护理学	理 学
	药学院	131	100702	药物制剂	理 学
		132	100701	药学	理 学
		133	100801	中药学	理 学
国际教育学院		134	050102	汉语言	文 学
国际联合学院(海宁国际校区)		135	080201H	机械工程	工 学
		136	080102H	工程力学	工 学
		137	080601H	电气工程及其自动化	工 学
		138	080909TH	电子与计算机工程	工 学
		139	081001H	土木工程	工 学
		140	100102TKH	生物医学	理 学
		141	100101KH	基础医学	医 学

基地类别	序号	基地名称	所在学院/系
国家级基础科学研究和教学人才培养基地	1	中国语言文学	人文学院
	2	历史学	人文学院
	3	数学	数学科学学院
	4	化学	化学系
	5	心理学	心理与行为科学系
	6	生物学	生命科学学院
	7	物理学	物理学系
	8	基础医学	医学院
国家级工科基础课程教学基地	9	化学	化学系
	10	力学	航空航天学院 建筑工程学院
	11	工程图学	机械工程学院
	12	物理	物理学系
国家级战略产业人才培养基地	13	生命科学与技术	生命科学学院
	14	软件学院	软件学院
	15	大规模集成电路	电气工程学院 信息与电子工程学院
国家动画教学研究基地	16	国家动画教学研究基地	计算机科学与技术学院 人文学院 传媒与国际文化学院
国家大学生文化素质教育基地	17	国家大学生文化素质教育基地	

附录3　浙江大学国家级实验教学(含虚拟仿真)示范中心

序号	中心名称	所在学院/系
1	化学实验教学中心	化学系
2	力学实验教学中心	航空航天学院 建筑工程学院
3	生物实验教学中心	生命科学学院

续表

序号	中心名称	所在学院/系
4	电工电子实验教学中心	电气工程学院
5	机械工程实验教学中心	机械工程学院
6	工程训练中心	机械工程学院 信息与电子工程学院
7	农业生物学实验教学中心	农业与生物技术学院
8	能源与动力实验教学中心	能源工程学院
9	机电类专业实验教学中心	电气工程学院 机械工程学院
10	计算机技术与工程实验教学中心	计算机科学与技术学院
11	环境与资源实验教学中心	环境与资源学院
12	化工类虚拟仿真实验教学中心	化学工程与生物工程学院化学系
13	医学虚拟仿真实验教学中心	医学院
14	土建类虚拟仿真实验教学中心	建筑工程学院

附录4 浙江大学全国大学生校外实践教育基地

序号	基地名称	所在学院/系
1	浙江大学临床技能综合培训中心	医学院
2	浙江大学附属口腔医院口腔医学技能培训中心	医学院
3	浙江大学农科教合作人才培养基地	农业与生物技术学院
4	浙江大学—金华市农业科学院金华水稻农科教合作人才培养基地	农业与生物技术学院
5	浙江大学—浙广集团新闻传播学类文科实践教育基地	传媒与国际文化学院
6	浙江大学—华东地区天目山—千岛湖—朱家尖生物学野外实践教育基地	生命科学学院
7	浙江大学—浙江省第二医院临床技能综合实践基地	医学院
8	浙江大学—中国科学院上海药物研究所药学实践基地	药学院
9	浙江大学—杭州大观山种猪育种有限公司动科实践基地	动物科学学院

序号	基地名称	所在学院/系
10	东方电气集团东方锅炉股份有限公司	能源工程学院
11	广厦建设集团有限责任公司	建筑工程学院
12	杭州矽力杰半导体技术有限公司	电气工程学院
13	杭州中粮包装有限公司	电气工程学院
14	上海锅炉厂有限公司	能源工程学院
15	台达能源技术(上海)有限公司	电气工程学院
16	潍柴动力股份有限公司	能源工程学院
17	亚德诺半导体技术(上海)有限公司	电气工程学院
18	浙江大学建筑设计研究院	建筑工程学院
19	浙江盾安机电科技有限公司	能源工程学院
20	浙江省电力公司	电气工程学院
21	浙江网新恒天软件有限公司	计算机科学与技术学院
22	浙江银轮机械股份有限公司	能源工程学院
23	中控科技集团有限公司	控制科学与工程学院

附录 5　浙江大学国家级精品视频公开课

序号	课程名称	主讲教师	学院/系
1	王阳明心学	董　平	人文学院
2	茶文化与茶健康	王岳飞　龚淑英等	农业与生物技术学院
3	肝移植的过去、现在和未来	郑树森	医学院
4	食品安全与营养	李　铎　冯凤琴	生物工程系统与食品科学学院
5	当代中国社会建设	郁建兴	公共管理学院
6	新材料与社会进步	叶志镇　赵新兵	材料科学与工程学院
7	西方视角的中国传统艺术	孟絜予	艺术与考古研究中心
8	绚丽多彩的高分子	郑　强	高分子科学与工程学系
9	转基因技术:安全、应用与管理	叶恭银	农学院

序号	课程名称	主讲教师	学院/系
10	江南文人士大夫文化与西泠印社	陈振濂	人文学院
11	析词解句话古诗	王云路	人文学院
12	数学传奇	蔡天新	数学科学学院
13	孔子与儒学传统	何善蒙	人文学院
14	数字化生存	韦 路	传媒与国际文化学院
15	哲学与治疗:希腊哲学的实践智慧	章雪富	人文学院
16	生物工程导论(专业导论类)	吴坚平等	化学工程与生物工程学院

附录6 浙江大学国家级精品资源共享课

序号	课程名称	负责人	所在学院/系
1	思想道德修养与法律基础	马建青	马克思主义学院
2	教学理论与设计	盛群力	教育学院
3	植物生理学	蒋德安	生命科学学院
4	工程训练(金工)	傅建中	机械工程学院
5	高分子化学	李伯耿	化学工程与生物工程学院
6	化工设计	吴 嘉	化学工程与生物工程学院
7	热工实验	俞自涛	能源工程学院
8	工程热力学	孙志坚	能源工程学院
9	3S技术与精细农业	何 勇	生物系统工程与食品科学学院
10	动物营养学	刘建新	动物科学学院
11	植物保护学	叶恭银	农学院
12	遗传学	石春海	农学院
13	外科学	郑树森	医学院
14	C程序设计基础及实验	何钦铭	计算机科学与技术学院
15	计算机游戏程序设计	耿卫东	计算机科学与技术学院
16	电力电子技术	潘再平	电气工程学院
17	微机原理与接口技术	王晓萍	光电科学与工程学院

序号	课程名称	负责人	所在学院/系
18	大学英语	何莲珍	外国语言文化与国际交流学院
19	当代科技哲学	盛晓明	人文学院
20	电子技术基础	陈隆道	电气工程学院
21	妇产科学	谢 幸	医学院
22	高分子物理	徐君庭	高分子科学与工程学系
23	工程图学	陆国栋	机械工程学院
24	机械制图及 CAD 基础	费少梅	机械工程学院
25	行政法学	章剑生	光华法学院
26	宪法学	余 军	光华法学院
27	环境生物学	陈学新	农学院
28	生物入侵与生物安全	叶恭银	农学院
29	环境微生物学	郑 平	环境与资源学院
30	环境化学	朱利中	环境与资源学院
31	嵌入式系统	陈文智	计算机科学与技术学院
32	软件工程	陈 越	计算机科学与技术学院
33	操作系统	李善平	计算机科学与技术学院
34	用户体验与产品创新设计	罗仕鉴	计算机科学与技术学院
35	生命科学导论	吴 敏	生命科学学院
36	植物学	傅承新	生命科学学院
37	生物生产机器人	应义斌	生物系统工程与食品科学学院
38	数学建模	谈之奕	数学科学学院
39	微观经济学	史晋川	经济学院
40	物理学与人类文明	盛正卯 叶高翔	物理学系
41	信号分析与处理	齐冬莲	电气工程学院
42	药物分析	曾 苏	药学院
43	应用光学	岑兆丰	光电科学与工程学院
44	传染病学	李兰娟	医学院
45	生理科学实验	陆 源	医学院

续表

序号	课程名称	负责人	所在学院/系
46	公共经济学	戴文标	公共管理学院
47	电力电子技术	潘再平	电气工程学院
48	药物分析	姚彤炜	药学院
49	网络营销	卓　骏	管理学院
50	生理学	夏　强	医学院

附录 7　浙江大学 2016 年本科学生分类录取情况　　　　（单位：人）

分类名称	实际录取人数
人文科学试验班	240
人文科学试验班（传媒）	145
人文科学试验班（外国语言文学—非英语）	36
人文科学试验班（外国语言文学）	154
社会科学试验班	692
理科试验班类	474
理科试验班类（生命、环境与地学）	241
工科试验班（机械与能源）	398
工科试验班（材料与化工）	371
工科试验班（建筑与土木）	283
工科试验班（电气与自动化）	283
工科试验班（航空航天与过程装备）	147
工科试验班（信息）	886
工科试验班（海洋）	151
工科试验班（竺可桢学院交叉创新平台）	100
工科试验班类［浙江大学伊利诺伊大学厄巴纳香槟校区联合学院（ZJU—UIUC 联合学院）］	32
科技与创意设计试验班	85
医学试验班	65

分类名称	实际录取人数
海洋科学	61
应用生物科学（农学）	387
应用生物科学（生工食品）	105
体育学类	63
美术学类	17
设计学类	48
医学试验班类（"5+3"一体化培养）	228
医学试验班类	122
医学试验班类（预防医学）	61
生物医学［浙江大学爱丁堡大学联合学院（ZJU—UoE 联合学院）］	24
药学类	131
合　计	6,030

附录 8　浙江大学 2016 年本科学生数（按学科门类统计）　　（单位：人）

学科门类	毕业生数	在校生数	2016 级	2015 级	2014 级	2013 级	2012 级
哲　学	9	65	9	16	24	16	0
经济学	311	916	55	299	280	282	0
法　学	188	612	43	185	200	184	0
教育学	75	276	76	73	62	62	3
文　学	395	1,938	557	426	520	434	1
历史学	39	166	4	47	61	53	1
理　学	657	2,878	833	659	640	730	16
工　学	2,698	11,710	2,849	2,941	2,844	2,885	191
农　学	319	1364	385	314	304	352	9
医　学	346	2216	536	508	430	477	265
管理学	418	1699	570	337	379	391	22
艺术学	63	293	65	66	67	75	20
总　计	5,518	24,133	5,982	5,871	5,811	5,941	528

附录 9　浙江大学 2016 年本科学生数(按院系统计)　　　　　(单位:人)

学院(系)名称	毕业生数	在校生数计	2016 级	2015 级	2014 级	2013 级	2012 级
人文学院	216	1,099	42	216	277	248	19
外国语言文化与国际交流学院	141	773	87	190	207	163	0
传媒与国际文化学院	124	450	8	125	166	145	1
经济学院	311	970	9	234	280	282	0
光华法学院	146	551	13	137	142	142	0
教育学院	100	487	101	137	107	109	25
管理学院	226	538	4	162	180	194	0
公共管理学院	209	652	36	158	212	192	0
数学科学学院	208	372	14	154	203	206	3
物理学系	97	424	6	95	106	103	3
化学系	81	377	13	53	75	120	0
地球科学学院	90	267	19	46	56	84	4
心理与行为科学系	53	264	3	49	69	65	1
机械工程学院	200	878	18	226	202	216	12
材料科学与工程学院	102	319	10	90	126	97	3
能源工程学院	225	824	27	247	277	288	0
电气工程学院	348	1,400	3	397	349	355	1
建筑工程学院	302	970	47	239	309	290	120
化学工程与生物工程学院	125	541	23	130	160	99	0
海洋学院	46	682	61	211	142	112	5
航空航天学院	28	131	20	39	58	24	0
高分子科学与工程学系	89	285	10	82	86	94	7
光电科学与工程学院	134	352	9	109	115	134	5
信息与电子工程学院	269	868	41	290	270	300	13
控制科学与工程学院	137	371	4	119	117	144	0
计算机科学与技术学院	386	1,256	26	326	345	453	23
生物医学工程与仪器科学学院	162	414	20	123	144	160	3

学院(系)名称	毕业生数	在校生数计	2016 级	2015 级	2014 级	2013 级	2012 级
生命科学学院	77	274	24	55	82	85	4
生物系统工程与食品科学学院	123	380	1	115	124	139	0
环境与资源学院	120	338	25	104	112	116	1
农业与生物技术学院	186	815	0	187	190	219	0
动物科学学院	91	250	0	82	69	85	9
药学院	62	414	18	84	78	101	0
医学院	304	2,266	87	423	372	376	265
求是学院	0	4,672	4,662	8	1	1	0
竺可桢学院	0	872	439	429	3	0	1
海宁国际校区	0	52	52	0	0	0	0
总计	5,518	24,133	5,982	5,871	5,811	5,941	528

附录 10　2016 年浙江大学本科生参加学科竞赛获奖情况　　　　（单位：项）

竞赛项目	特等奖	一等奖	二等奖	三等奖	单项奖	合计
国际大学生学科竞赛						
美国大学生数学建模竞赛(MCM)	1	38	76			115
亚洲大学生程序设计竞赛(ACM)		4	3			7
世界大学生机器人竞赛		2(小仿人组亚军、小型组季军)				2
国际德国红点与 IF 概念设计竞赛		4				4
合　计	1	48	79			128
全国大学生学科竞赛						
全国大学生数学建模竞赛		2	3			5
全国大学生智能汽车竞赛		2				2
全国大学生节能减排社会实践与科技竞赛	1	3		3		7
全国大学生电子设计信息安全、嵌入式系统、模拟电子系统竞赛			3	4		7

续表

竞赛项目	特等奖	一等奖	二等奖	三等奖	单项奖	合计
全国大学生物理学术竞赛	1					1
全国大学生程序设计竞赛		1	1			2
全国大学生广告艺术设计竞赛			1			1
全国大学生外语演讲竞赛	1		1			2
全国大学生"互联网"＋大学生创新创业竞赛		3	1		2	6
全国大学生化工设计竞赛	1		1	1		3
全国大学生临床技能竞赛				1		1
全国大学生光电设计竞赛		3	1	3		7
全国大学生机器人竞赛		1				1
全国大学生结构设计竞赛		1				1
全国大学生电子商务竞赛			1			1
合　计	4	16	13	12	2	47

附录 11　2016 年浙江大学各学院(系)本科生对外交流情况　（单位：人次）

学院/系	数量	学院/系	数量
人文学院	59	化学工程与生物工程学院	9
外国语言文化与国际交流学院	149	航空航天学院	18
传媒与国际文化学院	53	高分子科学与工程学系	16
经济学院	142	海洋学院	18
光华法学院	54	光电科学与工程学院	56
教育学院	59	信息与电子工程学院	73
管理学院	140	控制科学与工程学院	33
公共管理学院	64	计算机科学与技术学院	218
数学科学学院	69	生物医学工程与仪器科学学院	42
物理学系	22	医学院	149
化学系	63	药学院	44
地球科学学院	16	生命科学学院	34
心理与行为科学系	11	生物系统工程与食品科学学院	81

学院/系	数量	学院(系)	数量
机械工程学院	50	环境与资源学院	23
材料科学与工程学院	12	农业与生物技术学院	71
能源工程学院	179	动物科学学院	32
电气工程学院	68	其 他	400
建筑工程学院	123	合 计	2,650

附录 12 浙江大学 2016 年本科生分省录取情况

招生省份	录取人数/人	男/人	女/人	理科 (1∶1 投档线)	文科 (1∶1 投档线)
北京市	44	33	11	670	657
天津市	49	29	20	672	637
河北省	159	103	56	691	656
山西省	126	71	55	649	588
内蒙古自治区	57	41	16	670	601
辽宁省	107	67	40	668	618
吉林省	79	45	34	674	613
黑龙江省	62	40	22	670	607
上海市	49	30	19	505	507
江苏省	175	86	89	401	390
浙江省	2,913	1,642	1,271	683	665
安徽省	149	104	45	667	617
福建省	108	80	28	646	607
江西省	138	104	34	656	598
山东省	181	115	66	681	618
河南省	185	125	60	668	614
湖北省	138	93	45	674	618
湖南省	143	84	59	656	619
广东省	191	131	60	649	608
广西壮族自治区	78	51	27	661	—
海南省	8	1	7	841	—
重庆市	82	37	45	680	626

续表

招生省份	录取人数/人	男/人	女/人	理科 (1：1投档线)	文科 (1：1投档线)
四川省	186	128	58	671	621
贵州省	75	60	15	666	—
云南省	72	57	15	676	—
西藏自治区	50	22	28	—	—
陕西省	122	77	45	683	638
甘肃省	63	46	17	654	—
青海省	17	8	9	639	—
宁夏回族自治区	26	15	11	648	612
新疆维吾尔自治区	119	59	60	666	612
台湾省	52	31	21	—	—
香港特别行政区	14	7	7	—	—
澳门特别行政区	13	6	7	—	—
合计	6,030	3,628	2,402		

附录13 浙江大学2016届参加就业本科毕业生就业流向（按单位性质统计）

单位性质	类别	比例/%
各类企业 （总计：84.41%）	国有企业	15.59
	三资企业	17.74
	其他企业	51.08
事业单位 （总计：10.11%）	科研设计单位	1.77
	医疗卫生单位	2.04
	中等、初等教育单位	1.29
	高等教育单位	1.83
	其他事业单位	3.17
	艰苦行业事业单位	0.00
政府、部队 （总计：5.48%）	部队	0.48
	党政机关	5.00

浙江大学年鉴

单位地区	本科人数/人	比例/%	单位地区	本科人数/人	比例/%
总人数	1,934	100.00	重庆市	12	0.62
浙江省	1,251	64.62	安徽省	11	0.57
上海市	212	11.05	黑龙江省	3	0.15
广东省	128	6.61	西藏自治区	13	0.67
北京市	65	3.36	广西壮族自治区	5	0.26
江苏省	63	3.25	宁夏回族自治区	0	0.00
山东省	13	0.67	湖北省	14	0.72
辽宁省	8	0.41	江西省	7	0.36
四川省	15	0.77	新疆维吾尔自治区	27	1.39
天津市	11	0.57	山西省	4	0.21
福建省	19	0.98	海南省	2	0.10
吉林省	6	0.31	河北省	9	0.46
湖南省	4	0.21	河南省	3	0.15
陕西省	7	0.36	贵州省	13	0.67
云南省	6	0.31	内蒙古自治区	1	0.05
甘肃省	1	0.05	香港特别行政区	1	0.05

(赵爱军撰稿　陆国栋审稿)

研究生教育

【概况】　浙江大学是目前国内学科门类最齐全的综合性大学之一,可授予哲学、经济学、法学、教育学、文学、历史学、理学、工学、农学、医学、管理学、艺术学等12个学科门类的学术性学位。截至2016年12月31日,浙江大学拥有博士学位授权二级学科273个(含自主增设53个),涉及一级学科56个,其中博士学位授权一级学科54个;硕士学位授权二级学科308个(含自主增设55个),涉及一级学科61个,其中硕士学位授权一级学科60个;博士专业学位类别4种,硕士专业学位类别27种。全校拥有14个一级学科国家重点学科、21个二级学科国家重点学科和10个国家重点(培育)学科,7个农业部重点学科,50个浙江省一流学科。截至2016年12月31日,各学科共有2,392名教师具有博士研究生招生资格,其中具有学术学位博士生招生资格的教师2,367人,具有专业学位博士生招生资格的教师246人;各学科共有3,934名教师具有硕士研究生招生资格(含具有博士研究生招生资格的教师),其中具有学术学位硕士生招生资格的教师3,656人,具有专业学位硕士生招生资格的教师2,071人。

2016年,浙江大学共计招收全日制研究生7,591人,其中博士研究生2,051人、硕士研究生5,540人。截至2016年12月31日,在校研究生总数为25,724人,其中博士研究生10,106人、硕士研究生15,618人(包含攻读学位的博士留学生569人,硕士留学生526人)。

2016年,共招收同等学力申请硕士学位课程学习人员2,660人。原有的课程进修班学员2,023人结业。

2016年,研究生退学99人、取消入学或放弃入学202人(其中留学生143人)、提前攻博465人、死亡4人、开除学籍0人、博转硕69人、保留学籍后重新入学7人、保留学籍10人、因公出境(3个月及以上)558人、入境复学457人、休学149人、休学后复学105人、特殊延期433人、转专业40人、预就业3人。

2016年,毕业研究生6,005人,其中博士生1,611人、硕士生4,394人;授予学位数7,509人(包括以同等学力申请硕士专业学位人员27人,在职攻读硕士专业学位人员1,041人),其中博士学位1,636人、硕士学位5,873人。

参加就业的毕业研究生共5,855人,在职、定向、委培生66人。截至2016年12月31日,毕业研究生按总人数统计的就业率为98.44%(其中23名研究生进行了自主创业),待就业率为1.56%。硕士毕业生

中,签订协议书就业的有3,158人,应聘478人,灵活就业43人,被录取为国内大学或研究机构博士生的有493人,出国(境)139人,待就业69人,国家项目1人;博士毕业生中,签订协议书就业的有1,028人,应聘83人,灵活就业10人,被录取为博士后的有156人,出国(境)80人,待就业51人。

继续实施各类研究生国际合作研究与交流项目,全校共选送2,209名研究生以参加国际学术会议、联合培养、合作研究、短期学术交流、攻读学位等主要形式公派出国(境),其中国家建设高水平大学公派研究生项目派出196人,分赴哈佛大学、牛津大学、斯坦福大学、剑桥大学、加州大学伯克利分校等132所大学及科研机构学习,学科涵盖人文社科类(36人,占20.93%)、理科类(10人,占5.81%)、工科类(72人,占41.86%)、医科类(14人,占8.14%)、农科类(40人,占23.26%);资助581人赴海外参加高水平国际学术会议(博士研究生占资助总人数的71.6%),资助总额达450余万元。资助博士研究生开展国际合作研究与交流项目,共选派172名博士研究生,资助总额达1,000余万元,接待了德国慕尼黑大学、慕尼黑工业大学、瑞典皇家理工学院、荷兰埃因霍温工业大学、法国巴黎高科、法国巴黎综合理工学院、法国阿尔比矿业大学,以及香港城市大学等高校或机构的交流访问,并签订博士生联合培养协议或达成合作意向。

第二届中国学位与研究生教育学会教育成果奖推荐工作于2016年1月启动,2016年11月公布结果,浙江大学共有2项成果获得二等奖。浙江省2016年高等教育教学成果奖推荐工作于4月启动,10月浙江省教育厅发文公布评选结果,浙江大学共

获 8 项研究生教育教学成果奖,其中一等奖 5 项、二等奖 3 项(见附录 1)。

2016 年,共资助全国"基础数学"研究生暑期学校、第五届全国氢能博士生学术研讨会、智能系统与控制博士生学术论坛、土壤污染与修复博士生学术论坛 4 个全国博士生学术论坛 100 万元,每个论坛获得资助 25 万元,从学科建设经费中列支。

2016 年浙江大学继续实施争创优秀博士学位论文资助工作,根据《浙江大学争创优秀博士学位论文资助办法》(浙大发研〔2010〕6 号),经学院推荐或自荐,研究生院组织专家对申请者进行答辩评审,共评出 22 名延期博士生并进行资助。

进一步加强研究生教育信息化力度,有效支撑研究生教育管理工作的开展,提升管理工作水平。实现硕士生报名及收费网络化,取消了报考的现场确认;自主研发的"浙江大学研究生自助打印系统"于 2015 年 5 月上线试行,于 2016 年 1 月正式启用;完成"同等学力申请硕士学位人员管理系统"的开发工作,实现同等学力系统和全日制研究生系统的整合管理。

【实施优质生源工程】 开展多种形式招生宣传工作。通过新建浙江大学夏令营申请系统帮助院系更高效地办好夏令营;通过会议交流,动员各学院(系)有影响力的教授、分管领导参与赴外校的招生宣传工作。新开通了"浙江大学研究生招生"微信公众号,以更丰富的渠道帮助考生了解招生工作。2016 年共有 30 个学院(系)开展了夏令营活动,共 10,855 名大学生递交参加申请,最终录取了 2017 级推荐免试硕士研究生 681 名,直博生 436 名。

紧抓推免生优质生源。在教育部实行推免生招生新政策形势下,研究生院做好政策分析并提出"坚持直博规模,提升硕博连读,改善专硕生源,增加推免总数"的工作目标。坚持以推免生为浙江大学主要优质生源为导向,逐步增加高水平大学的优质生源,进一步改善生源结构。2016 年招收直博生 944 人,规模保持稳定,其中非本校"985"生源增加 10 个百分点;招收推免硕士研究生 2,436 人,占硕士总体招生数的 44%,其中来自"985"高校生源超过 60%,极大地提高了研究生生源质量。

继续积极推进博士新生奖学金评定工作。2016 年博士新生奖学金工作得到了人文学院、医学院基础医学系和农业与生命科学技术学院等学院(系)的积极响应和落实,4 个单位配套博士新生奖学金 42 万元,2016 年学校共评出了 142 名博士新生奖学金获得者。

【推进博士生招生机制改革】 2016 年,普博生招生实施"申请—考核"制新增法学院(司法文明专业)、生物系统工程与食品科学学院、环境与资源学院、农业与生物技术学院、药学院、传媒与国际文化学院、控制科学与工程学院 7 个学院,至此,全校全面实行"申请—考核"制的学院(系)为 14 个。2016 年通过申请考核机制录取博士生 1,736 人(其中直博生 944 人,硕转博 468 人,普博生 324 名),通过传统考试方式录取博士生 315 人,占全部博士生 15.36%。

继续实施博士培养成本补偿指标机制。2016 年加大力度,并配以工程博士等专项计划的实施,通过该补偿机制重点支持了 12 个院系 33 个学科 70 个补偿指标名额,筹集研究生教育经费 1,000 余万元,为学校开展研究生教育新项目提供了经费保证。

【全面启动新一轮研究生培养方案制定工作】 本轮培养方案制定注重内涵发展、强化质量意识、坚持问题导向,坚持德育为先、能力为重、全面发展的教育理念,遵循不同类型、不同层次研究生教育规律,体现学科特色和学术前沿,积极响应国家经济社会发展需求,注重科教结合和产学研结合,突出个性化培养。借鉴国内外一流学科的成功经验,树立科学的质量观,更加突出人文素养和科学素质教育,更加突出研究方法和科学思维养成,更加突出研究能力和创新能力培养,更加突出实践能力和创业能力训练,更加突出国际视野和竞争能力塑造。于2016年10月印发了《浙江大学关于制定研究生培养方案的指导意见》(浙大发研〔2016〕90号)、《浙江大学学术学位博士研究生培养方案制定办法》(浙大发研〔2016〕91号)、《浙江大学学术学位硕士研究生培养方案制定办法》(浙大发研〔2016〕92号)和《浙江大学专业学位研究生培养方案制定办法》(浙大发研〔2016〕93号)等4个文件,并于2016年11月专门召开了研究生培养方案制定工作会议,解读和布置培养方案制定工作。

【积极推进学科交叉融合共享】 为进一步支持医学创新中心建设,推动医学生命科学领域交叉学科研究生培养工作的顺利开展,于2016年4月设立了交叉学科培养博士生专项计划(下称专项计划),启动了以"Med+X""Brain+X"①交叉学科研究为试点的专项计划招生工作。2016年共招收了"专项计划"博士生56名,由30个专业录取,分属于医学门类26名、工学门类21名、理学门类9名,其中跨学科报考的考生占21.4%。

为贯彻落实国家"双一流"建设部署、深入实施"六高强校"战略、推进学校内涵提升,充分利用学科门类齐全、学科结构层次丰富、交叉学科平台集聚等学科生态多样化的优势,促进文理渗透、理工交叉、农工结合、医工融合等多形式交叉,满足国家社会发展对复合型高层次创新人才的需求。2016年10月出台《浙江大学关于推进学科交叉融合共享的指导意见》(浙大发研〔2016〕79号),并根据此意见实施"多学科交叉人才培养卓越中心"建设试点,推进学科交叉研究生培养专项计划。2016年12月出台《关于"多学科交叉人才培养卓越中心"博士研究生培养的实施细则(试行)》(浙大研院〔2016〕34号),由拟筹建的"中心"负责人填写,由所涉一级学科、培养依托单位推荐,经专家评审、研究生院初审,报学校交叉学科学位评定委员会审批。

【"工程硕士实习实践优秀成果获得者"评选】 2016年11月,全国工程硕士专业学位教育指导委员会公布第三届"工程硕士实习实践优秀成果获得者"荣誉称号名单,浙江大学电气工程学院电气工程领域2012级专业学位硕士研究生杜翼获得该荣誉称号。该奖项自2013年起开始评选,旨在及时总结和交流经验,引导各培养单位进一步做好全日制工程硕士专业学位研究生实习实践工作,促进合作企业和社会更好地了解、参与和支持实习实践环节。第一届、第二届该荣誉称号获得者分别为电气工程领域的陈宏伟、张国月。

【获评全国示范性工程专业学位研究生联合

---

① "Med+X""Brain+X":为鼓励医学、工学、信息等学部跨门类学科导师围绕生命医学领域交叉性科学问题联合指导博士生,学校以"Med+X""Brain+X"交叉学科研究为试点,设立交叉学科博士生培养专项计划。"Med+X"为医学学科与其他门类学科交叉研究领域;"Brain+X"为脑科学与其他门类学科交叉研究领域。

培养基地】 2016 年 1 月全国工程专业学位研究生教育指导委员会公布第二届"全国示范性工程专业学位研究生联合培养基地"荣誉称号名单,"浙江大学—浙江中控—工业控制技术研究生教育创新示范基地"获得该荣誉称号。该奖项自 2014 年起开始评选,旨在更好地总结经验,发挥示范引领作用,进一步提高工程硕士专业学位研究生培养质量。第一届该荣誉称号获得者是"浙江大学软件学院网新恒天研究生联合培养实践基地"。

【启用新版学位证书制定英文翻译标准】
2016 年春季学位授予仪式上,校党委书记金德水、校长吴朝晖宣布启用浙江大学自主设计的新版学位证书,包括中文、英文两个版本。针对英文版的学位证书,参照国际惯例予以设计,并成立专题工作组就证书内容和各学术型学科门类、一级二级学科及专业学位类别、领域组织全面翻译工作,首次实现了为浙江大学占研究生总数约 40% 的博士、硕士专业学位研究生颁发英文学位证书,得到了师生广泛好评。

【首届浙江大学优秀博士学位论文评选】
根据《浙江大学优秀博士学位论文评选办法(暂行)》(浙大发研〔2015〕99 号)的通知,2016 年开展了浙江大学优秀博士学位论文评选工作,经学科推荐或自荐,所属学科学位评定委员会初选,浙江大学校学位评定委员会办公室对候选论文进行同行专家通讯评审,各学部学位评定委员会复审推选,浙江大学校学位评定委员会全体委员会议评选等程序,评选出浙江大学 2013—2014 学年优秀博士学位论文 9 篇和优秀博士学位论文提名论文 21 篇,2014—2015 学年浙江大学优秀博士学位论文 10 篇和优秀博士学位论文提名论文 21 篇(优秀博士学位论文

名单请见附录 2 和附录 3)。

同时,推荐相关学科的博士学位论文参加中国高等教育学会、中国学位与研究生教育学会、全国思想政治教育学科等的优秀博士学位论文评选。教育学院袁传明的博士学位论文《近代英国高等教育改革与发展研究——以伦敦大学百年史(1825—1936)为个案》被评为"中国高等教育学会第十二届高等教育学优秀博士学位论文",指导教师为肖朗教授。

【浙江大学工程师学院(浙江工程师学院)成立】 该学院在教育部和省、市、区各级党委政府的大力支持下,于 2015 年 7 月启动筹建,于 2016 年 9 月 12 日正式成立,首届291 名非全日制研究生报到入学。

工程师学院定位为高水平专业型学院,主要进行开展研究生层次工程师培养和企业工程师培训。学院建在浙江大学城市学院校址上。其中,在北校区 147.5 亩的发展用地上新建办学设施,作为工程师学院相对完整的办学空间,同时与城市学院共享办学资源,逐步实现整体融合。

学院紧密依托浙江大学专业院系办学,推动校企协同培养模式创新,积极推进工程领域专业学位研究生教育改革。2016 年,组建了 3 个硕士教育中心;秋冬学期共开课46 门,计 56 个教学班;首期初步建成电气技术与装备、机器人与智能制造、信息与微电子工程、高效清洁低碳能源等 4 个公共实训平台;9 月,与法国巴黎综合理工学院、巴黎高科国立高等电信学院、巴黎高科国立高等科技学院 3 所院校签订创新创业管理双硕士联培项目合作协议,并已遴选首期11 名学生;11 月,与荷兰埃因霍温理工大学签署合作协议,将开展研究生联合培养项目和工程博士项目(PDEng)合作。

学院内设综合事务部、教学事务部、总务部等3个部门,下设10个办公室。10月,浙江大学专门增设"工程教育创新类"教师岗位,主要负责工程类专业学位教育工作。2016年已核拨17个工程教育创新类专任教师编制到9个专业领域进行招聘。此外,已选聘校内外兼任、兼职、兼课教师96人,选聘实验、管理等各类专、兼职人员32人。学院党、工、学等组织体系相应建立,学生管理和思政教育有序开展。

2016年,浙江省财政拨付1亿元,主要用于首期4个实训平台的设备购置;市财政配套拨付1.0371亿元,主要用于过渡期用房改造和新建项目前期开支,共完成10,500平方米的改造工程;按照"收支两条线"原则,浙江大学下拨经费合计967万元,学院学费收入522万元全部上缴学校。学院建设项目已被列入浙江省"十三五"重大工程,项目立项审批程序于12月30日顺利完成。

(许斯佳 沈 哲撰稿 吕淼华 王家平审稿)

【附录】

附录1 浙江大学获教育教学成果奖情况

浙江大学获第二届中国学位与研究生教育学会教育成果奖一览				
序号	成果名称	完成人姓名	完成单位	等级
1	基于"ARE"模式的博士生国际化培养的探索与实践	王家平 叶恭银 沈 杰 刘 多 葛盈辉	浙江大学	二等
2	创新驱动,协同指导,材料学科博士研究生拔尖人才培养模式的探索与实践	韩高荣 陈立新 张 泽 陈 洁 杨 倩	浙江大学	二等

浙江大学2016年获浙江省高等教育教学成果奖研究生项目				
序号	成果名称	完成人姓名	完成单位	等级
1	协同创新机制下的感染病学研究生培养模式的改革与实践	李兰娟 阮 冰 陈 智 盛吉芳 蒋国平 徐凌霄 何剑琴 曹红翠 徐 佳 陈俊春 章益民	浙江大学	一等
2	基于"全方位育人"的研究生导师育人机制构建与实践	吕淼华 叶恭银 徐国斌 单珏慧 马君雅 徐敏娜 张馨月 王立忠 王家平 葛盈辉	浙江大学	一等
3	基于国家重大项目的研究生教育体系的探索与实践	杨华勇 邹 俊 徐 兵 傅 新 谢海波 龚国芳 阮晓东 周 华	浙江大学	一等
4	全过程、多层次、多方位能源领域研究生创新人才培养体系探索与实践	高 翔 陈玲红 邱坤赞 薄 拯 吴学成 方惠英 骆仲泱 严建华 倪明江 岑可法	浙江大学	一等

序号	成果名称	完成人姓名			完成单位	等级
5	"五优"工程培养农科博士生的探索与实践	陈学新　祝水金　喻景权 赵建明　张国平　袁熙贤 叶恭银　陈昆松　华跃进 周雪平			浙江大学	一等
6	中国学硕士十年:本土化理念与国际化实践	徐　岱　范捷平　瞿海东 沈　坚　王云路　潘晓松 李　媛　韦　路　李红涛 杨　路			浙江大学	二等
7	涉海留学生六位一体人才培养体系的探索与实践	陈子辰　陈　丽　韩喜球 叶　瑛　袁雯静　陈建芳 曾江宁　张誉译			浙江大学国家海洋局第二海洋研究所	二等
8	以学科视野与学术洞察力培养为目标的大化工博士生学位课程建设	李伯耿　王文俊　任其龙 陈丰秋　许亚洲			浙江大学	二等

附录 2　浙江大学 2013—2014 学年优秀博士学位论文名单

序号	作者姓名	学科名称	学位论文题目	导师姓名
1	张文冠	中国语言文学	近代汉语同形字研究	王云路
2	许　震	化学	石墨烯液晶及宏观组装纤维	高　超
3	曾　正	电气工程	多功能并网逆变器及其微电网应用	赵荣祥　杨　欢
4	王海鸥	动力工程及工程热物理	复杂多相湍流燃烧的直接数值模拟	樊建人　罗　坤 岑可法
5	郝　翔	光学工程	基于光场操控的远场超分辨显微机理及方法研究	刘　旭
6	沈李东	环境科学与工程	湿地亚硝酸盐型厌氧氨氧化和厌氧甲烷氧化微生物生态学研究	徐向阳　胡宝兰
7	周　杰	园艺学	活性氧、激素互作、自噬和转录因子在番茄和拟南芥逆境胁迫响应中的作用机理和调控	喻景权
8	夏　梦	基础医学	组蛋白甲基化转移酶 Ash1l 在调控天然免疫和抑制自身免疫性疾病发病中的作用及机制研究	曹雪涛
9	高海女	临床医学	H7N9 禽流感病毒与 H5N1、pH1N1 等流感病毒临床特征的对比分析	李兰娟

附录 3　浙江大学 2014—2015 学年优秀博士学位论文名单

序号	作者姓名	学科名称	学位论文题目	导师姓名
1	边田钢	中国语言文学	上古方音声韵比较研究	黄笑山
2	丁晓伟	心理学	生物运动的工作记忆加工机制	沈模卫　高在峰 水仁德
3	颜徐州	化学	基于多级正交自组装构筑超分子聚合物功能材料	黄飞鹤
4	胡利鹏	材料科学与工程	$(Bi,Sb)_2(Te,Se)_3$ 合金的多尺度微观结构及其热电性能优化	赵新兵　朱铁军
5	陈远流	机械工程	面向微结构阵列的超精密切削加工与测量关键技术研究	居冰峰
6	王健	光学工程	面向光互连的硅基片上复用器件的研究	戴道锌
7	郑钜圣	食品科学与工程	膳食 n-3 脂肪酸与 2 型糖尿病及其他慢性病的关系及机理研究	李铎
8	薛建	植物保护	褐飞虱翅型分化分子机理研究	张传溪　程家安 徐海君
9	韩勇	生物学	基底前脑胆碱能神经元对睡眠觉醒的调节作用研究	段树民　虞燕琴
10	李颖	生物学	FtsZ 原丝纤维产生收缩力的轴转机制	叶升

附录 4　浙江大学 2016 年博士、硕士学位授权学科

学科门类	一级学科	二级学科代码	二级学科名称	硕士	一级硕士	博士	一级博士
哲学	哲学 (一级学科博士点)	010101	马克思主义哲学	√	√	√	√
		010102	中国哲学	√	√	√	√
		010103	外国哲学	√	√	√	√
		010104	逻辑学	√	√	√	√
		010105	伦理学	√	√	√	√
		010106	美学	√	√	√	√
		010107	宗教学	√	√	√	√
		010108	科学技术哲学	√	√	√	√
		0101Z1	休闲学	√	√	√	√

学科门类	一级学科	二级学科代码	二级学科	硕士	一级硕士	博士	一级博士
经济学	理论经济学（一级学科博士点）	020101	政治经济学	√	√	√	√
		020102	经济思想史	√	√	√	√
		020103	经济史	√	√	√	√
		020104	西方经济学	√	√	√	√
		020105	世界经济	√	√	√	√
		020106	人口、资源与环境经济学	√	√	√	√
	应用经济学（一级学科博士点）	020201	国民经济学	√	√		
		020202	区域经济学	√	√	√	√
		020203	财政学	√	√	√	√
		020204	金融学	√	√	√	√
		020205	产业经济学	√	√	√	√
		020206	国际贸易学	√	√	√	√
		020207	劳动经济学	√	√	√	√
		020208	统计学	√	√	√	√
		020209	数量经济学	√	√	√	√
		020210	国防经济	√	√		√
		0202Z1	互联网金融学	√	√	√	√
法学	法学（一级学科博士点）	030101	法学理论	√	√		√
		030102	法律史	√	√		√
		030103	宪法学与行政法学	√	√		√
		030104	刑法学	√	√		√
		030105	民商法学	√	√	√	√
		030106	诉讼法学	√	√		√
		030107	经济法学	√	√		√
		030108	环境与资源保护法学	√	√		
		030109	国际法学	√	√	√	√
		0301Z1	中国法	√	√	√	√
		0301Z2	海洋法学	√	√	√	√
		0301Z3	司法文明	√	√	√	√

学科门类	一级学科	二级学科代码	二级学科	硕士	一级硕士	博士	一级博士
法学	社会学	030301	社会学	√			
		030302	人口学	√		√	
	马克思主义理论（一级学科博士点）	030501	马克思主义基本原理	√	√	√	√
		030502	马克思主义发展史	√	√	√	√
		030503	马克思主义中国化研究	√	√	√	√
		030504	国外马克思主义研究	√	√	√	√
		030505	思想政治教育	√	√	√	√
		030506	中国近现代史基本问题研究	√	√	√	√
教育学	教育学（一级学科博士点）	040101	教育学原理	√	√	√	√
		040102	课程与教学论	√	√	√	√
		040103	教育史	√	√	√	√
		040104	比较教育学	√	√	√	√
		040105	学前教育学	√	√	√	√
		040106	高等教育学	√	√	√	√
		040107	成人教育学	√	√	√	√
		040108	职业技术教育学	√	√	√	√
		040109	特殊教育学	√	√	√	√
		040110	教育技术学	√	√	√	√
	心理学（一级学科博士点）	040201	基础心理学	√	√	√	√
		040202	发展与教育心理学	√	√	√	√
		040203	应用心理学	√	√	√	√
	体育学（一级学科博士点）	040301	体育人文社会学	√	√	√	√
		040302	运动人体科学	√	√		
		040303	体育教育训练学	√	√	√	√
		040304	民族传统体育学	√	√		
文学	中国语言文学（一级学科博士点）	050101	文艺学	√	√	√	√
		050102	语言学及应用语言学	√	√	√	√
		050103	汉语言文字学	√	√	√	√
		050104	中国古典文献学	√	√	√	√
		050105	中国古代文学	√	√	√	√
		050106	中国现当代文学	√	√	√	√
		050107	中国少数民族语言文学	√	√	√	√
		050108	比较文学与世界文学	√	√	√	√
		0501Z1	中国学	√	√		

学科门类	一级学科	二级学科代码	二级学科	硕士	一级硕士	博士	一级博士
文学	外国语言文学（一级学科博士点）	050201	英语语言文学	√	√	√	√
		050202	俄语语言文学	√	√	√	√
		050203	法语语言文学	√	√		√
		050204	德语语言文学	√	√	√	√
		050205	日语语言文学	√	√		√
		050206	印度语言文学	√	√		√
		050207	西班牙语语言文学	√	√		√
		050208	阿拉伯语语言文学	√	√		√
		050209	欧洲语言文学	√	√		√
		050210	亚非语言文学	√	√		√
		050211	外国语言学及应用语言学	√	√	√	√
	新闻传播学（一级学科博士点）	050301	新闻学	√	√	√	√
		050302	传播学	√	√	√	√
		0503Z1	文化产业学	√	√	√	√
		0503Z2	电视电影与视听传播学	√	√		√
历史学	考古学（一级学科博士点）	060102	考古学及博物馆学	√	√		√
	中国史	060101	史学理论及史学史	√	√		
		060103	历史地理学	√	√		
		060104	历史文献学	√	√		
		060105	专门史	√	√		
		0602L4	中国古代史	√	√	√	
		0602L5	中国近现代史	√	√	√	
		0602Z1	中国艺术史	√	√		
	世界史（一级学科博士点）	060300	世界史	√	√	√	√
理学	数学（一级学科博士点）	070101	基础数学	√	√	√	√
		070102	计算数学	√	√	√	√
		070103	概率论与数理统计	√	√		
		070104	应用数学	√	√	√	√
		070105	运筹学与控制论	√	√	√	√

学科门类	一级学科	二级学科代码	二级学科	硕士	一级硕士	博士	一级博士
理学	物理学（一级学科博士点）	070201	理论物理	√	√	√	√
		070202	粒子物理与原子核物理	√	√	√	√
		070203	原子与分子物理	√	√	√	√
		070204	等离子体物理	√	√	√	√
		070205	凝聚态物理	√	√	√	√
		070206	声学	√	√	√	√
		070207	光学	√	√	√	√
		070208	无线电物理	√	√	√	√
	化学（一级学科博士点）	070301	无机化学	√	√	√	√
		070302	分析化学	√	√	√	√
		070303	有机化学	√	√	√	√
		070304	物理化学	√	√	√	√
		070305	高分子化学与物理	√	√	√	√
	大气科学	070601	气象学	√	√		
	海洋科学	070701	物理海洋学	√	√		
		070702	海洋化学	√	√		
		070703	海洋生物学	√	√		
		070704	海洋地质	√	√		
	地质学（一级学科博士点）	070901	矿物学、岩石学、矿床学	√	√	√	√
		070902	地球化学	√	√	√	√
		070903	古生物学与地层学（含古人类学）	√	√	√	√
		070904	构造地质学	√	√	√	√
		070905	第四纪地质学	√	√	√	√
		0709Z1	海洋资源与环境	√	√	√	√
		0709Z4	资源环境与区域规划	√	√	√	√
		0709Z5	资源勘查与地球物理	√	√	√	√
		0709Z6	遥感与地理信息系统	√	√	√	√

学科门类	一级学科	二级学科代码	二级学科	硕士	一级硕士	博士	一级博士
理学	生物学（一级学科博士点）	071001	植物学	√	√	√	√
		071002	动物学	√	√	√	√
		071003	生理学	√	√	√	√
		071004	水生生物学	√	√	√	√
		071005	微生物学	√	√	√	√
		071006	神经生物学	√	√	√	√
		071007	遗传学	√	√	√	√
		071008	发育生物学	√	√	√	√
		071009	细胞生物学	√	√	√	√
		071010	生物化学与分子生物学	√	√	√	√
		071011	生物物理学	√	√	√	√
		0710Z1	生物信息学	√	√	√	√
	生态学（一级学科博士点）	071300	生态学	√	√	√	√
工学	力学（一级学科博士点）	080101	一般力学与力学基础	√	√	√	√
		080102	固体力学	√	√	√	√
		080103	流体力学	√	√	√	√
		080104	工程力学	√	√	√	√
	机械工程（一级学科博士点）	080201	机械制造及其自动化	√	√	√	√
		080202	机械电子工程	√	√	√	√
		080203	机械设计及理论	√	√	√	√
		080204	车辆工程	√	√	√	√
		0802Z1	工业工程	√	√	√	√
		0802Z3	海洋工程	√		√	
	光学工程（一级学科博士点）	0803Z1	光通信技术	√	√	√	√
		0803Z2	信息传感及仪器	√	√	√	√
	材料科学与工程（一级学科博士点）	080501	材料物理与化学	√	√	√	√
		080502	材料学	√	√	√	√
		080503	材料加工工程	√	√	√	√
		0805Z1	高分子材料	√	√	√	√

学科门类	一级学科	二级学科代码	二级学科	硕士	一级硕士	博士	一级博士
工学	动力工程及工程热物理（一级学科博士点）	080701	工程热物理	√	√	√	√
		080702	热能工程	√	√	√	√
		080703	动力机械及工程	√	√	√	√
		080704	流体机械及工程	√	√	√	√
		080705	制冷及低温工程	√	√	√	√
		080706	化工过程机械	√	√	√	√
		0807Z1	能源环境工程	√	√	√	√
		0807Z2	新能源科学与工程	√	√	√	√
	电气工程（一级学科博士点）	080801	电机与电器	√	√	√	√
		080802	电力系统及其自动化	√	√	√	√
		080803	高电压与绝缘技术	√	√	√	√
		080804	电力电子与电力传动	√	√	√	√
		080805	电工理论与新技术	√	√	√	√
		0808Z1	电气信息技术	√	√	√	√
	电子科学与技术（一级学科博士点）	080901	物理电子学	√	√	√	√
		080902	电路与系统	√	√	√	√
		080903	微电子学与固体电子学	√	√	√	√
		080904	电磁场与微波技术	√	√	√	√
	信息与通信工程（一级学科博士点）	081001	通信与信息系统	√	√	√	√
		081002	信号与信息处理	√	√	√	√
		0810Z1	海洋信息科学与工程	√	√	√	√
		0810Z2	飞行器测量信息工程	√	√	√	√
	控制科学与工程（一级学科博士点）	081101	控制理论与控制工程	√	√	√	√
		081102	检测技术与自动化装置	√	√	√	√
		081103	系统工程	√	√	√	√
		081104	模式识别与智能系统	√	√	√	√
		081105	导航、制导与控制	√	√	√	√
	计算机科学与技术（一级学科博士点）	081201	计算机系统结构	√	√	√	√
		081203	计算机应用技术	√	√	√	√
		0812Z1	数字化艺术与设计	√	√	√	√
		0812Z3	空天信息技术	√	√	√	√

浙江大学年鉴

学科门类	一级学科	二级学科代码	二级学科	硕士	一级硕士	博士	一级博士
工学	建筑学（一级学科博士点）	081301	建筑历史与理论	√	√		√
		081302	建筑设计及其理论	√	√	√	√
		081304	建筑技术科学	√	√		√
	土木工程（一级学科博士点）	081401	岩土工程	√	√	√	√
		081402	结构工程	√	√	√	√
		081403	市政工程	√	√		√
		081404	供热、供燃气、通风及空调工程	√	√		√
		081405	防灾减灾工程及防护工程	√	√		√
		081406	桥梁与隧道工程	√	√		√
		0814Z1	道路与交通工程	√	√		√
		0814Z3	水资源与水环境工程	√	√		√
		0814Z4	水工结构与港口工程	√	√		√
		0814Z5	河流与滨海工程	√	√		√
	化学工程与技术（一级学科博士点）	081703	生物化工	√	√		√
		0817Z1	化工过程工程	√	√		√
		0817Z2	化学产品工程	√	√		√
		0817Z3	生态化工	√	√		√
		0817Z4	制药工程	√	√	√	√
	船舶与海洋工程	082401	船舶与海洋结构物设计制造	√	√		
	航空宇航科学与技术	082501	飞行器设计	√	√		
		082502	航空宇航推进理论与工程	√	√		
		082503	航空宇航制造工程	√	√		
	农业工程（一级学科博士点）	082801	农业机械化工程	√	√	√	√
		082802	农业水土工程	√	√		√
		082803	农业生物环境与能源工程	√	√		√
		082804	农业电气化与自动化	√	√		√
		0828Z1	生物系统工程	√	√		√
	环境科学与工程（一级学科博士点）	083001	环境科学	√	√	√	√
		083002	环境工程	√	√	√	√

学科门类	一级学科	二级学科代码	二级学科	硕士	一级硕士	博士	一级博士
工学	生物医学工程（一级学科博士点）	0831Z1	电子信息技术及仪器	√	√	√	√
	食品科学与工程（一级学科博士点）	083201	食品科学	√	√	√	√
		083202	粮食、油脂及植物蛋白工程	√	√	√	√
		083203	农产品加工及贮藏工程	√	√	√	√
		083204	水产品加工及贮藏工程	√	√	√	√
		0832Z1	食品安全与营养	√	√	√	√
	软件工程（一级学科博士点）	081202	计算机软件与理论	√	√	√	√
	网络空间安全	083900	网络空间安全	√	√	√	√
农学	作物学（一级学科博士点）	090101	作物栽培学与耕作学	√	√	√	√
		090102	作物遗传育种	√	√	√	√
		0901Z1	种子科学与技术	√	√	√	√
	园艺学（一级学科博士点）	090201	果树学	√	√	√	√
		090202	蔬菜学	√	√	√	√
		090203	茶学	√	√	√	√
		0902Z1	观赏园艺学	√	√	√	√
	农业资源与环境（一级学科博士点）	090301	土壤学	√	√	√	√
		090302	植物营养学	√	√	√	√
		0903Z1	农业遥感与信息技术	√	√	√	√
		0903Z2	水资源利用与保护	√	√	√	√
	植物保护（一级学科博士点）	090401	植物病理学	√	√	√	√
		090402	农业昆虫与害虫防治	√	√	√	√
		090403	农药学	√	√		√
	畜牧学（一级学科博士点）	090501	动物遗传育种与繁殖	√	√	√	√
		090502	动物营养与饲料科学	√	√	√	√
		090504	特种经济动物饲养	√	√	√	√
	兽医学（一级学科博士点）	090601	基础兽医学	√	√		√
		090602	预防兽医学	√	√	√	√
		090603	临床兽医学	√	√		√

学科门类	一级学科	二级学科代码	二级学科	硕士	一级硕士	博士	一级博士
医学	基础医学 (一级学科博士点)	100101	人体解剖与组织胚胎学	√	√	√	√
		100102	免疫学	√	√	√	√
		100103	病原生物学	√	√	√	√
		100104	病理学与病理生理学	√	√	√	√
		100105	法医学	√	√	√	√
		100106	放射医学	√	√	√	√
		100107	航空、航天与航海医学	√	√	√	√
		1001Z1	干细胞和再生医学	√	√	√	√
	临床医学 (一级学科博士点)	100201	内科学	√	√	√	√
		100202	儿科学	√	√	√	√
		100203	老年医学	√	√	√	√
		100204	神经病学	√	√	√	√
		100205	精神病与精神卫生学	√	√	√	√
		100206	皮肤病与性病学	√	√	√	√
		100207	影像医学与核医学	√	√	√	√
		100208	临床检验诊断学	√	√	√	√
		100210	外科学	√	√	√	√
		100211	妇产科学	√	√	√	√
		100212	眼科学	√	√	√	√
		100213	耳鼻咽喉科学	√	√	√	√
		100214	肿瘤学	√	√	√	√
		100215	康复医学与理疗学	√	√	√	√
		100216	运动医学	√	√	√	√
		100217	麻醉学	√	√	√	√
		100218	急诊医学	√		√	√
		1002Z1	移植医学	√	√	√	√
		1002Z2	全科医学	√	√	√	√
		1002Z3	微创医学	√	√	√	√
		1002Z4	重症医学	√	√	√	√
	口腔医学 (一级学科博士点)	100301	口腔基础医学	√	√	√	√
		100302	口腔临床医学	√	√	√	√

学科门类	一级学科	二级学科代码	二级学科	硕士	一级硕士	博士	一级博士
医学	公共卫生与预防医学（一级学科博士点）	100401	流行病与卫生统计学	√	√	√	√
		100402	劳动卫生与环境卫生学	√	√	√	√
		100403	营养与食品卫生学	√	√	√	√
		100405	卫生毒理学	√	√	√	√
	药学（一级学科博士点）	100701	药物化学	√	√	√	√
		100702	药剂学	√	√	√	√
		100703	生药学	√	√	√	√
		100704	药物分析学	√	√	√	√
		100705	微生物与生化药学	√	√	√	√
		100706	药理学	√	√	√	√
		1007Z1	海洋药物学	√	√	√	√
	护理学（一级学科博士点）	101100	护理学	√	√	√	√
管理学	管理科学与工程（一级学科博士点）	1201Z1	技术与创新管理	√	√	√	√
		1201Z2	工程管理	√	√	√	√
	工商管理（一级学科博士点）	120201	会计学	√	√	√	√
		120202	企业管理	√	√	√	√
		120203	旅游管理	√	√	√	√
		120204	技术经济及管理	√	√	√	√
		1202Z1	创业管理	√	√	√	√
	农林经济管理（一级学科博士点）	120301	农业经济管理	√	√	√	√
		120302	林业经济管理	√	√	√	√
	公共管理（一级学科博士点）	120401	行政管理	√	√	√	√
		120402	社会医学与卫生事业管理	√	√	√	√
		120403	教育经济与管理	√	√	√	√
		120404	社会保障	√	√	√	√
		120405	土地资源管理	√	√	√	√
		1204Z1	社会管理	√	√	√	√
		1204Z2	公共信息资源管理	√	√	√	√
		1204Z3	非传统安全管理	√	√	√	√
		1204Z4	城市发展与管理	√	√	√	√
		1204Z5	国际事务与全球治理	√	√	√	√
艺术学	设计学	130500	设计学	√	√		

浙江大学年鉴

附录5　2016年浙江大学博士、硕士专业学位授权点

序号	专业学位类别	专业学位领域	培养单位
博士专业学位授权点(4个)			
1	教　育	教育领导与管理	教育学院
		学科课程与教学	
2	临床医学		医学院
3	口腔医学		医学院
4	工　程	电子与信息	工学门类相关学院(系)
		能源与环保	
硕士专业学位授权点(27个)			
1	法　律	法律(非法学)	光华法学院
		法律(法学)	
2	教　育	教育管理	教育学院
		学科教学(语文)	教育学院
		学科教学(物理)	物理学系
		学科教学(英语)	外国语言文化与国际交流学院
		现代教育技术	教育学院
		科学技术与教育	
3	体　育	体育教学	教育学院
		运动训练	
		竞赛组织	
		社会体育指导	
4	汉语国际教育		人文学院
5	艺　术	广播电视	传媒与国际文化学院
		美术	人文学院
6	工　程	机械工程	机械工程学院 航空航天学院
		光学工程	光电信息工程学院
		仪器仪表工程	生物医学工程与仪器科学学院
		材料工程	材料科学与工程学院 高分子科学与工程学系
		动力工程	能源工程学院

序号	专业学位类别	专业学位领域	培养单位
6	工　程	电气工程	电气工程学院
		电子与通信工程	信息与电子工程学院 航空航天学院
		集成电路工程	信息与电子工程学院 电气工程学院
		控制工程	控制科学与工程学院 电气工程学院
		计算机技术	计算机科学与技术学院
		软件工程	软件学院
		建筑与土木工程	建筑工程学院
		水利工程	建筑工程学院 海洋学院
		化学工程	化学工程与生物工程学院
		地质工程	地球科学学院
		轻工技术与工程	生物系统工程与食品科学学院
		交通运输工程	建筑工程学院
		船舶与海洋工程	海洋学院
		农业工程	生物系统工程与食品科学学院
		环境工程	环境与资源学院
		生物医学工程	生物医学工程与仪器科学学院
		食品工程	生物系统工程与食品科学学院
		航天工程	航空航天学院
		车辆工程	能源工程学院 机械工程学院
		制药工程	化学工程与生物工程学院 药学院
		工业工程	机械工程学院
		工业设计工程	计算机科学与技术学院
		生物工程	化学工程与生物工程学院
		项目管理	经济学院 建筑工程学院 管理学院
		物流工程	管理学院

序号	专业学位类别	专业学位领域	培养单位
7	农 业	作物	农业与生物技术学院
		园艺	农业与生物技术学院
		农业资源利用	环境与资源学院 农业与生物技术学院
		植物保护	农业与生物技术学院
		养殖	动物科学学院
		草业	动物科学学院
		农业机械化	生物系统工程与食品科学学院
		农村与区域发展	农业与生物技术学院 公共管理学院
		农业科技组织与服务	农业与生物技术学院
		农业信息化	环境与资源学院
		食品加工与安全	生物系统工程与食品科学学院
8	兽 医		动物科学学院
9	风景园林		农业与生物技术学院
10	临床医学	内科学	医学院
		儿科学	
		老年医学	
		神经病学	
		精神病与精神卫生学	
		皮肤病与性病学	
		影像医学与核医学	
		外科学	
		妇产科学	
		眼科学	
		耳鼻咽喉科学	
		肿瘤学	
		麻醉学	
		急诊医学	
		全科医学	
11	口腔医学		医学院
12	公共卫生		医学院

人才培养

续表

序号	专业学位类别	专业学位领域	培养单位
13	工商管理	高级管理人员工商管理硕士	管理学院
		工商管理硕士	
14	公共管理		公共管理学院
15	建筑学		建筑工程学院
16	金　融		经济学院
17	税　务		经济学院
18	国际商务		经济学院
19	应用心理		心理与行为科学系
20	新闻与传播		传媒与国际文化学院
21	文物与博物馆		人文学院
22	会　计		管理学院
23	翻　译	英语笔译	外国语言文化与国际交流学院
		日语笔译	
24	药　学		药学院
25	城市规划		建筑工程学院
26	社会工作		公共管理学院
27	工程管理		建筑工程学院 机械工程学院 材料科学与工程学院

附录6　2016年浙江大学在岗博士生导师

一级学科	二级学科名称	导师姓名
哲　学	马克思主义哲学 中国哲学 外国哲学 逻辑学 伦理学 美学 宗教学 科学技术哲学 休闲学	包利民　陈　强　陈越骅　丛杭青　董　平 范　昀　何　俊*　何欢欢　何善蒙　胡志毅 黄华新　金　立　孔令宏　李恒威　廖备水 林志猛　刘慧梅　潘立勇　潘一禾　庞学铨 彭国翔　任会明　沈语冰　盛晓明　王　杰 王　俊　王国平*　王礼平　王晓朝　王志成 徐　岱　徐慈华　徐向东　许为民　杨大春 应　奇　张节末　章雪富

一级学科	二级学科名称	导师姓名			
理论经济学	政治经济学	曹玉书* 曹正汉 陈凌 陈菲琼 陈叶烽 陈勇民 戴志敏 董雪兵 杜立民 方红生 顾国达 黄英 黄先海 金祥荣 金雪军 陆菁 罗德明 罗卫东 骆兴国 马述忠 潘士远 沈满洪 史晋川 宋顺锋* 汪炜 汪丁丁* 王汝渠* 王维安 王义中 王志坚 肖文 熊秉元 杨柳勇 杨晓兰 叶航 余林徽 张小蒂 张旭昆* 张自斌 赵伟 郑备军 朱希伟 朱燕建 邹小芃			
	经济思想史				
	经济史				
	西方经济学				
	世界经济				
	人口、资源与环境经济学				
应用经济学	国民经济学	巴曙松* 贡圣林 曹玉书* 陈菲琼 陈建军 陈勇民 戴志敏 董雪兵 杜立民 方红生 高淑琴 葛赢 顾国达 郭继强 何文炯 黄英 黄先海 黄祖辉 蒋岳祥 金祥荣 金雪军 陆菁 罗德明 骆兴国 马述忠 钱滔 钱雪亚 史晋川 宋华盛 汪炜 王维安 王义中 王志凯 肖文 许奇 杨华* 杨柳勇 杨万江 杨晓兰 姚先国 余林徽 张俊森 张小蒂 张自斌 赵伟 郑备军 朱希伟 朱燕建 邹小芃			
	区域经济学				
	财政学				
	金融学				
	产业经济学				
	国际贸易学				
	劳动经济学				
	统计学				
	数量经济学				
	国防经济				
	互联网金融学				
法学	法学理论	毕莹 陈林林 陈长文* 葛洪义 巩固 何怀文 胡铭 胡建淼 胡敏洁 焦宝乾 金彭年 李永明 李有星 梁上上 梁治平* 刘铁铮* 钱弘道 王冠玺 王贵国 王泽鉴* 翁晓斌 夏立安 叶良芳 余军 张谷 张文显 章剑生 赵骏 郑春燕 周翠 周江洪 朱庆育 朱新力 邹克渊			
	法律史				
	宪法学与行政法学				
	刑法学				
	民商法学				
	诉讼法学				
	经济法学				
	环境与资源保护法学				
	国际法学				
	中国法				
	海洋法学				
	司法文明				

一级学科	二级学科名称	导师姓名				
社会学	社会学	曹　洋	曹正汉	范晓光	冯　钢	高力克
		郎友兴	毛　丹	米　红	阮云星	孙艳菲
	人口学	王小章	余逊达	张国清	赵鼎新*	朱天飚
马克思主义理论	马克思主义基本原理	陈国权	程早霞	段治文	黄　铭	刘同舫
	马克思主义发展史					
	马克思主义中国化研究	马建青	潘恩荣	任少波	盛晓明	万　斌
	国外马克思主义研究	张　彦	张国清			
	思想政治教育					
	中国近现代史基本问题研究					
教育学	教育学原理	顾建民	黄亚婷	阚　阅	李　艳	刘正伟
	课程与教学论	商丽浩	盛群力	宋永华	孙元涛	田正平
	教育史	王莉华	魏贤超	吴　华	吴雪萍	肖　朗
	比较教育学	肖龙海	徐小洲	杨　明	叶映华	赵　康
	学前教育学	周谷平	祝怀新			
	高等教育学					
	成人教育学					
	职业技术教育学					
	特殊教育学					
	教育技术学					
心理学	基础心理学	陈　辉	陈飞燕	陈树林	高在峰	何　洁
		何贵兵	李　崎	卢舍那	罗本燕	马剑虹
	发展与教育心理学	聂爱情	钱秀莹	沈模卫	唐孝威	王　健
		王　伟	王重鸣	许　毅	张　萌	张　琼
	应用心理学	张宝荣	张智君	周欣悦		
体育学	体育人文社会学	丛湖平	胡　亮	林小美	彭玉鑫	邱亚君
	运动人体科学	司　琦	王　健	王　进	温　煦	于可红
	体育教育训练学	张　辉	郑　芳	周丽君		
	民族传统体育学					

浙江大学年鉴

一级学科	二级学科名称	导师姓名				
中国语言文学	文艺学 语言学及应用语言学 汉语言文字学 中国古典文献学 中国古代文学 中国现当代文学 中国少数民族语言文学 比较文学与世界文学 中国学	曹锦炎 池昌海 冯国栋 黄 健 金健人 李咏吟 刘海涛 盘 剑 苏宏斌 汪维辉 王云路 吴艳红 徐 亮 姚晓雷 章 宏 祖 慧	陈 洁 崔富章 关长龙 黄 擎 孔令宏 梁 慧 楼含松 彭利贞 孙竞昊 王 俊 韦 路 吴义诚 徐永明 叶 晔 周明初	陈 强 董 平 何善蒙 黄华新 李 媛 林 卡 陆敏珍 沈松勤* 孙敏强 王 勇 卫龙宝 吴宗杰 许建平 张德明 朱首献	陈玉洁 方 凡 胡可先 贾海生 李红涛 林家骊 吕一民 史文磊 陶 然 王德华 吴 笛 肖瑞峰 许志强 张节末 朱则杰	陈振濂 方一新 胡志毅 金 进 李旭平 林晓光 欧 荣* 束景南 汪超红 王小潞 吴秀明 徐 岱 颜洽茂 张涌泉 邹广胜
外国语言文学	英语语言文学 俄语语言文学 法语语言文学 德语语言文学 日语语言文学 印度语言文学 西班牙语语言文学 阿拉伯语语言文学 欧洲语言文学 亚非语言文学 外国语言学及应用语言学	陈伟英 郝田虎 李 媛 马博森 汪运起 许 钧	程 工 何辉斌 李德高 瞿云华 王 永 Esther Pascual	程 乐 何莲珍 梁君英 沈 杰 王小潞	方 凡 蒋景阳 刘海涛 隋红升 吴 笛	高 奋 乐 明 刘慧梅 孙艳萍 吴宗杰
新闻传播学	新闻学 传播学 文化产业学 电视电影与视听传播学	范志忠 李 杰 邵培仁 韦 路 章 宏	何扬鸣 李 岩 沈语冰 卫军英 赵 瑜	胡小军 李东晓 苏振华 吴 飞	胡晓云 李红涛 王 杰 吴 赟	黄少华* 盘 剑 王小松 徐群晖
考古学	考古学及博物馆学	白谦慎 郭 怡 吴小平 张 晖	曹锦炎 黄厚明 项隆元 张秉坚	陈 虹 鲁东明 谢继胜 庄孔韶	单霁翔* 缪 哲 许端清	方 闻* 束景南 严建强

一级学科	二级学科名称	导师姓名
中国史	史学理论及史学史 历史地理学 历史文献学 专门史 中国古代史 中国近现代史 中国艺术史	陈红民　　陈振濂　　杜正贞　　冯培红　　高力克 龚缨晏*　何　俊*　黄厚明　　计翔翔　　梁敬明 刘进宝　　陆敏珍　　戚印平　　孙竞昊　　陶　然 汪林茂　　吴艳红　　吴铮强　　肖如平　　谢继胜 杨雨蕾　　尤淑君　　张　凯
世界史	世界史	陈　新　　董小燕　　龚缨晏*　黄河清　　计翔翔 乐启良　　刘国柱　　吕一民　　戚印平　　沈　坚 汤晓燕　　王海燕　　张　杨
数学	基础数学 计算数学 概率论与数理统计 应用数学 运筹学与控制论	包　刚　　蔡天新　　陈　豪*　陈叔平　　程晓良 董　浙　　方道元　　冯　波　　冯　涛　　郜传厚 胡　峻　　胡贤良　　黄正达　　蒋岳祥　　孔德兴 赖　俊　　李　冲　　李　方　　李　明　　李　松 李胜宏　　林　智　　蔺宏伟　　刘　刚*　刘东文 刘康生　　刘克峰　　卢涤明　　罗　锋　　庞天晓 丘成栋*　丘成桐*　阮火军　　邵启满　　盛为民 苏中根　　谈之奕　　王　伟　　王成波　　王伟(理) 王晓光　　吴庆标　　吴志祥　　武俊德　　徐　翔 许洪伟　　杨海涛　　叶和溪　　尹永成　　翟　健 张　挺　　张　奕　　张国川　　张立新　　张庆海 张荣茂　　张振跃　　郑方阳　　仲杏慧　　朱　军 朱建新
物理学	理论物理 粒子物理与原子核物理 原子与分子物理 等离子体物理 凝聚态物理 声学 光学 无线电物理	曹光旱　　陈　骦　　陈飞燕　　陈启瑾　　陈庆虎 陈一新　　仇志勇　　渡边元太郎　　　　方明虎 冯　波　　傅国勇　　何丕模　　蒋建中　　金洪英 李海洋　　李宏年　　李有泉　　刘　洋　　鲁定辉 陆璇辉　　路　欣　　罗孟波　　罗民兴　　吕丽花 马志为　　宁凡龙　　潘佰良　　阮智超　　沙　健 盛正卯　　谭明秋　　唐孝威　　万　歆　　王　凯 王　淼　　王浩华　　王立刚　　王晓光　　王业伍 王兆英　　王宗利　　吴惠桢　　吴建澜　　武慧春 肖　湧　　肖维文　　谢燕武　　许晶波　　许祝安 颜　波　　叶高翔*　尹　艺　　应和平　　袁辉球 张　宏　　张富春　　张剑波　　章林溪　　赵道木 赵学安　　郑　波　　郑　毅　　郑大昉　　周　毅 周如鸿　　朱国怀　　朱诗尧　　Lee Hanoh Stefan Kirchner

一级学科	二级学科名称	导师姓名			
化 学	无机化学	安全福	曹楚南	曹发和	陈红征	陈万芝
		陈卫祥	丁寒锋	杜滨阳	范 杰	范志强
		方 群	方文军	方征平*	傅春玲	傅智盛
		高 超	高长有	郭永胜	洪 鑫	侯昭胤
	分析化学	胡吉明	黄飞鹤	黄建国	黄小军	黄志真
		计 剑	江黎明	金一政	孔学谦	李 昊
		李 扬	李昌治	李寒莹	李浩然	李延斌
		林贤福	林旭锋	凌 君	刘建钊	陆 展
		吕 萍	麻生明*	马 成	孟祥举	潘远江
	有机化学	彭笑刚	邱化玉	邱利焱*	任广禹*	商志才
		邵海波	申有青	沈家骢*	沈之荃*	施敏敏
		史炳锋	苏 彬	孙翠荣	孙景志	孙维林
		汤谷平	唐睿康	万灵书	王 本	王 立
		王 敏	王 鹏	王 齐	王 琦	王 勇
	物理化学	王从敏	王建明	王利群	王林军	王彦广
		邬建敏	吴 健	吴 军	吴 起	吴传德
		吴庆银	伍广朋	西蒙·杜特怀勒	肖丰收
		徐君庭	徐利文	徐旭荣	徐志康	许宜铭
		张 涛	张 昭	张秉坚	张其胜	张兴宏
	高分子化学与物理	张玉红	郑 强	周建光	周仁贤	朱 岩
		朱宝库	朱海明	朱利平	朱龙观	朱蔚璞
		邹建卫*				
地质学	矿物学、岩石学、矿床学	鲍学伟	毕 磊	曹 龙	曾江宁*	陈大可*
	地球化学	陈汉林	陈建芳	陈宁华	陈生昌	陈望平*
		初凤友	戴金星*	邓起东*	丁巍伟	董传万
	古生物学与地层学（含古人类学）	杜震洪	龚俊峰	管卫兵	韩喜球	何 丁
		黄大吉*	贾晓静	金翔龙*	李 爽	李春峰
		李家彪*	李小凡	李正祥*	厉子龙	梁楚进
	构造地质学	林 舟	刘仁义	刘文汇*	龙江平*	楼章华
	第四纪地质学	毛志华*	潘德炉*	饶 刚	阮爱国	尚岳全
		沈晓华	沈忠悦	宋金宝	孙永革	唐佑民*
	海洋资源与环境	陶春辉*	田 钢	汪 新	王桂华	王英民
		翁焕新	吴 磊	吴巧燕*	夏江海	夏群科
	资源环境与区域规划	夏小明	肖 溪	肖安成	谢海波	徐义贤
		杨劲松	杨树锋	叶 瑛	翟国庆	张 丰
	资源勘查与地球物理	张朝晖	张海生	张继才	章凤奇	章孝灿
		朱 晨	朱小华	朱扬明	邹乐君	
	遥感与地理信息系统					

一级学科	二级学科名称	导师姓名				
生物学	植物学	包爱民	包劲松	蔡新忠	仓 勇 *	常 杰
		陈 岗	陈 军	陈 铭	陈 平 *	陈 伟
		陈 伟	陈 欣	陈 新	陈 烨	陈 忠
	动物学	陈才勇	陈鸿霖 *	陈静海	陈晓冬	陈学群
		程 磊	丁 平	段树民	樊龙江	范衡宇
		方马荣	方盛国	方卫国	冯明光	冯新华
	生理学	冯友军	傅 衍	傅承新	甘 霖	高海春
		高志华	戈万忠	龚 薇	龚哲峰	谷 岩
		管坤良	管敏鑫	管文军	郭 行	韩家淮 *
		何向伟	胡 汛	胡海岚	胡薇薇	华跃进
	水生生物学	黄 俊	黄荷凤	黄力全	姬峻芳	贾俊岭
		江 辉	蒋德安	金勇丰	靳 津	康利军
		康毅滨 *	柯越海	赖蒽茵	赖欣怡	李 晨
	微生物学	李 飞	李 晔	李红叶	李继承	李明定
		李相尧	李晓明	李学坤	李永泉	李月舟
		李正和	林爱福	林旭瑷	刘 婷	刘 伟
	神经生物学	刘建新	刘鹏渊	娄永根	鲁林荣	陆 燕
		陆林宇	罗 琛	罗建红	骆 严	吕卫国
		吕镇梅	马 欢	马忠华	毛传澡	毛旭明
		牟 颖	牛田野	潘冬立	裴真明 *	彭金荣
	遗传学	齐艳华	祁 鸣	钱大宏	邱 爽	邱猛生 *
		邱英雄	任艾明	邵吉民	沈 立	沈 啸
		沈 逸	沈 颖	沈炳辉 *	沈承勇	寿惠霞
		舒庆尧	舒小丽	宋 海	宋凤鸣	宋海卫
	发育生物学	孙 洁	孙 毅	孙秉贵	孙启明	唐修文
		田 兵	佟 超	万秋红	汪 浩	汪 浏
		汪方炜	汪海燕	王 本	王 伟	王福俤
		王佳堃	王建莉	王金福	王立铭	王青青
	细胞生物学	王书崎	王晓东	王晓健	王政逸	王志萍
		魏文毅	吴 敏	吴朝晖	吴殿星	吴建祥
		吴雪昌	夏 军 *	夏宏光	夏总平	项春生
		肖 睦	谢 艳	谢安勇	邢 磊 *	徐 晗
	生物化学与分子生物学	徐立红	徐平龙	徐以兵	徐贞仲	许均瑜
		许师明	许正平	严 杰	严庆丰	杨 巍
		杨建立	杨万喜	杨卫军	杨小杭	叶 升
		叶庆富	易 文	于明坚	余路阳	余雄杰
	生物物理学	虞燕琴	袁 洁	袁国勇 *	詹金彪	张 龙
		张 兴	张传溪	张丹丹	张舒群	张咸宁
		张小康	章晓波	赵 斌	赵 烨	赵永超
		赵宇华	赵云鹏	郑 敏	郑 平	郑 树
	生物信息学	郑经武	郑绍建	钟伯雄	周 琦	周继勇
		周耐明	周天华	周雪平	周以侹	周煜东
		朱 诚	朱 冠	朱睦元	朱永群	祝赛勇
		邹 键	Anna Wang Roe	Dante Neculai		
		James Whelan *	Toru Takahata			

一级学科	二级学科名称	导师姓名				
生态学	生态学	常　杰	陈　铭	陈　欣	陈才勇	程　磊
		丁　平	方盛国	冯明光	高海春	葛　滢
		江　昆	金勇丰	吕镇梅	毛传澡	齐艳华
		邱英雄	万秋红	王根轩	杨建立	于明坚
		张舒群	赵云鹏	周　琦		
力　学	一般力学与力学基础	陈　彬	陈伟芳	陈伟球	邓　见	邓茂林
		干　湧	宦荣华	黄永刚*	黄志龙	金晗辉
	固体力学	金肖玲	库晓珂	李铁风	林建忠*	孟　华
		钱　劲	曲绍兴	邵雪明	宋吉舟	苏纪兰*
		陶伟明	王　杰	王　永	王高峰	王宏涛
	流体力学	王惠明	王江伟	吴　禹	夏振华	熊红兵
		修　鹏	徐　彦	徐荣桥	杨　卫	应祖光
		余钊圣	张　帅	张春利	张凌新	张永强
	工程力学	郑　耀	朱林利	朱位秋	庄国志	邹鸿生*
机械工程	机械制造及其自动化	曹衍龙	曹彦鹏	陈　鹰	陈文华*	陈章位
		陈子辰	成　芳	丁　凡	董辉跃	方　强
		冯培恩	冯毅雄	傅　新	傅建中	甘春标
	机械电子工程	高洋洋	龚国芳	顾临怡	顾新建	郝志勇
		何　闻	贺　永	贺治国	胡　亮	胡春宏
		纪杨建	蒋焕煜	蒋君侠	焦　磊	金　波
		居冰峰	柯映林	雷　勇	冷建兴	黎　鑫
	机械设计及理论	李　伟	李基拓	李江雄	梁　旭	刘振宇
		陆国栋	马庆国	梅德庆	潘晓弘	泮进明
		饶秀勤	阮晓东	盛奎川	宋小文	孙红月
		谭建荣	唐任仲	陶国良	童水光	汪久根
	车辆工程	王　峰	王　俊	王　青	王剑平	王林翔
		王庆丰	王宣银	王义强*	魏建华	魏燕定
		邬义杰	吴　锋	吴世军	谢　金	谢海波
	工业工程	徐　兵	徐惠荣	徐敬华	杨灿军	杨将新
		杨克己	杨世锡	姚　斌	尹　俊	应义斌
		余忠华	俞小莉	张大海	张树有	赵　朋
		赵西增	周　华	周晓军	朱世强	朱祖超*
	海洋工程	邹　俊	邹鸿生*	Kok-Meng Lee*		
		Perry Y. Li*				

续表

一级学科	二级学科名称	导师姓名				
光学工程	光通信技术	白 剑	车双良	陈杏藩	仇 旻	戴道锌
		丁志华	方 伟	冯华君	高士明	何建军
		何赛灵	胡 骏	胡慧珠	黄腾超	金 毅
		匡翠方	李 强	李海峰	李明宇	李晓彤
		李一恒(EL Hang Lee)		林 斌	刘 承	
		刘 崇	刘 东	刘 旭	刘华锋	刘雪明
	信息传感及仪器	罗 明	马云贵	钱 骏	邱建荣	沈建其
		沈伟东	沈亦兵	沈永行	时尧成	舒晓武
		斯 科	童利民	汪凯巍	王晓萍	吴 波
		吴 兰	吴兴坤	徐海松	徐之海	严惠民
		杨 青	杨 旸	杨甬英	叶 辉	尹文言
		余飞鸿	张 磊	张彩妮	张冬仙	章海军
		郑臻荣				
材料科学与工程	材料物理与化学	姜 宏*	陈邦林*	陈红征	陈立新	陈湘明
		程 逵	程继鹏	崔元靖	邓人仁	丁新更
		杜 宁	杜丕一	樊先平	方征平	高明霞
		高长有	谷月峰	谷长栋	韩高荣	韩伟强
		何海平	洪明辉	洪樟连	胡国华	胡巧玲
		黄富强*	黄靖云	黄少铭*	计 剑	姜银珠
	材料学	蒋建中	蒋利军	金 桥	金传洪	金一政
		李 雷	李 翔	李昌治	李东升	李寒莹
		李吉学	凌国平	刘 毅	刘 涌	刘宾虹
		刘嘉斌	刘建钊	刘小峰	刘小强	刘永锋
		楼雄文*	陆赟豪	罗仲宽*	吕建国	马 列
		马天宇	马向阳	毛传斌	毛星原	毛峥伟
		孟 亮	潘洪革	潘新花	彭 懋	彭华新
	材料加工工程	彭新生	皮孝东	钱国栋	乔旭升	秦发祥
		邱建荣	任科峰	任召辉	上官勇刚	
		申乾宏	沈家骢	施敏敏	宋义虎	孙景志
		唐本忠*	田 鹤	仝维鋆	涂江平	万灵书
		王 勇	王慧明	王江伟	王小祥	王晓东
		王新华	王秀丽	王幽香	王征科	王智宇
		魏 晓	翁文剑	吴 刚	吴进明	吴勇军
	高分子材料	吴子良	夏新辉	肖学章	谢 健	徐明生
		徐志康	严 密	杨 辉	杨 雨	杨德仁
		杨桂生*	杨杭生	杨士宽	叶志镇	余 倩
		余学功	张 辉	张 泽	张启龙	张溪文
		赵 毅	赵高凌	赵新兵	郑 强	朱宝库
		朱丽萍	朱铁军	朱晓莉	左 敏	
		Ahuja Rajeev*				

一级学科	二级学科名称	导师姓名				
动力工程及工程热物理	工程热物理 热能工程 动力机械及工程 流体机械及工程 制冷及低温工程 化工过程机械 能源环境工程 新能源科学与工程	薄　拯 成少安 范利武 韩晓红 金　涛 李冬青* 刘建忠 倪明江 史绍平* 王　勤 王智化 肖天存* 杨卫娟 俞自涛 张彦威 郑传祥 周志军	岑可法 程　军 方梦祥 郝志勇 金　滔 李文英* 陆胜勇 欧阳晓平 苏义脑* 王　涛 吴　锋 徐象国 姚　强 岳光溪 张玉卓* 郑津洋 朱祖超*	陈　东 程乐鸣 甘智华 洪伟荣 金志江 李晓东 罗　坤 孙大明 王勤辉 吴大转 许世森* 叶笃毅 张凌新 赵　阳 周　昊 John M.	陈光明 池　涌 高　翔 黄群星 库晓珂 刘　科 骆仲泱 邱利民 童水光 王树荣 吴学成 许忠斌 余春江 张小斌 赵永志 周劲松 Pfotenhauer*	陈志平 樊建人 顾大钊* 蒋旭光 李　蔚 刘洪来* 马增益 邵雪明 王　飞 王玉明* 肖　刚 严建华 俞小莉 张学军 郑成航 周俊虎
电气工程	电机与电器 电力系统及其自动化 高电压与绝缘技术 电力电子与电力传动 电工理论与新技术 电气信息技术	陈　敏 方攸同 何奔腾 江全元 林振智 马　皓 沈建新 汪　震 吴新科 徐德鸿 颜文俊 姚缨英 诸自强*	陈国柱 甘德强 何湘宁 金孟加 林志赟 马伟明* 盛　况 汪槱生 夏长亮 徐文渊 杨　欢 张军明 祝长生	陈恒林 郭创新 黄　进 李超勇 刘妹琴 年　珩 石健将 韦　巍 项　基 许　力 杨　强 张森林 Rajashekara.	陈隆道 郭吉丰 黄晓艳 李武华 卢琴芬 彭勇刚 宋永华 文福拴 辛焕海 严晓浪 杨　树 赵荣祥 Kaushik*	丁　一 韩祯祥 江道灼 厉小润 吕征宇 齐冬莲 汪　涛 吴立建 徐　政 颜钢锋 杨仕友 周　浩
电子科学与技术	物理电子学 电路与系统 微电子学与固体电子学 电磁场与微波技术	陈红胜 杜　阳 皇甫江涛 金建铭* 李　凯 林时胜 欧阳旭 沈继忠 王浩刚 徐　杨 应迪清 郁发新 赵梦恋	程志渊 韩　雁 金小军 李春光 刘　旸 潘　赟 史治国 魏兴昌 严晓浪 余　辉 张　睿 郑光廷	池　灏 郝　然 江晓清 金晓峰 李尔平 刘英* 冉立新 谭年熊 吴昌聚 杨冬晓 余显斌 张培勇 郑史烈	丁　勇 何乐年 金　浩 金心宇 李宇波 骆季奎 沈海斌 汪小知 吴锡东 杨建义 俞　滨* 章献民 周柯江	董树荣 何赛灵 金　韬 金仲和 林　海 马慧莲 沈治良 王　曦 夏永祥 尹文言 虞小鹏 赵　毅 卓　成

一级学科	二级学科名称	导师姓名				
信息与通信工程	通信与信息系统 信号与信息处理 海洋信息科学与工程 飞行器测量信息工程	蔡云龙 韩　军 李建龙 潘　翔 项志宇 余官定 张仲非 George Christakos*	陈建裕 何贤强 刘　鹏 齐家国 徐　敬 虞　露 赵航芳	单杭冠* 胡　冰 刘　英 瞿逢重 徐　文 张　明 赵民建	宫先仪* 乐成峰 刘坚能* 王　玮 徐志伟 张朝阳 钟财军	龚小谨 李春光 毛志华* 吴嘉平 于慧敏 张宏纲
控制科学与工程	控制理论与控制工程 检测技术与自动化装置 系统工程 模式识别与智能系统 导航、制导与控制	陈　剑 冯冬芹 胡瑞芬 李超勇 刘妹琴 毛维杰 齐冬莲 宋执环 王　智 吴争光 徐正国 颜文俊 张　涛 章君山 King Yeung Yau* Steven H. Low*	陈　曦 葛志强 黄文君 厉小润 刘兴高 牟　颖 荣　冈 苏宏业 王保良 项　基 徐祖华 杨　强 张光新 赵春晖	陈积明 贺诗波 黄志尧 梁　军 卢建刚 倪东海 邵之江 孙优贤 王文海 谢　磊 许　超 杨春节 张宏建 周建光	程　鹏 侯迪波 李　光 林志赟 鲁仁全* 潘　宇 沈学民* 王　宁 韦　巍 熊　蓉 许　力 杨秦敏 张泉灵 朱豫才 Romeo Ortega*	戴连奎 胡　超* 李　平 刘　勇 马龙华* 彭勇刚 宋春跃 王　酉 吴　俊 徐文渊 颜钢锋 杨再跃 张森林
计算机科学与技术	计算机系统结构 计算机应用技术 数字化艺术与设计 空天信息技术	鲍虎军 陈　刚 陈根才 陈延伟* 冯结青 何晓飞 金小刚(CAD) 林　海 刘玉生 潘雪增 任　重 孙建伶 唐　敏 王新赛* 吴　飞 肖　俊 姚　敏 俞益洲 张三元 郑小林	卜佳俊 陈　岭 陈华钧 陈左宁* 高曙明 侯启明 林兰芬 鲁东明 潘云鹤 沈荣骏* 孙凌云 童若锋 王跃明 吴　健 许端清 尹建伟 郁发新 张志华 周　昆	蔡　登 陈　为 陈建军 代建华 高云君 黄　劲 蔺宏伟 陆哲明 潘之杰 寿黎但 孙守迁 王　锐 王跃宣 吴朝晖 许威威 应　晶 张　寅 章国锋 朱建科	蔡　铭 陈　焰 陈卫东 邓水光 耿卫东 纪守领 李　玺 刘海风 罗仕鉴 平玲娣 宋广华 汤斯亮 王凭慧 魏宝刚 吴春明 杨建刚 应放天 张东亮 郑　耀 庄越挺	陈　纯 陈德人 陈文智 董　玮 何钦铭 江大伟 李善平 刘新国 潘　纲 钱沄涛 宋明黎 汤永川 王申康 巫英才 项　阳* 杨建华 于金辉 张国川 郑扣根

浙江大学年鉴

一级学科	二级学科名称	导师姓名				
建筑学	建筑历史与理论 建筑设计及其理论 建筑技术科学	陈淑琴 李王鸣 吴　越	葛　坚 裘知 吴硕贤*	韩昊英 沈　杰 徐　雷	贺　勇 王　洁	华　晨 王　竹
土木工程	岩土工程 结构工程 市政工程 供热、供燃气、通风及空调工程 防灾减灾工程及防护工程 桥梁与隧道工程 道路与交通工程 水资源与水环境工程 水工结构与港口工程 河流与滨海工程	白　勇 曾　强 陈淑琴 陈祖煜* 高博青 黄铭枫 金伟良 楼文娟 钱晓倩 孙志林 王殿海 韦娟芳 谢霁明 徐世烺 杨仲轩 袁行飞 张大伟 张永强 周燕国	包　胜 陈　驹 陈水福 邓　华 龚顺风 黄志义 金贤玉 罗尧治 尚岳全 唐晓武 王福民 魏新江 谢康和 徐长节 姚　谏 詹良通 张土乔 赵　阳 朱　斌	边学成 陈根达 陈伟球 董石麟 龚晓南 姜　涛 柯　瀚 吕朝锋 邵　煜 童根树 王奎华 夏唐代 谢新宇 许　贤 姚忠达* 詹树林 张小斌 赵羽习 朱志伟	蔡袁强* 陈光明 陈喜群 段元锋 韩晓红 金　滔 李庆华 马克俭* 邵益生* 王　浩 王立忠 项贻强 徐日庆 闫东明 叶苗苗 张　磊 张学军 郑飞飞	曹志刚 陈仁朋 陈云敏 甘智华 黄大吉* 金南国 凌道盛 潘德炉 孙大明 王　勤 王亦兵 谢　旭 徐荣桥 杨贞军 叶肖伟 张　燕 张仪萍 周　建
化学工程与技术	生物化工 化工过程工程 化学产品工程 生态化工 制药工程	柏　浩 柴之芳 陈新志 戴黎明* 冯连芳 何　奕 黄　和 雷乐成 李中坚 林东强 陆盈盈 孟　琴 瞿海斌 申有青 王　立 温月芳 夏黎明 严玉山 姚善泾 张　林 张兴旺 郑津洋	包永忠 陈丰秋 陈英奇 戴立言 傅　杰 何潮洪 黄　磊 李　伟 李洲鹏 林建平 罗英武 欧阳平凯* 任其龙 施　耀 王　琦 吴坚平 谢　涛 阳永荣 叶丽丹 张　懿* 张治国 朱世平*	鲍宗必 陈纪忠 陈志荣 单国荣 高　翔 和庆钢 蒋斌波 李　希 梁成都 林贤福 吕秀阳 商志才 隋梅花 王靖岱 吴林波 邢华斌 杨立荣 于洪巍 张安运 章鹏飞 Steven J. Severtson*	曹　堃 陈建峰 成有为 范　宏 关怡新 侯立安 介素云 李伯耿 廖祖维 林跃生 毛加祥 潘鹏举 申屠宝卿 唐建斌 王文俊 吴素芳 徐志南 杨亦文 俞豪杰 张才亮 赵　骞	曹楚南 陈圣福 程党国 范志强 郭永胜 胡国华* 金志华 李浩然 林　展 刘祥瑞 梅乐和 钱　超 汪燮卿* 王正宝 吴忠标 闫克平 姚　臻 詹晓力 张庆华 赵迎宪

续表

一级学科	二级学科名称	导师姓名				
农业工程	农业机械化工程	岑海燕	成 芳	崔 笛	傅迎春	韩志英
	农业水土工程	何 勇	蒋焕煜	李建平	李晓丽	李延斌
	农业生物环境与能源工程	林 涛	刘 飞	刘德钊	泮进明	平建峰
		裘正军	饶秀勤	盛奎川	王 俊	王剑平
	农业电气化与自动化	韦真博	吴 坚	谢丽娟	徐惠荣	叶章颖
	生物系统工程	应义斌	于 勇	张土乔	朱松明	
环境科学与工程	环境科学	陈 红	陈宝梁	陈雪明	甘剑英*	官宝红
		何 若	胡宝兰	雷乐成	李 伟	梁新强
		林道辉	刘 璟	刘 越	刘维屏	逯慧杰
		骆仲泱	沈超峰	施 耀	施积炎	史惠祥
	环境工程	田光明	童裳伦	王海强	翁焕新	吴伟祥
		吴忠标	徐向阳	徐新华	闫克平	严建华
		杨 坤	杨 武	杨方星	杨京平	尧一骏
		俞绍才	翟国庆	张志剑	赵和平	郑 平
		朱 亮	朱利中	庄树林		
生物医学工程	电子信息技术及仪器	车录锋	陈 岗	陈 杭	陈 星	陈卫东
		陈晓冬	邓 宁	段会龙	封洲燕	何宏建
		黄正行	赖欣怡	李 光	李 晔	李劲松
		李铁强	刘华锋	刘清君	吕旭东	宁钢民
		牛田野	孙莲莉	田景奎	王 平	王怡雯
		夏 灵	夏顺仁	许科帝	许迎科	叶学松
		余雄杰	张 琳	张明曈	张孝通	钟健晖*
		Anna Wang Roe	Toru Takahata			
食品科学与工程	食品科学	陈 卫	陈健初	陈启和	陈士国	丁 甜
	粮食、油脂及植物蛋白工程	杜华华	冯 杰	冯凤琴	何国庆	胡福良
		胡亚芹	李 铎	刘东红	刘红云	刘松柏
	农产品加工及贮藏工程	陆柏益	罗自生	茅林春	任大喜	沈立荣
	水产品加工及贮藏工程	沈生荣	汪以真	王敏奇	吴建平	叶兴乾
	食品安全与营养	余 挺	张 辉	张 英	张兴林	章 宇
		郑晓冬				
软件工程	计算机软件与理论	卜佳俊	陈 纯	陈 刚	陈 岭	陈根才
		陈华钧	陈文智	邓水光	董 玮	高曙明
		高云君	何钦铭	金小刚	李善平	林兰芬
		潘 纲	潘云鹤	寿黎但	宋明黎	孙建伶
		唐 敏	童若锋	魏宝刚	吴 飞	吴 健
		吴春明	肖 俊	姚 敏	尹建伟	应 晶
		俞益洲	郑扣根	郑小林	周 昆	朱建科
		庄越挺				

一级学科	二级学科名称	导师姓名				
网络空间安全	网络空间安全	陈 焰*	陈积明	程 鹏	冯冬芹	贺诗波
		纪守领	江大伟	刘兴高	倪 东	孙优贤
		王文海	邬江兴*	项 阳*	赵民建	
作物学	作物栽培学与耕作学	包劲松	陈仲华	程方民	戴 飞	樊龙江
	作物遗传育种	甘银波	关雪莹	关亚静	胡 晋	蒋立希
		金晓丽	钱 前*	舒庆尧	涂巨民	邬飞波
	种子科学与技术	吴殿星	武 亮	徐建红	张国平	张天真
		周伟军	朱 军	祝水金		
园艺学	果树学	白松龄	柴明良	陈 萍	陈昆松	陈利萍
		陈志祥	高中山	郭得平	何普明	黄 鹏
	蔬菜学	李 鲜	李传友*	卢 钢	陆建良	师 恺
		孙崇德	滕元文	屠幼英	汪俏梅	王校常
	茶学	王岳飞	吴 迪	夏晓剑	夏宜平	徐昌杰
		杨景华	殷学仁	余小林	喻景权	张 波
	观赏园艺学	张明方	周 杰	周艳虹	Ian Ferguson*	
农业资源与环境	土壤学	曾令藻	陈丁江	邓劲松	邱洪杰	何 艳
		黄敬峰	金崇伟	李廷强	梁永超	林咸永
	植物营养学	刘杏梅	卢玲丽	卢升高	罗安程	倪吾钟
		史 舟	田生科	汪海珍	王 珂	王福民
	农业遥感与信息技术	吴嘉平	吴劳生	吴良欢	徐建明	杨肖娥
		张丽萍	张奇春	章明奎	郑绍建	
	水资源利用与保护	Philip C. Brookes				
植物保护	植物病理学	蔡新忠	陈剑平*	陈学新	方 华	黄 佳
		黄健华	蒋明星	李 斌	李 飞	李红叶
		李正和	梁 岩	林福呈	刘树生	刘小红
	农业昆虫与害虫防治	娄永根	马忠华	莫建初	沈志成	时 敏
		宋凤鸣	王晓伟	王政逸	吴建祥	谢 艳
	农药学	徐海君	叶恭银	尹燕妮	虞云龙	张传溪
		章初龙	赵金浩	郑经武	周雪平	祝增荣
畜牧学	动物遗传育种与繁殖	陈玉银	单体中	杜华华	冯 杰	傅 衍
		胡彩虹	胡福良	胡松华	李卫芬	刘广绪
	动物营养与饲料科学	刘红云	刘建新	鲁兴萌	缪云根	彭金荣
		邵庆均	邵勇奇	时连根	苏松坤	汪以真
		王 岩	王华兵	王佳堃	王敏奇	王争光
	特种经济动物饲养	吴小锋	吴跃明	杨明英	占秀安	张 坤
		张才乔	郑火青	钟伯雄	邹晓庭	

续表

一级学科	二级学科名称	导师姓名
兽医学	基础兽医学 预防兽医学 临床兽医学	杜爱芳　方维焕　何　放　胡松华　黄耀伟 乐　敏　鲁兴萌　米玉玲　孙红祥　张才乔 郑肖娟　周继勇
基础医学	人体解剖与组织胚胎学 免疫学 病原生物学 病理学与病理生理学 法医学 放射医学 航空、航天与航海医学 干细胞和再生医学	巴德年*　蔡志坚　曹雪涛*　曾　浔　陈　伟 陈　晓　陈静海　陈玮琳　程洪强　刁宏燕 董辰方　方马荣　冯友军　谷　岩　郭国骥 韩　曙　胡　虎　黄　河　纪俊峰　金洪传 柯越海　来茂德　李继承　梁　平　林旭瑗 凌树才　刘　冲　柳　华　鲁林荣　孟卓贤 闵军霞　欧阳宏伟　潘冬立　祁　鸣 邵吉民　沈　静　盛建中　史　鹏　汪　洌 王　迪　王　良　王建莉　王青青　王晓健 王英杰　夏大静　徐素宏　严　杰　余　红 张　雪　张丹丹　张晓明　章淑芳　赵经纬 周　韧　周天华　邹晓晖　Dante Neculai Stijn van der Veen
临床医学	内科学 儿科学 老年医学 神经病学 精神病与精神卫生学 皮肤病与性病学 影像医学与核医学 临床检验诊断学	白雪莉　蔡　真　蔡建庭　蔡秀军　曹　江 曹　倩　曹红翠　曹利平　柴　莹　陈　峰 陈　钢　陈　高　陈　力　陈　希　陈　晓 陈　瑜　陈　智　陈丹青　陈功祥　陈鸿霖* 陈江华　陈其昕　陈维善　陈新忠　陈益定 陈志华　陈志敏　程　浩　程　京*　戴一凡* 邓甫川　刁宏燕　丁克峰　丁美萍　董爱强 董旻岳　杜立中　范顺武　范伟民　方　红 方向明　傅国胜　傅君芬　高　峰　高　福* 龚方戚　龚渭华　郭晓纲　韩　飞　韩　伟 韩春茂　韩卫东　何　超　何荣新　胡　坚 胡　汛　胡红杰　胡申江　胡新央　胡兴越 黄　河　黄　建　黄　曼　黄荷凤　黄丽丽 黄品同　季　峰　江克文　江米足　蒋晨阳 金　帆　金　洁　金百冶　金洪传　金晓东 李　红　李　君　李　雯　李恭会　李江涛 李兰娟　李龙承*　李晓明　厉有名　梁　黎 梁　平　梁廷波　梁伟峰　林　辉　林　俊 林胜璋　林向进　凌　琪　刘鹏渊　楼　敏 卢宠茂*　卢美萍　陆林宇　陆远强　罗　巍 罗本燕　罗永章　吕卫国　吕中法　马　量

一级学科	二级学科名称	导师姓名			
临床医学	外科学	满孝勇	毛建华	孟海涛	闵军霞	倪一鸣
		欧阳宏伟		潘宏铭	潘文胜	潘志军
	妇产科学	钱大宏	钱建华	钱文斌	邱福铭	裘云庆
		曲 凡	阮 冰	尚世强	邵一鸣*	申屠形超
	眼科学	沈华浩	盛吉芳	盛建中	史 鹏	寿张飞
		舒 强	姒健敏	宋朋红	宋章法	孙 仁*
		孙 毅	谈伟强	汤永民	陶惠民	陶志华
	耳鼻咽喉科学	滕理送	田 梅	佟红艳	万 钧*	万小云
		王 凯	王 林	王 娴	王 跃	王保红
		王观宇	王杭祥	王建安	王良静	王林波
	肿瘤学	王苹莉	王书崎	王伟(医)	王伟林	王兴祥
		王选锭	王英杰	魏启春	魏文毅	吴 健
		吴 明	吴福生	吴立东	吴南屏	吴瑞瑾
	康复医学与理疗学	吴育连	吴志英	项春生	项美香	肖永红
		谢 幸	谢安勇	谢俊然	谢立平	谢小洁
	运动医学	谢鑫友	徐 峰	徐 键	徐 骁	徐 旸
		徐承富	徐建国*	徐靖宏	徐荣臻	徐晓军
		徐以兵	许 毅	许国强	薛 定*	严 敏
	麻醉学	严 盛	严森祥	严世贵	严伟琪	杨蓓蓓
		杨仕贵	杨廷忠	杨小锋	杨晓明	杨益大
	急诊医学	杨云梅	姚 克	姚玉峰	叶 娟	叶招明
		应可净	应颂敏	于晓方	余 红	余日胜
		俞惠民	俞云松	虞朝辉	袁 瑛	袁国勇*
	移植医学	詹仁雅	张 丹	张 宏	张 钧	张 力
		张 茂	张宝荣	张根生	张鸿坤	张建民
		张林琦*	张敏鸣	张松英	张苏展	张信美
	全科医学	赵凤东	赵小英	赵永超	赵正言	郑 敏
		郑 敏	郑 树	郑良荣	郑铭豪*	郑树森
	微创医学	周 民	周嘉强	周坚红	周建英	周水洪
		朱 彪	朱海红	朱洪波	朱建华	朱小明
		朱依敏	朱永坚	朱永良	祝胜美	邹朝春
	重症医学	邹晓晖	Babak javid*			
口腔医学	口腔基础医学	陈 晖	陈莉丽	傅柏平	顾新华	何福明
	口腔临床医学	李晓东	王慧明	杨国利	姚 华	
公共卫生与预防医学	流行病与卫生统计学	曾群力	陈 坤	陈光弟	董恒进	高向伟
	劳动卫生与环境卫生学	管敏鑫	金永堂	李 鲁*	李兰娟	马晓光
	营养与食品卫生学	那仁满都拉		孙文均	王福俤	王红妹
		王建炳	夏大静	徐立红	许正平	余运贤
	卫生毒理学	朱善宽	朱心强	朱益民		

续表

一级学科	二级学科名称	导师姓名				
药 学	药物化学	曾苏	曾玲晖	陈新	陈勇	陈忠
		陈建忠	陈枢青	陈学群	陈志华	程翼宇
	药剂学	崔孙良	戴海斌	丁健*	丁玲	董晓武
		杜永忠	段树民	范骁辉	甘礼社	高建青
		龚哲峰	管文军	韩峰	韩旻	何俏军
	生药学	侯廷军	胡富强	胡薇薇	胡有洪	蒋惠娣
		李雯	李永泉	连晓媛	林璐	凌代舜
		刘建华	刘龙孝	刘雪松	罗建红	罗沛华
	药物分析学	马忠俊	毛旭明	那仁满都拉		彭丽华
		戚建华	邱利焱	瞿海斌	沈逸	沈颖
		沈华浩	孙秉贵	孙翠荣	孙莲莉	汤慧芳
	微生物与生化药学	佟蒙蒙	王毅	王品美	王秀君	翁勤洁
		吴斌	吴敏	吴昊姝	吴希美	吴永江
	药理学	徐晗	徐金钟	许均瑜	许学伟*	杨波
		杨巍	应美丹	应颂敏	游剑	余露山
		俞永平	袁弘	张海涛	张翔南	张治针
	海洋药物学	章春芳	郑彩虹	周民	周煜东	朱虹
		朱丹雁	邹宏斌			
护理学	护理学	韩春茂	金静芬	王薇	徐鑫芬	叶志弘
管理科学与工程	技术与创新管理	陈劲*	陈熹	陈德人	陈明亮	杜健
		郭斌	华中生	黄灿	金珺	刘渊
		刘南(管)	马弘	马庆国	瞿文光	寿涌毅
	工程管理	汪蕾	温海珍	吴东	吴晓波	徐青
		许庆瑞	杨翼	张宏	郑刚	周伟华
		Mark J. Greeven				
工商管理	会计学	宝贡敏	贲圣林	蔡宁	陈俊	陈凌
		窦军生	谷保静	郭斌	华中生	霍宝锋
	企业管理	贾生华	刘涛	刘起贵	陆文聪	吕佳颖
		斯晓夫	孙怡夏	王端旭	王婉飞	王小毅
	旅游管理	王重鸣	魏江	邬爱其	吴晓波	肖炜麟
		谢小云	熊伟	徐维东	徐晓燕	许庆瑞
	技术经济及管理	颜士梅	姚铮	应天煜	张钢	周帆
		周宏庚	周玲强	周欣悦		
	创业管理	Douglas Brain Fuller				
农林经济管理	农业经济管理	龚斌磊	郭红东	韩洪云	洪名勇*	黄祖辉
		金少胜	陆文聪	钱文荣	阮建青	卫龙宝
	林业经济管理	杨万江	叶春辉	张晓波*	张忠根	周洁红
		H. Holly Wang(王红)				

一级学科	二级学科名称	导师姓名
公共管理	行政管理	巴德年* 蔡 宁 曹 洋 曹 宇 陈 劲*
	社会医学与卫生事业管理	陈国权 陈建军 陈丽君 仇保兴 董恒进
		范柏乃 方 恺 郭继强 郭苏建 郭夏娟
	教育经济与管理	韩昊英 何文炯 胡建淼 胡税根 胡小君
		黄敬峰 靳相木 郎友兴 李 江 李 鲁*
	社会保障	李金珊 林 卡 刘 渊 刘卫东 毛 丹
	土地资源管理	米 红 苗 青 阮云星 史 舟 苏振华
		孙艳菲 谭 荣 汪 晖 王红妹 王诗宗
	社会管理	魏 江 吴次芳 吴结兵 吴金群 吴宇哲
	公共信息资源管理	徐小洲 杨廷忠 姚 威 姚先国 叶艳妹
	非传统安全管理	余潇枫 余逊达 郁建兴 岳文泽 张 炜
		张蔚文 赵鼎新* 赵正言 周 萍 周旭东
	城市发展与管理	朱鹏宇 朱善宽 庄孔韶 邹晓东 邹永华
	国际事务与全球治理	Therese Hesketh

注:按一级学科代码升序排列,导师姓名按拼音顺序排列,姓名后加"＊"者为兼职导师。

附录 7　浙江大学 2016 年分学科研究生数 　　　　　（单位:人）

学科名称	研究生	毕业生数	授予学位数	在校学生数				预计毕业生数
				合计	一年级	二年级	三年级及以上	
总计	博士生	1,559	1,579	9,537	2,084	1,981	5,472	1,645
	硕士生	4,242	4,396	15,092	5,511	5,196	4,386	4,631
哲学	博士生	17	15	123	26	23	74	24
	硕士生	20	22	59	26	24	9	24
经济学	博士生	33	34	236	37	40	159	38
	硕士生	53	53	333	175	152	6	152
法学	博士生	31	30	226	47	47	132	41
	硕士生	87	102	482	196	195	91	196
教育学	博士生	28	26	251	42	44	165	36
	硕士生	64	67	249	102	105	42	105
文学	博士生	58	60	377	71	69	237	70
	硕士生	91	157	414	174	172	68	170
历史学	博士生	5	6	97	19	22	56	16
	硕士生	22	23	80	39	37	4	37

续表

学科名称	研究生	毕业生数	授予学位数	在校学生数				预计毕业生数
				合计	一年级	二年级	三年级及以上	
理学	博士生	280	284	1,506	368	346	792	296
	硕士生	328	337	1,444	548	525	371	311
工学	博士生	635	649	4,188	840	797	2,552	665
	硕士生	1,184	1,187	7,287	2,654	2,354	2,297	2,257
农学	博士生	118	131	618	138	137	343	100
	硕士生	139	142	1,007	346	341	220	304
医学	博士生	185	172	1,349	376	343	630	284
	硕士生	115	111	1,598	627	707	264	509
管理学	博士生	69	68	565	120	113	332	75
	硕士生	80	99	2,032	587	549	869	535
艺术学	博士生	0	0	0	0	0	0	0
	硕士生	16	15	107	37	35	3	31

注：①表中不含国际留学生。

②为与毕业生数及分平级在校生数统计口径相一致,授予学位数仅统计博士、硕士学历教育部分。

附录8　浙江大学2016年分学院研究生数　　　　（单位：人）

学院(系)名称	在校生数	博士生数	硕士生数
人文学院	668	394	274
外国语言文化与国际交流学院	286	104	182
传媒与国际文化学院	270	99	171
经济学院	544	220	324
光华法学院	459	117	342
教育学院	294	168	126
管理学院	1,836	307	1,529
公共管理学院	895	298	597

学院(系)名称	在校生数	博士生数	硕士生数
马克思主义学院	108	65	43
数学科学学院	339	159	180
物理学系	305	186	119
化学系	548	306	242
地球科学学院	281	119	162
心理与行为科学系	206	83	123
机械工程学院	1,128	436	692
材料科学与工程学院	608	281	327
能源工程学院	943	463	480
电气工程学院	994	381	613
建筑工程学院	1,048	392	656
化学工程与生物工程学院	701	267	434
海洋学院	489	132	357
航空航天学院	294	125	169
高分子科学与工程学系	325	168	157
光电科学与工程学院	562	241	321
信息与电子工程学院	686	235	451
控制科学与工程学院	618	215	403
计算机科学与技术学院	1,412	467	945
软件学院	451	0	451
生物医学工程与仪器科学学院	473	190	283
生命科学学院	605	322	283
生物系统工程与食品科学学院	429	191	238

续表

学院(系)名称	在校生数	博士生数	硕士生数
环境与资源学院	705	256	449
农业与生物技术学院	956	371	585
动物科学学院	439	161	278
医学院	3,030	1,420	1,610
药学院	403	198	205
工程师学院	291	0	291
合计	24,629	9,537	15,092

附录 9　浙江大学 2016 年在职攻读硕士学位在学人数　　（单位：人）

专业学位类别名称	在学人数	专业学位类别名称	在学人数
法律硕士	439	风景园林硕士	210
教育硕士	653	公共卫生硕士	147
体育硕士	285	工商管理硕士	30
工程硕士	5,788	高级工商管理硕士	798
农业硕士	343	公共管理硕士	457
兽医硕士	67		

附录 10　浙江大学 2016 年争创优秀博士学位论文资助情况

博士生姓名	导师姓名	学科专业	所在院(系)	资助期间
张丹阳	胡可先	中国语言文学	人文学院	2016.07—2017.06
张　舟	吴次芳	公共管理	公管学院	2016.07—2017.06
刘　东	潘德炉	地理学	地科学院	2016.07—2017.06
周义杰	年　珩	电气工程	电气学院	2016.07—2017.03
吴昂键	严建华 李晓东 陆胜勇	动力工程及工程热物理	能源学院	2016.07—2017.06

博士生姓名	导师姓名	学科专业	所在院(系)	资助期间
何崭飞	徐新华 胡宝兰	环境科学与工程	环资学院	2016.07—2016.12
赖春宇	杨肖娥	农业资源与环境	环资学院	2016.07—2017.06
帅亚俊	朱良均 杨明英	畜牧学	动科学院	2016.07—2017.06
崔希利	邢华斌	化学工程与技术	化工学院	2016.07—2016.12
张倩婷	冯新华	生物学	生科学院	2016.07—2016.12
苏 华	刘 伟	生物学	医学院	2016.04—2016.12
郑昊力	叶 航	理论经济学	经济学院	2016.10—2017.06
祝 宇	金雪军	应用经济学	经济学院	2017.04—2017.09
王 翠	汪维辉	中国语言文学	人文学院	2016.10—2017.06
王 华	刘海涛	外国语言文学	外语学院	2017.04—2018.03
黄卓然	金洪英	物理学	物理系	2016.10—2017.09
周 琦	赵 斌	生物学	医学院	2017.04—2017.12
董 平	李晓明	生物学	医学院	2017.04—2018.03
郑小丽	曾 苏	药学	药学院	2016.10—2007.03
戴中民	徐建明	农业资源与环境	环资学院	2016.10—2017.03
柴蒙磊	周 昆	计算机科学与技术	计算机学院	2016.10—2017.06
秦 岩	高福荣 赵春晖	控制科学与工程	控制学院	2017.04—2018.03

附录 11　浙江大学 2016 届毕业研究生就业流向(按单位性质统计)

单位性质	类别	硕士比例	博士比例/%
各类企业	国有企业	21.46	12.93
	三资企业	21.07	5.70
	其他企业	34.07	18.72

续表

单位性质	类别	硕士比例	博士比例/%
事业单位	科研设计单位	1.62	4.79
	医疗卫生单位	10.03	18.81
	中等、初等教育单位	1.48	0.27
	高等教育单位	2.39	31.92
	其他事业单位	4.45	5.42
政府、部队	部队	0.11	0.09
	党政机关	3.32	1.36

附录 12   浙江大学 2016 届毕业研究生就业流向(按单位地区统计)

单位地区	硕士就业人数/人	比例/%	博士就业人数/人	比例/%
浙江省	2,083	56.70	602	53.80
上海市	608	16.55	124	11.08
北京市	168	4.57	29	2.59
广东省	202	5.50	55	4.92
江苏省	152	4.14	54	4.83
山东省	51	1.39	47	4.20
四川省	48	1.31	18	1.61
湖北省	54	1.47	22	1.97
福建省	39	1.06	21	1.88
河南省	32	0.87	27	2.41
湖南省	31	0.84	14	1.25
安徽省	22	0.60	18	1.61
陕西省	26	0.71	14	1.25
重庆市	20	0.54	7	0.63
天津市	25	0.68	8	0.71
河北省	13	0.35	4	0.36
云南省	8	0.22	2	0.18

人才培养

单位地区	硕士就业人数/人	比例/%	博士就业人数/人	比例/%
广西壮族自治区	16	0.44	9	0.80
吉林省	5	0.14	1	0.09
贵州省	14	0.38	10	0.89
辽宁省	16	0.44	10	0.89
新疆维吾尔自治区	6	0.16	3	0.27
江西省	13	0.35	7	0.63
甘肃省	5	0.14	1	0.09
山西省	2	0.05	3	0.27
内蒙古自治区	5	0.14	3	0.27
黑龙江省	6	0.16	3	0.27
青海省	1	0.03	0	0.00
海南省	1	0.03	1	0.09
宁夏回族自治区	0	0.00	0	0.00
西藏自治区	1	0.03	0	0.00
香港特别行政区	1	0.03	2	0.18
总计	3,674	100	1,119	100

（许斯佳撰稿　吕淼华审稿）

继续教育

【概况】 2016 年,全校继续教育办学总收入为 8.12 亿元,比上年增加 0.91 亿元,增长 12.60%;教育培训收入 6.91 亿元,其中专业学院 4.82 亿元,继续教育学院 2.09 亿元,教育培训收入比上年增加 0.97 亿元,增长 16.30%。远程教育收入 1.18 亿元,比上年略有下降。上交学校管理费 1.45 亿元,其中教育培训 1.07 亿元,比上年增加 0.09 亿元,增长 9.30%;远程学历教育 0.38 亿元。

全年教育培训人数 23.44 万余人次,比上年增长 7.82%,其中党政领导干部占 78.08%,企业经管人员占 8.71%,专业技术人员占 11.73%,其他人员占 1.48%;培训项目 4,032 项,比上年增长 11.60%;发放培训证书 22.45 万余份,其中高级研修班证书 1,494 份,继续教育结业证书约

22.30 万余份。

远程学历教育招生录取新生总人数13,764 人，比上年减少 998 人，降低6.80%；在籍学生数 48,868 人，比上年减少4,670 人，降低 8.70%，其中专科起点本科36,364 人（含本科及以上层次修读本科5,699 人），高中起点本科 351 人，高中起点专科 12,153 人；毕、结业生 15,379 人，其中本科 11,829 人；授予学士学位 3,190 人，学位授予率约为 27.00%；授权招生学习中心数60 个，重点建设学习中心 20 个，重点支持学习中心 5 个。

自学考试主考专业 18 个，其中专科起点本科 12 个，高中起点本科 1 个、专科5 个；命题 9 门课程 33 套试卷；阅卷 2 次，共140 门课程，23,037 课次；主考专业毕业生422 人，其中本科 392 人、专科 30 人；授予学士学位 57 名，分布在 12 个专业；实践性环节考核 212 人次，论文答辩 339 人；开设网上答疑课程 151 门。

【主办第十七届海峡两岸继续教育论坛】本届论坛由浙江大学主办、上海交通大学承办，于 11 月 3 至 4 日在上海召开，来自大陆、香港、澳门和台湾地区的 21 所会员高校和 19 所特邀高校共 141 名代表参加。论坛主题是"继续教育的内涵建设：路径、质量、品牌"。在开幕式上还举行了海峡两岸继续教育论坛十五周年论文集及图册发行仪式。论坛受到各界媒体的极大关注，新华网、央广网、网易新闻等多家媒体对此进行了报道。

依托海峡两岸继续教育论坛，由浙江大学主办的首期海峡两岸继续教育领导力提升研修会于 9 月 27 至 30 日在杭州举办，主题是"继续教育改革发展面临的新形势、新机遇、新挑战"。论坛从学术交流为主转向"交流与合作"并重，为高校合作开启了新的平台。

【编制继续教育"十三五"规划】 2016 年11 月出台《继续教育"十三五"规划》。规划明确了在"十三五"期间继续教育将按照"高端化、品牌化、国际化"和"讲规范、讲质量、讲效益、讲声誉"的要求，整合校内外高端教育资源，引导开展高水平的培训项目，建设具有较强影响力的干部教育培训基地，着力提升继续教育质量，提高高端培训项目比例；加强学校继续教育的体制机制建设和规范化管理，形成共同打造高端继续教育品牌的合力。

【开展继续教育财务收支专项审计】 根据学校党政的工作部署，2016 年 3 月下旬至5 月底对 2013—2015 年学校继续教育财务收支情况进行了专项审计，并于 2016 年10 月下旬成立了整改工作小组，印发了整改工作通知，召开了整改工作专题会议，部署落实继续教育财务收支专项审计后续整改各项工作。为进一步加强对办学单位人、财、物等关键环节的监管，消除隐患，防范风险，推进规范管理，针对审计中发现的学费收缴、酬金发放、财务报销、薪酬管理等方面的问题，落实整改工作和体制机制层面的整改措施，完善推进培训项目经费结算和分配制度，完成了酬金"双实（实名实岗）"发放、在线缴费和经费结算平台的研发工作。

浙江大学年鉴

【附录】

附录1　2016年浙江大学教育培训情况

招生对象	班次/个	人次/人
党政管理人员	3,110	183,019
企业管理人员	423	20,416
专业技术人员	428	27,495
其他人员	71	3,487
总　计	4,032	234,417

附录2　2016年浙江大学远程教育学生情况　　　　　　（单位:人）

毕业生数				招生数		在校生数		
合计	本科	专科	授予学士学位数	招生数	注册数	合计	本科	专科
15,379	11,829	3,550	3,190	13,764	13,741	48,868	36,715	12,153

附录3　2016年浙江大学远程教育招生层次和专业

招生层次	专业名称		
专科	会计	市场营销	药学
	工商企业管理	学前教育	农业技术与管理
	建筑工程管理	护理	
专升本	工商管理	市场营销	土木工程(工程管理)
	公共事业管理	汉语言文学	电气工程及其自动化
	人力资源管理	汉语言文学(师范方向)	护理学
	会计学	英语(经贸英语)	药学
	金融学		
	电子商务	动物医学	
	法学	信息管理与信息系统	农业技术推广
	学前教育	计算机科学与技术	

附录 4　　2016 年浙江大学远程教育授权招生学习中心分布情况

省份(分布 11 省市)	学习中心名称(60 个学习中心)
浙江省 (47)	杭州地区(7)：直属学习中心　华家池医学学习中心　杭州学习中心　萧山学习中心　余杭学习中心　建德学习中心　杭州农业学习中心
	宁波地区(8)：宁波电大学习中心　宁波学习中心　宁海学习中心　象山学习中心　余姚学习中心　奉化学习中心　宁波医学学习中心　慈溪学习中心
	温州地区(9)：温州学习中心　乐清学习中心　平阳学习中心　瑞安学习中心　泰顺学习中心　苍南学习中心　永嘉学习中心　文成学习　中心洞头学习中心
	嘉兴地区(4)：嘉兴学习中心　海盐学习中心　海宁学习中心　嘉善学习中心
	湖州地区(1)：湖州学习中心
	绍兴地区(2)：绍兴学习中心　诸暨医学学习中心
	金华地区(8)：金华学习中心　义乌学习中心　磐安学习中心　武义学习中心　永康学习中心　浦江学习中心　兰溪学习中心　东阳医学学习中心
	衢州地区(1)：衢州学习中心
	舟山地区(1)：普陀学习中心
	台州地区(2)：台州电大学习中心　玉环学习中心
	丽水地区(4)：丽水学习中心　缙云学习中心　丽水医学学习中心　龙泉学习中心
江苏省(2)	南京学习中心　苏州学习中心
福建省(1)	厦门学习中心
安徽省(2)	合肥学习中心　芜湖学习中心
上海市(1)	上海学习中心
河南省(1)	洛阳学习中心
湖南省(1)	湘潭学习中心
广西区(1)	南宁学习中心
广东省(2)	深圳学习中心　广州学习中心
河北省(1)	涿州学习中心
海南省(1)	海口学习中心

浙江大学年鉴

人才培养

附录5 2016年浙江大学自学考试主考专业

层　　次	专业名称	
专升本	检验	汉语言文学
	新闻学	心理健康教育
	道路与桥梁工程	法律
	建筑工程	经济学
	电力系统及其自动化	国际贸易
	英语语言文学	金融
专科	新闻学	电力系统及其自动化
	护理学	道路与桥梁工程
	房屋建筑工程	
高起本	新闻学	

（卜杭斌撰稿　陈　军审稿）

留学生教育

【概况】　2016年,浙江大学留学生总规模达到6,237人,比上年增加7%。学历生达到3,498人,比上年增加14%,其中博士生645人,比上年增加36.7%;硕士生747人,比上年增加19.1%;本科生2,106人,比上年增加6.3%。非学历生中,长期语言生1,315人,短期生785人,普通进修生550人,高级进修生89人。

留学生来自141个国家,学生数量排在前10位的国家依次是韩国、泰国、美国、巴基斯坦、澳大利亚、意大利、英国、日本、德国、俄罗斯,共有学生3,933人。

参加了中国教育部和中国国家留学基金委等部委组办的意大利、西班牙、德国、印度尼西亚、韩国、比利时、泰国等国的"留学中国"教育展,走访了江西、浙江、江苏、北京、天津等地及海外共30余所中学与留学教育机构,宣传浙江大学的人才培养优势和招生政策。

重视营造和谐共处的国际化校园氛围,组织留学生参加各种文化活动,形成了以举办和参与全国在华留学生汉语大赛(浙江赛区)、"梦行浙江才艺展示"等为品牌活动的留学生文化展演格局;举办留学生语言文化活动百余次,取得显著成绩。2016年4月14日至16日组织商务部援外学历学位教育项目(MOFCOM项目)学生深入中国传统文化基地山东曲阜、泰安等地开展儒家文化体验考察活动。2016年5月24日,组织孔子学院奖学金生观看越剧《梁祝》,感受国粹艺术。2016年春夏学期,组织学生参加杭州市人民政府新闻办公室主办的"外国朋友眼中的杭州城市文化"摄影大赛,博士生苏德获得银奖。应孔子学院邀请,校文琴艺术团出访了西澳大学和立命馆亚洲太平洋大学,共演出 10 余场,赢得当地师生和华人华侨的热烈欢迎与高度赞誉。

孔子学院各项工作平稳推进。西澳大学孔院举办了高端系列论坛"中国论谈"高端学术讲座、"易经"讲座、主题音乐会、"汉语桥"世界大中学生中文比赛西澳州预选赛、西澳—浙江中学校长论坛、春节晚会、"中文之星"中文比赛等活动,在西澳州产生了广泛影响。罗德岛大学孔院开设的语言和文化项目迅速发展,如中文教师执照项目、从幼儿园到高中的中文项目、向高中生提供的学分课程、华裔学生中文课等。日本立命馆亚洲太平洋大学孔子学院在校内、大分市、福冈市 3 地定期开设讲座,提供书法、绘画、太极、烹饪等趣味性课程。APU(立命馆亚洲太平洋大学)孔子学院正在积极宣传推广 HSK(中国汉语水平考试)考试,努力实施在 APU 设立考点的计划。

【浙江大学留学生会成立】 4 月 22 日,该留学生会(ISU)成立仪式在紫金港校区举行。留学生会主席团由 4 人组成,共有办公室、学习部、宣传部、文化部、公益与志愿者部、文娱部、体育部等 7 个部门。该留学生会作为国际教育学院下属的留学生团体,是学校加强留学生管理的重要助手,也是与留学生建立联系的重要纽带,将会在未来开展有益于身心健康的学术、科技、艺术、文娱、体育等活动,突出思想性、知识性、学术性和趣味性。

【获提升杭州国际化水平"金点子"奖】 在 5 月 19 日召开的杭州市政协十届二十四次常委会议上,美国籍留学生 Hannah Lund "关于方便外籍人士在杭州日常生活和出行办事的建议"、瑞士籍留学生 Sarah Bannwart"关于城市发展理念的建议",以及意大利籍留学生 Tina Zhang"关于加强城市国际营销的建议"被评为提升杭州国际化水平"金点子"奖,受到杭州市人民政府的表彰。

【留学生志愿者服务 G20】 经过三重面试、多轮培训,由 26 名留学生组成的浙江大学高标准"国际化"志愿者团队,来自 17 个国家,覆盖 12 种官方语言。在 G20 峰会期间,参与了多语种服务平台调试工作、医院志愿者服务、机场和车站及热点景区的志愿者工作,以热情饱满的行动为 G20 杭州峰会增添了浓墨重彩的一笔。

【附录】

附录1　2016 年浙江大学外国留学生数　　　　　　　(单位:人)

博士研究生	硕士研究生	本科生	高级进修生	普通进修生	长期语言生	短期生	合计
645	747	2,106	89	550	1,315	785	6,237

浙江大学年鉴

附录 2　2016 年浙江大学分学部院系外国留学生数　　　（单位：人）

院系	博士研究生	硕士研究生	本科生	研究学者	高级进修生	普通进修生	语言生	短期生	合计
人文学院	70	59	98			75			302
外国语言文化与国际交流学院	8	198	233		1	75			515
传媒与国际文化学院	7	61	255			4			336
经济学院	3	70	299			9			381
光华法学院	21	33	14			1			69
教育学院	16	11	8						35
管理学院	38	19	177		50	103			387
公共管理学院	56	138	30		1	11			236
马克思主义学院		2							2
数学科学学院	8		6			1			15
物理学系	7		3		1				11
化学系	4		3						7
地球科学学院	7	2	2						11
心理与行为科学系	11	4	15			1			31
机械工程学院		3	30		4	2			39
材料科学与工程学院	16	4	5		1	3			29
能源工程学院	16	2	6		2	2			28
电气工程学院	9		14		4	1			28
建筑工程学院	13	11	37			99			160
化工工程与生物工程学院	35	3	0		2	41			81
海洋学院	27	17	1						45
航空航天学院			1		1				2
高分子科学与工程学系	12	2	3		3				20
光电科学与工程学院	6								6
信息与电子工程学院	12	1	4		1				18
控制科学与工程学院	7	3	1		2	22			35

续表

院系	博士研究生	硕士研究生	本科生	研究学者	高级进修生	普通进修生	语言生	短期生	合计
计算机科学与技术学院	10	6	67		1	67			151
软件学院									
生物医学工程与仪器科学学院	8	2	13			2			25
生命科学学院	11	3	9			2			25
生物系统工程与食品科学学院	19	3	3		2				27
环境与资源学院	23	2	7						32
农业与生物技术学院	82	15	4		6				107
动物科学学院	10		6						16
医学院	49	54	603		1	10			717
药学院	16	3	5			9			33
国际教育学院	8	16	144		6	2	1,315	785	2,276
合计	645	747	2,106		89	550	1,315	785	6,237

附录 3　2016 年浙江大学 MBBS(全英文医学本科)项目留学生数　（单位：人）

年度	新生数	在校生数	毕业生数
2016	89	580	76

附录 4　2016 年分经费来源外国留学生数　（单位：人）

浙江省政府资助	中国政府资助	本国政府资助	校际交流	自费	合计
90	991	6	639	4,511	6,237

附录 5　2016 年主要国家留学生数　（单位：人）

韩国	泰国	美国	巴基斯坦	澳大利亚	意大利	英国	日本	德国	俄罗斯
1,679	460	376	287	249	220	186	182	159	135

浙江大学年鉴

人才培养

附录6　2016年分大洲外国留学生数　　　　（单位：人）

亚洲	非洲	欧洲	美洲	大洋洲	合计
3,801	328	1,282	565	261	6,237

附录7　2016年毕业、结业外国留学生数　　　　（单位：人）

博士研究生	硕士研究生	本科生	高级进修生	普通进修生	汉语生	短期生	合计
26	145	205	89	550	1,315	785	3,115

（何旭东撰稿　王　立审稿）

科学研究与社会服务

科学技术研究

【概况】 2016 年,浙江大学创新有组织科研管理新模式,应对国家科技计划重大改革,积极谋划,强化组织,各项科研任务指标符合预期,在"十三五"开局之年取得了阶段性成果,科研事业得到坚实稳步发展。

科研规模在高位稳步扩展,到款科研总经费 35.18 亿元(比 2015 年增加 2.02 亿元),其中纵向科研经费 25.11 亿元(占 71.4%)、横向科研经费 10.07 亿元(占 28.6%)。牵头主持重点研发计划项目 24 项(其中千万级项目 16 项)、课题 84 个,总经费 9.343 亿元,主持国家重点研发计划项目的千万级项目数和经费总数均居全国高校第三位。获得国家基金重点项目 22 项,创浙江大学新高,居全国高校第四位。

作为第一完成单位获得 2016 年度国家科学技术奖共 9 项,居全国高校第一。其中国家科技进步奖一等奖(创新团队)1 项、国家科学技术二等奖 8 项(包括自然科学奖 2 项、技术发明奖 3 项、科技进步奖 3 项);作为参与单位获得国家科学技术进步奖通用项目 4 项、专用项目 1 项。作为第一完成单位获教育部高等学校科学研究优秀成果奖(科学技术)一等奖 5 项,入选"中国高等学校十大科技进展"2 项;作为第一完成单位获浙江省 2015 年度科学技术奖一等奖 16 项;获得中国专利奖优秀奖 5 项,中国机械工业科学技术奖一等奖 1 项。

科技论文质量持续提升。截至 2016 年 12 月 31 日,浙江大学被 SCI 收录第一单位论文 5,879 篇(比上年增长 5.4%);其中两类(Article, Review)论文 5,611 篇(比上年增长 4.8%),影响因子 10 以上论文 116 篇(比上年增长 6.4%);三大期刊及子刊论文 24 篇(比上年增长 85%),其中 Science 主刊 1 篇、子刊 1 篇,Nature 子刊 20 篇、Cell 子刊 2 篇,PNAS 4 篇。根据 ESI 2016 年 11 月公布的数据,浙江大学十年(2006 年 1 月 1 日—2016 年 11 月 30 日)累积引文居世界 145 位(比上年上升 19 位);18 个学科的累积引文量进入世界学术机构前 1%,居全国高校第二位;化学、工程、农业、材料、计算机、药学与药理学、数学 7 个学科进入全球前100位,并列全国高校第二位;化学、工程、农业、材料4个学科进入全球前50位,并列全国高校第一位。

深入贯彻实施创新驱动发展战略,大力促进科技成果转化,申请三大专利3,363件(其中发明专利1,916件),授权中国专利2,316件,其中授权发明专利1,794件,发明专利授权数持续位居国内高校第一。公示科技成果转化项目220项,累计转化金额1.35亿元(含作价投资6,771.3万元),到款4,123万元。

人才团队建设持续稳步发展。4个国家自然科学基金创新研究群体项目获批,居全国高校第一;9人获得国家杰出青年科学基金资助,居全国高校第四;17人获得国家优秀青年科学基金项目资助,居全国高校第三;6人上榜汤森路透全球高被引科学家,居全国高校第三。截至2016年底,浙江大学共获批国家杰出青年科学基金项目获得者115人,国家优秀青年科学基金项目获得者88人,国家自然科学基金创新研究群体11个,教育部创新团队18个,农业部科研杰出人才及其创新团队11个,科技部创新人才推进计划重点领域创新团队7个,国防科技创新团队1个。

科研基地平台建设取得新进展。浙江大学建议的"超重力离心模拟与试验装置"项目被列入《国家重大科技基础设施建设"十三五"规划》;垃圾焚烧技术与装备国家工程实验室和智能食品加工技术与装备国家地方联合工程实验室通过国家发改委立项批复;生物医学工程教育部重点实验室、濒危动植物保护生物学教育部重点实验室等6个教育部重点实验室顺利通过教育部评估;新增农业部农产品产后处理重点实验室(试运行)、农业部农产品产地处理装备重

点实验室(试运行)、农业部光谱检测重点实验室(试运行)3个农业部重点实验室;浙江省化工高效制造技术重点实验室、浙江省先进微纳电子器件智能系统及应用重点实验室等6家浙江省重点实验室和浙江省认知医疗工程技术研究中心通过省科技厅认定;成立浙江大学定量生物中心和浙江大学心理科学研究中心,组建浙江大学(杭州)创新医药研究院。截至2016年底,浙江大学拥有国家重点实验室10个、国家工程(技术)研究中心6个、国家(地方联合)工程实验室8个、国家级协同创新中心2个、部级重点实验室26个、教育部工程研究中心7个、浙江省重点实验室58个、浙江省工程技术研究中心3个、浙江省工程实验室(研究中心)10个、浙江省级协同创新中心7个,平台的建设与运行为科研工作的开展提供了有效支撑。

2016年,浙江大学坚定贯彻"军民深度融合"国家战略,承担了军委装备发展部、军委科技委、国防科工局、教育部、型号总体单位下达的各类国防科技计划,以及各大军工集团(院所)科技合作开发任务等。新上国防科研项目224项,合同经费约3.99亿元(不含大部分纵向项目:预研、科技委、基础科研),合同经费超过1,000万元的项目共计11项,实际到款经费约4.55亿元,为开拓浙江大学"十三五"国防科研工作新局面奠定了良好基础。

国际科技合作稳定拓展。2016年,浙江大学深化与斯坦福大学的科技合作,探索与巴西等金砖国家的合作研究,推进与印度尼西亚等"一带一路"国家的互利合作。浙江大学新增4个科技部国际科技合作基地,其中3个科技部国际联合研究中心,居全国第一;新增1个"111"高等学校学科创新引

智基地,1个浙江省国际科技合作基地。在浙江省首次启动的"一带一路"专项项目中,浙江大学获批5项(浙江省共批8项,其中浙江省高校共6项)。

科技管理改革不断深化。浙江大学为适应国家科技计划体系改革和学校发展的国际化思路,主动探索科研管理机构的适时优化,全面启动并不断完善建设新版大科研服务系统,推进职能部门间的协同联动,以及与院系所的纵向互动。组织召开了12期15讲"院系科研管理工作系列专题培训会",进一步提升了科研管理队伍的整体素质,强化院系监管责任。继续做好项目内审工作,督促项目负责人进行整改,起草了《浙江大学财政科研项目内部信息公开制度(征求意见稿)》《浙江大学中央高校基本科研业务费管理细则(征求意见稿)》等文件。2016年,浙江大学获得了2011—2015年国家自然科学基金管理工作先进依托单位荣誉(全国仅20家),以浙江大学为组长单位的浙江大学联络网获得了管理工作先进联络网荣誉(全国仅5家)。

【"16+X"科技联盟完成布局】 浙江大学于2015年启动"16+X"科技联盟建设,在2015年建设成效的基础上,2016年面向国家目标,进一步整合校内外资源,新增浙江大学量子信息与技术科技联盟、浙江大学污染土壤修复关键技术研究科技联盟等13个X联盟,完成"16+X"科技联盟的整体布局,全面实施联盟建设和培育工作,签订了联盟任务书和责任书,进一步强化目标管理,突出建设实效。2016年,在浙江大学承担的国家重点研发项目、课题中,"16+X"科技联盟共承担了24个项目、78个课题,总经费9.1078亿元。2016年12月,教育部部长、党组书记陈宝生在调研浙江大学机器人与智能装备科技联盟时,充分肯定了科技联盟的建设成果。

【邢华斌实验室研究成果在 Science 杂志发表】 2016年5月19日,Science(《科学》)杂志在线发表了浙江大学化学工程与生物工程学院邢华斌教授实验室与利莫瑞克大学和德克萨斯大学圣安东尼奥分校等单位的合作研究成果"*Pore chemistry and size control in hybrid porous materials for acetylene capture from ethylene*(杂化多孔材料孔化学和尺寸控制实现乙炔乙烯分离)"[*Science* 353(6295),141—144]。该研究成果首次提出了离子杂化多孔材料吸附分离乙炔和乙烯的方法,不仅为乙烯和乙炔的高效分离与过程的节能降耗提供解决方法,而且也为其他重要气体的分离提供了新的思路。*Science* 杂志的三位审稿专家对此文章均给予高度评价,认为文章报道的吸附分离性能非常令人惊讶,在乙炔分离领域设立了新的标杆。

【获2016年度国家科学技术进步奖一等奖(创新团队)】 倪明江教授、严建华教授、骆仲泱教授领衔的能源清洁利用创新团队成立于20世纪80年代,团队以"求是、团结、创新"为宗旨,面向国家重大需求,聚焦国际学术前沿,坚持协同创新和集体攻关。在煤炭高效清洁发电技术、废弃物及生物质燃烧发电技术、电力生产过程污染控制技术、能源转化过程计算机辅助优化数值试验(CAT)理论与先进测试方法等领域取得了一批理论与技术原创性成果,多项工程技术创新成果在全国得到大规模应用,并取得显著的经济和社会效益。

【"超重力离心模拟与试验装置"项目被列入《国家重大科技基础设施建设"十三五"规划》】 国家重大科技基础设施是推动国家

科学和技术发展的国之重器,陈云敏院士建议的"超重力离心模拟与试验装置"项目于2016年12月被国家发改委等九部委列入《国家重大科技基础设施建设"十三五"规划》(发改高技〔2016〕2736)十个优先项目之一,为浙江大学国家重大科技基础设施零的突破奠定了坚实基础。该项目围绕实验再现岩土体大尺度演变和灾变及加速材料相分离的科学目标,建设超重力离心模拟与实验装置,该装置的超重力容量世界第一,超重力多学科实验舱的功能和能力世界最强。设施建成后,可为深地深海资源开发、重大工程防灾、废弃物地下处置、新材料制备等领域的研究提供有力支撑。

【2项研究成果入选2016年"中国高等学校十大科技进展"】 2016年12月,吴朝晖教授、郑筱祥教授团队主持的"脑机融合的混合智能理论与方法"与郑树森教授主持的"肝癌肝移植新型分子分层体系研究"入选2016年"中国高等学校十大科技进展"。吴朝晖教授、郑筱祥教授团队围绕脑机融合问题形成了一系列突破理论与创新技术,率先提出"混合智能"的研究范式——生物智能与机器智能的融合。郑树森院士团队在其团队2008年创新性提出的肝癌肝移植杭州标准的基础上,进一步开展了全国多中心6,012例全球最大样本的研究,实现了肝移植受者的精准筛选和个性化治疗。

【垃圾焚烧技术与装备国家工程实验室获批】 2016年10月,经国家发展改革委批复,由浙江大学牵头光大环保(中国)有限公司、杭州锦江集团有限公司等成立垃圾焚烧技术与装备国家工程实验室,由严建华教授担任实验室主任,建设国家层面的自主创新支撑平台。实验室将针对我国生活垃圾和危险废物焚烧处理稳定性不高、二次污染突出的问题,围绕固体废物减量化、无害化和资源化处理的迫切需求,建设垃圾焚烧技术与装备应用研究平台,支撑开展先进高效固体废物热处置、热能高效利用、高效烟气净化、二噁英解毒和重金属稳定化、飞灰和炉渣安全处置等技术、工艺、装备的研发和工程化。

【附录】

附录1　2016年浙江大学科研机构(研究所)

所属院系	序号	研究所名称	负责人
数学科学学院	1	高等数学研究所	方道元
	2	信息数学研究所	张振跃
	3	科学与工程计算研究所	程晓良
	4	统计研究所	苏中根
	5	应用数学研究所	孔德兴
	6	运筹与控制科学研究所	刘康生

所属院系	序号	研究所名称	负责人
物理学系	7	光学研究所	朱诗尧
	8	凝聚态物理研究所	许祝安
	9	电子与无线电物理研究所	吴惠桢
	10	浙江近代物理中心	李政道
化学系	11	物理化学研究所	王　鹏
	12	有机与药物化学研究所	史炳锋
	13	高新材料化学研究所	吴传德
	14	催化研究所	王　勇
	15	分析化学研究所	苏　彬
地球科学学院	16	地质与地球物理研究所	邹乐君
	17	地理信息科学研究所	刘仁义
	18	气象信息与预测研究所	曹　龙
	19	环境与生物地球化学研究所	孙永革
	20	空间信息技术研究所	章孝灿
	21	海底科学研究所	陈汉林
	22	城市与区域发展研究所	林　舟
心理与行为科学系	23	应用心理学研究所	马剑虹
	24	认知与发展心理学研究所	张智君
机械工程学院	25	机械电子控制工程研究所	王庆丰
	26	制造工程及自动化研究所	柯映林
	27	设计工程及自动化研究所	谭建荣
材料科学与工程学院	28	半导体材料研究所	杨德仁
	29	金属材料研究所	涂江平
	30	无机非金属材料研究所	钱国栋
	31	材料物理研究所	陈湘明
	32	功能复合材料与结构研究所	彭华新
能源工程学院	33	热能工程研究所	岑可法
	34	动力机械与车辆工程研究所	俞小莉
	35	制冷与低温研究所	张学军
	36	热工与动力系统研究所	俞自涛
	37	化工机械研究所	郑津洋

浙江大学年鉴

所属院系	序号	研究所名称	负责人
电气工程学院	38	电机及其控制研究所	黄　进
	39	电力系统及其自动化研究所	徐　政
	40	航天电气及微特电机研究所	沈建新
	41	电力经济与信息化研究所	文福拴
	42	电气自动化研究所	颜文俊
	43	系统科学与控制研究所	许　力
	44	电力电子技术研究所	徐德鸿
	45	电工电子新技术研究所	杨仕友
建筑工程学院	46	结构工程研究所	金伟良
	47	岩土工程研究所	陈云敏
	48	水工结构与水环境研究所	刘国华
	49	交通工程研究所	徐荣桥
	50	土木工程管理研究所	张　宏
	51	市政工程研究所	张土乔
	52	防灾工程研究所	尚岳全
	53	建筑材料研究所	钱晓倩
	54	高性能建筑结构与材料研究所	徐世烺
	55	建筑设计及其理论研究所	徐　雷
	56	建筑技术研究所	葛　坚
	57	城市规划与设计研究所	华　晨
	58	城乡规划理论与技术研究所	韩昊英
	59	水文与水资源工程研究所	冉启华
	60	空间结构研究中心	董石麟
	61	滨海和城市岩土工程研究中心	龚晓南
化学工程与生物工程学院	62	聚合与聚合物工程研究所	罗英武
	63	化学工程研究所	林　展
	64	联合化学反应工程研究所	王靖岱
	65	生物工程研究所	林东强
	66	制药工程研究所	吕秀阳
	67	工业生态与环境研究所	李　伟

所属院系	序号	研究所名称	负责人
海洋学院	68	港口海岸与近海工程研究所	孙志林
	69	海洋化学与环境研究所	张朝晖
	70	海岛海岸带研究所	吴嘉平
	71	海洋传感与网络研究所	韩 军
	72	船舶与海洋结构研究所（筹）	冷建兴
	73	海洋电子研究所（筹）	徐志伟
	74	海洋机器人研究所（筹）	朱世强
	75	海洋地质与资源研究所	李春峰
	76	海洋工程与技术研究所	陈 鹰
	77	物理海洋研究所	宋金宝
	78	海洋生物研究所	王 岩
航空航天学院	79	流体工程研究所	余钊圣
	80	空天信息技术研究所	宋广华
	81	应用力学研究所	朱位秋
	82	飞行器设计与推进技术研究所	郑 耀
	83	无人机系统与控制研究所	陶伟明
	84	航天电子工程研究所	郁发新
	85	微小卫星研究中心	金仲和
高分子科学与工程学系	86	高分子科学研究所	高 超
	87	高分子复合材料研究所	陈红征
	88	生物医用大分子研究所	高长有
光电科学与工程学院	89	光学成像工程研究所	冯华君
	90	光学工程研究所	白 剑
	91	微纳光子学研究所	仇 旻
	92	激光生物医学研究所	丁志华
	93	光电信息检测技术研究所	严惠民
	94	光电工程研究所	刘 旭
	95	光电子技术研究所	沈永行
	96	光及电磁波研究中心	何赛灵
	97	光学惯性技术工程中心	刘 承

所属院系	序号	研究所名称	负责人
信息与电子工程学院	98	信息与通信网络工程研究所	张朝阳
	99	智能通信网络与安全研究所	赵民建
	100	信号空间和信息系统研究所	徐 文
	101	微纳电子研究所	程志渊
	102	超大规模集成电路设计研究所	何乐年
控制科学与工程学院	103	工业控制研究所	孙优贤
	104	自动化仪表研究所	黄志尧
	105	智能系统与控制研究所	苏宏业
计算机科学与技术学院	106	人工智能研究所	吴 飞
	107	系统结构与网络安全研究所	何钦铭
	108	计算机软件研究所	陈 刚
	109	现代工业设计研究所	孙守迁
生物医学工程与仪器科学学院	110	生物医学工程研究所	李劲松
	111	数字技术及仪器研究所	陈耀武
生命科学学院	112	植物生物学研究所	郑绍建
	113	微生物研究所	冯明光
	114	生态研究所	方盛国
	115	细胞与发育生物学研究所	杨卫军
	116	生物化学研究所	周耐明
	117	遗传与再生生物学研究所	严庆丰
生物系统工程与食品科学学院	118	农业生物环境工程研究所	朱松明
	119	智能农业装备研究所	王剑平
	120	农业信息技术研究所	何 勇
	121	食品生物科学技术研究所	冯凤琴
	122	食品加工工程研究所	刘东红
环境与资源学院	123	环境科学研究所	张建英
	124	环境污染控制技术研究所	朱利中
	125	农业化学研究所	林咸永
	126	农业遥感与信息技术应用研究所	史 舟

所属院系	序号	研究所名称	负责人
环境与资源学院	127	土水资源与环境研究所	徐建明
	128	环境保护研究所	吴伟祥
	129	环境工程研究所	吴忠标
	130	环境生态工程研究所	郑 平
	131	环境科学研究所	张建英
农业与生物技术学院	132	生物技术研究所	马忠华
	133	原子核农业科学研究所	华跃进
	134	作物科学研究所	张国平
	135	蔬菜研究所	卢 钢
	136	果树科学研究所	孙崇德
	137	园林研究所	夏宜平
	138	昆虫科学研究所	陈学新
	139	农药与环境毒理研究所	虞云龙
	140	茶叶研究所	王岳飞
动物科学学院	141	饲料科学研究所	汪以真
	142	动物预防医学研究所	方维焕
	143	奶业科学研究所	刘建新
	144	蚕蜂研究所	胡福良
	145	动物养殖与环境工程研究所	陈安国
	146	应用生物资源研究所	朱良均
	147	动物遗传繁育研究所	彭金荣
医学院	148	传染病研究所	李兰娟
	149	血液病研究所	黄 河
	150	肿瘤研究所	于晓方
	151	儿科研究所	杜立中
	152	外科研究所	王伟林
	153	心血管病研究所	王建安
	154	脑医学研究所	张建民
	155	急救医学研究所	张 茂

浙江大学年鉴

所属院系	序号	研究所名称	负责人
医学院	156	骨科研究所	叶招明
	157	妇产科计划生育研究所	吕卫国
	158	邵逸夫临床医学研究所	俞云松
	159	眼科研究所	姚　克
	160	呼吸疾病研究所	沈华浩
	161	免疫学研究所	曹雪涛
	162	病理学与法医学研究所	周　韧
	163	社会医学与全科医学研究所	李　鲁
	164	环境医学研究所	孙文均
	165	营养与食品安全研究所	王福俤
	166	神经科学研究所	段树民
	167	微创外科研究所	蔡秀军
	168	核医学与分子影像研究所	张　宏
	169	胃肠病研究所	姒健敏
药学院	170	药物发现与设计研究所	胡有洪
	171	药物制剂研究所	高建青
	172	药物信息学研究所	瞿海斌
	173	现代中药研究所	吴永江
	174	药理毒理研究所	何俏军
	175	药物代谢和药物分析研究所	曾　苏
	176	药物生物技术研究所	李永泉

附录 2　2016 年浙江大学科研机构(独立研究院)

序号	独立研究院名称	批准时间	负责人
1	浙江加州国际纳米技术研究院	2005 年 12 月	杨　辉
2	浙江大学台州研究院	2006 年 3 月	冯培恩　颜文俊
3	浙江大学求是高等研究院	2006 年 10 月	徐立之
4	浙江大学国际创新研究院	2007 年 5 月	朱　敏
5	浙江大学生命科学研究院	2009 年 10 月	冯新华　管坤良
6	浙江大学水环境研究院	2009 年 12 月	徐向阳

续表

序号	独立研究院名称	批准时间	负责人
7	浙江大学可持续能源研究院	2010 年 1 月	倪明江 骆仲泱
8	浙江大学集成电路与基础软件研究院	2010 年 4 月	严晓浪
9	浙江大学国际设计研究院	2010 年 9 月	刘 波
10	浙江大学转化医学研究院	2012 年 3 月	孙 毅
11	浙江大学海洋研究院	2014 年 5 月	张海生
12	浙江大学(杭州)创新医药研究院	2016 年 10 月	杨 波

附录3　2016 年浙江大学国家、省部级科研基地

序号	基地名称	批准日期	负责人	学院(系)
国家重点实验室				
1	硅材料国家重点实验室	1985 年 8 月	杨德仁	材料学院
2	计算机辅助设计与图形学国家重点实验室	1989 年 2 月	周 昆	计算机学院
3	流体动力与机电系统国家重点实验室	1989 年 6 月	杨华勇	机械学院
4	工业控制技术国家重点实验室	1989 年 6 月	苏宏业	控制学院
5	现代光学仪器国家重点实验室	1989 年 6 月	仇 旻	光电学院
6	能源清洁利用国家重点实验室	2005 年 3 月	骆仲泱	能源学院
7	传染病诊治国家重点实验室	2007 年 10 月	李兰娟	附属第一医院
8	化学工程联合国家重点实验室(联合)	1987 年 6 月	李伯耿	化工学院
9	植物生理学与生物化学国家重点实验室(参加)	2002 年 1 月	郑绍建	生科学院
10	水稻生物学国家重点实验室(参加)	2003 年 12 月	叶恭银	农学院
国家(地方联合)工程基地				
1	生物饲料安全与污染防控国家工程实验室	2008 年 7 月	刘建新	动科学院
2	工业控制系统安全技术国家工程实验室	2013 年 11 月	冯冬芹	控制学院
3	垃圾焚烧技术与装备国家工程实验室	2016 年 10 月	严建华	能源学院
4	海洋工程装备国家地方联合工程实验室(浙江)	2012 年 10 月	冷建兴	海洋学院
5	工业生物催化国家地方联合工程实验室(浙江)	2013 年 10 月	杨立荣	化工学院
6	园艺产品冷链物流工艺与装备国家地方联合工程实验室(浙江)	2015 年 3 月	孙崇德	农学院

浙江大学年鉴

序号	基地名称	批准日期	负责人	学院(系)
7	药物制剂技术国家地方联合工程实验室(浙江)	2015 年 12 月	胡富强	药学院
8	智能食品加工技术与装备国家地方联合工程实验室(浙江)	2016 年 10 月	叶兴乾	生工食品学院
教育部重点实验室				
1	生物医学工程教育部重点实验室	2000 年 8 月	王　平	生仪学院
2	濒危动植物保护生物学教育部重点实验室	2000 年 8 月	方盛国	生科学院
3	动物分子营养学教育部重点实验室	2000 年 8 月	刘建新	动科学院
4	污染环境修复与生态健康教育部重点实验室	2003 年 11 月	杨肖娥	环资学院
5	高分子合成与功能构造教育部重点实验室	2005 年 12 月	郑　强	高分子系
6	软弱土与环境土工教育部重点实验室	2007 年 2 月	陈云敏	建工学院
7	恶性肿瘤预警与干预教育部重点实验室	2007 年 12 月	胡　汛	附属第二医院
8	生殖遗传教育部重点实验室	2010 年 11 月	黄荷凤	附属妇产科医院
9	生物质化工教育部重点实验室	2011 年 12 月	任其龙	化工学院
10	视觉感知教育部—微软重点实验室	2005 年 2 月	庄越挺	计算机学院
农业部重点实验室				
1	农业部核农学重点实验室	2016 年 12 月	华跃进	农学院
2	农业部华东动物营养与饲料重点实验室	2016 年 12 月	汪以真	动科学院
3	农业部设施农业装备与信息化重点实验室	2016 年 12 月	朱松明	生工食品学院
4	农业部园艺作物生长发育重点实验室	2016 年 12 月	喻景权	农学院
5	农业部动物病毒学重点实验室	2016 年 12 月	周继勇	动科学院
6	农业部作物病虫分子生物学重点实验室	2016 年 12 月	陈学新	农学院
7	农业部农产品产后处理重点实验室(试运行)	2016 年 12 月	罗自生	生工食品学院
8	农业部农产品产地处理装备重点实验室(试运行)	2016 年 12 月	应义斌	生工食品学院
9	农业部光谱检测重点实验室(试运行)	2016 年 12 月	何　勇	生工食品学院
卫生部重点实验室				
1	卫生部传染病学重点实验室	1996 年 2 月	李兰娟	附属第一医院

浙江大学年鉴

续表

序号	基地名称	批准日期	负责人	学院(系)
2	卫生部多器官联合移植研究重点实验室	2000 年 12 月	郑树森	附属第一医院
3	卫生部医学神经生物学重点实验室	2007 年 4 月	罗建红	医学院
浙江省重点实验室				
1	浙江省医学分子生物学重点实验室	1991 年 12 月	丁克峰	附属第二医院
2	浙江省应用化学重点实验室	1992 年 3 月	肖丰收	化学系
3	浙江省饲料与动物营养重点实验室	1992 年 5 月	汪以真	动科学院
4	浙江省资源与环境信息系统重点研究实验室	1993 年 11 月	刘仁义	地科学院
5	浙江省农业遥感与信息技术重点实验室	1993 年 11 月	黄敬峰	环资学院
6	浙江省细胞与基因工程重点实验室	1995 年 9 月	邵健忠	生科学院
7	浙江省核农学重点实验室	1995 年 10 月	华跃进	农学院
8	浙江省信息处理与通信网络重点实验室	1997 年 10 月	张朝阳	信息学院
9	浙江省农业资源与环境重点实验室	1997 年 10 月	徐建明	环资学院
10	浙江省心脑血管检测技术与药效评价重点实验室	1997 年 10 月	陈　杭	生仪学院
11	浙江省电磁及复合暴露健康危害重点实验室	1997 年 10 月	许正平	公共卫生系
12	浙江省先进制造技术重点实验室	1999 年 7 月	柯映林	机械学院
13	浙江省器官移植重点实验室	2000 年 4 月	郑树森	附属第一医院
14	浙江省动物预防医学重点实验室	2004 年 8 月	杜爱芳	动科学院
15	浙江省女性生殖健康研究重点实验室	2005 年 12 月	谢　幸	附属妇产科医院
16	浙江省传染病重点实验室	2006 年 9 月	李兰娟	附属第一医院
17	浙江省医学分子影像重点实验室	2006 年 10 月	田　梅	附属第二医院
18	浙江省生物治疗重点实验室	2007 年 1 月	金洪传	附属邵逸夫医院
19	浙江省水体污染控制与环境安全技术重点实验室	2007 年 12 月	徐向阳	环资学院
20	浙江省新生儿疾病(诊治)重点实验室	2008 年 12 月	杜立中	附属儿童医院
21	浙江省血液肿瘤(诊治)重点实验室	2008 年 12 月	金　洁	附属第一医院
22	浙江省服务机器人重点实验室	2008 年 12 月	卜佳俊	计算机学院

浙江大学年鉴

序号	基地名称	批准日期	负责人	学院（系）
23	浙江省微生物生化与代谢工程重点实验室	2009 年 12 月	李永泉	药学院
24	浙江省心血管诊治高新技术重点实验室	2009 年 12 月	王建安	附属第二医院
25	浙江省疾病蛋白质组学重点实验室	2009 年 12 月	邵吉民	医学院
26	浙江省有机污染过程与控制重点实验室	2009 年 12 月	朱利中	环资学院
27	浙江省医学神经生物学重点实验室	2010 年 9 月	罗建红	医学院
28	浙江省空间结构重点实验室	2010 年 9 月	罗尧治	建工学院
29	浙江省腔镜技术研究重点实验室	2010 年 9 月	蔡秀军	附属邵逸夫医院
30	浙江省光电磁传感技术研究重点实验室	2010 年 9 月	何赛灵	光电学院
31	浙江省重要致盲眼病防治技术研究重点实验室	2011 年 11 月	姚　克	附属第二医院
32	浙江省肾脏疾病防治技术研究重点实验室	2011 年 11 月	陈江华	附属第一医院
33	浙江省网络多媒体技术研究重点实验室	2011 年 11 月	陈耀武	生仪学院
34	浙江省组织工程与再生医学技术重点实验室	2011 年 11 月	欧阳宏伟	医学院
35	浙江省作物种质资源重点实验室	2011 年 11 月	祝水金	农学院
36	浙江省电池新材料与应用技术研究重点实验室	2012 年 9 月	涂江平	材料学院
37	浙江省海洋可再生能源电气装备与系统技术研究重点实验室	2012 年 9 月	韦　巍	电气学院
38	浙江省农产品加工技术研究重点实验室	2012 年 9 月	叶兴乾	生工食品学院
39	浙江省抗肿瘤药物临床前研究重点实验室	2013 年 7 月	杨　波	药学院
40	浙江省饮用水安全与输配技术重点实验室	2013 年 7 月	张土乔	建工学院
41	浙江省三维打印工艺与装备重点实验室	2014 年 8 月	傅建中	机械学院
42	浙江省精神障碍诊疗和防治技术重点实验室	2014 年 8 月	许　毅	附属第一医院
43	浙江省园艺植物整合生物学研究与应用重点实验室	2015 年 3 月	陈昆松	农学院
44	浙江省大数据智能计算重点实验室	2015 年 3 月	陈　刚	计算机学院
45	浙江省制冷与低温技术重点实验室	2015 年 3 月	陈光明	能源学院

浙江大学年鉴

续表

序号	基地名称	批准日期	负责人	学院(系)
46	浙江省新型吸附分离材料与应用技术重点实验室	2015年11月	徐志康	高分子系
47	浙江省软体机器人与智能器件研究重点实验室	2015年11月	曲绍兴	航空航天学院
48	浙江省临床体外诊断技术研究重点实验室	2015年11月	陈 瑜	附属第一医院
49	浙江省海洋岩土工程与材料重点实验室	2015年11月	王立忠	海洋学院
50	浙江省化工高效制造技术重点实验室	2016年9月	王靖岱	化工学院
51	浙江省先进微纳电子器件智能系统及应用重点实验室	2016年9月	李尔平	信电学院
52	浙江省肝胆胰肿瘤精准诊治研究重点实验室	2016年9月	王伟林	附属第一医院
53	浙江省胰腺病研究重点实验室	2016年9月	梁廷波	附属第二医院
54	浙江省口腔生物医学研究重点实验室	2016年9月	王慧明	附属口腔医院
55	浙江省海洋观测—成像试验区重点实验室	2016年9月	徐 文	海洋学院
56	浙江省新型信息材料技术研究重点实验室(参加)	2011年11月	严 密	材料学院
57	浙江省微量有毒化学物健康风险评估技术研究重点实验室(参加)	2013年07月	朱 岩	化学系
58	浙江省微生物技术与生物信息研究重点实验室(参加)	2016年9月	俞云松	附属邵逸夫医院
浙江省工程实验室(研究中心)				
1	浙江省海洋装备试验工程实验室	2010年12月	冷建兴	海洋学院
2	浙江省工业生物催化工程实验室	2011年9月	杨立荣	化工学院
3	浙江省园艺产品冷链物流工艺与装备工程实验室	2011年12月	李 鲜	农学院
4	浙江省海洋工程材料工程实验室	2012年6月	杨 辉	纳米研究院
5	浙江省药物制剂工程实验室	2012年6月	胡富强	药学院
6	浙江省食品加工技术与装备工程实验室	2013年11月	叶兴乾	生工食品学院

序号	基地名称	批准日期	负责人	学院(系)
7	浙江省微生物制药工程实验室	2013 年 11 月	李永泉	药学院
8	浙江省低碳烃制备技术工程实验室	2014 年 12 月	阳永荣	化工学院
9	浙江省移动终端安全技术工程实验室	2014 年 12 月	何钦铭	计算机学院
10	浙江省先进结构设计与建造工程研究中心	2014 年 12 月	罗尧治	建工学院
国家工程(技术)研究中心				
1	工业自动化国家工程研究中心	1992 年 9 月	孙优贤	控制学院
2	电力电子应用技术国家工程研究中心	1996 年 10 月	赵荣祥	电气学院
3	国家光学仪器工程技术研究中心	1994 年 3 月	严惠民	光电学院
4	国家电液控制工程技术研究中心	2000 年 6 月	杨华勇	机械学院
5	国家列车智能化工程技术研究中心	2011 年 6 月	陈　纯	计算机学院
6	国家水煤浆工程技术研究中心(参加)	1992 年 4 月	周俊虎	能源学院
国家级协同创新中心				
1	煤炭分级转化清洁发电协同创新中心	2014 年 10 月	倪明江	能源学院
2	感染性疾病诊治协同创新中心	2014 年 10 月	李兰娟	附属第一医院
科技部国际科技合作基地				
1	浙江国际纳米技术研发中心	2007 年 12 月	杨　辉	纳米研究院
2	先进能源国际联合研究中心	2013 年 1 月	骆仲泱	能源学院
3	中葡先进材料联合创新中心	2013 年 2 月	计　剑	高分子系
4	园艺作物品质调控与应用国际联合研究中心	2015 年 12 月	陈昆松	农学院
5	海洋土木工程国际联合研究中心	2016 年 11 月	王立忠	建工学院
6	流程生产质量优化与控制国际联合研究中心	2016 年 11 月	邵之江	控制学院
7	光电技术国际联合研究中心	2016 年 11 月	刘　旭	光电学院
8	肝病和肝移植研究国际科技合作基地	2016 年 11 月	郑树森	附属第一医院
教育部国际合作联合实验室				
1	光子学与技术国际合作联合实验室	2015 年 12 月	刘　旭	光电学院
教育部工程研究中心				
1	膜与水处理技术教育部工程研究中心	2001 年 1 月	朱宝库	高分子系

续表

序号	基地名称	批准日期	负责人	学院（系）
2	嵌入式系统教育部工程研究中心	2006 年 6 月	严晓浪	电气学院
3	计算机辅助产品创新设计教育部工程研究中心	2006 年 6 月	陈　纯	计算机学院
4	表面与结构改性无机功能材料教育部工程研究中心	2007 年 7 月	韩高荣	材料学院
5	数字图书馆教育部工程研究中心	2009 年 1 月	庄越挺	计算机学院
6	高压过程装备与安全教育部工程研究中心	2009 年 12 月	郑津洋	化工学院
7	电子病历与智能专家系统教育部工程研究中心	2013 年 11 月	李兰娟	附属第一医院
高等学校学科创新引智基地				
1	农业生物与环境学科创新引智基地	2005 年 10 月	朱　军	农学院
2	信息与控制学科创新引智基地	2006 年 10 月	苏宏业	控制学院
3	能源清洁利用科学与技术学科创新引智基地	2007 年 10 月	倪明江	能源学院
4	细胞—微环境互作创新引智基地	2012 年 10 月	来茂德	医学院
5	作物适应土壤逆境分子生理机制及分子设计育种创新引智基地	2013 年 10 月	彭金荣	生科学院
6	材料微结构与性能调控创新引智基地	2015 年	张　泽	材料学院
7	作物品质与安全学科创新引智基地	2016 年	陈昆松	农学院
各部委研究中心				
1	智能科学与技术网上合作研究中心（教育部）	1999 年 12 月	潘云鹤	计算机学院
2	国家濒危野生动植物种质基因保护中心（教育部、国家林业局）	2001 年 10 月	方盛国	生科学院
3	教育部含油气盆地构造研究中心	2006 年 8 月	杨树锋	地科学院
4	磁约束核聚变教育部研究中心（联合）	2008 年 2 月	盛正卯	物理学系
5	国家环境保护燃煤大气污染控制工程技术中心（环保部）	2010 年 11 月	高　翔	能源学院
6	浙江国际纳米技术研发中心（教育部、国家外专局）	2007 年 12 月	杨　辉	纳米研究院

浙江大学年鉴

序号	基地名称	批准日期	负责人	学院(系)
7	住房和城乡建设部村镇饮用水安全保障技术研究中心	2011 年 10 月	朱志伟	建工学院
8	新型飞行器联合研究中心(教育部)	2009 年 11 月	郑　耀	航空航天学院
浙江省协同创新中心				
1	工业信息物理融合系统协同创新中心	2013 年 11 月	孙优贤	控制学院
2	煤炭分级转化清洁发电协同创新中心	2014 年 10 月	倪明江	能源学院
3	感染性疾病诊治协同创新中心	2014 年 10 月	李兰娟	附属第一医院
4	作物品质与产品安全协同创新中心	2015 年 12 月	张国平	农学院
5	智慧东海协同创新中心	2015 年 12 月	陈　鹰	海洋学院
6	新型飞行器关键基础和重大应用协同创新中心	2015 年 12 月	郑　耀	航空航天学院
7	"一带一路"合作与发展协同创新中心	2015 年 12 月	罗卫东周谷平	西部发展研究院
浙江省国际科技合作基地				
1	肝病和肝移植研究浙江省国际科技合作基地	2013 年	郑树森	附属第一医院
2	园艺产品品质调控技术研创与应用浙江省国际科技合作基地	2015 年	陈昆松	农学院
3	海洋土木工程浙江省国际科技合作基地	2015 年	王立忠	建工学院
4	食品药品安全浙江省国际科技合作基地	2016 年	何俏军	药学院
5	出生缺陷诊治浙江省国际科技合作基地	2016 年	舒　强	附属儿童医院
6	消化道肿瘤研究浙江省国际科技合作基地	2016 年	王伟林	附属第一医院
浙江省工程技术研究中心				
1	浙江省现代服务业电子服务工程技术研究中心	2012 年 12 月	吴朝晖	计算机学院
2	浙江省认知医疗工程技术研究中心	2016 年 09 月	曹利平	附属邵逸夫医院
浙江省科技创新服务平台				
1	浙江省汽车及零部件产业科技创新服务平台	2008 年 1 月	俞小莉	能源学院
2	浙江省工业自动化公共科技创新服务平台	2008 年 4 月	孙优贤	控制学院
3	浙江省饲料产业科技创新服务平台	2008 年 8 月	刘建新	动科学院

附录4　2016年浙江大学新增国家级科技计划项目情况　（单位：万元）

项目类型	类别	项目数	经费合计
国家科技重大专项	课题	2	5,374
国家重点研发计划	项目	24	52,198
	课题	83	40,948
国家自然科学基金	面上项目	421	25,352
	青年科学基金	203	3,782
	重点重大项目*	45	11,668
	重大科研仪器（自由申请）	3	1,806
	创新研究群体（含延续资助）	5	4,410
	国家杰出青年基金	9	3,150
	优秀青年基金	17	2,210

注：* 含重点项目、重大项目课题、重大研究计划重点支持和集成项目、联合基金重点、重点国际（地区）合作研究项目。

附录5　2016年浙江大学各学院（系）、研究机构新增国家自然科学基金项目情况

单位	批准项数	经费/万元	批准率/%
人文学院	1	10	50.00
经济学院	4	162	30.77
教育学院	2	70	66.67
管理学院	20	707.80	57.58
公共管理学院	6	270	33.33
数学科学学院	14	1,792	41.94
物理学系	17	1,208	43.59
化学系	16	1,670.50	31.25
地球科学学院	11	772	33.33
心理与行为科学系	3	128.70	21.43
机械工程学院	18	1,305	37.50
材料科学与工程学院	17	1,434	27.42

单位	批准项数	经费/万元	批准率/%
能源工程学院	13	2,257.59	26.67
电气工程学院	22	1,764.83	35.19
建筑工程学院	28	1,943	23.36
化学工程与生物工程学院	35	2,606	31.48
海洋学院	22	1,169.30	31.34
航空航天学院	19	1,727	41.30
高分子科学与工程学系	20	1,532	37.04
光电科学与工程学院	8	1,136.71	22.22
信息与电子工程学院	13	871	22.41
控制科学与工程学院	16	2,587	36.59
计算机科学与技术学院	18	1,467	29.03
生物医学工程与仪器科学学院	13	1,829.55	40.00
生命科学学院	23	1,951.50	35.09
生物系统工程与食品科学学院	9	522	18.37
环境与资源学院	32	2,672	40.79
农业与生物技术学院	36	3,130.20	32.73
动物科学学院	19	1,426	36.54
医学院	251	12,383.70	21.10
药学院	22	1,869.90	34.43
校设机构——生命科学研究院	14	1,141.60	35.00
校设机构——求是高等研究院	6	328	33.33
校设机构——浙江加州国际纳米技术研究院	1	16.85	50.00
其他——城乡规划设计研究院	1	20	100.00
总　计	770	55,882.73	27.65

附录6　2016年浙江大学各学院(系)新增国际合作项目情况

学院(系)	项目数/项	学院(系)	项目数/项
化学系	1	控制学院	1
机械学院	0	生仪学院	2
材料学院	1	生科学院	0
能源学院	5	生工食品学院	1
电气学院	5	环资学院	1
建工学院	1	农学院	2
化工学院	0	动科学院	2
计算机学院	3	医学院	14
高分子系	1	药学院	1
光电学院	4	公共管理学院	0
信电学院	1	生命科学研究院	1
海洋学院	0		

注:数据来源为浙大科研管理系统登记的新增国际合作项目,不包括国家基金国际合作项目(以批准时间为准)。

附录7　2016年各学院(系)科研经费到款情况　　　　（单位:万元）

学院(系)	到款经费	学院(系)	到款经费
数学学院	1,896.32	高分子系	4,148
物理学系	3,788	光电学院	10,893
化学系	6,239	信电学院	10,473
地科学院	3,348	控制学院	10,516
心理系	392	计算机学院	16,157
机械学院	31,049	生仪学院	14,512
材料学院	10,111	生科学院	6,923
能源学院	17,643	生工食品学院	8,422
电气学院	15,954	环资学院	15,580
建工学院	17,253	农学院	18,177

学院(系)	到款经费	学院(系)	到款经费
化工学院	11,859	动科学院	4,622
海洋学院	4,418	医学院	41,519
航空航天学院	9,842	药学院	10,850

注:数据来源为浙大科研管理系统各学院 2016 年到款数据(数据下载时间为 2017 年 3 月 13 日)。

附录8　**2016 年各学院(系)发表 SCI 学术论文、授权发明专利情况**

学院(系)	SCI 两类论文[*]/篇	授权发明专利/件	学院(系)	SCI 两类论文[*]/篇	授权发明专利/件
数学学院	96	0	高分子系	232	39
物理学系	126	11	光电学院	166	58
化学系	302	67	信电学院	153	77
地科学院	51	13	控制学院	134	71
心理系	7		计算机学院	192	112
机械学院	179	211	生仪学院	70	30
材料学院	323	112	生科学院	130	8
能源学院	310	127	生工食品学院	214	107
电气学院	179	111	环资学院	256	62
建工学院	193	40	农学院	287	54
化工学院	273	114	动科学院	114	22
海洋学院	106	29	医学院	1,620	63
航空航天学院	94	16	药学院	137	29

[*]:为学院(系)2016 年 SCI 论文数据(统计时间为 2017 年 2 月 28 日)。

附录9　2016年浙江大学各学院(系)获国家、省部级科技奖励情况　（单位:项）

学院(系)	国家自然科学二等奖	国家技术发明二等奖	国家科技进步奖		高等学校科技奖		浙江省科技奖			总计
			一等	二等	一等	二等	一等	二等	三等	
数学学院										
化学系								1(1)		1(1)
地科学院							1			1
机械学院				2(1)	1		1		1(1)	5(2)
材料学院	1	1					1	1(1)		4(1)
能源学院			1		1		1			3
电气学院	1									1
建工学院					1				3(2)	4(2)
化工学院		2						1		3
海洋学院							1	1(1)		2(1)
航空航天学院										
高分子系							1	1(1)		2(1)
光电学院										
信电学院								1(1)	1(1)	2(2)
控制学院				1			1	1(1)		3(1)
计算机学院					1		1	2(2)		4(2)
生仪学院							1		1(1)	2(1)
生科学院					1				1	2
生工食品学院						1(1)		2(1)	1(1)	4(3)
环资学院				1(1)	1		1			3(1)
农学院				2(1)			1	2(2)		5(3)
动科学院							1			1
医学院				1(1)		1(1)	3(2)	6	4(1)	15(5)
药学院							1	1		2
管理学院								2		2
其　他								1(1)		1(1)
总　计	2	3	1	7(4)	6	2(2)	16(2)	20(9)	15(10)	72(27)

注:括号内奖励数为浙江大学作为非第一单位所获的奖励数。

附录 10 2016 年浙江大学科技成果获奖项目

2016 年度国家自然科学奖（2 项）

二等奖（2 项）

1. 高增益电力变换调控机理与拓扑构造理论

电气工程学院

何湘宁　李武华　杨　波　张军明　钱照明

2. 荧光传感金属—有机框架材料结构设计及功能构筑

材料科学与工程学院

钱国栋　崔元靖　杨　雨　徐　绘　王智宇

2016 年度国家技术发明奖（3 项）

二等奖（3 项）

1. 低功耗高性能软磁复合材料及关键制备技术

材料科学与工程学院

严　密　吴　琛　王新华　何时金　柯　昕　张瑞标

2. 基于声发射监控的聚烯烃流化床反应器新技术

化学工程与生物工程学院

阳永荣　王靖岱　蒋斌波　黄正梁　廖祖维　杨宝柱

3. 重要脂溶性营养素超微化制造关键技术创新及产业化

化学工程与生物工程学院

陈志荣　仇　丹　尹　红　陈建峰　石立芳　李建东

2016 年度国家科学技术进步奖（8 项）

一等奖（1 项）

1. 浙江大学能源清洁利用创新团队

能源工程学院

倪明江　严建华　骆仲泱　樊建人　高　翔　周俊虎　周　昊　周劲松　池　涌
王智化　王树荣　黄群星　薄　拯　张彦威　岑可法

二等奖（7 项）

1. 大功率船用齿轮传动与推进系统关键技术研究及应用

机械工程学院

童水光　刘伟辉　颜克俊　翁震平　从飞云　宋　斌　唐登海　翁燕祥　赵俊渝
丁恩宝　武建伟　熊国庆　吕和生　冷建兴　程向东

2. 高安全成套专用控制装置及系统

控制科学与工程学院

王文海　黄建民　孙优贤　贾廷纲　陈积明　程　鹏　许大庆　费敏锐　杨　炯

朱武标
3. 设施蔬菜连作障碍防控关键技术及其应用
   农业与生物技术学院
   喻景权　周艳虹　王秀峰　孙治强　吴凤芝　张明方　师　恺　王汉荣　陈双臣
   魏　珉
4. 大型风电水电机组低频故障诊断关键技术及应用
   机械工程学院
   何　斌　沈润杰　吴启迪　汪宁渤　何　闻　王青华　徐　健　王志鹏　马　明
   乔　非
5. 南方低产水稻土改良与地力提升关键技术
   环境与资源学院
   周　卫　李双来　杨少海　吴良欢　梁国庆　徐芳森　秦鱼生　何　艳　张玉屏
   李录久
6. 水稻条纹叶枯病和黑条矮缩病灾变规律与绿色防控技术
   农业与生物技术学院
   周益军　周　彤　王锡锋　周雪平　刘万才　吴建祥　田子华　李　硕　陶小荣
   徐秋芳
7. 中国严重创伤救治规范的建立与推广
   医学院
   姜保国　周继红　张　茂　刘佰运　王正国　王天兵　黎檀实　张殿英　都定元
   张进军

2016 年度高等学校自然科学奖(4 项)
一等奖(3 项)
1. 生物质热化学定向转化分级制取高品位液体燃料
   能源工程学院
   王树荣　周劲松　骆仲泱　岑可法
2. 光催化剂的微结构调控及高效降解典型污染物的机理
   环境与资源学院
   吴忠标　董　帆　王海强　郭　森
3. 砂土各向异性特性及其对桩土作用机理影响研究
   建筑工程学院
   杨仲轩　杨　峻
二等奖(1 项)
1. 中国及其邻近地区暖温带森林特有植物类群的谱系地理与物种形成
   生命科学学院

邱英雄　傅承新　赵云鹏　祁新帅　孙　逸

2016 年度高等学校科学技术进步奖(4 项)
一等奖(2 项)
1. 高效水平轴海流发电系列装备与应用系统
   机械工程学院
   李　伟　林勇刚　刘宏伟　舒永东　顾海港　赵　为　张大海　陆红茂　段桂芳
   祁长璞　裘　迅　王晓石　韩林平　顾亚京　李阳健　李弓苗　石茂顺　徐全坤
   周宏宾　陈文婷
2. 海量混合时态数据融合处理关键技术及应用
   计算机科学与技术学院
   陈　刚　王新宇　高云君　伍　赛　王新根　陈　纯

二等奖(2 项)
1. 肺癌综合诊疗关键技术创新与临床推广应用
   医学院—附属第一医院
   毛伟敏　马海涛　胡　坚　马胜林　陶　敏　苏　丹　谢宇锋　许亚萍　张沂平
   凌志强　郑智国　黄海涛　卢红阳　范　云　宋正波　徐海苗　陈文虎　倪　斌
   张　翀
2. 农产品品质波谱快速无损检测技术与装备研发及应用
   生物系统工程与食品科学学院
   孙大文　何　勇　张小超　何建国　蒲洪彬　刘　飞　贺晓光　朱志伟　方　慧
   韩忠苑　严　伟　曾新安　王松磊　刘业林　张　洪　刘贵珊　宋忠祥　赵　博
   李汴生　成军虎　吴　剑

2015 年度浙江省自然科学奖(12 项)
一等奖(4 项)
1. 基于表面结构与功能优化的聚合物分离膜
   高分子科学与工程学系
   徐志康　安全福　万灵书　黄小军　钱锦文
2. 跨媒体计算理论与方法
   计算机科学与技术学院
   庄越挺　吴　飞　潘云鹤　杨　易　肖　俊
3. 缺血性脑损伤的药物治疗新靶点及意义
   药学院
   陈　忠　胡薇薇　张翔南　戴海斌　张世红

4. 线粒体功能障碍在母系遗传性高血压和聋病中的致病作用机制研究

    医学院

    管敏鑫　吕建新　蒋萍萍　卢中秋　薛　凌

二等奖(6 项)

1. 促进药物靶区分布及细胞转运的递释系统研究

    药学院

    袁　弘　杜永忠　应晓英　叶轶青　蔡莉莉

2. 柑橘抗氧化成份和能力分析及超声提取机理研究

    生物系统工程与食品科学学院

    叶兴乾　刘东红　孙玉敬　徐贵华　马亚琴

3. 生物还原耦合化学吸收处理烟气中 NO_x 的应用基础研究

    化学工程与生物工程学院

    李　伟　张士汉　刘　楠　夏银锋　吕碧洪

4. 碳纳米管的表面修饰及其对聚合物的改性作用

    高分子科学与工程学系

    方征平　彭　懋　郭正虹　宋平安　马海云

5. 新型人工电磁媒质对太赫兹波调控研究

    信息与电子工程学院

    李九生　文岐业　杨冬晓　何金龙　章　乐

6. 虚拟仿真中的模型绘制与数据处理

    计算机科学与技术学院

    潘志庚　张明敏　尹　勇　许威威　童　晶

三等奖(2 项,略)

2015 年度浙江省技术发明奖(3 项)

一等奖(2 项)

1. 微量掺锗直拉硅单晶

    材料科学与工程学院

    杨德仁　田达晰　余学功　马向阳

2. 相控阵三维声学摄像声呐实时信号处理和图像构建关键技术

    生物医学工程与仪器科学学院

    陈耀武　沈斌坚　周　凡　田　翔　蒋荣欣　陈朋

三等奖(1 项,略)

2015 年度浙江省科学技术进步奖(36 项)

一等奖(9 项)

1. 蚕丝蛋白增值关键技术、产业化生产及其功能化应用研究

   动物科学学院

   朱良均　姚菊明　杨明英　孔祥东　沈新琦　徐国文　闵思佳　张海萍　刘　琳
   邓连霞　朱正华　帅亚俊　许宗溥

2. 激素不同使用阶段的中医药治疗方案的构建与应用

   医学院—附属第二医院

   范永升　温成平　姜　泉　吴华香　马红珍　谢志军　苏　励　李夏玉　韩咏梅
   王新昌

3. 强潮河流水源饮用水安全保障关键技术

   海洋学院

   孙志林　伍远康　孙志锋　张　林　潘存鸿　周　勇　黄赛花　许　丹　吴明晖
   金晗辉　王建江　陈欢林　何　青

4. 燃烧过程的场参数实时检测、在线诊断和优化控制技术

   能源工程学院

   严建华　王　飞　黄群星　马增益　薄　拯　池　涌　岑可法　倪明江　鲍丽娟
   王武忠　章平衡　沈跃良　唐义军

5. 蔬菜害虫天敌昆虫资源的发掘和利用

   农业与生物技术学院

   陈学新　刘树生　任顺祥　张　帆　刘万才　郑永利　何俊华　冯明光　施祖华
   许再福　郭晓军　邱宝利　王　甦

6. 水质安全评价及预警关键技术研究与应用

   控制科学与工程学院

   张宏建　侯迪波　黄平捷　张光新　宋兰合　单旭亮　周洪亮　冀海峰　王保良
   杨　江　李　琳　边　际　牛　晗

7. 新型废水处理功能材料及其工程应用

   环境与资源学院

   朱利中　朱利平　梅荣武　王春伟　周文军　朱宝库　李欲如　韦彦斐　朱润良
   沈浙萍　徐立恒　许明海

8. 一类高端龙门加工中心创新设计关键技术与研发工具及系列产品应用

   机械工程学院

   谭建荣　张树有　冯毅雄　傅建中　刘西恒　田亚峰　郭　煜　伊国栋　裘乐淼
   贺　永　刘晓健　高一聪　徐敬华

9. 优化内皮祖细胞移植术治疗冠心病的基础和临床研究

   医学院

傅国胜　朱军慧　郑　浩　黄　鬲　邱福宇　赵炎波　徐晟杰　周斌全　夏　良

二等奖(14项)

1. 川崎病发病机制、诊治及预后评价的综合研究
   医学院—附属儿童医院
   龚方戚　汪　伟　解春红　章毅英　傅松龄　王毓佳　齐延琦　张　庆　胡　坚
2. 胆胰恶性肿瘤的早期诊断与治疗
   医学院—附属第一医院
   曹利平　吴峥嵘　蒋桂星　阚日升　周　凡　刘达人　庞天舒
3. 高端功能座椅橡胶弹簧复合底盘关键支撑技术及行业示范应用
   教育学院
   程　军　王　健　罗仕鉴　张加勇　阮正富　陈　熙　何　基　左宗雷
4. 高强度抗菌龙泉青瓷技术与原料标准化的研发与产业化
   人文学院
   金逸林　周少华　彭　勃　徐维茂　徐晓峰　金　莹　金乾华
5. 基于C&S技术的集团级发电设备故障预警与优化系统的研究应用
   控制科学与工程学院
   吴国潮　朱松强　赵春晖　章　勤　腾卫明　王建强　刘　林　范海东　李仙列
6. 聚合物改性膨胀珍珠岩基建筑保温砂浆系统
   材料科学与工程学院
   王智宇　李陆宝　王小山　阮　华　屠浩驰　施卫平　钱国栋　樊先平　包灵燕
7. 林木生长精准管理及无损检测关键技术与装备
   生物系统工程与食品科学学院
   李光辉　邵咏妮　冯海林　刘　飞　张　洪　李　剑　龙捷频　张建锋　杜晓晨
8. 深海多参数电化学传感器研制及其应用
   海洋学院
   秦华伟　叶　瑛　潘依雯　黄元凤　韩沉花　杨　微　徐　慧　武光海　程岩雄
9. 生产性服务业创新能力评价体系研究
   管理学院
   魏　江　黄　学　白　鸥　杜旭红
10. 突发事件下密集人群疏散方法研究及应用
    管理学院
    汪　蕾　马庆国　冉　龙　张建林　郑杰慧　徐　青　赵良云
11. 危重心脏瓣膜疾病手术治疗的创新和完善
    医学院—附属第一医院
    倪一鸣　马　量　李伟栋　冯　强　骆文宗　施丽萍　邹　煜　郭　雷　倪程耀

12. 下颌骨功能重建临床创新技术及相关基础研究

    医学院—附属第一医院

    王慧明　朱慧勇　刘建华　李志勇　包霆威　谢志坚　魏　栋　林　轶　赵文权

13. 中药有毒成分物质基础、体内过程及其应用研究

    医学院—附属第一医院

    张幸国　曾　苏　楼　燕　王如伟　羊红玉　李　力　吴　健　洪东升

14. 专业化团队运作在静脉输液并发症防控中的效果研究

    医学院—附属第二医院

    金静芬　王惠琴　赵锐祎　施钰岚　申　屠　英　琴　李爱萍　江　南　陈春芳

三等奖(13 项,略)

(单立楠撰稿　夏文莉审稿)

人文社会科学研究

【概况】 浙江大学人文社会科学研究总体继续保持良好的发展态势。截至 2016 年底,全校人文社科教学和科研机构主要包括 9 个学院、71 个研究所、117 个研究中心(含研究院、平台、实验室等),其中包含了农业现代化与农村发展研究中心、汉语史研究中心、民营经济研究中心这 3 个教育部重点研究基地,以及地方政府与社会治理研究中心、区域经济开放与发展研究中心、劳动保障与社会政策研究中心、《浙江文献集成》编纂中心、宋学研究中心、传媒与文化产业研究中心这 6 个浙江省重点研究基地。2016 年,浙江大学成立了科技与法律研究中心、佛教资源与研究中心等 8 个研究中心(院)。

2016 年,全校人文社科实到科研经费 2.52 亿元,比 2015 年增加了 4.45%。其中,纵向经费为 6,363.53 万元,横向经费达 18,811.26 万元。

全校人文社科科研项目新立项 634 项,纵向项目 177 项、横向项目 457 项。在新立项的纵向项目中,国家社科基金各类项目共 36 项,其中重大项目 2 项(含 1 项治国理政重大专项)、重点项目 4 项、一般项目 9 项、青年项目 11 项、后期资助项目 6 项、中华学术外译项目 1 项、文库项目 2 项、艺术学一般项目 1 项;全国教育科学"十三五"规划项目 3 项;教育部人文社会科学研究各类项目 15 项;浙江省哲学社会科学规划各类项目 35 项;浙江省科技厅软科学项目 6 项;浙江省人力资源与保障厅钱江人才项目社会科学类项目 2 项;高校古委会项目 1 项。

出版各类专著 95 部、编著和教材 64 部、工具书和参考书 3 部、古籍整理 9 部、译著 39 部。发表论文 1,315 篇,其中被 SSCI 收录论文 382 篇,位居全国高校第四位;A&HCI 收录论文 53 篇,位居全国高校第一位。

2016 年,获第五届全国教育科学研究优秀成果奖 6 项,其中一等奖 1 项、二等奖 3 项、三等奖 2 项,获奖数在"C9 高校"中位居第一。胡可先的"新出石刻史料与唐代文学家族研究"、肖文的"科技进步与中国经济发展方式转变"入选 2016 年度国家哲学社会科学成果文库,入选数居全国高校第一。

2016 年,浙江大学引进了教育部"长江

学者奖励计划"特聘教授、著名翻译家许钧,并聘为浙江大学文科资深教授。吴晓波和郁建兴入选"万人计划"哲学社会科学领军人才。引进了冯培红、周欣悦、王勇、周启超、葛赢五位学者,并聘为浙江大学文科领军人才。

为了规范和完善学校人文社会科学研究机构管理,2016 年 7 月,浙江大学出台了《浙江大学人文社会科学研究机构管理办法》。为了加强基础性研究和交叉性研究,2016 年首次设立了重大基础理论研究专项和学科交叉预研专项。

2016 年,浙大东方论坛共举办了 17 场学术讲座,另举办西溪分论坛 13 场,舟山分论坛 2 场。诺贝尔经济学奖获得者埃里克·马斯金、诺贝尔文学奖获得者莫言和勒·克莱齐奥等海内外知名学者莅临"学术大师大讲堂",有力地推动了学术交流与文化传播。清源学社继续发挥着传播人文精神、推动哲学社会科学普及、凝聚青年学者力量和活跃学术交流氛围的作用。第三届浙江大学学生人文社会科学研究优秀成果奖共评出了特等奖 2 项,一等奖 14 项,二等奖 10 项,三等奖 12 项。本届学生奖首次评出特等奖,体现了浙江大学学生人文社会科学研究水平的不断提高。社科管理工作受到高度肯定,2016 年 12 月,社科院被评为第五届全国教育科研管理先进单位。

【出台《浙江大学人文社会科学研究机构管理办法》】 该文件于 2016 年 7 月出台,对研究机构的申报与审批、运行与管理、考核与评估等方面进行了梳理,以期更好地发挥研究机构的实质性作用,整合学术资源,推进学科交融,凝练学术方向,汇聚学术人才,增强参与重大决策、解决重大实际问题的能力。

【首次设立重大基础理论研究专项】 本年度设立了两批共 20 个项目。4 月 15 日公布了第一批,有"审美、道德想象与公共生活""公共证成视角下的政治哲学重大问题"等 13 个项目。10 月 10 日公布了第二批,有"我国司法方法论的理论构建研究""建设绿色金融体系的理论基础"等 7 个项目。该专项的评审首次采用了专家推荐审议立项制度,旨在切实遴选出具有良好学术口碑及学术信用,良好前期研究基础,以及长期潜心从事基础理论研究的学者,并予以资助。

【首次设立学科交叉预研专项】 本年度设立两批共 31 个项目。6 月 16 日公布了第一批,有"全球可持续能源竞争力研究""情感对司法决策的影响机制研究"等 14 个项目。10 月 26 日公布了第二批,有"学科交叉视域下探索新石器时代长江下游地区先民与水牛的关系问题""系统化创新方法提升工程人才创造力的脑功能基础研究"等 17 个项目。该专项旨在推进哲学社会科学各学科之间及其与理工农医等学科之间的深化合作与交叉融合,着力解决学科前沿领域的关键学术问题及经济社会发展中的重要实践问题,实现学术研究的跨越式发展,提升学科自主创新能力。

【浙江大学智库建设进展顺利】 自 2015 年 12 月颁布《中共浙江大学委员会 浙江大学关于加强中国特色新型智库建设的若干意见》以来,浙江大学逐步确立了体系完善、分类完整、布局合理、与学科形成良好互动的有浙江大学特色的"1+X+Y"智库建设体系,即集中力量打造一个国家级实体性智库、重点建设若干个专业智库基地、精心培育一批特色智库人才和研究团队。2016 年 7 月,浙江省委宣传部将浙江大学列入浙江省高端智库建设试点单位。2016 年度,有 1 篇决策咨询报告刊发于国家社科基金《成果要报》,2篇刊发于《教育部简报(高校智库专刊)》,13项研究成果获党和国家领导人批示,其中8项获中央政治局常委批示,另有60余份研究成果获得省部级采纳或领导批示。作为浙江大学重要智库之一,"一带一路"合作与发展协同创新中心增加了中国社会科学院考古研究所、中国社会科学院中国边疆研究所两家重要协同单位。2016年4月,该中心被列入了第四批浙江省"2011协同创新中心"。

【推进"经典文化传承与引领计划"项目】
2016年11月,该项目被列入了浙江大学"十三五"发展规划的十大重点项目。依托"艺术图像与中华文明""礼学文献的整理与中华礼仪的重建"等已有一定基础的子项目,重点支持对传承中华文化、弘扬民族精神有重大作用的基础研究,旨在加强对优秀文化资源的挖掘、整理、研究与传播,推出对理论创新和文化传承创新具有重大影响的标志性成果,提升我国文化软实力,促进世界文明交流互鉴。2016年度,《战国至唐画全集》《明画全集》《清画全集》各卷册印前制作已完成近18,000余页,《中华礼藏》项目文献整理共计出版8册。

【附录】

【聘任许钧为浙大文科资深教授】 2016年9月13日,教育部长江学者特聘教授、著名翻译家许钧加盟浙江大学外国语言文化与国际交流学院,并受聘成为浙江大学文科资深教授。至此,浙江大学文科资深教授已有9人。许钧是浙江大学启动实施"学术大师汇聚工程"以来引进的首位学术大师。作为国内外国语言文学学科翻译领域的学术带头人,他在翻译理论研究领域有重要建树,在国内外译界具有重要影响力,担任A&HCI刊物META编委,联合国教科文组织主办的SSCI刊物BABEL编委,以及包括《外语教学与研究》《外国语》《外国文学》等在内的十余种国内学术刊物的编委或顾问。其著作《二十世纪法国文学在中国的翻译与接受》获江苏省第十一届哲学社会科学优秀成果一等奖(2011年),《翻译学概论》获全国高校哲学社会科学优秀成果奖二等奖(2013年)。近五年来,独立与合作发表CSSCI论文近30篇,出版专著5部,出版社科与文学译著8部。他所指导的2篇博士学位论文入选全国优秀博士学位论文,所培养的博士生先后有4人入选教育部新世纪优秀人才计划。

附录1　浙江大学2016年人文社科承担国家社科基金立项项目

序号	项目名称	负责人	所属单位	项目类别
1	"一带一路"战略下法律供给机制研究	王贵国	光华法学院	重大项目
2	"人类命运共同体"思想与历史唯物主义基本理论关系研究	刘同舫	马克思主义学院	治国理政专项
3	绍兴商会档案整理研究	汪林茂	人文学院	重点项目
4	新常态下我国经济发展动力转换研究	肖　文	经济学院	重点项目
5	风险社会视阈下刑事立法科学性研究	叶良芳	光华法学院	重点项目
6	"人类命运共同体"思想若干基础理论问题研究	刘同舫	马克思主义学院	重点项目

序号	项目名称	负责人	所属单位	项目类别
7	德勒兹《差异与重复》的释读与研究	王礼平	人文学院	一般项目
8	琉球归属与近现代东亚世界秩序的重构研究	尤淑君	人文学院	一般项目
9	法国大革命时期的图像与政治文化研究	汤晓燕	人文学院	一般项目
10	区域类型学视野下中国境内语言的量词及其对指称系统的作用研究	陈玉洁	人文学院	一般项目
11	近代来华传教士慕阿德家族与中外文化传播研究	丁 光	外国语言文化与国际交流学院	一般项目
12	莎士比亚戏剧中的身体疾患现象研究	徐群晖	传媒与国际文化学院	一般项目
13	当事人平等原则与民事证明减轻体系的建构研究	周 翠	光华法学院	一般项目
14	基于可穿戴设备的青少年体育健康促进综合干预策略研究	司 琦	教育学院	一般项目
15	女性深度休闲体育行为研究	邱亚君	教育学院	一般项目
16	多层次社会网络的逻辑研究	王 轶	人文学院	青年项目
17	礼学史视角下的清儒丧服学说研究	金 玲	人文学院	青年项目
18	中国左翼文学思潮与日本思想场域之关联研究	张广海	人文学院	青年项目
19	汉藏语是非问句的类型学研究	罗天华	人文学院	青年项目
20	丝绸之路出土汉文刻本研究	秦桦林	人文学院	青年项目
21	托马斯·莫尔与乌托邦谱系研究	杨晓雅	外国语言文化与国际交流学院	青年项目
22	文学翻译中的修辞认知研究	冯全功	外国语言文化与国际交流学院	青年项目
23	知识社会学视角下争议性科学议题的多元建构与传播研究	高芳芳	传媒与国际文化学院	青年项目
24	法官决策模型及其影响因子研究	王凌皞	光华法学院	青年项目
25	海洋划界法则缺失背景下南海历史性权利实证研究	邱文弦	光华法学院	青年项目
26	移动社交网络(微信)对服务企业组织沟通与协作模式的影响研究	应天煜	管理学院	青年项目
27	华夏传播观念研究	邵培仁	传媒与国际文化学院	后期资助项目

序号	项目名称	负责人	所属单位	项目类别
28	宗教事务法治化的基本问题研究	陈林林	光华法学院	后期资助项目
29	儿童青少年体力活动促进:挑战与应对	胡 亮	教育学院	后期资助项目
30	中国少数民族人口学特征的地域性研究	原华荣	中国西部发展研究院	后期资助项目
31	香港书法研究(1911—1941)	陈雅飞	艺术与考古博物馆	后期资助项目
32	同一与他者:里尔克与卡夫卡之争的哲学阐释	唐妙琴	出版社	后期资助项目
33	新出石刻史料与唐代文学家族研究	胡可先	人文学院	文库项目
34	科技进步与中国经济发展方式转变	肖 文	经济学院	文库项目
35	文学伦理学批评导论	周 露	外国语言文化与国际交流学院	中华学术外译项目
36	中国电视剧创作现状与传播方式研究	范志忠	传媒与国际文化学院	艺术学一般项目

附录 2　浙江大学 2016 年人文社科承担省部级项目

序号	项目名称	负责人	所属单位	项目类别
全国教育科学"十三五"规划项目				
1	民国以来基础教育课程政策的话语变迁及其伦理研究	屠莉娅	教育学院	国家一般
2	中小学课堂学习环境的设计研究	刘 徽	教育学院	国家一般
3	学校变革常态化背景下"教师抵制变革"研究	孙元涛	教育学院	国家一般
教育部人文社科研究项目				
1	中国制造业海外并购整合与产业技术创新研究	陈菲琼	经济学院	重大课题攻关项目
2	跨境电子商务企业经营风险预警与防范机制研究	马述忠	经济学院	重大课题攻关项目
3	管办评分离改革下基础教育质量第三方评价的路径方法和区域推进研究:以浙江、上海为例	杨 明	教育学院	规划基金项目

续表

序号	项目名称	负责人	所属单位	项目类别
4	学习科学视域下教学设计理论发展研究——促进高阶能力的学习环境设计	盛群力	教育学院	规划基金项目
5	高校心理健康教育与思想政治教育结合 30 年得失研究	马建青	马克思主义学院	规划基金项目
6	亚里士多德《论灵魂》的翻译与研究	陈　玮	人文学院	青年基金项目
7	转型时期的通俗剧想象:香港国语电影研究(1949—1979)	李媛媛	传媒与国际文化学院	青年基金项目
8	中国城市化进程的影像表达及其美学诠释	林　玮	传媒与国际文化学院	青年基金项目
9	决策为己还是决策为他人?自我—他人风险决策差异的行为与认知机理研究	沈　强	管理学院	青年基金项目
10	高校博士生科研动力模型与促进机制研究	童金皓	发展战略研究院	青年基金项目
11	高校大学生爱国主义隐性培养体系的研究	李金林	党委宣传部	中国特色社会主义理论体系研究专项
12	网络意识形态话语权争夺与大学生思想引领	赵颂平	信息与电子工程学院	高校思想政治工作专项
13	面向中国制造 2025 的工程设计创新人才培养路径研究	邹晓东	发展战略研究院	工程科技人才培养研究专项
14	思想政治理论课教师科研评价标准建设研究	张　彦	马克思主义学院	高校示范马克思主义学院和优秀教学科研团队建设项目
15	以"七个结合"为核心的"毛泽东思想和中国特色社会主义理论体系概论"课综合改革模式研究	傅夏仙	马克思主义学院	高校示范马克思主义学院和优秀教学科研团队建设项目

浙江大学年鉴

附录3 浙江大学2016年人文社科经费到款情况

单位名称	项目级别				总计		
	纵向课题		横向课题		新立项数/项	总经费/万元	总经费比上年增长/%
	新立项数/项	总经费/万元	新立项数/项	总经费/万元			
人文学院	27	346.15	25	518.15	52	864.30	−65.13
外国语言文化与国际交流学院	7	63.56	12	64.37	19	127.93	−56.14
传媒与国际文化学院	4	50.90	34	964.42	38	1,015.32	18.78
经济学院	7	186.60	37	758.70	44	945.30	−20.05
光华法学院	12	399.28	13	312.20	25	711.48	−23.97
教育学院	27	144.15	29	726.04	56	870.19	37.06
管理学院	11	185.02	44	1,043.25	55	1,228.27	−15.04
公共管理学院	28	558.90	100	2,118.92	128	2,677.82	−10.81
马克思主义学院	13	56.50	8	42.50	21	99.00	61.50
中国西部发展研究院	3	39.00	15	259.32	18	298.32	−47.15
文化遗产研究院	1	44.00	8	426.78	9	470.78	8.44
其 他	37	4,289.47	132	11,576.61	169	15,866.08	32.63
总 计	177	6,363.53	457	18,811.26	634	25,174.79	4.45

附录4 浙江大学2016年人文社科获省部级以上奖项

序号	获奖成果名称	第一作者	成果形式	奖项等级
第五届全国教育科学研究优秀成果奖				
1	读书·修身·治家——《曾国藩日记》阅读札记	田正平	论文	一等奖
2	概念的寻绎:中国当代课程研究的历史回顾	刘 徽	专著	二等奖
3	*Teaching Science in Out-of-School Settings: Pedagogies for Effective Learning*(校外场景中的科学教育:有效学习的教学)	翟俊卿	专著	二等奖
4	高校创业教育体系建设战略研究	徐小洲 梅伟惠	专著	二等奖
5	表现学习研究	肖龙海	专著	三等奖
6	清末民初蔡元培对西方道德教育理论的传播	刘正伟 薛玉琴	论文	三等奖

续表

序号	获奖成果名称	第一作者	成果形式	奖项等级
国家旅游局优秀旅游学术成果				
1	乡村旅游产业组织研究	周玲强	论文	二等奖
第六届钱端升法学研究成果奖				
1	反垄断法中的公共利益及其实现	蒋悟真	论文	三等奖
2016 年民政政策理论研究奖				
1	浙江省"十三五"社会福利事业发展研究	林卡等	论文	三等奖
2	农村社区组织与村级组织功能衔接机制研究	任强等	论文	优秀奖
3	洽于民心:浙江民政文化的礼仪植入与传播	吴宗杰等	论文	优秀奖

附录 5 2016 年浙江大学人文社科研究所

序号	名　称	负责人	所属单位
1	韩国研究所	金健人	人文学院
2	古籍研究所	王云路	人文学院
3	文艺学研究所	徐　岱	人文学院
4	文化遗产与博物馆学研究所	严建强	人文学院
5	中国古代文学与文化研究所	周明初	人文学院
6	中国现当代文学与文化研究所	吴秀明 姚晓雷(常务)	人文学院
7	世界文学与比较文学研究所	吴　笛	人文学院
8	汉语言研究所	方一新	人文学院
9	中国古代史研究所	刘进宝	人文学院
10	世界历史研究所	张　杨	人文学院
11	中国近现代史研究所	陈红民	人文学院
12	科技与社会发展研究所	盛晓明	人文学院
13	科技与文化研究所	黄华新	人文学院
14	中国思想文化研究所	董　平	人文学院
15	外国哲学研究所	包利民	人文学院
16	中国艺术研究所	陈振濂	人文学院
17	日本文化研究所	王　勇	人文学院

序号	名　称	负责人	所属单位
18	宗教学研究所	王志成	人文学院
19	德国文化研究所	范捷平	外国语言文化与国际交流学院
20	外国文学研究所	高　奋	外国语言文化与国际交流学院
21	外国语言学及应用语言学研究所	何莲珍	外国语言文化与国际交流学院
22	跨文化与区域研究所	吴宗杰	外国语言文化与国际交流学院
23	翻译学研究所	郭国良 （主持工作）	外国语言文化与国际交流学院
24	国际文化和社会思想研究所	潘一禾	传媒与国际文化学院
25	传播研究所	邵培仁	传媒与国际文化学院
26	新闻传媒与社会发展研究所	韦　路	传媒与国际文化学院
27	广播电影电视研究所	范志忠	传媒与国际文化学院
28	美学与批评理论研究所	沈建平	传媒与国际文化学院
29	经济研究所	汪淼军	经济学院
30	产业经济研究所	金祥荣	经济学院
31	国际商务研究所	马述忠	经济学院
32	国际经济研究所	藤田昌久（名誉） 赵　伟	经济学院
33	公共经济与财政研究所	方红生	经济学院
34	证券期货研究所	戴志敏	经济学院
35	金融研究所	王维安	经济学院
36	法与经济学研究所	翁国民	经济学院
37	公法与比较法研究所	章剑生	光华法学院
38	经济法研究所	钟瑞庆	光华法学院
39	法理与判例研究所	王凌皞 （主持工作）	光华法学院
40	民商法研究所	陆　青	光华法学院
41	国际法研究所	赵　骏（执行）	光华法学院
42	刑法研究所	高艳东（执行）	光华法学院
43	高等教育研究所	顾建民	教育学院

序号	名 称	负责人	所属单位
44	教育科学与技术研究所	盛群力	教育学院
45	中外教育现代化研究所	田正平	教育学院
46	体育科学与技术研究所	王 健	教育学院
47	管理科学与信息系统研究所	吴晓波	管理学院
48	管理工程研究所	马庆国	管理学院
49	物流与决策优化研究所	刘 南	管理学院
50	财务与会计研究所	姚 铮	管理学院
51	企业组织与战略研究所	魏 江	管理学院
52	营销管理研究所	范晓屏	管理学院
53	人力资源管理研究所	王重鸣	管理学院
54	企业投资研究所	贾生华	管理学院
55	旅游研究所	周玲强	管理学院
56	饭店管理研究所	邹益民	管理学院
57	农业与农村经济发展研究所	钱文荣	公共管理学院
58	中小企业成长与城镇发展研究所	卫龙宝	公共管理学院
59	行政管理研究所	陈丽君	公共管理学院
60	风险管理与劳动保障研究所	何文炯	公共管理学院
61	土地科学与不动产研究所	岳文泽	公共管理学院
62	政府与企业研究所	蔡 宁	公共管理学院
63	台湾研究所	王在希	公共管理学院
64	信息资源管理研究所	周 萍	公共管理学院
65	社会学研究所	曹正汉	公共管理学院
66	社会建设研究所	王小章	公共管理学院
67	政治学研究所	张国清	公共管理学院
68	人类学研究所	庄孔韶 阮云星	公共管理学院
69	马克思主义理论研究所	万 斌	马克思主义学院
70	国际政治研究所	吕有志	马克思主义学院
71	人口与发展研究所	米 红（常务）	中国西部发展研究院

附录6　2016年浙江大学人文社科研究中心

序号	机构名称	负责人	备注
1	农业现代化与农村发展研究中心 中国农村发展研究院	黄祖辉	教育部人文社科重点研究基地 "985工程"哲学社会科学创新基地
2	汉语史研究中心	方一新	教育部人文社科重点研究基地
3	民营经济研究中心	史晋川	教育部人文社科重点研究基地 "985工程"哲学社会科学创新基地
4	基督教与跨文化研究中心	王晓朝	"985工程"哲学社会科学创新基地
5	语言与认知研究中心	黄华新	"985工程"哲学社会科学创新基地
6	创新管理与持续竞争力研究中心	吴晓波	"985工程"哲学社会科学创新基地
7	科教发展战略研究中心	邹晓东 魏　江（执行）	教育部科技委战略研究基地
8	基础教育课程研究中心	徐小洲	教育部基础教育司研究中心
9	体育现代化发展研究中心	罗卫东	国家体育总局重点研究基地
10	地方政府与社会治理研究中心	陈剩勇 毛　丹	浙江省人文社科重点研究基地
11	区域经济开放与发展研究中心	黄先海	浙江省人文社科重点研究基地
12	劳动保障与社会政策研究中心	姚先国	浙江省人文社科重点研究基地
13	《浙江文献集成》编纂中心	张　曦 张涌泉（执行）	浙江省人文社科重点研究基地
14	宋学研究中心	陶　然	浙江省人文社科重点研究基地
15	传媒与文化产业研究中心	邵培仁	浙江省人文社科扶持研究中心
16	房地产研究中心	贾生华	
17	可持续发展研究中心	罗卫东 常　杰（执行）	
18	信息资源分析与应用研究中心	马景娣	
19	应用经济研究中心	金雪军	
20	企业成长研究中心	徐金发	
21	经济与文化研究中心	李咏吟	
22	欧洲研究中心	李金珊	

续表

序号	机构名称	负责人	备 注
23	跨学科社会科学研究中心	叶 航	
24	财经文史研究中心	翁礼华	
25	亚洲法律研究中心	林来梵	
26	亚太休闲教育研究中心	庞学铨（兼）	
27	台港澳研究中心	王在希	
28	妇女研究中心	吴 健	
29	江万龄国际经济与金融投资研究中心	金雪军	
30	中国书画文物鉴定研究中心	陈振濂	
31	文物保护和鉴定研究中心	严建强 项隆元（常务）	
32	法治研究中心	胡建淼	
33	区域与城市发展研究中心	刘 亭 陈建军（执行）	
34	中国古代书画研究中心	许洪流（常务）	
35	全球创业研究中心	王重鸣 William Miller （斯坦福大学）	
36	信息技术与新兴产业研究中心	马庆国	
37	人力资源与战略发展研究中心	王重鸣	
38	创新与发展研究中心	许庆瑞	
39	敦煌学研究中心	张涌泉	
40	公民社会研究中心	郁建兴	
41	人文旅游研究中心	潘立勇 傅建祥（兼）	
42	资本市场与会计研究中心	姚 铮（主持）	
43	儒商与东亚文明研究中心	杜维明（名誉） 周生春（执行）	
44	非传统安全与和平发展研究中心	余潇枫	

序号	机构名称	负责人	备　注
45	影视与动漫游戏研究中心	盘　剑	
46	影视制作与传播中心	胡志毅	
47	当代中国话语研究中心	程　乐	
48	非物质文化遗产研究中心	赖金良	
49	社会调查研究中心	喻燕刚(副主任)	
50	干部培训研究中心	阮连法(常务)	
51	产业发展研究中心	林　由	
52	民政研究中心	罗卫东　俞志壮	
53	律师实务研究中心	吴勇敏	
54	浙江大学—杭州市服务业发展研究中心	魏　江　朱师钧	
55	神经管理学实验室	马庆国	
56	中国社区建设研究中心	朱耀垠　万亚伟　毛　丹(执行)	
57	金融研究院	史晋川	
58	佛教文化研究中心	董　平　张家成(执行)	
59	中国地方政府创新研究中心	俞可平(名誉)　陈国权	
60	工程教育创新中心	邹晓东	
61	中国西部发展研究院	周谷平	
62	社会科学研究基础平台	甘　犁　袁清(执行主任)	
63	文化遗产研究院	曹锦炎　张颖岚(常务)	
64	全球浙商研究院	张　曦(名誉)　吴晓波　周伟华(执行)	
65	蒋介石与近代中国研究中心	陈红民	

序号	机构名称	负责人	备 注
66	地方历史文书编纂与研究中心	包伟民	
67	不动产投资研究中心	史晋川	
68	故宫学研究中心	郑欣淼（名誉，故宫博物院）张 曦（名誉）余 辉（故宫博物院）曹锦炎	
69	全球化文明研究中心	卓新平（中国社会科学院）	
70	亚洲研究中心	罗卫东	
71	科斯研究中心	王 宁（亚利桑那大学）罗卫东	
72	气候变化法律研究中心	谢英士（外聘）朱新力	
73	廉政研究中心	周谷平	
74	科学技术与产业文化研究中心	盛晓明	
75	中国组织发展与绩效评估研究中心	范柏乃	
76	国际马一浮人文研究中心	杜维明 罗卫东 吴 光（执行）	
77	海洋法律与治理研究中心	朱新力	
78	浙江大学公共政策研究院	姚先国 金雪军（执行）	
79	龙泉司法档案研究中心	包伟民	
80	浙江大学—诺丁汉大学中国与全球经济政策研究中心	赵 伟 Chris Milner（诺丁汉大学）	
81	中华礼学研究中心	王云路	
82	党建研究中心	邹晓东	

序号	机构名称	负责人	备 注
83	德育与学生发展研究中心	任少波	
84	国际影视发展研究院	范志忠	
85	信息技术与经济社会系统研究中心	刘 渊	
86	中国海洋文化传播研究中心	李 杰	
87	法律与经济研究中心	熊秉元	
88	环境与能源政策研究中心	托马斯·海贝勒 郭苏建	
89	质量管理研究中心	熊 伟	
90	土地与国家发展研究院	吴次芳	
91	汉藏佛教艺术研究中心	谢继胜	
92	外语传媒出版质量研究中心	陆建平 （主持工作）	
93	"一带一路"合作与发展协同创新中心	罗卫东　周谷平	
94	人文高等研究院	罗卫东　赵鼎新	
95	陈香梅资料与研究中心	陈红民	
96	区域协调发展研究中心	周谷平	
97	司法文明协同创新中心	张文显	
98	社会保障研究中心	何文炯	
99	道教文化研究中心	孔令宏	
100	中国地方治理与法治研究中心	葛洪义	
101	公共服务与绩效评估研究中心	胡税根	
102	服务科学研究中心	华中生	
103	教科书研究中心	刘正伟	
104	互联网金融研究院	贲圣林	
105	周有光语言文字学研究中心	王云路	
106	中国（杭州）跨境电子商务综合试验区研究院	黄先海	

续表

序号	机构名称	负责人	备 注
107	公众史学研究中心	陈 新	
108	新型城镇化研究中心	张蔚文	
109	世界海岛旅游研究中心	吴嘉平	
110	科技与法律研究中心*	罗卫东	
111	佛教资源与研究中心*	何欢欢	
112	中国减贫与发展研究中心*	黄祖辉	
113	国际教育研究中心*	宋永华	
114	数据分析和管理国际研究中心*	周伟华 叶荫宇 （外方主任）	
115	旅游与休闲研究院*	庞学铨	
116	世界艺术研究中心*	沈建平	
117	数字出版研究中心*	金更达	

注：* 表示 2016 年成立的研究中心。

（赵 怡撰稿 袁 清审稿）

社会服务

【概况】 2016 年，浙江大学深入贯彻持续实施创新驱动发展战略，大力促进成果转化，新签横向技术合同2,850项，合同经费达130,456万元，其中技术转让合同79项，合同经费达6,675万元。浙江大学围绕国家和地方战略性新兴产业发展，组织了"储能用垂直取向石墨烯连续制备装置研发"(2,000万元)、"海底观测组网接驳系统技术研究"(2,000万元)、"自动化集装箱码头水平运输控制系统研发"(1,000万元)等千万级项目；完成220项科技成果转化公示，累计转化金额 1.35 亿元（含作价投资6,771.3万元），已到校经费4,123万元，其中"类球形果蔬品质智能检测分级技术与装备""模拟相控阵T/R套片设计技术""无膜电去离子技术"3 项科技成果转化金额均超千万元。持续构筑"泛浙大"科技创新创业体系，积极参与浙江省杭州"城西科创大走廊"建设，"紫金众创小镇"被列入浙江省特色小镇重点培育名单。不断完善覆盖长三角、珠三角、京三角和中西部的校地科技合作布局，与云南省、新疆生产建设兵团、重庆市、丽水市等签订校地合作协议。完善科技合作体系和渠道，浙江大学技术转移中心新增 12 家区域分支机构，在全国各地的区域技术转移机构达到 93 家。同时，浙江大学参与组建工程科技大数据技术创新战略联盟、大数据产业应用协同创新联盟、含氟温室气体减排产业技术创新战略联盟、第三代半导体产业技术创新战略联盟等;与中国光大国际有限公司、连连银通电子支付有限公司等多家企业签订科技战略合作协议,共建校企研发机构。

(单立楠撰稿　夏文莉审稿)

浙江大学人文社会科学着力建设中国特色新型智库,积极与中央有关部门沟通,构建稳定、顺畅的智库成果报送网络,建立决策研究的快速响应机制,服务国家重大战略需求。浙江大学成为浙江省支持争取开展高端智库建设的5家试点单位之一,也是浙江省内唯一的入选高校。2016年,刘渊的《以网络约车市场治理为突破口,推进互联网＋公共服务更好发展》刊发于国家社科基金《成果要报》,盛晓明的《重塑专家信任,防范民粹主义》和张立、郭喨的《重建科学技术社会冲突的机制》刊发于《教育部简报(高校智库专刊)》;共有8项研究成果获中央政治局常委批示,如朱新力等的"权力清单制度的完善与升级"获国务院总理李克强批示、黄祖辉的"打赢我国'十三五'扶贫攻坚战的对策建议"获国务院副总理汪洋批示,何文炯的"国家治理与社会保障制度建设"获国务院总理李克强、副总理马凯先后批示。2016年,共向各级政府、企事业单位提交研究咨询报告364份,其中被中央采纳的报告13份,被省部采纳的报告60余份。

(赵　怡撰稿　袁　清审稿)

服务国家"一带一路"战略,开展与新疆、内蒙古、黑龙江等边疆资源大省的合作,与处在"丝绸之路经济带核心区"的新疆生产建设兵团签署全面战略合作协议,并分别与其下辖的第一师、第七师开展相应的农业、工业合作项目;深化沿山东、江苏、福建、广东等濒海经济强省及重要省份合作,与山西省、云南省、重庆市、广西北海市签署全面合作协议。制订《浙江大学服务浙江省经济社会发展规划(2016—2020)》,充分发挥调动学校力量融入浙江省区域经济社会发展;与浙江省以及宁波市、温州市、台州市、丽水市分别签订全面战略合作协议;积极筹集地方合作基金,浙江捷昌线性驱动科技股份有限公司捐赠1,000万专项创新创业基金,北海海洋产业科技园区捐赠500万建立北海海洋工程材料创新发展基金,诺基亚、海航集团等分别捐赠奖学金及创新创业基金;深化科技特派员工作,科技特派员汪自强老师获"全国优秀教师"称号。

开启新一轮对口支援工作,签署《浙江大学对口支援塔里木大学协议书(2016—2020)》,达成浙江大学、塔里木大学、新疆生产建设兵团第一师阿拉尔市、浙江省援疆指挥部两校两地战略合作协议;扎实推进定点扶贫工作,制订《浙江大学"十三五"定点帮扶云南景东彝族自治县工作规划(2016—2020)》,定点扶贫专项资金提高到150万元,"科技引领助推产业扶贫"项目入选教育部直属高校精准扶贫精准脱贫十大典型项目;与贵州省台江县签署帮扶协议,并向台江县捐赠2,000万元用于医院和中学的建设;继续结对帮扶武义县新宅镇。

(胡　淳撰稿　彭玉生审稿)

浙江大学国家大学科技园(以下简称浙大科技园)新注册入园企业107家,其中科技孵化企业78家,毕业企业25家。创办教师创业并获得政府资助的青蓝计划企业11家;2016年园内孵化企业被认定为浙江省级高新技术企业20家,其中国家重点扶持的高新技术企业6家,杭州市高新技术企业 14 家；创办海外高层次人才企业 24 家，引进国家"千人计划"和浙江省"千人计划"人才 2 人。

2016 年浙大科技园继续深化创新创业服务体系建设，为科技成果转化与产业化、高新技术企业孵化、创新创业人才的培养提供各类服务。共组织企业申报各类科技计划并获得立项项目 97 项，累计获得资助总额 3,108 万元；继续开展与杭州市人力资源与社会保障局合作建立的"杭州大学生创业学院"的创新创业人才培养工作，举办了"创业雏鹰班" 2 期、"创业强鹰班" 1 期、"创业精英班" 1 期，培训大学生创业者 178 人；组织举办"2016 年浙大科技园入园企业专场招聘会"，解决就业岗位约 700 多个；举办浙大科技园创业沙龙 32 期，服务创业者 3,800 多人；开展银企合作，为园内中小科技企业开展多种形式的投资融资服务；进一步实施企业联络员制度，逐步深化和完善园区服务。浙江大学国家大学科技园于 2016 年 11 月再次被科技部评为"A 类国家级科技企业孵化器"。

（於　晓撰稿　邵明国审稿）

浙江大学圆正控股集团有限公司（下称圆正控股集团）由浙江大学创新技术研究院有限公司、浙江大学科技创业投资有限公司、后勤集团、新宇集团、圆正旅业集团、浙江大学城乡规划设计研究院有限公司为核心企业组成，注册资本为 59,402 万元；总资产为 292,370 万元，总负债为 85,567 万元，所有者权益为 206,803 万元；经营收入总额 180,953 万元，利润总额为 13,373 万元。2016 年，圆正控股集团正常经营的参、控股企业总数为 208 家，其中全资、控股企业 64 家。

（赵文宇撰稿　郑爱萍审稿）

【《浙江大学—云南省人民政府战略合作协议书》签署】　4 月 25 日，该协议在浙江大学签署。根据协议，云南省将发挥区位、资源、沿边开放优势，浙江大学将充分发挥人才培养、学科建设、科学研究、国际交流合作等领域优势，共同推动云南教育、人才、科技创新能力提升及滇西扶贫计划深入实施，也推动浙江大学的进一步发展。

（胡　淳撰稿　彭玉生审稿）

【浙江大学 e-WORKS 创业实验室联合在杭高校成立"在杭高校众创空间联盟"】　7 月，浙大科技园国家级众创空间——浙江大学 e-WORKS 创业实验室联合了 11 所在杭高校成立"在杭高校众创空间联盟"。"在杭高校众创空间联盟"的成立，有助于高校创业教育与社会创业实践有机结合，架起了高校人才与众创空间之间的桥梁，为大学生提供一个更为开放灵活的创业新平台，进一步加快高校科技成果的转移转化。

（於　晓撰稿　邵明国审稿）

【《新疆生产建设兵团—浙江大学全面战略合作框架协议》签署】　8 月 9 日，该协议在乌鲁木齐市签署。根据协议，双方将通过全面战略合作，以共建平台、成果转化等方式，发挥浙江大学在教育、医疗、人才、科研等方面优势，推动新疆生产建设兵团产业结构转型升级，提升社会事业公共服务能力和水平，并促进浙江大学发展。

（胡　淳撰稿　彭玉生审稿）

【《山西省人民政府—浙江大学战略合作框架协议》签署】　10 月 20 日，该协议在太原市签署。根据协议，双方将本着"优势互补、共谋发展、互惠互利、实现共赢"的原则，通过战略咨询、人才交流等方式，扎实推进在决策咨询、教育和人才、科学技术、文化旅游、社会发展等领域的战略合作。

（胡　淳撰稿　彭玉生审稿）

规划与重点建设

学校发展规划

【制定并组织实施浙江大学"十三五"发展规划】 浙江大学根据《中华人民共和国国民经济和社会发展第十三个五年规划纲要》《国家中长期教育改革和发展规划纲要（2010—2020 年）》《浙江省国民经济和社会发展第十三个五年规划纲要》和国务院《统筹推进世界一流大学和一流学科建设总体方案》等文件精神，围绕世界一流大学建设目标，在认真总结"十二五"事业发展规划实施情况，分析国内外高等教育和科技发展态势，深刻研究学校发展面临的机遇和挑战的基础上，制定了浙江大学"十三五"发展规划。

浙江大学"十三五"发展规划由总体规划、分项规划、院系规划、专题规划等四个部分组成。其中分项规划包括人才培养体系建设规划、学术创新体系建设规划、人才队伍体系建设规划、学校治理体系建设规划、条件保障体系建设规划、一流学科建设规划、社会服务规划、文化传承与创新规划、国际化与声誉提升规划、办学体系建设规划。2015 年 12 月 25 日，总体规划提交"双代会"并审议通过，经过进一步优化完善，于 2016 年 5 月 12 日提交学校党委常委会会议审议通过。根据《教育部办公厅关于直属高校开展"十三五"编制工作的意见》（教高厅〔2015〕1 号）的要求，总体规划于 6 月 30 日上报教育部审核备案。此后，总体规划与分项规划正式行文（党委发〔2016〕79 号）印发全校各部门和单位，各重点建设项目计划正式启动实施。

总体规划明确了学校"十三五"发展目标：到 2020 年，学校主要办学指标和总体排名进入世界一流行列，部分优势学科进入世界前列；支撑国家区域重大战略任务的能力稳步提高，作为国内顶尖创新源、人才泵、思想库的地位进一步巩固；国际声誉不断提升，努力建设成为具有显著教育影响力和学术影响力的创新型大学。未来五年，学校将继续深入实施"六高强校"战略，聚焦人才队伍建设，在汇聚名师高人中加快形成学校核心竞争力；聚焦拔尖创新人才培养，以培育时代高才的新成效奠定学校的卓越声誉；聚焦学术创新发展，不断打造科研高地、构建学科高峰，在服务国家和区域创新驱动发展战略中发挥引领示范作用；聚焦文化传承创新，通过积累文化高地，增强大学精神和思想文化对社会的辐射引领作用；聚焦科研成果转化，为"大众创业、万众创新"提供更加有力的科技和人才支撑。坚持全方位、深层次的系统性改革，以充分调动师生个体和基层组织积极性为两个出发点，准确把握学校综合改革的重点领域和关键环节，积极探索改革路线和创新举措，努力破除制约学校内涵建设的体制机制和政策瓶颈，不断增强学校发展的动力和活力，构建完善学校科学和谐发展、永续发展的制度环境，拓展多元化的资源筹集渠道，打造资源富集的物质环境，为学校事业发展提供有力保障。

【附录】

浙江大学"十三五"期间重点项目

一、学术大师汇聚计划

紧密结合一流学科建设，统筹整合资源，并通过筹集社会资金、设立冠名讲座教授等，加大对高层次人才的资源投入。成立专项工作小组，大力引进和培养两院院士、文科资深教授、国际相当水平的顶尖人才（发达国家院士、国际大奖获得者与高被引学者）等学术大师，力争顶尖人才总数实现倍增，引领并快速提升学科发展水平、学术影响力和国际竞争力。

二、跨学科人才培养专项计划

大力推行跨学科人才培养，利用学校学科综合齐全的优势，把跨学科人才培养与学科交叉预研基金项目有机结合，结合校设交叉研究机构、"2011协同创新中心"建设及"16＋X"科技联盟计划，搭建交叉复合型拔尖创新人才培养平台，创新研究生多学科交叉培养模式，并逐步延伸到高年级本科生培

养，推进科教融合和产学结合。

三、高峰学科建设支持计划

遴选优势学科进行重点建设，综合运用普适性和个性化相结合的支持办法，努力解决制约学科发展的瓶颈问题，找准重点方向、重点人物、重点成果、重大项目，巩固提升一批优势学科、特色学科率先建成高峰学科，努力形成高峰凸显、高原崛起的学科布局。到2020年，形成20个左右学科综合实力全国领先、对经济社会发展发挥重要支撑作用的高峰学科，其中若干学科进入国际一流前列。

四、"16＋X"科技联盟建设计划

启动实施一批重大交叉研究项目，培育重大原创成果，以科技创新团队、交叉研究中心、核心学科为支点，打造面向国际前沿、面向国家目标、面向区域需求和国民经济主战场的多样化科技共同体，建立开放、联动、国际化、产业化的协同机制，形成创新链与产业链互融的系统解决方案，为解决重大科技难题、共性关键技术发挥引领示范作用。

五、经典文化传承与引领计划

全面完成《中国历代绘画大系》，利用已形成的工作基础和人才队伍，积极创造条件，适时筹建"艺术考古与图像大数据教育部工程中心"和"数字艺术图像大数据平台"，加快启动"艺术图像与中华文明"项目，努力打造文化艺术出版领域拿得出的"拳头"产品，为学校"文化传承与创新"建设和国家"文化强国"建设做出新的重大贡献。

六、国际联合学院建设

创新与世界一流大学的国际合作办学新机制，开展"一对多"机构性合作，引进国外顶级教育资源，积极探索融合东西方教育优势的高等教育新模式。深化与海宁市政府的战略合作，把国际联合学院建设成为人

才培养、科学研究和成果转化相结合的国家级高水平中外合作办学的试验基地。

七、浙江大学工程师学院建设

服务国家和浙江省经济社会发展和产业转型升级，按照"政府主导、校企协同、复合交叉、国际合作"的办学思路建设浙江大学工程师学院，面向社会、面向企业探索应用型、复合型、创新性的高级工程科技人才培养体系。工程师学院定位为高水平专业型学院，着力培养造就大量创新创业型高层次工程科技人才，长远发展成为国内卓越、世界一流的工程师大学。

八、紫金港校区西区建设

按照"现代化、网络化、园林化、生态化"并具有中国文化底蕴、浙大特色的规划理念，加快紫金港校区西区建设步伐。完成西区建设后的紫金港主校区实际建设用地面积将达到5,370亩，总建筑面积将达到268.77万平方米(含地下室)，其中西区约157.22万平方米。"十三五"期间，紫金港校区西区完成约103万平方米校舍建筑面积的建设。

九、科研成果转化基地建设

积极参与和支撑浙江省推进杭州"城西科创大走廊"建设工程，以创新创业社区新模式快速集聚创新资源，围绕浙江大学紫金港校区、玉泉校区和西溪校区布局建设产学研一体化的众创空间，通过国际村、研发村、联创村、创客村、学院村等特色村落建设，打造产业技术研发公共平台和基于"互联网＋"的众创服务平台，使其真正成为国际合作与技术转化基地、中小企业创新生态系统的核心区、师生联合创业的梦工场。

十、"网上浙大"信息化建设

将校内信息化系统和资源整合为一个具有高度感知能力、协同能力和服务能力的有机整体，实现各楼宇和公共区域有线网络和无线网络的全覆盖，打造泛在的数字化校园，为学校教学、科研、管理和公共服务提供强有力智能支撑。建设新一代协同办公服务系统，搭建集校务公开、服务检索、服务办理、互动交流、效能监察等功能于一体，各级各部联动的综合性网上服务平台。布局和实施以多语种门户网站、"两微一Q一端"为重点的网络媒体平台建设。

重点建设专项

【"双一流"特色引导专项立项和经费安排】　2016年下半年，浙江大学获批教育部下拨中央高校建设世界一流大学(学科)和特色引导专项资金(以下简称"引导专项"资金)8.07亿元。8月30日,按照教育部要求,结合学校"十三五"发展规划,经学校党委常委会会议审议通过,按时向教育部财务司上报了《浙江大学2016年度建设世界一流大学(学科)和特色发展引导专项建设项目及预算报告》。"引导专项"资金安排了"16+X"科技联盟建设项目、高峰学科建设支持计划项目、海外一流学科伙伴提升计划项目等19个项目。浙江大学重视加强引导专项资金的管理和规范使用,加快推进资金执行进度,确保实现教育部规定的资金执行进度的要求。截至2016年12月31日,"引导专项"资金2016年度经费全部执行完毕。

学科与人才队伍建设专项

【组织学科与人才队伍建设专项中期考核】 浙江大学于2014年6月启动实施学科与人才队伍建设专项计划,经过两年多的实施,在推动学科发展尤其是高层次人才队伍建设方面取得了明显成效,全校学术创新能力不断提升,国际化发展更加活跃,人才培养、体制机制改革等方面的进展有序推进。2016年下半年,学科建设领导小组办公室组织开展学科与人才队伍建设专项计划中期考核评估,通过数据收集、专家评估等方式,重点考察人才队伍建设"增量",形成《学科与人才队伍建设专项计划中期评估报告》,于12月13日提交学校党委常委会会议审议通过,并将后续经费下拨至各院系。

(严晓莹撰稿 刘继荣审稿)

学科与师资队伍建设

学科建设

【概况】 浙江大学是目前国内学科门类最齐全的综合性大学之一，可在哲学、经济学、法学、教育学、文学、历史学、理学、工学、农学、医学、管理学和艺术学等 12 个学科门类授予学术性学位。截至 2016 年 12 月 31 日，浙江大学拥有博士学位授权二级学科 273 个(含自主增设 53 个)，涉及一级学科 56 个，其中博士学位授权一级学科 54 个；硕士学位授权二级学科 308 个(含自主增设 55 个)，涉及一级学科 61 个，其中硕士学位授权一级学科 60 个；博士专业学位类别 4 种，硕士专业学位类别 27 种。全校拥有 14 个一级学科国家重点学科、21 个二级学科国家重点学科和 10 个国家重点(培育)学科，7 个农业部重点学科，50 个浙江省一流学科(见附录)。

进一步完善导师管理信息系统，教师申请研究生招生资格更加方便，学部、学院秘书审核操作更加便捷。截至 2016 年 12 月 31 日，各学科共有 2,392 名教师具有博士研究生招生资格，其中具有学术学位博士生招生资格教师共 2,367 人，具有专业学位博士生招生资格教师共 246 人；各学科共有 3,934 名教师具有硕士研究生招生资格(含具有博士研究生招生资格的教师)，其中具有学术学位硕士生招生资格教师共 3,656 人，具有专业学位硕士生招生资格教师共 2,071 人。

继续做好二级学科自主设置工作。经学科自主申请，校外专家组评议，教育部学位中心网站公示及校学位委员会全体会议审议，同意电视电影与视听传播学(0503Z2)、资源环境与区域规划(0709Z4)、资源勘查与地球物理(0709Z5)、遥感与地理信息系统(0709Z6)、海洋工程(0802Z3)、信息传感及仪器(0803Z2)、电气信息技术(0808Z1)、水资源与水环境工程(0814Z3)、水工结构与港口工程(0814Z4)、河流与滨海工程(0814Z5)、电子信息技术及仪器(0831Z1)、公共信息资源管理(1204Z2)、国际事务与全球治理(1204Z5)设置为目录外二级学科博士、硕士学位授权点，同意中国艺术史(0602Z1)设置为目录外二级学科硕士学位授权点,列入 2017 年招生目录。

【建设一流学科体系】 根据国务院学位委员会、教育部《学位授权点合格评估办法》(学位〔2014〕4 号)、《博士、硕士学位授权学科和专业学位授权类别动态调整办法》(学位〔2015〕40 号),浙江大学在有序开展学位授权点自我评估各项工作的同时,及时开展学科调整工作,通过撤销、转型、整合等方式,将现有 79 个一级学科压缩至 60 个一级学科左右。被调整的 19 个一级学科以设置目录外二级学科的方式,实现与相近主干学科的融合。压缩一级学科规模,努力造就一批高峰学科;进一步丰富二级学科生态多样性,充分发挥浙江大学多学科综合的天然优势。进一步理顺部分学科行政隶属关系,实现"农林经济管理"和"化工过程机械"2 个学科的行政隶属学院的整体转移工作,为建设一流学科体系打好基础。

【做好教育部学位中心第四轮评估工作】根据教育部学位中心《关于开展第四轮学科评估信息公示的函》(学位中心〔2016〕132 号)、《全国第四轮学科评估的邀请函》(学位中心〔2016〕42 号)文件精神,浙江大学成立了由校长吴朝晖任组长的学科评估与调整工作领导小组,各学院(系)相应成立了学科评估工作领导小组,院长(系主任)任组长,为顺利开展学科评估各项工作提供高效、务实的组织保障。各学院(系)明确了参评学科和评估目标,确保任务落实、人员到位、责任明确,按时高质量完成评估工作。浙江大学共计 60 个一级学科参评,其中具有一级学科博士学位授权学科 53 个,具有二级学科博士学位授权学科 2 个,具有硕士学位授权学科 5 个,各参评学科根据教育部学位中心要求,全力以赴做好评估材料撰写、信息公示与异议、佐证材料报送、异议信息反馈等各项工作。

【做好教育部专业学位水平评估工作】 根据《国务院教育督导委员会办公室关于开展专业学位水平评估试点工作的通知》(国教督办函〔2016〕16 号)、《教育部学位中心关于实施专业学位水平评估试点工作的通知》(学位中心〔2016〕28 号)文件精神,结合学校实际,浙江大学确定法律、临床医学、工商管理、公共管理 4 个专业学位类别参加本次评估。在校学科评估与调整工作领导小组的有力指导下,相关学院(系)相应成立了专业学位水平评估工作领导小组,为顺利开展学科评估各项工作提供高效、务实的组织保障。参评的专业学位类别明确了此轮水平评估的奋斗目标,确保任务落实、人员到位、责任明确,按时高质量完成评估材料撰写、信息公示与异议、佐证材料报送、异议信息反馈等各项工作。

【推进学科交叉融合共享】 为贯彻落实国家"双一流"建设部署、深入实施"六高强校"战略,浙江大学根据"分类统筹、一流牵引、主干强身、交叉驱动、生态优化"的学科建设指导原则,于 2016 年 10 月 11 日出台了《浙江大学关于推进学科交叉融合共享的指导意见》(浙大发研〔2016〕79 号)文件,着力构建开放式的一流学科体系,促进学科竞争力的整体提升,突出重点培植和优先发展交叉学科领域,深化体制机制改革,优化资源配置方式,形成学科交叉融合、资源成果共享、组织协调有序的学科发展新局面。

2016 年浙江大学各类重点学科分布情况

学院	一级学科 国家重点学科	二级学科 国家重点学科	国家重点 (培育)学科	浙江省 一流学科	农业部 重点学科
人文学院		中国古典文献学	外国哲学	哲学	
				中国语言文学	
				考古学	
				中国史	
				世界史	
外国语言文化与国际交流学院				外国语言文学	
传媒与国际文化学院				新闻传播学	
经济学院			政治经济学	理论经济学	
光华法学院		宪法学与行政法学		法学	
教育学院		教育史		教育学	
管理学院	管理科学与工程			管理科学与工程	
公共管理学院			农业经济管理	农林经济管理	
				公共管理	
马克思主义学院				马克思主义理论	
数学科学学院	数学			数学	
物理学系		理论物理		物理学	
		凝聚态物理			
化学系	化学			化学	
地球科学学院				地质学	
心理与行为科学系		应用心理学		心理学	
机械工程学院	机械工程			机械工程	
材料科学与工程学院	材料科学与工程			材料科学与工程	

学院	一级学科国家重点学科	二级学科国家重点学科	国家重点(培育)学科	浙江省一流学科	农业部重点学科
能源工程学院	动力工程及工程热物理			动力工程及工程热物理	
电气工程学院	电气工程			电气工程	
建筑工程学院	土木工程			土木工程	
				建筑学	
化学工程与生物工程学院		化学工程	生物化工	化学工程与技术	
海洋学院				船舶与海洋工程	
航空航天学院		固体力学		力学	
				航空宇航科学与技术	
光电科学与工程学院	光学工程			光学工程	
信息与电子工程学院		通信与信息系统		信息与通信工程	
控制科学与工程学院	控制科学与工程			控制科学与工程	
计算机科学与技术学院		计算机应用技术	计算机软件与理论	计算机科学与技术	
				软件工程	
				设计学	
生物医学工程与仪器科学学院	生物医学工程			生物医学工程	
生命科学学院		植物学		生态学	生态学
		生态学		生物学	
生物系统工程与食品科学学院		农业机械化工程		农业工程	农业机械化工程
				食品科学与工程	食品科学
环境与资源学院	农业资源与环境	环境工程		环境科学与工程	土壤学
				农业资源与环境	

学院	一级学科 国家重点学科	二级学科 国家重点学科	国家重点 (培育)学科	浙江省 一流学科	农业部 重点学科
农业与 生物技术学院	园艺学	作物遗传育种		作物学	农业昆虫 与 害虫防治
	植物保护	生物物理学		园艺学	植物 病理学
				植物保护	
动物科学 学院		特种经济 动物饲养	动物营养与 饲料科学	畜牧学	动物营养 与 饲料科学
医学院		儿科学	病理学与 病理生理学	临床医学	
		内科学(传染病)	妇产科学	基础医学	
		外科学(普外)	眼科学	口腔医学	
		肿瘤学			
药学院			药物分析学	药学	

(许斯佳撰稿　吕淼华审稿)

师资队伍建设

【概况】 截至 2016 年底,全校教职工总数 8,423 人(不包括附属医院职工),其中女教职工 2,898 人,占 34.4%。具体为:(1)校本部教职工数 5,772 人(专任教师 3,502 人、教学科研支撑人员 805 人、行政人员 1,339 人、工勤人员 126 人);(2)科研机构人员数 1,362 人;(3)校办工厂职工数 284 人;(4)附设机构人员数 1,005 人。

现有两院院士 36 人(1 人既为中国科学院院士,又为中国工程院院士),其中中国科学院院士 18 人(含双聘)、中国工程院院士 19 人(含双聘)。有文科资深教授 11 人(含双聘),国家"千人计划"学者 81 人(含短期),"长江学者"特聘(讲座)教授 128 人,国家杰出青年科学基金获得者 129 人。

全校共有正高级专业技术职务人员 1,812 人,其中教授 1,583 人,教学类教授 6 人,编审 8 人,农业推广教授 5 人,教授级高级工程师 1 人,图书研究馆员 7 人,高教研究员 27 人,工程研究员 28 人,国防技术研究员 8 人,技术研发及知识转化研究员 18 人,农业推广研究员 10 人,社会服务与技术推广、团队科研研究员 9 人,实验研究员 21 人,应用推广研究员 4 人,自然科学研究员 27 人,社会科学研究员 2 人,一级美术师1人,主任医师47人;副高级专业技术职务人员2,488人,其中副教授1,595人,副编审23人,农业推广副教授3人,档案副研究馆员2人,图书副研究馆员40人,文博副研究馆员1人,高教副研究员188人,国防技术副研究员20人,技术研发及知识转化副研究员48人,农业推广副研究员2人,社会服务与技术推广、团队科研副研究员7人,社会科学副研究员6人,应用推广副研究员2人,专职科研副研究员6人,自然科学副研究员60人,副译审1人,副主任医师38人,副主任护师3人,副主任药师4人,高级工程师216人,国防技术高级工程师2人,技术研发及知识转化高级工程师6人,

社会服务与技术推广、团队科研高级工程师1人,实验技术高级工程师7人,应用推广高级工程师1人,高级会计师58人,高校高级讲师22人,高级教练1人,中学高级教师12人,高级农艺师1人,高级审计师1人,高级实验师58人,思政副教授51人,幼教小中高教师2人。中级专业技术职务人员1,973人,初职人员141人。

全校专任教师总数为3,502人,其中:女教师836人,占23.9%;具有正高级职称人员1,631人,占46.6%;具有副高级职称人员1,357人,占38.7%。专任教师的学科分布、年龄分布及学历情况见表1~3。

表1 专任教师学科分布情况 （单位:人）

专业项目	专任教师总数	正高级职称人数	副高级职称人数	中级及以下职称人数
总 计	3,502	1,631	1,357	514
其中:女	836	251	422	163
哲 学	45	24	15	6
经济学	103	41	45	17
法 学	130	53	50	27
教育学	156	43	71	42
文 学	197	70	82	45
历史学	62	26	20	16
理 学	592	307	198	87
工 学	1,416	635	607	174
农 学	207	115	68	24
医 学	359	225	95	39
管理学	198	85	87	26
艺 术	37	7	19	11

表 2 专任教师年龄分布情况 （单位：人）

表 2 专任教师年龄分布情况 （单位：人）

年龄段	总数	正高级职称人数	副高级职称人数
35 岁及以下	615	23	275
36～45 岁	1,290	458	678
46～60 岁	1,503	1,059	404
61 岁及以上	94	91	0

表 3 专任教师学历情况 （单位：人）

专任教师学历	人数
博士研究生学历	3,124
硕士研究生学历	245
本科学历	125
专科及以下	8

2016 年，浙江大学启动实施学术大师汇聚计划，继续实施高层次人才培育支持计划，结合学校高层次人才薪酬制度改革，探索建立人才政策"并轨"机制，加大高端人才引进培养力度；强化院系在引才育才方面的主体意识和责任，将院系引才育才工作成效纳入院系领导班子考核目标，继续开展引才育才奖（伯乐奖）评选工作，持续推动院系最优人才生态建设；优化"百人计划"配套支持政策，加强宣传、完善机制、优化流程，批准"百人计划"学者 113 人。新引进院士 1 人，文科资深教授 3 人（含双聘）；推荐申报国家"千人计划"学者 31 人，入选教育部"长江学者奖励计划"特聘教授 6 人、青年学者 6 人；新增国家杰出青年基金获得者 11 人、优秀青年基金获得者 17 人；入选第十二批国家"青年千人计划"人才 33 人，人数居全国第一。

全年常规专业技术职务评审，晋升教授 71 人，其中人文社科类教授 13 人、理工农医类教授 58 人；晋升教学为主教授 1 人，高校教师研究员 1 人，主任医师兼评教授 1 人、研究员转评教授 2 人；晋升副教授 74 人，其中人文社科类副教授 27 人、理工农医类副教授 47 人；晋升教学类高级讲师 5 人。

晋升研究员等专业技术正高级职务共 14 人，其中国防技术研究员 1 人、高教管理研究员 3 人、实验技术系列研究员 1 人、工程技术研究员 3 人、技术研发与知识转化研究员 4 人、农业推广研究员 1 人、图书出版系列编审 1 人；晋升副研究员等专业技术副高级职务 28 人，其中国防技术副研究员 4 人、国防技术高级工程师 1 人、高教管理副研究员 2 人、高级实验师 3 人、高级工程师 6 人、技术研发及知识转化副研究员 8 人、图书出版系列副研究员馆员（副编审）2 人；思想政治教育系列副教授 2 人。

评聘卫生技术正高级职务 66 人，其中主任医师 59 人、主任中医师 1 人、主任药师 1 人、主任技师 5 人；评聘卫生技术副高级职务 209 人,其中副主任医师 169 人、副主任药师 8 人、副主任技师 17 人、副主任护师 15 人。

全年申报职员职级晋级人员共 363 人,评审和审定通过四级职员 1 人、五级职员 10 人、六级职员 43 人、七级职员 47 人、八级职员 69 人、九级职员 24 人。

2016 年,国家留学基金委全额资助项目申报 49 人录取 30 人。派出各类长期出国(6 个月以上)教师 147 人次,教师派出方式中国家公派约占 26.5%,对方资助约占 19.7%,自筹经费约占 44.9%。专任教师约占出国人员的 53%。包氏奖学金共派出 9 人,其中高访 9 人,分赴美国、加拿大、日本、澳大利亚、英国等 5 个国家。

2016 年度引进教师 171 人,其中 70 人获得海外博士学位,占 41%。公开招聘党政、实验技术等其他非教师系列人员 182 人,办理博士后进站 550 人。教职工退休 195 人。

【启动实施学术大师汇聚工程】 深入实施"六高强校"战略,紧密结合学校实施的高峰学科建设计划和一流骨干基础学科建设计划,加强科学谋划布局,多渠道多形式统筹整合各类资源,加大对高尖人才的资源投入,于 2016 年 10 月启动实施学术大师汇聚计划。采用引才引智方式,在高峰学科和一流骨干基础学科中先行先试、稳妥推进,直接对标国际一流,力争在高尖人才等引进方面取得关键性突破,提升学术声誉和影响力。自实施以来,引进全职中科院院士 1 人、发达国家院士 1 人、文科资深教授 1 人。

【学科与人才队伍建设中期评估】 结合学校"十三五"学科与人才队伍建设规划,继续推进学科与人才队伍建设专项计划,对 2014 年 6 月至 2016 年 4 月期间各学院(系)学科与人才队伍建设的进展情况进行中期评估。以人才队伍建设为重点,主要考察人才队伍建设关键指标的"增量",同时兼顾人才培养、学术研究、体制机制改革与学术环境建设等方面的重要进展。将引才育才工作成效纳入院系领导班子考核目标,继续推进实施引才育才奖(伯乐奖)评选,并根据评估结果酌情调整后期经费划拨,通过强化过程管理和考核激励措施,坚决树立起"增量"意识和"质量"意识,充分释放基层学术组织活力,强化院系在人才引进和培育方面的主体意识和目标责任。

【规范事业编制人员招聘办法】 为实现学校人事管理的科学化、制度化和规范化,规范学校事业编制工作人员的招聘工作,于 2016 年 1 月出台了《浙江大学事业编制工作人员公开招聘暂行办法》。学校新进事业编制工作人员,除国家政策性安置、按干部人事管理权限由上级机关任命及涉密岗位等确需使用其他方法选拔任用人员外,均应面向社会实行公开招聘。

【附录】

附录 1   2016 年浙江大学博士后流动站

序号	博士后流动站	序号	博士后流动站
1	哲学	5	马克思主义理论
2	理论经济学	6	教育学
3	应用经济学	7	中国语言文学
4	法学	8	外国语言文学

序号	博士后流动站	序号	博士后流动站
9	中国史	32	环境科学与工程
10	世界史	33	生物医学工程
11	考古学	34	仪器科学与技术
12	数学	35	计算机科学与技术
13	物理学	36	水利工程
14	化学	37	生物工程
15	心理学	38	软件工程
16	地质学	39	农业资源与环境
17	生物学	40	植物保护
18	生态学	41	作物学
19	机械工程	42	园艺学
20	动力工程及工程热物理	43	畜牧学
21	力学	44	兽医学
22	化学工程与技术	45	临床医学
23	材料科学与工程	46	基础医学
24	电气工程	47	口腔医学
25	控制科学与工程	48	药学
26	光学工程	49	预防医学与公共卫生
27	电子科学与技术	50	管理科学与工程
28	信息与通信工程	51	农林经济管理
29	土木工程	52	工商管理
30	农业工程	53	公共管理学
31	食品科学与工程	54	新闻传播学

附录2　2016年浙江大学评聘正高级专业技术人员

具有教授职务任职资格人员名单(71人)

人文学院　　　　　　　　　　　　王　俊　肖如平

外国语言文化与国际交流学院　　　郭国良　沈国琴

传媒与国际文化学院　　　　　　　王建刚

公共体育与艺术部　　　　　　　　潘雯雯

经济学院　　　　　　　　　　　　王义中

光华法学院	何怀文				
教育学院	阚 阅				
管理学院	韩洪灵	王求真			
公共管理学院	阮建青				
马克思主义学院	潘恩荣				
数学科学学院	蔺宏伟	王 梦	张荣茂		
化学系	丁寒锋				
地球科学学院	金平斌	程晓敢			
心理与行为科学系	钟建安				
机械工程学院	贺永欧	阳小平	林勇刚		
材料科学与工程学院	余学功	徐 刚			
能源工程学院	张彦威	杨卫娟	韩晓红		
电气工程学院	黄晓艳	汪 震	彭勇刚		
建筑工程学院	闫东明	王海龙	黄铭枫	李育超	
化学工程与生物工程学院	潘鹏举	唐建斌	张兴旺		
海洋学院	瞿逢重				
航空航天学院	陈建军				
高分子科学与工程学系	张兴宏				
光电科学与工程学院	沈伟东	时尧成			
信息与电子工程学院	徐 杨	虞小鹏			
控制科学与工程学院	葛志强	刘 勇	谢 磊		
计算机科学与技术学院	王 锐	邓水光	董 玮		
生物医学工程与仪器科学学院	周 泓				
生命科学学院	卢建平	莫肖蓉			
生物系统工程与食品科学学院	泮进明	谢丽娟			
环境与资源学院	金崇伟				
农业与生物技术学院	李 斌	杨景华	徐海明	鲍 艳	原戴飞
动物科学学院	王佳堃	刘广绪			
医学院	胡薇薇	汪 浩			
转化医学研究院	牛田野				
药学院	王 毅	余露山			
求是高等研究院	王跃明				
关联物质研究中心	路 欣				

具有高校教师研究员职务任职资格人员名单(1 人)

医学院附属口腔医院	李晓东

科学研究系列研究员转聘具有教授职务任职资格人员名单(2人)

    航空航天学院   崔　涛

    生物医学工程与仪器科学学院   车录锋

主任医师兼评具有教授职务任职资格人员名单(1人)

    医学院附属邵逸夫医院   李恭会

具有教学为主教授职务任职资格人员名单(1人)

    化学系   赵华绒

具有国防技术研究员职务任职资格人员名单(1人)

    先进技术研究院   刘震涛

具有农业推广研究员职务任职资格人员名单(1人)

    农业技术推广中心   严力蛟

具有高教管理研究员职务任职资格人员名单(3人)

    研究生院   朱　原

    医院管理办公室   朱　慧

    药学院   娄小娥

具有实验技术研究员职务任职资格人员名单(1人)

    化学系   胡秀荣

具有工程技术研究员职务任职资格人员名单(3人)

    建筑设计研究院   孙文瑶　黄争舸

    圆正控股集团   姜展鹏

具有技术研发及知识转化研究员职务任职资格人员名单(4人,标"*"者为专职科研人员)

    人文学院   金晓明

    地球科学学院   黄智才

    能源工程学院   邱坤赞

    工业技术转化研究院   杨　捷*

具有编审职务任职资格人员名单(1人)

    出版社   陈　波

具有主任医师职务任职资格人员名单(59人)

医学院附属第一医院	潘志杰	王悦虹	项　尊	俞　军	潘　昊
	沈月洪	叶　锋	任菁菁	徐小微	张　哲
	王逸民	谢旭东			
医学院附属第二医院	刘雁鸣	王凯军	陈继民	王　爽	白雪莉
	胡新央	刘微波	汪慧英	沈　钢	董　颖
	潘小宏	邵哲人	汤业磊	冯　刚	胡学庆
	孙立峰	陈学军	晋秀明	满孝勇	张　赛
医学院附属邵逸夫医院	郭　丰	何非方	肖　芒	周　伟	蔡柳新

| | | 芮雪芳 | 裘文亚 | 董雪红 | 胡伟玲 | 胡建斌 |
| | | 王 平 | 沈 洁 | 朱 涛 | | |

医学院附属妇产科医院　　　　　张晓飞　胡东晓　邹 煜

医学院附属儿童医院　　　　　　汪 伟　钭金法　杨世隆　傅海东　赖 灿

　　　　　　　　　　　　　　　李海峰　袁哲锋　吴 蔚

医学院附属口腔医院　　　　　　刘 蔚　邓淑丽

医学院附属第四医院　　　　　　郑毅雄

具有主任中医师职务任职资格人员名单(1 人)

医学院附属第一医院　　　　　　吴国琳

具有主任药师职务任职资格人员名单(1 人)

医学院附属邵逸夫医院　　　　　赵 蕊

具有主任技师职务任职资格人员名单(5 人)

医学院附属第一医院　　　　　　谢海洋

医学院附属第二医院　　　　　　孙建忠　秦光明

医学院附属邵逸夫医院　　　　　林 伟

医学院附属第四医院　　　　　　夏肖萍

附录3　2016年浙江大学包氏奖学金派出人员

序号	姓名	出国时间	派遣类别	国别	留学学校	所在院(系)
1	刘慧梅	2016 年 2 月	高访	加拿大	University of Alberta	外国语言文化与国际交流学院
2	张跃华	2016 年 5 月	高访	日本	University of Tokyo	公共管理学院
3	曹正汉	2016 年 5 月	高访	美国	University of Chicago	经济学院
4	史 舟	2016 年 6 月	高访	日本	University of Tokyo	环境与资源学院
5	习玲玲	2016 年 7 月	高访	加拿大	University of Alberta	化学系
6	刘海江	2016 年 7 月	高访	澳大利亚	University of Queensland	海洋学院
7	张小斌	2016 年 7 月	高访	澳大利亚	University of New South Wales	能源工程学院
8	陆敏珍	2016 年 8 月	高访	美国	Princeton University	人文学院
9	陈 洁	2016 年 8 月	高访	英国	University of Cambridge	人文学院

附录 4　2016 年浙江大学包氏奖学金回国人员

序号	姓名	出国时间	回国时间	国别	所在院（系）
1	朱希伟	2015 年 12 月	2016 年 2 月	日本	经济学院
2	甘银波	2015 年 12 月	2016 年 3 月	英国	农业与生物技术学院
3	史　舟	2016 年 6 月	2016 年 7 月	日本	环境与资源学院
4	刘慧梅	2016 年 2 月	2016 年 7 月	加拿大	外国语言文化与国际交流学院
5	张跃华	2016 年 5 月	2016 年 8 月	日本	公共管理学院
6	曹正汉	2016 年 5 月	2016 年 8 月	美国	经济学院
7	张小斌	2016 年 7 月	2016 年 9 月	澳大利亚	能源工程学院
8	刘海江	2016 年 7 月	2016 年 10 月	澳大利亚	海洋学院
9	习玲玲	2016 年 7 月	2016 年 10 月	加拿大	化学系
10	陈　洁	2016 年 8 月	2016 年 11 月	英国	人文学院

（刘偲偲撰稿　金达胜审稿）

对外交流与合作

外事与国际学术交流

【概况】 2016年全校教职工因公出国（境）共计4,070人次，其中访问考察192人次，合作研究及学术交流1,670人次，参加国际会议1,754人次，参加培训及进修学习263人次，讲学20人次，参展参赛45人次，校际交流11人次，其他115人次。本科生海外交流2,650人次，同比增加15%；研究生海外交流2,209人次，同比增加19%，其中博士生1,490人次，达到当年招生人数的73%。

全年共派出校级代表团10余批次；接待海外访问团组（含港澳台）共计133批次，1,218人次。2016年新签和续签41项校际合作协议及学生交换协议（其中港澳台地区6项），其中新签协议20项，院校包括美国普林斯顿大学、澳大利亚墨尔本大学、英国伦敦国王学院、以色列特拉维夫大学、以色列理工学院、法国巴黎综合理工学院、韩国普项科技大学等世界一流大学；续签与美国伊利诺伊大学香槟分校、澳大利亚新南威尔士大学、英国伦敦大学学院、牛津大学、杜伦大学、法国巴黎六大、新加坡国立大学等知名高校的21项协议。

全年聘请名誉、客座教授45名，其中名誉教授8名，包括2007年诺贝尔经济学奖得主Eric Maskin教授和2010年诺贝尔物理学奖得主Andre Geim教授。聘请长短期外籍文教专家704名，其中长期专家187人，短期专家517人。Richard H. Hart（美国）获得2016年中国政府友谊奖。Philip Charles Brookes（英国）、Kong Luen HEONG（马来西亚）、Christopher Raymond Wood（英国）等3位专家获得2016年浙江省西湖友谊奖。实施外专项目282项，包括"国家高端外国专家项目""引进海外高层次文教专家重点支持计划""海外名师项目""学校特色项目""111创新引智基地""诺贝尔奖获得者校园行"等国家重点项目31项，省级引智项目3项，富布莱特基金会项目1项。1名外籍专家入选"外专千人计划"。新获批"作物品质与安全"创新引智基地1个，"信息与控制""能源清洁与利用""细胞—微环境互作""作物适应土壤逆境分子生理机制及分子设计育种"和"材料微结构与性能调控"等 5 个基地顺利执行中。专家主要来自美国、加拿大、德国、荷兰、澳大利亚、日本、英国、马来西亚等国。

2016 年举办国际会议 88 项,会议总规模 10,753 人次,其中外方代表 2,078 人次,收到会议论文 1,863 篇,其中外方论文 482 篇,出版会议论文集(含摘要)55 册。举办会议中含 G20 重大专项会议 2 项、重大会议 2 项、重要学术年会 32 项、浙江大学学术年会 7 项、双边会议 6 项。自然科学类会议 39 项,其中理科 12 项、工科 15 项、信息 3 项、医药 6 项、农生环 3 项;人文社科类会议 51 项目,其中人文 15 项、社科 36 项。

【举办"2016 浙大—斯坦福创业成长与创新跨越论坛"】 该论坛于 3 月 8 日在旧金山湾区举行,浙江大学校长吴朝晖、美国斯坦福大学米勒创业创新研究院负责人、斯坦福大学前教务长威廉·米勒教授,中国驻旧金山总领事馆教育领事杨军,浙大海内外成功创业的校友代表、相关学院教授、斯坦福大学学者等近 70 人出席活动,分享和展望了创新创业合作理想,就"知名大学在创新创业中的作用"和"中美创新创业合作"等论题进行了热烈探讨。该论坛推动了浙江大学与斯坦福大学在相关领域的学术交流与合作。

【与普林斯顿大学开展本科生暑期科研双向交换项目】 该项目是浙大首度与全球排名前 10 的世界顶尖大学签署本科生暑期双向交换项目。并与对方互换了生物医学和公共卫生领域的 4 名本科生,交流时间为每年的 6 月至 8 月,为期 8—12 周,有效推动了浙江大学与世界顶尖高校的交流与合作。

【与多伦多大学实现教授双聘任】 5 月,浙大医学院 5 位教授被加拿大多伦多大学双聘为正教授,这是多伦多大学历史上首次聘请海外大学的教授任双聘教授,也是浙江大学教授首次在国际一流大学担任具有与当地教授同等学术权利的教职,是浙江大学提升国际化水平与提升国际声誉的标志性事件。通过双聘,两校的优势资源可以更好地整合,共同推动医学教育、科研的发展;双方的科研教学合作也将从遗传学与基因组医学拓展至神经科学、肿瘤学等学科。

【与墨尔本大学签署战略合作框架协议】 9 月 22 日,浙江大学党委书记金德水与墨尔本大学教务长 Margaret Sheil 共同签署了两校战略合作框架协议。两校将在医学和管理等领域有较好合作基础上,进一步拓展包括工程在内的若干新领域合作。双方还就医学领域开展联合博士生项目、建立以数据为驱动的中澳智能制造与数据科学联合研究中心等达成合作共识。

【与基尔大学举办建立校际合作 30 年庆典活动】 该活动于 5 月 9 日举行,基尔大学校长 Lutz Kipp、基尔大学所在地石荷州州长 Torsten Albig 率领 50 余人赴浙大参加庆祝活动。双方建立校际合作 30 年来,两校在医学、法学、海洋工程学、管理等领域开展了学生学者交流和联合科研项目合作,成立了"浙江省—石荷州联合生物质中心"、癌症联合诊断中心。

【德国慕尼黑大学—中国学术网第二届科学论坛】 该论坛于 11 月 21—22 日在浙大举行。本届论坛由慕尼黑大学和浙大联合主办,以"塑造未来:在研究和教学中的合作与交流"为主题。来自浙江大学、慕尼黑大学、北京大学、人民大学、复旦大学、上海交通大学、香港中文大学等中德两国 10 余所大学的 130 余名专家、学者交流学科发展的新形势,探讨双边或多边国际合作的可能性。本次论坛为促进高校间的学术交流和合作提供了一个高水平、大范围、多领域的学术交流平台。

附录1 2016年浙江大学各学院对外合作交流情况

学院名称	出国(境)交流/人次		聘请国外专家数/人		举办国际学术会议数/个
	教职工	学生	长期	短期	
人文学院	66	112	2	30	6
外国语言文化与国际交流学院	37	203	12	18	3
传媒与国际文化学院	29	77	0	1	3
经济学院	43	160	2	7	4
光华法学院	35	105	4	7	9
教育学院	37	87	0	3	3
管理学院	146	289	2	7	7
公共管理学院	85	127	5	10	8
马克思主义学院	6	6	0	2	0
数学科学学院	62	85	1	8	5
物理学系	83	49	8	11	2
化学系	75	99	5	16	1
地球科学学院	48	32	1	8	0
心理与行为科学系	21	38	0	7	1
机械工程学院	79	104	1	0	0
材料科学与工程学院	131	71	7	12	0
能源工程学院	114	298	2	45	3
电气工程学院	81	179	2	15	1
建筑工程学院	110	251	4	7	1
化学工程与生物工程学院	101	72	8	14	1
航空航天学院	66	51	4	6	2
高分子科学与工程学系	64	73	2	15	2
海洋学院	78	43	2	10	0
光电科学与工程学院	78	127	3	8	2

学院名称	出国(境)交流/人次		聘请国外专家数/人		举办国际学术会议数/个
	教职工	学生	长期	短期	
信息与电子工程学院	114	139	3	2	0
控制科学与工程学院	88	132	1	5	0
计算机科学与技术学院(含软件学院)	155	374	1	4	0
生物医学工程与仪器科学学院	54	73	2	0	2
医学院	1,022	391	15	21	6
药学院	70	69	0	2	0
生命科学学院	50	71	1	7	0
生物系统工程与食品科学学院	67	163	2	11	0
环境与资源学院	84	69	6	7	1
农业与生物技术学院	118	146	16	17	1
动物科学学院	32	66	1	7	1
其他	541	428	62	167	13
合计	4,070	4,859	187	517	88

附录2　2016年浙江大学接待国外主要来访人员

日期	来访团组名称	主要活动内容
1月15日	美国加州大学社会利益信息研究中心主任	商谈在科学研究与技术转移等领域开展合作事宜
2月29日	澳大利亚西澳大学主管科研工作的副校长 Robyn Owens	商谈科研成果转化合作、建设浙江大学—西澳大学海洋联合研究中心及开展年度科研工作坊事宜
3月15日	美国罗格斯大学主管全球事务的副校长 Eric Garfunkel	了解浙大留学生构成和英文课程情况
3月29日	美国长岛大学副校长 Jeffrey Kane	进一步促进两校学生交流及推动两校优势学科领域的合作
3月31日	美国诺特丹大学校长 John I. Jenkins	探讨如何进一步深化两校合作
4月8日—9日	法国巴黎综合理工校长代表团	商谈双方在工程师学院的合作项目

日期	来访团组名称	主要活动内容
4月18日—21日	英国帝国理工学院教务长代表团	商谈工科领域的科研合作项目
4月25日	加拿大多伦多大学副教务长	探讨浙大与多伦多大学成立联合临床医学院的可能性
4月27日	英国南安普顿大学副校长代表团	商讨文科等领域的合作
4月29日	新加坡政府代表团	了解浙大与新加坡科技设计大学的学生交流情况
5月9日	德国基尔大学代表团	庆祝浙江大学与德国基尔大学建立校际合作30周年
5月9日	国际行动理事会联合主席、爱尔兰前总理埃亨	商谈双方开展学术交流和科研合作事宜
5月11日	英国杜伦大学校长	商谈推进两校合作事宜
5月20日	加拿大多伦多大学分子遗传系主任	举行浙大五位教授受聘多伦多大学分子遗传系教授聘任仪式
6月6日	俄罗斯圣彼得堡国立技术大学科研副校长	探讨在能源等领域合作开展硕士生联合培养项目和科研合作项目
6月6日	美国麻省理工学院副教务长Richard Lester	商讨在纳米科学与技术领域推动科研合作以及师生交流的可能性
6月7日	英国莱斯特大学副校长代表团	商谈两校合作事宜
6月19日—21日	哈佛燕京学社社长Elizabeth J. Perry	探讨如何进一步加深合作
7月11日	美国莱斯大学校长 David Leebron	商谈如何拓展合作领域与形式
7月26日	国际原子能机构副总干事杨大助	考察浙大核农所,了解浙大核技术最新发展
8月4日	老挝教育部长代表团	推进浙大与老挝教育领域的合作
8月5日	德国慕尼黑大学校长代表团	商谈两校合作事宜
9月11日	美国伊利诺伊大学香槟分校教务长Edward Feser	参加浙大—美国伊利诺伊大学香槟联合学院首届学生开学典礼
9月22日	美国芝加哥大学分子工程研究院院长Matthew Tirrel	探讨在水处理等领域开展学生交流和科研合作事宜

浙江大学年鉴

日期	来访团组名称	主要活动内容
10 月 11 日	英国南安普顿大学校长代表团	商谈推进两校合作事宜
10 月 13 日	加拿大阿尔伯特大学校长代表团	商谈推动和深化双方已有的科研教学合作
10 月 17 日	澳大利亚麦考瑞大学科研副校长 Sakkie Pretorius	初步探讨在环境、农业、生物、商科等优势学科领域进行博士生联合培养的合作;邀请浙大师生参加麦考瑞大学 2017 国际科研伙伴工作坊
11 月 1 日	英国利兹大学副校长代表团	商谈在两校开展科研和教学合作项目
11 月 8 日	墨尔本大学教务长玛格丽特·谢尔和协理校长西蒙·伊万斯	推进在医学教育、研究和临床医疗领域的合作,继续拓展药学、农学、大数据等新领域合作
11 月 9 日	荷兰蒂尔堡大学校长代表团	商谈推进经济、管理等领域的合作
11 月 21 日—22 日	德国慕尼黑大学代表团	参加德国慕尼黑大学—中国学术网第二届科学论坛
11 月 27 日	国际行动理事会联席主席、爱尔兰前总理伯蒂·埃亨	签署《国际行动理事会与浙江大学共建智库合作谅解备忘录》
11 月 30 日	英国拉夫堡大学副校长代表团	商谈两校合作事宜
12 月 8 日	英国格拉斯哥大学副校长代表团	探讨双方合作可能
12 月 9 日	约翰威立国际出版公司(Wiley)执行副总裁 Reed Elfenbein 女士	探讨合作创办学术期刊和出版专刊及联合举办学术研讨会事宜
12 月 8 日—9 日	兰德公司亚太政策中心主任 Rafiq Dossani	商谈开展国际化发展和创新创业教育合作事宜
12 月 16 日	美国斯坦福大学统计学教授黎子良	就成立浙江大学—斯坦福数据分析与统计建模中心达成共识

(潘孟秋撰稿 李　敏审稿)

浙江大学年鉴

港澳台工作

【概况】 2016年,浙江大学与香港城市大学签署联合培养博士研究生协议、续签学术合作备忘录和学生交换计划协议,与台湾铭传大学新签学生交换协议,与台北医学大学续签合作协议,与香港中文大学续签学术交流协议,与香港中文大学、南京大学、台湾"中央"大学、北京师范大学和台湾成功大学签署《绿色大学联盟合作协议书》;接待来自港澳台地区的参访团队计35批534人次(其中香港计17批214人次,澳门计2批19人次,台湾计16批301人次)。校党委书记金德水、校长吴朝晖先后率团访问香港地区高水平大学并拜访关心学校发展的各界人士,推进与港澳台地区高校及其他各界的联系与互动。邀请港澳台地区高校13位学者来浙大做专题讲座或短期授课,邀请港澳台地区代表参加海峡两岸暨港澳地区会议6项、国际会议3项。

执行创业夏令营、海洋地质与地球物理学联合课程与实习等14个"2016年香港与内地高等学校师生交流计划"项目。先后邀请237名香港师生到浙大交流,通过专题讲座、调研研讨、实验分析、实地参访、分享总结等形式,促进两地青年师生在专业领域、当地文化、校园生活等方面的交流。

完成首届海峡两岸大学生科学传播能力提升训练营等1项教育部直属高校对台教育重点交流项目,邀请台湾5所高校27位师生参与,以"桥"为主题,提升两岸大学生科学传播能力,加深两岸大学生之间的理解和认同。完成"2016'创新创业'海峡两岸暨香港地区夏令营"等1项国台办重点对台教育交流项目,邀请台湾政治大学16名师生参与、分享两地有关创新创业的新思维、新理念和新实践。

接收港澳台地区高校学生66人来浙大交换学习,派出54名学生赴港台地区高校交换学习;接收4名港澳台学生来浙大短期研习,派出67名学生赴港澳地区高校进行短期研习。

做好在校港澳台地区师生的归口管理和服务工作,并指导浙江大学港澳台学生交流协会开展各类活动,帮助和丰富海峡两岸暨港澳地区学生的学习生活。

【出席首届亚洲高等教育峰会并做主题发言】 6月19—21日,校长吴朝晖应邀出席香港科技大学25周年校庆晚会及首届亚洲高等教育峰会。峰会以"如何培养创意和创新"为主题,邀请来自世界各地的高等教育及其他领域的领袖分享真知灼见,约30名来自全球一流大学的校长在大会上发言。吴朝晖做了题为《浙江大学:创建世界一流的综合性的创新研究型大学》的演讲,介绍了浙大的建校历史、办学规模、办学理念和国际化发展战略等,重点介绍了浙江大学以创新创业为特色的教学体系和海宁国际校区、紫金众创小镇、产学研基地等重大创新项目,并希望与全球高校开展在创业创新领域的交流与合作。

【签署《绿色大学联盟合作协议书》】 9月30日,香港中文大学、南京大学、台湾"中央"大学、浙江大学、北京师范大学及台湾成功大学在香港中文大学签署《绿色大学联盟合作协议书》。同时,共同举办绿色大学联盟研讨会。研讨会以"绿色校园建设"为主题,就校园规划、建设及可持续发展等议题展开交流。

浙江大学年鉴

浙江大学 2016 年接待港澳台地区主要来访团组(人员)

日期	来访团组(人员)名称	主要活动内容
3 月 8 日	香港大学协理副校长岑美霞	商讨两校科研合作
7 月 31 日	2016 年香港高校法律专业学生内地暑期实习班	参加在杭的岗位实习活动
10 月 21 日	香港科技大学人文社会科学院院长李中清	推动两校的"环球中国研究"课程 3+1 项目
11 月 28 日	吴大猷学者交流计划工作座谈会	总结 2016 年情况、规划 2017 年工作
12 月 16 日	香港乐善堂王仲铭中学师生	了解浙大历史、办学条件和发展情况
12 月 22 日	香港大学何立仁副校长率代表团	商讨两校开展双向、多层次、全方位的学生交流

(刘郑一撰稿 李 敏审稿)

合作办学

【概况】 国际联合学院(海宁国际校区)进入实质性办学阶段,浙江大学爱丁堡大学联合学院(以下简称 ZJE)、浙江大学伊利诺伊大学厄巴纳香槟校区联合学院(以下简称 ZJUI)两家联合学院于 2 月被教育部批准设立,并于 9 月招生开学。校区一期建设工程 11.18 万平方米已于 8 月启用。

海宁国际校区依托合作办学机构引进高层次人才,包括 ZJUI 执行院长 Philip Krein 院士,书院首任院长徐立之院士,国际联合学院副院长 K. C. Ting 教授,ZJE 执行院长 John Stewart 教授等;聘请哥伦比亚大学生物医学工程系终身教授 Kam W. Leong 为名誉教授。按合作伙伴招聘流程和标准,以全球招聘和合作方派出的方式组建教师队伍,其中 ZJUI 有 12 名(外籍教师 9 名)、ZJE 有 20 名(外籍教师 4 名)专兼职教师承担第一学年专业教学任务,第一学期开设的课程中由外教担任主讲的课占 67%,并招聘 3 名资深外籍教师承担英语教学任务。人才培养模式和教育教学模式与国际接轨,参照合作方的学术要求和标准制订生物医学、电气工程、计算机工程专业培养方案;确定"总则+分则"的基本教学管理制度框架,制定《浙江大学国际联合学院学生学籍管理细则》及 ZJE 和 ZJUI 两个分文件。引进、建设 PeopleSoft 校园解决方案、"Syllabus+排课"与教学资源优化管理系统和 Blackboard 课程平台,初步建立与国际接轨的教学教务信息平台。初步形成小班化教学,外教主导授课,全英文授课,整合课堂讲授、小组辅导、讨论、实验等多种教学方法的教学模式。依托书院,探索构建由书院院长、资深导师、辅导员(学业导师)、兼职导师、生活导师组成的导师队伍,构建成融思想引领、学业指导、养成教育、生活支持、社团活动等于一体,有利于学生全面发展的学生社区和支持环境。各联合学院遵照《中外合作办学条例》与联合学院章程的要求相对独立地开展教育教学活动,初步形成"一院一制"的合作办学机制。

浙江大学于 2014 年初与英国帝国理工学院启动联合培养研究生项目,至 2016 年底共派出 82 名联合培养研究生,培养方向覆盖 12 个院系。浙江大学和英国帝国理工学院根据协议已启动在帝国理工白城校区建设浙江大学伦敦中心项目。与宾夕法尼亚大学、北京大学签署共建中美商学院合作谅解备忘录,形成初步建设方案,完成相关合作协议和章程的起草工作,准备于 2017 年启动全英文、全留学生的"创新、创业与全球领导力(PIEGL)"硕士项目。

【浙江大学爱丁堡大学联合学院(ZJE)开学】 该学院于 2 月 1 日获得教育部批准设立,并于 9 月 11 日开学。该学院立足两校优势学科,以再生医学、感染与免疫、肿瘤等为主要发展方向。2016 年开设生物医学本科专业,招收本科生 22 名,博士研究生 3 人。由中外方代表组成的浙江大学爱丁堡大学联合管理委员会(JMC)是 ZJE 成立的办学最高决策机构,研究学院办学和管理等重大问题。形成以联合学院院务会(Executive Meeting)为主,各分管院长分工合作的日常决策与运行机制。形成了"JMC确定招聘计划—在 UoE(英国爱丁堡大学)人事系统发布信息—双方共同进行初筛—送请专家外评—双方共同组织面试—结果征求双方学校意见后由 JMC 决定录用"人事招聘流程。

【浙江大学伊利诺伊大学厄巴纳香槟校区联合学院(ZJUI)开学】 该学院于 2 月 1 日获得教育部批准正式设立,并于 9 月 11 日开学。该学院整合两校工科优势,重点发展"工程与系统科学研究""信息系统与数字科学研究""能源、环境与基础设施工程科学研究"3 个交叉学科。2016 年开设电气工程及其自动化、电子与计算机工程 2 个本科专业,招收本科生 30 人,博士研究生 4 人。ZJUI 采取学科工作小组制度,与 UIUC(美国伊利诺伊大学厄巴纳香槟校区)合作院系及浙大相关学院设立学科联络人与工作小组,定期召开学科联络人会议,形成联合学院、主校区、美方合作院系的三方联动。ZJUI 实行终身教职(Tenure Track),参照伊利诺伊大学厄巴纳香槟校区的全球教师招聘和甄选程序,组建两校教师遴选委员会(Faculty Search Committee)开展全球招聘。

(张燕青撰稿 诸葛洋审稿)

【与沃顿商学院签署谅解备忘录】 浙江大学、美国宾夕法尼亚大学沃顿商学院和北京大学于 1 月签署谅解备忘录,共建中美商学院,主要开展社科领域的人才培养和科学研究。10 月 11 日,浙大代表团到访沃顿商学院,与该院院长 Geoffrey Garrett 就浙大—沃顿—北大中美商学院筹建进程中双方关注的机构名称、学位项目、师资选聘、财务安排等重点问题进行了友好的磋商,探讨了合作的具体模式。

(潘孟秋撰稿 李 敏审稿)

校友工作

【概况】 召开浙江大学校友总会 2016 年常

务理事会(扩大)会议和全球各地校友会秘书长会议,推进 120 周年校庆相关筹备工作。提出"全球同庆"举办一场庆祝活动、提供一份校友名单、带回一句感人祝福、献上一份真挚心意、刊登一篇广而告之等五项具体工作要求。推出"聚沙成塔"网上捐赠活动平台,截至 2016 年底上线捐赠项目27 个,参与捐赠5,000 余人次,捐赠总额达200 多万元。

指导衢州市求是科技联合会、潍坊校友会成立,镇江、日本、天津、徐州、镇江、河南、意大利、北美等地方校友会完成换届。海外北美、欧洲、亚太、国内东、西、南、北四大片区联谊年会如期举行,地方校友会联谊会交流平台作用日趋凸显。

指导地球科学学院校友分会、数学科学学院校友分会、光华法学院校友分会、化学工程与生物工程学院校友分会成立,院系分会达到 34 个。同时,院系分会积极融入地方校友会,根据行业兴趣开展各类校友联谊活动。外语学院成立了法语专业校友联谊会、北京校友联谊会、宁波校友联谊会。推动校友桥牌俱乐部、校友书画社、求是缘半导体俱乐部规范化管理。积极推动值年校友返校计划,返校登记在册的校友有近7,000 人次,其中发放毕业(入学)50 周年荣誉证书近3,000 本,深受校友欢迎。

浙大校友网注册人数近64,000 人,微信公众平台关注人数超23,000 人,努力做到信息每日推送。积极推动院系"班级微信群体系"建设,31 个院系建立了班级联络员微信群,初步统计联系校友近 5 万人。建立了各类校友工作微信群,加强与地方校友会日常沟通,及时传递工作信息和有效掌握各地校友会近况。继续办好办精一年四期的《浙大校友》,每期发行量达 2 万册。

作为中国高教学会校友工作研究分会会长单位,发展 25 家高校校友工作单位入会,会员总数达 338 家。组织召开分会常务理事会、全国高校校友工作干部培训班两期。组织召开分会第四届会员代表大会暨全国高校校友工作第 23 次研讨会,大会推选浙江大学连任分会会长单位,罗卫东副校长担任分会会长,胡炜担任分会常务副会长兼秘书长;浙江大学校友总会荣获"第四届高校校友工作优秀单位"荣誉称号。

继续办好"缘定浙大"校友集体婚礼、"大学之声"新年音乐会、地方校友会"送新迎新系列活动"(欢送新生和迎接新校友)、校友桥牌赛、浙大学子走访校友行、班级联络员聘任等特色品牌活动,组织或参加各类重要活动 10 余项(详见附录)。

【浙江大学校友总会 2016 年常务理事会(扩大)会议】 于 5 月 21 日在紫金港校区召开。来自海外 11 个国家以及国内 25 个省(市、自治区、特别行政区)地方校友会的共计 81 名负责人参会。校党委书记金德水致辞,校友总会会长、校长吴朝晖做专题报告,校友总会秘书长胡炜做年度工作回顾。会议还对 120 周年校庆"全球同庆"重点活动,如美国、意大利等国家和香港、北京、上海、贵州(湄潭)、深圳等主要城市的活动方案进行介绍和讨论,并提出"五个一"具体工作要求。会议同时展示了"聚沙成塔"众筹捐赠平台和全球校友活动平台。校友总会校友工作促进委员会在本次会议上成立。

【浙江大学校友总会上市公司企业家校友联谊会成立】 5 月 28 日,联谊会成立仪式在紫金港校区校友活动中心举行,来自全国各地以及海外的 50 余家上市公司的 60 余位企业家校友与会,校党委书记金德水、校长吴朝晖出席会议,副校长罗卫东主持会议。

会议审议通过了联谊会的章程、成员名单、执行机构人员名单。网新集团董事长赵建和校友总会秘书长胡炜担任执行会长,校党委书记金德水、中国上市公司协会会长王建宙被聘请担任名誉会长。

【浙江大学全球各地校友会秘书长会议暨2016年南部地区校友会联谊会年会】 于12月17日在广东珠海召开。校友总会会长、校长吴朝晖,校友总会秘书长胡炜,120周年校庆筹委会秘书长张美凤等出席会议。全球各地校友会秘书长、南部地区校友会的校友代表等共100多人参加此次会议。会议以学校120周年校庆有关工作为主要议题,重点讨论了全球同庆活动的筹备情况,举行了"浙江大学120周年校庆大使"聘任仪式,聘任百余位全球各地校友会秘书长为第三批校庆大使。

【附录】

2016 年浙江大学校友工作重要活动

序号	时间	活动主题	地点
1	1月1日	2015"大学之声"第八届浙江大学新年音乐会	杭州剧院
2	1月27日	在杭企业家校友座谈会	浙江大学紫金港校区
3	3月29日	浙江大学部分地方校友会负责人会议	浙江大学紫金港校区
4	4月9日	亚太地区校友会联谊会第二届年会暨日本校友会成立十周年庆典	日本东京
5	4月24日	浙江大学校友书画社作品展	河南洛阳
6	4月26日	2016届毕业班级联络员聘任仪式	浙江大学紫金港校区
7	4月30日	"缘定浙大"2016校友集体婚礼	浙江大学紫金港校区
8	5月21日	浙江大学校友总会2016年常务理事会(扩大)会议	浙江大学紫金港校区
9	5月28日	浙江大学校友总会上市公司企业家校友联谊会成立	浙江大学紫金港校区
10	6月17日	浙大学子2016走访校友启动仪式	浙江大学紫金港校区
11	6月25日	第四届浙江大学校友桥牌邀请赛	江苏苏州
12	6月26日	华东地区校友会联谊会第十二次年会暨"同心携手共创一流"创新创业主题论坛	江苏苏州
13	8月20日	2016年北部地区校友会联谊会年会	河南郑州
14	9月24日	西部地区校友会联谊会2016年年会	宁夏银川

浙江大学年鉴

序号	时间	活动主题	地点
15	9 月 24 日	迎庆母校建校 120 周年暨北美校友会第 40 届年会	美国北加州
16	10 月 7 日	第三届欧洲浙江大学校友会联谊会年会	德国慕尼黑
17	12 月 17 日	浙江大学全球各地校友会秘书长会议暨 2016 年南部地区校友会联谊会年会	广州珠海

（周陈伟撰稿　吴　晨审稿）

院系基本情况

人文学院

【概况】 人文学院现设中国语言文学系、历史学系、哲学系、艺术学系、文物与博物馆学系5个系，古籍研究所、韩国研究所等18个研究所及23个校级研究中心。其中，汉语史研究中心为教育部人文社科重点研究基地，语言与认知研究中心、基督教与跨文化研究中心为"985工程"国家哲学社会科学创新基地，浙江文献集成编纂中心、宋学研究中心为浙江省哲学社会科学重点研究基地。

学院拥有哲学、中国语言文学、中国史、考古学、世界史等5个浙江省一流学科和浙江大学一流骨干基础学科，其中中国语言文学、哲学、考古学、世界史为一级学科博士学位授权点；有中文、历史等2个教育部基础学科科学研究和人才培养基地，中国古典文献学1个二级学科国家重点学科，外国哲学1个国家重点培育学科，中国古代文学、汉语言文字学、中国古典文献学、中国史、外国哲学等10个浙江省重点学科。

建有中国语言文学、哲学、中国史、世界史、考古学等5个博士后流动站，拥有中国古典文献学、中国古代文学、中国古代史、外国哲学等18个博士学位授予权和中国古代文学、中国史、世界史、外国哲学等23个硕士学位授予权，设汉语言文学（含影视与动漫编导方向）、古典文献学、编辑出版学、历史学、哲学、视觉传达设计、环境设计、美术学、文物与博物馆学9个本科专业。

现有在职教职工207人，其中正高级职称人员86人（2016年新增3人）、副高级职称人员72人（2016年新增7人），博士生指导教师105人（2016年新增9人）、硕士生指导教师150人（2016年新增7人）。2016年，新增教育部"长江学者"青年学者1人；引进和选留教职工11人，其中浙江大学"文科领军人才"4人、"百人计划"3人。在站博士后研究人员达50余人，8人获得中国博士后科学基金。

2016年，招收博士研究生81人（含外国留学生7人）、硕士研究生142人（含外国留学生20人）。2015级本科生确认人文学院主修专业243人（含留学生20人），

附表　2016 年度人文学院基本情况

项目	数据	项目	数据
教职工总数/人	207	获国家级科技奖项目数/项	0
教授数/人	86	获国家级教学成果奖数/项	0
副教授数/人	72	SCI 入选论文数/篇	9
具有博士学位的教师比例/%	85	EI 入选论文数/篇	5
浙江大学文科资深教授/人	1	SSCI 入选论文数/篇	3
国家"千人计划"入选数/人	0	A&HCI 入选论文数/篇	12
"国家特支计划"入选数/人	0	权威刊物论文数/篇	10
"长江学者"数/人	1	出版专著/部	28
教育部和省级高等学校教学名师奖获得者/人	4	在校本科生数/人	1,099
国家"百千万人才工程"入选数/人	1	在学硕士研究生数/人	261
国家杰出青年基金获得者/人	0	其中:专业学位研究生数/人	39
教育部新(跨)世纪优秀人才培养计划入选数/人	10	在读博士研究生数/人	392
浙江省特级专家/人	3	在校攻读学位的外国留学生数/人	135
浙江省"千人计划"入选者/人	0	应届本科毕业生一次就业率/%	96.15
浙江大学求是特聘教授数/人	8	应届本科毕业生考研录取(出国)率/%	43.27
浙江大学文科领军人才/人	6	应届毕业研究生一次就业率/%	95.15
一、二级学科国家重点学科数/个	1	教师出国交流/人次	70
教育部人文社会科学研究基地数/个	1	学生出国交流/人次	97
国家人才培养基地(含教学、教育基地)/个	2	举办国际学术会议数/次	12
国家精品资源共享课、视频公开课/门	8	社会捐赠经费总额/万元	300
科研总经费/万元	1,086.94		
其中:国家社科基金比重/%	21.47		
纵向经费比重/%	31.85		

2016 级 244 人。毕业本科生 213 人、硕士研究生 117 人、博士研究生 47 人。2016 届毕业研究生一次就业率为 95.15%,本科生一次就业率达到 96.15%,本科生考研录取(出国)率为 43.27%。

人文社科类到款科研经费 864.30 万元,比上年减少 65.13%,其中基金类项目到款 346.15 万元,占总经费的 40.05%;自然科学类到款 222.64 万元。2016 年,获批人文社科类科研项目 29 项,其中国家社科基金 10 项(重大项目 0 项、重点项目 1 项),教育

部各类研究项目 1 项,浙江省规划基金项目 9 项。

2016 年,接待海外专家学者约 80 人次,出国出境交流访学教师约 70 人次。积极开展发展联络、地方合作和校友工作,在浙江教育报刊总社设立学生校外实习基地,与杭州市传统文化促进会进行深度合作,致力于传统文化传承和保护、社会实践基地开发。

【举办"文苑英华·首届浙江大学人文学院师生校友书画展"】　该画展于 1 月 15 日至

浙江大学年鉴

25 日在浙江大学西溪美术馆举办,共展出书画作品 130 余幅,既有马一浮、陆维钊、沙孟海等已故大师的珍贵遗墨,也有历届校友的精品力作,还有离退休老教师和在校师生的佳作,作品风格殊异,精彩纷呈,具有较高的艺术水准,充分展示了学院深厚的人文底蕴和文化传承,体现了学院师生校友的人文素养和艺术风采。

【研究成果入选《国家哲学社会科学成果文库》】 9 月,中文系教授胡可先的《新出石刻史料与唐代文学家族研究》入选 2016 年度《国家哲学社会科学成果文库》。该成果为国家社科基金项目最终研究成果,充分收集了新出石刻特别是墓志当中有关文学家族的资料,深入挖掘唐代重要家族的文学内涵,梳理唐代文学的家族谱系,建构以文学世家为基础的中国文学史,从而推进和深化了中国文学的整体研究。

【举办"教育传承与大学文化"学术论坛】 该论坛于 12 月 16 日在杭州召开,旨在探寻中国大学的发展历史、办学理念和精神文化,彰明大学之道,创新教育思想。在该论坛上,浙江大学、天津大学、上海交通大学、西安交通大学、西南交通大学和北京交通大学各自回顾历史,共同探讨当代中国大学建设的目标、模式、创新和未来。进而更好地理解浙江大学的发展愿景、使命和变革,更扎实地立足当下,实施好"六高强校"战略。校内外专家学者共 40 余人出席了此次会议。

(王国英撰稿　楼含松审稿)

外国语言文化与国际交流学院

【概况】 外国语言文化与国际交流学院(简称外语学院)由英文系、语言与翻译系、亚欧语系 3 个学系组成,设有外国文学研究所、外国语言学及应用语言学研究所、德国文化研究所、翻译学研究所、跨文化与区域研究所等 5 个校级研究所和俄语语言文化研究所、西班牙语语言文化研究所(2016 年新建)等 5 个院级研究所,以及浙江大学当代中国话语研究中心、外语学院语言行为模式研究中心、外语学院法律话语与翻译中心、浙江大学—布里斯托大学语言评价联合研究中心、外语学院中世纪与文艺复兴研究中心(2016 年新建)等 9 个科研机构与平台。

外国语言学为浙江省一流学科。

建有外国语言文学一级学科博士后流动站。拥有外国语言文学一级学科博士学位授予权,涵盖 4 个二级学科博士学位授予权;外国语言文学一级学科硕士学位授予权,涵盖 6 个二级学科硕士学位授予权;英语笔译、教育(学科教学·英语)等 2 个硕士专业学位授权点,以及英语、德语、日语、俄语、法语、西班牙语、翻译等 7 个本科专业。

现有教职工 182 人,其中正高级职称 26 人(2016 年新增 2 人)、副高级职称 62 人(2016 年新增 5 人)、博士研究生导师 31 人(2016 年新增 2 人)、硕士研究生导师 68 人(2016 年新增 5 人)、全职外籍教师 4 人(2016 年新增 1 人)、学科博士后 3 人。此外,有在职博士后工作人员 10 人,外聘教师

14 人(其中外籍 13 人)。

2016 年,招收本科生 188 人(其中专业培养 77 人、大类培养 111 人)、硕士研究生 67 人(其中留学生 1 人)、博士研究生 22 人(其中留学生 1 人),2015 级本科生确认外语学院主修专业 254 人(含留学生 58 人),毕业本科生 144 人、硕士研究生 60 人、博士研究生 11 人。学院留学生规模保持稳定,2016 年学院共有在校攻读学位的本科、硕士、博士留学生 202 人。2016 届本科毕业生一次就业率为 96.43%,毕业研究生一次就业率为 98.55%。

科研总经费 219 万元,其中 2016 年新增项目的到款经费 140 万元;在研科研项目 92 项,其中 23 项为 2016 年新增。新增项目中有国家哲学社会科学基金项目 4 项、浙江省规划项目 2 项。全年入选 SSCI 论文 16 篇、A&HCI 论文 18 篇、SCI 论文 2 篇,发表权威期刊论文 5 篇、一级刊物论文 24 篇;出版学术专著、译著 26 部,编著教材 7 部;获省部级奖项 1 项。邀请国内外著名学者做学术报告 50 场,主办全国性学术会议 6 次。

学院与英国、美国、德国、法国、日本、俄罗斯、加拿大、丹麦等国家,以及中国香港地区的高校有着广泛的交流与合作,有寒暑假文化类课程交流项目 6 项、交换生项目 11 项、学位项目 5 项(其中 2016 年新增与英国巴斯大学口译硕士合作项目、美国夏威夷大学马诺阿分校 3+2 二语习得硕士衔接项目)。2016 年,全院教师出国(境)交流共 11 人次,本科生出国(境)交流学习 139 人次、研究生出国(境)交流学习 52 人次,主办国际学术会议 3 次。

【翻译学家许钧受聘浙大文科资深教授】
2016 年 9 月 13 日,教育部"长江学者"特聘教授、翻译学家许钧受聘浙江大学文科资深教授、全职加盟外语学院,是浙江大学启动实施学术大师汇聚工程以来引进的首位学术大师。许钧教授在翻译理论研究领域有重要建树,在国内外翻译界具有重要影响,担任 A&HCI 刊物 META 编委,联合国教科文组织主办的 SSCI 刊物 BABEL 编委,以及包括《外语教学与研究》《外国语》《外国文学》等在内的十余种国内学术刊物的编委或顾问。其著作《二十世纪法国文学在中国的翻译与接受》获江苏省第十一届哲学社会科学优秀成果一等奖(2011 年),《翻译学概论》获全国高校哲学社会科学优秀成果奖二等奖(2013 年)。近五年来,独立与合作发表 CSSCI 论文近 30 篇,出版专著 5 部,出版社科与文学译著 8 部。他所指导的 2 篇博士学位论文入选全国优秀博士学位论文,所培养的博士生先后有 4 人入选教育部新世纪优秀人才计划。

【2 位诺贝尔文学奖得主做客浙江大学】
2016 年 5 月 24 日,2008 年诺贝尔文学奖得主、法国作家勒·克莱齐奥与 2012 年诺贝尔文学奖得主、中国作家莫言做客浙江大学。勒·克莱齐奥是 20 世纪后半期法国新寓言派代表作家之一,也是现今法国文坛的领军人物之一;莫言是第一个获得诺贝尔文学奖的中国籍作家。当日上午,勒·克莱齐奥与莫言受邀在浙江大学紫金港校区"诺贝尔林"种下了珍贵的纪念树;下午,勒·克莱齐奥与莫言两位文学巨匠之间以"文学与教育"为主题展开对话,对话活动受到浙江大学师生与社会各界人士的高度关注与热烈参与。

【"2030 学科畅想"暨高层学术论坛举行】
2016 年 12 月 9 日,浙江大学东方论坛—外语学院"2030 学科畅想"暨高层学术论坛在

项目	数据	项目	数据
教职工总数/人	182	获国家级科技奖项目数/项	0
教授数/人	26	获国家级教学成果奖数/项	0
副教授数/人	54	SCI 入选论文数/篇	2
具有博士学位的教师比例/%	54	EI 入选论文数/篇	2
浙江大学文科资深教授/人	1	SSCI 入选论文数/篇	16
国家"千人计划"入选数/人	0	A&HCI 入选论文数/篇	18
"国家特支计划"入选数/人	0	权威刊物论文数/篇	5
"长江学者"数/人	2	出版专著/部	11
教育部和省级高等学校教学名师奖获得者/人	1	在校本科生数/人	773
国家"百千万人才工程"入选数/人	1	在学硕士研究生数/人	182
国家杰出青年基金获得者/人	0	其中:专业学位研究生数/人	26
教育部新(跨)世纪优秀人才培养计划入选数/人	3	在读博士研究生数/人	104
浙江省特级专家/人	0	在校攻读学位的外国留学生数/人	202
浙江省"千人计划"入选者/人	0	应届本科毕业生一次就业率/%	96.43
浙江大学求是特聘教授数/人	2	应届本科毕业生考研录取(出国)率/%	55
浙江大学文科领军人才/人	1	应届毕业研究生一次就业率/%	98.55
一、二级学科国家重点学科数/个	0	教师出国交流/人次	11
教育部人文社会科学研究基地数/个	0	学生出国交流/人次	191
国家人才培养基地(含教学、教育基地)/个	0	举办国际学术会议数/次	3
国家精品资源共享课、视频公开课/门	1	社会捐赠经费总额/万元	64.94
科研总经费/万元	219		
其中:国家社科基金比重/%	39.27		
纵向经费比重/%	68.49		

紫金港校区举行。出席本次论坛的嘉宾包括清华大学教授、教育部"长江学者"特聘教授、欧洲科学院院士王宁,北京外国语大学教授、国务院学位委员会外语学科评议组成员、《外语教学与研究》主编王克非,上海外国语大学教授、《外国语》主编束定芳,浙江大学文科资深教授、教育部长江学者特聘教授、国务院学位委员会外语学科评议组召集人许钧,浙江大学求是特聘学者、社会科学研究院院长何莲珍,浙江大学文科领军人才、外语学院院长程工。众多专家齐聚外语学院,共同探讨浙大外语学科的发展,共谋

一流学科的建设愿景与思路。

(高晓洁撰稿　姚娅萍审稿)

传媒与国际文化学院

【概况】 传媒与国际文化学院(以下简称传媒学院)由新闻与传播学系、国际文化学系、影视艺术与新媒体学系组成,设有传播、新闻传媒与社会发展、广播电影电视、美学与批评理论、国际文化和社会思想等 5 个研究

所,建有浙江省传媒与文化产业研究中心、浙江省娱乐与创意产业研究中心等2个研究中心及浙江大学影视制作与传播中心、浙江大学中国海洋文化传播研究中心、浙江大学数字未来与媒介社会研究平台、浙江大学世界艺术研究中心(2016年新增)、浙江大学外语传媒出版质量研究中心(2016年由外语学院转入)。

新闻传播学是浙江省一流学科,传媒实验教学中心是浙江省重点实验室、浙江省示范实验教学中心,广播电视、新闻与传播专业学位实验基地是浙江大学扶持的示范实验基地,"浙江大学—浙广集团新闻传播学类文科实践教育基地"是教育部部属高校国家大学生校外实践教育基地。

学院拥有新闻传播学一级学科博士学位授予权,美学二级学科博士学位授予权;美学、新闻学、传播学、电视电影与影视传播学二级学科硕士学位授予权;广播电视、新闻与传播、汉语国际教育3个专业学位硕士授权点,以及汉语国际教育、新闻学、广告学、广播电视学4个本科专业和各类继续教育专业,已形成了博士、硕士、本科和继续教育的完整教学体系。

现有教职工67人(2016年新增3人),其中教授16人(2016年新增2人)、副教授29人、博士研究生导师21人(2016年新增1人)、硕士研究生导师50人(2016年新增3人)、专业硕士校外兼职导师54人(2016年新增2人),学科博士后3人。另有在职博士后5人、企业博士后3人。

2016年,招收博士研究生21人、硕士研究生77人,2015级本科生126人确认主修专业进入传媒学院学习,毕业本科生124人、硕士研究生70人、博士研究生15人。2016届本科毕业生一次就业率为99.17%,毕业研究生一次就业率为96.2%。

到款科研总经费1,605.316万元,较上年增长25%。在研项目168项,较上年增长2.4%;2016年新立项科研项目38项。出版专著9部,译著5部,发表权威及核心刊物论文49篇,其他论文112篇,被SSCI收录论文2篇、A&HCI收录论文2篇、EI收录论文1篇。

2016年5月,承办了2016中国新媒体传播学年会;2016年6月,与宾夕法尼亚大学安纳伯格传播学院、威斯康星大学大众传播艺术系联合主办第二届传播与公共性国际会议;2016年6月,与宾夕法尼亚大学安纳伯格传播学院、威斯康星大学传播艺术系、威斯康星大学新闻与大众传播学院联合主办"文化研究:仪式·展演·空间"——第八届浙江大学"国际前沿传播理论与研究方法"高级研修班;2016年9月,与中华美学学会联合主办第五届马克思主义美学国际会议。

【*Communication and the Public* 创刊】
《传播与公共性》(*Communication and the Public*)创刊于2016年3月,是浙江大学传媒与国际文化学院的官方学术季刊,由SAGE(赛吉出版公司)出版,该刊一年出版4期,面向全球发行。该刊由威斯康星大学传播艺术系教授、浙江大学传媒与国际文化学院讲座教授潘忠党和宾夕法尼亚大学安纳伯格传播学院副教授杨国斌担任创刊联合主编,来自全球各个地区的52位顶尖学者担任编委,是中国新闻传播学领域第一本真正同行评议的英文学术期刊。

【举办首届全国大学生电视节目策划大赛】
本次大赛于2016年4月举行。大赛由浙江大学传媒与国际文化学院、浙江广电集团联合主办。大赛共计收到307件有效参赛

附表　2016 年度传媒与国际文化学院基本情况

项目	数据	项目	数据
教职工总数/人	67	获国家级科技奖项目数/项	0
教授数/人	16	获国家级教学成果奖数/项	0
副教授数/人	29	SCI 入选论文数/篇	0
具有博士学位的教师比例/%	69.81	EI 入选论文数/篇	1
浙江大学文科资深教授/人	1	SSCI 入选论文数/篇	2
国家"千人计划"入选数/人	0	A&HCI 入选论文数/篇	2
"国家特支计划"入选数/人	0	权威刊物论文数/篇	4
"长江学者"数/人	1	出版专著/部	9
教育部和省级高等学校教学名师奖获得者/人	0	在校本科生数/人	450
国家"百千万人才工程"入选数/人	0	在学硕士研究生数/人	169
国家杰出青年基金获得者/人	0	其中:专业学位研究生数/人	130
教育部新(跨)世纪优秀人才培养计划入选数/人	1	在读博士研究生数/人	94
浙江省特级专家/人	0	在校攻读学位的外国留学生数/人	178
浙江省"千人计划"入选者/人	0	应届本科毕业生一次就业率/%	99.17
浙江大学求是特聘教授数/人	2	应届本科毕业生考研录取(出国)率/%	54
浙江大学文科领军人才/人	0	应届毕业研究生一次就业率/%	96.2
一、二级学科国家重点学科数/个	0	教师出国交流/人次	26
教育部人文社会科学研究基地数/个	0	学生出国交流/人次	74
国家人才培养基地(含教学、教育基地)/个	0	举办国际学术会议数/次	4
国家精品资源共享课、视频公开课/门	0	社会捐赠经费总额/万元	36.04
科研总经费/万元	1,605.3		
其中:国家社科基金比重/%	1.48		
纵向经费比重/%	8.21		

作品,由 5 位高校教授代表和 5 位浙江广电集团资深电视人担任评委,最终评选出一、二、三等奖共 10 件参赛作品。本次参赛院校几乎涵盖国内所有"985 高校"和传媒专业院校,此外澳门科技大学、台湾世新大学也派员参与。

（刘　烨撰稿　王玲玲审稿）

经济学院

【概况】　经济学院由经济学系、金融学系、国际经济学系、财政学系等 4 个系组成,设有经济研究所、产业经济研究所、金融研究所、证券期货研究所、国际经济研究所、国际商务研究所、公共经济与财政研究所、法与经济研究所等 8 个研究所,建有教育部人文社科重点研究基地和国家哲学社会科学创新研究基地(A类)"浙江大学民营经济研究中心"、国家哲学社会科学创新研究基地(B类)"浙江大学跨学科研究中心"、浙江省社会科学重点研究基地"浙江大学区域经济开放与发展研究中心"、浙江大学金融研究院、浙江大学江万龄国际经济与金融投资研究中心、浙江大学儒商与东亚文明研究中心、浙江大学不动产投资研究中心、浙江大学一诺丁汉大学中国与全球经济政策研究中心、浙江大学法律经济研究中心、浙江大学中国跨境电子商务(综合试验区)研究院、浙江大学经济学院信息经济与智慧城市发展研究中心等多个研究机构。学院教学辅助设施齐全,建有实验经济学、电子商务、金融等实验室,以及万得数据库、中国企业工业数据库、BVD数据库、经济合作与发展组织数据库、世界银行在线图书馆数据库、国际货币基金组织数据库等多个专业性数据库。

政治经济学为国家重点(培育)学科,理论经济学为浙江省一流学科。

学院建有理论经济学、应用经济学2个博士后流动站,拥有理论经济学、应用经济学2个一级学科博士学位授予权和政治经济学、西方经济学等13个二级学科博士学位授予权,2015年新增财政学、区域经济学、互联网金融学3个二级学科博士学位授予权;具有理论经济学和应用经济学2个一级学科硕士学位授予权,金融、国际商务、税务3个专业学位硕士学位授予权;设有经济学、金融学、国际经济与贸易、财政学、电子商务等5个本科专业和1个金融学试验班,2016年与竺可桢学院联合招收金融学+数学双学位班新生。

现有教职工114人,包括专任教师95人。其中,教授32人(2016年新增1人)、副教授

38人(2016年新增3人);博士研究生导师55人(2016年新增9人,其中其他学院12人、外校兼职6人),硕士研究生导师117人(2016年新增9人,其中其他学院40人、外校兼职6人)。2016年,学院新增浙江大学文科领军人才1人,享受政府特殊津贴2人;获宝钢优秀教师奖1人,浙江大学永平教学贡献奖1人、唐立新优秀学者奖1人,仲英青年学者2人。

2016年,2015级本科生主修专业确认323人(其中留学生66人)、2016级本科生主修专业确认324人(其中留学生99人),招收硕士研究生188人(含留学生16人)、博士研究生37人(含留学生2人)。

全院科研经费达1,223.5万元,获批教育部哲学社会科学研究重大课题攻关项目2项、国家社科基金重点项目1项、国家自科基金面上项目3项、国家自科基金青年项目1项;出版专著6部;发表权威刊物13篇,被SSCI收录论文25篇、SCI收录8篇;主办国际学术会议9次。

学院积极推动师生对外进行学术交流。全年教师出访32批共50人次,学生出国交流152人次;接待来访专家75批共145人次;与法国图卢兹大学经济学院、台湾大学社会科学院、法律学院等签订了合作协议。

【获浙江省教学成果奖一等奖】 2016年10月26日,黄先海、潘士远、陆菁、顾国达、朱柏铭、杨晓兰、范良辉申报的"以'五提升双对接'为抓手,构建经济学人才培养的质量提升与保障体系"获奖。这是四校合并后,经济学院首次获得的省级教学成果一等奖,实现了零的突破,也充分说明了学院本科教育教学改革及教育教学质量获得了广泛认可和好评。

【新增浙江大学文科领军人才】 12月8日,

附表　2016年度经济学院基本情况

项目	数据	项目	数据
教职工总数/人	114	获国家级科技奖项目数/项	0
教授数/人	32	获国家级教学成果奖数/项	0
副教授数/人	38	SCI入选论文数/篇	8
具有博士学位的教师比例/%	67.4	EI入选论文数/篇	0
浙江大学文科资深教授/人	1	SSCI入选论文数/篇	25
国家"千人计划"入选数/人	2	A&HCI入选论文数/篇	0
"国家特支计划"入选数/人	0	权威刊物论文数/篇	13
"长江学者"数/人	1	出版专著/部	6
教育部和省级高等学校教学名师奖得者/人	2	在校本科生数/人	970
国家"百千万人才工程"入选数/人	2	在学硕士研究生数/人	324
国家杰出青年基金获得者/人	0	其中:专业学位研究生数/人	225
教育部新(跨)世纪优秀人才培养计划入选数/人	5	在读博士研究生数/人	217
浙江省特级专家/人	0	在校攻读学位的外国留学生数/人	194
浙江省"千人计划"入选者/人	3	应届本科毕业生一次就业率/%	96.1
浙江大学求是特聘教授数/人	2	应届本科毕业生考研录取(出国)率/%	62.6
浙江大学文科领军人才/人	1	应届毕业研究生一次就业率/%	100
一、二级学科国家重点学科数/个	0	教师出国交流/人次	50
教育部人文社会科学研究基地数/个	1	学生出国交流/人次	152
国家人才培养基地(含教学、教育基地)/个	0	举办国际学术会议数/次	9
国家精品资源共享课、视频公开课/门	1	社会捐赠经费总额/万元	1,094.4
科研总经费/万元	1,223.5		
其中:国家社科基金比重/%	5		
纵向经费比重/%	38		

学院首次引进的浙江大学文科领军人才——葛嬴教授到岗。葛嬴在加拿大多伦多大学取得博士学位后回国工作,已在世界知名的经济学期刊上发表论文近20篇,并主持了国家自然科学基金重点项目及国家和省部级项目多项,系教育部"新世纪优秀人才",是我国从事国际贸易学研究的顶尖人才,将为学院国际贸易学科的发展起到重要的学术领军作用。

【设立泰然互联网金融教育基金】 1月8日,泰然金融集团与学院签署协议,出资1亿元设立该基金,主要用于促进经济学院金融学科、互联网金融分院的学科发展和人才培养,其中包括设立"泰然学者、泰然教授"职位、研发高水平的互联网金融教材、举办应用型互联网金融论坛、师生国际交流、实习实践等教研活动等。泰然集团是一家致力于以互联网技术开发和大数据处理应用为基础的,专注于为中国中小企业及个人提供全方位品质生活服务的新兴多元化互联网企业。

（宗　晔撰稿　黄先海审稿）

光华法学院

【概况】 光华法学院坐落于全国重点文物保护单位浙江大学之江校区,占地 43.59 公顷,是国内第一家拥有独立校区的法学院。学院现有法理与判例研究所、公法与比较法研究所、民商法研究所、国际法研究所、经济法研究所、刑法研究所、诉讼法研究中心等"6+1"校级研究所,建有浙江省法制研究所、浙江大学司法鉴定中心、浙江大学亚洲法律研究中心、浙江大学法治研究中心、浙江大学律师实务研究中心、浙江大学气候变化法律研究中心、浙江大学海洋法律与治理研究中心、浙江大学光华法学院环境资源能源法律研究中心、浙江大学司法文明协同创新中心、浙江大学中国地方治理与法治发展研究中心、浙江大学光华法学院互联网法律研究中心、浙江大学科技与法律研究中心、浙江大学国际战略与法律研究院(筹)、浙江大学光华法学院国际融资及并购研究中心(2016 年新增)、浙江大学光华法学院跨行政区划审判研究中心(2016 年新增)等研究机构。应用型复合型法律职业人才教育培养基地和涉外法律人才教育培养基地为国家级首批"卓越法律人才教育培养"基地。

学院拥有法学一级学科硕博学位授予权,另有法律硕士(JM)专业学位授权点、自主设置目录外二级学科海洋法学硕博学位授权点、司法文明博士学位授权点,具有专门招收国际学生的中国法硕博点(LL. M.[①]

和 SJD[②])。宪法学与行政法学是国家重点(培育)学科,民商法学是浙江省一流学科。

2016 年,招收硕士研究生 134 人(含在职、LL. M.)、博士研究生 42 人(含 SJD,不含在职),2015 级本科生 144 人确认主修法学院的专业,毕业本科生 131 人、硕士研究生 102 人、博士研究生 16 人。

全院现有教职工 79 人,其中专任教师 65 人,正高级职称人员 30 人(2016 年新增 4 人),副高级职称人员 21 人。2016 年新增教育部"长江学者"青年学者 2 人、浙江省有突出贡献中青年专家 1 人、浙江省"151 人才"重点资助 1 人、仲英青年学者 1 人、浙大求是青年学者 2 人。

本科生教育坚持课堂教育和训练教育相结合的原则,实行基础宽厚与口径专精相结合的"宽、专、交"人才培养模式。研究生教育以培养复合型、职业型、创新型、国际型人才为目标。全面实施卓越法律人才培养计划,新增 20 余位实务导师。继续推进与滨江法院开展的法官助理制度,选派 15 名学生担任法官助理。建立最高人民法院实习生制度。学院法学硕士实践教学改革获得了校级教学成果奖一等奖;1 人获浙江省教育系统"三育人"先进个人;1 人获2016 年度浙江大学唐立新教学名师奖;2 人获2016 年度浙江大学优质教学奖;1 人获浙江大学青年教师教学竞赛优胜奖。

2016 年学院科研到款 711.48 万(含司法文明专项经费)。各类立项共 42 项,其中国家级立项 6 项,省部级 10 项。出版、发表各类科研成果总计 174 部(篇),其中专著 11 部,译著1部,教材10部,权威期刊论文9篇,

---

① LL. M. 为拉丁语 Legum Magister 的缩写,代表法学硕士(Master of Law),是一年制的法学进阶课程。

② SJD 为 Doctor of Judical Science 的缩写,是二至四年的学位博士,一般以法学研究为主方向。

项目	数据	项目	数据
教职工总数/人	79	获国家级科技奖项目数/项	0
教授数/人	30	获国家级教学成果奖数/项	0
副教授数/人	21	SCI 入选论文数/篇	1
具有博士学位的教师比例/%	81.5	EI 入选论文数/篇	0
浙江大学文科资深教授/人	2	SSCI 入选论文数/篇	2
国家"千人计划"入选数/人	2	A&HCI 入选论文数/篇	0
"国家特支计划"入选数/人	2	权威刊物论文数/篇	9
"长江学者"数/人	2	出版专著/部	11
教育部和省级高等学校教学名师奖获得者/人	0	在校本科生数/人	551
国家"百千万人才工程"入选数/人	0	在学硕士研究生数/人	801
国家杰出青年基金获得者/人	0	其中:专业学位研究生数/人	699
教育部新(跨)世纪优秀人才培养计划入选数/人	5	在读博士研究生数/人	135
浙江省特级专家/人	0	在校攻读学位的外国留学生数/人	48
浙江省"千人计划"入选者/人	0	应届本科毕业生一次就业率/%	97.22
浙江大学求是特聘教授数/人	0	应届本科毕业生考研录取(出国)率/%	21.53
浙江大学文科领军人才/人	0	应届毕业研究生一次就业率/%	97.91
一、二级学科国家重点学科数/个	1	教师出国交流/人次	19
教育部人文社会科学研究基地数/个	2	学生出国交流/人次	116
国家人才培养基地(含教学、教育基地)/个	2	举办国际学术会议数/次	9
国家精品资源共享课、视频公开课/门	2	社会捐赠经费总额/万元	383(到款)
科研总经费/万元	711.48		
其中:国家社科基金比重/%	0		
纵向经费比重/%	56.12		

SSCI 论文 2 篇,一级期刊论文 17 篇,核心期刊论文 48 篇。获钱端升奖 1 项,中国法学会奖励 4 项。决策咨询获国家正职级领导人肯定性批示决策建议 1 篇、省部级采纳批示件 6 篇。

进一步推进与世界一流法学院校建立长期稳定的战略合作伙伴关系,接待 25 批次境外来访学者及教授。与杜肯大学法学院、悉尼大学法学院等海外高校新签订 5 份合作协议。共举办法治与改革国际高端论坛(2016)等 9 场高水平的国际会议。派出 116 名学生赴境外交流,其中交换生 31 人。

【召开 2016 年互联网法律大会】　11 月 19 日至 20 日,由浙江大学光华法学院和阿里巴巴集团主办,国家"2011 计划"司法文明协同创新中心、浙江省高级人民法院、浙江省人民检察院和浙江省公安厅支持,互联网法律研究中心承办,浙江腾智律师事务所和浙江泽大律师事务所协办,以"古典与现代"为主题的 2016 年互联网法律大会•电子商务法律论坛,在浙江大学之江校区举行,来自最高人民法院、北京大学、清华大学、中国社会科学院等机构的近 200 位各界精英共商互联网法律的未来。

【获国家社科基金重大项目】 11 月，王贵国教授的"'一带一路'倡议的法律供给机制研究"获 2016 年度国家社科基金重大项目立项。项目针对当前"一带一路"构想及实践中涉及的诸多国际法律问题，尤其是区内规则制度和法律体系构建、争端解决机制及路径、法律风险等问题进行系统深入的研究，这一系列研究将直接解答实施"一带一路"倡议所提出的关于当代国际贸易法、国际投资法、国际争端解决、国际关系与全球治理等相关学科领域的新问题和挑战，同时也将为我国与沿线国家国际关系、国际政治和世界经济、国家治理现代化等相关研究领域的交叉学科理论研究提供新的素材和理念，丰富这些学科和领域的内涵并促进其创新发展。

（林　俐撰稿　朱新力审稿）

教育学院

【概况】 教育学院由教育学系、课程与学习科学系、教育领导与政策研究所、体育学系、现代教育技术中心和军事理论教研室 6 个实体机构组成，设有教育部浙江大学基础教育课程研究中心、国家体育总局体育现代化发展研究中心，建有浙江大学中外教育现代化研究所、高等教育研究所、教育科学与技术研究所、体育科学与技术研究所、体能测评与训导基地、教科书研究中心。2016 年，学院对院级研究机构进行重组后，新成立了浙江大学教育学院教育研究与评估中心、数字化学习研究所、体育大数据研究所、学习与认知科学研究中心、体育产业与健康管理研究中心等 5 个研究机构。建有联合国教科文组织"亚太地区教育革新为发展服务"（APEID）浙江大学联系中心、全球大学创新联盟亚太中心（GUNI-AP）秘书处、联合国教科文组织浙江大学创业教育教席、联合国教科文组织中国创业教育联盟四大国际教科研合作平台。

学院拥有教育史 1 个国家重点学科，教育学为浙江省一流学科，教育学为教育部高等学校本科特色专业。

建有教育学一级学科博士后流动站 1 个；拥有教育学、体育学 2 个一级学科博士学位授予权，教育学、体育学 2 个一级学科硕士学位授予权，教育史、比较教育学、高等教育学、教育学原理、课程与教学论、教育技术学、体育人文社会学、体育教育训练学等 8 个二级学科博士学位授予权和 11 个硕士学位授予权，教育博士、教育硕士和体育硕士 3 个专业学位授予权，设有教育学、公共事业管理、运动训练、武术与民族传统体育、体育教育（2016 年恢复招生）、教育科技学体育经济与管理（2016 年暂停招生）7 个本科专业。

2016 年，招收硕士研究生数 62 人、博士研究生 34 人、招收本科生 63 人、2015 级本科生 57 人确认进入教育学院继续学习，毕业本科生 100 人、硕士研究生 55 人、博士研究生 19 人。

现有教职工 128 人。其中，正高级职称人员 30 人（2016 年新增 1 人）、副高级职称人员 40 人（2016 年新增 2 人）、博士研究生指导教师 38 人（2016 年新增 3 人）、硕士研究生指导教师 60 人（2016 年新增 4 人）。2016 年，新增教育部"长江学者"特聘教授 1 人、浙江省"151 人才工程"第二层次 1 人。聘有国内外兼职和客座教授 38 人（其中浙江大学求是讲座教授 2 人，永谦讲座教授 1 人）。

附表　2016 年度教育学院基本情况

项目	数据	项目	数据
教职工总数/人	128	获国家级科技奖项目数/项	0
教授数/人	30	获国家级教学成果奖数/项	0
副教授数/人	34	SCI 入选论文数/篇	1
具有博士学位的教师比例/%	67.80	EI 入选论文数/篇	1
浙江大学文科资深教授/人	1	SSCI 入选论文数/篇	10
国家"千人计划"入选数/人	0	A&HCI 入选论文数/篇	0
"国家特支计划"入选数/人	0	权威刊物论文数/篇	6
"长江学者"数/人	1	出版专著/部	6
教育部和省级高等学校教学名师奖获得者/人	2	在校本科生数/人	487
国家"百千万人才工程"入选数/人	2	在学硕士研究生数/人	897
国家杰出青年基金获得者/人	0	其中:专业学位研究生数/人	812
教育部新(跨)世纪优秀人才培养计划入选数/人	5	在读博士研究生数/人	217
浙江省特级专家/人	1	其中:专业学位研究生数/人	53
浙江省"千人计划"入选者/人	0	在校攻读学位的外国留学生数/人	15
浙江大学求是特聘教授数/人	2	应届本科毕业生一次就业率/%	98.99
浙江大学文科领军人才/人	0	应届本科毕业生考研录取(出国)率/%	32.32
一、二级学科国家重点学科数/个	1	应届毕业研究生一次就业率/%	96.10
教育部人文社会科学研究基地数/个	0	教师出国交流/人次	43
国家人才培养基地(含教学、教育基地)/个	0	学生出国交流/人次	79
国家精品资源共享课、视频公开课/门	0	举办国际学术会议数/次	5
科研总经费/万元	1,010	社会捐赠经费总额/万元	188
其中:国家社科基金比重/%	12.43		
纵向经费比重/%	22.37		

2016 年,学院加强专业学位(在职)研究生教学与管理改革,做好专业学位研究生教育并轨改革,制定《专业学位研究生教学与管理奖励办法(试行)》;完成对学院 5 个本科专业 16 级培养方案的新一轮调整;鼓励教师推进教学改革,获 2016 年浙江省高等教育教学改革项目立项 1 项,浙江省基础教育教学成果奖二等奖 1 项,浙江大学教学成果奖一等奖 3 项、二等奖 2 项;1 名博士生获第十二届中国高教学会优秀博士论文优秀奖;本科生在国内外重大赛事上获 97 金、61 银、55 铜,2 名本科生参加里约奥

运会,其中谢震业获男子 4×100 米第四名、刷新中国短跑纪录。艺术体操队再次获得代表国家出战世界大学生运动会资格;学院赴贵州湄潭滨江阳光教育社会实践团被评为团中央 2016 年"青春公益·美丽中国"大学生暑期专项社会实践活动优秀实践团队之最佳组织团队称号。1 名学生获 2016 年浙江省大学生创新创业大赛创业实践类本研组优胜奖。

科研经费到款 1,010 万元,比上年增长 56.88%;2016 年新增国家级科研项目 7 项(其中国家社会科学基金项目 6 项,批准总

浙江大学年鉴

经费 114 万元。国家自然科学基金项目1项,批准总经费 25 万元);获批省部级项目 8 项;获得第五届全国教育科学研究优秀成果奖 6 项(其中一等奖 1 项、二等奖 3 项、三等奖 2 项);获第十八届浙江省哲学社会科学优秀成果奖 3 项(其中二等奖 2 项,三等奖 1 项);出版学术专著 6 部,译著 3 部,编著 7 部;国内外公开发表学术论文 174 篇(其中权威刊物论文 6 篇,一级刊物论文 32 篇,被 SSCI 收录论文 10 篇,SCI 收录论文 1 篇,EI 收录论文 1 篇)。

全年,师生出国出境交流共计 122 人次,接待境外近 30 个国家与地区来访 130 余人次;举办国际学术会议 5 次;聘请长期外国专家 1 人,短期外国专家 4 人,外国兼职教师 3 人;与美国、德国、匈牙利、新加坡等国高校及科研机构新签合作协议(备忘录)6 项。

【"经济转型与创业教育"国际研讨会】 于 5 月 21—22 日在浙江大学举办。会议由联合国教科文组织浙江大学创业教育教席、联合国教科文组织中国创业教育联盟及浙江大学教育学院主办,来自联合国教科文组织,以及中、英、美、韩、沙特等国内外大学、研究机构与企业的 40 余位专家学者围绕会议主题展开探讨。会议对于加强国内外创业教育专家学者的学术交流、密切与联合国教科文组织的项目合作及促进我国创业教育理论研究与实践探索的发展具有重要意义。

【学院首开美国游学之旅】 7 月 18 日—8 月 8 日,教育学院"2016 美国创新创业教育夏令营"团队一行 22 人赴美国洛杉矶、纽约、夏威夷开展为期三周的观察学习。夏令营团队在加州大学洛杉矶分校(UCLA)、福特汉姆大学、夏威夷大学马诺阿分校学习美

国创新创业课程,并参观考察了部分创新创业实践机构。教育学院院长、联合国教科文组织浙江大学创业教育教席主持人徐小洲教授担任项目指导。

【助力"神舟十一号"飞船航天员首次完成太空健身跑】 10 月 17 日,"神舟十一号"飞船发射成功。航天员太空驻留期间,由教育学院体育学科王健教授及其跨学科研究团队设计研制的"束缚装置"为航天员提供运动健康保障,并实现了中国人首次太空健身跑。

(巫微涟撰稿　徐小洲审稿)

管理学院

【概况】 管理学院下设创新创业与战略学系、数据科学与管理工程学系、服务科学与运营管理学系、领导力与组织管理学系、市场营销学系、财务与会计学系、旅游与酒店管理学系 7 个系。学院拥有创新管理与持续竞争力研究国家哲学社会科学创新基地 1 个("985 工程"三期建设项目),浙江大学全球浙商研究院 1 个(校级研究院),浙江大学神经管理学实验室 1 个(校级实验室),浙江大学—杭州市服务业发展研究中心、信息技术与新兴产业研究中心等 12 个校级交叉学科研究中心,管理科学与信息系统研究所等 10 个校级研究所。此外,学院建有国际经营研究所、行为会计研究所等 11 个院级研究所。学院现有浙江省创新团队 1 个。

管理科学与工程为一级学科国家重点学科,管理科学与工程为浙江省一流学科。

学院设有管理科学与工程、工商管理 2 个博士后流动站,拥有管理科学与工程、工商管理、农林经济管理 3 个一级学科博士

学位授予权和创业管理、技术与创新管理、工程管理 3 个二级学科博士学位授予权,管理科学与工程、企业管理等 7 个硕士学位授予权,以及工商管理硕士(MBA)、高级管理人员工商管理硕士(EMBA)等 6 个专业学位授权点,并设置信息管理与信息系统、工商管理等 9 个本科专业。

2016 年,招收博士研究生 69 人、硕士研究生 618 人(其中国际科学硕士 20 人、MBA 361 人、EMBA 200 人、农业推广硕士 9 人、会计专业硕士 28 人),2015 级本科生 224 人确认主修管理学院的课程。毕业本科生 240 人(其中留学生 12 人)、硕士生 270 人、博士生 36 人。

现有教职员工 152 人,包括中国工程院院士 1 人,正高级职称 43 人,副高级职称 64 人,博士研究生指导教师 56 人(含兼职 2 人,2016 年新增 9 人),硕士研究生指导教师 94 人(2016 年新增 9 人)。另有在站博士后工作人员 13 人。2016 年新增国家"万人计划"领军人才 1 人,浙江省"151 人才"第一、二层次各 1 人,浙江省"千人计划"1 人,浙江大学文科领军人才 1 人,浙江大学求是讲座教授 1 人。

在教学方面,积极推进本科全英文课程建设,在 2016 级本科专业培养方案中新开设 8 门全英文课程。"运作管理"课程获批 2016 年度海外教师主导原味课程。积极推进 MBA 国际会计、网络营销、电商与运营、资本市场、创业管理和农商管理 6 个 track (选修方向)课程的开设与教学工作落实。获 2016 年浙江省高等教育教学成果奖一等奖 1 项、二等奖 1 项,浙江大学教学成果奖一等奖 3 项、二等奖 2 项。3 篇案例入选第七届"全国百篇优秀管理案例"。

到位科研经费 2,297 万元,比 2015 年增加 10.9 %。在研国家级项目共 64 项。2016 年,新立项的国家级科研项目 17 项(其中国家自然科学基金 16 项、国家社科基金项目 1 项)。

2016 年,学院接待来访人员共计 193 人次,教师出访 170 人次,学生出国交流 501 人次,其中 MBA、EMBA 学生出国交流 236 人次;举办了第五届国际夏令营,共有 30 位来自亚欧国家和地区的合作院校的学生参加。

【学系结构性调整】 2016 年 4 月 21 日,经校党委常委会同意,管理学院进行学系结构性调整,正式发文成立创新创业与战略学系、数据科学与管理工程学系、服务科学与运营管理学系、领导力与组织管理学系、市场营销学系、财务与会计学系、旅游与酒店管理学系,原管理科学与工程学系、企业管理系、会计与财务管理系、旅游管理系自动撤销,原农业经济与管理系按照学校学科体系调整,成建制转入公共管理学院。新学系调整是管理学院作为浙江大学综合改革发展试点单位以来,优化内部组织结构,应对学科发展的一大举措。

【成为 CEEMAN 在中国的首位理事会委员】
2016 年 6 月,管理学院加入"全球新兴经济体商学院联盟"(Central and East European Management Development Association,简称 CEEMAN),成为该协会首位来自中国的理事会委员(全球共 15 位委员),也是中国第一个加入该协会的管理学院。这是管理学院深入践行国家"一带一路"倡议,在开拓"一带一路"管理教育道路上迈出的重要一步。

CEEMAN(原名为"中东欧及中亚商学院联盟")成立于 1993 年,致力于加快推进中亚和东欧商学院的合作与发展,目前会员囊括欧美、亚非拉 50 多个国家的 200 多家

附表　2016 年度管理学院基本情况

项目	数据	项目	数据
教职工总数/人	152	获国家级科技奖项目数/项	0
教授数/人	38	获国家级教学成果奖数/项	0
副教授数/人	51	SCI 入选论文数/篇	25
具有博士学位的教师比例/%	76.23	EI 入选论文数/篇	2
浙江大学文科资深教授/人	1	SSCI 入选论文数/篇	54
国家"千人计划"入选数/人	0	A&HCI 入选论文数/篇	0
"国家特支计划"入选数/人	0	权威刊物论文数/篇	6
"长江学者"数/人	2	出版专著/部	8
教育部和省级高等学校教学名师奖获得者/人	0	在校本科生数/人	538
国家"百千万人才工程"入选数/人	1	在学硕士研究生数/人	1,462
国家杰出青年基金获得者/人	2	其中：专业学位研究生数/人	1,395
教育部新(跨)世纪优秀人才培养计划入选数/人	12	在读博士研究生数/人	303
浙江省特级专家/人	1	在校攻读学位的外国留学生数/人	144
浙江省"千人计划"入选者/人	1	应届本科毕业生一次就业率/%	99.53
浙江大学求是特聘教授数/人	2	应届本科毕业生考研录取(出国)率/%	39.15
浙江大学文科领军人才/人	1	应届毕业研究生一次就业率/%	99.12
一、二级学科国家重点学科数/个	1	教师出国交流/人次	170
教育部人文社会科学研究基地数/个	0	学生出国交流/人次	501
国家人才培养基地(含教学、教育基地)/个	0	举办国际学术会议数/次	7
国家精品资源共享课、视频公开课/门	0	社会捐赠经费总额/万元	69.29
科研总经费/万元	2,297		
其中：国家社科基金比重/%	0.01		
国家自然基金比重/%	48.86		
纵向经费比重/%	64.48		

机构。CEEMAN 注重研究新兴国家的管理变革发展,并迅速成长为对世界管理学界具有一定影响力的国际型管理协会组织。

【承办第七届"中国管理研究国际学会(IACMR)"年会】 该年会于 6 月 15 日至 19 日在杭州黄龙饭店举行。会议主题为"文化与中国管理",来自全球的 1,400 余位研究中国管理实践与理论的学界、企业界及相关人士共同研讨中国管理战略与企业管理实践。本届年会承载了 170 场学术活动,包括 90 场宣讲会、50 场圆桌讨论会、30 场专业发展工作坊,成为 IACMR 迄今为止规模最大、参与人数最多的年会。

中国管理研究国际学会 (International Association for Chinese Management Research,简称 IACMR)是由美国亚利桑那州立大学徐淑英教授于 2002 年创办的专业性学术组织,每两年在大中华区学术机构聚集地区举办一次年会。IACMR 秉承"追求卓越、灵感之源、学术责任、奉献精神"的宗旨,致力于创建和传播有关中国管理的知识,增进对中国管理科学、中国管理教育和实践感兴趣的各国学者、企业家之间的交流,并为从事中国情境下的管理研究和教育的学者、教师、管理人员和政策制定者提供密切的合作机会。目前已成为中国企业管理研究界极具权威性的世界级学术研究组织,拥有来自近100个国家的注册会员7,000多人。

(杨明园撰稿　阮俊华审稿)

公共管理学院

【概况】 公共管理学院下设政府管理系、土地管理系、城市发展与管理系、社会保障与风险管理系、信息资源管理系、农业经济与管理系、政治学系、社会学系等8个系,设有行政管理研究所、土地科学与不动产研究所等10个校级研究所。

学院拥有浙江大学中国农村发展研究院(教育部人文社科重点研究基地暨"985工程"哲学社会科学创新基地)、浙江大学科教发展战略研究中心(教育部战略研究基地)、浙江大学民政研究中心(全国民政政策理论研究基地)、浙江大学劳动保障与社会政策研究中心和浙江大学地方政府与社会治理研究中心(浙江省哲学社会科学重点研究基地)、浙江大学暨浙江省公共政策研究院、浙江省人才发展研究院、浙江省商会发展研究院,以及浙江大学土地与国家发展研究院,建有浙江大学欧洲研究中心、浙江大学公共服务与绩效评估研究中心、浙江大学环境与能源政策研究中心等15个校级研究中心,设有浙江大学MPA教育中心、浙江大学公共管理学院社会工作硕士(MSW)专业学位教育中心等5个教育培训机构。

农林经济管理学科为国家重点(培育)学科,农村经济管理、公共管理2个学科为浙江省一流学科。

学院拥有公共管理、农林经济管理2个一级学科博士学位授权点,行政管理、教育经济与管理等12个二级学科博士学位授权点;公共管理硕士(MPA)、社会工作硕士(MSW)、农村与区域发展硕士(MAE)3个专业学位硕士授权点;设有行政管理、土地资源管理等10个本科专业及专业方向。

2016年,招收博士研究生72人,科学学位硕士研究生101人,双证MPA 104人,单证MPA 56人,MSW 23人,MAE 10人,2015级有224名本科生确认主修学院专业,授予博士学位41人,硕士学位114人,学士学位217人,MPA专业学位173人。2016届毕业研究生一次就业率为97.69%,毕业本科生一次就业率为93.09%、应届本科毕业生考研及出国率为43.32%。

现有教职工156人,其中具有正高级职称人员59人(2016年新增1人)、副高级职称人员55人(2016年新增3人)。另有在站各类博士后31人。博士研究生导师54人,硕士研究生导师103人。

到款科研经费3,237万元。2016年获批国家自然科学基金8项;发表权威刊物论文16篇,发表一级刊物论文58篇,被SSCI收录论文39篇,SCI收录论文12篇,EI收录11篇;出版专著15部,编著及教材6部。

2016年,学院共举办了7期国际性学术会议和1期海峡两岸研讨会;获批短期外专项目9项。全院师生赴境外交流203人次,其中教师有80人次赴美国、澳大利亚等国,以及中国香港、澳门、台湾地区进行合作研究、参加学术会议等,接待来自美国、英国等国,以及中国香港、澳门、台湾地区专家共92人次。

附表　2016 年度公共管理学院基本情况

项目	数据	项目	数据
教职工总数/人	156	获国家级科技奖项目数/项	0
教授数/人	59	获国家级教学成果奖数/项	0
副教授数/人	55	SCI 入选论文数/篇	12
具有博士学位的教师比例/%	71.15	EI 入选论文数/篇	11
浙江大学文科资深教授/人	1	SSCI 入选论文数/篇	39
国家"千人计划"入选数/人	2	A&HCI 入选论文数/篇	0
"国家特支计划"入选数/人	0	权威刊物论文数/篇	16
"长江学者"数/人	1	出版专著/部	15
教育部和省级高等学校教学名师奖获得者/人	1	在校本科生数/人	652
国家"百千万人才工程"入选数/人	1	在学硕士研究生数/人	1,511
国家杰出青年基金获得者/人	0	其中:专业学位研究生数/人	838
教育部新(跨)世纪优秀人才培养计划入选数/人	4	在读博士研究生数/人	341
浙江省特级专家/人	0	在校攻读学位的外国留学生数/人	181
浙江省"千人计划"入选者/人	3	应届毕业本科生一次就业率/%	93.09
浙江大学求是特聘教授数/人	6	应届本科毕业生考研录取(出国)率/%	43.32
浙江大学文科领军人才/人	0	应届毕业研究生一次就业率/%	97.69
一、二级学科国家重点学科数/个	1	教师出国交流/人次	80
教育部人文社会科学研究基地数/个	1	学生出国交流/人次	123
国家人才培养基地(含教学、教育基地)/个	0	举办国际学术会议数/次	7
国家精品资源共享课、视频公开课/门	2	社会捐赠经费总额/万元	300
科研总经费/万元	3,237		
其中:国家社科基金比重/%	0.25		
纵向经费比重/%	34.62		

【共同举办 V20 峰会】　3 月 31 日—4 月 1 日，由浙江大学公共管理学院、加拿大不列颠哥伦比亚大学亚洲研究院和加拿大多伦多大学蒙克国际事务学院共同主办的"20 国新愿景:全球治理前沿问题国际论坛"(Vision 20: International Summit on Global Governance's New Frontiers，简称 V20 峰会)在浙江大学举行。50 余名来自中国、加拿大、美国、澳大利亚、日本、韩国、英国、印度、印度尼西亚等国家和地区的学者，智库人员和前领导人，围绕"改善全球治理，应对系统风险:2016 年 G20 如何发挥积极主动作用"的主题，分"发现阻碍全球经济增长和创新的结构性因素""区域和全球贸易体系:未来方向""可持续发展与基础设施""全球货币体系的未来以及人民币的地位与角色""全球金融改革:下一阶段的目标""生态治理——能源与气候"六个专题展开讨论。

【农林经济管理学科转入公共管理学院】　7 月 6 日，公共管理学院在紫金港校区蒙民伟楼 250 室召开全院教职工大会，浙江大学副校长罗卫东，党委常委、副校长严建华到会宣布学校决定:农林经济管理学科整建制由管理学院转入公共管理学院。此举是浙江大学在遵循学科自身发展规律前提下做出的具有前瞻性和引领性的重大决策。浙江大学农林经济管理学科是国家重点(培育)学科,连续三轮在 2003 年、2007 年和 2012 年全国一级学科评估中名列第一。农林经济管理与公共管理两个学科交叉融合、协同发展,是学科自身发展的逻辑体现和现实需要。在共同宗旨、共同目标的指引下,遵循"以天下为己任,以真理为依归"的院训,并入新学科后的公共管理学院一定能够走出中国特色、中国风格、中国气派的学科创新道路。

【4 家研究机构入选中国智库索引(CTTI)首批来源智库】 12 月 17 日,"2016 中国智库治理论坛"在南京大学召开,由南京大学中国智库研究与评价中心和光明日报智库研究与发布中心联合研发的中国首个智库垂直搜索引擎和数据管理平台——中国智库索引(CTTI)完成数据采集工作,公布来源智库名录并发布效能测评报告。公共管理学院共有 4 家研究机构入选,分别是浙江大学暨浙江省公共政策研究院、浙江大学中国农村发展研究院、浙江大学非传统安全与和平发展研究中心、浙江大学土地与国家发展研究院。

(苏　超撰稿　沈文华审稿)

马克思主义学院

【概况】　马克思主义学院拥有马克思主义基本原理、毛泽东思想和中国特色社会主义理论体系概论、中国近现代史纲要、思想道德修养与法律基础、研究生公共政治理论课等 5 个教研中心,承担全校从本科生到硕士、博士研究生的公共思想政治理论课程的教学和研究工作。

马克思主义学院是中共浙江省委宣传部与浙江大学共建学院,建有马克思主义理论、国际政治 2 个校级研究所,中国特色社会主义等 5 个院级研究所和领导科学研究中心,拥有教育部高校辅导员培训和研修基地(浙江大学)、浙江省教育厅高校心理健康教育培训基地、浙江省中国特色社会主义理论体系研究中心浙江大学研究基地(2016 新增)、浙江大学德育与学生发展研究中心。马克思主义理论学科为"十三五"浙江省高校一流学科。

学院建有马克思主义理论博士后流动站,拥有马克思主义理论一级学科博士学位授予权,马克思主义理论一级学科硕士学位授予权和国际政治二级学科硕士学位授予权。

2016 年,招收硕士研究生 19 人、博士研究生 11 人,毕业硕士研究生 20 人、博士研究生 6 人。

学院现有教职工 58 人(2016 年新增 6 人)。其中,教授 11 人(2016 年新增 2 人)、副教授 23 人(2016 年新增 1 人),高级讲师 1 人,博士研究生导师 8 人,硕士研究生导师 24 人(2016 年新增 2 人)。2016 年,学院新增浙江大学求是讲座教授 1 人。

2016 年,学院继续深化教学改革,入选教育部高校思想政治理论课教学方法改革项目择优推广计划 1 项、浙江省高等教育教学改革项目 1 项、浙江省课堂教学改革项目 1 项和浙江大学线上线下混合式教学模式改革项目 1 项。获浙江省高校第九届青年教师教学技能竞赛一等奖 1 项,浙江大学教学成果奖一等奖 1 项,浙江大学优质教学奖一等奖 1 项、二等奖 3 项,浙江大学青年教师教学竞赛决赛二等奖 1 项、优胜奖 1 项。

附表　2016 年度马克思主义学院基本情况

项目	数据	项目	数据
教职工总数/人	58	获国家级科技奖项目数/项	0
教授数/人	11	获国家级教学成果奖数/项	0
副教授数/人	23	SCI 入选论文数/篇	0
具有博士学位的教师比例/%	62.75	EI 入选论文数/篇	0
浙江大学文科资深教授/人	0	SSCI 入选论文数/篇	1
国家"千人计划"入选数/人	0	A&HCI 入选论文数/篇	0
"国家特支计划"入选数/人	0	权威刊物论文数/篇	4
"长江学者"数/人	0	出版著作/部	8
教育部和省级高等学校教学名师奖获得者/人	0	在校本科生数/人	0
国家"百千万人才工程"入选数/人	0	在学硕士研究生数/人	43
国家杰出青年基金获得者/人	0	在读博士研究生数/人	65
教育部新(跨)世纪优秀人才培养计划入选数/人	0	在校攻读学位的外国留学生数/人	2
浙江省特级专家/人	0	应届本科毕业生一次就业率/%	0
浙江省"千人计划"入选者/人	0	应届本科毕业生考研录取(出国)率/%	0
浙江大学求是特聘教授数/人	1	应届毕业研究生一次就业率/%	100
浙江大学文科领军人才/人	1		
一、二级学科国家重点学科数/个	0	教师出国交流/人次	3
教育部人文社会科学研究基地数/个	0	学生出国交流/人次	4
国家人才培养基地(含教学、教育基地)/个	0	举办国际学术会议数/次	2
国家精品资源共享课、视频公开课/门	1		
科研总经费/万元	257.1		
其中:国家社科基金比重/%	29.17	社会捐赠经费总额/万元	0
纵向经费比重/%	42.32		

2016 年,科研立项经费 257.1 万元,到款 104.9 万,比上年增加 107%;科研立项共 32 项,其中国家社科基金课题重大项目 1 项、国家社科基金课题重点项目 1 项、教育部人文社会科学课题 3 项、浙江省哲学社会科学规划专项研究课题 4 项。发表各级各类学术论文 72 篇,其中权威期刊或权威二次文献转载 4 篇、人大报刊复印资料转载 5 篇;出版专著、译著、编著 8 部。承办全国性学术会议 7 次。

积极开展国际交流与合作,国际学术交流互访频繁。2016 年,教师出国交流 3 人次、研究生出国交流 4 人次;共接待境外专家 12 人次,举办学术讲座 5 场;举办国际研讨会 2 次。

【科研项目立项取得重大突破】　2016 年 7 月,马克思主义学院教师刘同舫担任首席专家申报的"习近平'人类命运共同体'思想与历史唯物主义基本理论关系研究"课题获得国家社科基金"十八大以来党中央治国理政新理念新思想新战略研究专项工程"项目立项。该课题从社会历史作用、政治哲学基础、政治经济学基础三个方面详细分论"人类命运共同体"的基础理论问题,揭示"人类命运共同体"在现代性进程中的未来发展，阐述中国道路、"一带一路""人类命运共同体"与未来全球多元现代性秩序的关系。将为重新思考人类解放道路的一与多、普遍与特殊的辩证关系提供可能。

【师资队伍建设成效明显】 2016 年 10 月，学院 2 名教师入选教育部"思想政治教育中青年杰出人才支持计划"。"思想政治教育中青年杰出人才支持计划"是教育部思想政治工作司于 2014 年开始实施的一项工作，旨在落实立德树人的根本任务，加强高校思想政治教育队伍建设，培养一批坚持正确的政治方向，工作业绩突出、学术水平较高、理论宣讲能力较强的名嘴、名家，提升思想政治教育科学化水平。每年全国仅有 10 位思想政治教育领域中青年学者入选"支持计划"。

【举办全国性高端学术会议】 9 月 23 日—25 日，学院举办第十一届全国高校马克思主义理论学科博导论坛，来自全国 74 所高校的 138 位马克思主义理论学科的专家学者出席论坛，进一步加强了全国高校马克思主义理论领域专家学者的交流与合作，对推进马克思主义理论学科优先、优势、优质发展具有深远意义，同时提升了浙江大学马克思主义学院在全国的学术影响力。

（李 艳撰稿 徐晓霞审稿）

数学科学学院

【概况】 数学科学学院设有高等数学研究所、应用数学研究所、信息数学研究所、科学与工程计算研究所、统计学研究所、运筹与控制科学研究所 6 个研究所，以及数学基础

课程教学研究中心，建有数学国家理科基础研究和教学人才培养基地。

数学学科为一级学科国家重点学科及浙江省一流学科，是"九五""十五""十一五""十二五"国家"211 工程"重点建设学科，学院拥有"数学科学及其应用"国家"985 工程"科技创新平台。

2016 年，学院招收硕士研究生 84 人、博士研究生 35 人，2016 级本科生 196 人确认进入数学科学学院学习，毕业本科生 208 人、硕士研究生 54 人、博士研究生 40 人。

现有教职工 123 人。其中，具有正高级职称人员 48 人（2016 年新增 2 人）、副高级职称人员 43 人（2016 年新增 1 人）、博士研究生导师 51 人（含兼职 5 人）、硕士研究生导师 35 人。另有在站博士后 6 人。2016 年，教师中新增国家杰出青年基金获得者 1 人、青年"千人计划"3 人、特聘研究员转浙江大学"百人计划"1 人。

数学科学学院与计算机学院、经济学院一起优化了本科生培养方案，设立金融＋数学、计算机＋统计双学士学位创新培养班。该创新培养班根据培养方案进行个性化、交叉复合培养，已有高考成绩特别优秀的 24 名学生确认专业意向。优化和重新制定了数学与应用数学、信息与计算数学、统计学 3 个本科专业的培养方案，有机融合通识、专业、思政教育和交叉培养，形成了第一、第二、第三、第四课堂高度融通的培养体系。2016 年本科生获美国大学生数学建模竞赛一等奖 11 项、二等奖 17 项。1 人获十佳大学生荣誉称号，1 人获唐立新奖学金，1 人获自强之星提名奖，1 人获评感动校园人物称号。研究生获得奖学金 60 人次，其中 1 人获浙江大学竺可桢奖学金，1 人获唐立新奖学金。2016 届毕业本科生一次性就业率达

附表　2016 年度数学科学学院基本情况

项目	数据	项目	数据
教职工总数/人	123	获国家级科技奖项目数/项	0
教授数/人	48	获国家级教学成果奖数/项	0
副教授数/人	43	授权发明专利数/项	0
具有博士学位的教师比例/%	84.11	SCI 入选论文数/篇	96
两院院士/人	0	EI 入选论文数/篇	0
国家"千人计划"入选数/人	5	MEDLINE 入选论文数/篇	0
"国家特支计划"入选数/人	0	出版专著/部	0
"长江学者"数/人	1	在校本科生数/人	372
省部级高校教学名师奖获得者/人	1	在学硕士研究生数/人	180
"973 计划"首席科学家数*/人	0	在读博士研究生数/人	159
国家"百千万人才工程"入选数/人	2	在校攻读学位的外国留学生数/人	5
国家杰出青年基金获得者/人	3	应届本科毕业生一次就业率/%	97.27
教育部新(跨)世纪优秀人才培养计划入选数/人	6	应届本科毕业生考研录取(出国)率/%	85.24
浙江省特级专家/人	2	应届毕业研究生一次就业率/%	96.40
浙江省"千人计划"入选者/人	1	科研总经费/万元	1,899.32
浙江大学求是特聘教授数/人	4	其中:国家自然基金比重/%	80.52
一、二级学科国家重点学科数/个	6	纵向经费比重/%	89.24
国家重点(专业)实验室/个	0	教师出国交流/人次	58
国家工程(技术)研究中心/个	0	学生出国交流/人次	70
国家人才培养基地(含教学、教育基地)/个	0	举办国际学术会议数/次	4
国家精品资源共享课、视频公开课/门	2		
社会捐赠经费总额/万元	11.51		

注:* 表示含重大科学研究计划、ITER 计划、青年科学家专题等。

到 97.27%,其中出国率达到 55.19%、国内读研率达到 30.05%。

2016 年,到位科研经费为 1,899.32 万元;其中在研国家级科研项目 59 项,到款经费 1,556.89 万元。学院在科研方面取得重大突破,获得国家自然科学基金项目 10 项(包括国家自然科学基金委创新研究群体项目 1 项、国家自然科学基金委重大研究计划集成项目 2 项和优秀青年基金项目 1 项),批准总经费为 1,216 万元,批准率达到 41.94%,批准率位居全校第二。学院获得 2016 年度浙江省重点研发计划项目 1 项,2016 年度浙江省自然科学基金杰出青年项目 1 项。李松教授获得浙江省重点研发项目(重大科技专项);王晓光获得国家自然科学基金优秀青年基金资助;冯涛教授获得国际组合与应用协会 Kirkman 奖;多位教师获得国家自然科学基金项目。目前学科 ESI 排名位于国际数学学科前 1%。

全年师生出国出境交流共计 128 人次,

举办国际学术会议4次;新增浙江大学求是特聘教授1人,聘请讲座教授2人,短期外国专家6人;与美国普林斯顿大学、新加坡国立大学、美国约翰霍普金斯大学、西澳大学、美国俄亥俄州立大学、荷兰埃因霍温工业大学,以及香港城市大学等高校建立了合作关系,开展联合培养学生及学术交流活动。举办了郭竹瑞教育基金启动仪式,收到捐款24.69万元人民币。

【举办2016年国家自然科学基金委数学天元基金委员会"基础数学"研究生暑期学校】

该暑期学校于2016年7月6日—8月6日开学,为期一个月,聘请了纽约大学科朗数学研究所讲座教授、浙江大学"千人计划"专家(短期)、美国科学与艺术院院士林芳华教授,加州大学圣克鲁兹分校教授、四川大学国家"千人计划"(B)专家董崇英教授,圣母大学(University of Notre Dame)教授、北京大学国家"千人计划"专家刘小博教授分别讲授"分析学""代数学"和"几何学",共80课时,另聘请了六位优秀青年学者担任助教,同时还邀请了北京大学王诗宬院士、浙江大学陈叔平教授、澳大利亚科学院院士、澳大利亚国立大学汪徐家教授、复旦大学傅吉祥教授、中科院数学所徐晓平研究员、美国北卡罗来纳州立大学景乃桓教授开设学术讲座。来自全国60多所高校和科研院所的102名研究生参加了暑期学校的学习,本校29名求是科学班学生也同期参加了学习。该暑期学校受国家自然科学基金委委托,由浙江大学举办。

【包刚教授团队获国家自然科学基金创新研究群体项目资助】 2016年8月,包刚教授团队负责的数理科学部创新研究群体项目"偏微分方程反问题的理论、计算与应用"获得国家创新研究群体项目资助,项目总经费

860万元。偏微分方程反问题在应用数学、计算数学及现代科技中有着重要的作用。围绕这个主题,包刚教授组织了以国家"千人计划"入选者、教育部长江特聘教授、国家自然科学基金委杰出青年(含B类)、中组部青年千人、青年拔尖人才为骨干的12人团队,形成了致力于偏微分方程反问题理论、计算与应用研究的群体。项目拟以光及电磁波与复杂介质前期研究基础的相互作用为切入点,以浙江大学数学科学学院和浙江大学光及电磁波研究中心为平台,建立合适的偏微分方程数学模型,并对其理论分析、参数识别、算法设计和应用进行系统深入研究,旨在探索和揭示能量在各种形式下的转移与转化。包刚教授团队的获选确立了本群体在国际反问题领域的顶尖地位,标志着学院学科建设取得了重大突破。

【首获两项国家自然科学基金重大研究计划集成项目】 2016年12月,包刚教授与孔德兴教授分别获得国家自然科学基金重大研究计划集成项目,这是数学科学学院首次同时获得两项集成项目。包刚教授的集成项目"波传播反问题的数学分析、计算方法及应用"总经费300万元,主要致力于研究波传播,包括电磁波、声波、弹性波等的散射和反散射问题。该项目的主要特色是将基础算法与可计算建模相结合,发展新的计算方法,解决相关共性难题,力争在理论、算法、建模及地球物理反演应用上取得突破。孔德兴教授的集成项目"医学影像配准与融合的建模和算法"总经费250万元,针对医学图像对比度低、边界模糊、异质性、伪影和组织器官重叠等特点,着重研究建立高质量的图像三维重建模型和算法,提高医学影像分析与处理的质量,对临床精准诊断和治疗具有十分重要的作用。该项目在肝癌的早

浙江大学年鉴

期发现、手术方案设计与模拟、精准射频消融及疗效的定量评价等问题的理论和应用方面具有重要的科学价值。

（熊晶蕾撰稿　卢兴江审稿）

物理学系

【概况】　物理学系（以下简称物理系），设有浙江近代物理中心、凝聚态物理研究所、光学研究所、聚变理论与模拟中心、电子与无线电研究所等5个研究所，以及大学物理教研室和物理实验教学中心。

物理系学科方向涵盖理论物理、粒子物理与核物理、凝聚态物理、光学、电子与无线电物理、原子分子物理、等离子体物理。其中理论物理、凝聚态物理是二级学科国家重点学科，物理学是浙江省一流学科。

物理系拥有物理学1个博士后流动站，物理学1个一级学科博士学位和硕士学位授予权，涵盖7个二级学科。

2016年，招收硕士研究生54人、博士研究生40人，2015级本科生100人（其中竺可桢学院1人）确认进入物理学系继续学习，毕业本科生99人、硕士研究生33人、博士研究生29人。

现有教职工127人。其中，中国科学院院士3人（2016年新增1人），具有正高级职称人员64人，副高级职称人员32人，博士研究生指导教师68人（2016年新增6人，退休2人）、硕士研究生指导教师80人（2016年新增6人）。2016年，新增"千人计划"入选者1人、浙江大学"百人计划"2人。在站博士后22人。

全年，物理系获国家级大学生创新训练项目3项、浙江省大学生科技创新活动项目2项。本科生发表论文3篇，先后获得第七届中国大学生物理学术竞赛特等奖、"启真杯"浙江大学2016年度学生十大学术新成果和2016年全国高等学校物理实验教学自制仪器评比二等奖。本科教学方面，建设大学物理系列课程分层教学体系，教学改革方面取得多项成果，荣获浙江省教学成果一等奖1项、浙江大学教学成果一等奖2项。

2016年，到款科研总经费3,665.85万元，其中，纵向项目经费3,651.64万元，横向项目经费14.21万元。2016年，共获得批准各类科研项目28项（比2015年增加64.7％），其中国家自然科学基金获得批准16项、科技部重大研发项目获得批准4项、浙江省院士基金获得批准1项、浙江省科技厅项目1项、横向项目6项，批准总经费4,227.3万元（比2015年增加296.5％）。

全年，师生出国出境交流共145人次，接待港澳台以及国外学者来访、开展学术报告53人次，短期外国专家14人，举办国际会议2场。

【中国科学院院士朱诗尧加盟】　2016年12月31日，浙大欢迎您——朱诗尧院士入职欢迎仪式在邵逸夫科学馆召开，朱诗尧院士正式加盟浙江大学物理学系，任光学研究所所长。

朱诗尧，生于1945年，博士学历，在量子光学、激光物理和光与物质相互作用等前沿研究领域中有重要的科学贡献，是国际知名学者。他是国内最早从事量子光学研究的学者之一，在无粒子数反转激光和自发辐射噪声的抑制方面做出了开创性研究。先后被遴选为英国物理学会会士、美国光学学会会士、美国物理学会会士；2014年获得以诺贝尔奖获得者Lamb命名的量子

项目	数据	项目	数据
教职工总数/人	127	获国家级科技奖项目数/项	0
教授数/人	54	获国家级教学成果奖数/项	0
副教授数/人	26	授权发明专利数/项	0
具有博士学位的教师比例/%	66.1	SCI 入选论文数/篇	137
两院院士/人	3	EI 入选论文数/篇	127
国家"千人计划"入选数/人	4	MEDLINE 入选论文数/篇	0
"国家特支计划"入选数/人	2	出版专著/部	0
"长江学者"数/人	6	在校本科生数/人	424
省部级高校教学名师奖获得者/人	0	在学硕士研究生数/人	102
"973 计划"首席科学家数*/人	0	其中:专业学位研究生数/人	11
国家"百千万人才工程"入选数/人	1	在读博士研究生数/人	198
国家杰出青年基金获得者/人	6	在校攻读学位生的外国留学生数/人	6
教育部新(跨)世纪优秀人才培养计划入选数/人	10	应届本科毕业生一次就业率/%	93.88
浙江省特级专家/人	1	应届本科毕业生考研录取(出国)率/%	71.43
浙江省"千人计划"入选者/人	5	应届毕业研究生一次就业率/%	97.4
浙江大学求是特聘教授数/人	10	科研总经费/万元	4,227.3
一、二级学科国家重点学科数/个	2	其中:国家自然基金比重/%	22.66
国家重点(专业)实验室/个	0	纵向经费比重/%	86.38
国家工程(技术)研究中心/个	0	教师出国交流/人次	82
国家人才培养基地(含教学,教育基地)/个	1	学生出国交流/人次	63
国家精品资源共享课、视频公开课/门	1	举办国际学术会议数/次	2
社会捐赠经费总额/万元	0		

注:* 表示含重大科学研究计划、ITER 计划、青年科学家专题等。

光学"拉姆奖",2015 年当选为中国科学院院士。朱诗尧院士在国内外学术刊物上共发表论文 270 余篇。他的论文共被 SCI 引用 8,000 多次,H 指数①为 45,有 20 篇论文的单篇引用超过 100 次,其中 7 篇超过 200 次。

（马玉婷编纂　颜　鹂审稿）

化学系

【概况】　化学系下设催化研究所、分析化学研究所、物理化学研究所、高新材料化学研究所、有机与药物化学研究所等 5 个研究所,以及 1 个实验中心和 1 个分析测试平台。

---

① H 指数(H index)是一个混合量化指标,用于评估研究人员的学术产生数量与学术产出水平。

附表　2016 年度化学系基本情况

项目	数据	项目	数据
教职工总数/人	186	获国家级科技奖项目数/项	0
教授数/人	50	获国家级教学成果奖数/项	0
副教授数/人	48	授权发明专利数/项	67
具有博士学位的教师比例/%	91	SCI 入选论文数/篇	297
两院院士/人	2	MEDLINE 入选论文数/篇	0
国家"千人计划"入选数/人	1	出版著作/部	4
"国家特支计划"入选数/人	0	在校本科生数/人	377
"长江学者"数/人	2	在学硕士研究生数/人	242
省部级高校教学名师奖获得者/人	1	在读博士研究生数/人	306
"973 计划"首席科学家数*/人	0	在校攻读学位的外国留学生数/人	4
国家"百千万人才工程"入选数/人	1	应届本科毕业生一次就业率/%	87.06
国家杰出青年基金获得者/人	9	应届本科毕业生考研录取(出国)率/%	65.88
教育部新(跨)世纪优秀人才培养计划入选数/人	9	应届毕业研究生一次就业率/%	100
浙江省特级专家/人	1	科研总经费/万元	7,004.99
浙江省"千人计划"入选者/人	9	其中:国家自然基金比重/%	17.20
浙江大学求是特聘教授数/人	9	纵向经费比重/%	74.07
一、二级学科国家重点学科数/个	1		
国家重点(专业)实验室/个	0	教师出国交流/人次	64
国家工程(技术)研究中心/个	0	学生出国交流/人次	102
国家人才培养基地(含教学、教育基地)/个	2		
国家精品资源共享课、视频公开课/门	0		
社会捐赠经费总额/万元	65.70	举办国际学术会议数/次	1

注:* 表示含重大科学研究计划、ITER 计划、青年科学家专题等。

化学系拥有化学一级学科国家重点学科和一级学科博士点、博士后流动站,是国家理科基础科学研究和教学人才培养基地、国家工科基础课程教学基地,建有国家级实验教学示范中心、浙江省应用化学重点实验室等教学和科研平台。

2016 年,招收硕士研究生 85 人、博士研究生 67 人,2015 级本科生有 87 人确认主修专业为化学,毕业本科生 76 人、硕士研究生 53 人、博士研究生 56 人。

现有教职员工 186 人(含学科博士后 11 人)。其中,中科院院士 2 人,正高级职称人员 62 人(2016 年新增 3 人),副高级职称人员 64 人;另有在站企业博士后和在职博士后 32 人。

在本科教学方面,组织学生参加了"第十届全国大学生化学实验邀请赛""第八届浙江省大学生化学竞赛"和"第十届上海大学生化学实验竞赛",分别取得不俗成绩;另编著出版教材 4 本,分别是《化学化工实验教学改革与创新》《有机化学实验》《分析化学手册①》和《化学与人类文明》。

到款科研总经费7,004.99万元，其中横向经费到款1,359.96万元，纵向经费到款5,188.654万元。获国家重点研发计划重点专项立项1项；国家自然科学基金资助10项，其中杰出青年科学基金项目1项，优秀青年科学基金项目2项。另获浙江省自然科学基金资助5项，其中浙江省杰出青年基金项目1项。被SCI收录论文297篇，其中化学领域国际顶尖刊物论文达25篇；授权专利67项。

2016年，化学系参加国际学术交流活动活跃，本科生出国交流达66人次，研究生36人次，教师64人次，另邀请国外专家来系讲学40余场次，在系里营造了浓厚的学术氛围，拓宽了全系师生的国际化视野。

【研究所调整到位】 3月，为促进化学学科发展，对原有的9个研究所进行了调整。保留催化化学研究所、物理化学研究所，将分析化学与应用化学研究所、化学生物学与药物化学所等整合为分析化学研究所、高新材料化学研究所、有机与药物化学研究所等3个研究所。研究所人员也根据教师的学科特点进行了重新划分。

【两位教师入选国家"万人计划"】 6月，黄飞鹤和王鹏教授入选国家"万人计划"科技创新领军人才。黄飞鹤教授主要从事基于主客体分子识别构筑超分子聚合物研究，在 Nature Chemistry、Journal of the American Chemical Society 等化学顶级期刊发表论文200多篇，他引逾1.4万次，H指数为65。王鹏教授从事光电功能材料、太阳能转换器件及超快光谱的研究，获授权专利29项，在 Nature Materials、Journal of the American Chemical Society 等化学顶级期刊发表论文135篇，他引逾1.5万次，H指数为56。

【重大科学研究项目立项取得突破】 6月22日，彭笑刚教授作为首席专家投标的项目"量子点发光显示关键材料与器件研究"获中国科学技术部2016年度国家重点研发计划"战略性先进电子材料"重点专项立项。该项目拟利用我国研发QLED（不需要额外光源的自发光技术）的先发优势、量子点材料合成与配体化学的国际领先地位，建立喷墨打印制造主动矩阵-QLED（AM-QLED）显示屏这一全新的技术路线，夯实全产业链科学基础，打造源头创新的自主知识产权体系，使中国显示行业占据科技制高点，进而实现"换道超车"，形成QLED创新产业群。

（梁　楠撰稿　盛亚东审稿）

地球科学学院

【概况】 地球科学学院下设地质学系、地理科学系、大气科学系、地球信息科学与技术系4个系。设有地质与地球物理研究所、地理信息科学研究所、海底科学研究所、环境与生物地球化学研究所、空间信息技术研究所、城市与区域发展研究所、气象信息与预测研究所7个研究所和教育部含油气盆地构造研究中心、浙江省资源与环境信息系统重点实验室。

地质学为浙江省一流学科。

学院建有地质学博士后流动站，拥有地质学一级学科博士学位授予权，构造地质学、矿物岩石矿床学、地球化学、第四纪地质学、资源勘查与地球物理、遥感与地理信息系统、资源环境与区域规划7个二级学科博士学位授予权，大气科学等9个硕士学位授

附表　2016 年度地球科学学院基本情况

项目	数据	项目	数据
教职工总数/人	83	获国家级科技奖项目数/项	0
教授数/人	27	获国家级教学成果奖数/项	0
副教授数/人	33	授权发明专利数/项	16
具有博士学位的教师比例/%	88.89	SCI 入选论文数/篇	37
两院院士/人	2	EI 入选论文数/篇	20
国家"千人计划"入选数/人	2	MEDLINE 入选论文数/篇	0
"国家特支计划"入选数/人	0	出版专著/部	3
"长江学者"数/人	1	在校本科生数/人	267
省部级高校教学名师奖获得者/人	0	在学硕士研究生数/人	160
"973 计划"首席科学家数*/人	0	其中:专业学位研究生数/人	33
国家"百千万人才工程"入选数/人	0	在读博士研究生数/人	117
国家杰出青年基金获得者/人	1	其中:专业学位研究生数/人	1
教育部新(跨)世纪优秀人才培养计划入选数/人	1	在校攻读学位的外国留学生数/人	6
浙江省特级专家/人	1	应届本科毕业生一次就业率/%	96.15
浙江省"千人计划"入选者/人	5	应届本科毕业生考研录取(出国)率/%	60.25
浙江大学求是特聘教授数/人	4	应届毕业研究生一次就业率/%	97.26
一、二级学科国家重点学科数/个	0	科研总经费/万元	3,919.94
国家重点(专业)实验室/个	0	其中:国家自然基金比重/%	19.69
国家工程(技术)研究中心/个	0	纵向经费比重/%	33.52
国家人才培养基地(含教学、教育基地)/个	0	教师出国交流/人次	44
国家精品资源共享课、视频公开课/门	0	学生出国交流/人次	48
社会捐赠经费总额/万元	30	举办国际学术会议数/次	0

注:*表示含重大科学研究计划、ITER 计划、青年科学家专题等。

予权,以及地质工程 1 个专业学位授权点,设有地球信息科学与技术、地理信息科学、人文地理与城乡规划、大气科学、地质学 5 个本科专业。

现有教职工 83 人,其中科院院士 2 人,正高级职称人员 29 人(2016 年新增 6 人),副高级职称人员 34 人(2016 年新增 3 人),博士研究生导师 33 人(2016 年新增 9 人),硕士研究生导师 30 人。另有在站博士后 10 人。2016 年,新增国家"千人计划"创新项目获得者 1 人,双聘院士 1 人。

2016 年,招收硕士研究生 52 人、博士研究生 23 人,2015 级本科生 58 人确认主修地球科学学院专业,2016 级本科生 58 人确认地球科学学院主修专业,毕业本科生 92 人、硕士研究生 52 人、博士研究生 18 人。2016 届本科毕业生一次就业率为 96.15%,毕业研究生一次就业率为 97.26%。

到款科研总经费为 3,919.94 万元;在研国家级科研项目 40 项,到款经费 2,090.54 万元。

2016年,获批国家自然科学基金项目11项,其中重点项目1项、面上项目6项、青年基金项目4项,总经费772万元;被SCI收录论文37篇。

全年接待哈佛大学地球和行星科学系Charles H. Langmuir教授、德国基尔大学Robert Hassink教授、法国里尔大学Fabien Graveleau教授、韩国首尔大学Byung-Ju Sohn教授、法国马赛第二大学Jean Sequeira教授、瑞士联邦理工学院Sean Willett教授、美国俄勒冈州立大学Bernd RT Simoneit教授、哥伦比亚大学丁敏芳教授、美国宇航总署陶为国研究员、瑞典乌普萨拉大学杨帆教授等40人次来访,参加出国交流的教师44人次、研究生18人、本科生30人。与美国印第安纳州立大学地质科学系签署了3+2联合培养协议。

【举办"地球科学前沿"论坛暨地球科学学院八十华诞庆典】 5月21—22日,以庆祝浙江大学地球科学学院成立八十周年活动为契机,为大力弘扬地球科学学院的优良传统,广泛凝聚校友、系友,成功举办"地球科学前沿"论坛暨地球科学学院八十华诞庆典,超过400位来自海内外社会各界的地科学院校友与学院退休教师、学院师生,以及21位来自兄弟院校和单位的嘉宾共聚一堂,共同庆贺盛典。还收到了来自院士和兄弟院校领导的贺词贺电共计39份。此次活动获得学校的大力支持,浙江大学校网、浙江大学校友总会公众号、浙江大学校友杂志等多渠道对此次活动进行了报道,获得了良好的社会反响。

【翟明国院士加盟地球科学学院】 9月26日,中国科学院院士翟明国被聘为浙江大学讲座教授。他是大陆动力学国家重点实验室主任,中国科学院地质与地球物理研究所研究员,主要从事前寒武纪地质和变质地质学领域的研究,获多项国家自然科学奖和中科院自然科学奖,还于2015年获何梁何利基金科学与技术进步奖——地球科学奖。

【"千人计划"夏江海教授和徐义贤教授加盟地球科学学院】 7月1日,入选国家第四批"千人计划"创新人才长期项目的夏江海教授加盟浙大,他曾任美国堪萨斯大学堪萨斯地质调查所研究员、中国地质大学(武汉)"楚天学者"特聘教授。主要研究方向是高频面波方法基础理论和应用。

7月1日,徐义贤教授受聘浙江大学求是特聘教授。他是国务院第七届学科评议组地球物理学科组成员,教育部地质工程教指会勘查技术与工程分会成员。

(方幼君撰稿　闻继威审稿)

心理与行为科学系

【概况】 心理与行为科学系(以下简称心理系)以国家重要社会问题和心理学与高新技术的交叉应用为导向,追踪国际前沿领域的研究热点,并充分利用浙江大学多学科综合优势,逐步形成了认知心理学、认知工效学、管理心理与人力资源开发、心理发展与教育、心理健康与心理咨询等各具特色的研究方向,下设应用心理学、认知与发展心理学2个研究所。

工业心理学国家专业实验室为国内心理学领域第一个国家级实验室,心理实验教学中心是浙江省实验教学示范中心。心理系为心理学国家理科人才培养基地。

应用心理学为二级学科国家重点学科。

附表　2016 年度心理与行为科学系基本情况

项目	数据	项目	数据
教职工总数/人	41	获国家级科技奖项目数/项	0
教授数/人	8	获国家级教学成果奖数/项	0
副教授数/人	10	授权发明专利数/项	0
具有博士学位的教师比例/%	100	SCI 入选论文数/篇	7
两院院士/人	0	EI 入选论文数/篇	0
国家"千人计划"入选数/人	0	SSCI 入选论文数/篇	20
"国家特支计划"入选数/人	0	MEDLINE 入选论文数/篇	0
"长江学者"数/人	2	出版专著/部	0
省部级高校教学名师奖获得者/人	1	在校本科生数/人	264
"973 计划"首席科学家数*/人	0	在学硕士研究生数/人	123
国家"百千万人才工程"入选数/人	0	其中:专业学位研究生数/人	28
国家杰出青年基金获得者/人	0	在读博士研究生数/人	83
教育部新(跨)世纪优秀人才培养计划入选数/人	1	其中:专业学位研究生数/人	0
浙江省特级专家/人	1	在校攻读学位的外国留学生数/人	12
浙江省"千人计划"入选者/人	0	应届本科毕业生一次就业率/%	97.83
浙江大学求是特聘教授数/人	1	应届本科毕业生考研录取(出国)率/%	65.21
一、二级学科国家重点学科数/个	1	应届毕业研究生一次就业率/%	97.83
国家重点(专业)实验室/个	1	科研总经费/万元	459.84
国家工程(技术)研究中心/个	0	其中:国家自然基金比重/%	27.8
国家人才培养基地(含教学、教育基地)/个	1	纵向经费比重/%	70.6
国家精品资源共享课、视频公开课/门	0	教师出国交流/人次	21
社会捐赠经费总额/万元	0	学生出国交流/人次	49
		举办国际学术会议数/次	1

注：* 表示含重大科学研究计划、ITER 计划、青年科学家专题等。

心理系建有心理学博士后流动站;拥有心理学一级学科博士学位授予权,涵盖基础心理学、发展与教育心理学、应用心理学 3 个二级博士学位授予权;拥有心理学一级学科硕士学位授予权,涵盖基础心理学、发展与教育心理学、应用心理学 3 个二级硕士学位授予权,另设有应用心理学专业硕士学位授权点;设有心理学、应用心理学等 2 个本科专业。

现有教职工 41 人。其中,具有正高级职称人员 8 人(2016 年新增 1 人)、副高级职称人员 12 人,博士研究生指导教师 19 人、硕士研究生指导教师 29 人。

2016 年,招收硕士研究生 42 人(含专业学位硕士 11 人)、博士研究生 12 人,毕业本科生 54 人、硕士生研究生 35 人(含专业学位硕士 6 人)、博士研究生 9 人。本科生确认主修心理学专业 2015 级有 66 人,2016 级有 64 人。继续教育举办心理咨询师培训班及同等学力申请硕士学位课程学习班。

到款科研经费 459.84 万元；获批国家自然科学基金项目 3 项，批准经费共计 128.7 万元；获批浙江省自然科学基金项目 1 项。在权威及以上刊物发表学术论文 28 篇，其中被 SSCI、SCI 收录论文 27 篇，SSCI 影响因子大于 3.0 的论文 6 篇。

2016 年，主办"数据科学与心理卫生中美双边研讨会"，世界卫生组织专家，美国、加拿大等国家及地区和国内高校的心理学与精神卫生专家 60 余人参会，共同探讨如何利用大数据和互联网思维推动社区心理与公共卫生服务的发展。全年，教师交流出访 21 人次；研究生出国出境交流 23 人次，本科生出国出境交流 26 人次。

【重大合作项目推动心理学研究新生长点】 由钱秀莹教授主持的与华为技术有限公司的重大合作项目"基于通信数据的用户画像技术"二期合同于 10 月 25 日正式签订，两期总经费 697 万元。互联网、移动互联网的迅速发展，使得海量的真实发生的人类行为数据得以保存，大数据分析方法的使用，也使心理学研究可以面对真实的自然发生的行为，使那些本来难以量化的复杂心理现象有了量化并被找出其规律的可能。该项目是基于用户使用移动终端的行为，从心理学理论出发，通过大数据分析方法，对终端使用者进行全方位画像，以推动移动终端的智能辅助设计。国际上，麻省理工学院等高校的相关研究也才开始，这必将是心理学研究新的生长点，也是心理学研究直接推动制造业、服务业等产业经济发展的开始。项目相关研究成果已获得多项发明专利，并已在国际刊物上发表。参与者来自多个学科及华为技术有限公司的研究人员，是学科交叉研究的突破。

【获浙江大学优秀博士学位论文】 10 月 28 日，2015 届博士生丁晓伟的博士论文获浙江大学 2014—2015 学年优秀博士学位论文。其部分研究成果发表于国际知名心理学杂志 *Journal of Experimental Psychology：Human Perception and Performance*（《实验心理学：人类知觉与绩效分卷》）和国际顶级心理学期刊 *Psychological Science*（《心理科学》）。

（秦艳燕撰稿　沈模卫审稿）

机械工程学院

【概况】 机械工程学院（以下简称机械学院）设有机械电子控制工程研究所、制造工程及自动化研究所、设计工程及自动化研究所等 3 个研究所和 1 个工程训练（金工）中心，拥有机械国家"211"重点学科群和机电系统及装备"985"二期科技创新平台。现任院长为中国工程院院士杨华勇。

学院设有流体动力与机电系统国家重点实验室、计算机辅助设计与图形学国家重点实验室等 2 个国家重点实验室，以及国家电液控制工程技术研究中心和浙江省先进制造技术重点实验室、浙江省三维打印工艺与装备重点实验室等 2 个浙江省重点实验室，建有国家级机械工程实验教学示范中心、国家级工程训练实验教学示范中心、国家级机电类实验教学示范中心等 3 个国家级实验教学示范中心，以及国家工科基础课程工程制图教学基地，拥有机械电子工程、机械工程及自动化等 2 个国家级特色专业和国家级机械工程人才培养模式创新实验区。

机械工程为一级学科国家重点学科及浙江省一流学科。

学院拥有机械工程一级博士学位授权

点和硕士学位授权点,涵盖了5个二级学科博士学位授权点及7个硕士学位授权点,以及机械工程、机械电子工程、工业工程等3个本科专业。

2016年,招收硕士研究生233人、博士研究生78人,2015级本科生共240人,2016级本科生共213人确认主修机械学院的专业,毕业本科生203人、硕士研究生236人、博士研究生55人。2016届本科毕业生初次就业率为98.9%,硕士毕业生初次就业率为98.7%,博士毕业生初次就业率为94.2%。

现有教职工183人,其中教师118人。两院院士1人、中国工程院院士2人、正高级职称人员56人、特聘研究员1人、副高级职称人员50人,博士研究生指导教师64人、硕士研究生指导教师111人。2016年,学院新增"长江学者"特聘教授1人、"长江学者"青年学者1人、国家青年"千人计划"1人、国家优秀青年基金项目获得者1人、浙江大学"百人计划"2人、兼任教授(专家)5人、享受国务院政府津贴1人、入选浙江省"151人才"工程重点资助培养人员1人、第一层次和第二层次培养人员各1人。

开设国家级精品课程4门、浙江省精品课程4门,入选第一批"国家级精品资源共享课"2门。本科生8人次获得国际级学科竞赛奖,8人次获得国家级学科竞赛奖,147人次获得省校级学科竞赛奖。

科研到款约3.1329亿元。获得国家重点基础研究发展计划(含973计划①)项目立项4项,资助总金额550万;获得国家自然科学基金项目20项,资助总额1,356.464万;获得国家重点研发计划项目4项,资助总额1,867.3万;获得浙江省自然科学基金等其他省部级项目8项,资助总额435万;军工

项目到款总经费1.09亿元。引导培育高水平标志性成果,获2016年度国家科技进步二等奖2项(第一单位1项、第三单位1项);省部级一等奖3项;获发明专利239项,实用新型专利63项;SCI收录论文181篇,EI收录论文364篇。

2016年,全院共有70名教师前往美国、德国、日本、欧洲等国家和港澳台地区参加学术交流和国际会议;31名研究生出国参加高水平国际学术会议,10名研究生赴海外实习,46名本科生出国参加本硕培养、短期交流和课程项目;接待来自国(境)外高校的20名知名专家、学者来访。

【获2016年度国家科技进步二等奖】 由童水光教授领衔的"大功率船用齿轮箱传动与推进系统关键技术研究及应用"项目获得该奖。本项目实施前,大功率船用齿轮箱传动与推进系统技术被国外垄断,关键技术被封锁,严重制约我国大型舰船的发展,威胁国防安全。童水光团队通过技术攻关,实现大型舰船动力传动与推进装置的自主设计制造,解决了推进器能效低、空泡脉动压力难以控制等难题。项目技术成果应用后,典型推进系统产品较国外领先品牌产品实船试验脉动压力水平低37%,效率提高2%,解决了制约我国舰船传动技术难题,为我国造船业的快速发展做出了重大贡献。

【新增教育部"长江学者"】 2016年12月,徐兵入选"长江学者"特聘教授、邹俊教授入选"长江学者"青年学者。徐兵主要研究方向为流体动力基础件和机电装备电液控制系统,发表SCI论文40余篇,EI论文80余篇,已获授权国家发明专利40余项。获得2003年度国家科技进步二等奖(第二完成人),入选2004年浙江省"151人才"第二层

① 973计划,即国家重点基础研究发展计划。

附表　2016 年度机械工程学院基本情况

项目	数据	项目	数据
教职工总数/人	183	获国家级科技奖项目数/项	2
教授数/人	56	获国家级教学成果奖数/项	0
副教授数/人	50	授权发明专利数/项	239
具有博士学位的教师比例/%	95	SCI 入选论文数/篇	181
两院院士/人	3	EI 入选论文数/篇	364
国家"千人计划"入选数/人	5	MEDLINE 入选论文数/篇	0
"国家特支计划"入选数/人	0	出版专著/部	0
"长江学者"数/人	5	在校本科生数/人	878
省部级高校教学名师奖获得者/人	4	在学硕士研究生数/人	687
"973 计划"首席科学家数[*]/人	2	其中:专业学位研究生数/人	286
国家"百千万人才工程"入选数/人	4	在读博士研究生数/人	434
国家杰出青年基金获得者/人	3	其中:专业学位研究生数/人	5
教育部新(跨)世纪优秀人才培养计划入选数/人	11	在校攻读学位的外国留学生数/人	4
浙江省特级专家/人	2	应届本科毕业生一次就业率/%	98.9
浙江省"千人计划"入选者/人	2	应届本科毕业生考研录取(出国)率/%	58.92
浙江大学求是特聘教授数/人	5	应届毕业研究生一次就业率/%	96.45
一、二级学科国家重点学科数/个	5	科研总经费/万元	31,328.81
国家重点(专业)实验室/个	2	其中:国家自然基金比重/%	5.68
国家工程(技术)研究中心/个	1	纵向经费比重/%	28.51
国家人才培养基地(含教学、教育基地)/个	1	教师出国交流/人次	70
国家精品资源共享课、视频公开课/门	2	学生出国交流/人次	87
社会捐赠经费总额/万元	214.7	举办国际学术会议数/次	0

注:[*] 表示含重大科学研究计划、ITER 计划、青年科学家专题等。

次培养人员。邹俊主要研究方向为液压系统振动噪声与控制,发表 SCI 论文 20 余篇,已获授权国家发明专利 20 余项。

(任思丹撰稿　王晓莹审稿)

材料科学与工程学院

【概况】　材料科学与工程学院(以下简称材料学院)设有材料物理、金属材料、无机非金属材料、半导体材料、功能复合材料与结构 5 个研究所和浙江大学电子显微镜中心,拥有硅材料国家重点实验室、表面与结构改性无机功能材料教育部工程研究中心,以及 2 个教育部创新研究团队,并建有浙江省电池新材料与应用技术研究重点实验室和浙江省新型信息材料技术研究重点实验室。

材料科学与工程为国家重点学科和浙江省一流学科,以材料科学与工程一级学科招收本科本,设有材料学、材料物理与化学、材料加工工程等3个博士学位授权点和硕士学位授权点,并建有材料科学与工程博士后流动站。

现有教职工134人。其中,中国科学院院士1人,具有正高级职称人员58人(2016年新增5人)、副高级职称人员55人(2016年新增2人)、博士研究生指导教师97人(含兼职博导,2016年新增5人)、硕士研究生指导教师111人(含兼职硕导,2016年新增5人)。

教师中具有博士学位的占98.8%。在站博士后工作人员45人。2016年,全院新增享受国务院政府特殊津贴1人、青年"千人计划"学者3人、国家优秀青年科学基金获得者1人、浙江省高校优秀教师1人、浙江省创新人才长期项目1人、浙江大学求是特聘教授1人、浙江大学求是讲座教授3人、浙江大学兼职、兼任教授3人。

2016年,招收硕士研究生115人,博士研究生64人,2015级本科生95人,2016级本科生125人确认进入学院主修专业,毕业本科生102人、硕士研究生107人、博士研究生50人。学院继续加强教育教学工作,获中国学位和研究生教育学会研究生教育成果二等奖1项、浙江大学教学成果一等奖1项、二等奖1项、浙江大学优秀博士学位论文奖1项。杨德仁教授获"全国五一劳动奖章";钱国栋教授获2016年度省级优秀教师暨省高校优秀教师称号;杜丕一、凌国平教授分别获2016年度浙江大学优质教学奖一、二等奖;叶志镇教授、王勇教授获2016年度竺可桢学院最佳专业导师。博士生葛翔获2016年浙江大学竺可桢奖学金。学院举办了10期"求是材料科学论坛"和第七届"浙江省高校暨浙江大学材料微结构探索大赛"。

到款科研总经费10,062万元,其中横向项目经费总额1,696万元,占总经费的16.8%;纵向项目经费总额7,816万元,占总经费的77.7%,军工项目总额550万元,占总经费的5.5%。2016年,获批国家自然科学基金项目18项,批准率为29%,总经费为1,542万元。其中重点项目1项,优秀青年基金1项,面上基金12项,青年基金2项。全年,被SCI收录论文300篇,授权发明专利112项。获2016年度国家自然科学二等奖1项、国家技术发明二等奖1项。

2016年,材料学院国际学术交流活动活跃,教师出访86人次,学生出国交流64人次;加深了与英国剑桥大学、美国加州大学伯克利分校、斯坦福大学、宾州州立大学等高校的合作交流,邀请了诺贝尔化学奖获得者Jean-Marie Lehn院士、诺贝尔化学奖评委主席Sven Lidin院士和英国剑桥大学Serena Best院士等专家来校做学术报告共69余场次。组织召开了"浙江大学—新加坡国立大学—南洋理工大学"三校联合的"2016年先进功能材料国际研讨会暨暑期学校"。

【2项科研成果获国家奖】 无机非金属材料研究所钱国栋教授领衔的"荧光传感金属—有机框架材料结构设计及功能构筑"项目获2016年度国家自然科学二等奖。该项目利用金属—有机框架材料独特的结构和功能可设计性强的优势,提出在框架材料中引入未配位的活性位点、混合配位的双稀土发光中心、基于功能基元有序取向与形貌控制的结构—功能协同等原创性设计思想,实现了对离子、有机分子和温度的高灵敏度、高选择性、高分辨率荧光传感。

金属材料研究所严密教授领衔的"低功耗高性能软磁复合材料及关键制备技术"项目获2016年度国家技术发明二等奖。该项

附表　2016 年度材料科学与工程学院基本情况

项目	数据	项目	数据
教职工总数/人	134	获国家级科技奖项目数/项	2
教授数/人	45	获国家级教学成果奖数/项	0
副教授数/人	36	授权发明专利数/项	112
具有博士学位的教师比例/%	98.8	SCI 入选论文数/篇	300
中科院院士/人	1	EI 入选论文数/篇	未统计
国家"千人计划"入选数/人	15	SSCI 入选论文数/篇	0
"国家特支计划"入选数/人	0	MEDLINE 入选论文数/篇	0
"长江学者"数/人	5	出版专著/部	3
省部级高校教学名师奖获得者/人	0	在校本科生数/人	319
"973 计划"首席科学家数[*]/人	3	在学硕士研究生数/人	327
国家"百千万人才工程"入选数/人	3	其中:专业学位研究生数/人	122
国家杰出青年基金获得者/人	5	在读博士研究生数/人	281
教育部新(跨)世纪优秀人才培养计划入选数/人	9	在校攻读学位的外国留学生数/人	19
浙江省特级专家/人	3	应届本科毕业生一次就业率/%	97.92
浙江省"千人计划"入选者/人	4	应届本科毕业生考研录取(出国)率/%	73.96
浙江大学求是特聘教授数/人	12	应届毕业研究生一次就业率/%	100
一、二级学科国家重点学科数/个	3	科研总经费/万元	10,062
国家重点(专业)实验室/个	1	其中:国家自然基金比重/%	15.3
国家工程(技术)研究中心/个	0	纵向经费比重/%	77.7
国家人才培养基地(含教学、教育基地)/个	0	教师出国交流/人次	86
国家精品资源共享课、视频公开课/门	1	学生出国交流/人次	64
社会捐赠经费总额/万元	10	举办国际学术会议数/次	1

注:[*] 表示含重大科学研究计划、ITER 计划、青年科学家专题等。

目针对软磁复合材料长期存在的严重问题开展了深入研究,提出了在软磁粉末基体表面原位生成高电阻率软磁壳层,降低涡流损耗并保持高磁性能的技术思路,发明了多软磁相核壳结构复合材料,构建了高性能软磁合金新体系,制备出具有高磁通密度、高直流叠加等不同特性的系列软磁复合材料。

【杨德仁获"全国五一劳动奖章"】　4月29日,杨德仁教授获"全国五一劳动奖章"和"浙江省劳动模范"称号。杨德仁是"长江学者"奖励计划特聘教授、国家杰出青年基金获得者、973 计划首席科学家;兼任国家重大科技专项(02)专家组成员、中国光伏专业委员会副主任;获中国青年科技奖、全国优秀科技工作者、浙江省特级专家、浙江省"十大时代先锋"等荣誉;主要研究领域为半导体材料。

【举办先进功能材料前沿论坛暨研究生国际暑期学校】　为进一步开拓研究生学术视野,促进国际交流,7 月 20 日—7 月 23 日,材料学院举办了先进功能材料前沿论坛暨研究生国际暑期学校。会议邀请了来自新加坡国立大学、新加坡南洋理工大学，以及浙江大学的 40 余位研究生和 50 余位专家教授，组织了 25 场精彩的学术报告。

（倪孟良撰稿　刘艳辉审稿）

能源工程学院

【概况】　能源工程学院前身是热物理工程学系，成立于 1978 年 5 月，是我国高校中最早成立的热物理工程学系，也是我国首批工程热物理博士点单位之一。1987 年工程热物理学科被批准为国家级重点学科，2007 年动力工程及工程热物理被评为一级学科国家重点学科。1989 年 9 月，热物理工程学系更名为能源工程学系。1999 年 9 月能源工程学系与机械工程学系、工程力学系组成了机械与能源工程学院。2009 年 1 月，能源工程学系在一级学科基础上再次实体独立运转。2014 年更名为能源工程学院。2016 年 9 月化工机械研究所整体并入能源工程学院。

现任院长骆仲泱教授为"长江学者"奖励计划特聘教授、973 计划首席科学家、浙江省特级专家、国家杰出青年基金获得者。

能源工程学院下设热能工程、化工机械、制冷与低温、动力机械及车辆工程和热工与动力系统等 5 个研究所，拥有一级学科国家重点学科 1 个，一级学科博士点 1 个，一级学科博士后流动站 1 个，2011 协同创新中心 1 个，国家重点实验室 1 个、国家工程实验室 1 个、国家工程研究（技术）中心 2 个，国家级研发（实验）中心 1 个，国家级实验教学示范中心 1 个。

能源工程学院拥有工程热物理、热能工程、化工过程机械、制冷及低温工程、动力机械及工程、流体机械及工程、能源环境工程、新能源科学与工程等 8 个博士、硕士授予点。另有车辆工程，供热、供燃气、通风及空调工程等 2 个跨学科的博士、硕士授权点。设有能源与环境系统工程（含能源与环境工程及自动化和制冷与人工环境及自动化方向）、新能源科学与工程、机械设计制造及其自动化（汽车工程方向）、过程装备与控制工程 4 个本科专业，形成了博士、硕士、本科和继续教育的完整教学体系。

2016 年，招收硕士研究生 152 人、博士研究生 97 人。本科生有 252 人确认主修专业进入能源学院学习。2016 年毕业本科生 225 人、硕士研究生 130 人、博士研究生 57 人。2016 届本科毕业生和研究生一次就业率均为 100%。

现有教职工 142 人。其中，正高级职称人员 70 人、副高级职称人员 47 人、博士研究生导师 75 人、硕士研究生导师 23 人。教师中拥有中国工程院院士 1 人、国家 973 计划首席科学家 4 人、"长江学者"奖励计划特聘教授 7 人、国家杰出青年基金获得者 5 人、国家"百千万人才工程"8 人、教育部跨（新）世纪优秀人才培养计划 12 人、浙江省特级专家 4 人、浙江大学求是特聘教授 1 人。

科研经费到款总额 18,259 万元（含 2011 协同中心），其中纵向经费占 58%。2016 年获批国家自然科学基金项目 11 项，"复杂组分固体燃料热转化机理及清洁利用"研究团队入选 2016 年国家自然科学基金创新研究群体，浙江大学能源清洁利用创新团队获国家科技进步（创新团队）奖。2016 年获发明专利 163 项，SCI 收录论文 252 篇，

附表 2016 年度能源工程学院基本情况

项目	数据	项目	数据
教职工总数/人	142	获国家级科技奖项目数/项	1
教授数/人	61	获国家级教学成果奖数/项	0
副教授数/人	35	授权发明专利数/项	163
具有博士学位的教师比例/%	96	SCI 入选论文数/篇	252
工程院院士/人	1	EI 入选论文数/篇	122
国家"千人计划"入选数/人	1	MEDLINE 入选论文数/篇	0
"国家特支计划"入选数/人	3	出版专著/部	0
"长江学者"数/人	7	在校本科生数/人	824
省部级高校教学名师奖获得者/人	0	在学硕士研究生数/人	481
"973 计划"首席科学家数[*]/人	4	其中:专业学位研究生数/人	148
国家"百千万人才工程"入选数/人	8	在读博士研究生数/人	463
国家杰出青年基金获得者/人	5	其中:专业学位研究生数/人	12
教育部新(跨)世纪优秀人才培养计划入选数/人	12	在校攻读学位的外国留学生数/人	17
浙江省特级专家/人	4	应届本科毕业生一次就业率/%	100
浙江省"千人计划"入选者/人	1	应届本科毕业生考研录取(出国)率/%	70.9
浙江大学求是特聘教授数/人	1	应届毕业研究生一次就业率/%	100
一、二级学科国家重点学科数/个	1	科研总经费/万元	18,259
2011 协同创新中心/个	1	其中:国家自然基金比重/%	7
国家重点(专业)实验室/个	2	纵向经费比重/%	58
国家工程(技术)研究中心/个	1	教师出国交流/人次	121
国家人才培养基地(含教学、教育基地)/个	1	学生出国交流/人次	232
国家精品资源共享课、视频公开课/门	2	举办国际学术会议数/次	3
社会捐赠经费总额/万元	70		

注:[*] 表示含重大科学研究计划、ITER 计划、青年科学家专题等。

EI 收录 122 篇。

能源工程学院十分重视国际交流与合作,继续与美国、瑞典、法国、澳大利亚、日本、韩国等国家和港澳台地区的著名大学、研究机构和工业界的专家、学者开展了广泛而深入的学术交流与科研合作。2016 年度出国或赴港、澳、台地区访问考察、合作研究、出席国际学术会议,从事国际合作科研等项目的学生有 230 余人次。同时邀请和接待 70 余位国内外知名学者专家及交流生来能源学院讲学、访问及联合培养,2016 年获批外国专家项目 8 项。先后举办了第七届国际制氢会议、第五届中美 CO_2 排放控制技术研讨会、垃圾焚烧发电国际培训班、第 11 届"中日韩能源与环境学术交流论坛"等。与瑞典皇家工学院(KTH)联合培养能源与环境系统工程专业硕士深入开展。进一步扩大了能源学科的对外影响,提升了学科的国际影响力。

【获 2016 年度国家科学进步奖一等奖(创新

浙江大学年鉴

团队)】 （见 P118）

【垃圾焚烧技术与装备国家工程实验室获批】（见 P119）

【入选国家自然科学基金创新研究群体】
10月,复杂组分固体燃料热转化机理及清洁利用团队入选国家自然科学基金创新研究群体。该团队依托能源清洁利用国家重点实验室,煤炭分级转化清洁发电协同创新中心、能源清洁利用科学与技术学科创新引智基地等国家级平台,面向国家重大需求,瞄准学科前沿,在复杂组分固体燃料热转化机理、污染物生成与全过程控制、复杂热反应系统计算机辅助试验及诊断优化等领域取得了突出成绩。该团队入选国家自然科学基金创新研究群体后,将进一步凝练特色研究方向,在煤基燃料、生物质燃料、可燃废弃物等复杂组分固体燃料热转化机理及清洁利用等领域开展研究,产生具有国际重要影响的研究成果,成为我国在固体燃料清洁利用研究方向上重要的对外学术交流窗口和高水平人才培养基地。

（封亚先撰稿　骆仲泱审稿）

电气工程学院

【概况】　电气工程学院(简称电气学院)由电机工程学系、系统科学与工程学系、应用电子学系和电工电子基础教学中心组成,下设电机及其控制、航天电气与微特电机、电力系统及其自动化、电力经济与信息化、电气自动化、系统科学与控制、电力电子技术、电工电子新技术等8个研究所,建有国内唯一的电力电子技术国家专业实验室和电力电子应用技术国家工程研究中心,拥有浙江省海洋可再生能源电气装备与系统技术研究重点实验室,联合成立的国家列车智能化工程技术研究中心和参与共建的国家精密微特电机工程技术研究中心,以及国家级电工电子实验教学示范中心、国家级机电类专业实验教学示范中心、电气工程拔尖人才——"爱迪生班"国家级人才培养模式创新实验区、国家大学生校外实践教育基地、首批5个国家级工程实践教育中心。

电气工程为首批一级学科国家重点学科,含电力系统及其自动化、电力电子与电力传动、电机与电器3个二级学科,与控制科学与工程学院共享控制理论与控制工程二级学科国家重点学科。

学院形成了本科、硕士、博士和继续教育完整的教学体系,建有电气工程、控制科学与工程(与控制科学与工程学院共享)等2个学科博士后科研流动站,具有电气工程一级学科博士学位授予权(覆盖6个二级学科)和控制理论与控制工程二级学科博士学位授予权,以及7个二级学科硕士学位授予权,设有电气工程及其自动化、自动化、电子信息工程等5个本科专业。本科专业均为国家特色专业和教育部首批实施"卓越工程师教育培养计划"专业。

现有教职工174人。其中,两院院士2人,具有正高级职称人员47人,副高级职称人员69人,博士研究生导师57人、硕士研究生导师40人,另有在站博士后39人。2016年,学院新增浙江省突出贡献中青年专家1人,浙江省"151第一层次人才"1人,浙江省"千人计划"3人,浙江大学求是特聘教授1人、讲座教授3人,包玉刚讲座教授1人,浙江大学"百人计划"3人。

2016年,学院深化教学改革,凝练成果。电气工程一级学科获批设立电气信息

附表　2016 年度电气工程学院基本情况

项目	数据	项目	数据
教职工总数/人	174	获国家级科技奖项目数/项	1
教授数/人	46	获国家级教学成果奖数/项	0
副教授数/人	55	授权发明专利数/项	24
具有博士学位的教师比例/%	85.04	SCI 入选论文数/篇	123
两院院士/人	2	EI 入选论文数/篇	130
国家"千人计划"入选数/人	5	MEDLINE 入选论文数/篇	17
"国家特支计划"入选数/人	1	出版专著/部	3
"长江学者"数/人	1	在校本科生数/人	1,400
省部级高校教学名师奖获得者/人	2	在学硕士研究生数/人	1,446
"973 计划"首席科学家数*/人	1	其中:专业学位研究生数/人	1,085
国家"百千万人才工程"入选数/人	1	在读博士研究生数/人	307
国家杰出青年基金获得者/人	1	其中:专业学位研究生数/人	7
教育部新(跨)世纪优秀人才培养计划入选数/人	7	在校攻读学位的外国留学生数/人	21
浙江省特级专家/人	0	应届本科毕业生一次就业率(%)	97.79
浙江省"千人计划"入选者/人	6	应届本科毕业生考研录取(出国)率/%	64.0
浙江大学求是特聘教授数/人	6	应届毕业研究生一次就业率(%)	100
一、二级学科国家重点学科数/个	1	科研总经费/万元	14,740
国家重点(专业)实验室/个	1	其中:国家自然基金比重(%)	11.2
国家工程(技术)研究中心/个	1	纵向经费比重(%)	28.0
国家人才培养基地(含教学,教育基地)/个	6.5	教师出国交流/人次	59
国家精品资源共享课、视频公开课/门	4	学生出国交流/人次	212
社会捐赠经费总额/万元	111.5	举办国际学术会议数/次	1

注:* 表示含重大科学研究计划、ITER 计划、青年科学家专题等。

技术二级学科,并入选浙江大学"高峰学科建设支持计划"。电气工程及其自动化专业接受了工程教育认证现场考查专家组的现场考查。"研究性大学电气类本科生工程实践能力提升的探索与实践"本科教学项目获浙江省教学成果奖二等奖。

科研到款总额14,740万元(纵向经费4,125万元、横向经费10,615万元),比2015年增加 32.88%。2016 年获得国家自然科学基金 20 项(其中重点项目 3 项、优青项目 1 项)、浙江省自然科学基金 3 项、浙江省科技厅公益技术项目 2 项。

学院以国际化发展趋势为契机,积极参与学校重点项目"海外一流学科伙伴提升计划"的建设,推进与国外高校的学生海外交流项目,申请短期外国专家项目12项,邀请

---

① IEEE:电气和电子工程师协会。

40多位海外专家来学院访问交流,承办第13届IEEE[①]国际车辆动力与驱动会议(VPPC2016)。

【何湘宁领衔项目获国家自然科学奖二等奖】 何湘宁领衔的"高增益电力变换调控机理与拓扑构造理论"获2016年国家自然科学奖二等奖,这是我国电力电子技术学科的第一个国家自然科学奖。该项目发现了高增益电力变换的多自由度调控机制,提出了自适应箝位软开关原理,建立了高增益电路的普适构造法则,揭示了高增益电力变换多自由度调控和拓扑构造的基本规律,为高性能变流装备技术提供了理论支撑,有力推动了电力电子技术学科的发展。

【举办首届全国高校自动化专业青年教师实验设备设计"创客大赛"】 该赛事于12月10日—11日举办,由教育部高等学校自动化类专业教学指导委员会主办、浙江大学承办,吸引了来自全国28所高校的青年教师组成的43支队伍参赛,推动了专业教学仪器新产品的研发和教学手段的现代化,促进了教学方法的改革和实验教学的创新。

【徐德鸿获2016年度IEEE PELS R. David Middlebrook Achievement Award】 2016年6月,国际电气电子工程师协会电力电子学会奖励委员会为表彰徐德鸿在再生能源系统和节能电力电子技术方面做出的杰出成就,授予其2016年度IEEE PELS R. David Middlebrook Achievement Award(国际电气与电子工程师协会电力电子学会罗伯特·大卫·米德尔布鲁克成就奖)。该奖项用以表彰国际电力电子领域做出杰出贡献者,徐德鸿是中国首位获得该奖项的学者,迄今为止全球共有5人获此殊荣。

(徐欢撰稿　陈　敏审稿)

---

① Institute of Electrical and Electronics Engineers,电气和电子工程师协会。

建筑工程学院

【概况】 建筑工程学院(简称建工学院)由土木工程学系、建筑学系、区域与城市规划系和水利工程学系组成,下设16个校级研究所(中心),建有国家国际科技合作基地海洋土木工程国际联合研究中心,软弱土与环境土工教育部重点实验室、浙江省空间结构重点实验室、浙江省饮用水安全与输配技术研究重点实验室等7个省部级研究基地。

土木工程为一级学科国家重点学科。

学院设有土木工程、水利工程博士后流动站,拥有建筑学、土木工程一级学科博士学位授予权,交通运输工程一级学科硕士学位授予权,工程管理二级学科硕士学位授予权,建筑与土木工程、建筑学等6个专业硕士学位授权点,土木工程、建筑学、城乡规划、水利水电工程、交通工程5个本科专业。

现有教职工300人。其中,中国科学院院士1人,中国工程院院士3人;具有正高级职称人员82人(2016年新增4人),副高级职称人员133人(2016年新增6人),另有博士后工作人员68人。2016年,引进人才5人,其中国家青年"千人计划"1人、浙江大学"百人计划"研究员1人;教师中新增"长江学者"青年学者1人、国家"千人计划"青年项目入选者3人、浙江省"千人计划"1人、浙江大学求是讲座教授4人。

2016年,招收全日制硕士研究生221人、博士研究生70人,2015级本科生主修专业确认 253 人。2016 年获批浙江省教学改革成果一等奖 2 项、浙江省教育教学改革项目 1 项；入选住建部"十三五"规划教材 21 部；城乡规划专业在全国专业教育评估中获优秀成绩，有效期为 6 年；建筑学基层教学组织获批校级优秀，陈云敏院士团队获评校"五好"导学团队。本科生在 2016 年美国土木工程师学会主办的土木工程竞赛挡土墙比赛中获第一。

到款科研总经费 18,580 万元。全年在研项目 1,464 项，合同经费 74,019 万元。新上项目 581 项，合同金额 19,386 万元。其中，新上纵向科研项目 72 项，合同经费 8,078 万。获批国家级项目 42 项，其中国家重点研发计划项目 1 项、课题 2 项、国家自然科学基金项目 28 项（含国家杰出青年基金项目 1 项、优秀青年基金项目 1 项、重点项目 1 项、国际合作项目 3 项），省部级项目 25 项。"海洋土木工程国际联合研究中心"获批国家国际科技合作基地。至 2016 年底，与企事业单位共建合作中心 13 个（2016 年新增 3 个）。2016 年，获得高等学校自然科学奖一等奖 1 项，浙江省科技进步一等奖 1 项。获授权发明专利 40 项。

2016 年，与香港大学建筑系、以色列理工学院建环学院新签合作协议。先后举办第七届环境振动与交通岩土动力学国际会议、第三届国际海洋结构与管道学术研讨会、城市岩土工程西湖论坛、第十六届全国空间结构学术会议等在国内外有影响力的学术会议。聘请全职兼任教授 1 人、客座教授 2 人、兼职兼任教授 5 人；10 位博士生获"国家公派研究生项目"资助，15 位研究生获资助出国攻读博士学位。

【高层次人才引进】 6 月 27 日，美国哈佛大学设计学院前院长 Peter Rowe 教授受聘为浙江大学杰出求是讲座教授和浙江大学建筑与规划学科教授委员会名誉主任。在建工学院开设"城市设计原理""中国当代都市建筑"课程。Peter Rowe 教授的研究和咨询范围多元化、国际化，包括解决对主题文化的解读和设计、城市形态与经济发展、历史保护、住房和资源可持续性等问题的关系。作为顶级的建筑与城市发展方面的学者，Peter Rowe 教授具有对全球及亚洲地区权威性的科研和实践经验，十分关注中国相关领域的发展。

12 月 14 日，聘请韩国两院院士 Chung Bang YUN 教授为学院全职兼任教授，负责开展应用于民用基础设施工程的信息和通信技术合作研发工作。Chung Bang YUN 为结构健康监测与振动控制领域的世界顶级专家，是本领域国际权威期刊 *Smart Structures and Systems* 的主编。

【获批国家级虚拟仿真实验教学中心】 2015 年 6 月，教育部启动了国家级虚拟仿真实验中心的组织申报工作，建工学院依托国家级力学实验教学示范中心和浙江省土木水利实验教学中心、国家工科力学教学基地、土木工程国家重点学科，在校级土建类虚拟仿真实验教学中心的基础上，整合实验资源、凝练实验项目，形成了五大虚拟仿真实验平台，涵盖了以土建类工程力学基础、工程设计与施工、工程防灾与监测、工程规划与管理及创新设计与研究为主要内容的 60 多项虚拟仿真实验项目。2016 年 2 月，申报材料通过网评、专家评审，土建类虚拟仿真实验教学中心获批成为国家级虚拟仿真实验教学中心。

【首次获批国家级平台】 12 月 29 日，王立忠教授负责的"海洋土木工程国际联合研究中心"获批国家国际科技合作基地。该中心

附表　2016 年度建筑工程学院基本情况

项目	数据	项目	数据
教职工总数/人	300	获国家级科技奖项目数/项	0
教授数/人	72	获国家级教学成果奖数/项	0
副教授数/人	106	授权发明专利数/项	40
具有博士学位的教师比例/%	78.1	SCI 入选论文数/篇	211
两院院士/人	4	EI 入选论文数/篇	133
国家"千人计划"入选数/人	8	MEDLINE 入选论文数/篇	0
"国家特支计划"入选数/人	1	出版专著/部	8
"长江学者"数/人	5	在校本科生数/人	970
省部级高校教学名师奖获得者/人	0	在学硕士研究生数/人	649
"973 计划"首席科学家数*/人	1	其中:专业学位研究生数/人	294
国家"百千万人才工程"入选数/人	1	在读博士研究生数/人	3,890
国家杰出青年基金获得者/人	6	在校攻读学位的外国留学生数/人	67
教育部新(跨)世纪优秀人才培养计划入选数/人	4	应届本科毕业生一次就业率/%	96.1
浙江省特级专家/人	3	应届本科毕业生考研录取(出国)率/%	69.2
浙江省"千人计划"入选者/人	3	应届毕业研究生一次就业率/%	98.9
浙江大学求是特聘教授数/人	9	科研总经费/万元	18,580
一、二级学科国家重点学科数/个	1	其中:国家自然基金比重/%	11.56
国家重点(专业)实验室/个	0	纵向经费比重/%	28.11
国家工程(技术)研究中心/个	0	教师出国交流/人次	130
国家人才培养基地(含教学、教育基地)/个	1	学生出国交流/人次	279
国家精品资源共享课、视频公开课/门	0	举办国际学术会议数/次	3
社会捐赠经费总额/万元	814.47		

注:* 表示含重大科学研究计划、ITER 计划、青年科学家专题等。

依托浙江大学,联合英国帝国理工学院、美国伊利诺伊香槟分校、挪威土工所、西澳大学等在世界海洋工程方面领先的高校和研究机构,围绕国家海洋土木工程的重大战略需求,进行海洋土木工程重大基础理论和前沿关键技术的协同攻关,开展海洋土木工程国际化创新研究。中心旨在充分发挥浙江大学和国际著名大学及科研机构的综合研究创新能力优势,通过整合优势资源构建稳定的海洋土木工程研发队伍和坚实的技术创新平台,推动这些领域的专业人士培养以及技术创新、知识共享转移等,从而服务于沿海地区发展和海洋工程建设。

（黄　乐撰稿　黄任群审稿）

化学工程与生物工程学院

【概况】 化学工程与生物工程学院(以下简称化工学院)设有化学工程、联合化学反应工程、聚合与聚合物工程、生物工程、制药工程、工业生态与环境等6个研究所,建有化学工程联合国家重点实验室、二次资源化工国家专业实验室、工业生物催化国家地方联合工程实验室、生物质化工教育部重点实验室、工业生物催化浙江省工程实验室、浙江省化工高效制造技术重点实验室,与高分子系合建有教育部膜与水处理技术工程研究中心。

化学工程为二级学科国家重点学科,生物化工为国家重点(培育)学科,化学工程与技术为浙江省一流学科。

化工学院拥有化学工程与技术、生物工程2个一级学科博士后流动站;拥有化学工程与技术一级学科博士学位授予权。

到2016年年底,学院在职教职工141人。其中,正高级职称人员58人(2016年新增3人)、副高级职称人员59人(2016年新增2人)、博士研究生导师77人、硕士研究生导师114人,另有在站博士后研究人员54人,其中学科博士后25人、企业或在职博士后29人。

2016年,招收硕士研究生158人、博士研究生75人,2015级本科生137人、2016级本科生146人确认化工学院主修专业;毕业博士研究生73人、硕士研究生158人、本科生119人。

科研经费到款13,729.45万元;被SCI收录论文173篇、EI收录论文136篇;授权发明专利137件。

2016年,教师出国交流85人次,学生出国交流75人次。5月—6月,举办了化工学院第七届国际交流月,期间来自美国、加拿大、英国、日本等国家的15位知名学者开展了43场讲座和学术报告。11月,化工学院代表团赴美国参加了化工界最具影响力的AIChE(美国化学工程师协会)年会,并再次举办了"浙江大学专场交流会";代表团还分别访问了斯坦福大学、休斯敦大学与哥伦比亚大学的化工系,与三校教授就科研和教学进行深入的交流,并取得了实质性进展。

2016年11月26日上午,召开了浙江大学校友总会化学工程与生物工程学院分会成立大会。200多位海内外校友汇聚求是园,共同见证中国首个化工系这一历史性时刻。

【高水平论文频出】 邢华斌教授课题组的论文"Pore chemistry and size control in hybrid porous materials for acetylene capture from ethylene"(《杂化多孔材料孔结构和尺寸控制实现乙炔乙烯分离》)发表在 Science(《科学》)期刊2016年第6295期上,首次提出了离子杂化多孔材料吸附分离乙炔和乙烯的方法。这是化工学院首次以第一单位在 Science 上发表论文,实现了零的突破。

谢涛教授课题组的题名为"Thermoset Shape-Memory Polyurethane with Intrinsic Plasticity Enabled by Transcarbamoylation"(《热固性聚氨酯的本征塑性》)的论文在国际化学顶级期刊 Angew. Chem. Int. Ed.(《德国应用化学》)上发表,并且被该杂志选为封面论文和"Very Important Paper"。于

附表 2016 年度化学工程与生物工程学院基本情况

项目	数据	项目	数据
教职工总数/人	141	获国家级科技奖项目数/项	2
教授数/人	53	获国家级教学成果奖数/项	0
副教授数/人	34	授权发明专利数/项	137
具有博士学位的教师比例/%	97.8	SCI 入选论文数/篇	173
两院院士/人	0	EI 入选论文数/篇	136
国家"千人计划"入选数/人	6	MEDLINE 入选论文数/篇	0
"国家特支计划"入选数/人	0	出版专著/部	0
"长江学者"数/人	2	在校本科生数/人	541
省部级高校教学名师奖获得者/人	1	在学硕士研究生数/人	654
"973 计划"首席科学家数*/人	2	其中:专业学位研究生数/人	198
国家"百千万人才工程"入选数/人	1	在读博士研究生数/人	258
国家杰出青年基金获得者/人	5	在校攻读学位的外国留学生数/人	29
教育部新(跨)世纪优秀人才培养计划入选数/人	8	应届本科毕业生一次就业率/%	96.83
浙江省特级专家/人	1	应届本科毕业生考研录取(出国)率/%	50.8
浙江省"千人计划"入选者/人	8	应届毕业研究生一次就业率/%	97.48
浙江大学求是特聘教授数/人	10	科研总经费/万元	13,729.45
一、二级学科国家重点学科数/个	1	其中:国家自然基金比重/%	17.93
国家重点(专业)实验室/个	2	纵向经费比重/%	57.97
国家工程(技术)研究中心/个	0	教师出国交流/人次	85
国家人才培养基地(含教学、教育基地)/个	0	学生出国交流/人次	75
国家精品资源共享课、视频公开课/门	2	举办国际学术会议数/次	1
社会捐赠经费总额/万元	378		

注:*表示含重大科学研究计划、ITER 计划、青年科学家专题等。

洪巍教授课题组的论文"Dual regulation of cytoplasmic and mitochondrial acetyl-CoA utilization for improved isoprene production in Saccharomyces cerevisiae"(《通过双重调控酿酒酵母细胞质和线粒体中乙酰辅酶 A 的利用提高异戊二烯产量》)在 Nature 子刊 Nature Communications(《自然通讯》)上发表。

【获两项国家科技奖】 阳永荣教授主持的"基于声发射监控的聚烯烃流化床反应器新技术"获 2016 年度国家技术发明奖二等奖;陈志荣教授领衔的"重要脂溶性营养素超微化制造关键技术创新及产业化"获 2016 年度国家技术发明奖二等奖。

【化机学科并入能源工程学院】 7 月 15 日,浙江大学党委常委会决定(浙江大学党委常委会议纪要〔2016〕22 号),原则上同意化工过程机械学科(化工机械研究所)按学科归属整体并入能源工程学院。2016 年 9 月,化工学院遵照学校的统一部署,在教学、科研、学生管理、人事、实验室管理、离退休人员管理、校友管理等各方面，积极配合能源学院，全面做好了移交工作，确保了化工学院、能源学院各项工作正常运转。

（朱耕宇撰稿　任其龙审稿）

海洋学院

【概况】　海洋学院设有海洋科学系、海洋工程学系、海洋信息学系(筹)和海洋经济与管理学系(筹)；建有海洋地质与资源、物理海洋、海洋生物、海洋化学与环境、海岛海岸带、海洋工程与技术、港口海岸与近海工程、海洋传感与网络等8个研究所，筹建有船舶与海洋结构、海洋电子工程、水下机器人、港口物流管理等4个研究所。

学院建有海洋工程装备国家地方联合工程实验室，海洋岩土工程与材料、海洋观测—成像试验区浙江省一流实验室，海洋装备试验、海洋工程材料浙江省工程实验室，海上试验浙江省科技创新服务平台，浙江省"智慧东海"协同创新中心和浙江大学摘箬山海洋科技示范岛、浙江大学舟山海洋研究中心和浙江大学海洋研究院等共建共管科研平台。

船舶与海洋工程一级学科为浙江省一流学科。

学院拥有海洋资源与环境、海洋药物学、海洋工程、海洋信息科学与工程等4个二级学科博士学位授予权，海洋科学、船舶与海洋工程2个一级学科硕士学位授予权，以及海洋工程与技术、海洋科学、船舶与海洋工程、港口航道与海岸工程等4个本科专业。

学院现有专任教师110人，其中具有正高级职称人员28人、副高级职称人员43人。现有在站博士后17人。

2016年，学院共开设研究生课程92门，其中专业学位课49门；开设本科生课程114门，并开设全英文课程14门。

科研经费首次突破5,000万元，实际到款5,117.43万元，较2015年增长9%；在研各类科研项目319项，合同总金额15,015.41万元。国家自然科学基金申请获批22项，获准率近35%。主持或参与完成的10个项目分别获省部级科技成果一、二、三等奖。被SCI收录论文103篇，授权发明专利数29项。摘箬山海洋科技示范岛获授"浙江大学'十二五'科技示范优秀单位"称号。

学院与西澳大学海洋研究院首次合作开设了海洋科学与技术暑期实习实践项目，代表浙江大学与香港中文大学联合举办海洋地质与地球物理学暑期联合课程，实施澳大利亚弗林德斯大学国际交换生科研实习项目等。学院具体实施的中国政府海洋留学生奖学金项目获国家海洋局高度评价，项目成果"涉海留学生六位一体人才培养体系的探索与实践"获浙江省教学成果二等奖。

【舟山校区试验设施陆续投入使用】　消声水池于4月中旬正式投入使用，60MPa压力筒项目于11月下旬通过专家验收，舟山校区"三池、六槽、一筒、一台"海洋实验设施群已基本建成。大型断面水槽、精密玻璃水槽、推移质水槽、折叠往返式水槽和浑水动床、消声水池等设施，已承担了近30项海洋实验，并发挥集聚资源的效应。

【舟山校区迎来首批研究生新生】　9月11日，海洋学院迎来了198名全日制研究生新同学。这是舟山校区迎来的首批研一学生。从2016年秋季学期开始，海洋学院的研究

浙江大学年鉴

附表　2016 年度海洋学院基本情况

项目	数据	项目	数据
教职工总数/人	224	获国家级科技奖项目数/项	0
教授数/人	27	获国家级教学成果奖数/项	0
副教授数/人	43	授权发明专利数/项	29
具有博士学位的教师比例/%	100	SCI 入选论文数/篇	103
两院院士/人	0	EI 入选论文数/篇	80
国家"千人计划"入选数/人	5	SSCI 入选论文数/篇	6
"国家特支计划"入选数/人	0	MEDLINE 入选论文数/篇	0
"长江学者"数/人	0	出版专著/部	0
省部级高校教学名师奖获得者/人	0	在校本科生数/人	682
"973 计划"首席科学家数[*]/人	0	在学硕士研究生数/人	357
国家"百千万人才工程"入选数/人	1	其中:专业学位研究生数/人	103
国家杰出青年基金获得者/人	1	在读博士研究生数/人	132
教育部新(跨)世纪优秀人才培养计划入选数/人	1	在校攻读学位的外国留学生数/人	45
浙江省特级专家/人	1	应届本科毕业生一次就业率/%	91.4
浙江省"千人计划"入选者/人	2	应届本科毕业生考研录取(出国)率/%	34.3
浙江大学求是特聘教授数/人	3	应届毕业研究生一次就业率/%	100
一、二级学科国家重点学科数/个	0	科研总经费/万元	5,117.43
国家重点(专业)实验室/个	0	其中:国家自然基金比重/%	10.58
国家工程(技术)研究中心/个	1	纵向经费比重/%	47.57
国家人才培养基地(含教学、教育基地)/个	0	教师出国交流/人次	82
国家精品资源共享课、视频公开课/门	0	学生出国交流/人次	65
社会捐赠经费总额/万元	70+500 万美元实物	举办国际学术会议数/次	3

注:* 表示含重大科学研究计划、ITER 计划、青年科学家专题等。

生将在舟山校区完成整个研究生阶段的学习和研究工作。

【叶瑛赴南极科考】　11 月 16 日,海洋学院教授叶瑛飞往澳大利亚西南部的弗里曼特尔,登上刚刚航渡至此的"雪龙"号,会合科考队其他队员正式开始为期四个月的南极科考活动。中国第 33 次南极科学考察队 11 月 2 日随"雪龙"号从上海启程,叶瑛被认命为南大洋科考队队长。

（高楚清撰稿　朱世强审稿）

航空航天学院

【概况】　航空航天学院(以下简称航院)由航空航天系和工程力学系组成,下设应用力学研究所、流体工程研究所、飞行器设计与推进技术研究所、无人机系统与控制研究所、空天信息技术研究所、航天电子工程研究所和微小卫星研究中心等7个研究所(中心),拥有国家工科基础课程力学教学基地和国家级力学实验教学示范中心、航空航天数值模拟与验证教育部重点实验室、教育部新型飞行器联合研究中心、浙江省软体机器人与智能器件研究重点实验室、浙江省新型飞行器关键基础与重大应用协同创新中心、浙江大学工程与科学计算研究中心和浙江大学软物质科学研究中心。

航院拥有固体力学1个二级学科国家重点学科,力学、航空宇航科学与技术2个浙江省一流学科,力学一级学科博士点和博士后流动站,建有或与兄弟学院共同拥有11个二级学科博(硕)士学位授予权,另有航天工程领域和电子与通信工程领域专业硕士学位授予权;设有工程力学和飞行器设计与工程2个本科专业。2016年,力学学科入选学校"一流骨干基础学科建设计划"。

2016年,招收硕士研究生57人,博士研究生29人,2015级和2016级本科生分别有44人和71人确认进入学院继续学习,毕业本科生29人、硕士研究生44人、博士研究生13人。

现有教职工116人。其中,中国科学院院士2人、中国工程院院士2人,具有正高级职称人员30人(2016年新增2人)、副高级职称人员53人(2016年新增4人)、博士研究生指导教师49人(2016年新增2人)、硕士研究生指导教师74人(含博士研究生导师)(2016年新增1人),在站博士后工作人员14人。引进青年骨干教师4人,其中浙江大学"百人计划"研究员1人;新增教育部"长江学者"特聘教授1人,入选浙江省"151人才工程"第一和第二层次培养人员各1人。

2016年,学院继续深入开展教育教学大讨论,全面梳理学院人才培养体系。举办了五次航空航天学院"教与学"系列教学论坛和第六届大学生西湖夏令营,与锦绣富春集团签订共建大学生创新实践基地协议,并成立"航空航天学院大学生实践创新基金"。教育教学改革取得一定成绩,2016年度立项浙江省高等教育课堂教学改革项目1项,获浙江大学教学成果奖一等奖和二等奖各1项、2015年度浙江大学优质教学奖二等奖1项。

科研经费到款9,746万元。2016年,获批国家自然科学基金(NSFC)项目19项,获准率41.3%,资助经费共计1,727万元;获批浙江省自然科学基金6项,其中重点项目1项;获批浙江省公益基金项目1项、浙江省科技厅重点研发计划1项;新争取到百万级项目9项,千万级项目4项;签订科技成果转化项目3项,合同金额2,474.83万元。另据不完全统计,全年被SCI收录论文139篇,EI收录论文126篇,授权国内外发明专利15项。

2016年,学院共有研究生31人次、本科生21人次和教师58人次出访13个国家和地区,其中本科生参加国际交流人数为历年来最多;先后接待了来自国内外的专家、学者来校交流、讲学和考察访问共40余人次;聘请浙江大学名誉教授、求是讲座教授各1人;举办国际会议2次。

【微波毫米波射频产业联盟参加第二届军民融合发展高技术成果展览】 航空航天学院航天电子工程研究所近年来在微波毫米波射频芯片研发领域获得多项重大突破,成果广泛应用于国家重大工程专项,并与多家高科技民营企业共同组建浙江省微波毫米波射频产业联盟,其射频集成电路最新研究成

附表　2016年度航空航天学院基本情况

项目	数据	项目	数据
教职工总数/人	116	获国家级科技奖项目数/项	0
教授数/人	26	获国家级教学成果奖数/项	0
副教授数/人	46	授权发明专利数/项	15
具有博士学位的教师比例/%	98	SCI入选论文数/篇	139
两院院士/人	4	EI入选论文数/篇	126
国家"千人计划"入选数/人	4	MEDLINE入选论文数/篇	0
"国家特支计划"入选数/人	1	出版专著/部	3
"长江学者"数/人	2	在校本科生数/人	131
省部级高校教学名师奖获得者/人	0	在学硕士研究生数/人	165
"973计划"首席科学家数*/人	0	其中:专业学位研究生数/人	32
国家"百千万人才工程"入选数/人	2	在读博士研究生数/人	126
国家杰出青年基金获得者/人	7	在校攻读学位的外国留学生数/人	0
教育部新(跨)世纪优秀人才培养计划入选数/人	9	应届本科毕业生一次就业率/%	96.6
浙江省特级专家/人	1	应届本科毕业生考研录取(出国)率/%	44.8
浙江省"千人计划"入选者/人	2	应届毕业研究生一次就业率/%	100
浙江大学求是特聘教授数/人	6	科研总经费/万元	9,746
一、二级学科国家重点学科数/个	1	其中:国家自然基金比重/%	18.8
国家重点(专业)实验室/个	0	纵向经费比重/%	81.5
国家工程(技术)研究中心/个	0		
国家人才培养基地(含教学、教育基地)/个	1	教师出国交流/人次	58
国家精品资源共享课、视频公开课/门	0	学生出国交流/人次	52
社会捐赠经费总额/万元	55.87	举办国际学术会议数/次	2

注:*表示含重大科学研究计划、ITER计划、青年科学家专题等。

果于2016年10月19日参加了第二届军民融合发展高技术成果展。展览期间,学院郁发新教授向前来参观的中央首长汇报了联盟近年来在产学研军民融合方面取得的主要进展。中央领导对其在军民融合方面做出的成绩和贡献分别给予了积极的肯定和亲切的鼓励。中央电视台的《新闻联播》和《晚间新闻》对此进行了报道。

【"沙锥"高空高亚音速隐身无人机通过国家技术鉴定】　该无人机于2016年1月通过上级主管部门组织的技术鉴定,鉴定认为,"沙锥"无人机集高空、高亚音速、隐身、超低空、机动性等特点于一体,是我国首架高空高亚音速小RCS靶机,填补了国内空白,处于国内领先、国际先进水平。该无人机是学院首个通过国家技术鉴定的无人机型号,该型号无人机于2011年获批立项并启动研制,经过项目组多年刻苦攻关,综合应用气动隐身一体化设计、复合材料机体轻量化设计、多参数增益调度与精确控制等技术,解决了高速、隐身、大速率跨度及超低空的飞行控制等难题。目前该无人机已经应用于我国多个重大工程试验任务,成为我国新一代航空武器试验鉴定的重要支撑。

(朱燕君撰稿　吴丹青审稿)

高分子科学与工程学系

【概况】 高分子科学与工程学系(以下简称高分子系)由高分子科学、高分子复合材料、生物医用大分子3个研究所组成,建有高分子合成与功能构造教育部重点实验室、膜与水处理技术教育部工程研究中心、中国—葡萄牙先进材料联合创新中心,以及新型吸附分离材料与应用技术浙江省重点实验室。

高分子系的高分子化学与物理为化学一级学科国家重点学科下的二级学科。二级学科均设有博士后流动站,拥有博士学位和硕士学位授予权,单独设立高分子材料与工程本科专业。

现有教职工67人,其中中科院院士2人;具有正高级职称人员32人(2016年新增2人),副高级职称人员20人,博士研究生导师48人,硕士研究生导师52人。获得国家杰出青年科学基金资助7人(2016年新增1人)。

在高年级本科生中持续开展教育教学满意度调查,评选出最佳教学奖及最佳教案奖。获得浙江大学优质教学奖二等奖1项,浙江大学教学成果奖二等奖1项,1人次在学生国际大赛中获奖。举办2016年高分子系开放日活动及"研究生学术墙报展"。

科研经费到款7,207万元,其中纵向经费3,379万元,占46.9%。国家基金共批准立项19项,批准率40%。其中,杰出青年科学基金项目1项,国际(地区)合作与交流项目1项,获批准直接经费总额1,172万元。在2016年度国家科技部重点研发计划项目申报中,取得骄人成绩,共有6项负责(参加)的项目(课题)获得资助,合同总经费达3,438万元;其中,由高长有教授负责的"生物材料表面/界面及表面改性研究"国家重点研发计划项目获批立项,总经费1,400万元,实现高分子系千万级项目零的突破。被SCI收录论文约260篇,平均影响因子首次超过5.0。影响因子大于10的论文11篇。获国家授权发明专利39项。

国外来访并做学术报告35人次,教师出国交流44人次,学生出国交流82人次。举办国际会议3次,国际夏令营1项。聘请兼任教授1人,名誉教授2人,客座教授1人,短期外国专家20人。与美国芝加哥大学、德国拜罗伊特大学达成合作协议。

【李寒莹获国家杰出青年科学基金资助】 10月,李寒莹教授负责的"单晶复合有机光电功能材料与器件"项目获2016年度国家杰出青年科学基金资助400万元,项目拟重点面向光电应用,开展将材料有序化与复合化思想有机融合的研究,从而逐渐形成高分子系在有序复合功能材料方向上的研究特色。

【徐志康入选全国优秀科技工作者名单】 5月,徐志康入选第七届"全国优秀科技工作者"。徐志康为膜科学领域国际著名期刊 *J. Membr. Sci.* 编委,兼任国内学术期刊《高分子学报》和《膜科学与技术》的编委会成员、中国膜工业协会专家委员会委员、中国化学会理事、高分子学科委员会委员。2006年获国家杰出青年基金。

项目	数据	项目	数据
教职工总数/人	67	获国家级科技奖项目数/项	0
教授数/人	26	获国家级教学成果奖数/项	0
副教授数/人	20	授权发明专利数/项	39
具有博士学位的教师比例/%	88	SCI 入选论文数/篇	260
中科院院士/人	2	EI 入选论文数/篇	180
国家"千人计划"入选数/人	5	MEDLINE 入选论文数/篇	0
"国家特支计划"入选数/人	2	出版专著/部	0
"长江学者"数/人	3	在校本科生数/人	285
省部级高校教学名师奖获得者/人	0	在学硕士研究生数/人	150
"973 计划"首席科学家数*/人	0	其中:专业学位研究生数/人	0
国家"百千万人才工程"入选数/人	1	在读博士研究生数/人	174
国家杰出青年基金获得者/人	7	在校攻读学位的外国留学生数/人	11
教育部新(跨)世纪优秀人才培养计划入选数/人	7	应届本科毕业生一次就业率/%	100
浙江省特级专家/人	0	应届本科毕业生考研录取(出国)率/%	62
浙江省"千人计划"入选者/人	5	应届毕业研究生一次就业率/%	100
浙江大学求是特聘教授数/人	7	科研总经费/万元	7,207
一、二级学科国家重点学科数/个	1	其中:国家自然基金比重/%	23.64
国家重点(专业)实验室/个	0	纵向经费比重/%	46.9
国家工程(技术)研究中心/个	0		
国家人才培养基地(含教学、教育基地)/个	0	教师出国交流/人次	44
国家精品资源共享课、视频公开课/门	2	学生出国交流/人次	82
社会捐赠经费总额/万元	40	举办国际学术会议数/次	3

注:* 表示含重大科学研究计划、ITER 计划、青年科学家专题等。

【获浙江省自然科学一等奖】 1 月，徐志康等完成的项目"基于表面结构与功能优化的聚合物分离膜"获浙江省自然科学一等奖，为下一代高性能聚合物分离膜材料提供了坚实的理论基础和技术储备。

（廉　洁撰稿　楼仁功审稿）

光电科学与工程学院

【概况】 光电科学与工程学院(以下简称光电学院)设有光学成像工程研究所、光学工程研究所、光电信息检测技术研究所、光电子技术研究所、光电工程研究所、激光生物医学研究所、微纳光子学研究所等 7 个研究所和光及电磁波研究中心、光学惯性技术工程中心等2个研究中心。

学院建有现代光学仪器国家重点实验室、国家光学仪器工程技术研究中心、国防重点学科实验室等3个国家级研究基地及光电磁传感技术浙江省重点实验室和光电信息工程实验中心，以及教育部光子学与技术国际合作联合实验室和科技部光电技术国际联合研究中心(2016年新增)2个国际科技合作机构。

光学工程为一级学科国家重点学科及浙江省一流学科。测试计量技术及仪器二级学科在2016年学科调整中被撤销。

学院设有光学工程、仪器科学与技术2个博士后流动站，光学工程、光通信技术和信息传感及仪器等3个博士、硕士学位授权点及光电信息科学与工程1个本科专业，具有本、硕、博完整的人才培养体系。

2016年，招收硕士研究生105人(含专业学位硕士36人)、博士研究生52人，2015级本科生121人确认进入学院继续学习(含竺院学生11人)。毕业本科生135人(含竺院学生19人)、硕士研究生95人(含专业学位硕士35人)、博士研究生48人。

现有教职工149人。其中，具有正高级职称人员46人(2016年新增2人)，副高级职称人员39人(2016年新增1人)；博士生指导教师58人，硕士生指导教师24人。2016年，引进中国科学院院士1人(与物理系双聘)。

应用光学、微机原理及接口技术2门课程被确定为第一批"国家级精品资源共享课"，获批浙江省高等教育课堂教学改革项目2项、浙江大学教学成果一等奖3项。大力提升学生实践能力，将课程项目设计与全国大学生光电设计竞赛相结合，在2016年全国大学生光电竞赛中取得了3个一等奖和1个二等奖的好成绩；全年新增大三校外深度实习基地3个、专业学位研究生联合培养基地3个。继续探索科教协同人才培养模式，加强与中科院研究所的合作，与中科院上海光机所共建"尚光英才班"，首届共招生30人。修订《光电学院博士硕士学位论文隐名评阅实施细则》，进一步完善研究生学位论文隐名评阅与质量抽查制度，博士学位论文100%双向隐名评阅，硕士学位论文双向隐名评阅比例不低于50%，保障了研究生的培养质量。

2016年，光电学院科研到款总经费约为1.12亿元。其中获批国家自然科学基金项目8项，包括杨甬英获批国家自然科学基金重大科研仪器研制项目1项，童利民获批国家自然科学基金重点项目1项，刘东获批科技部重点研发类项目1项，刘旭团队参与国家重点研发计划项目3项。全院以浙江大学为第一单位被SCI收录论文150篇(其中TOP期刊85篇、ZJU100论文5篇)，其中发表在影响因子大于10的期刊论文3篇。

2016年，光电学院主办第二届西湖光电子论坛、第四届纳米光纤及应用(ONNA2016)2个国际会议，国外(境外)学者来光电学院做学术报告、交流和合作共26人次。

【国家国际科技合作基地获批成立】 2016年12月16日，光电学院"光电技术国际联合研究中心"被科技部认定为国家国际科技合作基地(以下简称"国合基地")。"国合基地"是指由科学技术部及其职能机构认定，旨在更为有效地发挥国际科技合作在扩大科技开放与合作中的促进和推动作用，提升

附表　2016 年度光电科学与工程学院基本情况

项目	数据	项目	数据
教职工总数/人	149	获国家级科技奖项目数/项	0
教授数/人	39	获国家级教学成果奖数/项	0
副教授数/人	31	授权发明专利数/项	59
具有博士学位的教师比例/%	97.26	SCI 入选论文数/篇	150
两院院士/人	0	EI 入选论文数/篇	48
国家"千人计划"入选数/人	4	SSCI 入选论文数/篇	0
"国家特支计划"入选数/人	0	MEDLINE 入选论文数/篇	0
"长江学者"数/人	5	出版专著/部	3
教育部和省级高校教学名师奖获得者/人	1	在校本科生数/人	252
"973 计划"首席科学家数 */人	2	在学硕士研究生数/人	322
国家"百千万人才工程"入选数/人	0	其中:专业学位研究生数/人	115
国家杰出青年基金获得者/人	6	在读博士研究生数/人	241
教育部新(跨)世纪优秀人才培养计划入选数/人	3	在校攻读学位的外国留学生数/人	5
浙江省特级专家/人	1	应届本科毕业生一次就业率/%	99.15
浙江省"千人计划"入选者/人	1	应届本科毕业生考研录取(出国)率/%	71.79
浙江大学求是特聘教授数/人	8	应届毕业研究生一次就业率/%	100
一、二级学科国家重点学科数/个	1	科研总经费/万元	11,157
国家重点(专业)实验室/个	1	其中:国家自然基金比重/%	22.58
国家工程(技术)研究中心/个	1	纵向经费比重/%	54.68
国家人才培养基地(含教学、教育基地)/个	0	教师出国交流/人次	73
国家精品资源共享课、视频公开课/门	2	学生出国交流/人次	120
社会捐赠经费总额/万元	21.73	举办国际学术会议数/次	2

注:* 表示含重大科学研究计划、ITER 计划、青年科学家专题等。

我国国际科技合作的质量和水平,发展"项目－人才－基地"相结合的国际科技合作模式。"光电技术国际联合研究中心"是光电学院继 2015 年教育部立项通过浙江大学首个国际合作联合实验室——光子学与技术国际合作联合实验室后获批成立的又一个国际科技合作基地。

【师资队伍建设取得突出成绩】 2016 年,引进中国科学院朱诗尧院士(与物理系双聘)、国家杰出青年科学基金获得者刘雪明教授、国家"青年千人"杨旸研究员和美籍青年教师 Julian Evans。刘华锋教授被认定为浙江大学求是特聘教授。邱建荣教授获丹麦奥尔堡大学荣誉博士学位并获颁美国陶瓷协会 G. W. Morey 奖,胡慧珠教授获"王大珩中青年科技人员光学奖"。

【人才培养取得新成绩】 光电学院 2013 级本科生黄玉佳获 2016 年度浙江大学竺可桢奖学金。光电学院 2013 级本科生柯薇参加2016 年美国大学生数学建模竞赛并获其中

B 题（MCM）的特等奖（Outstanding Winner），同时被授予美国运筹学和管理学研究协会奖（Informs Prize）。光电学院在 7 月 28—29 日于电子科技大学举行的第五届全国大学生光电设计竞赛中获一等奖 3 项。

（姚　达撰稿　刘玉玲审稿）

信息与电子工程学院

【概况】　信息与电子工程学院（以下简称信电学院）设有信息与通信工程系、电子工程系及依托信电学院运行的浙江大学微电子学院，还设有信息与通信网络工程研究所、微纳电子研究所、超大规模集成电路设计研究所、智能通信网络与安全研究所、信号空间和信息系统研究所 5 个校级研究所及射频与光子信息处理技术中心、统计信息与图像处理研究中心、智能电子信息系统研究所、电磁信息与电子集成研究所、毫米波与智能系统研究中心 5 个院级研究所（中心），建有嵌入式系统教育部工程研究中心、浙江省信息处理与通信网络重点实验室、浙江省先进微纳电子器件智能系统及应用重点实验室等研究机构和首批国家集成电路人才培养基地。信息与电子工程实验教学中心和浙江大学工程电子设计基地为国家实验教学示范中心"浙江大学工程训练中心"的组成部分。

信电学院建有电子科学与技术、信息与通信工程 2 个博士后流动站，拥有电子科学与技术、信息与通信工程 2 个一级学科博士学位授予权，覆盖物理电子学、电路与系统、微电子学与固体电子学、电磁场与微波技术、通信与信息系统、信号与信息处理 6 个二级学科，其中通信与信息系统为二级学科国家重点学科，信号与通信工程为浙江省一流学科。

全院现有教职工 165 人。其中，正高级职称人员 54 人（2016 年新增 7 人）、副高级职称人员 69 人（2016 年新增 2 人）、博士研究生导师 75 人（2016 年新增 9 人）、硕士研究生导师 34 人（2016 年新增 3 人）。教师中有中国工程院院士 1 人、国家青年拔尖人才入选者 2 人、国家杰出青年科学基金获得者 1 人。

2016 年，信电学院招收硕士研究生 166 人、博士研究生 53 人，2016 级本科生 297 人确认主修专业进入信电学院学习，毕业本科生 262 人、硕士研究生 130 人、博士研究生 33 人。

到校科研总经费 10,320.93 万元；在研的各类基金项目 84 项（包括国家自然科学基金、浙江省自然科学基金等），牵头国家重点研发计划项目 1 项，参与重点研发计划 12 项，其他纵向科研项目 37 项；被 SCI 等国际三大检索系统收录论文 204 篇；出版著作 4 部。

学院非常重视国际交流与合作，全院共有 237 人次出访参加学术会议、合作研究和交流学习等，共主办了无线通信与信号处理国际学术会议、西湖国际电磁感知研讨会、国际固态电路会议、第七届亚太电磁兼容国际会议等 4 次国际会议。

【浙江省先进微纳电子器件智能系统及应用重点实验室获认定】　2016 年 9 月 27 日，浙江省科技厅发文，认定信电学院先进微纳电子器件智能系统及应用实验室为浙江省重点实验室。该实验室主要研究任务是充分发挥浙江省在电子元器件生产、消费、系统集等领域的强大优势，探索器件新颖结构、

项目	数据	项目	数据
教职工总数/人	165	获国家级科技奖项目数/项	0
教授数/人	50	获国家级教学成果奖数/项	0
副教授数/人	69	授权发明专利数/项	75
具有博士学位的教师比例/%	99.02	SCI 入选论文数/篇	204
两院院士/人	1	EI 入选论文数/篇	209
国家"千人计划"入选数/人	12	SSCI 入选论文数/篇	0
"国家特支计划"入选数/人	0	MEDLINE 入选论文数/篇	0
"长江学者"数/人	1	出版著作/部	4
教育部和省级高校教学名师奖获得者/人	1	在校本科生数/人	868
"973 计划"首席科学家数*/人	0	在学硕士研究生数/人	451
国家"百千万人才工程"入选数/人	0	其中:专业学位研究生数/人	183
国家杰出青年基金获得者/人	1	在读博士研究生数/人	237
教育部新(跨)世纪优秀人才培养计划入选数/人	9	在校攻读学位的外国留学生数/人	14
浙江省特级专家/人	0	应届本科毕业生一次就业率/%	96.01
浙江省"千人计划"入选者/人	2	应届本科毕业生考研录取(出国)率/%	49.28
浙江大学求是特聘教授数/人	3	应届毕业研究生一次就业率/%	100
一、二级学科国家重点学科数/个	1	科研总经费/万元	10,320.93
国家重点(专业)实验室/个	0	其中:国家自然基金比重/%	13.24
国家工程(技术)研究中心/个	0	纵向经费比重/%	45.4
国家人才培养基地(含教学、教育基地)/个	7	教师出国交流/人次	98
国家精品资源共享课、视频公开课/门	0	学生出国交流/人次	139
社会捐赠经费总额/万元	57.4	举办国际学术会议数/次	4

注: * 表示含重大科学研究计划、ITER 计划、青年科学家专题等。

新材料的应用原理、新的仿真和设计方法及新的制造技术,为浙江省在"微纳器件与系统集成"领域提供雄厚的科研创新实力,支撑并促进浙江省甚至中国高科技产品的迅猛发展。

【科学研究体量增长迅速】 信电学院 2016 年度科研经费为 1.03 亿元,是 2009 年以来首次突破亿元大关。学院在新一代无线移动通信、低截获和抗干扰通信、水下通信与海空一体化信息传输、柔性电子、机器视觉、先进微纳电子器件、电磁信息等领域发展良好,其中由信号空间和信息系统团队牵头的国家重点研发计划项目"声成像系统和层析集成试验技术"获立项,总经费为 4,000 万元。

【获国家自然科学基金杰出青年基金资助】

教育部"长江学者"陈红胜获得该资助。陈红胜主要研究新型人工电磁材料、异向介质、电磁波隐身等,在国际期刊上发表了 160 余篇 SCI 论文,主持完成二十多项国家自然科学基金、教育部和军工等项目,并于

2016 年入选"中国高被引学者榜单"。

（王　震撰稿　钟蓉戎审稿）

控制科学与工程学院

【概况】　控制科学与工程学院(简称控制学院)，下设工业控制、智能系统与控制、自动化仪表 3 个研究所，以及分析仪器研究中心和自动化实验教学中心，拥有工业控制技术国家重点实验室、工业自动化国家工程研究中心、工业控制系统安全技术国家工程实验室和流程生产质量优化与控制国际联合研究中心(2016 年新增) 4 个国家级平台，建有教育部"信息与控制学科创新引智基地"，是"工业过程的控制理论与总线技术及其应用研究"等多个国家基金创新群体的依托单位。

控制学院共有自动化 1 个本科专业和控制科学与工程、网络空间安全 2 个一级学科。其中，控制科学与工程是一级学科国家重点学科，覆盖了控制理论与控制工程、模式识别与智能系统等 5 个二级学科，拥有控制科学与工程一级学科博士和硕士学位授予权、控制工程专业硕士学位授予权，拥有网络空间安全一级学科的博士和硕士学位授予权(与兄弟学院共建)。

控制学院现有教职工总数 126 人。其中，中国工程院院士 1 人，正高级职称人员 44 人(2016 年新增 3 人)、副高级职称人员 37 人(2016 年新增 2 人)，博士研究生指导教师 55 人，硕士研究生指导教师 29 人，学科博士后 9 人。2016 年度入选教育部"长江学者"特聘教授 1 人、国家"青年千人计划" 1 人、国家"万人计划"科技创新领军人才 1 人、浙江省"151 人才工程"培养人员 5 人。获评浙江大学竺可桢奖 1 人、中国自动化学会青年科学家奖 1 人、浙江省有突出贡献中青年专家 1 人、浙江大学永平奖教金 1 人、浙江大学教学育人标兵 1 人、浙江大学唐立新优秀学者和教学名师奖各 1 人。共有在站博士后 29 人。

2016 年，学院招收博士研究生 43 人、硕士研究生 128 人(其中专业学位 54 人)，2016 级本科生 135 人确认主修控制学院自动化专业；毕业博士研究生 30 人、硕士研究生 122 人、本科生 135 人。学院积极参加浙大"医工信交叉"和"网络空间安全"交叉学科博士研究生培养计划的试点工作，并启动了专业学位研究生联合培养实践基地的建设和校外指导教师的遴选工作，紧密结合两化深度融合、智能制造、工业 4.0 等学科战略动向，对本科生自动化专业的培养方案进行较大调整，并将教育部卓越工程师计划和教育部国家专业综合改革试点项目的建设内容在整个专业层面展开，以"知行合一、学养兼修"为人才培养主旨。2016 年度控制学子在美国大学生数学建模竞赛、机器人世界杯竞赛、国际空中机器人大赛、全国大学生光电设计竞赛、全国大学生绿色能源科技创新创业大赛中均获得了一等奖，在国际机器人设计大赛中获最佳创意奖，连续第八年获得浙江大学竺可桢奖学金。

2016 年，学院科研经费稳中有升，总经费达到 1.05 亿元。新增科研项目 90 余项，其中获批国家自然科学基金重大重点项目 6 项，牵头国家重点研发计划项目 1 项，负责国家重点研发计划项目课题 2 项。获得 2016 年度国家科技进步二等奖 1 项、中国机械工业科学技术二等奖 1 项。控制理论

浙江大学年鉴

附表　2016 年度控制科学与工程学院基本情况

项目	数据	项目	数据
教职工总数/人	126	获国家级科技奖项目数/项	1
教授数/人	37	获国家级教学成果奖数/项	0
副教授数/人	31	授权发明专利数/项	71
具有博士学位的教师比例/%	81	SCI 入选论文数/篇	185
两院院士/人	1	EI 入选论文数/篇	150
国家"千人计划"入选数/人	3	MEDLINE 入选论文数/篇	0
"国家特支计划"入选数/人	1	出版专著/部	5
"长江学者"数/人	2	在校本科生数/人	371
省部级高校教学名师奖获得者/人	0	在学硕士研究生数/人	403
"973 计划"首席科学家数*/人	0	其中:专业学位研究生数/人	238
国家"百千万人才工程"入选数/人	5	在读博士研究生数/人	217
国家杰出青年基金获得者/人	2	在校攻读学位的外国留学生数/人	9
教育部新(跨)世纪优秀人才培养计划入选数/人	6	应届本科毕业生一次就业率/%	98.4
浙江省特级专家/人	2	应届本科毕业生考研录取(出国)率/%	86
浙江省"千人计划"入选者/人	1	应届毕业研究生一次就业率/%	100
浙江大学求是特聘教授数/人	2	科研总经费/万元	10,500
一、二级学科国家重点学科数/个	1	其中:国家自然基金比重/%	23.4
国家重点(专业)实验室/个	1	纵向经费比重/%	69
国家工程(技术)研究中心/个	1	教师出国交流/人次	76
国家人才培养基地(含教学、教育基地)/个	0	学生出国交流/人次	78
国家精品资源共享课、视频公开课/门	0	举办国际学术会议数/次	0
社会捐赠经费总额/万元	53		

注:* 表示含重大科学研究计划、ITER 计划、青年科学家专题等。

与控制工程被国防科工局批准成为国防特色学科。

2016 年,学院师生出国出境交流共 154 人次,共有 44 位境外专家来访开展学术交流,举办国际国内学术会议与论坛 10 次,建立了良好的国际交流氛围和合作关系。

【陈积明入选教育部"长江学者"特聘教授】

1 月 20 日,陈积明入选教育部"长江学者"特聘教授。陈积明教授主要从事网络优化与控制、控制系统安全与系统装置等方向的前沿研究,已在 IEEE(电气和电子工程师协会)汇刊发表论文 80 余篇,获 Google scholar(谷歌学术搜索)引用 6,000 余次,(曾)担任 *IEEE Trans. Control of Network Systems*(IEEE 网络系统控制汇刊)、*IEEE Trans. Parallel and Distributed Systems*(IEEE 并行分布式系统汇刊)、*IEEE Trans. Industrial Informatics*(IEEE 工业信息汇刊)等期刊编委。曾获国家科技进步二等奖、教育科技进步一等奖、教育部霍英东青年教师奖、IEEE Vehicular Technology Society Distinguished Lecturer(IEEE 车载技术学会杰出讲师)、浙江省五四青年奖章等荣誉。

【获中国自动化学会(CAA)高等教学成果一等奖】 11月11日,"以知行合一、学养兼修为导向的自动化专业人才培养体系的探索和实践"教学改革项目获得中国自动化学会(CAA)高等教学成果一等奖。多年来学院通过本科教学委员会、学院基层教学组织、模块组等层级工作,本科教学工作始终围绕控制学科发展主轴,构建满足系统性发展性需求的知识体系,围绕能力培养这一核心目标,建立多维分层的知行合一能力培养主线,围绕立德树人中心任务,营造学养兼修、以养促育人软环境。以多年教学改革内容汇聚而成的该项教学成果获得了2016年浙江大学教学成果一等奖、浙江省教学成果二等奖、中国自动化学会教学成果一等奖,相关的经验和成果对推进其他工科专业的发展建设也具有引领作用。

【成立"流程生产质量优化与控制"国家级国际联合研究中心】 11月29日,该中心获科技部批准成立,这是控制学院第4个国家级研究平台。该中心以浙江大学控制科学与工程学院、化学工程与生物工程学院为依托,集结了美国卡内基梅隆大学(CMU)、法国国家科研中心反应与过程工程实验室(LRPE)、德国伊尔梅瑙大学(TU/IL)、香港科技大学(HKUST)从事过程控制和过程系统工程的优秀团队和学者,团队与学者间具有长久深厚的学科交叉融合基础,在精细化质量指标建模、复杂系统实时优化、大规模动态系统优化、聚合物反应加工、高分子材料制备、高质量注塑成型加工、间歇过程优化控制、优化控制一体化等方面取得了丰富的合作研究成果,将形成控制工程—化学工程—材料工程学科交叉融合的格局,并在已有国际合作基础上进一步以质量为导向,以聚合物产品反应—改性—成型为代表,形成工艺—设备—优化—控制一体化研究和开发基地,实现基础研究—应用技术研发—工业应用和人才培养的良性循环,提升我国流程工业生产的精细化和优化水平。

(李青青撰稿 丁立仲审稿)

计算机科学与技术学院

【概况】 计算机科学与技术学院(简称计算机学院)由计算机科学与工程学系、数字媒体与网络技术系、工业设计系、软件工程系(与软件学院共建)、信息安全系5个系组成。设有人工智能、计算机软件、系统结构与网络安全、现代工业设计4个研究所和计算机基础教学和继续教育、计算机应用工程2个中心,拥有计算机辅助设计与图形学(CAD&CG)国家重点实验室、国家列车智能化工程技术研究中心2个国家重点实验室/工程技术研究中心,以及视觉感知教育部—微软重点实验室、教育部计算机辅助产品创新设计工程研究中心等6个省部级重点实验室(工程技术研究中心)。

计算机应用技术是二级学科国家重点学科,计算机软件与理论是国家重点(培育)学科,计算机科学与技术是浙江省一流学科。

计算机科学与技术、软件工程一级学科拥有博士点和博士后流动站。设计学拥有硕士学位授予权。2016年,国务院学位办批准在浙江大学设立网络空间安全一级学科博士点。

2016 年,学院招收博士生 80 人、硕士生 306 人,另在工程师学院计算机技术领域招收硕士研究生 18 人。本科生 815 人确认主修学院专业。毕业博士研究生 56 人(含 1 名留学生)、硕士研究生 296 人、本科生 402 人(含 2 名留学生)。

现有教职工 222 人,其中具有正高职称人员 65 人,副高职称人员 94 人,博士生指导教师 82 人,硕士生指导教师 138 人。2016 年学院新增中国工程院院士 1 人(双聘院士)、国家杰出青年基金获得者 1 人、国家青年千人计划入选者 2 人、浙大"百人计划"入选者 3 人。共有在站博士后研究人员 30 人,其中学科博士后 18 人。

2016 年,学院科研经费到款共计 19,002.8 万元,其中横向项目经费 8,173.25 万元,纵向项目经费 10,181.75 万元,军工项目经费 647.8 万元。新增千万级项目 1 项。国家自然科学基金批准项目 16 项,其中国家杰出青年基金项目 1 项,国家基金面上项目 10 项,青年科学基金项目 5 项,获 2016 年第六届吴文俊人工智能科学技术创新奖一等奖 1 项,2016 年度陈嘉庚青年科学奖信息技术科学奖 1 项,2016 年度中国计算机学会计算机科学青年科学家奖、授权发明专利 110 项。高水平论文质量提升明显,影响因子在 2.0 以上且浙大是第一作者的高水平论文达 80 余篇,高水平会议论文 20 余篇。据《基本科学指标》数据库(ESI) 2016 年 12 月数据统计,本学科 ESI 学科排名进入世界前 1%,列全球第 60 位,位居全国高校第二。

2016 年,学院开设了 21 个学生国际交流项目,派出 86 名本科生(不含校级交流

生)和 20 名求是科学班学生赴国外参加顶级学术会议、课程学习和科研训练。"2+2"本科双学位项目招收中方学生 19 人和加方学生 6 人,毕业学生 17 人。招收外国留学生 1 人攻读博士学位,2 人攻读硕士学位,授予外国留学生博士学位 2 人。开设了 7 门全英文专业课程,6 门课程入选"海外教师主导原味课程建设项目"。

【获吴文俊人工智能科学技术创新奖一等奖】 2016 年 12 月 16 日,吴朝晖教授创新团队因在脑机融合的混合智能理论与方法领域取得突破性成果获得该奖。"吴文俊人工智能科学技术奖"是由中国人工智能学会发起主办,依托社会力量设立的科学技术奖,是我国智能科学技术领域的重要奖项。创新团队由计算机学院的吴朝晖教授与求是高等研究院的郑筱祥教授牵头,由紧密协作的计算机、生物医学工程、临床医学等不同学科成员组成,是一个多学科交叉联合科研团队。该团队以生物脑与机器脑的深度融合为目标,围绕脑机融合的智能系统体系结构与脑感认知信息编解码交互两大科学问题开展研究,在脑机融合智能系统结构、脑信息解读、脑行为调控等关键技术方面取得重要成果。

【获国际顶级会议 UbiComp 2016 最佳论文奖】 2016 年 9 月 22 日,潘纲教授论文 "Discovering Different Kinds of Smartphone Users Through Their Application Usage Behaviors(《通过手机应用使用行为发现不同的智能手机用户群体》)"在国际顶级会议 ACM[①] UbiComp(国际普适计算联合会议) 2016 上发表,并获最佳论文奖。ACM UbiComp 是普适计算领域国际顶级会议,也是 CCF(中国计算机学会)A 类会议。这

---

① ACM:国际计算机学会。

附表　2016 年度计算机科学与技术学院基本情况

项目	数据	项目	数据
教职工总数/人	222	获国家级科技奖项目数/项	0
教授数/人	57	获国家级教学成果奖数/项	0
副教授数/人	75	授权发明专利数/项	110
具有博士学位的教师比例/%	76.5	SCI 入选论文数/篇	190
两院院士/人	3	EI 入选论文数/篇	247
国家"千人计划"入选数/人	6	MEDLINE 入选论文数/篇	0
"国家特支计划"入选数/人	5	出版专著/部	3
"长江学者"数/人	4	在校本科生数/人	1,256
省部级高校教学名师奖获得者/人	0	在学硕士研究生数/人	932
"973 计划"首席科学家数*/人	3	其中:专业学位研究生数/人	370
国家"百千万人才工程"入选数/人	3	在读博士研究生数/人	468
国家杰出青年基金获得者/人	6	其中:专业学位研究生数/人	6
教育部新(跨)世纪优秀人才培养计划入选数/人	13	在校攻读学位的外国留学生数/人	13
浙江省特级专家/人	3	应届本科毕业生一次就业率/%	98.09
浙江省"千人计划"入选者/人	5	应届本科毕业生考研录取(出国)率/%	58.04
浙江大学求是特聘教授数/人	6	应届毕业研究生一次就业率/%	100
一、二级学科国家重点学科数/个	1	科研总经费/万元	19,002.8
国家重点(专业)实验室/个	1	其中:国家自然基金比重/%	6.7
国家工程(技术)研究中心/个	1	纵向经费比重/%	56.7
国家人才培养基地(含教学、教育基地)/个	2	教师出国交流/人次	147
国家精品资源共享课、视频公开课/门	6	学生出国交流/人次	248
社会捐赠经费总额/万元	325.7	举办国际学术会议数/次	1

注:* 表示含重大科学研究计划、ITER 计划、青年科学家专题等。

是中国大陆学者首次以第一作者身份获得该会议的最佳论文奖。论文首次给出了智能手机用户存在群体多样性的证据,并提出了一个有效的两步计算框架用于如何从用户应用行为数据中挖掘发现不同的用户群体。

【在世界顶级黑客大赛中夺冠】 2016 年 10 月 26 日,世界顶级黑客大赛在日本东京举办,腾讯科恩实验室夺冠。学院 2013 级本科生刘耕铭和 2013 届毕业校友何淇丹作为腾讯科恩实验室主力队员出征,在 10 秒内完成了对搭载最新 Google Android 7(谷歌安卓 7)系统的 Nexus 6P(谷歌旗下的一款手机)远程攻破。

(胡高权撰稿　冯　雁审稿)

浙江大学年鉴

软件学院

【概况】 软件学院软件工程硕士专业下设软件开发技术、软件项目管理、物联网开发技术、云计算开发技术、金融数据分析技术、大数据开发与应用技术、信息产品设计、移动互联网与游戏开发技术、SAP 咨询顾问等专业方向。2016 年招收软件工程专业学位研究生 446 人，其中双证 199 人、单证 247 人；在校研究生 1,088 人；毕业研究生 288 人，其中双证 183 人、单证 105 人；研究生就业率为 98.9%，其中进入世界 500 强和重点单位就业的毕业生比例达 66.5%。

积极打造研究生创新创业培养体系，加强职业发展与创业教育，引导学生创新创业，提升学生综合素质。2016 年，通过举行创业沙龙，开展创业模拟沙盘游戏、创业政策讲解等活动，帮助同学挖掘兴趣，形成创新创业点子，2016 年，软院学子在各类创新创业竞赛中再创佳绩，并获德国 IF 国际设计大奖 1 项。

【共建"工业大数据应用推广中心"】 10 月 28 日，宁波市企业信息化促进会与浙江大学软件学院举行共建"工业大数据应用推广中心"揭牌仪式，该中心的设立，可以充分发挥软件学院的学科、技术及人才优势，结合宁波在物流、航运和制造业等方面的行业优势，致力于展现大数据分析的业务场景，挖掘大数据分析的商业价值，推动宁波传统制造业向智能制造转型升级，助推宁波"中国制造 2025"试点示范城市建设。

【获全国研究生数学建模竞赛一等奖】 12 月 11 日，"华为杯"第十三届全国研究生数学建模竞赛颁奖大会在重庆大学举行。2015 级研究生李克西、林苾溪和张苏锐组成的代表队在解决"具有遗传性疾病和性状的遗传位点分析"过程中，综合运用数据挖掘、数理统计、程序设计等专业知识，充分展现了学院学子团结严谨、求是创新的风采，经专家评审，被评为全国一等奖，是浙江大学 11 支参赛队伍中唯一获此殊荣的代表队。

（方红光编撰　杨小虎审稿）

生物医学工程与仪器科学学院

【概况】 生物医学工程与仪器科学学院（简称生仪学院）设有生物医学工程学系和仪器科学与工程学系 2 个系，生物医学工程研究所、数字技术及仪器研究所 2 个研究所；建有浙江大学生物传感器技术国家专业实验室、浙江大学生物医学工程教育部重点实验室、浙江省心脑血管检测技术与药效评价重点实验室、浙江大学浙江省网络多媒体技术研究重点实验室、浙江大学嵌入式系统教育部工程研究中心、浙江大学生物医学工程技术评估研究中心、浙江大学临床医学工程研究中心、高性能嵌入式计算教育部重点实验室；联合建立的实验机构有浙江大学美国 TILERA 公司高性能嵌入式计算联合研发中心、浙江大学 ANALOG DEVICES 公司 DSP 联合实验室、浙江大学美国德州仪器模拟器件应用研究中心。

学院拥有生物医学工程一级学科国家重点学科，建有生物医学工程博士后流动站和仪器科学与技术博士后流动站，设有生物

附表　2016 年度生物医学工程与仪器科学学院基本情况

项目	数据	项目	数据
教职工总数/人	85	获国家级科技奖项目数/项	0
教授数/人	19	获国家级教学成果奖数/项	0
副教授数/人	20	授权发明专利数/项	8
具有博士学位的教师比例/%	95.24	SCI 入选论文数/篇	60
两院院士/人	0	EI 入选论文数/篇	31
国家"千人计划"入选数/人	2	SSCI 入选论文数/篇	4
"国家特支计划"入选数/人	0	MEDLINE 入选论文数/篇	0
"长江学者"数/人	0	出版专著/部	0
教育部和省级高校教学名师奖获得者/人	0	在校本科生数/人	414
"973 计划"首席科学家数*/人	0	在学硕士研究生数/人	294
国家"百千万人才工程"入选数/人	0	其中:专业学位研究生数/人	68
国家杰出青年基金获得者/人	1	在读博士研究生数/人	164
教育部新(跨)世纪优秀人才培养计划入选数/人	2	其中:专业学位研究生数/人	2
浙江省特级专家/人	1	在校攻读学位的外国留学生数/人	11
浙江省"千人计划"入选者/人	0	应届本科毕业生一次就业率/%	95.36
浙江大学求是特聘教授数/人	2	应届本科毕业生考研录取(出国)率/%	52.98
一、二级学科国家重点学科数/个	1	应届毕业研究生一次就业率/%	100
国家重点(专业)实验室/个	1	科研总经费/万元	11,944.9
国家工程(技术)研究中心/个	0	其中:国家自然基金比重/%	6.6
国家人才培养基地(含教学、教育基地)/个	0	纵向经费比重/%	86.5
国家精品资源共享课、视频公开课/门	0	教师出国交流/人次	40
		学生出国交流/人次	30
社会捐赠经费总额/万元	51.08	举办国际学术会议数/次	0

注：* 表示含重大科学研究计划、ITER 计划、青年科学家专题等。

医学工程一级学科博士学位授权点和硕士学位授权点、自主设置电子信息技术及仪器二级学科硕士学位授权点。

2016 年,招收博士研究生 44 人、硕士研究生 92 人,2014 级本科生 74 人确认生物医学工程专业、74 人确认测控技术与仪器专业;毕业博士研究生 23 人、硕士研究生 89 人,本科生 162 人。

学院现有教职工 85 人。其中,正高级职称人员 20 人、副高级职称人员 31 人,博士研究生指导教师 33 人、硕士研究生指导教师 44 人。生物医学工程博士后流动站博士后在站人员 10 人(其中学科博士后 4 人)、仪器科学与技术博士后流动站在站人员 12 人(其中学科博士后 9 人)。

科研总经费 11,944.9 万元,比 2015 年增长 89.3%,新增千万级科研项目 4 项,立项各类基金项目 15 项(包括国家自然科学基金、国家社科基金、浙江省自然科学基金等),其他纵向科研项目 11 项、军工项目

20 项。2016 年，学院新增国家自然基金仪器专项 2 项，被 SCI、EI 等国际三大检索系统收录论文 91 篇，授权各类专利等知识产权 9 项，获 2015 年度浙江省技术发明一等奖 1 项。

学院重视国际交流与合作。全年出国出境教师共 40 人次、学生 30 人次，聘请客座教授 2 人，接待来访的国外及港澳台学者约 30 人次。与新加坡国立大学、澳大利亚西澳大学等国外高校的学生交流项目正常进行，交流项目共派出交流学生 17 人，接收对方学生 15 人。

【获 2015 年度浙江省技术发明一等奖】 陈耀武科研团队关于"相控阵三维声学摄像声呐实时信号处理和图像构建关键技术"获浙江省技术发明奖一等奖。相控阵三维声学摄像声呐利用相控阵技术形成上万个接收波束，经过实时信号处理和图像构建，实现水下三维场景的高分辨率成像，具有实时性好、图像清晰、可实现动目标检测等特点，项目总体技术水平达到国际领先，填补了国内空白。

【建设创新创业平台】 生仪学院筹建的浙江大学 Cookie 创客空间于 4 月 22 日正式启动，创客空间依托学院学科背景，为全校学生尤其是玉泉校区学生提供创意、创新、创造、创业"四创融合"的平台，实现专业教育与创新创业教育的融合。

【获"启真杯"浙江大学 2016 年度学生十大学术新成果奖】 5 月 9 日生仪学院博士研究生张迪鸣的"基于智能手机移动终端的生物传感器及其检测应用研究"项目获得"启真杯"浙江大学 2016 年度学生十大学术新成果奖。该成果是应用智能手机实现了对电化学阻抗检测过程的控制和显示，设计和开发了基于智能手机的电化学移动检测装置。

（钱鸣奇撰稿　曾　超审稿）

医学院

【概况】 医学院下设基础医学系、公共卫生系、临床医学一系、临床医学二系、临床医学三系、口腔医学系、护理学系 7 个系和附属第一医院、第二医院、邵逸夫医院、妇产科医院、儿童医院、口腔医院、第四医院 7 家附属医院。浙江大学医学中心（筹）列入浙江大学直属单位序列，浙江大学转化医学研究院、浙江大学遗传学研究作为浙江大学独立研究机构，均归属医学院管理。浙江大学实验动物中心依托医学院运行。杭州市第七人民医院是医学院精神卫生中心，参照附属医院进行管理。医学院是中国医学科学院浙江分院所在地。

学院建有感染性疾病诊治协同创新中心、传染病诊治国家重点实验室，拥有恶性肿瘤预警与干预教育部重点实验室、生殖遗传教育部重点实验室、卫生部多器官联合移植研究重点实验室、卫生部医学神经生物学重点实验室、国家药品监督管理局药品评价中心浙江呼吸药物研究重点实验室等；建有浙江省医学分子生物学重点实验室、浙江省电磁及复合暴露健康危害重点实验室、浙江省肝胆胰肿瘤精准诊治研究重点实验室（2016 年新增）、浙江省胰腺病研究重点实验室（2016 年新增）、浙江省口腔生物医学研究重点实验室（2016 年新增）等 21 个省级重点实验室，设有传染病、肿瘤等 22 个校级研究所。

内科学（传染病）、外科学（普外）、肿瘤学、儿科学等 4 个学科为二级学科国家重点学科，病理学与病理生理学、眼科学、妇产科学等 3 个学科为国家重点（培育）学科。临床医学、基础医学、口腔医学等 3 个学科为浙江省一流学科，器官移植、代谢病诊治研究、生殖医学、医学神经生物学、腔镜外科、新生儿与围产医学为浙江省医学重点学科群。

拥有基础医学、临床医学、口腔医学、公共卫生与预防医学等 4 个博士后流动站，试点实施全国首个临床医学博士后培养项目。拥有基础医学、临床医学、口腔医学、公共卫生与预防医学、护理学等 5 个一级学科博士学位授予权，和兄弟学院共建生物学、药学、公共管理等 3 个一级学科博士学位授权点，拥有人体解剖与组织胚胎学、内科学等 45 个二级学科博士学位授权点。

学院设有临床医学专业（8 年制、"5+3"一体化培养、7 年制、5 年制）、口腔医学专业（"5+3"一体化培养、7 年制）、预防医学专业（5 年制）、生物医学专业（"3+1"培养、4 年制）、本科临床医学（留学生）MBBS 项目（6 年制）。

2016 年，招收本科生 500 人（单独代码招生 435 人），其中临床医学 8 年制（本博连读）65 人、"5+3"一体化培养（含临床医学、临床医学儿科方向、口腔医学）228 人、临床医学 5 年制 122 人、预防医学 5 年制 61 人、生物医学 4 年制〔中外合作办学，浙江大学—爱丁堡大学联合学院（ZJU-UoE）2016 年首次面向高考直招〕24 人。招收本科临床医学（留学生）MBBS 89 人。2015 级本科生 424 人确认主修医学类专业，2016 级本科生 418 人确认主修医学类专业。录取研究生 989 人，其中博士研究生 345 人、硕士研究生 644 人。毕业博士研究生 297 人、硕士研究生 463 人、本科生 283 人。

现有教职工 681 人，另有附属医院职工 16,344 人。其中，中国科学院院士 1 人，工程院院士 3 人，教授 192 人（2016 年新增 4 人），副教授 87 人（2016 年新增 4 人），博士研究生导师 426 人（2016 年新增 34 人）、硕士研究生导师 534 人（2016 年新增 56 人）。2016 年新增国家"千人计划"6 人、国家"特支计划"8 人。

现有"外科学""妇产科学""传染病学""生理科学实验""生理学"5 门国家级精品资源共享课，"肝移植的过去、现在和未来"1 门精品视频公开课。拥有国家理科基础科学研究和教学人才培养基地、国家级虚拟仿真实验教学中心和 25 家教学医院。

到位科研总经费为 4.396,7 亿元，较 2015 年增长 2.3%，在研国家级科研项目 887 项，经费 3.083,9 亿元。获批国家自然科学基金项目 251 项〔重点项目 4 项、重点国际（地区）合作研究项目 1 项、杰出青年基金 2 项、优秀青年科学基金项目 3 项、重大研究计划重点项目 1 项〕，批准直接经费 1.238,3 亿元，批准项目数和经费数继续保持全校第一。获批国家重点研发计划项目 8 项；获批浙江省重大科技专项 17 项，浙江省自然科学基金各类项目 148 项。获 2016 年度"中国高等学校十大科技进展"项目 1 项；获浙江省自然科学一等奖 1 项，浙江省科学技术进步奖一等奖 4 项；获"浙江大学 2015 年度十大学术进展"2 项。2015 年度，授权发明专利 55 项，被 SCI 收录论文 1,758 篇。

2016 年，全院师生出国出境交流共 1,216 人次，接待国外访问团组 100 批 184 人次；聘请名誉及客座教授 20 人，聘请短期外国专家 27 人；举办国际会议 6 场，举办海外名师大讲堂 4 场。继续与美国加州大学洛杉矶分校、布朗大学、 普林斯顿大学等国

附表 2016 年度医学院基本情况

项目	数据	项目	数据
教职工总数(人)★	681	获国家级科技奖项目数/项	0
教授数/人	192	获国家级教学成果奖数/项	0
副教授数/人	87	授权发明专利数/项	55
具有博士学位的教师比例/%	95.14	SCI 入选论文数/篇	1,758
两院院士/人	4	EI 入选论文数/篇	28
国家"千人计划"入选数/人	30	MEDLINE 入选论文数/篇	未统计
"国家特支计划"入选数/人	9	出版专著/部	18
"长江学者"数/人	13	在校本科生数/人	2,266
省部级高校教学名师奖获得者/人	4	在学硕士研究生数/人	1,600
"973 计划"首席科学家数*/人	9	其中:专业学位研究生数/人	828
国家"百千万人才工程"入选数/人	5	在读博士研究生数/人	1,392
国家杰出青年基金获得者/人	12	其中:专业学位研究生数/人	387
教育部新(跨)世纪优秀人才培养计划入选数/人	0	在校攻读学位的外国留学生数/人	581
浙江省特级专家/人	6	应届本科毕业生一次就业率/%	92.59
浙江省"千人计划"入选者/人	30	应届本科毕业生考研录取(出国)率/%	65.66
浙江大学求是特聘教授数/人	44	应届毕业研究生一次就业率/%	97.90
一、二级学科国家重点学科数/个	4	科研总经费/万元	43,967
国家重点(专业)实验室/个	1	其中:国家自然基金比重/%	35.63
国家工程(技术)研究中心/个	0	纵向经费比重/%	88.10
国家人才培养基地(含教学、教育基地)/个	1	教师出国交流/人次	902
国家精品资源共享课、视频公开课/门	6	学生出国交流/人次	314
社会捐赠经费总额/万元	5,548	举办国际学术会议数/次	6

注:★表示不含附属医院职工数。

* 表示含重大科学研究计划、ITER 计划、青年科学家专题等。

外知名院校保持合作交流。2016 年,学院与爱丁堡大学、麦吉尔大学开展高水平合作办学项目;与多伦多大学和哥伦比亚大学合作获得学校"海外一流学科伙伴提升计划"支持;与斯坦福大学合作获得学校"双一流"——世界顶尖大学合作计划支持;与澳大利亚墨尔本大学、日本山梨大学和荷兰马斯特里赫特大学新签合作协议。

7 月 21 日,浙江大学医学中心所属的医学研究中心项目正式动工。

7 家附属医院共有开放床位 11,586 张,2016 年门诊、急诊人数达 1,523.10 万人次,住院治疗人数 56.08 万人次,医院业务总收入 156 亿元,比 2015 年增长 11.76%。12 月 28 日,2016 年度浙江大学医德医风奖评选揭晓,附属第二医院严敏、附属邵逸夫医院吴加国、附属妇产科医院何荣环、附属儿童医院陈志敏、附属第一医院金洁获"浙江大学好医生奖";附属第二医院金静芬、附属第一医院赵雪红、附属邵逸夫医院胡宏鸯、附属妇产科医院徐凌燕、附属第四医院盛洁华获"浙江大学好护士奖"。

进一步加强地方医疗服务与合作,推进中共浙江省委、省政府"双下沉、两提升"工作。5月13日,浙江大学与绍兴市人民政府续签医学合作协议,学院与绍兴市人民医院续签合作协议。各附属医院积极探索可持续帮扶模式,与22家县(区)级医院紧密合作办院,形成了有浙大特色的优质医疗资源逐级下沉帮扶体系。

【获 2 项国家自然科学杰出青年基金】
10月21日,沈颖教授的"运动和精神疾病的小脑调控机制"项目和徐骁教授的"肝移植原病复发的分子机制及防治研究"项目分别获该项资助。沈颖教授一直致力于小脑谷氨酸能神经传递的研究,揭示了多个重要蛋白在突触传递和可塑性、神经元兴奋性,以及相关疾病中的作用及机制。徐骁教授长期从事肝胆胰外科和肝脏移植工作,致力于肝癌分子分型、肝移植原病复发分子机制和防治新策略研究。

【设立医学教育教学奖励基金】 11月28日,申通快递有限公司总裁、浙江盈泉投资管理有限公司董事长陈小英女士向浙江大学捐赠人民币 4,000 万元,设立"浙江大学教育基金会陈小英医学教育教学奖励基金"。该基金的设立旨在吸引最好的学生到浙江大学医学院学医,弘扬严谨治学精神,激发师生潜在动力,将最好的医学生培养为最好的医生。该基金资助方向分为陈小英医学教育奖、医学教学成果奖、医学教材建设奖、医学新生奖学金、国际交流奖学金、医学竞赛奖、支持参加国家和国际重大医学相关竞赛等 7 大类。该基金的设立激发了师

生"教"与"学"的动力,充分彰显了全员育人理念,增强了医学教育教学事业发展的内在动力,为全面提升浙大医学教育的办学实力、社会声誉和品牌影响力奠定扎实的基础。

(施杭珏编撰 李晓明审稿)

药学院

【概况】 学院设药学系、中药科学与工程学系;设药学实验教学中心、药物安全评价研究中心;设药物发现与设计研究所、药物代谢和药物分析研究所、药物制剂研究所、药物信息学研究所、现代中药研究所、药理毒理研究所、药物生物技术研究所;有药物制剂技术国家地方联合工程实验室、教育部 985 三期Ⅱ类科技创新平台、浙江省抗肿瘤药物临床前研究重点实验室、浙江省微生物生化与代谢工程重点实验室、全军特种损伤防治药物重点实验室、浙江省小分子药物研发关键技术科技创新团队、浙江省药物制剂工程实验室、浙江省微生物制药技术工程实验室、食品药品安全浙江省国际科技合作基地。

拥有药物分析学 1 个国家重点(培育)学科,中药分析学、生药学(协建)2 个国家中医药重点学科及药学浙江省重点学科,药学实验教学中心浙江省教学示范实验中心 1 个,药物分析学国家精品课程 1 门,药物分析学网络教育国家精品课程 1 门,药物分析学、药理学浙江省精品课程 2 门。

设有药学一级学科博士后科研流动站,拥有一级学科博士学位授予权和硕士学位授予权、中药学一级学科硕士学位授予权和药学专业硕士学位授予权,以及 3 个本科专业。

附表　2016 年度药学院基本情况

项目	数据	项目	数据
教职工总数/人	187	获国家级科技奖项目数/项	0
教授数/人	33	获国家级教学成果奖数/项	0
副教授数/人	31	授权发明专利数/项	39
具有博士学位的教师比例/%	95	SCI 入选论文数/篇	139
两院院士/人	0	EI 入选论文数/篇	23
国家"千人计划"入选数/人	1	MEDLINE 入选论文数/篇	0
"国家特支计划"入选数/人	0	出版专著/部	0
"长江学者"数/人	1	在校本科生数/人	414
省部级高校教学名师奖获得者/人	0	在学硕士研究生数/人	200
"973 计划"首席科学家数*/人	0	其中:专业学位研究生数/人	83
国家"百千万人才工程"入选数/人	1	在读博士研究生数/人	201
国家杰出青年基金获得者/人	4	在校攻读学位的外国留学生数/人	22
教育部新(跨)世纪优秀人才培养计划入选数/人	7	应届本科毕业生一次就业率/%	98.3
浙江省特级专家/人	0	应届本科毕业生考研录取(出国)率/%	43.1
浙江省"千人计划"入选者/人	1	应届毕业研究生一次就业率/%	100
浙江大学求是特聘教授数/人	7	科研总经费/万元	10,978
一、二级学科国家重点学科数/个	0	其中:国家自然基金比重/%	19.8
国家重点(专业)实验室/个	1	纵向经费比重/%	33.0
国家工程(技术)研究中心/个	0		
国家人才培养基地(含教学、教育基地)/个	0	教师出国交流/人次	67
国家精品资源共享课、视频公开课/门	2	学生出国交流/人次	70
社会捐赠经费总额/万元	233	举办国际学术会议数/次	0

注:* 表示含重大科学研究计划、ITER 计划、青年科学家专题等。

2016 年招收硕士研究生 76 人、博士研究生 46 人、本科生 132 人;2015 级本科生 95 人确认进入学院学习、2016 级本科生第一轮主修专业 137 人确认;毕业本科生 59 人、硕士研究生 50 人、博士研究生 25 人。

现有教职工 187 人,其中正高级职称人员 39 人,副高级职称人员 40 人,博士研究生指导教师 43 人,硕士研究生指导教师 68 人。学院新入选国家杰出青年基金获得者 1 人、新引进国家"青年千人计划"并进学校"百人计划"岗 1 人。

获省级教学成果二等奖 1 项,校级教学成果奖一等奖 1 项、二等奖 2 项;获第一届医药院校药学/中药学实验教学改革大赛一等奖 1 项;获世界药学教育大会青年教师教学基本功竞赛一等奖 1 项、浙江省高校第九届青年教师教学技能竞赛特等奖 1 项;获省级教改项目立项 1 项。

到位科研经费总额 10,978 万元,其中纵向经费 3,623 万元,占 33%。获国家自然科学基金 22 项,其中杰出青年基金项目 1 项、重点项目 1 项、国际合作重点 1 项、A3 前瞻计划项目 1 项,平均批准率 35.2%,资助总额 2,170 万元;获国家重点研发计划项目纳米专项青年科学家项目 1 项、现代食品加工及粮食收储运技术与装备专项 1 项、科技部国际合作项目 1 项。

获四川好医生集团捐赠 50 万元、南京爱德程公司捐赠 170 万元、明德弘药众筹 11.82 万元。

接待了德国春晖、美国健康科学西部大学药学院、英国伦敦国王学院药学系、日本岐阜药科大学、法国格勒诺布尔大学及教学医院、澳大利亚墨尔本大学和西澳大学、韩国首尔大学融合科学技术学院和加图立大学药学院等高校和研究机构的 12 个代表团来访。学院组团或派员出访了韩国首尔大学和加图立大学,日本大阪大学和岐阜药科大学,澳大利亚西澳大学、悉尼大学、莫纳什大学和墨尔本大学,英国巴斯大学,新西兰奥克兰大学及美国的一些高校和研究机构。新发展了与美国 UCLA、韩国首尔大学、韩国加图立大学和日本大阪大学合作伙伴关系,其中与 UCLA 合作获批学校"海外一流学科伙伴提升计划"项目。

【学科声誉和科研实力快速提升】 药理毒理学科首次进入 ESI 世界排名前 1‰,总引用数上升到第 79 位,继续居国内高校第二位,成为全校第 6 个进入 ESI 世界前 1‰的学科。学院到位科研经费总量首次突破 1 亿元,其中国家基金资助经费首次突破 2 千万元;2014 年来再获国家杰出青年基金 1 项;牵头共建浙江大学(杭州)创新医药研究院。SCI 收录影响因子大于 5 的科研论文 38 篇,连续第二年超过总数的 25%。

【药物安全评价研究中心通过国际 AAALAC 认证】 11 月 25 日,药物安全评价研究中心接受了国际动物评估与认证协会(AAALAC)专家的现场评估,获得无缺陷通过,为全面建成国际一流的新药临床前研究技术平台、实现浙大新药研究与国际接轨奠定了基础。

【招生数和国际交流本科生数创历史新高】 学院在校本科生 414 人,在读研究生 419 人,其中在校攻读学位的外国留学生 22 人,参与国际交流的本科生 48 人,均创历史新高。

(刘 伟撰稿 娄小娥审稿)

生命科学学院

【概况】 生命科学学院(简称生科学院)现有生物科学系、生物技术系、生物信息系和生态学系 4 个系;下设植物生物学、微生物、生物化学、细胞与发育生物学、生态、遗传与再生生物学等 6 个校级研究所;建有植物生理学与生物化学国家重点实验室(浙江大学)、国家濒危野生动植物种质基因保护中心、教育部濒危植物保护生物学重点实验室、浙江省细胞与基因工程重点实验室等国家与省部级重点实验室。

学院拥有生态学、植物学 2 个二级学科国家重点学科,生态学、生物学 2 个浙江省一流学科,以及药用植物资源学浙江省中医药重点学科。

学院建有生物学、生态学博士后流动站;拥有生物学、生态学 2 个一级学科博士学位授予权,拥有 12 个二级博士学位授予权和 13 个二级硕士学位授予权;设有生物科学、生物技术、生物信息学和生态学 4 个本科专业。

附表　2016 年度生命科学学院基本情况

项目	数据	项目	数据
教职工总数/人	120	获国家级科技奖项目数/项	0
教授数/人	42	获国家级教学成果奖数/项	0
副教授数/人	30	授权发明专利数/项	9
具有博士学位的教师比例/%	83	SCI 入选论文数/篇	150
两院院士/人	0	EI 入选论文数/篇	未统计
国家"千人计划"入选数/人	2	SSCI 入选论文数/篇	0
"国家特支计划"入选数/人	1	MEDLINE 入选论文数/篇	0
"长江学者"数/人	3	出版专著/部	0
教育部和省级高校教学名师奖获得者/人	2	在校本科生数/人	274
"973 计划"首席科学家数*/人	0	在学硕士研究生数/人	283
国家"百千万人才工程"入选数/人	2	在读博士研究生数/人	324
国家杰出青年基金获得者/人	6	在校攻读学位的外国留学生数/人	7
教育部新(跨)世纪优秀人才培养计划入选数/人	8	应届本科毕业生一次就业率/%	98
浙江省特级专家/人	0	应届本科毕业生考研录取(出国)率/%	87
浙江省"千人计划"入选者/人	8	应届毕业研究生一次就业率/%	95
浙江大学求是特聘教授数/人	10	科研总经费/万元	7,630
一、二级学科国家重点学科数/个	3	其中:国家自然基金比重/%	45
国家重点(专业)实验室/个	1	纵向经费比重/%	91.5
国家工程(技术)研究中心/个	0	教师出国交流/人次	60
国家人才培养基地(含教学、教育基地)/个	2	学生出国交流/人次	90
国家精品资源共享课、视频公开课/门	3	举办国际学术会议数/次	2
社会捐赠经费总额/万元	7		

注:*表示含重大科学研究计划、ITER 计划、青年科学家专题等。

2016 年,招收硕士研究生数 87 人、博士研究生 52 人,2015 级本科生 106 人确认主修专业进入学院继续学习,毕业本科生 79 人、硕士研究生 64 人、博士研究生 50 人。

现有教职工 120 人,其中正高级职称人员 42 人(2016 年新增 3 人)、副高级职称人员 43 人,博士研究生指导教师 43 人、硕士研究生指导教师 70 人。现有在站博士后工作人员 30 人。2016 年,学院新增科技部中青年科技创新领军人才 1 人,"长江学者"青年学者 1 人。

建有国家生物学理科基础科学研究和教学人才培养基地、国家生命科学与技术人才培养基地和国家级生物学实验教学示范中心;拥有植物生理学、生命科学导论、植物学、微生物学 4 门国家精品课程,植物生理学、生命科学导论、植物学 3 门国家级精品资源共享课程,生物化学、分子生物学、植物生理学 3 门国家"双语"示范教学课程和基因工程实验浙江省精品课程;有教育部高等学校教学名师奖和浙江省高等学校教学名师奖各1名,植物学与系统进化浙江省教学团队1个;生物科学专业被列入国家一类特色专业建设和国家"基础学科拔尖人才培养计划"。2016年度继续实施"三位一体"(招生21人)和国家"基础学科拔尖学生培养计划"(招生求是科学班生物学20人)。

全年到位科研经费7,630万元,其中纵向科研经费6,985万元,横向科研经费645万元;新增国家重点研发计划课题4项,其中千万级项目1项;新增国家自然科学基金各类项目20项,其中重点项目3项、国际合作研究项目1项、面上项目13项、青年科学基金项目3项;获资助直接经费1,919万元,资助率42%;发表SCI论文150篇,其中影响因子10以上的论文3篇,5以上的论文52篇,平均影响因子为4。冯明光、郑绍建入选2016年"爱思唯尔中国高被引学者榜单"。

2016年,学院教师出国进修、访问、参加会议60人次,共有41位境外专家来访开展学术交流;学生参加各类境外交流项目90人次,其中本科生56人次;举办了"迎120周年校庆——浙江大学生命科学学院首届校友学术论坛"和"中美生物多样性研讨会"等国际学术会议;聘请国外知名高校15位教授为求是科学班学生授课;续聘英籍教师Chris Wood开设"Biology in English"课程;继续实施浙江大学—北卡罗来纳州立大学—哈佛大学植物标本馆联合开设的"生物学野外实习"课程。以学院本科生为主体的浙江大学代表队在第七次国际基因工程机械大赛(iGEM)决赛中获得银奖。

【"国际植物日"全国大型科普活动启动仪式】 2016年5月14日,该仪式在紫金港校区举行。本次活动主题为"植物多样性和环境"。中国科学院院士、中国植物生理与植物分子生物学学会理事长陈晓亚,中国科学院院士洪德元、赵进东和美国科学院院士朱健康及浙江大学校长助理、科研院院长陈昆松共同启动主场仪式。同时启动仪式的还有北京、上海、南京、天津、广州、深圳、昆明、合肥、呼和浩特等地的相关院校和研究单位的分会场。启动仪式之后,洪德元、赵进东分别做题为"植物多样性——特种与环境""蓝藻和被蓝藻改变的地球"的科普讲座。同时,在紫金港文化广场举办植物科普知识展览、植物知识有奖问答、植物叶脉书签、植物标本展览及紫金港校区植物认知等系列活动。本次启动仪式由中国植物生理与植物分子生物学学会主办,浙江大学生命科学学院、浙江省植物生理与植物分子生物学学会、浙江省植物学会承办。

国际植物日中国系列科普活动自2012年开始举办,旨在普及植物生物学及相关学科知识,传播科学精神、思想和方法,推广先进技术。

【举办首届校友学术论坛】 2016年10月28日—29日该论坛在紫金港校区举行,共有20余位海内外著名校友出席并做报告。副校长罗建红出席论坛并致辞。论坛分四个专题,涵盖分子遗传与发育、蛋白质机器、细胞信号与逆境生理,以及疾病诊断治疗新策略等生命科学前沿领域。120余位师生参加论坛。

【获首届全国大学生生命科学创新实验大赛一等奖】 2016年8月13日—14日,生物科学专业2013级本科生钟艾、肖雨曦、李闫瑞德组队以"马达蛋白myosin Va/KIFC1对于肿瘤发生过程中的功能探究"项目参加全国大学生生命科学创新实验大赛,以决赛第二名的成绩获一等奖,指导教师杨万喜教授获优秀指导教师一等奖，浙江大学获优秀组织奖。大赛由高等学校生物科学类专业教学指导委员会、国家级实验教学示范中心联席会共同主办，本届大赛由内蒙古大学承办。共有包括浙江大学、复旦大学、上海交通大学、中国科技大学、南京大学、南开大学、武汉大学、中山大学、兰州大学等全国51所高校86支代表队参赛。

（吕　琴撰稿　郑　胜审稿）

生物系统工程与食品科学学院

【概况】　生物系统工程与食品科学学院（简称生工食品学院）设有生物系统工程系、食品科学与营养系2个系和1个实验中心，建有农业生物环境工程、智能农业装备、农业信息技术、食品加工工程和食品生物科学技术5个研究所，拥有农业部设施农业装备与信息化重点实验室、农业部农产品贮藏保鲜质量安全风险评估实验室、浙江省农产品加工技术研究重点实验室、浙江省食品加工技术与装备工程实验室。

农业机械化工程学科为二级学科国家重点学科，农业工程、食品科学与工程为浙江省一流学科。

学院建有农业工程、食品科学与工程2个博士后流动站，拥有农业工程、食品科学与工程2个一级学科博士学位授权点，机械设计及理论、发酵工程等12个二级学科硕士学位授权点，以及农业工程、食品科学与工程2个本科专业。

现有教职工129人。其中，教学科研并重岗69人，具有教授职称人员32人（2016年新增2人）、副教授职称人员28人，研究员5人（"百人计划"入选者）、博士研究生导师52人（2016年新增9人）、硕士研究生导师70人（2016年新增1人）。学院拥有国务院学位委员会学科评议组成员1人、国家"863现代农业主题专家"1人、农业部农业科研杰出人才2人。2016年，学院新增"国家特支计划"科技创新领军人才1人，国家"青年千人计划"入选者2人，浙江省有突出贡献中青年专家1人，浙江大学"百人计划"入选者3人（含"青年千人计划"2人），浙江大学求是讲座教授1人，浙江省"新世纪151人才工程"第一层次、第二层次培养人员分别1人，浙江大学求是青年学者2人。

2016年，招收全日制硕士生81人（其中科学学位硕士生47人、专业学位硕士生34人）、博士研究生41人、博士留学生10人，2015级本科生115人确认生工食品学院主修专业，2016级本科生107人确认生工食品系主修专业，另接收来自新疆塔里木大学进修生5人，毕业本科生123人、硕士研究生63人（其中科学硕士35人、专业硕士28人）、博士研究生32人。

2016年，新增主持国家自然科学基金9项，国家重点研发计划项目1项、课题8项；新增省部级科技计划项目10余项，其中重点项目7项；签订横向科技合作合同40余项（其中单个合同经费1,000万元以上的有2项），到位科研经费8,100余万元。全年发表SCI收录论文170余篇、EI收录论文30余篇，其中20余篇SCI论文的五年平均影响因子在5以上；授权发明专利118项；以第一完成单位获浙江省科学技术奖一等奖1项、二等奖1项，以第二完成单位获教育部科技进步奖二等奖1项。

附表　2016 年度生物系统工程与食品科学学院基本情况

项目	数据	项目	数据
教职工总数/人	129	获国家级科技奖项目数/项	0
教授数/人	32	获国家级教学成果奖数/项	0
副教授数/人	28	授权发明专利数/项	118
具有博士学位的教师比例/%	93.15	SCI 入选论文数/篇	172
两院院士/人	0	EI 入选论文数/篇	31
国家"千人计划"入选数/人	3	MEDLINE 入选论文数/篇	0
"国家特支计划"入选数/人	1	出版专著/部	2
"长江学者"数/人	1	在校本科生数/人	380
省部级高校教学名师奖获得者/人	2	在学硕士研究生数/人	239
"973 计划"首席科学家数*/人	0	其中:专业学位研究生数/人	103
国家"百千万人才工程"入选数/人	2	在读博士研究生数/人	187
国家杰出青年基金获得者/人	1	在校攻读学位的外国留学生数/人	23
教育部新(跨)世纪优秀人才培养计划入选/人	7	应届本科毕业生一次就业率/%	98.35
浙江省特级专家/人	1	应届本科毕业生考研录取(出国)率/%	66.11
浙江省"千人计划"入选者/人	2	应届毕业研究生一次就业率/%	98.53
浙江大学求是特聘教授数/人	4	科研总经费/万元	8,180
一、二级学科国家重点学科数/个	1	其中:国家自然基金比重/%	9
国家重点(专业)实验室/个	0	纵向经费比重/%	72
国家工程(技术)研究中心/个	0		
国家人才培养基地(含教学、教育基地)/个	0	教师出国交流/人次	60
国家精品资源共享课、视频公开课/门	3	学生出国交流/人次	130
社会经费经费总额/万元	2,007	举办国际学术会议数/次	1

注:* 表示含重大科学研究计划、ITER 计划、青年科学家专题等。

　　全年接待 13 个国家的专家来访 90 余人次,教师、学生出国出境交流分别为 60 人次、130 人次;与美国普渡大学签署了"3+1"联合培养合作协议,与美国伊利伊诺伊大学(UIUC)续签了"3+2"联合培养合作协议;联合美国康奈尔大学、伊利诺伊大学(UIUC)、普渡大学共同举办了"农业工程学科发展战略国际论坛"。

【重奖为本科人才培养做出突出贡献的一线教师】　近年来,学院为贯彻落实全国高校思想政治工作会议精神出实招。学院牢牢抓住提高人才培养能力这个核心点,通过择优选聘班主任、加强园院协同、创新人才培养模式、强化学科竞赛等多渠道多举措,加强本科生人才培养。学院本科人才培养取得了可喜的成绩:2016 年本科毕业生深造率接近 70%,创历史新高,学生学科竞赛斩获多个国内外大奖。经学院党政联席会议研究决定,2016 年 12 月 26 日,授予在本科人才培养中做出突出贡献的 7 位优秀班主任、课外科研训练指导教师"2016 年度学院特别贡献奖"。

【1 项重大科技成果成功转化】 由应义斌教授领衔的研究团队,以国家技术发明二等奖"基于计算机视觉的水果品质智能化实时检测分级技术与装备"成果为基础,从产业需求出发进行深入研究,在类球形果蔬光传输机理、内外部品质同步检测、生产现场抗干扰、输送分级一体化柔性输送机构等方面取得了新突破,形成了一系列成果。2016 年 6 月 8 日,浙江某集团公司出资2000 万元购买了该成果,创下了学校单项成果转让的记录。

(陈幸祯撰稿　楼锡锦审稿)

环境与资源学院

【概况】 环境与资源学院(简称环资学院)由环境科学系、环境工程系和资源科学系组成,设有环境科学、环境污染控制技术、环境保护、环境工程、环境生态工程、土水资源与环境、农业化学、农业遥感与信息技术应用等 8 个研究所,1 个实验教学中心及 1 个环境影响评价研究室,拥有污染环境修复与生态健康教育部重点实验室、浙江省农业资源与环境重点实验室、浙江省农业遥感与信息技术重点实验室、浙江省水体污染控制与环境安全技术重点实验室、浙江省有机污染过程与控制重点实验室、农业信息科学与技术中心。

农业资源与环境为一级学科国家重点学科,环境工程为二级学科国家重点学科,环境科学为浙江省一流学科。

学院建有环境科学与工程、农业资源与环境 2 个博士后流动站,拥有环境科学与工程、农业资源与环境 2 个一级学科博士学位授予权和 6 个硕士学位授予权,以及环境科学、环境工程、资源环境科学、农业资源与环境等 4 个本科专业,其中农业资源与环境被列为国家第二类特色专业,环境工程和环境科学被列为国家第一类特色专业。形成了博士、硕士、本科和继续教育的完整教学体系。

现有在职在编教职工 125 人。其中,正高级职称人员 44 人(2016 年新增 2 人),副高级职称人员 54 人(2016 年新增 1 人);博士生指导教师 63 人(2016 年新增 2 人),硕士生指导教师 41 人(2016 年新增 2 人)。另有在站博士后 38 人。2016 年,杨武、逯慧杰、王娟入选国家"青年千人计划"。

2016 年,招收硕士研究生 152 人、博士研究生 57 名;招收博士留学生 12 人、硕士留学生 1 人;非全日制专业学位农业硕士 6 人。2015 级本科生 106 人(含留学生 2 人)确认环资学院主修专业,2016 级本科生 120 人确认环资学院主修专业,招收 2016 级"三位一体"学生 24 人;毕业博士研究生 46 人(含留学生 1 人)、硕士研究生 130 人、本科生 118 人。学院坚持育人为本,创新培养模式,推进内涵建设,全面提升人才培养质量。1 名博士生和 1 名本科生获 2015—2016 学年竺可桢奖学金;2 项研究成果获"启真杯"浙江大学 2016 年十大学术新成果提名奖;1 名硕士生获"中国大学生自强之星标兵"称号;学院"本研"联合申报的项目获浙江省第十届"挑战杯"大学生创业大赛银奖;1 篇博士论文获评校优秀博士论文,1 篇博士论文获校优秀博士论文提名。1 名研究生获 G20 杭州峰会杰出志愿者(国家级)荣誉称号。

附表　2016 年度环境与资源学院基本情况

项目	数据	项目	数据
教职工总数/人	125	获国家级科技奖项目数/项	0
教授数/人	44	获国家级教学成果奖数/项	0
副教授数/人	54	授权发明专利数/项	63
具有博士学位的教师比例/%	95.29	SCI 入选论文数/篇	249
两院院士/人	0	EI 入选论文数/篇	78
国家"千人计划"入选数/人	7	SSCI 入选论文数/篇	0
"国家特支计划"入选数/人	0	MEDLINE 入选论文数/篇	0
"长江学者"数/人	6	出版专著/部	3
省部级高校教学名师奖获得者/人	1	在校本科生数/人	338
"973 计划"首席科学家数*/人	1	在学硕士研究生数/人	445
国家"百千万人才工程"入选数/人	3	其中:专业学位研究生数/人	179
国家杰出青年基金获得者/人	6	在读博士研究生数/人	250
教育部新(跨)世纪优秀人才培养计划入选数/人	8	在校攻读学位的外国留学生数/人	21
浙江省特级专家/人	2	应届本科毕业生一次就业率/%	99.16
浙江省"千人计划"入选者/人	1	应届本科毕业生考研录取(出国)率/%	68.07
浙江大学求是特聘教授数/人	8	应届毕业研究生一次就业率/%	97.42
一、二级学科国家重点学科数/个	2	科研总经费/万元	17,288
国家重点(专业)实验室/个	0	其中:国家自然基金比重/%	15.46
国家工程(技术)研究中心/个	0	纵向经费比重/%	63.92
国家人才培养基地(含教学、教育基地)/个	1	教师出国交流/人次	83
国家精品资源共享课、视频公开课/门	2	学生出国交流/人次	55
社会捐赠经费总额/万元	31	举办国际学术会议数/次	1

注：* 表示含重大科学研究计划、ITER 计划、青年科学家专题等。

到款科研经费 1.728,8 亿元,其中纵向经费 1.089 亿元,横向经费 6,395.22 万元。2016 年新增国家重点研发计划项目 2 项,合同经费 4,578 万元,国家重点研发计划课题(包括子课题)17 项,合同经费 4,068 万元;获批国家自然科学基金项目 32 项,资助总直接经费 2,672 万元,金崇伟教授获优秀青年科学基金项目资助。浙江大学环境/生态学科连续十年进入 ESI 世界十年引文次数前 1% 机构,排名 147 位,居国内高校第

二。被 SCI 收录论文 249 篇。"污染环境修复与生态健康"教育部重点实验室以优秀的成绩通过评估;学院参与中科院南土所共建的"农田土壤污染防控与修复技术"国家工程实验室获国家发改委批准。徐建明教授获环保部国家环境保护专业技术领军人才称号。

学院非常重视参与国际交流与合作,与多个国家和地区的著名院校和科研单位及一些国际组织建立了广泛的交流,与美国加

州大学、伊利诺伊大学、英国伦敦大学学院、澳大利亚西澳大学、加拿大多伦多大学等一些国际著名大学及其研究机构保持长期稳定的合作关系。承办大型国际会议1次,协办大型国际会议2次,签署本科生校际交流协议1份;因公短期出国(境)人次共计138人次,其中教职工83人次;非会议短期外国专家来访40余人次,举办公开大小论坛、讲座20余次;招收外国博士后8人,在读留学生21人。获学校"海外一流学科伙伴提升计划"资助40万元;"千人计划"外国专家Philip Charles Brookes教授获得2016年度浙江省外国专家"西湖友谊奖"。

【获批国家级实验教学示范中心】 2016年1月,教育部办公厅发布了关于批准清华大学自动化实验教学中心等100个国家级实验教学示范中心的通知,浙江大学环境与资源学院实验教学中心获批2015年度国家级实验教学示范中心。实验中心坚持"以人为本、整合培养、求是创新、追求卓越"的教育理念,面向环境资源类专业人才的国家战略需求,积极开展实验教学改革,努力探索环境与资源本科生人才培养方式方法,为环境科学系、环境工程系和资源科学系的4个本科专业提供实验课程教学、科研训练、见识实习、社会实践、毕业设计与实践。

【获批国家基金创新群体】 2016年获批的"有机污染物环境界面行为与调控技术原理"国家基金创新群体依托浙江大学环境科学与工程一级学科平台,核心成员由5名环境化学国家杰出青年基金获得者朱利中、刘维屏、许宜铭、陈宝梁、林道辉教授和1名"长江学者"讲座教授、国家"千人计划"甘剑英教授组成,负责人为陈宝梁教授。群体将紧密结合我国土壤环境保护、农产品安全的重大需求,瞄准有机污染物界面行为与生物有效性调控的前沿科学问题,力争在有机污染物多介质界面行为分子机制及原位表征技术、毒理效应、生物有效性调控及控制与修复技术等方面取得重要突破,提升我国在该领域研究的国际影响,培养一批高水平的环境科学创新人才,成为在多介质界面行为与调控研究领域有重要影响的研究群体。

【获教育部高等学校自然科学一等奖】 2016年,吴忠标教授的《光催化剂的微结构调控及高效降解典型污染物的机理》获教育部高等学校自然科学一等奖。项目针对VOCs和NOx等的高效去除,系统深入地研究了非金属掺杂光催化剂的绿色制备工艺、催化剂的微观结构调控、典型污染物的光催化降解机理等关键前沿科学问题,项目组针对"光催化改性治理典型污染物"方面发表的被SCI收录的论文数列国际同类课题组第一。以本项目核心技术为基础研发的空气净化器成为国家室内空气检测中心首批认证的九大品牌之一,并且空气净化器在2016年两会期间投入使用,形成了年产30,000台的生产线。

(周 黎撰稿 姚 信审稿)

农业与生物技术学院

【概况】 农业与生物技术学院(简称农学院)由农学系、园艺系、植物保护系、茶学系和应用生物科学系5个系组成,设有原子核农业科学研究所、生物技术研究所等9个研究所。

学院与中国水稻研究所共建水稻生物学国家重点实验室,建有园艺产品冷链物流工艺与装备国家地方联合工程实验室,以及园艺植物生长发育与品质调控、核农学、作物病虫分子生物学3个农业部重点开放实验室，核农学、作物种质资源、园艺植物整合生物学研究与应用3个浙江省重点实验室，园艺产品冷链物流工艺与装备浙江省工程实验室，园艺产品品质调控技术研创与应用浙江国际合作基地及浙江大学—IBM生物计算实验室、浙江大学中美分子良种联合实验室和国际原子能机构—浙江大学植物诱变种质创新与研发合作中心。

园艺学、植物保护为一级学科国家重点学科，作物遗传育种、生物物理学为二级学科国家重点学科；农业昆虫与害虫防治、植物病理学为农业部重点学科；园艺学、植物保护为浙江省一流学科。

学院建有作物学、园艺学、植物保护学、生物学（生物化学与分子生物学、生物物理学）等4个博士后流动站。拥有作物学、园艺学、植物保护学、生物学（共建）等4个一级学科博士学位授予权，生物化学与分子生物学、生物物理学等13个二级学科博士学位授予权，园林植物与观赏园艺等14个二级学科硕士学位授予权，以及农业和风景园林硕士专业学位的授予权。设有农学、园艺、植物保护、茶学、应用生物科学、园林等6个本科专业。

现有教职工220人。其中，正高级职称人员93人（2016年新增5人），副高级职称人员73人（2016年新增4人），博士研究生导师93人，硕士研究生导师60人。另有在站博士后工作人员56人，兼职博士研究生导师9人。2016年，教师中新增国家"万人计划"3人、国家优秀青年基金获得者2人、浙大求是特聘教授3人。现有国家自然科学基金委员会创新研究群体1个，教育部"创新团队发展计划"创新团队3个，农业部"农业科研杰出人才及其创新团队"5个，浙江省重点创新团队5个，浙江省"2011协同创新中心"1个（2016年新增）。

2016年，招收博士生117人（其中外国留学生32人），硕士生207人（其中外国留学生3人），在职专业学位研究生78人；2015级本科生187人确认主修本学院各专业，2016级本科生221人确认主修本学院各专业。本科生获全国植物生产类大学生实践创新论坛优秀成果一等奖，赴贵州台江等地精准扶贫社会实践团队获"2016年全国大中专学生志愿者暑期'三下乡'社会实践优秀团队"称号。外籍教师英兰副教授获全国第三届青年教师教学竞赛工科组一等奖。农学院党委获浙江省先进基层党组织及省高校先进基层党组织称号。

实到科研经费1.777亿元，新增4项千万元级重大项目。35项国家基金项目获得资助，其中"优青"2项、"重点"3项、国际合作重大项目2项。新上浙江省重点研发计划项目3项，浙江省自然科学基金10项，其中"杰青"2项、"重点"3项。全年，以第一完成单位获得2016年度国家科技进步二等奖1项、省部级二等奖1项；以参与单位获得2016年度国家科技进步二等奖1项、省部级奖3项。被SCI收录论文共290篇，其中*Nature Genetics*论文1篇。获授权发明专利数58项，获得省级审定品种1个，植物新品种权2个，1个品种获"浙江省十大品种"。

全院共有13名国家现代农业产业技术体系岗位科学家和14名浙江省科技特派员活跃在农业生产和科技推广第一线。

2016年，全院教师出访88人次，国外学者来访合作、学术交流等75人次；申报学校短期外专项目12项；举办外国专家学术报告42场、国际会议及国际研讨会4次。

附表　2016 年度农业与生物技术学院基本情况

项目	数据	项目	数据
教职工总数/人	220	获国家级科技奖项目数/项	1
教授数/人	81	获国家级教学成果奖数/项	0
副教授数/人	59	授权发明专利数/项	58
具有博士学位的教师比例/%	93.9	SCI 入选论文数/篇	290
两院院士/人	1	EI 入选论文数/篇	5
国家"千人计划"入选数/人	3	出版专著/部	4
"国家特支计划"入选数/人	4	在校本科生数/人	815
"长江学者"数/人	9	在学硕士研究生数/人	996
教育部和省级高校教学名师奖获得者/人	1	其中:专业学位研究生数/人	668
"973 计划"首席科学家数*/人	4	在读博士研究生数/人	435
国家"百千万人才工程"入选数/人	5	在校攻读学位的外国留学生数/人	75
国家杰出青年基金获得者/人	8	应届本科毕业生一次就业率/%	97.9
教育部新(跨)世纪优秀人才培养计划入选数/人	21	应届本科毕业生考研录取(出国)率/%	50.8
浙江省特级专家/人	3	应届毕业研究生一次就业率/%	97.0
浙江省"千人计划"入选者/人	3	科研总经费/万元	17,770
浙江大学求是特聘教授数/人	13	其中:国家自然基金比重/%	24.5
一、二级学科国家重点学科数/个	4	纵向经费比重/%	85.0
国家重点(专业)实验室/个	1	教师出国交流/人次	88
国家工程(技术)研究中心/个	1	学生出国交流/人次	79
国家人才培养基地(含教学、教育基地)/个	0	举办国际学术会议数/次	4
国家精品资源共享课、视频公开课/门	6		
社会捐赠经费总额/万元	150		

注:* 表示含重大科学研究计划、ITER 计划、青年科学家专题等。

【喻景权教授获国家科技进步奖二等奖】
喻景权教授主持完成的成果"设施蔬菜连作障碍防控关键技术及其应用"获 2016 年度国家科技进步奖二等奖。该项目针对制约我国设施蔬菜持续发展的连作障碍问题,揭示了连作障碍高发成因与规律,发现了连作障碍防控的突破口;攻克了土壤连作障碍因子消除技术难点;发明了蔬菜根系抗性诱导技术,突破了优质蔬菜连作难的技术瓶颈;创建了"除障因、增抗性、减盐渍"三位一体连作障碍防控系统解决方案,实现了从传统的"大药大肥"向环境友好型消除的重大技术变革。成果应用和辐射近二十省 70%设施蔬菜连作障碍高发区,实现了蔬菜稳产高效、安全和生态环保多赢。

【张明方教授团队在 *Nature Genetics* 上发表论文】 基因组多倍化在物种进化和基因组可塑性等方面起着重要作用。张明方教授团队选择了我国特有的异源四倍体榨菜为材料,通过基于 Illumina、PacBio 和 BioNano

等平台的高通量测序技术,首次完成了异源四倍体榨菜的高质量基因组图谱。发现了芸薹属中芥菜(AABB基因组)和甘蓝型油菜(AACC基因组)中A亚基因组起源于其祖先A基因组的不同亚种;从基因组水平上揭示了芥菜为单地理起源,发现了芥菜亚基因组间16.2％的同源基因存在显著差异表达现象。该研究成果于2016年9月5日在 *Nature Genetics* 杂志上发表,该刊5年影响因子为32.2。

【汪自强教授获全国优秀教师荣誉称号】
2016年11月11日,教育部专门发布《教育部关于授予汪自强同志"全国优秀教师"荣誉称号的决定》(教师〔2016〕11号)。文件指出,汪自强是在"两学一做"学习教育活动中发现的教育系统扶贫成就突出的优秀典型。从2005年4月至今,汪自强作为科技特派员,兢兢业业服务浙江偏远山区泰顺县11年,以崇高的思想境界、无私的奉献精神和对科技扶贫事业矢志不渝的爱,诠释了一名人民教师、一名共产党员、一名科技特派员光荣而神圣的使命。

(林良夫撰稿 赵建明审稿)

动物科学学院

【概况】 动物科学学院(简称动科学院)设有动物科技系、动物医学系、特种经济动物科学系,以及饲料科学研究所、动物预防医学研究所、奶业科学研究所、蚕蜂研究所、动物养殖与环境工程、应用生物资源研究所、动物遗传繁育研究所。

学院拥有生物饲料安全与污染防控国家工程实验室,动物分子营养学教育部重点实验室、农业部华东动物营养与饲料重点实验室、农业部动物病毒学重点开放实验室、浙江省饲料与动物营养重点实验室、浙江省动物预防医学重点实验室、浙江省饲料产业科技创新服务平台、杭州蜂业科技创新服务平台等。学院现为农业部中国蚕业信息网的挂靠单位。现有科技部重点领域饲料营养与动物产品安全和品质创新团队,教育部动物消化系统发育与功能创新团队,农业部优质安全猪肉生产饲料营养技术研究创新团队,浙江省重大动物传染病防治科技创新团队、浙江省饲料研发与安全科技创新团队。

特种经济动物饲养为二级学科国家重点学科,动物营养与饲料科学为国家及农业部重点(培育)学科,畜牧学为浙江省一流学科。

学院建有畜牧学和兽医学博士后流动站;拥有畜牧学、兽医学2个一级学科博士学位授予权,特种经济动物饲养、动物营养与饲料科学、动物遗传育种与繁殖、预防兽医学4个二级学科博士学位授予权,特种经济动物饲养、动物营养与饲料科学、动物遗传育种与繁殖、预防兽医学、基础兽医学、临床兽医学、食品科学7个硕士学位授予权,设置动物科学(下设动物科学、水产与蚕蜂科学方向)、动物医学2个本科专业,其中动物科学专业为国家特色专业。

2016年,学院招收硕士研究生116人(含全日制专业学位研究生42人,在职专业学位研究生19人),博士研究生36人,2015级本科生有86人确认主修本学院专业。

现有教职工111人,其中正高级职称人员41人,副高级职称人员45人。博士生指导教师42人,硕士生指导教师35人。在站博士后22人,兼职、兼任、客座教授15人。

附表　2016 年度动物科学学院基本情况

项目	数据	项目	数据
教职工总数/人	111	获国家级科技奖项目数/项	0
教授数/人	30	获国家级教学成果奖数/项	0
副教授数/人	26	授权发明专利数/项	22
具有博士学位的教师比例/%	91.76	SCI 入选论文数/篇	136
两院院士/人	0	EI 入选论文数/篇	0
国家"千人计划"入选数/人	1	MEDLINE 入选论文数/篇	0
"国家特支计划"入选数/人	0	出版专著/部	1
"长江学者"数/人	2	在校本科生数/人	250
省部级高校教学名师奖获得者/人	1	在学硕士研究生数/人	277
"973 计划"首席科学家数*/人	1	其中:专业学位研究生数/人	117
国家"百千万人才工程"入选数/人	1	在读博士研究生数/人	158
国家杰出青年基金获得者/人	4	在校攻读学位的外国留学生数/人	7
教育部新(跨)世纪优秀人才培养计划入选/人	8	应届本科毕业生一次就业率/%	96.81
浙江省特级专家/人	0	应届本科毕业生考研录取(出国)率/%	40.42
浙江省"千人计划"入选者/人	0	应届毕业研究生一次就业率/%	97.03
浙江大学求是特聘教授数/人	4	科研总经费/万元	4,659.6
一、二级学科国家重点学科数/个	1	其中:国家自然基金比重/%	27.3
国家重点(专业)实验室/个	1	纵向经费比重/%	82.6
国家工程(技术)研究中心/个	0	教师出国交流/人次	33
国家人才培养基地(含教学、教育基地)/个	1	学生出国交流/人次	55
国家精品资源共享课、视频公开课/门	1	举办国际学术会议数/次	1
社会捐赠经费总额/万元	1,023.6		

注:* 表示含重大科学研究计划、ITER 计划、青年科学家专题等。

全院教师共有 1 人入选国家"千人计划"青年人才,8 人入选农业部行业科学家岗位教授,2 人入选 2013—2017 年教育部高等学校教学指导委员会。

本科专业核心课程"动物营养学"被列为教育部"第一批国家级精品资源共享课"。邀请美国普渡大学承恒维教授、美国宾夕法尼亚大学兽医学院奶牛课程群教学团队等外教为本科生开设全英文课 2 门;邀请加拿大阿尔伯塔大学教授 Leluo Guan 博士、美国佛蒙特大学教授赵凤启博士为研究生开设全英文课程 3 门。

实到科研总经费4,659.6万元;获国家自然科学基金资助 19 项,立项总金额1,426万元(直接经费),资助率为 39.6%。新增国家重点研发计划子课题 6 项,国家科技支撑计划子课题 1 项,农业部公益性行业科研专项子项目 1 项,国防预研项目 1 项,国家林业总局项目 2 项;浙江省自然科学基金项目 4 项,浙江省重点研发计划项目(含子课题)

12 项;浙江省公益性技术应用研究计划项目 2 项。学院与地方政府和企事业单位共签订合作项目 45 项,合同总经费 1,050 万元。获中国专利优秀奖 1 项,浙江省技术发明奖一等奖 1 项;被 SCI 收录论文 135 篇,其中影响因子(IF)>10 的 3 篇,影响因子(IF)≥5 的 17 篇。出版(参编)教材 3 部、专著 1 部;授权发明专利 22 项。

与阿尔伯塔大学签订了教学与科研合作协议;阿尔伯塔大学 Leluo Guan 教授受聘浙大求是讲座教授;浙江大学—阿尔伯塔大学动物基因组学与微生物学联合实验室在杭举办了第五届动物消化道微生态与功能国际研讨会。共有来自美国、加拿大、英国、日本等国家的专家学者 24 人次来访学院,共开展座谈会 56 次,学术报告 33 场。

【获批科技部重点领域创新团队】 5 月,汪以真教授负责的"饲料营养与动物产品安全和品质创新团队"入选科技部重点领域创新团队。团队以目前消费量最大的"肉"和增长潜力大的"奶"为重点,开展了营养与畜禽健康及畜产品安全、营养与肉奶品质、营养与减排、养殖与环境等系列应用基础研究,形成了畜牧学、食品科学与工程、农业资源与环境三个学科相互依托、相互交叉而又相互衔接的学科布局。

【国家自然科学基金"优青"项目实现零的突破】 8 月,王佳堃教授获优秀青年自然科学基金项目资助,实现了学院优秀青年杰出基金项目零的突破。王佳堃教授长期致力于农业副产物的饲料化利用及其营养作用的内在机制研究。研究旨在从动物自身的内源因素出发,在营养调控和微生物干预的情况下,阐释微生物菌群对胃肠道发育与功能的影响及其规律,为提高反刍动物粗饲料利用效率提供基础理论支撑。

【彭金荣教授课题组在 *PLoS Biology* 上发表论文】 9 月 22 日,*PLoS Biology* 在线发表了彭金荣课题组题为《Def 通过磷酸化修饰招募 Calpain3 介导核仁中 p53 降解并调控细胞周期》的研究成果。p53 蛋白是最重要的抑癌因子之一,能够被人体细胞核仁内的 Def-Calpain3 通路降解。p53 蛋白的突变是诱发癌症的关键因素。彭金荣课题组经多年研究发现 p53 的诸多不同突变类型中突变概率最高的 p53R175H 能够避免被 Def-Calpain3 降解,揭示了该核仁蛋白降解途径在肿瘤形成中的重要生物学意义,为癌症的精准化医疗提供了理论依据。此外,Def-Calpain3-p53 也可作为一个细胞周期调控的新检测点,决定细胞是否应该继续增殖,并由此来调控肝脏的早期发育,为研究核仁功能开辟了新的方向。

(汤甜甜撰稿　潘炳龙审稿)

财务与资产管理

财务工作

【概况】 浙江大学 2016 年总收入为 1,234,223 万元,总支出为 899,759 万元。

收入情况 2016 年,浙江大学总收入比上年增加 129,325 万元,增长 11.70%。其中:财政补助收入占总收入的 27.29%,事业收入占总收入的 37.55%,附属单位缴款及其他收入占总收入的 35.16%(详见表1)。

表 1 浙江大学 2015—2016 年收入变动分析　　　　(单位:万元)

项目	2016 年收入数	增减额 (与 2015 年比)	增长率/% (与 2015 年比)
一、财政补助收入	336,768	29,060	9.44
1.教育补助收入	300,366	38,301	14.62
2.科研补助收入	26,003	−9,220	−26.18
3.其他补助收入	10,399	−21	−0.20
二、事业收入	463,511	17,846	4.00
1.教育事业收入	137,711	−11,695	−7.83
2.科研事业收入	325,800	29,541	9.97
2.1 非同级财政拨款	225,072	27,570	13.96
2.2 其他科研事业收入	100,728	1,971	2.00
三、上级补助收入			
四、附属单位缴款	2,301	246	11.97
五、其他收入	431,643	82,173	23.51
合　计	1,234,223	129,325	11.70

支出情况 2016年,浙江大学总支出比2015年增加71,784万元,增长8.67%。其中,工资福利支出占总支出的22.82%;商品和服务支出占总支出的45.66%;对个人和家庭补助支出占总支出的18.23%;基本建设和其他资本性支出占总支出的13.29%(详见表2)。

表2 浙江大学2015—2016年支出变动分析 （单位:万元）

项目	2016年支出数	增减额 (与2015年比)	增长率/% (与2015年比)
一、工资福利支出	205,358	53,492	35.22
二、商品和服务支出	410,858	−3,668	−0.88
三、对个人和家庭的补助	163,976	9,715	6.30
四、基本建设支出	2,931	−3,299	−52.95
五、其他资本性支出	116,636	15,544	15.38
合　计	899,759	71,784	8.67

　　资产情况 截至2016年末,浙江大学资产总值3,795,922万元,比上年增加200,383万元,增长5.57%。各类资产的构成如图1。

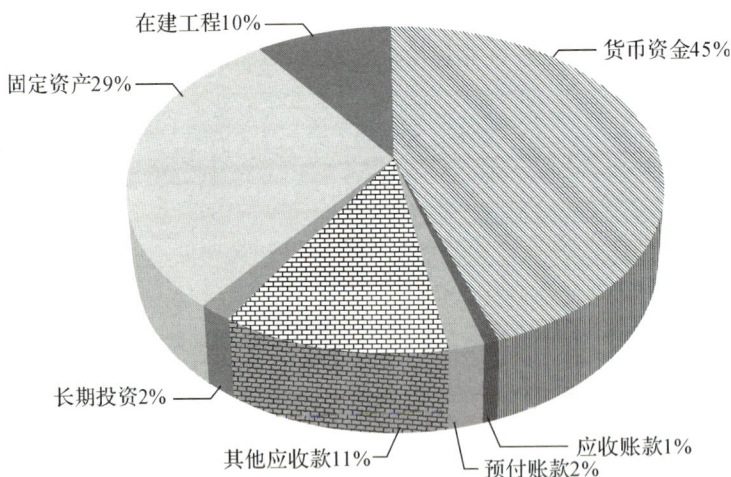

图1 浙江大学各类资产构成图

　　负债情况 截至2016年末,浙江大学负债总额为503,796万元,比2015年减少274,106万元,下降35.24%。各类负债的构成如图2。

　　净资产情况 2016年末,浙江大学净资产总额3,292,126万元,比2015年增加474,489万元,增16.84%。2016年末净资产变动情况见表3。

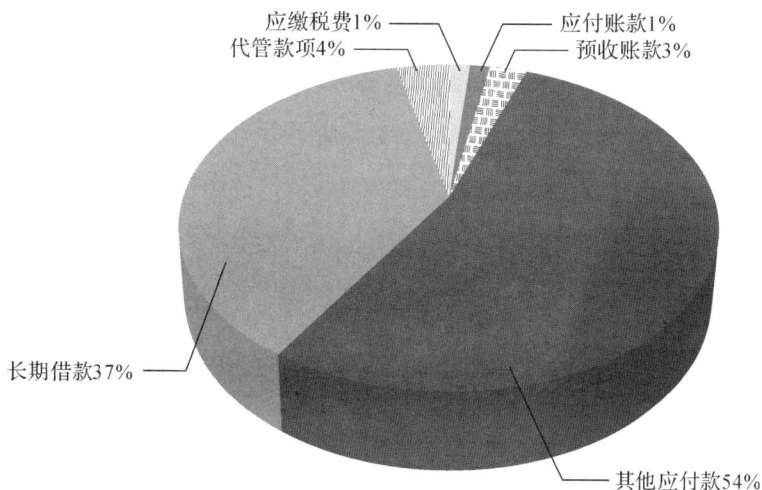

图 2　浙江大学各类负债构成图

表 3　浙江大学 2015—2016 年年末净资产变动情况分析表　（单位：万元）

项目	2016 年年末	增减额 （与 2015 年年末比）	增长率/% （与 2015 年年末比）
一、事业基金	1,161,145	299,331	34.73
二、非流动资产基金	1,563,896	104,741	7.18
1.长期投资	68,296	−1,706	−2.44
2.固定资产	1,121,060	61,423	5.80
3.在建工程	370,725	45,024	13.82
4.无形资产	3,815	0	0.00
三、专用基金	22,558	2,495	12.44
1.职工福利基金	6,662	2,893	76.76
2.住房基金	7,149	−322	−4.31
3.其他专用基金	8,747	−76	−0.86
四、财政补助结转结余	19,895	11,001	123.69
五、非财政补助结转结余	524,632	56,921	12.17
合　计	3,292,126	474,489	16.84

为全面贯彻落实《关于进一步完善中央财政科研项目资金管理等政策的若干意见》（中办发〔2016〕50 号）文件精神，浙江大学主动契合国家放、管、服要求，统筹兼顾规范

管理与科研活力,制定或完善了科研项目结转结余资金、横向科研项目经费、预算调整、科研劳务费、科研财务助理,以及文科纵向科研项目间接费用等管理办法,切实落实国家"进一步推进简政放权、放管结合、优化服务,改革和创新科研经费使用和管理方式,适应科研活动实际需要,激发广大科研人员积极性"的总体要求,保障科研事业内涵式发展。

根据主管部门有关通知要求,浙江大学切实开展内部控制建设及其基础评价工作。及时制定《浙江大学内部控制体系建设实施方案》(浙大发〔2016〕27号),确保内控建设工作按计划进行。专门在计财处网站开辟"内控建设"专栏,宣传教育部、财政部有关内部控制政策规定,普及内部控制基本知识。按要求做好内部控制基础性评价工作,形成工作总结并上报教育部。

(蒋　科撰稿　胡素英审稿)

审计工作

【概况】　2016年,浙江大学组织实施各类审计共2,443项,审计总金额为178.28亿元,查出有问题资金14,186.37万元,其中违纪违规金额9,570.02万元。通过审计,直接节约资金4,854.40万元,纠正违纪违规金额5,787.48万元,挽回损失金额2,080.37万元。

经济责任审计。组织实施了安全保卫处、后勤管理处、基本建设处、紫金港校区管委会、研究生院、校团委、附属第一医院、机械工程学院、社会科学研究院、本科生招生处和农业试验站等单位负责人离任经济责任审计,重点揭示了有关单位在重大经济决策、内控制度建设、工程项目管理、专项资金管理、"三公"经费管理、捐赠经费管理、设备采购管理和固定资产管理等方面存在的问题,并进行了整改。通过审计,客观评价领导干部任期经济责任履行情况,促进领导干部勤政廉政和全面履行工作职责,推动"三重一大"决策制度在各单位得到有效贯彻落实。

科研经费审计。加强对科研经费的协同管理和过程监督,持续开展科研经费使用和管理情况自查自纠,对132个科研项目进行了重点审计检查。通过审计,重点检查项目经费使用中涉及大额外协经费、材料与测试加工费、劳务与专家咨询费、燃料动力费、办公用品和会议费等支出情况,发现了部分科研项目经费使用管理中存在的主要问题和风险,督促采取整改措施,规范科研经费使用和管理,提高科研经费使用效益。

工程审计。对艺术与考古博物馆、学生服务中心、学生生活区组团一标段和二标段、求是书院文化元素建筑群、试验田及农科教用房、博士后宿舍、生物物理楼、文科类组团一期(学生保障中心)、文科类组团二期一标段(人文社科大楼)和二标段(管理学院)、理工农组团一期(机械大楼)、理工农组团二期(理科大楼)、理工农组团三期(材化大楼),以及动物中心、六号路、中心湖、紫金港西区主干路等18个标段工程项目进行了全过程审计。复审农生组团、建工二期、智泉大楼、体育馆、纳米研究院大楼、求是书院等项目配套工程结算25项;审计会馆燃气管、留学生公寓(一期)等工程项目结算10项;复审专项资金和外地修缮工程项目结算21项;审计20万元以上修缮工程项目结算71项;复审20万元以下零修工程项目竣工结算1,180项。对2015年度部分教师公寓维修项目结算进行了专项审计,追回多计工程款 134.59 万元,挽回了经济损失。

企业年报审计。组织审计学校全资、控股和实际控制的 94 家企业 2015 年度财务会计报告,深入分析校属企业经营管理中存在的问题,提示企业经营管理的薄弱环节和主要风险,推动校属企业年报审计整改工作。通过审计,促进校属企业加强经营管理,防范经济风险,确保国有资产保值增值。

专项审计。对学校 2013—2015 年继续教育办学财务收支情况(不含学历教育经费)进行了专项审计,全面深入揭示了有关学院(系)继续教育办学管理中存在的办学收入管理、合作办学管理、酬金发放管理和费用报销管理等方面存在的突出问题和重大隐患,全面客观分析了学校继续教育办学管理中有关经济分配政策导向、业务财务管理、薪酬福利管理等方面存在的问题,提出了相应的意见和建议。通过专项审计,揭示管理风险和隐患,督促问题整改和长效机制建立。

审计成果利用。通过召开经济责任审计联席会议和继续教育财务收支专项审计后续整改会议等专题会议,完善审计约谈等方法手段,交流工作情况,通报审计结果,分析存在问题,提出审计意见和建议,推动审计整改。共组织对部门、院系、企业、科研项目等 200 多个审计项目的审计意见和建议落实情况进行了后续跟踪,督促落实整改,促进成果利用,有效发挥内部审计工作建设性作用。

参加了教育部直属高校审计第一协作组工作研讨会。

(方炎生撰稿 周小萍审稿)

国有资产管理

【概况】 截至 2016 年 12 月 31 日,浙江大学国有资产总额为 37,959,223,647.91 元(详见附录 1);国有资产净额为 32,921,263,309.02 元(详见附录 2)。

截至 2016 年 12 月 31 日,浙江大学校办企业资产总额 3,239,286,424.86 元、所有者权益总额 2,305,504,689.14 元、归属于学校所有者权益合计 1,994,527,290.25 元。2016 年收入总额 1,747,069,342.67 元、净利润 126,650,456.87 元、归属于学校净利润 127,220,701.26 元、净资产收益率 5.49%(详见附录 3)。

2016 年,明确了国资委工作职能,并对国资办与经资办的工作职责进行了分工,国资办与经资办紧紧围绕学校工作重心,各司其职,全力做好学校国有资产管理工作。

高度重视,积极做好国有资产专项检查整改工作。根据教育部办公厅《关于做好国有资产管理专项检查发现问题整改工作的通知》的要求,就教育部对浙江大学 2008—2014 年国有资产管理专项检查发现的事业资产 12 类、企业资产 9 类问题进行整改,成立了国有资产管理专项检查整改工作领导小组,确定计划财务处、房地产管理处、实验室与设备管理处、图书与信息中心、圆正控股集团为此次整改工作的主要责任单位。在整改过程中,研究制订整改方案,明确各责任部门的职责、整改任务清单、整改工作时间表和路线图。各责任单位对照问题清单,对账销号、逐项落实,确保整改到位。

继续规范事业资产使用处置行为,认真

履行报备审批程序,2016 年共计向教育部报批报备固定资产处置 19 批次,其中仪器设备资产报废 14 批次(含车辆);房屋资产报废 4 批次;图书资产报废 1 批次。报备房屋出租行为 2 批次。履行监督职责,监督资产报废处置公开招标 20 批次(含房屋附属设备)。

化工系无形资产 10MK 氢等离子体裂解煤制乙炔反应的技术及 3 项专利技术的评估结果经教育部备案后,按确认的评估价值 983.32 万元增资至圆正控股集团。

规范企业国有资产管理基础工作,加强直管企业绩效考核。依法依规指导相关企业规范开展清产核资、资产评估和产权登记等国有资产管理基础工作。2016 年,完成杭州浙大圆正机械有限公司清产核资立项及结果确认的报批工作;完成资产评估项目备案 9 项;完成办理企业国有资产产权登记 1 家。积极做好"小股权"和亏损企业清理、企业改制、股权划转及企业注销等工作。结合经营特点,与浙江大学直管企业签订年度考核目标责任书,加强和改进企业国有资产监管情况。

2016 年度浙江大学申报上交财政部国有资本收益 1,469.73 万元,申报 2017 年度国有资本经营预算支出 1,000 万元。

【启动学校公车处置工作】 为深入贯彻中央八项规定精神,认真做好巡视整改"回头看"工作,按照教育部、中共浙江省委、浙江省人民政府关于贯彻落实中央八项规定精神和解决"四风"突出问题等有关规定要求,浙江大学于 2015 年底成立公车处置工作小组并启动公车处置工作,于 2016 年 4 月对单价超过 18 万元或排量大于 1.8 升的小轿车、科研经费购置车辆进行了集中收存,共计收存车辆 407 辆。根据属地原则,结合浙江省公务用车制度改革有关要求,委托浙江浩华资产评估有限公司(为 2015—2017 年学校资产评估招标入围机构)对 373 辆符合拍卖要求的车辆进行了评估,并委托浙江产权交易所有限公司和浙江机动车拍卖中心有限责任公司(2016 年浙江省级机关公车处置中标单位)开展车辆拍卖业务。分别于 8 月 6 日和 9 月 25 日向社会公开拍卖成交 128 辆和 194 辆小轿车。在各职能部门的共同努力配合下,通过制定方案、收存车辆、评估车辆、争取车牌指标、上报请示等一系列复杂程序,科研经费购置车辆的处置工作顺利有序开展。目前,学校按照教育部公车改革实施意见的要求,成立了公车改革领导小组,正在结合学校实际,制定相应的学校车改方案。

【开展资产清查工作】 根据财政部要求,开展了全国行政事业单位国有资产清查工作。浙江大学按照"统一政策、统一方法、统一步骤、统一要求和分级实施"的原则,制定了资产清查工作方案,并印发《浙江大学关于开展国有资产清查工作的通知》,确定了资产清查工作的组织机构和职责分工,资产清查工作目标和原则、具体工作内容和步骤等。此次资产清查是 2007 年事业资产清查后的一次全面清查,清查工作历时 4 个月,于 8 月初完成资产清查结果的上报工作。本次资产清查浙江大学共计单户上报 7 家单位,其中学校本级 1 家、二级事业法人 6 家,分别为浙江大学在常州、自贡、广州、苏州、包头、昆山等地所办的二级研究院(中心)。截至 2015 年末,资产清查基准日,清查结果总资产为 3,631,686.82 万元,总负债为 779,273.20 万元,净资产为 2,858,666.41 万元,资产清查待处理为6,252.79万元(均为学校本级资产清查待处理,二级单位无盈亏),占总资产 0.17%。其中资产盘盈 4,098.94 万元、资产损失 10,351.73 万元。资产损失主要为流动资产损失 2,006.58 万元,对外投资损失 417.50 万元,固定资产损失 7,927.65 万元。另外,因房改房出售资金挂账待处理 2,510.57 万元。

【附录】

附录 1　2016 年浙江大学国有资产总额构成情况　　　(单位:元)

项目	金额	备注
一、流动资产	22,320,265,654.64	
1.库存现金	955,409.42	
2.银行存款	17,008,393,953.55	
3.财政应返还额度	88,328,274.31	
4.应收票据	113,805.60	
5.应收账款	211,202,568.84	
6.预付账款	678,537,355.32	
7.其他应收款	4,310,528,704.85	
8.存货	22,205,582.75	
二、长期投资	682,958,200.00	
三、固定资产	11,210,603,566.99	
固定资产原价	11,248,085,399.32	
减:累计折旧	37,481,832.33	
1.房屋及建筑物(原值)	4,397,991,268.60	校舍面积 2,575,983.00 平方米
2.专用设备(原值)	6,068,983,387.81	
3.通用设备(原值)	48,944,856.81	
4.文物和陈列品	0.00	登录浙江省国有可移动文物藏品 19,294 件/套
5.图书(原值)	381,729,235.01	截至 2016 年末纸质图书 6,158,178 册、电子图书 3,218,219 册;2016 年新增纸质图书 187,271 册、电子图书 26,054 册
6.家具、用具、装具及动植物(原值)	350,436,651.09	

续表

项目	金额/元	备注
7.档案		截至 2016 年末总馆藏档案 630,191 件、201,296 卷;2016 年新增 39,464 件、3,268 卷
8.文物及陈列品		
四、在建工程	3,707,248,610.97	
五、无形资产	38,147,615.31	
其中:土地	38,147,615.31	校园土地 4,265,678.48 平方米
1.浙大校名商标		四个浙大商标进行保护性注册
2.专利技术		截至 2016 年末三大专利数为 10,731 件;2016 年三大专利授权量新增 2,338 件
合　　计	37,959,223,647.91	

注:表中有关资产数据由各资产归口管理部门提供。

附录 2　2016 年浙江大学净资产构成情况　　　　(单位:元)

项目	金额/元	备注
一、事业基金	11,611,450,868.00	
二、非流动资产基金	15,638,957,993.27	
1.长期投资	682,958,200.00	
2.固定资产	11,210,603,566.99	
3.在建工程	3,707,248,610.97	
4.无形资产	38,147,615.31	
三、专用基金	225,578,882.45	
1.其中:职工福利基金	66,616,806.98	
2.其他专用基金	158,962,075.47	
四、财政补助结转	192,615,316.94	
五、财政补助结余	6,331,876.79	
六、非财政补助结转	5,246,328,371.57	
合　　计	32,921,263,309.02	

注:表内数据摘自浙江大学年度决算报表中的资产负债表。

附录3　2016年浙江大学校办企业财务状况 　　　　　　　（单位:元）

序号	项目	金额	备注
1	资产总额	3,239,286,424.86	
2	所有者权益总额	2,305,504,689.14	
3	归属于学校所有者权益合计	1,994,527,290.25	
4	营业收入	1,747,069,342.67	
5	利润总额	149,199,553.58	
6	净利润总额	126,650,456.87	
7	归属于学校股东净利润	127,220,701.26	
8	净资产收益率/%	5.49	

注:表内数据摘自浙江大学校办企业年度决算报表。

（杜京莲　葛　颂撰稿　胡　放娄　青审稿）

浙江大学教育基金会

【概况】　2016年,浙江大学教育基金会接收社会捐赠协议签订项目283项,签约额折合人民币约9.75亿元,捐赠收入折合人民币约3.53亿元。其中签约额人民币1,000万元以上的捐赠有:海亮集团有限公司捐赠人民币2亿元,浙江浙大网新集团有限公司部分股东捐赠人民币2亿元,黑龙江省阳光健康服务基金会捐赠人民币1亿元,上海泰然互联网金融信息服务有限公司捐赠人民币1亿元,陈小英女士捐赠人民币4,000万元,荷兰斯伦贝谢公司捐赠价值人民币3,623.28万元软件,浙江馥莉慈善基金会捐赠人民币2,476.13万元,浙江新湖集团股份有限公司捐赠人民币2,400万元,Jane and Tom Tang Foundation for Education,Inc.

捐赠折合人民币1,875.69万元,浙江浙大网新集团有限公司及浙江大学圆正控股集团有限公司捐赠人民币1,800万元,浙江浙大网新集团有限公司捐赠人民币1,500万元,浙江浙大网新教育发展有限公司捐赠人民币1,000万元,杭州长江汽车有限公司捐赠人民币1,000万元,浙江捷昌线性驱动科技股份有限公司捐赠人民币1,000万元,浙江震元股份有限公司捐赠人民币1,000万元。

根据浙江大学教育基金会章程及相关协议规定,2016年捐赠支出合计约1.98亿元,主要用于支持学校基础设施建设、教学科研及学科发展、人才培养、奖助学金等各项事业。其中部分捐赠支出有:奖学金、助学金、奖教金3,360万元,国际交流项目1,305万元,学科建设与院系发展7,283万元,社会公益2,785万元,基本建设1,547万元,其他支出3,314万元。

2016 年浙江大学教育基金会接收社会各界实际到款情况(人民币 30 万元及以上)

序号	捐赠单位/或个人	捐赠项目(用途)	捐赠金额(人民币/元)
1	ARCHWAY CITY COMPANY LIMITED(USD49997)	包氏奖学金	333,769.97
2	荷兰斯伦贝谢公司(USD5227500)	海洋学院斯伦贝谢软件捐赠专项基金	36,232,848.00
3	JACKIE XIAOBEI WU	黄宏邬晓蓓奖学基金	1,000,000.00
4	JANE＋TOM TANG FOUNDATION FOR EDUCATION INC(USD700000)	汤永谦化工大楼	4,677,925.00
5	MORNINGSIDE FOUNDATION LIMITED(USD112310)	文化中国人才计划(香港)	748,624.77
6	SUN HUNG KAI PROPERTIES-KWOKS FOUNDATION LIMITED	新鸿基助学金等	812,600.00
7	曾宪梓先生(HKD500000)	曾宪梓国际交流基金	442,000.00
8	UNITED CHINESE ALUMNI ASSOCIATIONS & FOUNDATION(USD58415)	计算机学院平安基金	387,407.81
9	爱心人士	生仪学院吕维雪教育发展基金	1,450,000.00
10	安斯泰来制药(中国)有限公司	树森兰娟院士人才基金	3,000,000.00
11	奥克斯集团有限公司	医学专项基金	7,500,000.00
12	澳门同济慈善会	文化中国人才计划(澳门)	736,000.00
13	陈天洲	计算机学院陈天洲基金	2,690,000.00
14	陈小英	医学院陈小英医学教育教学奖励基金	2,000,000.00
15	大北农公益基金(邵根伙)	大北农学科发展和人才培养基金等	10,000,000.00

序号	捐赠单位/个人	捐赠项目(用途)	捐赠金额(人民币/元)
16	东华工程科技股份有限公司	化工设计竞赛	300,000.00
17	东莞精明五金科技有限公司	儿童医院血液肿瘤科专项基金	2,000,000.00
18	董石麟	董石麟基金	894,430.00
19	东方海外货柜航运有限公司	董氏东方文史哲奖励基金	452,544.60
20	光华教育基金会(尹衍樑)	光华奖学金	350,000.00
21	海南鲁海医药有限公司	医学院医学创新基金	1,500,000.00
22	海南新腾实业有限公司	医学院医学创新基金	300,000.00
23	杭州棒糖网络科技有限公司	医学院关爱女性健康公益基金	1,600,000.00
24	杭州晨韵医疗器材有限公司	儿童关爱基金	350,000.00
25	杭州隽维投资管理有限公司	紫金港校区西区建设专项基金	1,180,000.00
26	杭州联合农村商业银行股份有限公司	紫金港校区西区建设专项基金等	630,000.00
27	杭州律恒贸易有限公司	医工信学科交叉医学创新平台基金	2,200,000.00
28	杭州明福实业有限公司	紫金港校区西区建设专项基金	900,000.00
29	杭州心书网络科技有限公司	浙大——斯坦福等世界一流大学交流专项基金	300,000.00
30	杭州浙大博学教育咨询有限公司	公管学院学科发展基金	1,000,000.00
31	胡黎明	学生宿舍文化建设及校园活动	310,000.00
32	湖州市中小企业服务中心	医学专项基金	2,000,000.00
33	华东医药股份有限公司器材化剂分公司	医学院医学创新基金	300,000.00
34	黄廷方慈善基金有限公司	IDEA浙大联合中心专项基金	8,500,000.00
35	江苏恒立液压股份有限公司	机械学院恒立奖学金	315,000.00
36	江苏恒瑞医药股份有限公司	医学院医学创新基金等	2,000,000.00
37	江苏银行股份有限公司杭州分行	紫金港校区西区建设专项基金等	2,050,000.00

序号	捐赠单位/个人	捐赠项目(用途)	捐赠金额(人民币/元)
38	晋声(上海)电子科技有限公司	两岸大学生科学传播能力提升训练计划专项基金	625,000.00
39	卡尔蔡司(上海)管理有限公司	医学院教育基金微创医学发展基金	300,000.00
40	龙泉市医药资产管理有限公司	医学专项基金	2,000,000.00
41	鲁南贝特制药有限公司	树森兰娟院士人才基金	1,000,000.00
42	绿城房地产集团有限公司	绿城大学生助学金	1,100,000.00
43	马亚桢	人文学院马世晓艺术奖励基金	1,000,000.00
44	南京爱德程医药科技有限公司	药学院药学学科发展基金	400,000.00
45	宁波市慈善总会	医学专项基金	2,000,000.00
46	宁波雄汇国际贸易有限公司	医工信学科交叉医学创新平台基金	3,500,000.00
47	宁波银行股份有限公司杭州城东支行	紫金港校区西区建设专项基金	520,000.00
48	宁波银行股份有限公司杭州分行	医学院妇产科人才培养基金	910,000.00
49	宁波银行股份有限公司杭州经济技术开发区小微企业专营支行	紫金港校区西区建设专项基金	6,240,000.00
50	宁波展创医疗器械有限公司	医工信学科交叉医学创新平台基金	2,500,000.00
51	清华大学教育基金会	丘成桐数学大赛专项基金等	951,799.60
52	衢州市人民医院	医学专项基金	3,000,000.00
53	山西仁达药业股份有限公司	树森兰娟院士人才基金	300,000.00
54	上海丰瑞投资集团有限公司	紫金创业元空间基金	2,000,000.00
55	上海桓仁医疗器械有限公司	医学院医学创新基金	400,000.00
56	上海泰然互联网金融信息服务有限公司	泰然互联网金融教育基金	5,000,000.00

序号	捐赠单位/个人	捐赠项目(用途)	捐赠金额(人民币/元)
57	上海纬翰融资租赁有限公司	紫金港校区西区建设专项基金	1,000,000.00
58	深圳市俊才教育基金会	能源工程学院俊才基金	300,000.00
59	四川远大蜀阳药业股份有限公司	树森兰娟院士人才基金	400,000.00
60	宋卫平(绿城房地产集团有限公司)	七七历史学长基金	600,000.00
61	台州市黄岩耀达置业有限公司	金秀奖教金	500,000.00
62	唐仲英基金会(美国)江苏办事处	中国西部地区古代石窟壁画数字保护及资源库建设专项基金等	3,517,621.00
63	天津泰康科技有限公司	医工信学科交叉医学创新平台基金	1,800,000.00
64	万菱实业(深圳)有限公司	国学研究基金	1,000,000.00
65	王文杰	翰墨求是浙江大学双甲子北京书画展专项基金	500,000.00
66	王锡龙	建校120周年纪念邮票发行专项基金	300,000.00
67	王岳飞	浙江华发教育基金	800,000.00
68	温州市慈善总会	王振滔奖助学金	1,500,000.00
69	香港黄乾亨基金会[ZHEJIANG UNIVERSITY (HK) EDUCATION FUND LIMITED]	法学院"一带一路"法律研究专项基金	1,000,000.00
70	萧国强	杏林学长奖学金等	500,000.00
71	心平公益基金会	永平奖教金等	8,149,600.00
72	姚先国	先国公共政策研究基金	1,000,000.00
73	浙江爱彼此公益基金会	管家文化发展基金	500,000.00
74	浙江大学城乡规划设计研究院有限公司	建筑规划基金	1,000,000.00

序号	捐赠单位/个人	捐赠项目（用途）	捐赠金额(人民币/元)
75	浙江大学建筑设计研究院有限公司	建筑规划基金	5,000,000.00
76	浙江东方百富袜业制造有限公司	紫金港校区西区建设专项基金	957,000.00
77	浙江馥莉慈善基金会	馥莉食品研究院留本基金	20,000,000.00
78	浙江恒逸集团有限公司	恒逸国际交流基金（文莱）	5,000,000.00
79	浙江捷昌线性驱动科技股份有限公司	捷昌驱动大学生创业创新专项基金等	2,000,000.00
80	浙江金帝房地产集团有限公司	紫金港校区西区建设专项基金	2,400,000.00
81	浙江金盾消防器材有限公司	紫金港校区西区建设专项基金	1,400,000.00
82	浙江晶盛机电股份有限公司	机械工程学院晶盛专项基金	2,000,000.00
83	浙江六和律师事务所	浙大学子六和法学基金	300,000.00
84	浙江明铸置业有限公司	邹安妮医学教育留本基金	1,500,000.00
85	浙江日报报业集团	浙报—阿里大学生新媒体创新创业基金	350,000.00
86	浙江上药新欣医药有限公司	树森兰娟院士人才基金	1,000,000.00
87	浙江省慈善总会	浙农信国际交流奖学金等	2,380,000.00
88	浙江省能源集团有限公司	能源与环境政策研究基金	2,000,000.00
89	浙江省医药工业有限公司	树森兰娟院士人才基金等	2,500,000.00
90	浙江文澜信息发展有限公司	中国西部发展研究院两山建设与发展研究中心专项基金	1,000,000.00
91	浙江新和成股份有限公司	新和成奖学金	310,000.00
92	浙江新湖集团股份有限公司	先国公共政策研究基金	5,000,000.00
93	浙江永拓信息科技有限公司	永拓信息经济与智慧城市发展研究中心基金	2,000,000.00
94	浙江浙大网新教育发展有限公司	国际战略与法律研究院建设专项基金	2,000,000.00
95	浙江震元股份有限公司	医学专项基金	1,000,000.00

浙江大学年鉴

序号	捐赠单位/个人	捐赠项目(用途)	捐赠金额(人民币/元)
96	浙江中金黄金饰品销售有限公司	紫金港校区西区建设专项基金	500,000.00
97	浙江中烟工业有限责任公司	紫金港校区二期建设等	97,000,000.00
98	浙商银行股份有限公司杭州分行	紫金港校区西区建设专项基金	3,000,000.00
99	正大天晴药业集团股份有限公司	树森兰娟院士人才基金等	1,000,000.00
100	郑州新尚置业有限公司	唐立新教育发展基金等	3,461,000.00
101	中国航天基金会	中国航天学科奖学金	300,000.00
102	众安集团有限公司	紫金港校区西区建设专项基金	1,943,000.00
合　　计			326,858,170.75

（彭真丹撰稿　胡　炜审稿）

校园文化建设

校园文化

【概况】 浙江大学不断强化校园文化品牌集群建设。2016 年承办全国"2015 年度寻访'中国大学生自强之星'"颁奖典礼,参与组织二十国集团杭州峰会之"美好青春我做主——艾滋病防治宣传校园行"活动,邀请高水平演出团体开展"高雅艺术进校园"文艺演出 4 场,举办第十八届学生科技文化节、第二十六届"求是杯"辩论赛、第八届校园主持人大赛、第十八届校园文学大奖赛、第十四和十五届校园十佳歌手大赛、新青年论坛等品牌活动,支持院系开展校级文化活动 55 项,组织学生团队参加世界华语辩论锦标赛、两岸大学校园歌手邀请赛等赛事,营造百廿校庆文化氛围。启动第三届学生节,结合学校 120 周年校庆总体规划初步形成活动方案,组织开展校庆文化衫设计大赛、"感悟浙大精神"主题征文、漫画创作活动、"双甲子·微摄力"校庆微影像创作大赛、"2017·爱你一起"原创校园老歌征集等

系列活动。继续办好 DMB(登攀)节这一研究生大型校园文化和学术活动,开展多层次博士生创新论坛共计 32 场,有效促进不同学科的知识交流与思想碰撞。举办浙江大学 2016 年第四届艺术季,其中包含交响乐、民乐等大型演出 34 场,键盘乐团、书画社沙龙 8 场,书画、摄影等展览 4 场,摄影等讲座 3 场,舞蹈、戏剧工作坊 7 个,弹唱大赛等比赛 8 场,受众逾 30,000 人次。文琴交响乐团积极参加高雅艺术进校园演出,先后赴温州、下沙高教园区等地演出。黑白剧社的《求是魂》受邀参加第五届中国校园戏剧节,获得"观众欢迎剧目"称号,其中气象学者宋林的扮演者刘云松获得"校园戏剧之星"称号;《斯人独憔悴》被北京金刺猬大学生戏剧节评为优秀剧目。摄影协会王天成作品参加 2016 年第十届荷兰霍伦五地巡回国际摄影展,被评为最佳年轻参展者奖。文琴键盘乐团参加第五届"Simon"杯浙江省大学生钢琴大赛获得协奏曲组一等奖。

为丰富校园文化生活,2016 年引进了 13 场高水平的校外演出、讲座、工作坊活动等,包括吴博小提琴中外名曲音乐会、丁阳钢琴独奏音乐会、陈韵劼演绎李斯特超技练

习曲音乐会、Kaleidoscope——黄智仁（韩）陈列钢琴音乐会。邀请上海音乐学院徐坚强教授、四川音乐学院昌英中教授、美国国家地理全球摄影大赛大奖获得者李亚楠、连州国际影展刺点奖获得者钱海峰等重量级嘉宾来浙开展讲座、工作坊。

不断丰富教职工的业余文化生活，联合后勤集团策划组织"在路上，因你而精彩"青年教职工迎新晚会，汇聚青春正能量。精心策划并组织"庆三八巾帼行"系列活动，"爱生活巧手秀""健康美丽计划""快乐学堂"等活动深受女教职工欢迎。开展摄影、茶艺、插花、英语口语等培训，满足教职工的多样化需求。以"情系教工服务会员"为宗旨，积极争取专属优惠，在汽车销售保险、电话宽带、农产品采购等方面提供服务和优惠。创新升级工会服务，会同宣传部等部门举办"浙大制造·科技生活"双年展，为科技惠及职工生活搭建展示平台。

【承办寻访"中国大学生自强之星"颁奖典礼】 3月31日，"青年自强 励志华章——我为社会主义核心价值观代言"2015年度寻访"中国大学生自强之星"活动颁奖典礼在浙江大学紫金港校区举办，活动由共青团中央、全国学联主办。颁奖典礼现场对自强之星优秀组织、自强之星代表、自强之星提名奖代表、自强之星标兵进行了颁奖。团中央书记处书记傅振邦、浙江省委常委、省军区政委王新海、浙江大学党委书记金德水出席活动并讲话。

【获第九届世界合唱比赛金奖2项】 7月3日，浙江大学文琴合唱团远赴俄罗斯，参加在索契举办的第九届世界合唱比赛（World Choir Games）青年混声组和无伴奏民谣组两个组别的比赛，双双获得金奖。比赛中，文琴合唱团在青年混声组中演唱了合唱曲目《丑角的十四行诗》《畲族情歌》《In the mood》《Zha Xi Bi Nima（吉祥阳光）》，在无伴奏民谣组中演唱了曲目《春梦》《采茶扑蝶》《湖畔》和《八骏赞》。参赛曲目风格迥异，既有国际化的现代派音乐，又表现了中华民族传统音乐的独特魅力，向世界展现了中国人、浙大人的精神风貌。

世界合唱比赛是世界最高级别的合唱艺术盛会，大赛旨在促进各国合唱事业的交流和发展。据组委会统计，本届比赛共分29个组别，来自76个国家的283支合唱团、12,000余名合唱队员参赛。

【获2016年浙江省大学生艺术节一等奖2项】 11月16日浙江大学文琴舞蹈团《孤儿愿》，黑白剧社《雪霁西迁路》分别获得该艺术节舞蹈组、戏剧组一等奖。文琴合唱团张宝文以《Still loving you》获评此次艺术节校园十佳歌手。

由浙江省教育厅主办的浙江省大学生艺术节每年举办一次，本届艺术节以"民族魂·中国梦"为主题，旨在弘扬社会主义核心价值观，培养大学生的文化自觉和文化自信，为浙江省高校学子提供一个展示自我、丰富校园文化的平台，艺术节吸引了浙江省内数十所高校近百个节目参演。

（闵浩宇 叶茵茵 潘怡蒙 撰稿
沈黎勇 吴叶海 王 勤 审稿）

体育活动

【概况】 2016年，浙江大学深化"以赛促练、以测促练、运动干预、课外指导"的校园群众体育活动内涵式发展，加强课外健身辅导站与品牌建设。全年共举办"三好杯"系列竞赛本科生组比赛18项，研究生组比赛

10 项,教职工组比赛 8 项,全校师生 48,700 人次参赛;学生体育社团主办 283 场次,参与人数达 23,794 人次,院系(学园)主办 366 场次,167,085 人次参与;全校师生 21,448人次参与春季特色运动会、秋季阳光健身长跑、冬季水陆体育嘉年华及国际校园马拉松等品牌体育活动。全年开设攀岩、舞龙舞狮、形体 NTC、炫舞、荧光夜跑、皮划艇、乒乓球草根王、游泳、网球、太极拳等 10 个健身辅导站,全校本科生 20,000 人次参与。培养国家二级、三级学生裁判员 925 人。全年,浙江大学 24 支体育代表队参加省级以上大赛,共获得奖牌 210 枚,其中金牌 99 枚,4 个团体冠军荣誉称号。田径队徐晓龙入选国家队并出征里约奥运会,进入三级跳远项目决赛并获得第十一名的好成绩。此外,8 月,武术队赴香港参加第十一届香港国际武术比赛,获得 16 枚金牌;9 月,篮球队赴武汉参加海峡两岸大学生篮球邀请赛,获得第三名。

组织教职工乒乓球赛、羽毛球赛、网球赛、篮球赛、钓鱼比赛、趣味汽车运动会等赛事。求是户外俱乐部组织吴越古道毅行和千岛湖绿道毅行活动,各校区因地制宜开展登山、健步走、健身跑、趣味运动会、拔河比赛、瑜伽、太极拳培训等健身活动,深受教职工欢迎。羽毛球球、篮球、围棋等教职工社团在浙江省"钟声杯"职工体育竞赛中为学校赢得荣誉。

【获全国大学生田径锦标赛金牌 4 枚】 该比赛于 7 月 16 日—20 日在闽南理工学院举行,浙江大学代表队在本次比赛中获得了 4 枚金牌和 4 枚银牌,取得了近年来的最好成绩。其中,潘炳南获得甲 A 男子 200 米金牌,郑小倩获得甲 B 女子 1,500 米金牌、甲 B 女子 800 米银牌,朱丹丹获得甲 B 女子标枪金牌,余柯泽获甲 A 男子标枪金牌。

【获第 21 届中国大学生网球锦标赛 1 金 2 银】 该比赛于 7 月 22 日至 31 日在郑州大学和河南工业大学举行,来自全国八大赛区的百余所高校的近 800 名学生运动员参加本次大网赛。浙江大学网球队女子高水平组在团体赛中以全胜战绩小组第一出线,进入十六强;以 2∶0 战胜西安建筑科技大学,以 2∶1 战胜中央民族大学进入四强;半决赛中对战东道主郑州大学队,以 2∶0 战胜对手,晋级决赛;最终获得团体亚军。浙大网球队在单项赛中,马晓宇获得女单亚军;陈羚、于姣获女双第一名,蝉联冠军。

【获 2016 年中国大学生武术锦标赛金牌 17 枚】 该锦标赛于 7 月 18 日—7 月 21 日在兰州大学举行,来自复旦大学、华中科技大学等 78 所院校的 81 支武术队的 657 名运动员参赛。浙江大学运动员在比赛中斩获 17 金。其中普通生武术队首次组队参赛,获得了 3 金 3 银 2 铜和 1 项第六的好成绩,其中,物理学系博士研究生张昱超获得男子丙组 42 式太极剑冠军、男子丙组 42 式太极拳亚军、男子丙组自选太极拳季军;生工食品学院硕士研究生蒋易蓉获得女子丙组武式太极拳冠军、女子丙组自选太极拳亚军、女子丙组其他太极器械季军;生命科学学院本科生辛敏获得女子丙组自选剑术冠军、女子丙组武式太极拳亚军;海洋学院本科生任伟获得男子丙组其他拳术(三类)第六名。

【获 2016 年中国大学生跆拳道锦标赛金牌 1 枚】 锦标赛于 6 月 26 日在伊春圆满落幕。浙江大学跆拳道代表队胡思昀,在身体不适的情况下坚持参赛,在与对方选手体力差距较大情况下仍勇夺女子 62kg 级别冠军,真正体现出跆拳道忍耐克己的精神;医学院戚文婷获得女子 53kg 亚军;蓝田学园岑诺、丹青学园刘雅如分别获得女子 49kg

及女子 67kg 季军;丹青学园黄江陵、控制学院王麒、农学院黄仕鹏、云峰学园文彦慈分别获得各自级别第五名。我校以 29.5 的总分获甲组女子竞技团体总分第一名的好成绩。本次大赛共有来自全国各地 100 多支队伍的 1,200 余人参加。

（叶茵茵　潘怡蒙撰稿

吴叶海　王　勤审稿）

社团活动

【概况】　2016 年,全校共有校级注册学生社团 148 个,举办面向公众的社团活动 1,000 多场次,学生受众超过 60,000 余人次。浙江大学坚持"抓大放小、助强扶弱、去粗取精"的社团管理方针,通过社团精英培训班、拟任社团负责人培训班,加强对社团骨干的培养;结合社团顾问团制度,深化社团"分类管理"模式,不断规范社团发展基金的管理和使用,为 88 个社团活动提供资金支持总计 77,935.24 元;实施新苗计划,支持 3 家初创社团,年度支持总额 7,904.2 元。继续办好社团文化节、社团开放日、社团建设月等传统品牌活动,举办第六届高校社团骨干群英汇。2016 年,共有 11 家社团获"阿克苏诺贝尔中国大学生社会公益奖"等省级以上荣誉。建立健全社团联主席兼任学生会副主席、社团顾问团"分类管理"、社团年度考核及星级评价体系等制度,加强对学生社团的引导支持。

研究生社团充分发挥四自教育①功能,引领校园风尚、传承创新精神。2016 年,成立浙江大学学生法律援助中心,研究生艺术团积极活跃校园艺术氛围,提升求是学子的审美情趣和艺术修养,以艺术实践形式搭建交流平台。

教职工社团"以群众为中心,让群众当主角",成为教职工沟通交流的桥梁、风采展示的舞台、自我教育的课堂。举办了浙江大学首届教职工社团文化节,"庆元旦、迎 120 年校庆"摄影艺术大赛、"浙滨丹青会海纳求是情"书画作品征集等一系列活动。在集邮协会努力下,国家邮政局批复同意发行"浙江大学建校 120 周年纪念邮票"。教职工合唱团在浙江省教育系统"劳动托起中国梦"大合唱比赛中获第一名。

【研究生艺术团赴湄潭交流演出】　6 月 6 日—9 日,研究生艺术团师生 70 余人赴湄潭开展"弦歌不辍·求是寻根"交流演出,与当地红歌艺术团联袂出演、共话情谊。中共湄潭县委、县政府及相关部门干部职工、当地群众到场观看了演出,整台演出形式多样、内涵丰富,民族舞、现代舞、歌曲联唱、器乐合奏、朗诵等一应俱全,展现了浙大学子对第二故乡的感恩、崇敬之意与缤纷多彩的艺术才能。期间,艺术团师生一行走访了浙江大学西迁至湄潭时期的办学旧址,重温浙大文军长征,感悟西迁精神。

【举办第十八届学生社团文化节】　该文化节于 10 月—12 月开展,共有 35 个活动立项为精品活动。其间,通过举办首届学生社团摄影视频大赛、第六届高校社团骨干群英汇、优秀学生社团骨干天津高校行、"红色之翼"医疗急救大赛等活动,强力打造社团文化品牌。

【成立浙江大学学生法律援助中心】　12 月

---

① 即自我教育、自我管理、自我服务、自我监督。

8日,该中心成立。该中心作为公益服务型学生社团,以"学以致用,践行公益,服务社会,弘扬法治"为理念,提供优质法律援助服务,推动法科学子专业实践锻炼,推进和谐校园和法治社会建设。该中心由党委研工部和光华法学院共同指导。

(闵浩宇 单珏慧 潘怡蒙撰稿
吕淼华 王 勤 沈黎勇审稿)

青年志愿者活动

【概况】 2016年,浙江大学深入建设"青春五丝带"志愿服务平台,以"深化志愿服务·传承志愿精神"为主题,开展志愿服务品牌活动,全年累计参与志愿服务42,317人次,服务时间315,860小时。选派18名学生参与"西部计划"和研究生支教团工作,前往祖国贫困地区开展"三支一扶"工作。组织660名志愿者完成G20杭州峰会、第三届世界互联网大会·乌镇峰会、第十二届中国国际动漫节等大型活动的志愿服务工作。推动大型赛会志愿服务工作的成果转化,形成一套包含组织动员、招募培训、管理保障、实施运行等全方位的志愿服务标准化工作体系。

浙江大学博士生报告团积极响应东西部协作打好扶贫攻坚战的号召,组织30余名急需专业的博士生分赴团中央定点扶贫县、国家级贫困县山西石楼、丽水景宁两地开展"精准扶贫"志愿服务活动。研究生干部讲习所选派29名学员分赴国家西北、西南两个国家级贫困县宁夏西吉和云南景东两地开展"弘毅实践计划",与当地农民同吃同住同劳动,深入基层一线,践行群众路线,展开田野调研,服务地方发展。

【博士生报告团"精准扶贫"志愿服务活动】 2016年暑期,博士生报告团组织经济学、农学、医学、工学等30余名急需专业的博士生分赴团中央定点扶贫县、国家级贫困县山西石楼、丽水景宁开展"精准扶贫"志愿服务活动,共开展主题报告28场,对比试验2次,座谈交流67次,有效推动了校地"产学研"结合,服务地方经济社会发展。2016年9月,团中央定点扶贫县山西省石楼县县委、县政府专门向团中央书记处第一书记秦宜智书面汇报了开展精准扶贫志愿服务活动的事迹,秦宜智对浙江大学博士生推动精准扶贫、履行青年担当的行为表示充分肯定。中央文明网、中国青年网、团中央学校部、中国青年志愿者网等30余家媒体对活动进行了连续专题报道。浙江大学博士生会获得第十一届中国青年志愿者优秀组织奖。

【研究生"弘毅实践计划"】 2016年,研究生干部讲习所选派29名学员分赴国家西北、西南两个国家级贫困县——宁夏西吉和云南景东开展"弘毅实践计划",一方面开展"长征精神"红色寻访活动,坚定研究生干部理想信念;另一方面弘扬长征精神,展开精准扶贫调研,累计下达乡镇15个,走访乡镇企业12家,进村入户50余户,形成高质量调研报告2份,并提交浙江省公共政策研究院。此外,实践团队进行"两学一做"宣讲,开展微党课等专题报告共计6场。"弘毅实践计划"得到了新华社、光明网、中青在线等中央媒体的宣传报道。

【浙江大学团委获评"中国青年志愿者工作优秀组织奖"】 浙江大学团委积极参与组织G20杭州峰会八大重要活动之一的配偶专项活动。组织落实G20杭州峰会志愿服务工作,共组织各类培训37场、覆盖7,100余人次,实战演练1,400余人次,最终选拔

501名师生参与,是浙江省参与G20杭州峰会志愿服务的主力军和核心骨。峰会期间,"求是小青荷"共完成志愿服务533班次,上岗6,045人次,服务总时长58,999小时,获境内外主流媒体报道采访70余次。校团委被共青团中央、中国青年志愿者协会授予"中国青年志愿者工作优秀组织奖",102名教师领队、志愿者受到浙江省委省政府、中国青年志愿者协会和G20杭州峰会卫志部的表彰。

【浙江大学工疗站助残志愿服务项目荣获全国优秀项目奖】 2016年12月,浙江大学选送的西湖区"志青春·阳光驿站"工疗站助残志愿服务项目荣获"第十一届中国青年志愿者优秀项目奖"。该项目是浙江大学团委和西湖区志愿者协会以校地合作的形式开展的助残志愿服务项目,浙江大学青年志愿者定时定点开展助残服务,定点帮扶精神、智力障碍人员,开展康复讲座、益智游戏、心理疏导、文艺演出等形式的助残活动,重点帮助和解决辖区精神、智力障碍人员生活、学习、工作多方面难题。志愿者们每周一次开展服务,目前已覆盖了西湖区11家乡镇街道工疗站,服务了全区1,362名青年精神、智力障碍人员,累计开展志愿服务1,630场次,参与志愿者达7,000余人次,累计服务时间达40,000余小时。

(闵浩宇 单珏慧撰稿
吕森华 沈黎勇审稿)

社会实践活动

【概况】 2016年,浙江大学紧密结合国家"一带一路"倡议,以迎接建校120周年为契机,构建实践育人长效机制,强化青年大学生的责任担当和公益精神,组织开展"青春公益·美丽中国"大学生社会实践活动,全校710余支团队,7,600余名同学奔赴全国各地开展实践活动,同时带领全国74所高校的240余支团队、3,000余名青年学生积极响应。推进大学生社会实践共同体建设,落实社会实践工作校地合作机制,建立校级示范实践基地49个。年度共有10支团队获全国优秀社会实践团队称号,共有6支团队获省级优秀社会实践团队称号,1支团队获浙江省"双百双进"十佳团队称号,21名师生获省级以上个人奖项,浙江大学团委获全国"优秀单位"称号。

2016年研究生社会实践工作坚持"以基地为主,多种实践形式并行"的原则推进实践工作,更加注重社会实践教育与信息化手段的结合,社会实践管理系统上线。2016年共选派优秀研究生1,292人(其中博士生占87.8%)前往各类基地参加社会实践,形式包括挂职锻炼、科技服务、社会调研、公益服务等,广大研究生依托学科、专业、技术等优势投入社会服务,完成调研报告463篇,开展专题报告185场,开发产品94项,完成技改项目88项,申请专利29项,其他形式成果101项,内容涉及扶贫支教、社区公益服务、技术改进、参观访问、学术报告及学术竞赛等,展现了浙大研究生勤勉、实干、团结、创新的精神风貌。

【发起"一带一路"中国大学生公益联盟】 5月21日,该联盟在杭州成立。公益联盟结合国家"一带一路"布局,在沿线地区围绕非物质文化遗产保护、水资源开发与保护、关爱留守儿童、精准扶贫等四大方向广泛开展公益实践专项活动。联盟成立之初共有贵州、新疆、青海等省级团委和清华大学、上海交通大学等国内16所重点高校成为首批成员单位。在"丝路新世界·青春中国梦"专项社会实践行动框架内，联盟开展了"青春公益·美丽中国"大学生暑期公益实践活动。全国92所高校的5,260余支团队积极响应，59400余名青年学生分赴全国各地开展了公益实践活动，形成了一批主题鲜明、活动扎实、成绩突出、影响广泛的实践项目。

【探索"PTPA"社会实践新模式】 浙江大学探索形成一名教授（Professor），带领一支公益团队（Team），完成一个公益项目（Project），形成一份公益成果（Achievement）的"PTPA"社会实践新模式，共有来自哲学、数学、教育学、心理学、物理学、地理学、生态学、基础医学、公共管理、应用经济学等36个一级学科的100余名教授带领实践团队完成90余项"PTPA"公益实践项目。创新的实践模式以科学性、专业性提升了公益成效，项目共涉及农业产业化发展与金融支持、能源清洁利用与节能环保、水资源开发与保护、心理健康咨询与辅导、生态环境调研、边远地区支教、企业走访与调研等数十个领域。

【召开浙江大学研究生挂职锻炼20周年纪念会】 12月27日，来自全国各地25个校级基地的近40名地方政府机关负责人出席该纪念会，与师生代表共同见证研究生挂职锻炼20年来的传承与发展。纪念会围绕"功崇惟业 廿载峥嵘""校地联袂 共育英才""笃实躬行 彰誉群英"三个篇章展开，挂职锻炼基地代表、院系代表、指导老师代表与往届优秀挂职锻炼代表在大会上发言。与会代表充分认同浙江大学研究生挂职锻炼20年来在促进校地合作、推动产学研政、提升研究生综合素质等方面发挥的积极作用

和取得的显著成绩。

研究生挂职锻炼制度自1996年创立至今已有20周年，在此期间，浙江大学累计选派研究生4,000余人奔赴全国各地开展挂职锻炼和志愿服务等多种形式的社会实践活动。

（单珏慧　闵浩宇撰稿
吕淼华　沈黎勇审稿）

创新创业活动

【概况】 2016年，浙江大学坚持"综合型、研究型、创新型"的目标定位，实施立足区域、面向全国、走向世界的双创服务战略，致力于引领"大众创业、万众创新"：基于多学科综合交叉优势和创新创业资源优势，探索大学校区—科技园区—工业产区三区联动的体制机制和创新模式，构建融原始创新、技术研发和成果产业化为一体的创新生态系统；以国家大学科技园、工业研究院、紫金众创小镇及工程师学院为依托，构建孵化转化产业化的服务体系；以基于创新的创业（IBE, Innovation-based Entrepreneurship）为特色，不断完善一流大学"全链条式"创业教育体系，不断完善可复制可推广的服务双创"浙大模式"并辐射全国，为建设创新型国家、促进经济社会发展提供创新科技人才支撑。

创新创业教育平台和网络不断拓展，全链条式的协同教育体系不断完善。一是启动筹建创新创业学院，学校常委会于6月讨论并原则通过了《创新创业学院建设3年计划》，对近3年创新创业学院的重点工作进行了梳理。二是积极融通"四个课堂"，构建

完善创新创业教育体系。发挥"第一课堂"教学主渠道作用,整合建立"通识类""专业类"课程体系,完善本科辅修特色教育模式,促进人才培养由学科专业单一型向多学科融合型转变。丰富"二课堂"校内实践活动、拓展"三课堂"校外社会实践、推进"四课堂"境外交流合作。积极推进双创培训的混合式教学,作为双创课程的有效延伸和补充。三是积极对接和整合创业实践平台资源,以"互联网+""挑战杯"等系列赛事为抓手,推进"双创"平台建设,通过"构建协同体系、整合内外资源、开启国际视野"等措施,搭建创新创业实践交流平台;组织研究生参加全国研究生创新实践系列活动,引导科技创新与成果转化有机结合。进一步推进紫金创业园空间和IdeaBank创客空间建设,继续发挥e-WORKS创业实验室、良渚创业育成中心、高新创业苗圃、Cookie创客空间、"西湖浙大科技园大学生创业园及创业训练平台作用。四是发起成立在杭高校众创空间联盟,并作为理事长和秘书长单位,积极推动在杭高校众创空间与社会上的众创空间之间的交流,协同各高校创业资源,加强创业人才培养合作。五是抓好校院两级创新创业类学生组织和社团的指导工作,实现各大组织与社团进一步的发展。

广义创业教育活动的类型不断丰富,覆盖面不断扩大。全年各类创业教育活动累计覆盖学生25,500余人次,先后开展"创业学长课程""七维创客""助创计划""On the Road""EP计划""IBE"创客训练营、第十期研究生创业素质拓展班等各类创业培训班,以及创业论坛、创业沙龙、创业点子秀、精英团队挑战赛、"总裁说"、创业团队联合招聘会、资本相亲会、创道人生大讲堂、第七届大学生创业博览会、Idea Imagination创业印记博物馆、Idea Imagination浙大人创业笔记,以及Idea Imagination浙江大学"Touch"创意体验营等各类创业教育活动数十次;发行《创业浙大》杂志5,400册;组织赴美国硅谷开展暑期创业教育实践团2个,赴广州、深圳创业教育实践团1个;举办2016年勤创节、第四届研究生创业文化节。

自主创业教育活动不断向纵深发展,创业团队培育与培优工作不断加强,自主创业教育的典型示范和辐射作用得到进一步发挥。学校创业团队在质量与数量上得到进一步发展,在校学生创业团队全年融资总额达1.43亿元,自主创业持续保持高速发展的局面。全年培育"国家级大学生创业训练计划"创业训练项目10项,创业实践项目2项,省"新苗人才计划"项目274项,一大批创业团队入驻学校各大创客空间。在"创青春"(挑战杯)全国大学生创业大赛、中国"互联网+"大学生创新创业大赛和中国青年互联网创业大赛等比赛中,浙江大学共荣获全国金奖11项,总金奖数居全国高校第一。"空气洗手装置"项目获2016年第44届瑞士日内瓦国际发明展最高金奖及特别大奖。

2016年7月,浙江大学获评教育部"全国创新创业典型经验高校";2016年5月和10月,"以基于创新的创业(IBE)为特色,全链条构建具有时代特色的一流高校创新创业教育体系"先后被评为浙江大学、浙江省教学成果奖一等奖;2016年12月,教育部公示了"全国首批深化创新创业教育改革示范高校"名单,浙江大学位列其中;2016年10月,PitchBook发布了2006年1月到2016年8月之间独角兽创始人本科阶段学校排名,浙江大学跻身全球第九;2016年11月4日,胡润百富校友榜发布,其中浙大以38人排名第一。

【国家级宜宾临港开发区·浙江大学 Idea Bank 创客空间启用】 5 月,该创客空间启用,它由浙江大学与宜宾临港开发区合作建设,地处杭州市古墩路 707 号杭州城市发展大厦,面积为 1,571 平方米,涵盖创意加工平台、创业孵化区及创客交流圈三大主体功能区块,围绕研发制造、创业实践、团队交流和资源对接四大板块,为在校师生及校友基于科技创新和知识应用的创新创业活动提供零成本、全要素的实践操作平台和资源共享空间。截至 2016 年 12 月,入驻创业项目 25 项,涉及技术类、产品类、平台型及文创教育类等多个类型,其中计算机学院博士研究生黄步添负责的云象区块链项目在第二届"互联网+"大学生创新创业大赛和 2016 年中国青年互联网创业大赛总决赛中获金奖;张乐凯负责的"人人都是艺术家"项目在中国高校计算机大赛"移动应用创新赛"中获冠军称号。

【在全国研究生创新实践系列活动中获奖】
2016 年组织研究生重点参加了全国研究生创新实践系列活动中的中国研究生电子设计竞赛、研究生移动终端应用设计创新大赛、研究生智慧城市技术与创意设计大赛、中国研究生未来飞行器创新大赛等 4 项赛事。其中,中国研究生电子设计竞赛决赛于 8 月 17 至 20 日在上海嘉定工业区举行,浙大参赛团队获得一等奖 2 项、二等奖 1 项;研究生移动终端应用设计创新大赛决赛于 10 月 14 日—17 日在杭州举行,浙大参赛团队获一等奖 1 项、二等奖 2 项、三等奖 3 项;研究生智慧城市技术与创意设计大赛决赛于 8 月 26 日—27 日在北京大学举行,浙大参赛团队获得三等奖 1 项,优胜奖 1 项;未来飞行器创新大赛决赛于 8 月 22 日—23 日在国防科技大学举行,浙大参赛团队获优秀奖 1 项。

【获第二届中国"互联网+"大学生创新创业大赛先进集体奖】 10 月 12 日—15 日,第二届中国"互联网+"大学生创新创业大赛总决赛在湖北武汉华中科技大学举行。浙江大学选送的 4 支参赛团队获 3 项金奖、1 项银奖,其中"绿之源节流计划——空气洗手"获最佳创意奖,总分排名全国第二,浙江大学获先进集体奖。第二届中国"互联网+"大学生创新创业大赛共有参赛高校 2,110 所,占全国普通高校总数的 81%,报名项目 11.88 万余个,直接参与学生 54.58 万余人。浙江大学获金奖团队的 6 名师生代表获中共中央政治局委员、国务院副总理刘延东的亲切接见。

【获 2018 年"创青春"全国大学生创业大赛承办权】 11 月 19 日,在第三届"创青春"中国青年创新创业大赛(互联网组)全国赛暨 2016 中国青年互联网创业大赛中,浙江大学获金奖 2 项,在第十届"创青春"全国大学生创业大赛中获主体赛金奖 5 项、专项赛金奖 1 项,金奖数位并列全国第一,捧得全国"优胜杯",并获得 2018 年"创青春"全国大学生创业大赛承办权。

(袁瑢 闵浩宇 单珏慧撰稿
邬小撑 沈黎勇 吕淼华审稿
袁瑢 统稿)

办学支撑体系建设

图书情报工作

【概况】 浙江大学图书馆共 5 座馆舍,总建筑面积 8.6 万平方米。2016 年,采购纸本中外文图书 80,000 余种 132,500 册;截至 2016 年 12 月 31 日,全馆实体馆藏总量 6,158,178 册。全馆借还书总量 990,000 册,预约图书 53,000 册,进馆人数约 2,050,000 人次;基础分馆信息共享空间总使用量 187,000 人次。接收科技查新项目 205 项,提供原文文献 66,202 篇,论文收录 57,026 篇,引用 287,877 次;开设面向本科生、研究生的各类常规讲座和定制讲座共计 56 次。

规划紫金港西区主图书馆建设,明确功能定位、服务需求和发展特色。

围绕学校学科建设重点,加强特色文献资源建设。开展外文典籍建设工作,哲学类外文图书已收集 6,000 余品种;继续引进"一带一路"资源,完善学校特色学科资源,共引进基伯斯藏书(The Kyburz Library)第二批、中世纪建筑与艺术(The Ronald Atkins Library),以及丝绸之路藏书(The Bernard Library)10,000 余册,与已引进的其他 9 套藏书共同构成了浙大艺术与考古研究的外文经典馆藏。完成 Internet Archive(互联网档案)赠书 70,000 种书目建设;开展了中国历代墓志特藏资源库、蒋介石文献特藏库建设。

进一步完善学科服务、情报分析工作机制。为教育部第四次学科评估和学校"双一流"建设提供情报咨询服务,积极推进知识产权服务,提供学科评估与人才评估服务等。

图书馆对 17 万余册古籍进行了普查。发挥"古籍碑帖研究与保护中心"作用,提供藏、展、研全景式服务。4 月,承办了第二届"东亚古文献保存、修复和价值重现专题讲座与工作坊——文化传承与学术共享",邀请了日本、美国、韩国、伊朗等国外专家学者与国内高校图书馆、博物馆界的同行,共同分享文化遗产保护实践,以及所采用的与扫描、保存、修复相关的数字化技术。

推进浙江大学数字图书馆建设。扩展与提升图书馆集成管理系统功能,开发馆藏地管理系统、图书荐购系统,以及基于流通统计的用户行为分析系统。建立数字图书馆资源管理与揭示平台（http://csid.zju.edu.cn/zju/）、一站式揭示特藏资源库。

【图书馆获 2016 年度中图学会"全国阅读"先进单位称号】 探索图书馆与学生社团活动合作模式，继续拓展"悦空间"校园文化品牌的覆盖面。"悦空间"新增 9 家新空间，校园读书文化品牌已成规模，开展"环境展览

奖""创意活动奖"等展示，图书馆获得 2016 年度中图学会"全国阅读"先进单位称号。

【《浙江大学图书馆古籍善本书目》出版】 10 月，该书正式出版，书目收录古籍善本 1,833 种 1,874 部 21,700 余册，集图书馆几代古籍工作者艰辛努力的成果，是对近几年古籍整理工作的系统总结。

【附录】

附录 1　浙江大学 2016 年图书经费情况

图书类型	经费金额/万元
中文图书	649.63
外文图书	623.11
港台图书	49.78
中文报刊	161.81
外文期刊	980.63
数据库	2,563.58
购置业务费	122.86
总　计	5,151.40

附录 2　浙江大学 2016 年图书馆藏及流通情况

文献种类		数量/册（件）
图书	中文	410.64
	外文	85.76
	包括:古籍	18.70
期刊	中文	59.54
	外文	45.82
报纸		7.22
缩微、音像资料		6.93
电子数据库		400 余个
馆藏总量		615.82
图书流通量		99.00

（陈蓉蓉撰稿　杨国富审稿）

实验室建设与设备管理

【概况】　截至 2016 年 12 月 31 日,浙江大学全校仪器设备 267,651 台(套),总金额 612,290.63 万元。其中 10 万元以上的 7,677 台(套),金额 351,969.01 万元;100 万元以上的 581 台(套),金额 140,312.45 万元。2016 年,全校新增仪器设备 23,749 台(套),总金额 63,262.24 万元;减少 8,807 台,原值总额 8,644.10 万元;全年处置报废仪器设备竞标 14 批次,残值收入 63.58 万元。

截至 2016 年年底,31 个院系单位的 1,209 台大型仪器加入学校有偿服务系统,对外开放共享。价值 6,000 多万元的贵重仪器设备——7T 磁共振成像系统投入试运行,将应用于脑科学、生物医学工程、计算科学等相关领域交叉研究。浙江大学现有农生环测试中心、电镜中心、理化测试中心、医学公共技术平台、社会科学基础研究平台、动物中心等校级公共服务平台,全年服务用户 3,147 个(其中校内 2,674 个),支持科研项目 1,931 项(其中校内 1,771 项),技术培训 3,578 人,服务可追踪到的 SCI 论文 1,364 篇,发明专利 19 项。设立了 16 项实验技术研究项目,以鼓励实验技术人员开展研究。"石墨烯多功能化学气相沉积生长炉""双通道气固反应测试仪"和"多分区科研温室加热与连廊自控开窗系统"获校自研自制仪器设备成果认定。全年投入大型仪器设备维修补贴基金 92.66 万元,使得 44 台总价值 8,518.29 万元的大型仪器设备得到修复并继续发挥效益。制定并发布《浙江大学大型仪器设备开放共享管理办法》(浙大发设〔2016〕6 号),明确了大型仪器开放共享管理的组织机构和职责,以及大型仪器建设规划与管理要求等,进一步推动大型仪器对外开放共享。

全年投入 780.12 万元常规教学设备费和 123.41 万元教学仪器设备维修费支持本科实验教学工作。力学、工程训练中心、化学、生科、能源与动力、控制、材料实验教学示范中心设备更新等 7 个项目首次获批中央高校改善基本办学条件专项,共计 2,964.10 万元,改善了实验教学示范中心的仪器设备条件。

积极开展平安护航 G20 实验室专项整治与实验室安全达标考评活动,完善化学品全程管理平台,管制类化学品和实验气体实行平台统一采购。出台《浙江大学危险化学品安全管理办法》(浙大发设〔2016〕2 号)和《浙江大学化学品统一采购实施细则》(浙大发设〔2016〕3 号),规范学校化学品安全管理。组织院系自查、督查组检查,以及与其他部门联合进行精细化地毯式实验室检查,发布 7 期实验室安全工作督查通报,督促整改。开展实验室安全教育培训活动,举办了近 900 名师生参加的平安护航 G20 实验室安全培训活动。面向全校新生、新教工发放《浙江大学实验室安全手册》中文版 15,000 余册,英文版近千册。冯建跃等人的研究成果"实验室安全检查指标研究"被教育部采用于高校实验室安全现场督查活动,并获中国高教学会第九届教学成果二等奖。

【开展实验室安全达标考评】　"安全实验室"达标考评活动于 2015 年 10 月 30 日启动。各院系单位积极响应,成立考评小组,开展自查自评,推荐优秀安全实验室。学校达标考评小组对推荐优秀的安全实验室逐一检查考评。达标考评活动运用"实验室安全管理系统"进行考评,共涉及实验室4,236间,首批达标率92%,并评定出99间优秀安全实验室。2016年9月20日,对优秀实验室进行了表彰,"达标安全实验室"和"优秀安全实验室"标牌上墙,时刻加以督促警示。

【组织研究生安全知识竞赛】 2016年6月,组织开展首届研究生实验室安全知识竞赛。全校21个理、工、农、医院系共111支队伍(每队3人)参赛,农学院茶学1组和机械学院凌云队2支队伍获一等奖。另有6支队伍获得二等奖,8支队伍获得三等奖。通过比赛,寓教于乐,切实提高了广大学生的安全环保意识和知识水平,帮助学生实现"要我安全"向"我要安全"的观念转变。本次活动由设备处和研工部主办、材料学院承办。

【附录】

2016年浙江大学教学科研仪器设备情况

单位名称	合计		10万元以上的		100万元以上的	
	台件	金额/万元	台件	金额/万元	台件	金额/万元
人文学院	2,094	1,540.08	2	27.36	0	0.00
外国语言文化与国际交流学院	2,684	1,456.71	10	172.43	0	0.00
传媒与国际文化学院	857	1,445.24	23	615.21	0	0.00
经济学院	895	782.10	4	102.49	0	0.00
光华法学院	797	517.34	2	42.50	0	0.00
教育学院	6,761	5,465.10	62	1,257.73	0	0.00
管理学院	2,018	2,721.06	29	767.66	0	0.00
公共管理学院	1,871	1,505.48	10	173.36	0	0.00
思想政治理论教学科研部马克思主义学院	155	84.06	0	0.00	0	0.00
数学科学学院	1,269	1,036.56	2	25.30	0	0.00
物理学系	6,485	16,302.87	173	9,367.17	21	5,311.26
化学系	8,875	21,421.17	287	14,679.75	30	7,705.42
地球科学学院	2,302	4,364.68	57	2,231.80	4	715.63
心理与行为科学系	1,226	2,271.24	34	1,401.12	2	298.03
机械工程学院	7,747	25,960.17	356	16,574.63	34	5,942.77
材料科学与工程学院	5,003	29,384.40	289	23,754.89	64	16,738.37

单位名称	合计		10万元以上的		100万元以上的	
	台件	金额/万元	台件	金额/万元	台件	金额/万元
能源工程学院	7,990	30,258.73	403	20,492.01	40	8,512.43
电气工程学院	9,709	18,435.98	321	9,989.93	9	2,107.69
建筑工程学院	7,730	21,115.75	200	12,700.07	22	7,577.66
化学工程与生物工程学院	7,321	17,317.25	290	9,991.56	9	1,180.47
海洋学院	5,165	15,215.80	115	9,502.23	18	6,959.54
航空航天学院	4,401	13,305.38	150	7,061.24	12	2,434.07
高分子科学与工程学系	3,216	8,014.69	113	4,978.15	9	1,267.35
光电科学与工程学院	6,399	34,540.25	423	25,728.70	44	12,887.25
信息与电子工程学院	6,960	11,066.43	148	4,845.79	5	915.04
控制科学与工程学院	6,874	21,608.49	300	12,676.77	21	3,133.97
计算机科学与技术学院	11,443	20,261.39	155	7,516.22	14	3,547.06
生物医学工程与仪器科学学院	3,695	11,269.03	187	7,197.50	5	2,250.84
生命科学学院	9,690	17,614.50	225	8,346.49	13	2,888.95
生物系统工程与食品科学学院	4,381	8,034.50	108	2,871.85	2	237.38
环境与资源学院	7,608	14,623.51	228	7,131.20	7	1,181.71
农业与生物技术学院	14,158	25,938.03	347	10,308.60	6	1,330.13
动物科学学院	5,808	11,158.69	162	4,807.10	5	782.19
医学院	12,117	22,226.62	292	9,080.72	11	1,679.21
药学院	4,104	10,735.04	204	6,504.04	6	1,391.92
附属医院	8,575	25,565.78	265	14,440.30	27	6,607.02
建筑设计研究院	19	19.40	0	0.00	0	0.00
海宁国际校区	389	363.12	2	26.50	0	0.00
工程师学院	621	6,966.10	124	6,354.88	13	2,309.94
竺可桢学院	34	34.33	0	0.00	0	0.00
继续教育学院	3,192	3,391.37	31	1,522.00	5	701.11

单位名称	合计		10万元以上的		100万元以上的	
	台件	金额/万元	台件	金额/万元	台件	金额/万元
国际教育学院	323	357.77	3	98.91	0	0.00
图书与信息中心	5,419	17,436.66	252	11,080.61	22	3,809.92
公共体育与艺术部	2,042	2,268.29	23	946.72	2	501.09
中国西部发展研究院	378	484.84	8	237.60	0	0.00
浙江加州国际纳米技术研究院	1,059	4,684.79	44	3,693.19	8	2,498.00
求是高等研究院	909	9,235.77	41	7,728.95	2	6,172.17
工业技术转化研究院	1,506	5,364.72	44	3,233.59	10	1,611.96
生命科学研究院	3,226	8,456.85	73	4,850.16	9	2,604.01
数学科学研究中心	266	231.20	2	69.12	0	0.00
社会科学研究基础平台	335	327.36	3	126.42	0	0.00
水环境研究院	311	990.00	20	683.69	0	0.00
农生环测试中心	330	2,631.56	43	2,399.19	8	1,292.82
医学院公共平台	367	3,480.91	39	3,110.23	7	1,969.70
转化医学研究院	842	1,652.15	20	515.95	0	0.00
实验动物中心	1,089	1,910.88	20	694.88	1	161.18
其 他	7,338	24,246.76	348	15,610.16	24	5,649.76
合 计	228,378	569,098.93	7,116	330,346.62	551	134,865.02

（赵月琴撰稿 冯建跃审稿）

校园信息化建设

【概况】 2016年,浙江大学校园网覆盖7个校区、7个附属医院,形成杭州城区共80余公里双环形大网。校园网出口总带宽24G。发放VPN(Virtual Private Network)上网认证账号数量约6万个,有线联网计算机超过8万台,全网支撑移动终端无线上网超过9万台,完成全校无线网络带宽升级,各上网套餐均实现翻番。配合杭州市政工程建设,全力保障校园网络稳定可靠运行。校园卡持卡用户39.8万人,正式师生用户10万人,全年换发卡量20万张。

巩固和完善五校区有线、无线网络一体化运行维护体系。杭州五校区实现有线、无

浙江大学年鉴

线网络一体化运维,咨询服务统一受理、统一派单、统一质检、统一考核(舟山、海宁校区本地驻场,与杭州校区间联动支持)。推出无线网无感知认证服务,优化无线网访客系统。年接听受理用户电话约6万次,年上门网络服务逾9,000次,满意度维持在98%以上。

公共服务平台基础设施实现扩容,累计达到800TB存储容量。全年新增虚拟服务器、域名网站、主机托管等共计133台,全年巡检IDC机房超过3,000人次,累计IDC(互联网数据中心)服务183人次。

IDC机房部署WAF应用防火墙、NTDS异常流量检测系统等安全设备或系统,利用Web弱点扫描器等安全软件,完善网络信息安全工作体系,建立完善安全事件应急工作流程。中心组队参加全国高校网络信息安全运行维护挑战赛,在150余所高校参赛队伍中获全国第二名和华东区第一名。

本年度,视频交互平台提供高清视频会议服务94场,服务用户5万余人次。升级学校邮件系统,完善邮件群发投递系统。邮件系统日收发邮件超过100万封,垃圾邮件过滤率维持在90.9%,邮箱用户空间从1G扩至20G,为校友保留终身邮箱。

梳理与优化信息化服务。新一代协同办公系统建成,完成发文管理、收文管理、领导批示、机要流转等20多个流程的开发;校务服务网接入了学校700多项办事服务事项,公布42个部门的责任清单、审批清单、服务清单;升级统一身份认证系统、E校园电子地图;建设浙江大学流程服务平台,实现校园一站式流程服务中心,包括车辆年检、教职工研究生因公出国、活动审批等服务,为师生解决了重复填报信息、低效率流程审批等问题;完成浙大云盘开发、三通短信服务平台建设。

【G20峰会网络信息安全保障】 G20期间,开展全校范围的网络与信息安全大检查,对院级单位100余位信息安全员进行培训,对检查中发现高危漏洞的网站进行安全整改,修订《浙江大学网络与信息安全管理办法》《浙江大学网络与信息安全类公共突发事件应急预案》,落实网络运行维护24小时现场值班,保障峰会期间校园网络的安全运行。

(陈蓉蓉撰稿　程艳旗审稿)

出版工作

【概况】 浙江大学出版社(以下简称出版社)出版新书品种由2015年的1,120种增加至2016年的1,134种;图书总生产码洋4.5亿元,同比增长12.5%;销售总收入2.37亿元,同比增长6.8%。

2016年出版社获得省部级及以上出版基金及重要奖项共计74项。其中获得国家出版基金项目3项,入选国家新闻出版广电总局"十三五"国家重点图书出版规划项目12项("中国历代绘画大系"列入国家重大出版工程),获得中央文化产业发展专项资金支持项目1项,入选新闻出版改革发展项目库项目2项,获得国家古籍整理出版资助项目3项,普及类古籍整理图书专项资助项目1项、国家社科基金后期资助项目7项、国家科学技术学术著作出版基金资助项目4项,经典中国国际出版工程3项等。1种图书获得中国出版工作者协会主办的第六届中华优秀出版物奖图书正式奖,1种图书被新闻出版广电总局评为向全国老年人推荐优秀出版物,4种出版物被浙江省新闻出版广电局评为第二十五届浙江树人出版奖,1种图书获得国家图书馆第十一届文津图书奖正式奖。出版社入选中国出版工作者协会发起的国家数字出版"三个一百"工程,以期促进传统出版与数字出版融合发展。

在"中国图书对外推广计划"(CBI)工作小组单体社排名中,出版社位居第7位;入选"中国图书世界馆藏影响力出版100强",排名第27位;出版社蝉联"国家文化出口重点企业"。出版社积极响应国家"一带一路"倡议,布局文化"走出去"工作,人文社科类图书的版权输出增长明显,2016年累计输出版权70项。

2016年,出版社图书的读者口碑有明显提升,先后有65种图书入围154项榜单。如《逝年如水:周有光百年口述》入选《人民日报》"20本年度好书"推荐书单;《大转型时代的中国:赢在转折点——中国经济转型大趋势》入选中国版协"年度30本中国好书"榜、《中国新闻出版广电报》"2016年度好书"TOP20、《中国出版传媒商报》"2016年度影响力图书"TOP 50、新浪中国好书榜2016年榜;《丝绸之路:一部全新的世界史》等入选《21世纪经济报道》"21世纪年度十大好书"等榜单。同时,新华网、人民网、环球网、《光明日报》《中国新闻出版广电报》《中华读书报》等权威优质媒体及出版社自媒体发布书讯、书评及专题推荐等600余篇。

《浙江大学学报》英文版、工学版、医学版合计被SCI收录293条、EI收录508条、MEDLINE收录201条。在国际影响力方面,《浙江大学学报》英文版A辑、英文版B

辑被评为"2016中国最具国际影响力学术期刊"(TOP 5%);《信息与电子工程前沿(英文)》(原英文版C辑)被评为"2016中国国际影响力优秀期刊"(TOP 10%),并入选"中国科技期刊国际影响力提升计划"C类资助期刊。人文社科版再次入选"中国数字百强期刊",并入围"中国国际影响力优秀期刊"(TOP 10%);人文社科版的影响因子稳居全国高校综合性社科学报第一。《工程设计学报》被DOAJ①收录。由出版社出版的《国际肝胆胰疾病杂志》(英文)被评为"2016中国最具国际影响力学术期刊"(TOP 5%),《世界儿科杂志》(英文)入选"中国科技期刊国际影响力提升计划"C类资助期刊。实施高水平学术期刊与服务平台建设,协同农学、信息学等学科创办国际化英文新刊,分别与牛津大学出版社合作出版 *Food Quality and Safety*,与世界上最大的医学与科学文献出版社之一爱思唯尔出版集团合作出版 *Visual Informatics*。

【大转型时代的中国:赢在转折点——"中国经济转型与创新发展丛书"座谈会】 2016年9月25日座谈会在北京召开,座谈会由中国(海南)改革发展研究院、浙江大学出版社、中央人民广播电台经济之声共同举办。国务院发展研究中心副主任隆国强、中国经济改革研究基金会理事长宋晓梧、著名经济学家张卓元、国家发改委副秘书长范恒山、中银国际研究公司董事长曹远征、中国(海南)改革发展研究院院长迟福林、中国劳动学会副会长苏海南、国务院研究中心资源环境政策研究所副所长谷树忠、中国行政管理学会副秘书长沈荣华等多位政府机关领导和知名智库学者与会。《人民日报》、中央电视

---

① DOAJ:Directory of open access Journds。

台、《中国日报》等 36 家中央和地方媒体的总编辑或记者也参加了座谈会,并予以广泛报道。

"中国经济转型与创新发展丛书"由出版社总编辑袁亚春主力策划、由中国(海南)改革发展研究院迟福林院长为首的学术团队组织编著。该丛书作为"十二五"国家重点图书出版规划项目、浙江省重点出版资助项目,是目前国内第一套系统梳理我国未来 5—10 年经济社会转型重大问题并进行深入研究的智库资政类丛书。该丛书还与施普林格·自然(Springer Nature)出版集团麦克米伦出版公司签署了英文版图书出版协议。

【"中国历代绘画大系"参加北京国际图书博览会及印尼国际书展】 8 月 24 日,第二十三届北京国际图书博览会开幕当天,浙江大学出版社"中国历代绘画大系"(以下简称"大系")品鉴会在中国国际展览中心举行。活动特别邀请了国家出版基金办副主任祁德树,国家文物鉴定委员会委员、故宫博物院原副院长肖燕翼,故宫博物院研究院副院长余辉,上海博物馆书画研究部原副主任李维琨,南京艺术学院教授周积寅等领导及专家学者参加。本次活动完整系统地向公众展示了"中国历代绘画大系"的策划、鉴定、遴选、资源采集、编纂、制作、印刷等过程,也是第一次将已出版的《宋画全集》和《元画全集》放置在书展现场,让广大读者观众零距离接触大型高端出版物,欣赏中国古代绘画之美,真正让中国古代艺术活起来并走入公众视野。

9 月 28 日,浙江大学出版社携"中国历代绘画大系"策划组织"丝路文明图书印尼展",参加 2016 年印度尼西亚国际书展,并被组委会评为"最佳参展商"。这是继"大系"先后走入美国、英国、法国、德国等国之后,又一次重要的国际活动。展览通过卷首语、项目介绍、文化交流、收藏机构、专家评价等几个版块,重点系统地向书业人士及印尼公众展示了"中国历代绘画大系"的浩大精美,推进了文化的交流、互鉴,传播了中华优秀传统文化,受到与会嘉宾、媒体及观众的高度赞扬。

(黄培槐撰稿 袁亚春审稿)

档案工作

【概况】 截至 2016 年 12 月 31 日,校档案馆接收各类常规和特种类档案 3,332 卷、37,811 件;上架入库常规类和特种类档案 3,370 卷、39,807 件。提供档案利用 19,172 卷(件)、4,455 人次、复制(复印、打印、拷贝)馆藏档案材料 40,982 页。完成恒温恒湿库房建设,有效改善珍贵特藏档案保管环境。对特种档案库房进行规范化整理和排架,对财会档案进行回溯整理,增置档案装具,优化调整部分库房空间资源。根据中组部、教育部和学校要求,专项审核了全校中层干部的人事档案。组织完成全校可移动文物普查活动,此次全国可移动文物普查,浙江省 652 家单位共登录国有可移动文物藏品 938,104件/套(古籍普查另行统计),其中浙江大学登录19,294件/套,收藏数量位居全省第 10 位;对档案馆馆藏 5,695 件/套(70,724件)可移动文物进行信息登记与图像采集。修订、完善档案业务管理制度。

持续开展馆藏存量和增量档案数字化工作。抓取学校办公网及新闻网 2001 年以来登载的校园新闻网页快照 10,000 余篇;

完成本年度数字资源存储空间扩容工作。截至2016年底，馆藏档案计算机案卷级目录194,610条、文件级目录3,232,708条、电子文件1,336,077个。档案数字资源总量达到70TB。开展干部人事档案数字化工作；对陈香梅3D数字馆进行整改并通过验收；对馆藏可移动文物进行数字化；调整优化新数档管理系统，响应速度得到提升，并在试运行基础上完成数据及电子文件的迁移；完成数字资源备份体系升级与功能扩展建设初步方案并通过专家论证。

借助学校信息化平台迁移档案馆支部网站并新建李浩培、费巩等多个名人档案网页；推出历届毕业集体照专题数字资源网上展示服务，获得较好反响；开发学校120周年校庆捐赠礼品登记管理系统并投入运行。及时更新主页"每日一图""历史上的今天"等栏目。

持续加强档案法制建设和安全保密建设；持续开展档案的编研工作，出版、分发《浙江大学馆藏档案》（2015年）共计1,000册；编辑《历任校主要领导任职文件汇编》《一九三五年的国立浙江大学风潮史料汇编》《胡乔木在浙大》《西迁文史索引》。

持续开展校史研究工作，传承浙江大学求是文化。组织并完成《浙江大学图史》编纂工作；继续主持《浙江大学学报》校史研究专栏，组织发表系列专栏文章；续办《浙江大学校史研究》和"记忆浙大"微信栏目；组织开展"1949年前后校友赴台情况研究"和"并校以来浙江大学发展史研究"；参与"百廿求是丛书"编写工作，主编《浙大史料》（选编，1897—1949）；完成校史馆改建工程的审结工作；对校史馆文书档案进行仿真复制；参与浙江大学120周年校庆筹备委员会相关工作；协助邵逸夫科学馆推进院士长廊改

建项目；举办"浙江大学校史大讲堂"2期。校史馆（竺可桢纪念馆）全年共计接待34,000余人次。

持续开展"名人史料传承典藏计划"，征集特色档案。入藏全国人大常委会原副委员长、浙大原校长路甬祥的照片、证书聘书及资料等10,000余件，著名书法家、原浙江农业大学教授马世晓书法作品79件（108幅），唐孝威、程开甲、谢义炳、金善宝、蒋百里、陶菊隐、费巩、舒鸿、刘祖生、季道藩、蒋礼鸿、任明耀、蔡义江、陆公让等人的手稿、史料等，以及浙江省书法协会17位著名书法家为浙江大学创作的书法、篆刻作品20余件。

组织人文学院公共史学研究中心对原四校的校长、书记进行口述采访，开展对黄书孟、程家安、郑树、夏越炯、郑小明等5位老领导的采访。借助院系专业研究力量，吸引名人捐赠档案，逐步建立了集收藏、研究、展览、出版于一体的名人档案典藏建设体系。

持续加强专（兼）职档案员队伍建设，对全校兼职档案员进行培训。

【举办李岚清"大美杭州——李岚清书法篆刻展"】 5月12日—6月12日，该展在紫金港校区校友楼举办，共展出李岚清捐赠给浙江大学的书法作品66件、篆刻作品54方。5月12日上午，李岚清亲临展览现场。展览结束后，展品全部入藏档案馆。

【举行陈英士生平与英士大学图片展暨档案史料捐赠仪式和陈英士逝世100周年纪念座谈会】 5月19日，该仪式和座谈会由档案馆联合湖州市陈英士故居纪念馆、湖州市图书馆、泰顺县社科联和立夫医药研究文教基金会在紫金港校区图书馆举办。在纪念活动上，陈英士长孙陈泽祥先生向档案馆捐

浙江大学年鉴

赠了陈英士与孙中山先生的合影等珍贵资料,泰顺县委也捐赠了陈英士档案史料,学者们在"陈英士逝世 100 周年纪念座谈会"上踊跃发言,研讨陈英士的革命精神。

陈英士(1878—1916),又名其美,浙江湖州人,辛亥革命的重要历史人物,中国同盟会骨干,为推翻帝制、维护共和做出了重要贡献,1916 年 5 月 18 日被暗杀于上海。孙中山赞誉陈英士是"革命首功之臣"。为纪念陈英士,1939 年 5 月,浙江省将在抗战烽火中诞生的"浙江省立战时大学"改称"浙江省立英士大学",后英士大学又发展成为民国 36 所国立大学之一。1949 年 8 月,英士大学撤销,主体并入浙江大学。中国科学院院士王元,中国工程院院士陈清如、刘大钧等都曾求学于英士大学。

【"决定命运的东方巨响——两弹一星功勋成就展"在紫金港校区和青海原子能纪念馆两地共同推出】 作为浙江大学校庆 119 周年活动之一,该展于 5 月 10 日在紫金港校区月牙楼举办。9 月 26 日,配合"浙江大学爱国主义教育基地"在位于青海省海北州的国家级爱国主义教育示范基地——原子城揭牌,该展又在原子城纪念馆展出,该展览回溯了王淦昌、程开甲、赵九章、钱三强等几位"两弹一星"元勋与学校的渊源,展现了他们为国防事业立下的不朽功勋,展示了我校贺贤土、唐孝威院士的主要贡献,以及高速摄影机技术、"皮星一号 A"等几代浙大人共同拼搏、砥志创新取得的重大成果,展现了几代浙大人为我国国防事业做出的杰出贡献。

【附录】

附录 1　浙江大学 2016 年档案进馆情况

类目	数量	类目	数量
党政	10,355 件	设备	613 件、312 卷
教学	8,066 件、1,271 卷	外事	7,755 件
科技	7,251 件、1,201 卷	财会	953 件
出版	309 件	涉密档案	400 件、40 卷
基建	2,374 件、275 卷	声像	1,124 件
产品	132 件	人物	88 件
资料	215 件	实物	172 件、271 卷
合计	39,807 件、3,370 卷		

附录 2　浙江大学 2016 年馆藏档案情况

全宗	类别	卷	件
浙江大学全宗	党群(DQ)	665	41,278
	行政(XZ)	9,543	85,325
	教学(JX)	55,421	100,666
	科研(KY)	22,668	85,702
	产品(CP)	116	1,941
	基建(JJ)	9,309	34,025
	设备(SB)	2,257	4,114
	出版(CB)	2,581	2,343
	外事(WS)	1,470	67,990
	财会(CK)	24,346	74,944
	声像(SX)	2,817	70,292
	人物(RW)	4,175	2,496
	实物(SW)	3,319	344
	资料(ZL)	2,963	33,704
	保密档案	1,293	10,811
	其他	1,311	
杭州大学全宗	各类	19,522	5,622
浙江农业大学	各类	18,606	4,496
浙江医科大学	各类	14,396	4,849
之江大学	各类	12	
国立英士大学	各类	65	
杭州工学院	各类	1,941	
浙江省农干院	各类	754	
沈德绪个人档案		1,940	
合　计	201,490 卷、630,942 件(卷件不重复)		

（蓝　蕾撰稿　马景娣审稿）

采购工作

【概况】 2016年,全校通过加强采购管理,发挥集中采购优势,共完成货物、服务和工程(基建工程除外)采购预算122,120.44万元,成交金额为114,561.9万元,为学校节约经费7,558.54万元。其中:

货物、服务采购方面,全年共完成预算为97,262.44万元,成交金额为93,680.9万元,节约经费3,581.54万元(不含赠送附件耗材)。

维修工程方面,全年落实实施维修工程项目总预算金额24,858万元,成交金额为20,881万元,节约经费3,977万元。

合理利用国家对科教仪器的免税政策,进口免税设备4,797.9万美元,共计免税金额949.98万美元。

【附录】

2016年浙江大学采购情况 （单位:万元）

采购执行单位	货物		服务		工程		节约总额	招标次数/次
	预算金额	成交金额	预算金额	成交金额	预算金额	成交金额		
采购中心	44,503.07	42,632.41	13,386.60	12,928.17	0	0	2,329.09	512
技术物资服务中心	8,257.22	8,237.90	0	0	0	0	19.23	0
后勤管理处	40.60	40.60	4,953.65	4,908.65	24,858	20,881	4,022.00	78
各招标代理公司	23,172.30	22,009.67	2,949.00	2,923.50	0	0	1,188.22	524
合计	75,973.19	72,920.58	21,289.25	20,760.32	24,858	20,881	7,558.54	1,114

（钟旭伟撰稿 阮 慧审稿）

后勤服务与管理

基本建设

【概况】 2016 年，浙江大学新开工项目建筑面积 21 万平方米，在建项目建筑面积达 68.5 万平方米，全年共计完成投资 4.83 亿元，比 2015 年增长 119％。

在建项目中，求是书院文化元素建筑群正在进行室外工程；文科类组团一期（留学生、研究生保障中心）完成桩基工程，地下室完成 70％，地上主体结构部分完成约 20％；文科类组团二期（人文社科大楼和管理学院大楼）完成桩基工程、土方开挖、地下室工程；实验田及农科教用房完成外立面施工与室内装修；博士后宿舍主体结构 1 号楼施工至 9 层，2 号楼施工至 6 层；生物物理科研用房部分主体已结顶，加速器机房 2 层浇筑完成；艺术与考古博物馆幕墙混凝土砌块完成 95％，精装修完成 75％；学生服务中心已完工，学生生活区组团 1、2 号楼主体结构已结顶，正在进行室内安装和装修，3—5 号楼完成地下室工程，6、7 号楼主体结构分别施

工至 4 层、5 层，食堂主体结构施工至 2 层。进一步深化西区市政基础设施建设。主干环路（吉英路—万安路—遵义西路）的道路一期工程、桥梁已通过验收；完成了西区 10kV 供电系统、主干环路二期、中心湖、六号路的施工图设计；完成了农科教用房、求是书院文化元素建筑群、生物物理科研用房临时水电接入设计。截至 2016 年 1 月 26 日，共计 2,332.144 亩土地移交给浙大。

在其他校区开展基建工作的项目有：紫金港校区东区游泳馆完成主体混凝土结构与桁架结构组装；农生组团废气处理系统正在安装；育英路（藕舫路—护校河）道路工程已委托杭州市市政公用建设开发公司实施代建。

华家池校区农耕文化陈列室已竣工并通过验收。

青山湖能源研发基地已完成项目建议书、可行性研究、初步设计批复等工作。

2016 年度合计送审项目为 57 项（含历年送审工程），合计造价为 18,534 万元。2016 年共完成 28 个项目的结算审核，合计送审造价为 1,081 万元，审核后造价为 957 万元，核减额 124 万元。

附录　浙江大学 2016 年在建基本建设情况

名称	面积/平方米	进展状态	计划竣工时间
紫金港校区西区求是书院文化元素建筑群	8,133.2	完成室内安装,正在进行室外工程	2017.05
紫金港校区西区文科类组团一期(留学生、研究生保障中心)	106,668.4	完成桩基工程,地下室完成70%,地上部分完成约20%	2018.04
紫金港校区西区文科类组团二期(人文社科大楼和管理学院大楼)	171,490.44	完成桩基工程、土方开挖、地下室工程	2018.08
紫金港校区西区实验田及农科教用房	9,982	完成外立面施工与室内装修	2017.05
紫金港校区西区博士后宿舍	18,958	1 号楼主体施工至 9 层,2 号楼主体施工至 6 层	2017.08
紫金港校区西区生物物理科研用房	6,000	科研用房部分主体已结顶,加速器机房 2 层浇筑完成	2017.05
紫金港校区西区艺术与考古博物馆	25,189	幕墙混凝土砌块完成 95%,精装修完成 75%	2017.07
紫金港校区西区学生生活区组团	111,600	学生服务中心已完工验收;1 号、2 号楼已结顶,正在进行室内安装和装修,3—5 号楼完成地下室结构,6 号楼、7 号楼主体分别施工至 4 层、5 层,食堂主体施工至 2 层	2017.10
紫金港校区西区主干道路和校门工程		完成三通一平和施工许可证申领,2016 年 12 月校门工程正式开工	2017.05
紫金港校区西区理工农组团一期(机械及公共教学楼)	100,879	2016 年 12 月开工	2019.03
紫金港校区西区理工农组团三期(材化高分子大楼和动物中心)	106,771	2016 年 12 月开工	2019.05

续表

名称	面积/平方米	进展状态	计划竣工时间
紫金港校区西区求是书院铜门楼		已完成桩基和承台建设	2017.03
紫金港校区东区游泳馆	12,458	完成主体混凝土结构组装、桁架结构拼装	2017.11
华家池校区农耕文化陈列室	300	竣工验收	2016.10
紫金港校区西区理工农组团（理科大楼）	101,238	完成规划许可证的申领	
紫金港校区西区图书馆、档案馆	65,190	完成项目建议书的批复工作	
紫金港校区西区景观一期挖湖工程		正在准备决标与合同签订	

（黄禾青撰稿　李凤旺审稿）

房地产管理

【概况】 2016年度房地产处行政服务办事大厅窗口现场办理业务共25项5,500余件，服务满意率达到100%，获得2016年度第二季度和第三季度"流动红旗窗口"称号。

结算港湾家园、杭大新村、体育场路、景芳等区块房产80余户，收取房款2,133.16万元。分配高层次引进人才预留房23套，出售专用房车库（位）37个，收取车库（位）款438万元。完成教师公寓和博士后公寓零星维修累计4,600余项，整修400余套房源；办理教职工、新进校教职工、博士后、临时性等租赁住房手续4,845人（次），收取公寓房租3,300余万元。

2016年，为全校8,211名教职工调整年度住房公积金，缴存公积金2.9亿元。另外，为706名教职工缴存与调整住房公积金补贴505万余元。教职工45人通过一次性住房补贴审批，发放金额177余万元；61人通过住房公积金补贴建账审批。

按照学校整体空间布局规划及学校相关会议精神，调整用房建筑面积8,333.26平方米。其中：人文学院、外国语言文化与国际交流学院、计算机学院、生物医学工程与仪器科学学院、光电学院、高分子科学与工程学系、电镜中心、关联物质中心等17项高层次引进人才科研用房及办公用房调整4,276.48平方米；生命科学研究院、教育学院、化学工程与生物工程学院、机械工程学院、管敏鑫团队、李永泉团队等7项用房调整3,293.65平方米；工程师学院、宣传部、求是学院、发展联络办及教育基金会北京联络

浙江大学年鉴

办公室、计划财务处凭证存放空间等 7 项用房调整 763.13 平方米。落实公用房全成本核算与有偿使用收费机制，收取院系超额用房、发展用房、周转用房、营业用房和后勤产业用房等各类公用房资源使用费约 4,433.2 万元。修订《浙江大学党政机关办公用房管理办法(试行)》(浙大发〔2016〕10 号)。

完成之江校区三期保护修缮工程[包括绿房、体育教研室、中方教授别墅(1—3)、附属小学宿舍和学生服务部]、华家池校区农耕文化建筑群，以及杭州市历史建筑西溪校区生命科学院建筑群的保护修缮工程报批工作。

全年共增置家具资产 4.21 万件，金额 3,430.77 万元；核减家具资产 0.35 万件，金额 146.27 万元。清查家具资产总量 49.25 万件，总金额 3.03 亿元。完成 G20 杭州峰会专项活动场馆改建，包括中会场内座椅的改建、贵宾休息区桌椅和相关家具的配置和调用工作。

完成 2016 年清产核资工作。截至 2015 年 12 月 31 日，土地资产清查数为 21 条，账面总金额 0.38 亿元；房屋资产清查数为 866 条，其中教育用房 445 条、居住用房 295 条、其他构筑物 126 条，涉及账面价值 43.87 亿元，与 2015 年底财务决算数一致。同时，完成紫金港西区艺博馆和文科类组团不动产权证办理工作。

【"1250 安居工程"建设取得阶段性成果】
截至 2016 年 12 月 31 日，西湖区块人才房建设按计划完成 27 幢楼主体结顶和中间结构验收，完成 90% 的内外墙装修工作和 80% 的安装工作。落细落实质量监管长效机制，查出并督促落实施工问题 700 余个。做好成本管理和招标监督管理，完成电梯和市政景观招标工作，全年共核拨建设资金共 2.46 亿元，支出贷款利息 2,980.30 万元。

截至 2016 年 12 月 31 日余杭区块商品房建设完成质监和安监备案等前期工作，完成桩基工程，开挖土方约 60%，完成地下室混凝土浇筑约 50% 及 4 幢楼主体 ±0.000。查出并督促落实施工问题 40 余个。全年共核拨建设资金共 0.72 亿元、支出贷款利息 1,890.23 万元。

西湖区块人才房取得土地证和预售证；完成 570 人参加的西湖区块人才房第二批申购、发三榜、选房等工作，共 523 人参加选房(其中：正高 46 人，副高 59 人，中级及以下 418 人)，收取预交房款 2.53 亿元。与浙江省公积金中心和贷款银行沟通对接，落实按揭贷款，收取第一批和第二批人才专项房住房贷款 7.87 亿元，其中公积金贷款 4.50 亿元，商业贷款 3.37 亿元，加快回笼建设资金，切实减轻西湖区块人才专项房的贷款压力和财务成本。

【优化教师公寓管理与服务系统】 结合广大教职工意见建议和实际情况，对教师公寓网络服务平台远程预订模式进行了升级改版，在原有"房源公开、条件公开、自主申请、远程预订"模式的基础上新增了"排队轮候"功能。教职工在预订教师公寓时，既可以选择"现房申请"直接进行房屋预订，也可以选择"排队轮候"等待新房源发布后轮候选房。排队轮候计分标准综合考虑了教职工在校服务年限、职称职务、配偶、子女等家庭情况，以及新教工的首次预订等多种因素，教职工可根据排队轮候名次在房源开放的限定时间里有序选房，结束了以往到点"抢房"的模式。改版后的教师公寓服务系统自 2016 年 5 月 8 日起推出后，通过不断调试和改进，确保"排队轮候、优先选房、公平抢房相结合"资源配置模式的选房系统运行稳定有序,截至 2016 年 12 月 31 日共推出 23 期　　排队轮候选房,约 900 余人次参与选房。

【附录】

附录 1　2016 年浙江大学土地资源情况　　　　　　　　（单位:亩)

校区	教育用地(有证)	教育用地(未办证)	总土地面积
玉　泉	1,235.85	0	1,235.85
西　溪	500.23	0	500.23
华家池	968.37	30.04	998.41
之　江	653.82	0	653.82
紫金港	2.16	2,949.40	2,951.56
其　他	6.38	52.23	58.61
总　计	3,366.81	3,031.67	6,398.48

附录 2　2016 年浙江大学校舍情况　　　　　　　　（单位:平方米)

	学校产权建筑面积				在建施工面积	非学校产权建筑面积		
	总面积	危房	当年新增	被外单位借用		计	独立使用	共同使用
一、教学科研及辅助用房	948,285		11,336			0	0	0
教室	143,466		0			0	0	0
图书馆	86,572		4,680			0	0	0
实验室、实习场所	424,932					0	0	0
专用科研用房	224,503		6,656			0	0	0
体育馆	41,187		0			0	0	0
会堂	27,625		0			0	0	0
二、行政办公用房	141,893		0			0	0	0
三、生活用房	845,991		24,503			0	0	0
学生宿舍(公寓)	586,381		0			0	0	0
学生食堂	60,149		2,208			0	0	0
教工宿舍(公寓)	81,355		6,021			0	0	0
教工食堂	4,810		0			0	0	0
生活福利及附属用房	113,296		16,274					

	学校产权建筑面积				在建施工面积	非学校产权建筑面积		
	总面积	危房	当年新增	被外单位借用		计	独立使用	共同使用
四、教工住宅	575,199		575,199					
五、其他用房	64,615		0					
总　　计	2,575,983		611,038		263,053	0	0	0

注:统计数据截止时间为 2016 年 8 月 31 日。

(袁爱群撰稿　吴红瑛审稿)

学生公寓建设与管理

【概况】 浙江大学着重做好学生宿舍管理服务工作,有序推进安全管理、宿舍硬件设施改善、文明建设、基础服务、智慧公寓、"三室一堂一卫"改造等工作,各项工作稳中有升。

加强管理,完善制度,保证日常保洁、安全秩序维护、大装修及维修服务、便利服务等多项工作专业规范、和谐有序地开展。圆满完成秋季迎新生、毕业生离校、暑期学生搬迁等专项工作。加强人防管理和技防建设,构建安全防控体系,维护宿舍安全秩序。在 G20 杭州峰会校园安全管控期间,为校园安全稳定做出重要贡献。宿管中心获浙江大学"G20 杭州峰会服务保障"先进单位称号。

继续夯实基础服务,开展人性化特色服务,提供便利性服务。如开设自助洗衣房、增设晾衣竿、自助售货机、学生公共厨房(毕至居)等,开设特护寝室,建设"爱心屋",将旧自行车回收整修后赠送新生等服务。建立 QQ 群、微信群,加强与学生的沟通。在微信订水、电表充值等服务的基础上,2016 年在各校区全面推行微信维修报修服务,使服务更加高效便捷。

加强宣传教育,特别注重安全教育。将日常宣传及主题宣传相结合。利用橱窗、板报、海报等进行日常宣传。配置 1,000 多个展示镜框,开展安全常识、人文素质、励志、创业成果、文明行为、格言警句等宣传。海宁校区书院针对留学生、外籍教师开展中秋节做月饼、生日祝福墙、教师联谊 Party 等活动。

2016 年 9 月,浙江大学海宁国际校区投入使用,学生宿舍国际一流的生活、住宿条件,全新的管理服务模式和理念,获得各界一致的好评。

2016 年,按计划完成了玉泉 5 舍、之江 16 舍整体改造工程;玉泉 2 舍、7 舍、20 舍、21 舍、22 舍、华家池 4 舍改造项目;安防系统建设工程新增自行车库门禁 35 套、宿舍楼消防门禁 57 套、高清网络半球机 132 台、高清网络枪机 582 台、红外对射 33 对、电子巡更点 1,727 个;在冬季来临之前完成了玉泉1舍、7舍学生生活热水系统扩容改造工程，彻底解决了热水系统容量配置不足的问题；完成了紫金港蓝田5舍、青溪1/2舍、西溪12舍、玉泉5舍宿舍楼门厅改造试点工程，为2017年门厅改造积累经验；暑假期间开展专修项目共110项，费用800余万元，涉及屋顶修漏、内外墙粉刷、墙地砖更换、家具维修等，并对施工质量进行回访、检查及评比，有力保证了学生宿舍的设备、设施完好，保障了学生宿舍的安全平稳运行。

【继续建设"毕至居"】 学生宿舍区的自助厨房名称"毕至居"，取自王羲之的《兰亭集序》中"群贤毕至，少长咸集"。"毕至居"即学生自助厨房，是学生休闲聚会、沟通交流的场所，也是学工部的学生生活教育的试点基地。2016年共创建10个"毕至居"，其中紫金港校区5个、西溪校区2个、玉泉校区3个，为学生提供相互沟通、交流的空间。"毕至居"从2015年8月开始建设，至2016年底，已在玉泉校区、紫金港校区、西溪校区、舟山校区共建成17个，并向学生开放，深受欢迎，供不应求。

（潘晓燕撰稿　徐　瀛审稿）

后勤管理

【概况】 2016年，学校后勤管理坚持以师生需求为本，夯实服务保障、强化监管力度。后勤管理处与后勤集团签订第十六个全成本核算工作协议，继续实行契约式管理。全年经常性开展饮食安全、在建工程及基础设施等安全隐患排查。

开展年度后勤服务全成本核算和服务费测算，为学校重大活动、会议、接待等提供后勤保障；完善后勤考核监督办法，加大师生员工、后勤服务综合督导员参与后勤工作监督、检查、评价、决策的力度，提高后勤服务质量评价的专业化和权威性；推进公用房物业管理，联合学校相关部门提出了《浙江大学公用房（含老校区）物业化管理实施计划》并报党委会审核同意；深化信息公开、征求意见机制，2015—2016学年主动公开信息量同比增长32%，提高工作的透明度和计划性。

继续推进"智慧食堂"建设，扩大智盘结算系统和餐饮屏显系统的使用，进一步加强采购物流系统、视频监控系统、阳光厨房公示系统的开发；投入使用食品监控系统，接入各校区食堂150多个摄像头，进行24小时全过程全时段监控。继续推进"智慧能源"建设，研发华家池、玉泉校区的地下管网系统，并初步建立"地下排水管网智能管理平台"。

争取并落实2016年教育部中央高校改善基本办学条件专项资金8,254.34万元（教学楼和学生宿舍部分卫生间改造、玉泉校区第一教学大楼和西溪校区北苑大楼屋面及结构安全整治等）；编制并落实学校年度维修费5,817万元；编制《浙江大学2017年度维修项目计划》。开展学校日常零修、专项维修、体育基础设施、教师公寓、学生公寓、设备维保、历（文）保建筑修缮、重点学科经费、"美丽校园""三室一堂一卫"等项目的实施与审核。全年耗资20万元以上工程招标97项，投标价合计14,206万元；实施项目1,227项，投入经费累计达20,736万元；基本完成结算审核约1,428项，送审金额达21,586万元。

全年清运处置化学废弃物221吨，投入资金约292万元，及时维修、添置果壳箱、

"四害"密度持续保持较低水平,有效防止传染性疾病的发生和流行。改造校园绿化景观面积达 5.8 万平方米,恢复受损绿地约 3.8 万平方米,审计绿化改造工程项目 95 项。

全年用能总量控制在 6.05 万吨标准煤(等价)、2.71 万吨标准煤(当量)、用水量 356 万吨、用电总量 1.8 亿千瓦时、消耗天然气 301.75 万立方米,全年能耗费支出 12,039万元,实现用电增长率控制在 6% 以下的目标。

【服务保障 G20】 为配合 G20 峰会"美好青春我做主——艾滋病防治宣传校园行"活动,提前 20 天,用一个月时间对紫金港小剧场进行室内改建及周边环境整治,通过环境整治与专业消杀相结合的综合治理措施,有效控制了紫金港小剧场及周边外环境病媒生物防治工作。在 G20 杭州峰会的相关服务保障工作中,各单位团结协作,克服重重困难,高质量地完成了峰会筹备期间的餐饮、水电、G20 志愿者用车等服务保障工作。后勤管理处、后勤集团被授予"浙江大学服务保障 G20 杭州峰会先进集体"称号,多名干部职工先后被评为"浙江省服务保障 G20 峰会先进个人""杭州市服务保障 G20 峰会先进个人"和"浙江大学服务保障 G20 先进个人"等荣誉称号。

【后勤服务综合督导队伍】 10 月 27 日,浙江大学后勤服务综合督导队伍成立会议暨浙江大学第一期后勤服务综合督导受聘仪式在紫金港校区医学综合楼 701 会议室举行,任少波常务副校长出席会议并为第一期督导发放聘书。后勤服务综合督导员于 11 月 1 日正式上岗,"走"遍校园每幢大楼、每个角落,重点检查"三室一堂一卫"、环境卫生、房屋维修、校园绿化、安全隐患等重点部位、环节,及时发现、督促、整改、反馈,使工作形成闭环,确保校园的美丽和安全。在各方全力配合下,各校区督导工作成效明显,有效地改善了校园环境。

【"浙大后勤"微信平台正式上线】 该平台于 11 月 8 日正式上线,平台以师生需求为导向,在整合现有网上服务的基础上,开发新的服务模块,共推出校园零修、校园快递、服务地图、植物检索、班车查询等 12 个资讯及服务模块,基本涵盖了在校师生日常后勤服务的方方面面,解决了师生后勤服务的统一入口问题,优化了部分服务流程,提高后勤服务效率和品质,提升了师生线上后勤服务的体验。

(涂云虹撰稿 李友杭审稿)

医疗保健工作

【概况】 浙江大学校医院是按照国家二级甲等医院标准建设和管理的综合性医疗机构,是浙江省、杭州市医保定点医疗机构,是中国高教学会保健医学分会副理事长单位、浙江省高校保健医学学会理事长单位。

校医院本部设在玉泉校区,下设紫金港校区、西溪校区、华家池校区 3 个分院及求是社区医务室、紫金文苑医务室、之江校区医务室、舟山校区医务室、海宁国际校区医务室。在岗职工数 316 人,其中卫生专业技术人员 282 人,高、中、初级职称比例分别为 18.4%、47.9%、33.7%,护理人员 87 人。2016 年,校医院新增 1 套心电分析系统、1 台全自动血凝分析仪,更新 1 台彩色 B 超等设备。进一步完善全院的信息化联网系统,完成网上健康证体检线上办理工作,重新设计规划了体检系统,与浙江省保健局体检预约平台实施接轨,在2016年省级单位健康体检承检医疗机构质量检查中被浙江省卫计委评为"良好"。

根据传染病流行情况及上级部门要求,落实各项措施,认真做好肺结核、肠道、呼吸道等常见传染病的预防、管理,做到早发现、早诊断、早治疗,使我校传染病全年处于低水平散发状态,未出现聚集暴发疫情,未出现群体性食物中毒事件。通过校园网、宣传册、宣传窗、LED显示屏、展板、通识课、短信平台等多种渠道宣传艾滋病等重点传染病预防知识,不断提升学生的防病意识和能力。国务院防治艾滋病工作委员会、国家卫计委艾滋病督导组教育部领导和专家等先后三次来浙江大学调研督导高校艾滋病防控工作,对浙江大学开展的艾滋病防控工作给予高度评价,认为起到了引领示范作用。浙江大学被杭州市卫计委、共青团杭州市委员会评为在杭高校艾滋病健康教育示范基地,校医院获浙江省性病艾滋病防治协会2016年度浙江省防治艾滋病性病爱心企业单位。

坚持科技兴院,医德医风和医疗质量不断提高,服务流程进一步优化,患者满意率维持在95%以上。肛肠科、泌尿科、骨科、心血管内科、口腔科等专科与附属医院建立了紧密性医疗合作关系,充分发挥外请专家的传、帮、带作用,医疗技术水平不断提高。承担各项医疗保健任务,及时处理多起意外事件,受到相关单位好评。2016年接待门急诊60.165万人次,完成体检17.82万人次;入院1,018人次,出院1,078人次;业务收入1.49亿元,实现了社会效益和经济效益双丰收。

履行职责,坚持管理与服务两手抓,认真做好全校师生、离退休人员、职工子女统筹等10大类7万人的医保管理工作,调整了《省级单位职工医疗保险政策》,连续八年获得浙江省医保综合医院协议评价A级单位称号。面对高校计生工作的新形势、新问题、新特点,不断转变工作理念和管理模式,以人为本,做好服务。积极传承"人道、博爱、奉献"的红十字精神,与浙江省血液中心在紫金港校区联合举办了"献血车进校园"活动,4天内总计献血者1,110人,最高日人数达353人。浙江大学获2015年在杭高校"无偿献血优秀团体"荣誉称号,校红十字会获"浙江省红十字会先进集体"荣誉称号。

【海宁国际校区医务室开业】 该医务室于9月10日正式开业,主要为海宁国际学院的师生员工提供临床医疗、预防保健、急诊救助等服务,师生在校区内即可享受日常健康管理和基本医疗卫生服务;同时负责海宁国际校区传染病防控任务,以及师生员工的省市级医保管理和计划生育管理、红十字会工作。

【"艾滋病防治宣传校园行"活动成功举办】 9月4日,在G20峰会期间,中国国家主席夫人、世界卫生组织艾滋病、结核病防治亲善大使彭丽媛与G20各代表团团长夫人、联合国艾滋病规划署执行主任西迪贝、世卫组织助理总干事任明辉一起,走进浙江大学,出席"艾滋病防治宣传校园行"活动。该活动受到国家卫计委、教育部、中国性病艾滋病防治协会等部门领导的高度称赞。

【"关爱老人志愿帮扶结对活动"启动】 该活动启动仪式于12月15日举行。之后,校医院与求是村10名有医疗需求的老人结成首批帮扶对子,为他们提供上门健康体检服务,解读体检结果,传授高血压、糖尿病、心肌梗死等常见疾病的防治知识,提供新型居家养老服务。此活动旨在进一步改善老人们的生活质量，丰富其精神生活，同时党团员志愿者从老同志们身上学习到了优良传统，进一步提升工作效能。

【附录】

2016 年浙江大学校医院概况

建筑面积/ 平方米	固定资产/ 万元	职工总数/ 人	核定床位/ 张	门诊量/ 万人次	急诊/ 万人次	健康检查/ 万人次
20,000	5,437	316	130	60.165	2.799	17.82

（唐　云撰稿　张仁炳审稿）

附属医院

附属第一医院

【概况】 附属第一医院（又名浙江省第一医院）由浙江大学老校长竺可桢创建于1947年，医院系三级甲等医院，是国家级医疗、教学、科研指导中心之一。附属第一医院在2016年度中国医学科学院发布的《中国医院科技影响力排行榜》中，综合排名全国第5位，九大学科进入全国前20名；在香港艾力彼医院管理研究中心与中国社会科学院社科文献出版社共同发布的《中国医院竞争力排行榜》中连续两年排名第11位；在复旦版《中国最佳医院综合排行榜》中，科研学术排名全国第4位，医院综合排名全国第14位，六大专科进入全国前10位，各项排名稳居全国第一批次。医院曾先后获得全国百佳医院、全国医药卫生系统先进集体、全国医德建设先进集体、全国卫生文化建设先进集体等多项荣誉。

2016年，附属第一医院年门急诊总量达398.2万人次，同比增长0.3%，出院病人达到15.7万人次，同比增长6.1%，住院手术人数达到4.44万人次，同比增长3.0%，平均住院日为8.22日，同比下降2.72%，医院总收入49.6亿元，同比增长8.3%。

附属第一医院占地面积170余亩，核定床位2,500张，开放床位3,208张，分为庆春、城站、大学路3个院区和下沙后勤服务基地，正在建设中的余杭院区占地202亩，建设床位1,200张；之江院区占地198亩，建设床位1,000张。现有在职职工5,524人，其中卫生技术人员2,314人（高级职称616人、中级职称875人、初级职称476人）、护理人员2,468人。医院拥有中国工程院院士2人、国家有突出贡献中青年专家3人、卫生部有突出贡献中青年专家4人、国家"青年千人计划"2人，以及国家科技进步创新团队、国家自然科学基金创新研究群体、科技部创新人才推进计划重点领域创新团队和教育部创新团队各1个。

医院拥有国家感染性疾病诊治协同创新中心1个、国家重点学科2个、国家临床重点专科22个、传染病诊治国家重点实验室1个、省部级重点实验室11个、国家国际科技合作基地 1 个、省级国际科技合作基地 2 个。2016 年,医院新增肝病和肝移植研究浙江国际科技合作基地、消化道肿瘤研究浙江国际科技合作基地、浙江大学肝胆胰疾病精准诊治创新中心、浙江省肝胆胰肿瘤精准诊治研究重点实验室。

医院到位科研经费 16 079.016 万元,启动包含国家重点研发计划"干细胞及转化""生物材料""数字诊疗""蛋白质调控""生殖与健康""生物安全""精准医学""慢病"等项目,"重大科学研究计划"后三年项目——多能干细胞向中胚层分化的机理研究。2016 年,医院共获国家自然科学基金 56 项、浙江省自然科学基金 50 项、浙江省卫生与计划生育委员会项目 58 项、浙江省中医局项目 23 项、浙江省教育厅项目 25 项,签署横向课题合同 95 项。

医院被收录 SCI 论文 573 篇(Article、Review),在全国医疗机构中排名第 3,连续 13 年进入全国医疗机构前 10 名、第 5 次进入前 3 名。国际论文被引用篇数居全国第 4 位、表现不俗论文数量居全国第 5 位、国际会议论文数量居全国第 5 位。授权发明专利 6 项,出版专著 3 部。

2016 年,医院共获浙江省科学技术奖 7 项(其中一等奖 1 项)、浙江大学十大学术进展项目 1 项、浙江省医药卫生科技奖和中医药科学技术奖 12 项,2 人入选第二批国家"万人计划"领军人才,入选科技部"创新人才推进计划重点领域创新团队"1 项。

【达芬奇机器人单机手术量蝉联全球第一】
2016 年,从全球外科手术机器人制造领先企业、美国 Intuitive Surgical 公司传来消息:中国浙江大学医学院附属第一医院年度内完成 888 台达芬奇机器人手术,蝉联年度全球单台机器人手术量冠军。自 2014 年

9 月 11 日起,医院引进达芬奇机器人,至 2016 年 12 月 31 日共完成手术 1 957 台。此外,2015 年,附属第一医院机器人单机手术量达 836 台,居当时全球第一;2016 年单机手术量达 888 台,蝉联全球第一。医院在肝胆胰外科、泌尿外科、胃肠外科、普胸外科、心胸外科、妇科、肾脏病中心等科室开展机器人手术。

【浙一互联网医院上线】 该互联网医院是附属第一医院打造的一所"线上院区",于 2 月 16 日开始运行。患者无论身处何处,通过手机、平板电脑等即可与专家名医"面对面"远程门诊、预约检查等,省却了去医院排队挂号就诊的烦琐流程。"线上院区"具有分诊咨询、远程门诊、线上付费、检查预约、住院床位预约、药物配送、慢病随访等功能,真正实现足不出户就能接受三甲大医院名医专家诊治。

"线上院区"还具有个人健康云档案随时调取、慢病全程管理及医患互动交流等功能。

【李兰娟院士获 2016 年度"谈家桢生命科学奖"】 11 月 26 日,感染性疾病诊治协同创新中心主任、中国工程院院士李兰娟获得该奖项。李兰娟在人工肝支持系统治疗重型肝炎肝衰竭、感染微生态学建立及应用等研究领域取得重大成果。她探索钻研 SARS、手足口病、地震灾后防疫、甲型 H1N1 流感、H7N9 禽流感等传染病防控难题,为我国公共卫生事业做出了卓越贡献。她不断推进"感染性疾病诊治协同创新中心"的建设和培育工作,形成了以浙江大学为核心,联合清华、港大、CDC(疾病预防控制中心)的感染性疾病诊治基础与临床、预防与控制协同创新链,为建成世界一流的感染性疾病诊治学术中心而不懈努力。李兰娟院士承担"863 计划""973 计划"及国家科技支撑项目

项目	数量	项目	数量
建筑面积/平方米	237,827.5	国家重点实验室数/个	1
固定资产/万元	247,204.3	卫生部重点实验室/个	2
床位数/张	3,200	省部级重点实验室/个	7
在编职工数/人	5,014	国家药监局临床药理研究基地数/个	24
主任医师数/人	197	卫生部专科、住院医师培训基地数/个	46
副主任医师数/人	274	业务总收入/亿元	48.22
具有博士学位的医师比例/%	31	药品占总收入比例/%	39.86
两院院士/人	2	门急诊人次/万	398.205,7
国家"千人计划"入选者/人	3	住院人次/万	15.703,8
国家"百千万人才工程"入选者/人	1	出院人次/万	15.709,7
国家杰出青年科学基金获得者/人	3	手术台数/万	8.845,2
"973 计划"首席科学家/人	3	平均床位周转率/%	49.06
"长江学者"数/人	5	实际床位利用率/%	109.74
浙江省特级专家数/人	1	SCI 入选论文数/篇	573
浙江省"千人计划"入选者/人	6	MEDLINE 入选论文数/篇	521
浙江大学求是特聘教授/人	9	出版学术专著/部	13
教学总面积/平方米	4,200	科研总经费/万元	16,079.016
教学投入资金/万元	1,745	其中：国家自然科学基金比重/%	13.1
一、二级学科国家重点学科数/个	2	纵向经费比重/%	89.98
国家精品资源共享课、视频公开课/门	0	出国交流/人次	332
获国家级科技奖项目数/个	4	举办国际学术会议数/次	4
获国家级教学成果奖数/个	0	社会捐赠经费总额/万元	0

6 项；在 *Nature*、*NEJM*、*Lancet*、*Hepatology* 等杂志发表 SCI 论文近 250 篇，发明专利 27 项；主编《传染病学》《人工肝脏》《感染微生态学》等专著 34 部；获国家科技进步奖一等奖 2 项、二等奖 2 项和浙江省科技进步奖一等奖 6 项。

"谈家桢生命科学奖"是为纪念国际知名遗传学家、我国现代遗传学奠基人之一谈家桢先生而设立，是我国生命科学领域的最高奖项。

（张佳敏撰稿　吴李鸣审稿）

附属第二医院

【概况】　附属第二医院创建于 1869 年，是浙江省临床学科的发源地，是国内首家三级甲等综合性医院，全球首家 JCI（国际医疗卫生机构认证联合委员会）学术医学中心。

医院现有解放路和滨江两个院区，床位 3,200 张；拥有数十个国家临床重点专科、重点学科及省部级重点实验室，为国家首批浙江省内唯一一家从事干细胞临床研究的单位,其中经导管心血管介入治疗、复杂白内障诊治、大肠肿瘤多学科诊治,以及急诊创伤救治水平全国领先,产学研一体化影响深远;拥有国内首家最大的国际远程医学中心,以及国际认可的联合专科医师培训基地;根据英国自然出版集团发布的2015—2016年度"自然指数"排名中位列全国医院第八;复旦大学医院管理研究所发布的"2015年度最佳医院排行榜(专科汇总)"名列第19位,"全国综合排名"上升了9位,跻身全国进步最快医院行列。

2016年,医院总门急诊量418万人次,出入院近14万人次,手术量11.33万台,平均住院日7.52天。继续推进医院精细化、品质化管理,不遗余力地建设患者最放心的医院。继续完善全方位智慧医疗体系;全面推进日间手术的开展,最大限度地缩短住院时间、降低院内感染风险和患者费用。同时作为浙江省唯一的中国日间手术合作联盟会员单位,成立了浙江省日间手术技术指导中心,建立了浙江省日间手术管理规范,指导全省日间手术的开展;坚持解放路和滨江院区一体化管理,共同建设、同质发展。短短三年时间,滨江院区迅速成长,拥有国内综合性医院中最大的骨科专科、国内最先进的高压氧治疗中心、内镜中心、介入中心、血管外科等学科群,拥有省内最大、最现代化的综合ICU(重症加护护理病房),服务能力和发展态势获得了广泛的美誉。

为推动基础和临床的深度融合,有效促进科技成果转化,医院成立"广济创新俱乐部",举办首届创新项目大赛。广大医务人员的科研热情高涨,涌现了一批重大创新成果;如靶向肿瘤内乳酸阴离子和氢离子的动脉插管化疗栓塞术,使原发性肝细胞肝癌治疗取得重大突破;"襻上镶嵌药物缓释微囊的人工晶状体及其制造方法"获得国家发明专利;国内首例3D神经内镜下导航、多普勒以及术中磁共振辅助经鼻蝶切除复发型垂体瘤手术;国内领先、浙江省首例成功开展"经心尖途径经导管主动脉瓣置换术"等。

国家基金项目总数和经费总数连续六年蝉联浙江省医院榜首;作为牵头单位承担国家重点研发计划3项,平均项目总经费数超千万元,为浙江省内获得国家重点研发计划项目数和经费数最多的医院;科研总经费首次破亿;发表SCI论文405篇,其中影响因子$(IF)>10$的5篇,$7<$影响因子$(IF)<10$的12篇;获浙江省科技重大贡献奖1人,获浙江省科学技术奖一等奖1项,浙江省自然科学奖一等奖1项。

与MD Anderson(德州大学安德森癌症中心)癌症中心、德克萨斯州大学医学中心、加州大学戴维斯分校医学中心等十几家机构的国际合作已逐步扩展到项目共研、学科共建、联合培训、人才共享等多方面;已签约万欣和、招商信诺等23家国际医疗保险机构,国际医学中心即将投入运营。

优质医疗资源下沉工作不断突破新常态、尝试新机制、取得新成效。六家"双下沉"分院在第三方会计事务所量化考核中位列全省第一。在不断提升医疗服务品质、改善患者体验的前提下,积极进行"互联网+医疗"的深度探索,成立全国首个实现全数据互联互通的网络医疗体系——浙二国际网络医学中心暨广济网络医院,实现"实时、全信息、标准化、全方位、全球化"。

【创新实施"急症症候群"模式】 G20峰会期间,结合峰会保障"任务急、要求高、涉及面广"等特点,附属第二医院充分吸收国际与国内应急保障的优秀经验,创新性地发明

项目	数量	项目	数量
建筑面积/平方米	377.830	国家重点实验室数/个	0
固定资产/万元	264,723.81	卫生部重点实验室/个	0
床位数/张	3,200	省部级重点实验室/个	5
在编职工数/人	4,832	国家药监局临床药理研究基地数/个	1
主任医师数/人	196	卫生部专科、住院医师培训基地数/个	18
副主任医师数/人	277	业务总收入/亿元	47.01
具有博士学位的医师比例/%	45.2	药品占总收入比例/%	31.77
两院院士/人	0	门急诊人次/万	418
国家"千人计划"入选者/人	1	住院人次/万	13.5
国家"百千万人才工程"入选者/人	2	出院人次/万	13.78
国家杰出青年科学基金获得者/人	5	手术台数/万	11.33
"973计划"首席科学家/人	1	平均床位周转率/%	45.93
"长江学者"数/人	6	实际床位利用率/%	94
浙江省特级专家数/人	3	SCI入选论文数/篇	405
浙江省"千人计划"入选者/人	3	MEDLINE入选论文数/篇	389
浙江大学求是特聘教授/人	13	出版学术专著/部	20
教学总面积/平方米	5,974	科研总经费/万元	12,687,430.8
教学投入资金/万元	3,265	其中:国家自然科学基金比重/%	32.47
一、二级学科国家重点学科数/个	2	纵向经费比重/%	79.75
国家精品资源共享课、视频公开课/门	0	出国交流/人次	281
获国家级科技奖项目数/个	0	举办国际学术会议数/次	8
获国家级教学成果奖数/个	0	社会捐赠经费总额/万元	568

了以"症候群"为导向的救治流程,制订了胸部、颅脑、腹部、多发伤、发热、烧伤、爆炸伤(枪伤、烧伤)、核辐射等共8个症候群诊治流程,层层选拔最强大的专家团队,并设置A,B,C角互为替换。同时,以贵宾救治路线为轴,不断理顺和完善院内流程。

同时也建设了先进的立体式急危重症患者快速转运通道,率先建立了"空中120"救治体系,拥有浙江省唯一有过救治案例的急救直升机停机坪,能够承载现有所有的急救直升机;通过专用绿色通道,从停机坪到手术室甚至不到三分钟;急诊中心设有一站

式创伤复苏单元,无须移动患者,就能完成放射检查、临床检验、创伤处理、手术治疗等几乎所有急救措施。并在此基础上,联合北京等地的13家知名医院,成立中国最大的空中急救联盟。包括9家分院在内的50家医院,4家急救中心加盟为空中急救联盟单位,提高基层医院转诊救援能力。

G20峰会期间,附属第二医院出色的保障工作,得到了省政府、省卫计委等各级领导的肯定。

【浙西国际心脏中心破土动工】　2016年10月19日,该中心(又名浙医二院浙西心血

浙江大学年鉴

管病医院），在建德举行启动仪式。该中心性质为公立非营利性医疗机构，定位为三级甲等心血管专科医院。这是附属第二医院为破解基层卫生难题，提升百姓就医获得感，实现文化、管理、技术、人才、资金全下沉的新探索，是全省首个以资产为纽带的"双下沉"长效项目。该中心地处建德洋溪新城区块，总用地面积203亩，计划总投资7.04亿元，将打造成具备国际水准、国内领先的产学研一体综合平台。预计2018年底前投入使用。中心运行后，将进一步提升浙西心血管疾病诊治水平，让浙西地区的老百姓更加方便、快捷地享受到省内顶级专家的医疗服务。

【王建安获2015年度浙江省"科技重大贡献奖"】 2016年3月，浙江省人民政府向王建安教授颁发了该奖项，这是对他及其团队在中国经导管心脏瓣膜病介入治疗、干细胞治疗心力衰竭和冠心病介入治疗等领域所做出的创新性成就和突出贡献的充分肯定。

王建安长期从事心血管疾病的临床治疗和科学研究，他将在临床中发现的问题与科学研究密切结合，针对人类的重大疾病心力衰竭开展综合性研究。他特别专注于导致老年心力衰竭、引起高死亡率的重要病因——心脏瓣膜病，针对中国人的瓣膜病变的特点，研究经导管介入治疗方法并研发新的装置，在临床上救治了大量危重病人。同时，他还通过干细胞优化移植抑制心衰的发展和促进功能重建，将基础研究和临床问题紧密结合并取得了系统性的重要创新成果。他被邀请担任欧洲CSI（心脏结构与瓣膜介入学会）共同主席，担任国家重大基础科学研究计划（973）干细胞治疗心力衰竭方向首席科学家、国家长学制统编教材《内科学》共同主编、中华医学会心血管病分会副主任委员

等职。以通讯作者发表SCI论文82篇，他引1,839次。相关论文获得2016年度美国心脏大会（AHA）循环研究最佳论文奖。另外，他还出版著作14部。以第一完成人获国家科技进步二等奖1项、省部级科技进步一等奖2项、国家发明专利20项。

（胡卫林撰稿　王建安审稿）

附属邵逸夫医院

【概况】 附属邵逸夫医院是中国首家连续四次通过JCI（国际医疗卫生认证联合委员会用于美国以外医疗机构进行认证的附属机构）评审的综合性公立医院。医院分设庆春和下沙两个院区，总占地235亩，建筑面积310,866平方米，核定床位2,400张。职工4,000余人。

2016年，医院整体运营良好，总收入达32.36亿元，比2015年增长16.5%；全年门诊量达到2,454,147人次，比2015年增长10.34%；出院人数112,780人次，比2015年增长15.40%；手术量90,042例次，比上年增长8.71%；药品占业务收入比例和抗生素占药比分别为29.5%和10.57%，平均住院日6.77天，继续保持浙江省内三甲医院最低。各项指标显示，医院整体工作保持持续、快速、健康发展态势。医院被国家卫计委授予"2016年二十国集团峰会医疗卫生保障工作先进集体"，董事会主席Richard H. Hart博士获得2016年度"中国政府友谊奖"，蔡秀军获中国医院协会授予的"2016年优秀医院院长"称号。

2016年医院严抓医疗规范，拓展"互联网＋医疗"实践。审批核准全院新技术新项

目 23 例,持续改进医疗工作流程 24 项,完成全院性质量改进 18 项,47 个术种纳入日间手术。下沙院区开业 3 年,门诊已开设 39 个科室,开放 26 个病区,开放床位突破 1,000 张,实现了收支平衡,并与庆春院区实施一体化管理。"互联网＋医疗"实践取得新进展,邵医健康云平台实现了互联网处方的医保支付,以及临床药师服务的社会化。医院的硬件实力不断提升,6 月,下沙院区急救直升机停机坪建成启用,急救能力进入"航空时代",大型仪器不断充实,全年采购医疗器械约 1.44 亿元。国际医疗中心覆盖广度延伸,4 月邵逸夫医院杭州玉皇山南基金小镇国际医疗中心正式开业运行,9 月与杭州全程国际健康医疗管理中心签订战略合作框架。

科研成果显著,获批国家自然科学基金 32 项,较 2015 年增加 9 项;浙江省自然科学基金 36 项,与 2015 年持平;浙江省重点研发计划 2 项;厅局级项目 97 项,全年累计到位科研经费 3,445.42 万元,较 2015 年增长 1,013.12 万元。全年 SCI 收录论文 217 篇,影响因子大于 5.0 的 22 篇,比 2015 年增加 10 篇,影响因子最高为 9.202。重症医学科医生徐妙以第一作者、第二完成单位在 *Nature Medicine* 上发表研究成果,影响因子 30.357。获浙江省医药卫生科技奖 3 项(一等奖 2 项、三等奖 1 项)、浙江省科学技术奖 2 项(一等奖、二等奖各 1 项)、浙江省自然科学奖三等奖 1 项。普外科蔡秀军当选为中华医学会外科学分会副主任委员、中国医师协会外科医师分会微创外科医师委员会主任委员,入选第二批国家"万人计划"领军人才,被授予英格兰皇家外科学院院士,获吴阶平医药创新奖。

2016 年医院接收规范化培养住院医生 287 人,通过结业考试完成培养 161 人。全科住院医师培训项目通过英国皇家全科医学院 RCGP(The Royal College General Practice)认证,该项成果获 2016 浙江省教学成果一等奖、浙江大学教学成果一等奖、浙江省教育厅教学成果一等奖。"优秀八年制学生海外实习"项目启动,已选派 1 人赴罗马琳达大学医学院进行短期实习;研究生中获第十届"中国青少年科技创新奖"及优秀博士学位论文提名奖各 1 人,获 2016 年浙江省大学生科技创新活动计划(新苗人才计划)项目 3 项。

医疗资源下沉及地方合作工作稳步推进,继续拓宽帮扶的规模和范围,浙江省内的临海市第一人民医院、临海市第二人民医院、绍兴市中心医院、富阳区第一人民医院,以及新疆地区的生产建设兵团农一师医院、阿克苏地区第二人民医院、喀什地区第一人民医院等 10 家医院先后签约成为邵逸夫医院的联系医院,目前与医院签约建立各种帮扶关系的医院已达到 24 家。

【两院区同时高分通过 JCI 评审】 2016 年 10 月,拥有 22 年历史的庆春院区与开院仅三年的下沙院区(杭州市下沙医院)同时高分通过国际医疗卫生机构认证联合委员会 Joint Commiss International(JCI)评审,体现了两院区同质化的管理理念及"市校合作"的战略意义。2006 年 12 月,邵逸夫医院通过 JCI 评审,成为国内公立医院中的首家,之后又分别于 2009 年、2013 年、2016 年通过复评,成为中国大陆唯一一家连续 4 次高分通过 JCI 国际医院评审的大型综合性医院。

【"互联网＋医疗"实践取得新进展】 作为以管理创新为特色的团队,附属邵逸夫医院医疗服务全流程的移动智慧化改造,在国内率先实现了医保的移动支付;率先建成国内首个以实体医院为主体的"邵医健康云平

附表　2016 年度附属邵逸夫医院基本情况

项目	数量	项目	数量
建筑面积/平方米	310,866	国家重点实验室数/个	0
固定资产/万元*	66,099.56	卫生部重点实验室/个	0
床位数/张	2,400	省部级重点实验室/个	3.5
在编职工数/人	2,977	国家药监局临床药理研究基地数/个	11
主任医师数/人	111	卫生部专科、住院医师培训基地数/个	19
副主任医师数/人	185	业务总收入/亿元	32.36
具有博士学位的医师比例/%	30	药品占总收入比例/%	29.52
两院院士/人	0	门急诊人次/万	245.41
国家"千人计划"入选者/人	2	住院人次/万	11.29
国家"百千万人才工程"入选者/人	1	出院人次/万	11.28
国家杰出青年科学基金获得者/人	0	手术台数/万	9.00
"973 计划"首席科学家/人	0	平均床位周转率/%	50.39
"长江学者"数/人	0	实际床位利用率/%	93.27
国家卫计委有突出贡献中青年专家	1	SCI 入选论文数/篇	217
浙江省特级专家数/人	1	MEDLINE 入选论文数/篇	0
浙江省"千人计划"入选者/人	1	出版学术专著/部	0
浙江大学求是特聘教授(医生)/人	6	科研总经费/万元	3,445.42
教学总面积/平方米	3,600	其中:国家自然科学基金比重/%	42.00
教学投入资金/万元	600	纵向经费比重/%	89.40
一、二级学科国家重点学科数/个	3	出国交流/人次	239
国家精品资源共享课、视频公开课/门	0	举办国际学术会议数/次	10
获国家级科技奖项目数/个	0	社会捐赠经费总额/万元	0
获国家级教学成果奖数/个	0		

注:* 固定资产原值 138,227.35 万元,净值 66,099.56 万元。

台",并全面实现了互联网处方的医保支付,以及临床药师服务的社会化。截至 2016 年底,运行 1 年半的邵医健康云平台已接入国内医疗卫生机构 1,200 余家,注册医生 41,000 余名,核心业务量突破 30 万单,在协同推进分级诊疗、医疗资源下沉和基层医疗服务水平提升等方面发挥了积极作用。2016 年 8 月,医院与新疆兵团第一师医院、阿克苏地区第二人民医院、喀什地区第一人民医院签署邵医健康云平台医疗合作协议,邵医健康云平台成果惠及南疆人民。作为"互联网＋医疗"模式的典范,"纳里健康云平台"构建分级诊疗体系的创新实践项目获得了"第二届医院服务创新奇璞奖"。

(陆红玲撰稿　王家铃审稿)

附属妇产科医院

【概况】　附属妇产科医院是浙江省妇产科医疗、教学、科研及计划生育、妇女保健工作的指导中心。浙江省"三甲"妇女保健院(妇产科医院)。

2016年总立项科研项目67项,其中纵向科研项目53项,包括主持和参与国家重点研发项目(课题)3项、国家自然科学基金10项、浙江省自然科学基金6项、横向科研项目14项,总立项经费为2,539万元。国家GCP(药物临床试验质量管理规范)新接药物临床试验项目26项。全年共发表论文127篇,其中SCI论文61篇。影响因子(IF)大于5的5篇;获全国妇幼健康科技成果一等奖2项,第二届中国出生缺陷干预救助基金科技成果奖1项,浙江省科技进步奖二等奖和浙江省中医药科技奖二等奖各1项。

教育部生殖遗传重点实验室通过验收;浙江省女性生殖健康研究重点实验室通过抽查复核;浙江省护理学会ART(人类辅助生殖技术)专科护士、妇科专科护士、新生儿专科护士基地通过评审;启用新临床技能培训中心。与美国国立卫生研究院国家高级转化医学研究中心罕见病治疗与研究实验室建立合作研究平台;推进与英国皇家妇产科学院的合作,举办第三次MRCOG Part I考试,2位医师通过;1人受聘英国伦敦大学学院名誉高级研究员、副博士生导师;双聘国家"千人计划"团队1个(杨小杭团队)。

全年共招录住院医师培训学员102名。学员执业医师资格考试通过率为83%,住院医师结业考核通过率为94%。作为全国首批助产士规范化培训基地,完成第一期38名助产士学员的培训工作。

继续推进浙江省"百万妇女生殖健康技术成果转化工程"项目的实施,已完成余杭、温岭、衢州、宁波、绍兴、湖州、金华、舟山、丽水、瑞安10个示范基地的集训工作,集训辐射浙江省140余家医疗机构,培训学员2,100余人。

组织人员对全省孕产妇死亡和围产儿死亡进行评审,做好产前筛查和诊断、母婴健康工程、产科质量检查、助产机构从业规范制定和监督检查等工作;全面开展艾滋病、梅毒和乙肝母婴阻断工作;开展国家梅毒感染母亲所生儿童的随访工作项目及孕期甲状腺功能筛查项目。

贯彻落实"双下沉"工作。全面托管宁海县妇幼保健院、金华市妇幼保健院,重点托管常山县人民医院妇产科和岱山县人民医院妇产科,对托管医院实行同质化管理。积极支援浙江大学医学院附属第四医院建设;执行对口支援舟山市妇幼保健院开展重点学科建设任务。圆满完成浙江省援非、援疆、援琼等任务。

【吕卫国教授主持项目获国家重点研发计划立项】 "宫颈癌筛查与干预新技术及方案的研究"获2016年国家重点研发计划立项。该项目由附属妇产科医院教授吕卫国牵头主持,华中科技大学同济医学院附属同济医院、山东大学齐鲁医院、上海交通大学医学院附属仁济医院、北京大学人民医院等17家单位参与。该项目从目前我国宫颈癌筛查现状与需求出发,通过临床试验建立适合国情的筛查方案、研发出一批自主知识产权的筛查技术/试剂,并制定基于中国人研究数据的宫颈癌筛查指南。本项目的实施和完成将有助于优化我国宫颈癌筛查策略,显著提升筛查效率,为降低我国宫颈癌发生率和死亡率提供科技支撑;并通过筛查试剂的"国产化",为国家节约卫生资源,推进我国宫颈癌防治领域生物高科技产业发展。

【"妇产科学"入选教育部"来华留学英语授课品牌课程"(第二期)】 浙江大学医学院附属妇产科医院"妇产科学"课程是浙江大

附表　2016 年度附属妇产科医院基本情况

项目	数量	项目	数量
建筑面积/平方米	96,530	国家重点实验室数/个	0
固定资产/万元	84,890.46	卫生部重点实验室/个	0
床位数/张	1,125	省部级重点实验室/个	2
在编职工数/人	1,055	国家药监局临床药理研究基地数/个	1
主任医师数/人	55	卫生部专科、住院医师培训基地数/个	6
副主任医师数/人	74	业务总收入/亿元	11.07
具有博士学位的医师比例/%	30.43	药品占总收入比例/%	20.12
两院院士/人	0	门急诊人次/万	155.86
国家"千人计划"入选者/人	2	住院人次/万	7.65
国家"百千万人才工程"入选者/人	0	出院人次/万	7.64
国家杰出青年科学基金获得者/人	0	手术台数/万	5.53
"973 计划"首席科学家/人	0	平均床位周转率/%	69.33
"长江学者"数/人	0	实际床位利用率/%	98.03
浙江省特级专家数/人	0	SCI 入选论文数/篇	61
浙江省"千人计划"入选者/人	1	MEDLINE 入选论文数/篇	64
浙江大学求是特聘教授/人	2	出版学术专著/部	2
教学总面积/平方米	1,550	科研总经费/万元	1,400.55
教学投入资金/万元	1,146.5	其中:国家自然科学基金比重/%	54.4
一、二级学科国家重点学科数/个	1	纵向经费比重/%	97.7
国家精品资源共享课、视频公开课/门	3	出国交流/人次	38
获国家级科技奖项目数/个	0	举办国际学术会议数/次	1
获国家级教学成果奖数/个	0	社会捐赠经费总额/万元	14

学 2009 年以来,面向来华留学生开设的全英语授课课程,先后入选浙江大学精品课程、优质课程、核心课程、浙江省精品课程、国家级精品课程,首批国家级精品资源共享课。该课程利用计算机多媒体技术、互联网技术、云端技术、触控技术等先进技术,支持平板电脑、手机等各类移动阅读终端,学生能更好地随时随地进行自主式学习;开展信息技术支持下的同时异地协作式教学和线上线下混合式学习的教学新模式,形成了纸质教材与数字教材、网络资料配套,课堂讲授与网上自学结合,理论分析与案例讨论结合,及时消化与随堂考试匹配的"妇产科学"立体化教育教学体系。

【周坚红获评 2016 浙江民革"骄傲人物"】
2016 浙江民革"骄傲人物"先进事迹报告会于 2016 年 11 月 28 日在杭州召开,附属妇产科医院周坚红主任医师喜获浙江民革"骄傲人物"荣誉称号。周坚红主任医师长期从事繁重的妇产科临床、教学、科研工作,是一名资深妇产科专家。她用精湛的医术为患者排忧解难。积极培养各级医务人员,润物无声地感染身边的同事。利用微信公众号、报纸、电视等各种媒体,进行医学科普宣讲。

在杭州和宁波地区成立民革"博爱、牵手"服务基地,2016 年 4 月组建更年期"花样年华"俱乐部,积极筹备成立浙江大学关爱女性健康公益基金,致力于更年期俱乐部和青春期生育力保护项目的开展和推广。

(孙美燕撰稿 吕卫国审稿)

附属儿童医院

【概况】 附属儿童医院建院于 1951 年,是浙江省最大的三级甲等综合性儿童医院,是儿科学国家重点学科单位和儿科重症专业、新生儿专业、小儿消化专业、小儿呼吸专业国家临床重点专科单位,拥有浙江省医学重点学科 10 个、浙江省重点创新团队、浙江省重点学科群、教育部重点实验室、浙江省重点实验室。医院还是首批国家级儿童早期发展示范基地、国家药物临床试验机构、浙江省新生儿疾病防治中心、浙江省小儿心血管疾病防治中心、浙江省新生儿疾病筛查中心、浙江省基因诊断中心、浙江省听力筛查管理中心、浙江省儿童生长发育质控中心、浙江省新生儿筛查质控中心、浙江省儿童重症监护质控中心所在地,具有儿科学硕士、博士学位授予权,建有博士后流动工作站。

医院现设有滨江和湖滨 2 个院区,目前开放床位 1,370 张,职工总人数 2,400 人。其中,正高级职称人员 87 人,副高级职称人员 142 人;博士学位人员 96 人,硕士学位人员 572 人。2016 年,年门急诊量约 255 万人次,住院量约 6.7 万人次,开展手术 3.3 万余台,开展新生儿疾病筛查 61 万人,筛查率 98.73%。

医院学科发展特色显著,临床业务能力、服务水平及综合实力在全国儿童医院中名列前茅。围绕儿科学领域的研究前沿,医院形成了新生儿、小儿消化、小儿血液肿瘤、小儿心血管、儿童保健、儿科重症、小儿呼吸、小儿内分泌、小儿神经等一批国内一流并具有一定国际影响力的学科群,医院专家在权威学术机构担任职务的数量和重要性不断提高,新担任中华医学会小儿外科学分会常委 1 人,同时还有近 20 余名专家在中华医学会儿科分会专业学组担当组长和副组长职务,继续保持中华医学会儿科分会主任委员、中华医学会儿科分会常委、中国医师协会毕业后医学教育委员会儿科专业委员会主任委员、国家卫计委能力建设和继续教育儿科专业委员会主任委员、*BioMed Central Pediatrics* 副主编、《中华儿科杂志》副主编(2 人)、亚太儿科内分泌学会秘书长、中华预防医学会常务理事等重要职务。

2016 年,医院共获得科研项目 66 项,其中国家自然科学基金项目 13 项(其中 1 项为重点项目),总科研经费 1,756.3 万元;全年共发表 SCI 论文 103 篇,最高影响因子(IF)为 9.202(医院论著类历史最高纪录)。*World Journal of Pediatrics* 全年出刊 4 期,2015 年影响因子为 1.025,获得中国科技期刊国际影响力提升计划二期 C 类项目资助及"2016 年中国最具国际影响力学术期刊"称号。

作为浙江大学教学医院,医院现已建立了一整套成熟、完善的教学体系和一支高水平、经验丰富的师资队伍,承担着浙江大学医学部及留学生的儿科学教学、研究生培养、专科医师培训、ICU 专科护士培训和继续教育等儿科教学工作,为国家培养了大批儿科人才,并完成"卓越儿科班"第 2 期优秀本科生的招收和第一批"5+3"儿科班招生

附表　2016 年度附属儿童医院基本情况

项目	数量	项目	数量
建筑面积/平方米	1,710,111	国家重点实验室数/个	0
固定资产/万元	122,728.6	卫生部重点实验室/个	1
床位数/张	1,370	省部级重点实验室/个	2
在编职工数/人	2,083	国家药监局临床药理研究基地数/个	1
主任医师数/人	84	卫生部专科、住院医师培训基地数/个	6
副主任医师数/人	98	业务总收入/亿元	13.28
具有博士学位的医师比例/%	12.5	药品占总收入比例/%	29.66
两院院士/人	0	门急诊人次/万	255.2
国家"千人计划"入选者/人	1	住院人次/万	6.75
国家"百千万人才工程"入选者/人	0	出院人次/万	6.73
国家杰出青年科学基金获得者/人	0	手术台数/万	3.31
"973 计划"首席科学家/人	0	平均床位周转率/%	49.13
"长江学者"数/人	0	实际床位利用率/%	98.3
浙江省特级专家数/人	0	SCI 入选论文数/篇	103
浙江省"千人计划"入选者/人	2	MEDLINE 入选论文数/篇	89
浙江大学求是特聘教授/人	2	出版学术专著/部	3
教学总面积/平方米	2,460	科研总经费/万元	1,756.3
教学投入资金/万元	1,244	其中:国家自然科学基金比重/%	43.8
一、二级学科国家重点学科数/个	1	纵向经费比重/%	93.1
国家精品资源共享课、视频公开课/门	0	出国交流/人次	59
获国家级科技奖项目数/个	0	举办国际学术会议数/次	5
获国家级教学成果奖数/个	0	社会捐赠经费总额/万元	1,227.3

工作,在国内举办首次"住院医师规范化培训基地儿科主任"培训班,并获评为全国"儿科骨干师资基地"和"全省优秀培训基地",同时新增"浙江省新生儿专科护士培训基地"。

【举办 65 周年院庆学术活动周】 2016 年是附属儿童医院建院 65 周年,11 月 9 日,医院以举办学术活动周的形式组织庆祝。院庆学术周为期两周,专业内容涉及新生儿、小儿危重症、儿童胃肠病及营养管理、儿童保健等主题。开幕式上,医院邀请到浙江省卫生和计划生育委员会主任杨敏、浙江大学医学院名誉院长、中国工程院院士巴德年,美国波士顿儿童医院教授 Olaf Bodamer,美国辛辛那提儿童医院前院长 Arnold Strauss 等专家开展讲座,受到了与会人员的欢迎。

【通过 ISO 15189 国际认证】 9 月 19 日,经过为期 3 天的现场评审,附属儿童医院实验检验中心以优异的成绩通过 CNAS ISO 15189 现场评审,这标志着医院实验检验中心具备了国际标准的管理与技术水平,并成为全国通过 ISO 15189 认可项目最多的儿童专科医院。ISO 15189 即"医学实验室质量和能力的专用要求"，是国际标准化组织专门针对医学实验室的质量和能力的认可准则，是目前国际最权威、全球通行的医学实验室认可规范。目前全国在有效期内获ISO 15189认可的机构共有226家，其中儿童专科医院仅6家。

【于国内率先开展儿童医疗辅助项目（Child Life）】 7月6日，医院与罗马琳达大学附属儿童医院合作，在国内率先开展儿童医疗辅助项目，第二次开设泰迪熊诊所，并于9月起，在住院部设置多个儿童游戏室，配备家具、儿童辅助治疗游戏设备、玩具和图书等设施，向患儿免费开放，得到了新华网、中新网、浙江新闻网等多家媒体报道。

（周　欢撰稿　魏　健审稿）

附属口腔医院

【概况】 附属口腔医院（又名浙江省口腔医院）是浙江省唯一一家三级甲等（参照）口腔专科医院，是浙江省口腔医疗、科研、教学、预防指导中心，浙江省口腔医学会、浙江省口腔质量控制中心、浙江省口腔卫生指导中心、浙江省口腔正畸中心、浙江省口腔种植技术指导中心所在单位，也是国家住院医生规范化培训基地和国家执业医师考试基地。

医院建筑面积约6,493平方米，核定床位50张，开放床位21张，现有牙科综合治疗椅149台（含城西分院、华家池口腔诊疗中心）。在院职工465人，副高以上职称38人，博士生导师6人，硕士生导师13人。

2016年门诊量44.64万人次，比2015年增长10.08%；出院人次991人，比2015年增长41.98%；医院总收入25,600.36万，比2015年下降10.05%（2015年基建政府财政拨款6,000万元）；其中医疗收入为23,619.48万，比2015年增长17.48%；医院总资产44,405.45万元，比2015年增长8.78%。

教学科研工作取得突破进展。医院成功创建了浙江省口腔生物医学研究重点实验室（2016年9月）和浙江大学口腔医学研究所（2016年10月）。2016年共获批科研项目31项，科研经费448万元，其中国家自然科学基金7项，浙江省自然科学基金5项。共发表和录用文章46篇，其中被SCI收录26篇，获得国家级专利7项。科研成果获浙江省科学技术进步奖二等奖1项、三等奖1项，浙江省医药卫生科技奖二等奖1项，2016中国抗癌协会科技奖三等奖1项。顺利承办了2016全国第十次口腔修复学大会，主办了浙江省第35届口腔医学学术会议暨浙江大学口腔医学院成立40周年大会。

加大人才培养及引进力度。2016年聘任国内外兼任教授6人次；省千人申报入选1人（海鸥计划）。加强人事管理，完成机构和人员编制工作，并实名制入库。

深化对外交流圈。2016年医院与美国哥伦比亚大学、不列颠属哥伦比亚大学等多所高校牙学院签订了合作协议；邀请外籍专家来访及讲学10余次；组织参加了美国骨整合年会、PPIS口腔种植年会、亚洲口腔颌面外科大会、日本口腔颌面外科学会议及国际口腔医学学术研讨会等国际学术会议并做报告，提升建设浙大口腔的国际声誉。

深入"双下沉 两提升"，发挥省级医院引航作用。2016年续签省内协作医院1家（东阳市口腔医院），新签协作医院1家（树兰医院）；合作办医单位武义县口腔医院新院落成开诊，同时挂牌成立了浙中口腔医疗

附表　2016 年度附属口腔医院基本情况

项目	数量	项目	数量
建筑面积/平方米	6,493	国家重点实验室数/个	0
固定资产/万元	4,462.94	卫生部重点实验室/个	0
床位数/张	21	省部级重点实验室/个	1
在编职工数/人	465	国家药监局临床药理研究基地数/个	0
主任医师数/人	15	卫生部专科、住院医师培训基地数/个	1
副主任医师数/人	20	业务总收入/亿元	2.4437
具有博士学位的医师比例/%	31.52	药品占总收入比例/%	1.1
两院院士/人	0	门急诊人次/万	44.64
国家"千人计划"入选者/人	0	住院人次/万	0.10
国家"百千万人才工程"入选者/人	0	出院人次/万	0.10
国家杰出青年科学基金获得者/人	0	手术台数/万	0.10
"973 计划"首席科学家/人	0	平均床位周转率/%	47.19
"长江学者"数/人	0	实际床位利用率/%	61.31
浙江省特级专家数/人	0	SCI 入选论文数/篇	26
浙江省"千人计划"入选者/人	1	MEDLINE 入选论文数/篇	1
浙江大学求是特聘教授/人	1	出版学术专著/部	1
教学总面积/平方米	883	科研总经费/万元	448
教学投入资金/万元	49	其中:国家自然科学基金比重/%	65.18
一、二级学科国家重点学科数/个	0	纵向经费比重/%	93.30
国家精品资源共享课、视频公开课/门	0	出国交流/人次	2
获国家级科技奖项目数/个	0	举办国际学术会议数/次	0
获国家级教学成果奖数/个	0	社会捐赠经费总额/万元	0

中心。组织了浙江省第 28 个"9·20"爱牙日义诊活动,2016 浙江省海岛地区(特困人群)口腔健康行公益活动;继续做好全省适龄儿童窝沟封闭项目工作;顺利完成了全国第四次口腔健康流行性病学浙江省 6 个抽样地区的现场流调工作。

加强信息化建设,打造智慧医疗。医院官网全新改版,新增了包括预约挂号、医师进修、人才招聘等多种在线功能;开发了口腔复诊预约系统,初复诊实行挂号分流;开通了诊间、收费窗口、自助机的支付宝支付;实现了远程会议、示教,以及预约转诊平台,加强了总院与分院之间的联系。

【医院扩建工程项目正式开工】　为突破医院发展瓶颈,医院领导班子近年来始终紧紧围绕医院扩建工程,攻坚克难,全力推进浙江大学医学院附属口腔医院扩建工程(浙江大学口腔医学中心)项目的各项工作。项目选址于杭州市秋涛路以东,严家路以南,昙花庵路以北,规划城市支路以西。项目规划总用地 24.20 亩,其中建设用地约 13.18 亩,总建筑面积约 51,649 平方米,设置床位 98 张,牙椅 300 张,总投资约 29,870 万元,拟建立一个集口腔教学、科研、医疗、保健于一体,立足浙江、面向全国的高水平、高标准的一流口腔专科医院。在前几年的工作基础上,2016年,进一步推进浙江大学医学院附属口腔医院扩建工程(浙江大学口腔医学中心)项目建设:3月,取得建设用地批准书;6月,项目建设工程消防设计通过审核;10月,完成了项目的施工招标;10月底,举行了口腔医学中心项目开工仪式,推进项目进场施工。

【主办浙江省第35届口腔医学学术会议暨浙江大学口腔医学院成立40周年大会】
该会议于2016年11月3日—5日在杭州召开,由浙江大学口腔医学院、浙江省口腔医学会共同主办,浙江大学医学院附属口腔医院承办。2016年恰逢浙江大学口腔医学院40周年华诞,会议特邀了包括北京大学口腔医学院、四川大学华西口腔医学院、上海交通大学口腔医学院、第四军医大学口腔医学院等全国各地20余家高校口腔医(学)院在内的院级领导、专家教授共计60余人,以及来自全省各地市的400余名口腔医生、浙大口腔校友参会,共叙浙大口腔校友之情。浙江大学常务副校长任少波、浙江省卫生计生委副主任姜建鸿、浙江省科技厅副厅长曹新安、浙江大学医学院常务副院长陈智等领导受邀出席大会开幕式。

大会特设了名师论坛、杰出校友论坛及国内外特邀专家论坛,以及浙江大学口腔医学院成立40周年联欢会等环节,同期举行了浙江省口腔医学会第四届各专委会换届。

【成立浙江省口腔生物医学研究重点实验室】 2016年9月,浙江省口腔生物医学研究重点实验室正式获批成立。实验室依托浙江大学科研平台,在华家池校区卡特楼及转化医学研究院均拥有独立的、设备优良的研究实验室及办公场所。现有科研用房50余间,包括专用实验室、科教实验室及办公用房,总用房面积2,327.47平方米,配套了平台所需要的大型仪器和技术设备,拥有各种先进的仪器设备总价值2,281.33万元。实验室坚持以探讨口腔疾病的发病机理为根本目标,以诊断治疗新技术新方法为研究主线,研究内容主要围绕口腔肿瘤、口腔牙颌组织再生、口腔微生态、口腔生物材料与生物力学等四个方面基础研究中的关键问题,重点开展相应的基础研究和应用基础研究,从而为口腔医学实现从实验室研究到临床转化应用提供理论基础、技术手段和关键知识产权支撑。

(董燕菲撰稿 黄 昕审稿)

附属第四医院

【概况】 附属第四医院(以下简称浙医四院)是浙江大学首家在异地建设并全面管理的综合性附属医院,由义乌市政府全额投资。医院按照综合三甲标准设计建设,经浙江省卫计委批复参照省级医院管理,系省市医保定点医院。

医院占地面积189.3亩,建筑面积1,233平方米,床位920张;医院现有职工1,194人,其中高级职称71人,中级职称119人。2016年门急诊总量约为45万人次,比2015年增长45%;出院病人数为1万余人次,比2015年增长1.3倍;手术量约7,000例,比2015年增长1.5倍;体检7,200余人次,比2015年增长2.3倍;平均住院日8.26天,药占比38.94%,医疗收入3.26亿元,比2015年翻一番。

附表　2016 年度附属第四医院基本情况

项目	数量	项目	数量
建筑面积/平方米	1,233	国家重点实验室数/个	0
固定资产/万元	76,417	卫生部重点实验室/个	0
床位数/张	920	省部级重点实验室/个	0
在编职工数/人	743	国家药监局临床药理研究基地数/个	0
主任医师数/人	17	卫生部专科、住院医师培训基地数/个	0
副主任医师数/人	32	业务总收入/亿元	3.24
具有博士学位的医师比例/%	10.1	药品占总收入比例/%	38.97
两院院士/人	0	门急诊人次/万	44.76
国家"千人计划"入选者/人	0	住院人次/万	1.07
国家"百千万人才工程"入选者/人	0	出院人次/万	1.06
国家杰出青年科学基金获得者/人	0	手术台数/万	0.70
"973 计划"首席科学家/人	0	平均床位周转率/%	2.87
"长江学者"数/人	0	实际床位利用率/%	80.19
浙江省特级专家数/人	0	SCI 入选论文数/篇	7
浙江省"千人计划"入选者/人	0	MEDLINE 入选论文数/篇	0
浙江大学求是特聘教授/人	0	出版学术专著/部	0
教学总面积/平方米	0	科研总经费/万元	147.75
教学投入资金/万元	0	其中:国家自然科学基金比重/%	51
一、二级学科国家重点学科数/个	0	纵向经费比重/%	100
国家精品资源共享课、视频公开课/门	0	出国交流/人次	44
获国家级科技奖项目数/个	0	举办国际学术会议数/次	1
获国家级教学成果奖数/个	0	社会捐赠经费总额/万元	0

2016 年医院科研立项 15 项,其中"十三五"国家重点专项子课题 2 项、国家自然科学基金 2 项,实现了区域内国家级项目零的突破;获批浙江省自然科学基金等省部级项目 3 项,浙江省卫生厅、浙省教育厅等厅局级项目 8 项。发表 SCI 论文 7 篇,承办国家级继续医学教育项目 1 项及省级继续医学教育项目 4 项。首次自主招收浙大研究生 5 人,实现了零的突破。2016 年,医院签约成为浙江大学城市学院医学院临床教育基地,承担起湖州师范学院和杭州医学院护理专业实习生培养任务,以及杭州医学院、

宁波卫生职业技术学院等院校的医技实习生培养任务,首次接收培养了临床本科实习生 53 人,医院全新的医学生临床培养模式受到实习医生的好评。开展住院医师规范化培训基地建设,内外科基地评审顺利。

【获批成为省内第一家绿色建筑二星级综合医院】 医院在建设和运行中始终贯彻低碳舒适、高效智能、绿色节能的可持续发展绿色生态医院的建设理念。一系列先进技术和绿色建设理念的贯彻,让医院在节省能源、取得经济效益的同时收获了很好的社会效益,于 6 月 16 日成为浙江省第一家获得

绿色建筑二星级运行评价标识的医院。

【首届紫龙山国际学术周启动】 10月16日—28日，医院举办了主题为"合作 创新 均质化"的国际学术周活动。在医院成立两周年之际，邀请了来自加拿大、美国及中国台湾地区的20余位专家，分学术交流、教学科研、医院管理三大模块进行了健康讲座，此外还举行万人号源大放送的大型义诊，将学术活动与临床治疗相结合，让百姓直接受益。

【举办"2016中国微笑行动走进义乌"活动】 11月，"2016中国微笑行动走进义乌启动仪式"温暖开启。自医院筹建以来，一直倡导公益、人文之理念，3年来参与微笑行动近百人次，打造了一支优秀的志愿者队伍，充分体现了公立医院的公益性。本次活动也充分体现了义乌市对外来建设者的关爱。

（王俊超撰稿 姚建根审稿）

机构与干部

学校党政领导班子 (2016 年 12 月 31 日在任)

党 委 书 记　金德水
校　　　长　吴朝晖
常 务 副 校 长　宋永华　任少波（兼秘书长）
副　书　记　郑　强（正厅级）　周谷平　朱世强　胡旭阳
副　校　长　罗卫东　严建华　罗建红　张宏建　应义斌

中共浙江大学委员会委员 (2016 年 12 月 31 日在任，以姓氏笔画为序)

王建安　石毅铭　史晋川　任少波　朱世强　刘　旭　刘艳辉　严建华　李五一
吴　健　吴朝晖　何莲珍　沈文华　宋永华　张宏建　应义斌　陈　智　金德水
周谷平　郑　强　郑爱平　郑树森　胡旭阳　胡征宇　鲁东明　楼成礼

中共浙江大学常务委员会委员 (2016 年 12 月 31 日在任)

金德水　吴朝晖　宋永华　任少波　郑　强　周谷平　严建华　张宏建　应义斌
朱世强　胡旭阳

中共浙江大学纪律检查委员会委员

(2016 年 12 月 31 日在任，以姓氏笔画为序)

委 员　万春根　马春波　毛晓华　叶桂方　叶晓萍　包迪鸿　李凤旺
　　　　　吴丹青　张子法　周谷平　郑爱平
书 记　周谷平（兼）
副书记　马春波　张子法

总会计师、校长助理 *(2016 年 12 月 31 日在任)*

总会计师　石毅铭
校长助理　陈　鹰　陈昆松　李凤旺　傅　强

党委办公室、校长办公室负责人

(2016 年 12 月 31 日在任)

部 门	职 务	姓 名
党委办公室 校长办公室 （保密办公室、信访办公室、接待办公室、法律事务办公室）	主 任	叶桂方
	副主任	王志强（兼保密办公室主任） 李　磊 楼建悦（兼信访办公室主任） 陈肖峰 江雪梅（兼法律事务办公室主任） 金　滔　楼建晴　陈　浩　褚如辉 傅方正（挂职海盐县副县长）

党委部门负责人 *(2016 年 12 月 31 日在任)*

部　门	职　务	姓　名
纪委办公室	主　任	马春波（兼）
	副主任	张子法（兼）　叶晓萍
组织部	部　长	赵文波
	副部长	李五一（兼）　朱　慧　徐国斌　朱佐想
宣传部、 新闻办公室（合署）	部　长	应　飚
	副部长	单　泠　董世洪 李金林（挂职教育部国际交流与合作司）
	新闻办公室主任	应　飚（兼）
统战部	副部长	许　翾（主持工作）　王　苑
学生工作部	部　长	邬小撑
	副部长	尹金荣　潘　健　李文腾　蔡　荃
研究生工作部	部　长	吕淼华
	副部长	陈凯旋　沈　玉
安全保卫部 （与安全保卫处合署）	部　长	陈　伟（兼）
	副部长	胡　凯（兼）　吴子贵（兼）
人民武装部 （与学生工作部合署）	部　长	邬小撑（兼）
	副部长	李文腾（兼）
机关党委	党委书记	李五一
	党委副书记	陈　飞（兼）　胡义镰
	纪委书记	胡义镰（兼）
离休党工委 （与离退休工作处合署）	书　记	王庆文（兼）
	常务副书记	朱　征
	副书记	王剑忠（兼）　韩东晖（兼）　李　民（兼） 成光林（兼）

行政部门负责人 *(2016 年 12 月 31 日在任)*

部　门	职　务	姓　名
发展规划处	处　长	刘继荣
	副处长	章丽萍
政策研究室	副主任	李铭霞　孙　棋
人事处	处　长	刘　旭
	副处长	朱晓芸(兼)　金达胜　李小东　吕黎江
人才工作办公室 (与人事处合署)	主　任	朱晓芸
	副主任	刘　翔
外事处 (含港澳台事务办公室)	处　长	李　敏
	副处长	王　立(兼)　薛　飞　徐　莹
本科生院	院　长	罗建红(兼)
	常务副院长	陆国栋
	副院长	邬小撑(兼)　刘向东(兼)
	教务处　处　长	刘向东
	教务处　副处长	谢桂红　周金其　李恒威　刘有恃
	学生工作处 (与党委学生 工作部合署)　处　长	邬小撑(兼)
	学生工作处　副处长	尹金荣(兼)　潘　健(兼) 李文腾(兼)　蔡　荃(兼)
	本科生招生处　处　长	王　东
	本科生招生处　副处长	孙　健
	教学研究处　处　长	夏　强
	教学研究处　副处长	金娟琴
	求是学院　院　长	吴　敏
	求是学院　书　记	邬小撑(兼)
	求是学院　副书记	郑丹文　刘　波　赵　阳
	求是学院　丹阳青溪学园副主任	郑丹文(兼)
	求是学院　紫云碧峰学园副主任	刘　波(兼)
	求是学院　蓝田学园　主　任	赵　阳(兼)
	求是学院　蓝田学园　副主任	谭　芸

部　门	职　务		姓　名
研究生院	院　长		严建华（兼）
	常务副院长		王立忠
	研究生招生处	处　长	朱　原
		副处长	周文文
	研究生培养处	处　长	叶恭银
		副处长	沈　杰
	研究生管理处（与党委研究生工作部合署）	处　长	吕淼华（兼）
		副处长	陈凯旋（兼）　沈　玉（兼）
	学科建设处	处　长	周天华
		副处长	蒋笑莉
	学位评定委员会办公室（与学科建设处合署）	主　任	周天华（兼）
		副主任	蒋笑莉（兼）
科学技术研究院	院　长		陈昆松
	副院长		史红兵（兼）　夏文莉　陈中平
	科技项目过程管理中心	主　任	夏文莉
		副主任	钱秀红
	高新技术部部长		杜尧舜
	农业与社会发展部部长		程术希
	基础研究与海外项目部部长		项品辉
	军工科研部部长		史红兵（兼）
	科技成果与技术转移部部长		陈中平
	2011计划与重大专项部部长		杨世锡
社会科学研究院	院　长		何莲珍
	副院长		袁　清　李铭霞　胡　铭
	重点成果推广部部长		方志伟

部 门	职 务		姓 名
继续教育管理处	处 长		马银亮
	副处长		陈 军
地方合作处 （含科教兴农办公室）	处 长		夏标泉
	副处长		程荣霞 彭玉生
医院管理办公室	主 任		朱 慧
计划财务处 （含经营性资产管理办公室、 国有资产管理办公室、 采购管理办公室）	处 长		胡素英
	副处长		罗泳江 丁海忠 朱明丰 胡敏芳 阮 慧（兼）
	经营性资产 管理办公室	主 任	张宏建（兼）
		副主任	娄 青
	国有资产管 理办公室	主 任	石毅铭（兼）
		副主任	胡 放
	采购管理办公室主任		阮 慧
审计处	处 长		万春根
	副处长		周小萍 周 坚
监察处 （与纪委办公室合署）	处 长		马春波（兼）
	副处长		张子法（兼） 郭文刚
实验室与设备管理处 （含采购中心）	处 长		冯建跃
	副处长		雷群芳 俞欢军 包晓岚（兼）
	采购中心主任		包晓岚
房地产管理处 （含“1250安居工程” 办公室）	处 长		吴红瑛
	副处长		刘峥嵘（兼） 毕建权 王正栋
	“1250安居 工程”办公室	主 任	吴红瑛（兼）
		常务副主任	刘峥嵘
基本建设处	紫金港校区 西区基本建 设指挥部	常务副总 指挥	李凤旺
		副总指挥	朱宇恒 李剑峰
	处 长		李凤旺
	副处长		朱宇恒 温晓贵 匡亚萍 梅祥院

部　门	职　务	姓　名
安全保卫处	处　长	陈　伟
	副处长	胡　凯　吴子贵
后勤管理处	处　长	李友杭
	副处长	林忠元　刘辉文
离退休工作处	处　长	王庆文
	副处长	朱　征（兼）　王剑忠　韩东晖 李　民　成光林

党委和行政派出机构负责人 *(2016 年 12 月 31 日在任)*

校区	部门	职务	姓　名
紫金港校区 （与机关党委合署）	党工委	副书记	李五一（兼）　陈　飞　胡义镰（兼）
	管委会	副主任	李五一（兼）　陈　飞　胡义镰（兼）
玉泉校区	党工委	书　记	胡松法
		副书记	张幼铭
	管委会	主　任	胡松法（兼）
		副主任	张幼铭（兼）
西溪校区	党工委	书　记	罗长贤
	管委会	主　任	罗长贤（兼）
		副主任	毛一平
华家池校区	党工委	书　记	王晓燕
	管委会	主　任	王晓燕（兼）
之江校区	党工委	书　记	张永华（兼）
		副书记	柴　红
	管委会	主　任	张永华（兼）
		副主任	柴　红（兼）

群众团体负责人 (2016 年 12 月 31 日在任)

部 门	职 务	姓 名
工 会	主 席	胡旭阳(兼)
	常务副主席	楼成礼
	副主席	王 勤 毛晓华
团 委	书 记	沈黎勇
	副书记	卢飞霞 吴维东(正科职)

学术机构负责人 (2016 年 12 月 31 日在任)

部 门	职 务	姓 名
校学术委员会秘书处	秘书长	李浩然
	副秘书长	刘继荣(兼)
人文学部	主 任	黄华新
	副主任	王 永
	办公室主任	瞿海东
社会科学学部	主 任	余逊达
	副主任	夏立安
理学部	主 任	麻生明
	常务副主任	李浩然
工学部	主 任	陈云敏
	副主任	郑 耀
信息学部	主 任	鲍虎军
	副主任	李尔平
农业生命环境学部	主 任	朱利中
	副主任	刘建新 喻景权
医药学部	主 任	段树民
	副主任	陈 忠 管敏鑫

学院(系)负责人 (2016 年 12 月 31 日在任)

学部、学院(系)	职 务	姓 名
人文学院	院 长 副院长	黄华新 楼含松(兼) 吕一民 黄厚明 苏宏斌 李恒威
	党委书记 党委副书记 纪委书记	楼含松 楼 艳 楼 艳(兼)
外国语言文化与 国际交流学院	院 长 副院长	程 工 褚超孚(兼) 马博森 方 凡 李 媛
	党委书记 党委副书记 纪委书记	褚超孚 沈 燎 沈 燎(兼)
传媒与国际文化学院	院 长 副院长	吴 飞 吕国华(兼) 李 杰 胡志毅 韦 路
	党委书记 党委副书记 纪委书记	吕国华 王玲玲 王玲玲(兼)
经济学院	名誉院长 院 长 副院长	王洛林(外聘) 黄先海 张荣祥(兼) 顾国达 潘士远 杨柳勇
	党委书记 党委副书记 纪委书记	张荣祥 仇婷婷 卢军霞(挂职团中央办公厅调 研处副处长) 仇婷婷(兼)
光华法学院	名誉院长 院 长 副院长	张文显 朱新力 周江洪 赵 骏
	党委书记 党委副书记 纪委书记	张永华 吴勇敏 吴卫华 吴勇敏(兼)
教育学院	院 长 副院长	徐小洲 顾建民 刘正伟 于可红
	党委副书记 纪委书记	吴巨慧(主持工作) 王 珏 王 珏(兼)

续表

学部、学院（系）	职　务	姓　名
管理学院	院　长 副院长	吴晓波 包迪鸿（兼）　陈　凌　周伟华　汪　蕾
	党委书记 党委副书记 纪委书记	包迪鸿 阮俊华　吴为进 吴为进（兼）
公共管理学院	院　长 副院长	郁建兴 沈文华（兼）　毛　丹　郭继强　叶艳妹 钱文荣
	党委书记 党委副书记 纪委书记	沈文华 包　松 包　松（兼）
马克思主义学院	院　长 副院长	刘同舫 吕有志（兼）　马建青　张　彦
	党委书记 党委副书记 纪委书记	吕有志 徐晓霞 马建青（兼）
数学科学学院	院　长 副院长	包　刚 卢兴江（兼）　李　松　张立新
	党委书记 党委副书记 纪委书记	卢兴江 姚　晨 姚　晨（兼）
物理学系	系主任 副系主任	郑　波 赵道木　王业伍
	党委副书记 纪委书记	颜　鹂（主持工作） 颜　鹂（兼）
化学系	系主任 副系主任	王彦广 方文军　胡吉明
	党委书记 党委副书记 纪委书记	应伟清 盛亚东 盛亚东（兼）
地球科学学院	院　长 副院长	陈汉林 沈晓华　沈忠悦
	党委书记 纪委书记	闻继威 沈忠悦（兼）
心理与行为科学系	系主任 副系主任	沈模卫 马剑虹
	党委副书记 纪委书记	林伟连（主持工作） 马剑虹（兼）

浙江大学年鉴

学部、学院(系)	职 务	姓 名
机械工程学院	院 长 副院长	杨华勇 傅建中 杨灿军
	党委副书记 党委副书记 纪委书记	梅德庆(主持工作) 王晓莹 王晓莹(兼)
材料科学与工程学院	院 长 副院长	韩高荣 刘艳辉(兼) 陈立新 吴勇军
	党委书记 党委副书记 纪委书记	刘艳辉 皮孝东 陈立新(兼)
能源工程学院	院 长 副院长	骆仲泱 陈 炯(兼) 高 翔 王 勤 郑津洋
	党委书记 党委副书记 纪委书记	陈 炯 赵传贤 高 翔(兼)
电气工程学院	院 长 副院长	韦 巍 王瑞飞(兼) 何湘宁 马 皓 盛 况
	党委书记 党委副书记 纪委书记	王瑞飞 郭创新 陈 敏 郭创新(兼)
建筑工程学院	院 长 副院长	罗尧治 陈雪芳(兼) 董丹申(兼) 葛 坚 吕朝锋 朱 斌
	党委书记 党委副书记 纪委书记	陈雪芳 黄任群 傅慧俊 黄任群(兼)
化学工程与 生物工程学院	院 长 副院长	任其龙 雷乐成 陈丰秋
	党委书记 党委副书记 纪委书记	姚善泾 尹金荣 尹金荣(兼)
海洋学院	院 长 副院长	陈 鹰 胡富强 阮 啸(兼) 韩喜球(海洋二所)
	院长助理	王晓萍 陶向阳

学部、学院（系）	职　务	姓　名
海洋学院	党委书记 党委副书记 纪委书记	朱世强 阮　啸 阮　啸（兼）
	党政办公室主任	陈　庆
	组织人事部部长	吴　锋
	学生思政工作部部长	王万成
	教学管理部部长	陈　丽
	科研管理部部长	赵川平
	总务部部长	周亦斌
	财务资产部部长	袁路明
	图书信息中心主任	吴颖骏
航空航天学院	院　长 常务副院长 副院长	沈荣骏（外聘） 邵雪明 吴丹青（兼）　黄志龙　金仲和
	党委书记 党委副书记 纪委书记	吴丹青 戴志潜 戴志潜（兼）
高分子科学与 工程学系	系主任 副系主任	徐志康 楼仁功（兼）　王　齐　高长有
	党委书记 纪委书记	楼仁功 王　齐（兼）
光电科学与工程学院	院　长 副院长	童利民 叶　松（兼）　白　剑
	党委书记 党委副书记 纪委书记	叶　松 刘玉玲 刘玉玲（兼）
信息与电子工程学院	院　长 副院长	章献民 杨建义　赵民建
	党委副书记 纪委书记	钟蓉戎（主持工作）　赵颂平 赵颂平（兼）
微电子学院	名誉院长 院　长 副院长	严晓浪 章献民（兼） 何乐年　程志渊

学部、学院(系)	职 务	姓 名
控制科学与工程学院	院 长	张光新
	副院长	王 慧(兼) 邵之江 李 光
	党委书记	王 慧
	党委副书记	丁立仲
	纪委书记	丁立仲(兼)
计算机科学与技术学院	院 长	庄越挺
	副院长	冯 雁(兼) 陈 刚 陈文智 吴 飞
软件学院	常务副院长	杨小虎
	副院长	卜佳俊
计算机科学与技术学院和软件学院党委	党委书记	冯 雁
	党委副书记	彭列平 姚 青 胡昱东
	纪委书记	彭列平(兼)
生物医学工程与仪器科学学院	院 长	李劲松
	副院长	曾 超(兼) 黄 海 田景奎
	党委书记	曾 超
	党委副书记	王春波
	纪委书记	王春波(兼)
生命科学学院	院 长	彭金荣
	副院长	郑 胜(兼) 程 磊 余路阳
	党委书记	郑 胜
	党委副书记	汤海旸
	纪委书记	汤海旸(兼)
生物系统工程与食品科学学院	院 长	朱松明
	副院长	楼锡锦(兼) 叶兴乾 蒋焕煜
	党委书记	楼锡锦
	党委副书记	陈素珊
	纪委书记	陈素珊(兼)
环境与资源学院	院 长	刘维屏
	副院长	姚 信(兼) 王 珂 徐向阳 陈宝梁
	党委书记	姚 信
	党委副书记	包永平
	纪委书记	包永平(兼)
农业与生物技术学院	院 长	陈学新
	副院长	赵建明(兼) 华跃进 祝水金 王岳飞
	党委书记	赵建明
	党委副书记	金 敏
	纪委书记	金 敏(兼)

浙江大学年鉴

续表

学部、学院(系)	职 务	姓 名
动物科学学院	院　长 副院长	彭金荣 潘炳龙(兼)　杜爱芳　汪以真
	党委书记 党委副书记 纪委书记	潘炳龙 叶　艇　王建军(挂职西藏大学农牧学 院教务处副处长) 叶　艇(兼)
医学院	名誉院长 院　长 常务副院长 副 院 长	巴德年 段树民 陈　智 黄　河(兼)　许正平(兼)　欧阳宏伟(兼) 沈华浩　方向明　李晓明　王伟林(兼) 王建安(兼)　蔡秀军(兼)
	党委书记 党委副书记 纪委书记	黄　河 朱　慧(兼)　陈国忠　陈周闻 陈国忠(兼)
	科研办公室主任	易　平
	基础医学系 系主任 系副主任	欧阳宏伟(兼) 邵吉民(兼)　柯越海　王青青
	党总支书记	邵吉民
	公共卫生系 系主任	陈　智(兼)
	系副主任	吴弘萍(兼)　朱善宽　夏大静
	党总支书记	吴弘萍
药学院	院　长 副院长	杨　波 娄小娥(兼)　高建青　范骁辉
	党委书记 党委副书记 纪委书记	娄小娥 何俏军 何俏军(兼)

直属单位负责人 (2016 年 12 月 31 日在任)

直属单位	职　务	姓　名
发展联络办公室(含发展委员会办公室、校友总会秘书处、教育基金会秘书处)	主　任	胡　炜
	副主任	吴　晨　顾玉林　党　颖　陶　婷
就业指导与服务中心	主　任	陈谷纲
	副主任	谢红梅
图书与信息中心(含图书馆、信息中心)	党委书记	杨国富
	副主任	杨国富(兼)
	纪委书记	程艳旗(兼)
	信息中心副主任	程艳旗　郭　晔
	图书馆副馆长	黄　晨　田　稷
档案馆	馆　长	马景娣
	副馆长	胡志富
艺术与考古博物馆	副馆长	楼可程
竺可桢学院	院　长	吴朝晖(兼)
	常务副院长	邱利民
	副院长	陆国栋(兼)　唐晓武
	党委副书记	陈君芳
继续教育学院、成人教育学院、远程教育学院(合署)	院　长	何钦铭
	党委书记	童晓明
	副院长	童晓明(兼)　郭常平　袁　方　周兆农(兼)
	纪委书记	周兆农(兼)
全国干部教育培训浙江大学基地	主　任	邹晓东(兼)
	常务副主任	何钦铭(兼)
	副主任	童晓明(兼)　周兆农　朱佐想(兼)
国际教育学院	院　长	王　立
	副院长	刘　辉　徐为民　卢正中

直属单位	职务	姓名
公共体育与艺术部	主任	吴叶海
	副主任	虞力宏　周聪
	直属党总支副书记	虞力宏（兼）
中国科教战略研究院	院长	邹晓东（兼）
	常务副院长	魏江
	副院长	胡旭阳（兼）　徐小洲（兼） 刘继荣（兼）
工业技术转化研究院	院长	赵荣祥
	常务副院长	葛朝阳
	副院长	陈中平（兼）　童水光　张菊 赵朝霞（兼）　柳景青
	技术转化党工委副书记	赵朝霞
先进技术研究院	院长	陈子辰
	常务副院长	史红兵
	副院长	金钢
	总工程师	郑耀
新农村发展研究院 （含农业技术推广中心）	院长	吴朝晖（兼）
	常务副院长	张国平
	副院长	鲁兴萌（兼）　项品辉（兼）
	农业技术推广中心　主任	鲁兴萌
	农业技术推广中心　副主任	宋文坚　袁康培
校医院	院长	张仁炳
	副院长	王小英　王为　刘剑
	党委副书记	缪锋
	纪委书记	缪锋（兼）
出版社	社长、直属党总支书记	鲁东明
	总编辑	袁亚春
	副社长	黄宝忠　金更达

浙江大学年鉴

直属单位	职　务	姓　名
建筑设计研究院	院　长	董丹申
	副院长	吴伟丰　黎　冰　杨　毅
	党委书记	吴伟丰
	党委副书记	周家伟
	纪委书记	黎　冰(兼)
国家大学科技园管理委员会(与工业技术转化研究院合署)	主　任	赵荣祥(兼)
	常务副主任	葛朝阳(兼)
	副主任	张　菊(兼)　邵明国
农业科技园管理委员会、农业试验站(合署)	副站长	林福呈(主持工作)　林咸永
	直属党总支书记	斯赵樑
医学中心(筹)(归口医学院管理)	主　任	段树民(兼)
	常务副主任	许正平
国际联合学院(海宁国际校区)	院　长	宋永华(兼)
	常务副院长	应义斌(兼)
	党工委书记兼副院长	傅　强
	综合办公室主任	诸葛洋
	教务部部长	周金其
	学生事务部部长	王玉芬
	总务部部长	屈利娟
	商学院筹建办公室主任	卫龙宝
浙江大学爱丁堡联合学院	院　长	欧阳宏伟(兼)
	副院长	鲁林荣
工程师学院	常务副院长	王家平
	副院长	吴　健　章献民　叶健松(保留正处职)
	院长助理	斯荣喜　周文文
	党工委副书记	王瑞飞
	综合事务部　部　长	王瑞飞(兼)
	综合事务部　组织人事办公室主任	刘　翔
	教学事务部　部　长	章献民(兼)
	教学事务部　副部长	周文文(兼)
	总务部　部　长	吴　健(兼)
	总务部　副部长	斯荣喜(兼)

附属医院负责人 *(2016 年 12 月 31 日在任)*

医　院	职　务	姓　名
附属第一医院	院　长 副院长	王伟林 顾国煜　裘云庆　沈　晔　许国强 陈作兵　郑　敏
	党委书记 党委副书记 纪委书记	顾国煜 陈江华　邵浙新 陈江华(兼)
附属第二医院	院　长 常务副院长 副院长	王建安 赵小英 陈正英(兼)　梁廷波　黄　建　王志康
	党委书记 党委副书记 纪委书记	陈正英 王　凯　项美香 王　凯(兼)
附属邵逸夫医院	院　长 副院长	蔡秀军 刘利民(兼)　俞云松　谢鑫友　潘宏铭 张松英
	党委书记 党委副书记 纪委书记	刘利民 李　强　丁国庆 丁国庆(兼)
附属妇产科医院	院　长 副院长	林　俊 吕卫国　赖瑞南　徐　键　程晓东
	党委书记 党委副书记 纪委书记	吕卫国 吴瑞瑾 吴瑞瑾(兼)
附属儿童医院	院　长 副院长	杜立中 舒　强(兼)　章伟芳　龚方戚　傅君芬
	党委书记 党委副书记 纪委书记	舒　强 邹朝春 邹朝春(兼)
附属口腔医院	院　长 副院长	王慧明 黄　昕(兼)　谢志坚　傅柏平
	党委书记 党委副书记 纪委书记	黄　昕 胡济安 胡济安(兼)

浙江大学年鉴

医　院	职　务	姓　名
附属第四医院	院　长 副院长	陈亚岗 张新跃（兼）　徐志豪　周庆利　戴慧芬
	党委书记 党委副书记 纪委书记	张新跃 王新宇 王新宇（兼）

独立学院负责人 *(2016 年 12 月 31 日在任)*

独立学院	职　务	姓　名
浙江大学城市学院	院　长 副院长	吴　健 斯荣喜（兼）　朱永平　江全元
	党委书记 党委副书记 纪委书记	叶　民 斯荣喜　刘玉勇 刘玉勇（兼）
浙江大学宁波理工学院	院　长 副院长	金伟良 俞春鸣　杨建刚　毛才盛　梅乐和
	党委书记 党委副书记 纪委书记	费英勤 陈小兰　黄光杰 陈小兰（兼）

产业与后勤系统中层领导干部 *(2016 年 12 月 31 日在任)*

单　位	职　务		姓　名
圆正控股集团有限公司	总　裁 副总裁		胡征宇 郑爱平（兼）　楼润正
	党委书记		郑爱平（兼）
	创新技术 研究院	院　长	胡征宇（兼）
		副院长	叶根银　赵　成

续表

单　位	职　务	姓　名
产业与后勤党工委	书　记	郑爱平
后勤集团	总经理 副总经理	徐金强 林旭昌
	党委副书记	姜群瑛
科技园发展有限公司	总经理 副总经理	葛朝阳 邵明国

表彰与奖励

2016 年部分获奖(表彰)集体

共青团团中央授予
  2015 年度"全国五四红旗团支部"　　　　　　　　光电学院光学工程研究所博士班团支部
共青团中央、中国青年志愿者协会授予
  中国青年志愿者优秀组织奖　　　　　　　　　　　　　　　　　　　　　浙江大学团委
浙江省教育工会授予
  2015—2016 年度浙江省教育系统"三育人"先进集体　　　　　　　　　浙江大学团委
浙江省青年志愿者协会授予
  浙江省 G20 杭州峰会志愿服务工作突出贡献奖　　　　　　　　　　　　　浙江大学

2016 年部分获奖(表彰)个人

中共中央授予
  "全国优秀共产党员"称号　　　　　　　　　　　　　　苏德矿　数学科学学院
中华全国总工会授予
  全国五一劳动奖章　　　　　　　　　　　　　　　　　杨德仁　材料科学与工程学院
浙江省人民政府授予
  "浙江省劳动模范"称号　　　　　　　　　　　　　　　杨德仁　材料科学与工程学院
  "浙江省杰出教师"称号　　　　　　　　　　　　　　　黄华新　人文学院

浙江省教育厅授予

"浙江省高校优秀教师"称号　　　　胡可先　方道元　杜爱芳　陈　力　钱国栋

王　健　孙志林　包爱民　郑　平　赵道木

共青团中央、全国青联、全国学联、全国少工委授予

第十届中国青少年科技创新奖　　　陈鹏飞　医学院

共青团浙江省委授予

浙江省优秀团员　　　　　　　　　高　翔　生物医学工程与仪器科学学院

2016 年浙江大学"竺可桢奖"获得者

孙优贤　控制科学与工程学院

2016 年浙江大学第五届"永平奖教金"获得者

永平杰出教学贡献奖　　　　　　　方富民　外国语言文化与国际交流学院

永平教学贡献奖　　　　　　　　　　周夏飞　经济学院

赵华绒　化学系

何　勇　生物系统工程与食品科学学院

永平教学贡献提名奖　　　　　　　叶志镇　材料科学与工程学院

王　慧　控制科学与工程学院

凌树才　医学院

吕淼华　研究生院

2016 年浙江大学"唐立新优秀学者奖"获得者

传媒与国际文化学院　　　　　　　沈语冰

经济学院　　　　　　　　　　　　金雪军

化学系　　　　　　　　　　　　　许宜铭

化学工程与生物工程学院　　　　　王　立

控制科学与工程学院　　　　　　　陈积明

| 医学院附属第二医院 | 王建安 |
| 生物系统工程与食品科学学院 | 刘东红 |

2016 年浙江大学"宝钢优秀教师奖"获得者

建筑工程学院	罗尧治
人文学院	吕一民
数学科学学院	蔡天新
经济学院	顾国达
光电科学与工程学院	王晓萍

2016 年浙江大学校级先进工作者

人文学院	张 杨 黄 擎
外国语言文化与国际交流学院	卢巧丹 史烨婷
传媒与国际文化学院	潘一禾
经济学院	郑 华
光华法学院	王 超
教育学院	王慧敏
管理学院	高 晨* 谢小云
公共管理学院	吕婉菀* 徐 林
马克思主义学院	傅夏仙
数学科学学院	冯 涛
物理学系	江 丹
化学系	郝 毅 楼 辉
地球科学学院	曹 龙
心理与行为科学系	高在峰
机械工程学院	周晓军 徐 兵
材料科学与工程学院	刘金芳 沈 鸽
能源工程学院	朱燕群
电气工程学院	金若君 徐 政
建筑工程学院	邓 华 张治成 林 涛

	赵　华（专职辅导员）		
化学工程与生物工程学院	王文俊　周珠贤		
海洋学院	孙志林		
航空航天学院	马慧莲		
高分子科学与工程学系	李寒莹		
光电科学与工程学院	刘　东		
信息与电子工程学院	王　震　赵航芳		
控制科学与工程学院	范菊芬		
计算机科学与技术学院	陈建海　潘　纲		
生物医学工程与仪器科学学院	余　锋		
生命科学学院	金勇丰		
生物系统工程与食品科学学院	王　俊		
环境与资源学院	赵和平		
农业与生物技术学院	周伟军　喻景权		
动物科学学院	刘红云		
医学院	艾志鹏*　汪　浏　陈　晓　骆　笑		
药学院	侯廷军		
医学院附属第一医院	王吉鸣	王齐齐	王其玲	王海苹
	王碧贤	方　云	冯靖祎	戎　斌
	孙彩英	李兰娟	杨美芳	吴李鸣
	吴胜军	吴晓梁	沈月洪	张　哲
	张冰凌	陈　瑜	陈大进	陈文果
	陈晓刚	陈黎明	罗　依	金　洁
	金爱云	金德义	周水洪	郑树森
	赵　葵	赵雪红	胡金娜	郦　瑜
	施乾锋	姜赛平	姚航平	袁　圆
	袁　静	夏　丹	顾秀珍	钱　玮
	徐小波	盛勤松	屠玲芳	蒋国平
	蒋婧瑾	温　良		
医学院附属第二医院	王　亮	王　飒	王　勇	王丽竹
	王绍斌	王家卿	叶小云	玄方甲
	师永祥	闫　伟	孙　勇	孙立峰
	牟利军	杜丽丽	李长岭	李春春
	李福军	汪四花	张羽华	张佳丽
	张泽彬	张宝荣	张敏鸣	陆　艳
	陈维娅	金爱东	周　权	房雪峰

	胡 汛	俞毓慧	姚 克	姚燕奋
	贾立涛	徐 勇	徐永山	徐永远
	黄利坚	黄晓霞	章莉丽	章燕珍
	蒋迪英	谢慧玲	潘选良	
医学院附属邵逸夫医院	王上上	吕汪斌	朱陈萍	乔 庆
	孙晓南	李风英	李世岩	李哲勇
	杨丹丹	吴春燕	吴海洋	何雪花
	张李英	陆明晰	陈继达	范顺武
	周 勇	周道扬	郑兰萍	郦志军
	高 力	郭新莉	黄 罻	章迎春
	潘 飞	潘红英		
医学院附属妇产科医院	卜惠莲	马 裕	方 力	李瑞琴
	吴巧爱	吴明远	何烨萍	张 奇
	陈 铸	陈丹青	顾颖尔	钱洪浪
	徐 萍	徐建云	薛春雷	
医学院附属儿童医院	车月苹	叶文松	吕成杰	汤永民
	孙莉颖	杨巨飞	余小锋	沈云明
	张泽伟	陈 正	陈婉珍	邵 洁
	胡颖姿	祝国红	徐婉琛	蒋国平
	傅藏藏	童 凡	蔡美笑	潘岩享
医学院附属口腔医院	胡 军	董燕菲	戴 莉	
医学院附属第四医院	冯 超	朱长焜	张烨斐	陈绣瑛
	俞映霞	夏淑东	盛洁华	程飞霞
	傅晶晶			
党委组织部	钟永萍			
机关党委	陆旭东			
外事处	吴 赟			
本科生院求是学院	陈文丽（专职辅导员）			
研究生院	单珏慧			
社会科学研究院	周 石			
地方合作处	庞晓涛			
计划财务处	郑赟赟			
实验室与设备管理处	张银珠			
安全保卫处	吴红飞			
离退休工作处	雷振伟			
工会	徐宝敏			

就业指导与服务中心　　　　　　　朱连忠

工程师学院　　　　　　　　　　　吴小红

图书馆　　　　　　　　　　　　　程惠新

信息技术中心　　　　　　　　　　洪　波

继续教育学院　　　　　　　　　　朱超君* 张佳微* 裘盈芳*

公共体育与艺术部　　　　　　　　卢　芬

先进技术研究院　　　　　　　　　蒋君侠

农业技术推广中心　　　　　　　　汪自强

校医院　　　　　　　　　　　　　徐旭军　曹陆军*

建筑设计研究院　　　　　　　　　王　健

圆正控股集团(含下属集团公司)　　王小妹　王宣蓉　邓　勇　平玉芹

　　　　　　　　　　　　　　　　许海明　何黎明　范文革

城市学院　　　　　　　　　　　　徐信其

宁波理工学院　　　　　　　　　　陈　斌

注:带＊者为单位自筹经费聘用人员。

浙江大学 2015—2016 学年优秀班主任

人文学院　　　　　　　　　　　　　张广海　傅　翼

外国语言文化与国际交流学院　　　　杨建平　刘永强　朱晓宇

传媒与国际文化学院　　　　　　　　刘于思

经济学院　　　　　　　　　　　　　朱燕建　叶　兵

光华法学院　　　　　　　　　　　　郑　观

教育学院　　　　　　　　　　　　　吕　阳　林小美

管理学院　　　　　　　　　　　　　董　望　林珊珊

公共管理学院　　　　　　　　　　　高　翔　傅荣校

数学科学学院　　　　　　　　　　　姜海益

物理学系　　　　　　　　　　　　　吕丽花

化学系　　　　　　　　　　　　　　赵　璇

地球科学学院　　　　　　　　　　　张霄宇

心理与行为科学系　　　　　　　　　张　萌

机械工程学院　　　　　　　　　　　徐敬华　姚鑫骅

材料科学与工程学院　　　　　　　　刘　毅

能源工程学院　　　　　　　　　　　王　涛　刘震涛

电气工程学院	蔡忠法	吴 浩		
建筑工程学院	王伟武	翟 东		
化学工程与生物工程学院	王嘉骏			
海洋学院	邓争志			
航空航天学院	宦荣华			
高分子科学与工程学系	王征科			
光电科学与工程学院	时尧成			
信息与电子工程学院	单杭冠	沈继忠		
控制科学与工程学院	侯迪波			
计算机科学与技术学院	王新宇	沈 琦	张克俊	
生物医学工程与仪器科学学院	陈 星			
生命科学学院	史 锋			
生物系统工程与食品科学学院	冯 雷			
环境与资源学院	赵和平			
农业与生物技术学院	陆建良			
动物科学学院	王友明			
医学院	张 涛	刘雁鸣	朱小明	余沛霖
	柳 萌	张 丹		
药学院	罗沛华			
竺可桢学院	甘智华	王 本	卓 骏	胡晓兰
	陶向明	沈律明		
求是学院丹青学园	杜正贞	周丽英	翟俊卿	王海波
	符德江	李 霁	徐雪英	吴 东
	温 煦	孔伟杰	卢兴江	何 亮
	饶 刚	刘迎春		
求是学院云峰学园	刘而云	李锡华	周建光	尹巍巍
	王巍贺	冯 英	陈淑琴	张宏鑫
	韦娟芳	叶章颖	李 鲜	陈积明
求是学院蓝田学园	邹君鼎	袁慎峰	黄 慧	王晓晨
	郑莲顺	彭 涛	陈 彤	金传洪
	朱利平	武 鹏	万海波	周 箭
	丁 玲			

2016 年浙江大学优秀辅导员

外国语言文化与国际交流学院	李旭桦
教育学院	施晨辉
管理学院	陈　璞
化学工程与生物工程学院	郭　彪
海洋学院	叶　枫
光电科学与工程学院	费兰兰
信息与电子工程学院	詹美燕
环境与资源学院	于　翔
国际教育学院	陈南菲
求是学院云峰学园	王婷婷

浙江大学 2015—2016 学年优秀研究生德育导师

人文学院	叶　晔	金晓明	周　佳	
传媒与国际文化学院	吴　剑			
经济学院	杨晓兰	马述忠		
光华法学院	季　涛	余　军		
教育学院	阚　阅			
管理学院	金庆伟	瞿文光	阮建青	徐维东
公共管理学院	张海峰			
马克思主义学院	代玉启			
数学科学学院	王　梦			
物理学系	张寒洁			
化学系	王国平			
地球科学学院	田荣湘			
心理与行为科学系	陈树林			
机械工程学院	陈章位	董辉跃	姚鑫骅	赵昕玥
	裘　迪			
材料科学与工程学院	吴　琛			

能源工程学院	熊树生	范利武	唐黎明	张彦威
	杨建国	黄群星	张志新	
电气工程学院	郭　清	杜　丽	潘丽萍	
建筑工程学院	龚顺风	王福民	杨英楠	曹志刚
	陈喜群			
化学工程与生物工程学院	王晓钟	赵　骞		
海洋学院	张继才	张大海	沈佳轶	
航空航天学院	潘定一			
高分子科学与工程学系	沈　烈			
光电科学与工程学院	胡　骏	刘　东		
信息与电子工程学院	史治国			
控制科学与工程学院	吴　俊	刘　勇		
计算机科学与技术学院	章方铭	吴志航	张克俊	罗　悦
	李　玺	李　明		
生物医学工程与仪器科学学院	曾　超			
生命科学学院	赵宇华	朱旭芬	沈　立	
生物系统工程与食品科学学院	汪开英	陆柏益		
环境与资源学院	吴东雷	文岳中	梁建设	
农业与生物技术学院	叶楚玉	师　恺	刘银泉	
动物科学学院	米玉玲	吴旧生	邵庆均	缪云根
	尹兆正			
医学院	王雪芬	黄满丽	李　军	汤霞靖
	林　辉	刘　杨	马晓光	胡济安
药学院	应美丹			

浙江大学 2015—2016 学年竺可桢奖学金获得者

叶沈俏	人文学院博士生
郑杰慧	管理学院博士生
万仁辉	数学科学学院博士生
邵惠锋	机械工程学院博士生
葛　翔	材料科学与工程学院博士生
崔希利	化学工程与生物工程学院博士生
陈琪美	信息与电子工程学院博士生

厉 巍	环境与资源学院博士生
童红鑫	高分子科学与工程学系硕士生
张倬钒	信息与电子工程学院硕士生
王峰磊	生物系统工程与食品科学学院硕士生
陈鹏飞	医学院硕士生
周忆瑜	外国语言文化与国际交流学院本科生
亓 力	传媒与国际文化学院本科生
倪 涛	机械工程学院本科生
王钊文	电气工程学院本科生
黄玉佳	光电科学与工程学院本科生
张国栋	信息与电子工程学院本科生
杨竣淋	控制科学与工程学院本科生
李博涵	计算机科学与技术学院本科生
沈佳贤	环境与资源学院本科生
葛起伟	医学院本科生
程梦婕	竺可桢学院本科生
劳观铭	竺可桢学院本科生

2016 年浙江大学第七届"十佳大学生"获得者

叶沈俏	人文学院研究生
谢震业	教育学院研究生
聂礼珍	数学科学学院本科生
戴泽源	地球科学学院本科生
周 洋	电气工程学院研究生
黄博滔	建筑工程学院研究生
强烨佳	建筑工程学院本科生
程 东	信息与电子工程学院研究生
刘 錞	计算机科学与技术学院本科生
蒋刘一琦	生命科学学院本科生

浙江大学 2016 年本科生国家奖学金获得者

人文学院

赵 璧 郑 姣 丁书颖 李泽栋 娄佳清 苗青青 吴凯炎 吴梦佳 邢紫竹 熊舒雁

外国语言文化与国际交流学院

刘 懿 张 颖 郭尤子 胡温婕 黄含笑 阮伊帅 沈昀潞 朱毓秀 淦心语

传媒与国际文化学院

翟亚娟 龚涵雨 毛天婵 姚敏侣 赵天娜

经济学院

李 柳 卜诗乐 陈意妮 黄昶人 刘菁菁 倪永红 苏欣园 王森涛 谢珈琪

光华法学院

钟 怡 李远杰 汪雨蕙 吴珂珂 赵宸可

教育学院

何 苗 陈宇婷 高熠雯 唐佳颖 项玲连 褚欣维

管理学院

郭佳琪 来凯萍 施艳皎 姚成林 张家豪 张艳铭

公共管理学院

刘 娜 秦 耕 吴 茗 黄张迪 蒋理慧 赵皓月 周诗语

数学科学学院

孟 杰 吴 翔 严 键 葛慧敏 金泽宇 金卓宸

物理学系

关 鑫 干天君 韩玺月

化学系

邱 静 翁国荣 张鑫江

地球科学学院

王依茹 杨许莹 申屠炉峰

心理与行为科学系

方天米 黄杨初

机械工程学院

李 醴 王 钒 黄俊业 欧如船 肖雅馨 叶潇翔 王方锦华

材料科学与工程学院

姜 枫 侯晓桐 许言君 杨颖忱

能源工程学院

陈 柳　李 俊　王 晴　张 凌　陈增朝　方鑫宸　付佳慧　李晓阳　李泽嵩　史继鑫

电气工程学院

严 铭　余 鹏　陈彬彬　郭栗橙　李存龙　廖伟涵　毛佳庚　穆亚楠　秦雪飞　王泽峰
王钊文　张建佳

建筑工程学院

蔡 元　方 菲　杨 斌　张 凡　胡晓南　林贤宏　刘教坤　潘海龙　强烨佳　杨颂清
殷雨阳　张柯炜　张天航

化学工程与生物工程学院

郑 芳　郭高顺　钮曹萍　杨吉祥　张媛媛

海洋学院

郑 榕　吴超鹏　张晨韵　朱冬贺　申屠溢醇

航空航天学院

孙家骏　令狐昌鸿

高分子科学与工程学系

王树旭　张海默　赵梦娜

光电科学与工程学院

潘 甜　曾 望　吴婉洁　朱炳昭

信息与电子工程学院

熊 宇　陈王科　崔白云　何映晖　刘汉元　吕珂杰　许鲁珉　詹士杰　张国栋　张宗煜

控制科学与工程学院

任 彤　吕家坤　田子宸　杨竣淋

计算机科学与技术学院

高 晗　黄 睿　连 莲　陈铭业　程自强　顾秀烨　海杰文　李博涵　吴志强　杨璐敏
姚奕弛　周君沛

生物医学工程与仪器科学学院

陈锦生　丁文熙　王溯恺　余梦珂　臧春亭

生命科学学院

向佩珊　蒋刘一琦

生物系统工程与食品科学学院

黄 皓　李佳婷　沈宇恬　姚舒婷

环境与资源学院

余 涛　陈俊文　尹荣强　郑卓联

农业与生物技术学院

徐 颖　李梦婷　宋楚君　童斯婕　王海霞　王锦雯　朱红雅

动物科学学院

雷　芳　王慧静　肖旭娆

医学院

陈　开　沈　思　徐　凡　赵　帆　陈一瑜　陈奕瞳　丁理峰　高金峰　胡诗余　黄灵洁
黄雁舟　姜佳霖　林婷婷　刘柏强　沈冬妮　王非凡　王云珂　徐燕萍

药学院

黄晓荔　宋燕青　张雨恬

求是学院丹青学园

何　源　林　津　孟　禾　彭　格　沈　磊　沈　烨　施　萌　王　方　薛　莹　柴鹏鑫
陈品植　陈书豪　陈伊川　陈鑫颖　方铃亚　韩梦婷　黄漪桉　林政江　钱高琳　石云竹
王静茹　王梅晔　王睿鹏　吴敬华　徐维亚　杨玢璐　俞欣晨　郁佳俐　张银露　卓若凡
褚宇岚

求是学院云峰学园

金　娜　刘　李　马　丁　宋　鼎　孙　源　肖　潼　肖　鸢　朱　望　陈千千　丁圣森
方天庆　葛帅琦　黄璐哲　李孟择　刘丁瑜　刘栩威　唐勤业　王思聪　翁才智　吴蕴芃
谢子璠　徐哲靖　徐致远　严哲雨　尹志岐　尤诗莹　占涵冰　黄杨思博

求是学院蓝田学园

胡　益　黄　玥　李　硕　楼　嵩　章　意　陈力源　陈旭敏　丁誓鹏　范清源　方泽宇
侯锦睿　纪佳林　林诚怡　林慈爱　刘宇轩　陆晓腾　罗舶桑　孟潇妍　潘晓宇　潘云洁
彭昱翔　唐滢淇　汪存艺　王佩珊　王体贤　王为恺　王文婷　王泽元　王紫荆　许煜梓
杨腾博　赵宣栋　周晟皓　左浩悦

竺可桢学院

查　玥　陈　权　费　越　高　枝　顾　锴　金　菁　郎　伟　李　丹　任　意　卫　璇
俞　爽　陈飞宇　董明远　李予安　刘迪一　沈皓天　许印川　杨嘉敏　叶展旗　展祥皓
赵宴锋　邝钰淇　栾玮珉　褚佳晨

浙江大学 2015—2016 学年优秀学生奖学金
获得者

特别奖学金

个人

农业与生物技术学院（1 人）　　　　　　纵榜正

团队

竺可桢学院　　　　　　　　　　　　　　许印川

光电科学与工程学院			柯　薇					
计算机科学与技术学院			郑传焜					

一等奖学金

人文学院

刘　韬	赵　璧	郑　姣	丁书颖	董星辰	冯一帆	高世蒙	何苏丹	李泽栋
娄佳清	苗青青	潘林晓	沈易铭	孙佳楠	屠亦真	吴凯炎	吴梦佳	吴世平
邢紫竹	熊舒雁							

外国语言文化与国际交流学院

刘　懿	孙　元	王　璐	张　娟	张　颖	常敏扩	冯译天	郭尤子	胡温婕
黄含笑	任筱仪	阮伊帅	沈昀潞	王萌萌	王宇嘉	武则堃	杨好飞	尹方非
周忆瑜	朱毓秀	淦心语						

传媒与国际文化学院

韩　薇	吕　岚	张　璐	翟亚娟	龚涵雨	黄婧雯	林诗旖	毛天婵	邵扬意
吴荃雁	严晶晔	姚敏侣	赵天娜					

经济学院

傅　诺	李　柳	刘　悦	熊　晔	卜诗乐	陈天伦	陈意妮	管丽钦	胡可可
黄昶人	孔宇琦	刘菁菁	倪永红	邵婧儿	宋依梦	苏欣园	王森涛	谢珈琪
徐嘉伟								

法学院

蔡　倩	成　希	施　展	钟　怡	常子昂	李远杰	汪雨蕙	吴珂珂	张萌萌
赵宸可	钟佳妮							

教育学院

何　苗	毛　月	陈宇婷	陈泽彬	高熠雯	侯佩瑶	胡思昀	唐佳颖	项玲连
叶莉萍	张嘉堃	张源天	赵冰晶	褚欣维				

管理学院

张　跃	郭佳琪	来凯萍	任姬慧	施艳皎	王会娟	王紫牧	姚成林	姚焱桑
虞丹妮	张家豪	张艳铭						

公共管理学院

洪　蕊	刘　娜	秦　耕	任　杰	吴　茗	朱　惠	陈旭琦	黄张迪	蒋理慧
林璐霞	王晓雯	王翌宵	叶凌宏	章佳民	张碧钰	张海珍	张宏伟	赵皓月
周诗语								

数学科学学院

孟　杰	吴　翔	严　键	葛慧敏	黄紫岳	贾宏达	金泽宇	金卓宸	潘丙翱
向婷妍	谢月歌	张建伟	赵鑫安	周家柳				

浙江大学年鉴

物理学系

关　鑫　干天君　郭金松　韩玺月　梁天奕　聂智勇

化学系

邱　静　李旭峰　翁国荣　张鑫江　钟卉菲　周雪涵

地球科学学院

王　涛　王　争　沈佳琪　王依茹　徐遥辰　杨许莹　申屠炉峰

心理与行为科学系

李　蔚　方天米　黄杨初　陆辰馨　翁文其　谢怡萍

机械工程学院

李　醴　倪　涛　王　钒　王　昊　许　多　于　瑞　黄俊业　廖启华　林炜奕
欧如船　王恒立　王凯征　肖雅馨　肖志健　徐稷旺　许诚瑶　叶潇翔　张世东
王方锦华

材料科学与工程学院

姜　枫　李　诗　刘　锋　吕　达　陈少波　陈宇麒　侯晓桐　许言君　杨颖忱
郑雪绒

能源工程学院

陈　柳　陈　芝　李　俊　石　昊　王　晴　张　凌　蔡建成　陈增朝　邓光钰
方鑫宸　付佳慧　郭若楠　胡建侃　黄元凯　黄志远　李梦扬　李晓阳　李泽嵩
刘斯斌　钱文瑛　邵旭东　史继鑫　宋舜辉　王心昊　魏琰超　温茂林

电气工程学院

陈　强　胡　立　严　铭　余　鹏　包立诚　陈彬彬　戴慧纯　方翌啸　郭栗橙
江子轩　李存龙　李鹏飞　廖伟涵　刘梓权　毛佳庚　孟子航　穆亚楠　牛雨萱
秦雪飞　唐熙锴　唐英杰　王文平　王泽峰　王钊文　徐彬涵　徐成司　徐志翔
张建佳　赵恒飞　朱嘉俊　庄欣然

建筑工程学院

蔡　元　方　菲　梁　俊　潘　数　杨　斌　张　凡　诸　锜　单旷怡　胡浩强
胡晓南　金盼盼　李丹阳　林钢健　林贤宏　刘教坤　潘海龙　强烨佳　沈辛夷
施凯辉　孙闻聪　王再兴　魏璐璐　杨颂清　殷雨阳　张柯炜　张天航　张颢阳
赵夏双　朱银杰

化学工程与生物工程学院

田　丹　郑　芳　程亨伦　杜乔昆　郭高顺　马玉龙　钮曹萍　万周娜　杨吉祥
杨以琳　张媛媛　周容帆

海洋学院

邱　良　郑　淑　郑　榕　黄怡然　黎晓飞　王文静　吴超鹏　吴丹红　俞珠珠
张晨韵　朱冬贺　申屠溢醇

航空航天学院

袁　毅　樊国超　孙家骏　令狐昌鸿

高分子科学与工程学系

刘　樟　耿可煜　王树旭　伍瑞菡　张海默　张鸿杰　赵梦娜　朱明明

光电科学与工程学院

胡　静　潘　甜　曾　望　何盈珠　何珂晶　黄玉佳　王俊博　吴婉洁　项凯特
郑纯琪　朱炳昭

信息与电子工程学院

桂　麟　揭　路　金　晓　王　彬　熊　宇　姚　祺　赵　杰　白皓月　陈晨涛
陈王科　崔白云　高小丁　何映晖　胡耀龙　李梦圆　刘汉元　吕珂杰　沈天琦
王兴路　温家宝　许鲁珉　詹士杰　张国栋　张宗煜　周昕泽　邬沁喆

控制科学与工程学院

柯　沛　任　彤　陈湘冬　戴智文　丁启恒　李宣毅　刘丽娜　吕家坤　田子宸
杨竣淋　甄佳楠

计算机科学与技术学院

陈　特　高　晗　黄　睿　李　牧　连　莲　刘　镎　陆　宽　宋　晨　王　倩
杨　凯　钟　煜　陈铭业　程自强　付春李　顾秀烨　海杰文　洪佳怡　胡一夫
李博涵　李旺泰　林炳辉　潘浩杰　吴志强　熊青城　徐梦迪　杨璐敏　姚奕弛
叶耀程　张碧雲　张昌琳　周君沛

生物医学工程与仪器科学学院

张　武　陈锦生　陈朋飞　丁文熙　刘京龙　刘雪纯　吕可伟　宋梦波　王溯恺
余梦珂　章新仪　张子霄　臧春亭

生命科学学院

苏　阳　向佩珊　袁略真　蒋刘一琦

生物系统工程与食品科学学院

黄　皓　李佳婷　沈宇恬　童予皓　王凯笛　王珍妮　姚舒婷　张伟阳

环境与资源学院

余　涛　陈俊文　刘文煜　潘吴烨　沈佳贤　王雨晨　徐颖菲　尹荣强　应益龙
郑卓联

农业与生物技术学院

青　巧　吴　薇　徐　颖　张　莹　戴伊婷　高丽斌　郭钰欣　何俊寰　李梦婷
刘子萌　倪思雨　宋楚君　童斯婕　王海霞　王锦雯　谢宁宁　周晨妍　朱红雅
朱雨梦

动物科学学院

雷　芳　卢　君　杨　梅　毛锶超　王慧静　肖旭娆

浙江大学年鉴

医学院

陈 开　丁 洋　方 钰　黄 睿　蒋 慧　李 悦　孟 璐　邵 琴　沈 思
童 雨　徐 凡　杨 沁　俞 杰　赵 帆　朱 恒　陈一瑜　陈奕瞳　丁理峰
丁雨薇　高金峰　葛起伟　胡诗余　黄灵洁　黄雁舟　季雨田　姜佳霖　蒋文翔
金宇曦　李墨白　林婷婷　刘柏强　刘小青　陆诗媛　钱钰玲　邵央婕　沈冬妮
沈璋瑾　孙佳铭　王非凡　王云珂　吴奕征　谢思远　徐燕萍　叶元鹏　余梦佳
张严烨　赵泽昊　周金云

药学院

胡杭晨　黄晓荔　施鑫杰　宋燕青　张雨恬　张昕瑶

求是学院丹青学园

曹 然　何 源　林 津　林 宸　孟 禾　彭 格　沈 磊　沈 烨　施 萌
施 懿　王 方　王 彤　徐 杰　薛 莹　殷 可　张 雯　朱 露　曹若溪
柴鹏鑫　陈剑辉　陈品植　陈书豪　陈顺迪　陈伊川　陈亦欣　陈鑫颖　方铃亚
干若晨　高一帆　龚思瑜　郭相楷　郭育辰　韩梦婷　黄漪桉　黄铿华　林伊乔
林政江　刘蜜蜜　罗晨娴　马依群　钱高琳　石云竹　孙楚婷　孙依晓　王嘉诚
王静茹　王梅晔　王睿鹏　吴敬华　吴思琪　徐维亚　严许梦　杨玢璐　俞欣晨
郁佳俐　张银露　周诗佳　卓若凡　褚宇岚

求是学院云峰学园

边 淞　揭 璠　金 娜　刘 李　马 丁　潘 胜　宋 鼎　孙 源　王 泰
肖 潼　肖 鸢　朱 望　陈宏霖　陈千千　陈伟剑　丁圣森　范予昕　方天庆
高天祥　葛帅琦　官孝清　黄璐哲　蒋知妍　康自蓉　李朝阳　李孟择　厉倚豪
梁靖婷　林嘉宁　林文丰　林正直　刘丁瑜　刘伊雯　刘栩威　刘鑫铖　沈贤杰
唐勤业　陶一帆　王思聪　王心怡　翁才智　吴格非　吴蕴芃　谢子璠　熊远昊
徐晓雪　徐哲靖　徐致远　许丝晴　许煜坤　严哲雨　尹志岐　尤诗莹　余致远
俞文婕　占涵冰　张若霏　张倬豪　朱曼青　黄杨思博

求是学院蓝田学园

陈 旺　胡 益　黄 玥　李 硕　李 鑫　林 晨　刘 畅　楼 嵩　孙 菲
王 娜　夏 天　章 意　郑 琪　周 灏　白若飞　蔡弘毅　陈甫文　陈加佳
陈力源　陈旭敏　程炜馨　邓江毅　丁誓鹏　范清源　方泽宇　冯星月　顾子津
洪佳楠　洪均益　侯锦睿　胡金迪　胡诗佳　纪佳林　郎欣蕊　李成乾　李鑫锋
李鑫钰　林诚怡　林慈爱　刘宇轩　陆嘉铖　陆晓腾　罗舶桑　马培元　孟潇妍
牛奔放　潘浩杰　潘晓宇　潘云洁　彭昱翔　任嘉波　唐滢淇　汪存艺　王博涵
王佩珊　王茹玥　王体贤　王为恺　王文婷　王泽元　王紫荆　肖子愉　徐迎回
许煜梓　杨腾博　杨昊林　叶昊亮　余也可　张君黎　张宁宁　赵方舟　赵飞亚
赵宣栋　周晟皓　朱泉松　左浩悦　泮巧娅

竺可桢学院

查玥	陈权	陈卓	陈晟	丁昊	费越	高枝	顾锴	韩雪
韩炜	侯冰	金菁	郎伟	李博	李丹	李昊	林卉	任意
邵平	盛力	施为	孙焱	孙筝	万涵	王凯	卫璇	夏楠
俞爽	张驰	张舵	张海	张豪	张今	邬凡	艾玥涵	包纯净
陈飞宇	陈建鹏	陈龙龙	陈露笛	陈欣辉	陈彦男	程梦婕	崔文羽	戴天祥
邓皓元	董明远	樊子琦	符泽南	付志强	高知远	巩怡然	郭陆英	郭禹辰
郭璐瑶	胡博滔	胡毓涵	黄书涵	黄文腾	姜镇涛	李思颖	李屹成	李永凯
李予安	李弈雪	李妍君	梁绮珊	梁烨华	林宁宁	林融融	刘纯一	刘迪一
刘思博	柳昊天	孟佳程	戚彤云	沈皓天	史久昀	唐坤杰	田钟毓	王戈烁
王若成	王晓冉	王衍非	王昊泽	吴昂昆	伍音璇	肖雨曦	熊郁文	徐舒曼
许印川	严晨毓	杨嘉敏	杨司晨	杨雨柔	叶展旗	于博雅	余成轩	岳奕阳
展祥皓	张晨飞	张晋松	张乾坤	张翔宇	张子航	赵方竹	赵宴锋	赵艺颖
赵子颐	钟碧莹	袭汉丞	周之灵	邝钰淇	栾玮珉	褚佳晨		

优秀学生二等奖学金(1,259人,名单略)
优秀学生三等奖学金(2,133人,名单略)

浙江大学 2015—2016 学年本科生外设奖学金及获奖情况

（单位：人）

序号	外设奖学金名称	奖励人数	序号	外设奖学金名称	奖励人数
1	宝钢奖学金	5	8	希望森兰奖学金	5
2	大北农奖学金	100	9	永平奖学金	50
3	博世奖学金	9	10	郑志刚奖学金	2
4	陶氏化学奖学金	4	11	三星奖学金	15
5	光华奖学金	63	12	协鑫奖学金	12
6	南都一等奖学金	7	13	阙端麟奖学金	5
	南都二等奖学金	18	14	CASC 一等奖学金	1
	南都三等奖学金	33		CASC 二等奖学金	2
	南都创新奖学金	10		CASC 三等奖学金	4
7	葛克全奖学金	15	15	三井物产奖学金	8

CASC:中国航天科技集团公司。

序号	外设奖学金名称	奖励人数	序号	外设奖学金名称	奖励人数
16	亿利达刘永玲奖学金	10	29	大连化物所奖学金	20
17	中国港湾一等奖学金	2	30	宏信奖学金	10
	中国港湾二等奖学金	2	31	策维一等奖学金	4
18	岑可法一等奖学金	11		策维二等奖学金	8
	岑可法二等奖学金	7		策维三等奖学金	24
19	恒逸奖学金	20	32	唐立新奖学金	66
20	海亮一等奖学金	2	33	唐立新优秀学生标兵奖学金	10
	海亮二等奖学金	5	34	唐立新优秀学生干部奖学金	7
	海亮三等奖学金	10	35	士兰微电子奖学金	8
21	聚光一等奖学金	3	36	天府汽车英才奖学金	10
	聚光二等奖学金	8	37	华陆科技奖学金	7
22	姚禹甫、贺建芸奖学金	20	38	润禾奖学金	12
23	欧琳奖学金	26	39	建德一等奖学金	12
24	宋都一等奖学金	1		建德二等奖学金	24
	宋都二等奖学金	3	40	"浙报-阿里"新媒体奖学金	62
25	万华奖学金	6	41	浙大不动产基金奖学金	50
26	潘家铮水电奖学金	2	42	纳思奖学金	20
27	杨咏曼奖学金	12			
28	康而达一等奖学金	3		合　计	894
	康而达二等奖学金	19			

浙江大学 2016 届浙江省优秀本科毕业生

人文学院

陈　瑞　张　婷　陈丹阳　冯冬杰　李虹怡　林如诗　王天仪　袁秀佳　张文馨
周怡然

外国语言文化与国际交流学院

初　悦　高　琳　管　颐　郭晓爽　刘若曦　罗祎婧　王振薇

传媒与国际文化学院

沈 捷 洪雅文 李戈辉 林琰旻 宋舒怡 於文汕

经济学院

何 源 李 菁 张 慧 陈诗慧 陈舒悦 杜霞曦 施如画 施婧婧 石琼旖
石雨翔 童浩翔 张家琪 张雅琦

光华法学院

黄 颖 李 琳 张 玥 张 晶 干燕嫣 韩明强 徐益盈 朱安迪

教育学院

刘 曼 王 地 陈梦笛 罗红盈 聂秋桐

管理学院

陈 赛 孙 晟 丁卓文 胡慧娟 牛婉姝 斯宇迪 武靳淞 夏天一 张翼炜
张云飞

公共管理学院

陈 莎 沈 晶 姚 瑶 茶继媛 代子伟 黄杨霖 李政毅 莫锦江 沈浠琳
张丽君 张晓鑫

数学科学学院

孙 钰 范丽凤 高思远 胡潇尹 毛挺宇 宋方达 徐哲轩 张道鑫 周雪梅

物理学系

孙 健 樊振豪 刘梦珂 孟宪东

化学系

俞 能 陈颖露 庞一慧 石韶雯 嵇陆怡

地球科学学院

陆 晔 左 昱 陈天一 陈奕君 白合丹秋

心理与行为科学学系

杜 娜 纪皓月 刘明明

机械工程学院

林 杰 陈宁宁 陆宏杰 许宝杯 严梦玲 杨宇杰 姚伟杰 曾元辰 郑文钢

材料科学与工程学院

许 倩 陈丹科 汤王佳 叶昭晖 尹国立

能源工程学院

籍 婷 陈璞阳 李启章 李淑莹 李晓洁 潘伟康 钱虹良 田在鑫 章旭晖
钟剑锋

电气工程学院

韩 畅 何 毅 李 瑞 李 媛 余 谦 曹利兵 陈善恩 程雨诗 黄少卿
李俊英 蒙志全 徐心愿 徐韵扬 张家玄 周昌平

建筑工程学院

梁　婷　严　凡　竺　盛　韩天成　黄腾腾　柯锦涛　黎一鸣　李思黎　梁铭耀
林葵庚　刘振宇　王芳莹　王林静　魏智锴　杨含悦　姚翔宇

化学工程与生物工程学院

何　琦　尹　婷　陈聪聪　陈伟锋　高金哲　胡易成　许文昭

海洋学院

何　康　徐弋琅

航空航天学院

杨梓麟

高分子科学与工程学系

白天闻　崔明旭　王国军

光电科学与工程学院

何　壮　洪　宇　卢　玥　徐　晨　张　鑫　裴学璐　陶志刚

信息与电子工程学院

韩　宽　张　艺　丁瑒琛　李竹一　邵慕涵　汪宁宁　王哲涛　王蓓珅　王鑫涛
沃华蕾　吴彬荣　岳平原　张莉敏　郑柘炀

控制科学与工程学院

王　颜　吴　喆　班旭东　丁夏清　叶昊阳　原玮浩

计算机科学与技术学院

王　欣　张　腾　张　翔　闵　歆　陈颖舒　杜稼淳　杜朕安　胡译心　李泉来
李元丙　卢心远　毛宇晗　吴镓成　薛孝炜　杨思蓓　尹嘉权　诸凯丽

生物医学工程与仪器科学学院

高　翔　赵　航　蔡亦清　洪天宇　李楠涛　罗海林　彭媛洪　于震鑫　张紫莹

生命科学学院

陈　扬　姜义圣　潘宇昕　张超凡

生物系统工程与食品科学学院

王　笛　邹　琳　柴巧会　陈玉书　沈苗宏　王梦婷　吴文华

环境与资源学院

徐　港　黄灶泉　苏渭钦　王志尧　周依玫　朱纯怡

农业与生物技术学院

陈　璇　洪　叶　李　蕾　刘　畅　王　娇　张　蕾　傅超宇　黄佳明　金瑛迪
鄢馨卉

动物科学学院

周　芸　陈宏伟　李杨阳　王小雯　严玉祺

医学院

虞　雅　方青青　戎佳炳　阮基浩　童宇圣　王倩纯　谢广东　谢煜彬　游紫梦

张喆楠　朱榕生　尼格拉·卡米力　努丽艳·迪力夏提
药学院
陈佩诗　项森峰　缪诗琴
竺可桢学院
金　烁　陆　玮　王　昕　杨　炀　张　闻　庄　周　何柳佳　刘赵昕　沈彦迪
盛慧雯　吴梓恒　谢小芳　许哲铃　姚博文　张希喆　郑雯露

浙江大学 2015—2016 学年研究生国家奖学金获得者

人文学院

博士生　张丹阳　姚逸超　肖云龙　彭　志　贺敏年　邬　桑　姜淑珍　朱若溪
　　　　赵佳花　董　达
硕士生　金　晶　刘　芳　孙正亚　韩宇瑄　周维煦　刘吉颖　张　维

外国语言文化与国际交流学院

博士生　宫明玉　马庆凯　李昊天
硕士生　王莎瑗　王亚强　张丹阳　王延博　裴佳敏

传媒与国际文化学院

博士生　李思扬　王　昀
硕士生　王玉曦　赵怿李　黄可欣　巩　晗

经济学院

博士生　潘家栋　诸竹君　黄达强　孟巧爽　汪思绮　王　煌
硕士生　洪圆双　杨亚静　刘　玲　姚华威　顾　月　朱智勇　曹　丹　孙　晴

光华法学院

博士生　蒋成旭　自正法　贾圣真　张　亮
硕士生　陈　对　孙　康　苗一路　俞姗姗　张丹丹　肖羽沁　应家赟　陈枭窈

教育学院

博士生　倪　好　郝人缘
硕士生　刘凯琳　崔俊萍　宋　凯

管理学院

博士生　余剑峰　张志坚　裴冠雄　刘　强　王倩雯　曾亿武　张晓爽　陈　放
　　　　王雨祥
硕士生　卞　伟　沈栋葎　杨　波　徐薇洁　殷宇靖　沈宇桥

公共管理学院

博士生　宋程成　李　琳　翁默斯　杨大鹏　李拓宇　陈耀亮　罗娇娇

硕士生　崔　晋　鲁界兵　尹晓红　邵怀中　苏　腾　丁　莹

马克思主义学院

硕士生　方　珂

数学科学学院

博士生　上官冲　翟翠丽　卜凯峰　翟　铮　许　珂

硕士生　刘思阳　章　莺　张　娜　谷晓璐

物理学系

博士生　翁宗法　胡仑辉　沈炳林　郭胜利　王志成　郭梦文

硕士生　赵　曜　徐兴奇　卢川艺

化学系

博士生　徐静文　叶剑波　戴健鑫　刘昭明　刘悦进　盛　娜　史兵兵　赵瑞波
　　　　李　顺　邓　江　郭　军

硕士生　蔡华学　黄　晓　邵　丽　徐　凡　张卓卓　王成涛

地球科学学院

博士生　赵海锋　倪妮娜　张　含　葛敬文

硕士生　张　超　辛　进　姚玲玲

心理与行为科学系

博士生　家晓余　鲁溪芊

硕士生　叶景恒　邱芳芳　李旻烨

机械工程学院

博士生　高　庆　傅　雷　金浩然　周宏宾　张　强　刘建彬　刘宇澄　冯艳冰
　　　　黄　瑶　梁　丹　丁　硕　张　鹏

硕士生　贺　行　赵天菲　陈旭斌　林鹏哲　魏　栋　吴　燕　陈众贤　张永斌
　　　　唐明扬　杨飞飞　曲荟霖　颉　俊　李佳碧　宋金磊　徐　辉　延健磊

材料科学与工程学院

博士生　张　丹　应玉龙　宋　涛　陈珊珊　刘　兵　刘初阳　屠芳芳　高学会
　　　　谢　东　郭强兵

硕士生　燕　伟　王伟豪　夏雪珂　钟梦瑶　马克远　朱逢亮　杨　涛　杨永荣

能源工程学院

博士生　吴君宏　何海斌　陈丹丹　林海周　张　帆　俞明锋　杜　洋　杨宗波
　　　　张井志　杨　绘　范海贵　詹明秀　朱洁丰　杨　睿

硕士生　王宇飞　杨　光　黄　眺　胡洋洋　骆明波　杨璋璋　张　朔　向　轶
　　　　刘晓伟　李文维　黄博林　许　磊

电气工程学院

博士生　印　欣　刘高任　张国月　李乐宝　陈海洋　李永杰　王少泽　胡　健
　　　　章雷其　王霄鹤

硕士生　高玉青　黄新星　赵　欢　陈　敏　李　志　王潇潇　胡少迪　李济沅
　　　　万　青　李宁璨　蔡　顺　赵成冬　肖　记　许文媛　林逸铭

建筑工程学院

博士生　陆敏艳　李振亚　章丽莎　黄博滔　付凤杰　黄宇劼　朱　仟　张子琪
　　　　董建锋　张阳阳　王城泉　臧俊超

硕士生　王雅峰　王　君　李玲丹　刘　坦　刘美岐　周　越　严华祥　王　鹏
　　　　邱　政　阮树斌　闵　锐　王　丹　廖凯龙　孙　哲　潘海静　申屠华斌

化学工程与生物工程学院

博士生　訾　灿　相佳佳　金文彬　赵景开　洪小东　张国高　周雪飞　包建娜

硕士生　许阳阳　张　恒　屠高女　周卫东　李侦�　李雪楠　韦存茜　杨程程
　　　　李梅芳　余承涛　耿玉慧

海洋学院

博士生　余立雁　叶雪威　方诗标　徐春莺

硕士生　阚雅婷　潘承谦　杨文叶　王瑞俊　孙　科　余翔宇　林奥博　宋宇航
　　　　沈　晔

航空航天学院

博士生　张建杰　吕强锋　张亚君　袁震宇

硕士生　程　昱　汪泠澜　孙书剑　王珲玮

高分子科学与工程学系

博士生　杨皓程　刘文清　李水兴　刘英军　韩海杰

硕士生　刘　斌　虞智凯　雷文茜　吴铭榜

光电科学与工程学院

博士生　辛晨光　申俊飞　朱剑飞　孙理斌　贺　青　李　晴　成中涛　吴胜楠

硕士生　尹延龙　丁婉榕　刘　勇　陈超佳　胡映天　邱珏沁　赵光远　顾海婷

信息与电子工程学院

博士生　陈弋凌　华俊豪　赖百胜　李汝江　吴志乾　王根成　齐小康　赵明敏

硕士生　梁卓贤　范腾龙　张维特　朱博尧　王　超　鲁　昂　周月浩　金亦东
　　　　郭凌子　文鼎柱

控制科学与工程学院

博士生　杨泽渠　秦　岩　邢兰涛　齐义飞　贾丙西　吕颖超

硕士生　王立伟　张鹏飞　郭　进　郎　恂　贾驰千　董山玲　吴　锐　周天一
　　　　张力寰

计算机科学与技术学院

博士生　沈　鑫　王东京　苗晓晔　张卫忠　王柱昊　柳　晴　赵黎明　向　为
　　　　朱添田　吴洪越　钱　炜　沈泽邦

硕士生　于博文　张小恋　吴　寻　吴　琛　张啸宇　任　伟　裴玉龙　陶建容
　　　　韩慧峰　董浩灵　郭芸珲　盛守波　郝晓禹　张　琪　杨启凡　杜雪莹
　　　　胡　虎　秦华赟　罗路遥　呼美玲　王　杰　陈思浓

软件学院

硕士生　王宇凡　许有甜　李克西　姚运来　李嘉琦　朱　茗　高方圆　易　婷
　　　　胡淑婷　江　瀚

生物医学工程与仪器科学学院

博士生　张　倩　林志超　张艺帆　秦　臻　李圣昱　苏凯麒

硕士生　郑森炎　董　星　方佳如　胡　瑾　朱玉芳　邱晓煜　姚志成

生命科学学院

博士生　玛　青　陈晓璇　颜晶莹　丁　雄　张　剑　童森淼　邓倩楠　佘振宇
　　　　孟宪文　李　芳　马红茹

硕士生　孔玉珠　朱珊珊　李　梦　韩帅波　房　克　曹　超　骆红豆　张秀明

生物系统工程与食品科学学院

博士生　马晓彬　刘子豪　赵艳茹　吴春华　冯　进　杨业丰

硕士生　蒋林军　宋坤林　蒋嘉靖　张裕莹　王峰磊　傅　达

环境与资源学院

博士生　王芃芦　费徐峰　沈　意　宗玉统　王　茹　赖春宇　李鹏飞

硕士生　陈尊委　邵俊捷　谢丽红　夏　天　郭田田　方先芝　刘　用　郭　艺
　　　　陈文聪　王家骐　王望龙

农业与生物技术学院

博士生　杨　素　沈淑铃　王　玉　刘　畅　沈恩惠　董亚婷　曹嘉懿　王斯亮
　　　　陈宣亦　张　阳　王　峰　单红伟

硕士生　贺宇鹏　李　康　傅　泓　于勇一　朱　楠　刘　雪　叶　蕾　范林林
　　　　李萌琪　张　丹　王金亮　丁艳梅　李　蒙　吕梦婷

动物科学学院

博士生　黄得来　阳毅敏　杨　斌　蔺哲广　肖　勘

硕士生　黄丹萍　肖　雪　辛永萍　刘赛犀　岳晓敬　张　林　朱乐欣

医学院

博士生　周香莲　万　伟　苏　华　唐　超　吕雅素　孟凡森　付国通　朱锦舟
　　　　朱云奇　史　亮　刘　安　刘　旭　鲍正强　嵇姝妍　郭传生　沈颖颖
　　　　万乐栋　周　丹　毕徐堃　周　倩　彭晓荣　曹金林　袁　平　金　凯
　　　　郑睿智　解淑钧　孙泽玮　单　治　张　炜　钱学茜　尹厚发　鱼音慧

	姚君琳	李晓芬	陈心怡	周欣毅	王佳秋	许明杰	赵西宝	高榕穗
	侯显良	蓝辉银	邢美春	朱琼彬	蒋姝函	虞 浩	舒健峰	王瑜琪
	孙 苗							
硕士生	周 卓	李振翠	秦申璐	王玉红	卢 翀	江向洋	刘玉洁	吴泓蔚
	黄通村	王旭楚	乔莹利	陈恩更	樊彦品	姜舒莹	王晓晖	李阿荣
	郭飞飞	岑盼盼	吴伦坡	周 梦	徐 笠	叶陈毅	任魁梧	章时珍
	季淑静	单金兰	邵营宽	祝欣培	林静霞	张筱荻	蒲玉洁	彭嗣惠
	张 斌	王盛东	寿大伟	张 婷	鲁逸樵	蔡奕波	夏 晨	顾杨军

药学院

博士生	刘 璇	郭晓萌	杨子钊	邵雪晶	郑 晶	李 彤	
硕士生	牛 杰	王海强	田雪珂	郭闪闪	王丹丹		

浙江大学 2015—2016 学年研究生奖学金获得者

一等奖学金

医学院

黄凯源	方智芸	陆 洋	陈春野	寿佳沣	张 劼	张敏霞	金佳敏	梅 胜
黄飞腾	季肖丽	潘健将	凌丹华				

二等奖学金

医学院

顾 婷	赖雨程	钱勤斌	严幸群	蒋鎏骏	郭美君	徐丹枫	杨 琦	邬德旗
陈 琳	余新宁	朱周裕	杨玲琳	张碧君	刘 芳	虞天明	郑俐梅	方 玮
郦舒伊	龚佳幸	许伟建					

浙江大学 2015—2016 学年研究生专项奖学金及获奖情况

（单位：人）

序号	奖学金名称	奖励人数	序号	奖学金名称	奖励人数
1	光华奖学金	227	3	CASC 奖学金	11
2	宝钢奖学金	2	4	希望森兰奖学金	7

序号	奖学金名称	奖励人数	序号	奖学金名称	奖励人数
5	欧琳奖学金	16	23	庄氏奖学金	40
6	宏信奖学金	6	24	温持祥奖学金	20
7	旭化成株式会社(中国)人才培养奖学金	14	25	金都奖学金	18
8	聚光奖学金	17	26	黄子源奖学金	10
9	康而达奖学金	22	27	南都奖学金	58
10	国睿奖学金	20	28	岑可法奖学金	19
11	中国港湾奖学金	4	29	葛克全奖学金	9
12	士兰微电子奖学金	6	30	宋都奖学金	2
13	天府汽车英才奖学金	30	31	杨咏曼奖学金	12
14	华陆科技奖学金	11	32	潘家铮水电奖学金	1
15	博世奖学金	19	33	王惕悟奖学金	13
16	郑志刚奖学金	2	34	唐立新奖学金	46
17	东芝奖学金	5	35	唐立新优秀学生干部奖学金	5
18	陶氏化学奖学金	6	36	三星奖学金	7
19	华为奖学金	34	37	海亮奖学金	18
20	万华奖学金	10	38	阙端麟奖学金	5
21	润禾奖学金	8	39	大北农奖学金	100
22	新和成奖学金	44		合计	904

浙江大学 2016 届浙江省优秀毕业研究生

人文学院

博士生　陈　衡　唐　宸　武晓红　张　静　章　涛

硕士生　陈世乔　胡　晓　张　鲁　张　群

外国语言文化与国际交流学院

硕士生　杜吉平　傅佳雯　黄晓飞　汤晓芳

传媒与国际文化学院

博士生　胡雨濛

硕士生　程　成　胡晓昕　孙晨颖

经济学院

博士生　楼杰云　张新超

硕士生　陈　飞　宫　蕾　李明曦　魏　炜　叶梅琳　郑竹雯

光华法学院

博士生　杜维超　韩　宁　马俊彦

硕士生　安鹏鸣　曹　静　洪　杉　李延哲

教育学院

博士生　方　向　张慕华

硕士生　蔡四林　刘树洋

管理学院

博士生　栾　琨　孟　亮

硕士生　高　炜　钱军威　孙璐薇　邬溪羽　朱振飞

公共管理学院

博士生　徐　越

硕士生　单立栋　蒋　晨　李宇翔　魏　霁　俞　珊

马克思主义学院

硕士生　洪佳智

数学科学学院

博士生　严羽洁　杨　菁　周志永

硕士生　刘晓磊　周　乐

物理学系

博士生　屠飞泉　翟会飞

硕士生　丁　涛

化学系

博士生　谈　洁　王　晨　魏培发

硕士生　杜　造　苏叠峰　赵士贤

地球科学学院

博士生　邹思远

硕士生　杭丹维　王丽丽

心理与行为科学系

博士生　李双侠

硕士生　黄　媛　赵洋帆

机械工程学院

博士生　付国强　金育安　叶绍干　殷秀兴

硕士生　曾继平　董璐剑　彭龙龙　饶云意　吴文斌　席凯伦　肖　箫　薛光怀
　　　　赵久烜

材料科学与工程学院

博士生　付晨光　姜　颖　马翮翮　毛祎胤　王慷慨　文　震

硕士生　陈伟波　李　羿

能源工程学院

博士生　林日琛　茹　斌

硕士生　陈思南　胡　丹　蒋　青　李鸿坤　时冰伟　薛志亮

电气工程学院

博士生　程　鹏　张　强　周义杰

硕士生　暴英凯　程斌杰　黄吉羊　石佳蒙　王金华　吴　波　吴旭烽　熊平化
　　　　周　贺

建筑工程学院

博士生　高　翔　梁荣柱　张鸿儒　周佳锦

硕士生　管羽飞　李天昊　李训超　王伊丽　应建坤　张　燕　赵世凯　朱笔峰

化学工程与生物工程学院

博士生　郭云龙　何乐路　李高然　钱锦远　沈煜斌　王柏村　张　擎

硕士生　蔡文龙　畅若星　陈莞尔　顾志平　黄敏慧

海洋学院

硕士生　付英男　贾健君　叶洲腾

航空航天学院

博士生　王　鹏

硕士生　李　驰　钱　坤

高分子科学与工程学系

博士生　罗　铭　朱凉伟

硕士生　胡　婷　邱文莲

光电科学与工程学院

博士生　凌　瞳　杨陈楹　于龙海　张　磊　赵　鼎

硕士生　何丽蓉　叶　鸣

信息与电子工程学院

博士生　每　媛　沈鹏程　严昱超　杨龙志　张　蕾

硕士生　江文婷　汪恒智　郑　川

控制科学与工程学院

博士生　卢　山　赵　浩

硕士生 季一丁 刘 佳 魏 媛 杨喆祾 周 莹

计算机科学与技术学院

博士生 曹 晨 陈 璐 彭 湃 王树森

硕士生 李 凯 李 斯 刘昊南 刘礼铭 刘晓瑾 阮炜喻 邵开来 王 鑫
肖力涛 叶振宇 俞新杰 张建霞 肇 昕 郑楷洪

软件学院

硕士生 杜睿恒 何璧辉 李丛笑 孙慧琴 孙 森 孙忠汉 谢文焘 颜知之
周 菁

生物医学工程与仪器科学学院

博士生 张迪鸣

硕士生 陈国彦 胡 乐 施陈飞 姚 瑶 邹瞿超

生命科学学院

博士生 关 怡 李雪霞 刘路贤 张永华

硕士生 丁小萌 张 丽 张小晟

生物系统工程与食品科学学院

博士生 裘姗姗 余克强 张 芳

硕士生 王海龙 张杨扬

环境与资源学院

博士生 黄皓旻 滕洪芬 夏银锋 余 燕

硕士生 陈兴旺 李 鹏 王 昊 张宗和 朱 瑾

农业与生物技术学院

博士生 郭 涛 牛庆丰 钱红梅 邱 杰 童 川 徐 刚 张承启

硕士生 刘闪闪 石 萌 田 媛 王慧芳 王卫娣 赵 楠

动物科学学院

博士生 王 凯 袁 超

硕士生 贺 强 潘彩霞 王逸雯 张 彬

医学院

博士生 蔡晓璐 胡凯敏 贾 明 江婷婷 李 超 李悄然 李 曦 李迎君
李振丽 鲁 迪 吕萍萍 秦文杰 任志刚 邵安文 陶轶卿 王 冲
谢亚君 徐 鑫 余 超 张银丽 朱 婧

硕士生 戴伊宁 纪阿林 林 峰 林贤丰 孟 迪 孙忠权 王超炜 吴晓鑫
徐绍岩 余望舒 郁雯科 张 驰 张 仪 章粉明 章琦君 赵 帅
周校澎

药学院

博士生 汪祖华 张添源 张 岩

硕士生 司徒俊青

人物

在校两院院士（*为双聘院士）

中国科学院院士（按院士当选年份、姓氏笔画排列）

唐孝威　陈子元　沈家骢*　曹楚南　路甬祥　沈之荃　韩祯祥　张　泽
朱位秋　杨　卫　贾承造*　麻生明*　段树民　翟明国*　罗民兴　杨树锋
陈云敏　朱诗尧

中国工程院院士（按院士当选年份、姓氏笔画排列）

巴德年*　汪槱生　路甬祥　孙优贤　岑可法　董石麟　潘云鹤　郑树森
宫先仪*　欧阳平凯*　邬江兴*　李兰娟　王　浩*　许庆瑞　谭建荣　侯立安*
龚晓南　杨华勇　陈　纯

浙江大学文科资深教授（*为双聘教授）

王重鸣　田正平　张涌泉　张文显　徐　岱　史晋川　姚先国　王贵国
许　钧　王　巍*　王震中*

人物

在校全国和省市三级人大代表（以姓氏笔画为序）

全国人民代表大会	常委会委员	杨 卫　姒健敏（校级保留）
	代　　表	林建华（校级保留）
浙江省人民代表大会	副 主 任	姒健敏（校级保留）
	常委会委员	朱新力　陈亚岗　罗卫东　罗建红
	代　　表	马景娣　金德水　裘云庆
杭州市人民代表大会	代　　表	方 洁　何 超　张土乔　徐志康　雷群芳

在校全国和省市三级政协委员

中国人民政治协商会议第十二届全国委员会

　　　　　　常　委　姚 克

　　　　　　委　员　樊建人　段树民　蔡秀军　李兰娟

中国人民政治协商会议第十一届浙江省委员会

　　　　　　副主席　姚 克　蔡秀军

　　　　　　常　委　王 珂　李有泉　李继承　郑树森　赵小英　鲍虎军
　　　　　　　　　　魏贤超

　　　　　　委　员　方向明　王 勤　王庆丰　王建安　冯 雁　田 梅
　　　　　　　　　　刘伟文　刘艳辉　刘维屏　朱 岩　朱晓芸　许祝安
　　　　　　　　　　吴 兰　吴 飞　吴良欢　吴南屏　应义斌　张 英
　　　　　　　　　　张 宏　张明方　时连根　李浩然　来茂德（校级保留）
　　　　　　　　　　杨 波　邹晓东（校级保留）　　陈 忠　陈艳虹
　　　　　　　　　　陈莉丽　范柏乃　段会龙　段树民　赵文波　唐睿康
　　　　　　　　　　喻景权　曾群力（调出）　蒋建中　谢志坚　雷群芳
　　　　　　　　　　蔡天新　谭建荣　颜钢锋

中国人民政治协商会议浙江省杭州市第九届委员会

　　　　　　常　委　金建祥　楼章华

　　　　　　委　员　王 竹　刘东红　陈怀红（调出）　曾玲晖

在校各民主党派委员

中国国民党革命委员会
    中央委员会　委　员　段会龙
    浙江省委员会　副主委　魏贤超　李继承　朱新力
             常　委　段会龙
             委　员　林季建　吕秀阳　曾群力（调出）　高海春
                  周坚红
    浙江大学委员会　主　委　段会龙
             副主委　戴连奎　唐吉平　曾群力（调出）　周坚红
                  金洪传

中国民主同盟
    中央委员会　常　委　樊建人
             委　员　王云路　雷群芳
    浙江省委员会　副主委　樊建人　罗卫东
             常　委　时连根　唐睿康　郎友兴　谢志坚
             委　员　雷群芳　张明方　梁上上（调出）　袁　清
                  罗　坤　滕元文　邱原刚（调出）　金传洪
    浙江大学委员会　主　委　唐睿康
             副主委　袁　清（常务）　罗　坤　肖龙海　时连根
                  谢志坚

中国民主建国会
    中央委员会　委　员　陈湘明　钱弘道
    浙江省委员会　常　委　张　英
             委　员　邬义杰　盛　况
    浙江大学委员会　主　委　张　英
             副主委　邬义杰　吴建华　陈昆福　胡税根　钱弘道
                  华中生

中国民主促进会
    中央委员会　常　委　蔡秀军
             委　员　陈亚岗　鲍虎军
    浙江省委员会　主　委　蔡秀军
             副主委　陈亚岗　鲍虎军　陈　忠

	常　委	陈怀红（调出）　朱　岩
	委　员	于吉人　施培华　金杭美　陈　洁　傅柏平
浙江大学委员会	主　委	陈　忠
	副主委	许晶波（常务）　郑晓冬　汤谷平　金杭美
		于吉人　施培华　喻景权

中国农工民主党

中央委员会	常　委	姚　克
	委　员	罗建红
浙江省委员会	主　委	姚　克
	副主委	罗建红
	常　委	朱建华　徐志康　吴良欢　胡　汛
	委　员	许祝安　欧阳宏伟　叶庆富　王小章　陈莉丽
		钱文斌　林志宏　张信美
浙江大学委员会	主　委	徐志康
	副主委	吴良欢（常务）　欧阳宏伟　钱文斌　许祝安
		张信美　严　敏

中国致公党

浙江省委员会	常　委	裘云庆　茅林春
	委　员	马景娣　陈　越　蒋建中　白　剑
浙江大学委员会	主　委	裘云庆
	副主委	茅林春（常务）　白　剑　陈秋晓

九三学社

中央委员会	常　委	姒健敏（校级保留）
	委　员	谭建荣　李有泉　范柏乃
浙江省委员会	主　委	姒健敏（校级保留）
	副主委	李有泉
	常　委	杜立中　王　珂　王庆丰　卢涤明　谭建荣
	委　员	吴南屏　刘　云　冯建跃　童利民　王　健　方向明
浙江大学委员会	主　委	谭建荣
	副主委	冯建跃（常务）　　　王　健　范柏乃　方向明　郑绍建
		王良静　蒋焕煜

台湾民主自治同盟

浙江省委员会	委　员	刘伟文
浙江大学支部	主　委	陈艳虹

人　物

"国家特支计划"入选者

序号	姓名	单位	获得时间
科技创新领军人才			
1	盛 况	电气工程学院	2013
2	高 翔	能源工程学院	2013
3	鲍虎军	计算机科学与技术学院	2013
4	周继勇	动物科学学院	2013
5	孙崇德	农业与生物技术学院	2014
6	李晓明	医学院	2014
7	杨灿军	机械工程学院	2014
8	吴朝晖	计算机科学与技术学院	2014
9	邱利民	能源工程学院	2014
10	金勇丰	生命科学学院	2014
11	马忠华	农业与生物技术学院	2016
12	王 鹏	化学系	2016
13	王福俤	医学院	2016
14	计 剑	高分子科学与工程学系	2016
15	叶 娟	附属第二医院	2016
16	刘东红	生物系统工程与食品科学学院	2016
17	苏宏业	控制科学与工程学院	2016
18	杨德仁	材料科学与工程学院	2016
19	张 宏	附属第二医院	2016
20	陈 瑜	附属第一医院	2016
21	陈仁朋	建筑工程学院	2016
22	周天华	医学院	2016
23	周艳虹	农业与生物技术学院	2016
24	徐昌杰	农业与生物技术学院	2016
25	徐 骁	附属第一医院	2016

续表

序号	姓名	单位	获得时间
26	高 超	高分子科学与工程学系	2016
27	黄飞鹤	化学系	2016
28	程 军	能源工程学院	2016
29	鲁林荣	医学院	2016
30	童利民	光电科学与工程学院	2016
31	蔡秀军	邵逸夫医院	2016
32	潘洪革	材料科学与工程学院	2016
百千万工程领军人才			
1	李有泉	物理学系	2014
哲学社会科学领军人才			
1	史晋川	经济学院	2014
2	吴晓波	管理学院	2016
3	郁建兴	公共管理学院	2016
教学名师			
1	何莲珍	外国语言文化与国际交流学院	2014
青年拔尖人才			
1	黄 俊	生命科学研究院	2013
2	罗 坤	能源工程学院	2013
3	王宏涛	航空航天学院	2013
4	何晓飞	计算机科学与技术学院	2013
5	陈积明	控制科学与工程学院	2013
6	周燕国	建筑工程学院	2013
7	周 昆	计算机科学与技术学院	2013
8	王浩华	物理学系	2013
9	陈红胜	信息与电子工程学院	2013
10	张 挺	数学科学学院	2013
11	李春光	信息与电子工程学院	2013
12	周江洪	光华法学院	2013
13	王成波	数学科学学院	2015

序号	姓名	单位	获得时间
14	王 勇	化学系	2015
15	王智化	机械工程学院	2015
16	刘永锋	材料科学与工程学院	2015
17	邢华斌	化学工程与生物工程学院	2015
18	何 艳	环境与资源学院	2015
19	张 辉	材料科学与工程学院	2015
20	李武华	电气工程学院	2015
21	范骁辉	药学院	2015
22	章 宇	生物系统工程与食品科学学院	2015
23	蔡 登	计算机科学与技术学院	2015
24	何欢欢	人文学院	2015
25	胡 铭	光华法学院	2015
26	胡慧珠	先进技术研究院	2015

国家"千人计划"入选者

序号	姓名	院(系)	年度	批次	备注
创新人才项目					
1	顾 敏	光电科学与工程学院	2008	第一批	短期
2	李尔平	信息与电子工程学院	2008	第一批	
3	彭金荣	动物科学学院	2008	第一批	
4	邹鸿生	航空航天学院	2008	第一批	调出
5	宋永华	电气工程学院	2008	第一批	
6	彭笑刚	化学系	2009	第二批	
7	张富春	物理学系	2009	第二批	调出
8	陈 骝	物理学系	2009	第二批	退休
9	何赛灵	光电科学与工程学院	2009	第二批	

续表

序号	姓名	院（系）	年度	批次	备注
10	沈炳辉	生命科学学院	2009	第二批	短期
11	包 刚	数学科学学院	2009	第三批	
12	郑方阳	数学科学学院	2009	第三批	调出
13	朱志伟	建筑工程学院	2009	第三批	
14	李延斌	生物系统工程与食品科学学院	2009	第三批	
15	冯新华	生命科学研究院	2009	第三批	
16	吴劳生	环境与资源学院	2009	第三批	
17	骆季奎	信息与电子工程学院	2009	第三批	
18	高福荣	控制科学与工程学院	2009	第三批	短期
19	李明定	附属第一医院	2009	第三批	
20	仇 旻	光电科学与工程学院	2010	第四批	
21	付敏跃	控制科学与工程学院	2010	第四批	
22	宋海卫	生命科学研究院	2010	第四批	
23	白 勇	建筑工程学院	2010	第五批	
24	姚 斌	机械工程学院	2010	第五批	
25	杨小杭	医学院	2010	第五批	
26	陈志祥	农业与生物技术学院	2010	第五批	
27	张舒群	生命科学学院	2010	第五批	
28	邸洪杰	环境与资源学院	2010	第五批	
29	罗 明	光电科学与工程学院	2010	第五批	
30	杜一平	生物医学工程与仪器科学学院	2010	第五批	调出
31	王汝渠	经济学院	2011	第六批	
32	王 曦	信息与电子工程学院	2011	第六批	
33	钟健晖	生物医学工程与仪器科学学院	2011	第六批	
34	林芳华	数学科学学院	2011	第六批	短期
35	甘剑英	环境与资源学院	2011	第六批	短期
36	诸自强	电气工程学院	2011	第六批	短期
37	朱 晨	地球科学学院	2012	第七批	

序号	姓名	院(系)	年度	批次	备注
38	陈望平	海洋学院	2012	第七批	
39	管敏鑫	医学院	2012	第七批	
40	毛星原	材料科学与工程学院	2012	第七批	
41	韩伟强	材料科学与工程学院	2012	第七批	
42	潘之杰	计算机科学与技术学院	2012	第七批	
43	邵启满	数学科学学院	2012	第七批	短期
44	任广禹	高分子科学与工程系	2012	第七批	短期
45	金建铭	信息与电子工程学院	2012	第七批	短期
46	陈邦林	材料科学与工程学院	2012	第七批	短期
47	朱世平	化学工程与生物工程学院	2012	第七批	短期
48	赵鼎新	公共管理学院	2012	第七批	短期
49	郑光廷	信息与电子工程学院	2012	第七批	短期
50	李冬青	能源工程学院	2012	第七批	短期
51	齐家国	海洋学院	2012	第八批	
52	杨晓明	附属邵逸夫医院	2012	第八批	
53	邹克渊	光华法学院	2012	第八批	
54	潘 杰	生物医学工程与仪器科学学院	2013	第九批	
55	谢 涛	化学工程与生物工程学院	2013	第九批	
56	王 菁	求是高等研究院	2013	第九批	
57	孙 毅	转化医学研究院	2013	第九批	
58	程志渊	信息与电子工程学院	2013	第九批	
59	张俊森	公共管理学院	2013	第九批	短期
60	俞 滨	信息与电子工程学院	2013	第九批	短期
61	Rajeev Ahuja	材料科学与工程学院	2013	第九批	短期
62	康毅滨	医学院	2013	第九批	短期
63	彭华新	材料科学与工程学院	2014	第十批	
64	王贵国	光华法学院	2014	第十批	
65	陈勇民	经济学院	2014	第十批	

人物

续表

序号	姓名	院(系)	年度	批次	备注
66	Dinesh Manocha	计算机科学与技术学院	2014	第十批	短期
67	Ortega Romeo	控制科学与工程学院	2014	第十批	短期
68	傅国勇	物理学系	2015	第十一批	
69	钟 清	生命科学研究院	2015	第十一批	转出
70	陈 焰	计算机科学与技术学院	2015	第十一批	
71	毛传斌	材料科学与工程学院	2015	第十一批	
72	徐志伟	海洋学院	2015	第十一批	
73	杨双华	化学工程与生物工程学院	2016	第十二批	
74	梁成都	化学工程与生物工程学院	2016	第十二批	
75	秦禄昌	材料科学与工程学院	2016	第十二批	
76	徐福洁	附属浙一医院	2016	第十二批	
77	邢 磊	附属邵逸夫医院	2016	第十二批	短期
外专千人计划					
1	李一恒 El Hang Lee	光电科学与工程学院	2012	第七批	
2	Philip Charles Brookes	环境与资源学院	2012	第七批	
3	George Christakos	海洋学院	2014	第十批	
4	William Ireland Milne	信息与电子工程学院	2015	第十一批	退出
青年千人计划					
1	徐正富	数学科学学院	2011	第六批	退出
2	钱 劲	航空航天学院	2011	第六批	
3	李寒莹	高分子科学与工程学系	2011	第六批	
4	曹 龙	地球科学学院	2011	第六批	
5	金传洪	材料科学与工程学院	2011	第六批	
6	劳长石	材料科学与工程学院	2011	第六批	转出
7	杨贞军	建筑工程学院	2011	第六批	

浙江大学年鉴

序号	姓名	院（系）	年度	批次	备注
8	田 梅	医学院	2011	第六批	
9	阮智超	物理学系	2012	第七批	
10	肖 湧	物理学系	2012	第七批	
11	徐文渊	电气工程学院	2012	第七批	
12	方卫国	生命科学学院	2012	第七批	
13	周煜东	医学院	2012	第七批	
14	刘鹏渊	医学院	2012	第七批	
15	赵 斌	生命科学研究院	2012	第七批	
16	屠大启	医学院	2012	第七批	退出
17	王 勇	材料科学与工程学院	2012	第七批	
18	赵 毅	信息与电子工程学院	2012	第七批	
19	尹 艺	物理学系	2012	第八批	
20	武慧春	物理学系	2012	第八批	
21	陈 剑	控制科学与工程学院	2012	第八批	
22	谢 金	机械工程学院	2012	第八批	
23	汪方炜	生命科学研究院	2012	第八批	
24	李 峰	农业与生物技术学院	2012	第八批	转出
25	刘海江	海洋学院	2013	第九批	
26	曲行达	机械工程学院	2013	第九批	转出
27	陆 展	化学系	2013	第九批	
28	易 文	生命科学学院	2013	第九批	
29	刘 旸	信息与电子工程学院	2013	第九批	
30	倪 东	控制科学与工程学院	2013	第九批	
31	宋吉舟	航空航天学院	2014	第十批	
32	刘 涛	机械工程学院	2014	第十批	
33	吴 禹	航空航天学院	2014	第十批	
34	余 倩	材料科学与工程学院	2014	第十批	
35	林 展	化学工程与生物工程学院	2014	第十批	离职

续表

序号	姓名	院（系）	年度	批次	备注
36	陈 伟	医学院	2014	第十批	
37	Simon Duttwyler	化学系	2014	第十批	
38	程 磊	生命科学学院	2014	第十批	
39	王立铭	生命科学研究院	2014	第十批	
40	贾俊岭	生命科学研究院	2014	第十批	
41	应颂敏	医学院	2014	第十批	
42	董辰方	医学院	2014	第十批	
43	陈才勇	生命科学学院	2014	第十批	
44	陈仲华	农业与生物技术学院	2014	第十批	
45	冯友军	医学院	2014	第十批	
46	徐 翔	数学科学学院	2014	第十批	
47	斯 科	光电科学与工程学院	2014	第十批	
48	李 玺	计算机科学与技术学院	2014	第十批	
49	徐 晗	医学院	2014	第十批	
50	丁 一	电气工程学院	2014	第十批	
51	尹 俊	机械工程学院	2014	第十批	
52	张庆海	数学科学学院	2015	第十一批	
53	刘东文	数学科学学院	2015	第十一批	
54	郑 毅	物理学系	2015	第十一批	
55	颜 波	物理学系	2015	第十一批	
56	刘 洋	物理学系	2015	第十一批	
57	孔学谦	化学系	2015	第十一批	
58	李 昊	化学系	2015	第十一批	
59	田 鹤	材料科学与工程学院	2015	第十一批	
60	杨士宽	材料科学与工程学院	2015	第十一批	
61	和庆钢	化学工程与生物工程学院	2015	第十一批	
62	柏 浩	化学工程与生物工程学院	2015	第十一批	
63	陆盈盈	化学工程与生物工程学院	2015	第十一批	

浙江大学年鉴

序号	姓名	院（系）	年度	批次	备注
64	乐成峰	海洋学院	2015	第十一批	
65	马钢峰	海洋学院	2015	第十一批	退出
66	刘建钊	高分子科学与工程系	2015	第十一批	
67	李昌治	高分子科学与工程系	2015	第十一批	
68	张其胜	高分子科学与工程系	2015	第十一批	
69	吴子良	高分子科学与工程系	2015	第十一批	
70	余显斌	信息与电子工程学院	2015	第十一批	
71	杨易	计算机科学与技术学院	2015	第十一批	退出
72	贺诗波	控制科学与工程学院	2015	第十一批	
73	梁岩	农业与生物技术学院	2015	第十一批	
74	夏烨	农业与生物技术学院	2015	第十一批	退出
75	岑海燕	生物系统工程与食品科学学院	2015	第十一批	
76	黄耀伟	动物科学学院	2015	第十一批	
77	徐贞仲	医学院	2015	第十一批	
78	谷岩	医学院	2015	第十一批	
79	江健森	医学院	2015	第十一批	转出
80	马欢	医学院	2015	第十一批	
81	郭国骥	医学院	2015	第十一批	
82	Dante Neculai	医学院	2015	第十一批	
83	孟卓贤	医学院	2015	第十一批	
84	凌代舜	药学院	2015	第十一批	
85	陆燕	转化医学研究院	2015	第十一批	
86	梁平	转化医学研究院	2015	第十一批	
87	李晔	求是高等研究院	2015	第十一批	
88	宋海	生命科学研究院	2015	第十一批	
89	徐平龙	生命科学研究院	2015	第十一批	
90	张龙	生命科学研究院	2015	第十一批	
91	周琦	生命科学研究院	2015	第十一批	

人　物

序号	姓名	院（系）	年度	批次	备注
92	靳 津	生命科学研究院	2015	第十一批	
93	沈 立	生命科学研究院	2015	第十一批	
94	徐素宏	医学院	2015	第十一批	
95	刘 冲	医学院	2015	第十一批	
96	谢燕武	物理学系	2015	第十一批	
97	王江伟	材料科学与工程学院	2016	第十二批	
98	邓人仁	材料科学与工程学院	2016	第十二批	
99	秦发祥	材料科学与工程学院	2016	第十二批	
100	殷盼超	材料科学与工程学院	2016	第十二批	转出
101	吴立建	电气工程学院	2016	第十二批	
102	杨 树	电气工程学院	2016	第十二批	
103	单体中	动物科学学院	2016	第十二批	
104	赖溥祥	光电科学与工程学院	2016	第十二批	退出
105	杨 旸	光电科学与工程学院	2016	第十二批	
106	库晓珂	航空航天学院	2016	第十二批	
107	陈 东	化学工程与生物工程学院	2016	第十二批	
108	朱海明	化学系	2016	第十二批	
109	王林军	化学系	2016	第十二批	
110	洪 鑫	化学系	2016	第十二批	
111	张 森	环境与资源学院	2016	第十二批	
112	巫英才	计算机科学与技术学院	2016	第十二批	
113	江大伟	计算机科学与技术学院	2016	第十二批	
114	郑飞飞	建筑工程学院	2016	第十二批	
115	黄健华	农业与生物技术学院	2016	第十二批	
116	林 涛	生物系统工程与食品科学学院	2016	第十二批	
117	刘德钊	生物系统工程与食品科学学院	2016	第十二批	
118	林爱福	生命科学学院	2016	第十二批	
119	祝赛勇	生命科学研究院	2016	第十二批	

浙江大学年鉴

序号	姓名	院(系)	年度	批次	备注
120	任艾明	生命科学研究院	2016	第十二批	
121	姬峻芳	生命科学研究院	2016	第十二批	
122	叶和溪	数学科学学院	2016	第十二批	
123	赖　俊	数学科学学院	2016	第十二批	
124	仲杏慧	数学科学学院	2016	第十二批	
125	渡边元太郎	物理系	2016	第十二批	
126	卓　成	信息与电子工程学院	2016	第十二批	
127	王志萍	医学院	2016	第十二批	
128	曾　浔	医学院	2016	第十二批	
129	周　民	转化医学研究院	2016	第十二批	
130	杨　赓	机械工程学院	2016	第十二批	
131	孙　洁	医学院	2016	第十二批	

教育部"长江学者"奖励计划入选者

序号	姓名	院系	批准年度	批次	备注
		特聘教授			
1	何赛灵	光电科学与工程学院	1999	第一批次	
2	骆仲泱	能源工程学院	2000	第二批次	
3	彭方正	电气工程学院	2000	第二批次	调出
4	杨德仁	材料科学与工程学院	2000	第三批次	
5	樊建人	能源工程学院	2000	第三批次	
6	赵　昱	药学院	2000	第三批次	调出
7	徐世烺	建筑工程学院	2000	第三批次	
8	李伯耿	化学工程与生物工程学院	2001	第四批次	
9	郑　耀	航空航天学院	2001	第四批次	

续表

序号	姓名	院系	批准年度	批次	备注
10	冯明光	生物医学工程与仪器科学学院	2001	第四批次	
11	李有泉	物理学系	2001	第四批次	
12	郑 波	物理学系	2001	第四批次	
13	胡 汛	医学院	2001	第四批次	
14	周向宇	数学科学学院	2001	第四批次	调出
15	曹一家	电气工程学院	2001	第四批次	调出
16	叶修梓	计算机科学与技术学院	2001	第四批次	调出
17	包 刚	数学科学学院	2001	第四批次	
18	宋永华	电气工程学院	2001	第四批次	
19	陈湘明	材料科学与工程学院	2002	第五批次	
20	麻生明	化学工程与生物工程学院	2002	第五批次	
21	杨肖娥	环境与资源学院	2002	第五批次	
22	严建华	能源工程学院	2002	第五批次	
23	戴伟民	化学工程与生物工程学院	2002	第五批次	调出
24	于晓方	附属第二医院	2002	第五批次	
25	王明海	附属第一医院	2002	第五批次	
26	郑 强	高分子科学与工程学系	2004	第六批次	
27	鲍虎军	计算机科学与技术学院	2004	第六批次	
28	华跃进	农业与生物技术学院	2004	第六批次	
29	许祝安	物理学系	2004	第六批次	
30	何建军	光电科学与工程学院	2005	第七批次	
31	唐睿康	化学工程与生物工程学院	2005	第七批次	
32	杨华勇	机械工程学院	2005	第七批次	
33	陈云敏	建筑工程学院	2005	第七批次	
34	王荣福	附属第二医院	2005	第七批次	
35	周雪平	农业与生物技术学院	2005	第七批次	
36	张涌泉	人文学院	2006	第七批次	
37	蒋建中	材料科学与工程学院	2006	第八批次	

浙江大学年鉴

人 物

序号	姓名	院系	批准年度	批次	备注
38	喻景权	农业与生物技术学院	2006	第八批次	
39	罗民兴	物理学系	2006	第八批次	
40	梁永超	环境与资源学院	2006	第八批次	
41	彭金荣	动物科学学院	2007	第九批次	
42	高长有	高分子科学与工程学系	2007	第九批次	
43	徐建明	环境与资源学院	2007	第九批次	
44	周 昆	计算机科学与技术学院	2007	第九批次	
45	袁辉球	物理学系	2007	第九批次	
46	盛 况	电气工程学院	2008	第十批次	
47	刘 旭	光电科学与工程学院	2008	第十批次	
48	庄越挺	计算机科学与技术学院	2008	第十批次	
49	沈华浩	附属第二医院	2008	第十批次	
50	成少安	能源工程学院	2008	第十批次	
51	应义斌	生物系统工程与食品科学学院	2008	第十批次	
52	陈启瑾	物理学系	2008	第十批次	
53	周继勇	动物科学学院	2009	第十一批次	
54	吴忠标	环境与资源学院	2009	第十一批次	
55	高 翔	能源工程学院	2009	第十一批次	
56	陈学新	农业与生物技术学院	2009	第十一批次	
57	郑绍建	生物医学工程与仪器科学学院	2009	第十一批次	
58	葛根年	数学科学学院	2009	第十一批次	调出
59	邱建荣	光电科学与工程学院	2009	第十一批次	
60	施 旭	外国语言文化与国际交流学院	2009	第十一批次	调出
61	蔡秀军	附属邵逸夫医院	2009	第十一批次	
62	方向明	附属第一医院	2009	第十一批次	
63	钱国栋	材料科学与工程学院	2011	第十二批次	
64	郑津洋	化学工程与生物工程学院	2011	第十二批次	
65	梁廷波	附属第二医院	2011	第十二批次	

浙江大学年鉴

续表

序号	姓名	院系	批准年度	批次	备注
66	邱利民	能源工程学院	2011	第十二批次	
67	华中生	管理学院	2011	第十二批次	
67	许 钧	外国语言文化与国际交流学院	2011	第十二批次	
69	陈 忠	药学院	2012	第十三批次	
70	沈模卫	心理与行为科学系	2012	第十三批次	
71	苏宏业	控制科学与工程学院	2012	第十三批次	
72	童利民	光电科学与工程学院	2012	第十三批次	
73	郁建兴	公共管理学院	2012	第十三批次	
74	陈红胜	信息与电子工程学院	2014	第十四批次	
75	黄先海	经济学院	2014	第十四批次	
76	李晓明	医学院	2014	第十四批次	
77	潘洪革	材料科学与工程学院	2014	第十四批次	
78	申有青	化学工程与生物工程学院	2014	第十四批次	
79	田 梅	附属第二医院	2014	第十四批次	
80	王云路	人文学院	2014	第十四批次	
81	吴晓波	管理学院	2014	第十四批次	
82	徐 骁	附属第一医院	2014	第十四批次	
83	王 杰	传媒与国际文化学院	2014	第十四批次	
84	陈积明	控制科学与工程学院	2015	第十五批次	
85	陈伟球	航空航天学院	2015	第十五批次	
86	胡海岚	求是高等研究院	2015	第十五批次	
87	计 剑	高分子系	2015	第十五批次	
88	居冰峰	机械工程学院	2015	第十五批次	
89	王立忠	建筑工程学院	2015	第十五批次	
讲座教授					
1	林芳华	数学科学学院	2000	第二批次	
2	励建书	数学科学学院	2000	第二批次	
3	罗 锋	数学科学学院	2004	第二批次	

浙江大学年鉴

序号	姓名	院系	批准年度	批次	备注
4	朱世平	化学工程与生物工程学院	2004	第六批次	
5	吴息凤	医学院	2004	第六批次	
6	刘荧	物理学系	2006	第八批次	
7	李正祥	地球科学学院	2006	第八批次	
8	王汝渠	经济学院	2007	第九批次	
9	严玉山	化学工程与生物工程学院	2007	第九批次	
10	甘剑英	农业与生物技术学院	2007	第九批次	
11	郑铭豪	附属第一医院	2008	第十批次	
12	宋顺锋	经济学院	2008	第十批次	
13	左康	数学科学学院	2008	第十批次	
14	刘俊杰	信息与电子工程学院	2008	第十批次	
15	沈炳辉	农业与生物技术学院	2008	第十批次	
16	陈勇民	经济学院	2009	第十一批次	
17	莫家豪	教育学院	2009	第十一批次	
18	斯其苗	物理学系	2009	第十一批次	
19	姚斌	机械工程学院	2009	第十一批次	
20	俞滨	信息与电子工程学院	2009	第十一批次	
21	L. T. Biegler	控制科学与工程学院	2009	第十一批次	
22	周武元	控制科学与工程学院	2009	第十一批次	
23	陈志祥	农业与生物技术学院	2009	第十一批次	
24	戴一凡	附属第一医院	2009	第十一批次	
25	康景轩	生物系统工程与食品科学学院	2011	第十二批次	
26	刘坚能	信息与电子工程学院	2011	第十二批次	
27	Steven H. Low	控制科学与工程学院	2011	第十二批次	
28	黄铭钧	计算机科学与技术学院	2012	第十三批次	
29	H. Holly Wang	管理学院	2014	第十四批次	
30	Junshan Zhang	控制科学与工程学院	2014	第十四批次	
31	Peter ten Dijke	生命科学研究院	2014	第十四批次	

序号	姓名	院系	批准年度	批次	备注
32	甘苏生	农业与生物技术学院	2014	第十四批次	
33	魏文毅	转化医学研究院	2014	第十四批次	
青年学者					
1	边学成	建筑工程学院	2015	第一批次	
2	何 艳	环境与资源学院	2015	第一批次	
3	黄厚明	人文学院	2015	第一批次	
4	刘永锋	材料科学与工程学院	2015	第一批次	
5	魏 江	管理学院	2015	第一批次	
6	徐海君	农业与生物技术学院	2015	第一批次	

教育部高等学校教学名师奖获得者

序号	姓名	所属单位	获得年度	备注
1	吴秀明	人文学院	2003	第一届
2	林正炎	数学科学学院	2003	第一届（退休）
3	陆国栋	机械工程学院	2006	第二届
4	杨启帆	数学科学学院	2006	第二届（退休）
5	何莲珍	外国语言文化与国际交流学院	2006	第二届
6	应义斌	生物系统工程与食品科学学院	2008	第四届
7	吴 敏	生命科学学院	2008	第四届
8	何 勇	生物系统工程与食品科学学院	2009	第五届
9	刘 旭	光电科学与工程学院	2011	第六届
10	朱 军	农业与生物技术学院	2011	第六届

国家杰出青年科学基金项目获得者

序号	姓名	所属单位	获得年度	备注
1	樊建人	能源工程学院	1994	
2	谭建荣	机械工程学院	1994	
3	冯明光	生命科学学院	1995	
4	杨 卫	航空航天学院	1995	
5	马利庄	计算机科学与技术学院	1996	调出
6	徐世烺	建筑工程学院	1996	
7	林建华	化学系	1997	调出
8	吴 平	生命科学学院	1997	
9	褚 健	控制科学与工程学院	1997	
10	肖丰收	化学系	1998	
11	林建忠	航空航天学院	1999	调出
12	杨肖娥	环境与资源学院	1999	
13	鲍虎军	计算机科学与技术学院	1999	
14	陈湘明	材料科学与工程学院	2000	
15	何振立	环境与资源学院	2000	调出
16	骆仲泱	能源工程学院	2000	
17	苏宏业	控制科学与工程学院	2000	
18	邱建荣	材料科学与工程学院	2001	
19	李伯耿	化学工程与生物工程学院	2001	
20	郑 强	高分子科学与工程学系	2001	
21	朱利中	环境与资源学院	2001	
22	周雪平	农业与生物技术学院	2001	调出
23	杨德仁	材料科学与工程学院	2002	
24	陈红征	高分子科学与工程学系	2002	
25	曹一家	电气工程学院	2002	调出

序号	姓名	所属单位	获得年度	备注
26	陈 劲	公共管理学院	2002	调出
27	郑 耀	航空航天学院	2002	
28	刘维屏	环境与资源学院	2002	调出
29	李有泉	物理学系	2002	
30	许祝安	物理学系	2002	
31	杨卫军	生命科学学院	2002	
32	曾 苏	药学院	2002	
33	刘建新	动物科学学院	2003	
34	郑 波	物理学系	2003	
35	喻景权	农业与生物技术学院	2003	
36	方盛国	生命科学学院	2003	
37	蒋建中	材料科学与工程学院	2004	
38	高长有	高分子科学与工程学系	2004	
39	徐建明	环境与资源学院	2004	
40	杨华勇	机械工程学院	2004	
41	陈云敏	建筑工程学院	2004	
42	罗民兴	物理学系	2004	
43	沈志成	农业与生物技术学院	2004	
44	华跃进	农业与生物技术学院	2004	
45	童利民	光电科学与工程学院	2004	
46	于晓方	医学院	2004	调出
47	宋金宝	海洋学院	2004	
48	叶旭东	电气工程学院	2005	
49	周俊虎	能源工程学院	2005	
50	庄越挺	计算机科学与技术学院	2005	
51	许宜铭	化学系	2005	
52	吴朝晖	计算机科学与技术学院	2005	
53	章晓波	生命科学学院	2005	

序号	姓名	所属单位	获得年度	备注
54	徐志康	高分子科学与工程学系	2006	
55	钱国栋	材料科学与工程学院	2006	
56	周继勇	动物科学学院	2006	
57	陈学新	农业与生物技术学院	2006	
58	郑绍建	生命科学学院	2006	
59	何赛灵	光电科学与工程学院	2006	
60	陈伟球	航空航天学院	2007	
61	王 平	生物医学工程与仪器科学学院	2007	
62	何建军	光电科学与工程学院	2007	
63	陈 忠	药学院	2007	
64	华中生	管理学院	2007	
65	申有青	化学工程与生物工程学院	2008	
66	彭金荣	动物科学学院	2008	
67	邱利民	能源工程学院	2008	
68	周 昆	计算机科学与技术学院	2008	
69	葛根年	数学科学学院	2008	调出
70	方 群	数学科学学院	2008	
71	应义斌	生物系统工程与食品科学学院	2008	
72	沈华浩	医学院	2008	
73	方向明	医学院	2008	
74	林 强	物理学系	2009	调出
75	林福呈	农业与生物技术学院	2009	
76	梁廷波	医学院	2009	
77	黄志龙	航空航天学院	2010	
78	王晓光	物理学系	2010	
79	潘远江	化学系	2010	
80	汪以真	动物科学学院	2010	
81	叶恭银	农业与生物技术学院	2010	

浙江大学年鉴

人 物

续表

序号	姓名	所属单位	获得年度	备注
82	潘洪革	材料科学与工程学院	2010	
83	计 剑	高分子科学与工程学系	2010	
84	罗尧治	建筑工程学院	2010	
85	肖 磊	动物科学学院	2010	调出
86	冯 波	物理学系	2011	
87	黄飞鹤	化学系	2011	
88	罗英武	化学工程与生物工程学院	2011	
89	金勇丰	生命科学学院	2011	
90	周天华	医学院	2011	
91	高 翔	能源工程学院	2011	
92	何晓飞	计算机科学与技术学院	2011	
93	欧阳宏伟	医学院	2011	
94	吴志英	医学院	2011	
95	王 鹏	化学系	2011	
96	张立新	数学科学学院	2012	
97	盛 况	电气工程学院	2012	
98	陈仁朋	建筑工程学院	2012	
99	李晓明	医学院	2012	
100	王福俤	医学院	2012	
101	胡有洪	药学院	2012	
102	胡海岚	求是高等研究院	2012	
103	夏群科	地球科学学院	2012	
104	高 超	高分子科学与工程学系	2013	
105	鲁林荣	医学院	2013	
106	黄 俊	生命科学研究院	2013	
107	王立忠	建筑工程学院	2013	
108	陈宝梁	环境与资源学院	2014	
109	居冰峰	机械工程学院	2014	

序号	姓名	所属单位	获得年度	备注
110	仇旻	光电科学与工程学院	2014	
111	张宏	医学院	2014	
112	霍宝锋	管理学院	2015	
113	刘华锋	光电科学与工程学院	2015	
114	曲绍兴	航空航天学院	2015	
115	金仲和	航空航天学院	2015	
116	王靖岱	化学工程与生物工程学院	2015	
117	吴传德	化学系	2015	
118	林道辉	环境与资源学院	2015	
119	马忠华	农业与生物技术学院	2015	
120	叶升	生命科学研究院	2015	
121	吴飞	计算机科学与技术学院	2016	
122	陈红胜	信息与电子工程学院	2016	
123	唐睿康	化学系	2016	
124	谢涛	化学工程与生物工程学院	2016	
125	李寒莹	高分子系	2016	
126	詹良通	建筑工程学院	2016	
127	杨波	药学院	2016	
128	徐骁	附属第一医院	2016	
129	沈颖	医学院	2016	

中国青年科技奖获得者

序号	姓名	所属单位	获得时间	备注
1	倪明江	能源工程学院	1988	第一届
2	益小苏	高分子科学与工程学院	1988	第一届（调出）
3	杨卫	航空航天学院	1988	第一届

续表

序号	姓名	所属单位	获得时间	备注
4	刘树生	农业与生物技术学院	1990	第二届
5	陈启瑞	生命科学学院	1990	第二届（调出）
6	陈 纯	计算机科学与技术学院	1992	第三届
7	陈杰诚	数学科学学院	1992	第三届（调出）
8	戴连奎	控制科学与工程学院	1992	第三届
9	曹雪涛	医学院	1992	第三届（调出）
10	骆仲泱	能源工程学院	1994	第四届
11	陈龙珠	建筑工程学院	1996	第五届（调出）
12	陈云敏	建筑工程学院	1998	第六届
13	马利庄	计算机科学与技术学院	1998	第六届（调出）
14	刘国华	建筑工程学院	2000	第七届
15	刘 旭	光电科学与工程学院	2004	第八届
16	李有泉	物理学系	2004	第八届
17	杨德仁	材料科学与工程学院	2006	第九届
18	童利民	光电科学与工程学院	2006	第九届
19	曹一家	电气工程学院	2008	第十届（调出）
20	葛根年	数学科学学院	2009	第十一届（调出）
21	唐睿康	化学系	2011	第十二届
22	顾临怡	机械工程学院	2011	第十二届
23	陈仁朋	建筑工程学院	2011	第十二届
24	周 昆	计算机科学与技术学院	2011	第十二届
25	胡海岚	求是高等研究院	2016	第十四届
26	田 梅	附属第二医院	2016	第十四届

浙江大学年鉴

教育部"新世纪优秀人才支持计划"入选者

序号	姓名	所属单位	入选年度
1	马向阳	材料科学与工程学院	2004
2	甘德强	电气工程学院	2004
3	汪以真	动物科学学院	2004
4	徐君庭	高分子科学与工程学系	2004
5	吴晓波	管理学院	2004
6	丁志华	光电信息工程学院	2004
7	孙笑侠	光华法学院	2004（调出）
8	郑津洋	化学工程与生物工程学院	2004
9	罗英武	化学工程与生物工程学院	2004
10	吴忠标	环境与资源学院	2004
11	郑绍建	环境与资源学院	2004
12	陶国良	机械工程学院	2004
13	王宣银	机械工程学院	2004
14	鲁东明	计算机科学与技术学院	2004
15	吴朝晖	计算机科学与技术学院	2004
16	张土乔	建筑工程学院	2004
17	商丽浩	教育学院	2004
18	吴　俊	控制科学与工程学院	2004
19	李　方	数学科学学院	2004
20	陈庆虎	物理学系	2004
21	李　冲	数学科学学院	2004
22	刘建忠	能源工程学院	2004
23	陈学新	农业与生物技术学院	2004
24	娄永根	农业与生物技术学院	2004
25	宋凤鸣	农业与生物技术学院	2004

序号	姓名	所属单位	入选年度
26	虞云龙	农业与生物技术学院	2004
27	黄华新	人文学院	2004
28	应义斌	生物系统工程与食品科学学院	2004
29	王 俊	生物系统工程与食品科学学院	2004
30	金勇丰	生命科学学院	2004
31	寿惠霞	生命科学学院	2004
32	夏 灵	生物医学工程与仪器科学学院	2004
33	施 旭	外国语言文化与国际交流学院	2004
34	俞云松	医学院	2004
35	严 密	材料科学与工程学院	2005
36	张才乔	动物科学学院	2005
37	计 剑	高分子科学与工程学系	2005
38	刘 南	管理学院	2005
39	卫龙宝	管理学院	2005
40	陈 凌	管理学院	2005
41	沈永行	光电信息工程学院	2005
42	黄志龙	航空航天学院	2005
43	陈伟球	航空航天学院	2005
44	单国荣	化学工程与生物工程学院	2005
45	陈宝梁	环境与资源学院	2005
46	魏建华	机械工程学院	2005
47	金小刚	计算机科学与技术学院	2005
48	徐小洲	教育学院	2005
49	方 群	化学系	2005
50	李晓东	能源工程学院	2005
51	叶恭银	农业与生物技术学院	2005
52	樊龙江	农业与生物技术学院	2005
53	汪俏梅	农业与生物技术学院	2005

浙江大学年鉴

序号	姓名	所属单位	入选年度
54	何莲珍	外国语言文化与国际交流学院	2005
55	章献民	信息与电子工程学院	2005
56	俞永平	药学院	2005
57	杨　军	医学院	2005（调出）
58	许正平	医学院	2005
59	方向明	医学院	2005
60	潘洪革	材料科学与工程学院	2006
61	陈国柱	电气工程学院	2006
62	吴小锋	动物科学学院	2006
63	王　齐	高分子科学与工程学系	2006
64	郁建兴	公共管理学院	2006
65	钱文荣	管理学院	2006
66	钱弘道	光华法学院	2006
67	徐新华	环境与资源学院	2006
68	周　华	机械工程学院	2006
69	刘新国	计算机科学与技术学院	2006
70	罗尧治	建筑工程学院	2006
71	汪　炜	经济学院	2006
72	潘远江	化学系	2006
73	王晓光	物理学系	2006
74	高　翔	能源工程学院	2006
75	邱利民	能源工程学院	2006
76	马忠华	农业与生物技术学院	2006
77	张明方	农业与生物技术学院	2006
78	杨大春	人文学院	2006
79	严庆丰	生命科学学院	2006
80	叶学松	生物医学工程与仪器科学学院	2006
81	金仲和	信息与电子工程学院	2006

续表

序号	姓名	所属单位	入选年度
82	陈 忠	药学院	2006
83	瞿海斌	药学院	2006
84	周天华	医学院	2006
85	陈立新	材料科学与工程学院	2007
86	郭创新	电气工程学院	2007
87	占秀安	动物科学学院	2007
88	毛 丹	公共管理学院	2007
89	贾生华	管理学院	2007
90	林来梵	光华法学院	2007（调出）
91	包永忠	化学工程与生物工程学院	2007
92	吴伟祥	环境与资源学院	2007
93	杨灿军	机械工程学院	2007
94	陈 刚	计算机科学与技术学院	2007
95	耿卫东	计算机科学与技术学院	2007
96	赵 阳	建筑工程学院	2007
97	顾建民	教育学院	2007
98	黄先海	经济学院	2007
99	葛根年	数学科学学院	2007（调出）
100	赵道木	物理学系	2007
101	周 昊	能源工程学院	2007
102	吴殿星	农业与生物技术学院	2007
103	徐昌杰	农业与生物技术学院	2007
104	吴 坚	生物系统工程与食品科学学院	2007
105	陈 铭	生命科学学院	2007
106	冉立新	信息与电子工程学院	2007
107	虞 露	信息与电子工程学院	2007
108	沈 颖	医学院	2007
109	江全元	电气工程学院	2008

浙江大学年鉴

序号	姓名	所属单位	入选年度
110	蔡　宁	公共管理学院	2008
111	韩洪云	管理学院	2008
112	梁上上	光华法学院	2008(调出)
113	曲绍兴	航空航天学院	2008
114	林东强	化学工程与生物工程学院	2008
115	杨　坤	环境与资源学院	2008
116	何　闻	机械工程学院	2008
117	陈仁朋	建筑工程学院	2008
118	沈满洪	经济学院	2008
119	孙永革	地球科学学院	2008
120	吴　韬	化学系	2008
121	张立新	数学科学学院	2008
122	周劲松	能源工程学院	2008
123	包劲松	农业与生物技术学院	2008
124	蔡新忠	农业与生物技术学院	2008
125	王德华	人文学院	2008
126	欧阳宏伟	医学院	2008
127	王青青	医学院	2008
128	王兴祥	医学院	2008
129	彭新生	材料科学与工程学院	2009
130	刘妹琴	电气工程学院	2009
131	廖　敏	动物科学学院	2009
132	朱新力	光华法学院	2009
133	王宏涛	航空航天学院	2009
134	黄飞鹤	化学系	2009
135	史　舟	环境与资源学院	2009
136	徐　兵	机械工程学院	2009
137	卜佳俊	计算机科学与技术学院	2009

续表

序号	姓名	所属单位	入选年度
138	黄 英	经济学院	2009
139	王勤辉	能源工程学院	2009
140	周艳虹	农业与生物技术学院	2009
141	蒋焕煜	生物系统工程与食品科学学院	2009
142	吴建平	生物系统工程与食品科学学院	2009
143	张 宏	物理学系	2009
144	张朝阳	信息与电子工程学院	2009
145	魏兴昌	信息与电子工程学院	2009
146	杨 波	药学院	2009
147	刁宏燕	医学院	2009
148	金洪传	医学院	2009
149	冯 杰	动物科学学院	2010
150	宋义虎	高分子科学与工程学系	2010
151	范柏乃	公共管理学院	2010
152	魏 江	管理学院	2010
153	邵雪明	航空航天学院	2010
154	王靖岱	化学工程与生物工程学院	2010
155	范 杰	化学系	2010
156	马 成	化学系	2010
157	林道辉	环境与资源学院	2010
158	冯结青	计算机科学与技术学院	2010
159	詹良通	建筑工程学院	2010
160	邵之江	控制科学与工程学院	2010
161	王树荣	能源工程学院	2010
162	蒋明星	农业与生物技术学院	2010
163	田 兵	农业与生物技术学院	2010
164	苏宏斌	人文学院	2010
165	罗自生	生物系统工程与食品科学学院	2010

人 物

浙江大学年鉴

序号	姓名	所属单位	入选年度
166	陈 新	生命科学学院	2010
167	叶 升	生命科学研究院	2010
168	董 浙	数学科学学院	2010
169	王业伍	物理学系	2010
170	池 灏	信息与电子工程学院	2010
171	何俏军	药学院	2010
172	鲁林荣	医学院	2010
173	吴希美	医学院	2010
174	夏总平	生命科学研究院	2011
175	项 基	电气工程学院	2011
176	居冰峰	机械工程学院	2011
177	程 军	能源工程学院	2011
178	胡吉明	化学系	2011
179	张 挺	数学科学学院	2011
180	王浩华	物理学系	2011
181	施积炎	环境与资源学院	2011
182	毛传澡	生命科学学院	2011
183	章雪富	人文学院	2011
184	肖忠华	外国语言文化与国际交流学院	2011
185	刘正伟	教育学院	2011
186	潘士远	经济学院	2011
187	马云贵	光电科学与工程学院	2011
188	吴 飞	计算机科学与技术学院	2011
189	陈积明	控制科学与工程学院	2011
190	邱利焱	药学院	2011
191	李晓明	医学院	2011
192	叶 娟	医学院	2011
193	陈启和	生物系统工程与食品科学学院	2012

续表

序号	姓名	所属单位	入选年度
194	王晓伟	农业与生物技术学院	2012
195	陈红胜	信息与电子工程学院	2012
196	尹建伟	计算机科学与技术学院	2012
197	柯越海	医学院	2012
198	徐 峰	医学院	2012
199	徐 骁	医学院	2012
200	范骁辉	药学院	2012
201	黄 俊	生命科学研究院	2012
202	苏 彬	化学系	2012
203	朱国怀	物理学系	2012
204	朱铁军	材料科学与工程学院	2012
205	赵羽习	建筑工程学院	2012
206	徐明生	高分子科学与工程学系	2012
207	郁发新	航空航天学院	2012
208	赵春晖	控制科学与工程学院	2012
209	马述忠	经济学院	2012
210	周江洪	光华法学院	2012
211	韦 路	传媒与国际文化学院	2012
212	陈林林	光华法学院	2013
213	陈树林	心理与行为科学系	2013
214	陈 曦	控制科学与工程学院	2013
215	胡 虎	医学院	2013
216	金 滔	能源工程学院	2013
217	李 鲜	农业与生物技术学院	2013
218	梅德庆	机械工程学院	2013
219	米玉玲	动物科学学院	2013
220	宁凡龙	物理学系	2013
221	潘 纲	计算机科学与技术学院	2013

人 物

序号	姓名	所属单位	入选年度
222	齐冬莲	电气工程学院	2013
223	汪 洌	医学院	2013
224	邢华斌	化学工程与生物工程学院	2013
225	虞朝辉	医学院	2013
226	周伟华	管理学院	2013

国家自然科学基金创新研究群体

序号	批准年度	项目名称	负责人	学院(系)
1	2000、2003	网络视觉计算的基础理论和算法研究	鲍虎军	计算机科学与技术学院
2	2004、2007	工业过程的控制理论与总线技术及其应用研究	褚 健	控制科学与工程学院
3	2010、2013	农业害虫生物防治的基础研究	刘树生	农业与生物技术学院
4	2011、2014	人工肝与肝移植治疗终末期肝病的基础应用研究	郑树森	医学院
5	2012、2015	突触和神经环路调控的分子机制及其在神经精神疾病中的作用	段树民	医学院
6	2012、2015	机电液系统基础研究	谭建荣	机械工程学院
7	2013、2016	智能材料和结构的力学与控制	陈伟球	航空航天学院
8	2016	有机污染物环境界面行为与调控技术原理	陈宝梁	环境与资源学院
9	2016	复杂石化过程建模和优化控制理论、技术及应用	苏宏业	控制科学与工程学院
10	2016	复杂组分固体燃料热转化机理及清洁利用	严建华	能源工程学院
11	2016	偏微分方程反问题的理论、计算与应用	包 刚	数学科学学院

优秀青年科学基金项目获得者

序号	姓名	所属单位	获得年度	备注
1	曲绍兴	航空航天学院	2012	
2	王浩华	物理学系	2012	
3	范 杰	化学系	2012	
4	秦安军	高分子科学与工程学系	2012	调出
5	苏 彬	化学系	2012	
6	邢华斌	化学工程与生物工程学院	2012	
7	李正和	农业与生物技术学院	2012	
8	汪 洌	医学院	2012	
9	杨建立	生命科学学院	2012	
10	刘永锋	材料科学与工程学院	2012	
11	金传洪	材料科学与工程学院	2012	
12	李寒莹	高分子科学与工程学系	2012	
13	邹 俊	机械工程学院	2012	
14	罗 坤	能源工程学院	2012	
15	李武华	电气工程学院	2012	
16	边学成	建筑工程学院	2012	
17	吴建营	建筑工程学院	2012	调出
18	蔡 登	计算机科学与技术学院	2012	
19	陈积明	控制科学与工程学院	2012	
20	刘妹琴	电气工程学院	2012	
21	皮孝东	材料科学与工程学院	2012	
22	邱利焱	药学院	2012	
23	吕朝锋	建筑工程学院	2013	
24	王宏涛	航空航天学院	2013	
25	杜滨阳	高分子科学与工程学系	2013	

人物

浙江大学年鉴

序号	姓名	所属单位	获得年度	备注
26	王从敏	化学系	2013	
27	杨 坤	环境与资源学院	2013	
28	易 文	生命科学学院	2013	
29	汪方炜	生命科学研究院	2013	
30	何 艳	环境与资源学院	2013	
31	马 列	高分子科学与工程学系	2013	
32	冯毅雄	机械工程学院	2013	
33	杨仲轩	建筑工程学院	2013	
34	陈红胜	信息与电子工程学院	2013	
35	朱永群	生命科学研究院	2013	
36	陈玮琳	医学院	2013	
37	周欣悦	管理学院	2013	
38	冯 涛	数学科学学院	2014	
39	王 凯	物理学系	2014	
40	孟祥举	化学系	2014	
41	史炳锋	化学系	2014	
42	潘鹏举	化学工程与生物工程学院	2014	
43	吕镇梅	生命科学学院	2014	
44	程 磊	生命科学学院	2014	
45	赵 斌	生命科学研究院	2014	
46	施积炎	环境与资源学院	2014	
47	曹 龙	地球科学学院	2014	
48	王智化	能源工程学院	2014	
49	陈 为	计算机科学与技术学院	2014	
50	赵春晖	控制科学与工程学院	2014	
51	余学功	材料科学与工程学院	2014	
52	戴道锌	光电科学与工程学院	2014	
53	余路阳	生命科学学院	2014	
54	应颂敏	医学院	2014	

续表

序号	姓名	所属单位	获得年度	备注
55	许威威	计算机科学与技术学院	2014	
56	张兴旺	化学工程与生物工程学院	2015	
57	王 迪	医学院	2015	
58	陈 伟	医学院	2015	
59	王立铭	生命科学研究院	2015	
60	徐海君	农业与生物技术学院	2015	
61	梁新强	环境与资源学院	2015	
62	张 辉	材料科学与工程学院	2015	
63	金一政	化学系	2015	
64	唐建斌	化学工程与生物工程学院	2015	
65	万灵书	高分子系	2015	
66	吴新科	电气工程学院	2015	
67	段元锋	建筑工程学院	2015	
68	闫东明	建筑工程学院	2015	
69	高云君	计算机科学与技术学院	2015	
70	黄 劲	计算机科学与技术学院	2015	
71	杨 翼	管理学院	2015	
72	龚渭华	医学院	2015	
73	陈 晓	医学院	2015	
74	马天宇	材料科学与工程学院	2016	
75	年 珩	电气工程学院	2016	
76	王佳堃	动物科学学院	2016	
77	宋吉舟	航空航天学院	2016	
78	程党国	化学工程与生物工程学院	2016	
79	丁寒锋	化学系	2016	
80	王 勇	化学系	2016	
81	金崇伟	环境与资源学院	2016	
82	贺 永	机械工程学院	2016	
83	李庆华	建筑工程学院	2016	

序号	姓名	所属单位	获得年度	备注
84	梁 岩	农业与生物技术学院	2016	
85	黄健华	农业与生物技术学院	2016	
86	王晓光	数学科学学院	2016	
87	佟 超	生命科学研究院	2016	
88	汪 浩	医学院	2016	
89	胡新央	附属第二医院	2016	
90	楼 敏	附属第二医院	2016	

教育部创新团队

序号	负责人	所属学院（系）	研究方向	批准年度
1	骆仲泱	能源工程学院	清洁燃烧中的重大基础问题研究	2004
2	冯明光	农业与生物技术学院	农业害虫生物防治	2005
3	杨肖娥	环境与资源学院	污染环境修复与生态系统健康	2005
4	杨德仁	材料科学与工程学院	信息功能材料	2006
5	庄越挺	计算机科学与技术学院	网络多媒体智能信息处理技术	2006
6	郑树森	医学院	终末期肝病综合治疗研究	2007
7	许祝安	物理学系	非常规超导电性和强关联电子体系	2007
8	杨华勇	机械工程学院	全断面大型掘进装备关键技术研究	2008
9	李伯耿	化学工程与生物工程学院	聚合物产品工程	2009
10	周雪平（调出）	农业与生物技术学院	水稻重要病害的成灾机理和持续控制	2009
11	段树民	医学院	神经精神疾病的基础研究	2010
12	刘 旭	光电科学与工程学院	新一代微纳光子信息技术与工程应用	2010
13	彭金荣	动物科学学院	动物消化系统发育与功能研究	2010
14	陈云敏	建筑工程学院	软弱土与环境土工	2011
15	黄荷凤	医学院	生殖安全转化医学研究	2011

续表

序号	负责人	所属学院(系)	研究方向	批准年度
16	郑绍建	生命科学学院	植物营养生理与分子改良	2011
17	喻景权	农业与生物技术学院	园艺作物生长发育与品质调控	2012
18	张泽	材料科学与工程学院	功能材料微结构调控及能源应用	2013

"973 计划"首席科学家 *

序号	批准年度	项目类型	负责人	所属单位
1	2002、2008	973 计划	鲍虎军	计算机科学与技术学院
2	2003、2008	973 计划	郑树森	附属第一医院
3	2004	973 计划	何赛灵	光电科学与工程学院
4	2005	973 计划	吴平	生命科学学院
5	2007	973 计划	骆仲泱	能源工程学院
6	2007、2012	973 计划	项春生	附属第一医院
7	2007、2012	973 计划	杨德仁	材料科学与工程学院
8	2007、2012	973 计划	杨华勇	机械工程学院
9	2008	973 计划	喻景权	农业与生物技术学院
10	2009	973 计划	娄永根	农业与生物技术学院
11	2009	重大科学研究计划	罗建红	医学院
12	2010	973 计划	张泽	材料科学与工程学院
13	2010	973 计划	段树民	医学院
14	2010	973 计划	李伯耿	化学工程与生物工程学院
15	2010	973 计划	谭建荣	机械工程学院
16	2010	973 计划	严建华	能源工程学院
17	2010	973 计划	杨立荣	化学工程与生物工程学院
18	2011	973 计划	陈云敏	建筑工程学院
19	2011	973 计划	蒋建中	材料科学与工程学院
20	2011	973 计划	庄越挺	计算机科学与技术学院

序　号	批准年度	项目类型	负责人	所属单位
21	2011	重大科学研究计划	冯新华	生命科学研究院
22	2011	重大科学研究计划	黄荷凤	附属妇产科医院
23	2011	重大科学研究计划	彭金荣	动物科学学院
24	2011	ITER 计划	肖　湧	物理学系
25	2012	973 计划	陈学新	农业与生物技术学院
26	2012	973 计划	吴朝晖	计算机科学与技术学院
27	2012	973 计划	周劲松	能源工程学院
28	2012	重大科学研究计划	杨小杭	生命科学学院
29	2012	973 计划青年科学家专题	蔡　登	计算机科学与技术学院
30	2013	973 计划	朱利中	环境与资源学院
31	2013	973 计划	管敏鑫	生命科学学院
32	2013	973 计划	王青青	医学院
33	2013	重大科学研究计划	许祝安	物理学系
34	2013	重大科学研究计划	申有青	化学工程与生物工程学院
35	2013	重大科学研究计划	王建安	附属第二医院
36	2013	973 计划青年科学家专题	李武华	电气工程学院
37	2014	973 计划	刘　旭	光电科学与工程学院
38	2014	973 计划	郑津洋	化学工程与生物工程学院
39	2014	重大科学研究计划	华跃进	农业与生物技术学院
40	2014	重大科学研究计划	黄　河	医学院
41	2014	重大科学研究计划 青年科学家专题	陈　伟	医学院

注:* 含重大科学研究计划、ITER 计划、青年科学家专题项目。

国家"百千万人才工程"入选者

序号	姓名	所属单位	获得时间
1	何振立	环境与资源学院	1996（辞职）
2	陈杰诚	数学科学学院	1996（调出）
3	王 坚	心理与行为科学系	1996（调出）
4	刘树生	农业与生物技术学院	1996
5	杨 卫	航空航天学院	1996
6	马利庄	计算机科学与技术学院	1996（调出）
7	褚 健	控制科学与工程学院	1996
8	张小山	医学院	1996（调出）
9	郝志勇	能源工程学院	1996
10	叶志镇	材料科学与工程学院	1997
11	胡建淼	光华法学院	1997
12	林建忠	航空航天学院	1997
13	杨肖娥	环境与资源学院	1997
14	朱利中	环境与资源学院	1997
15	樊建人	能源工程学院	1997
16	骆仲泱	能源工程学院	1997
17	陈云敏	建筑工程学院	1997
18	潘兴斌	数学科学学院	1997（调出）
19	张涌泉	人文学院	1997
20	冯明光	生命科学学院	1997
21	吴 平	生命科学学院	1997
21	李伯耿	化学工程与生物工程学院	1999
22	文福拴	电气工程学院	1999
23	项保华	管理学院	1999（调出）
24	谭建荣	机械工程学院	1999

人 物

序号	姓名	所属单位	获得时间
25	杨华勇	机械工程学院	1999
26	严建华	能源工程学院	1999
27	史晋川	经济学院	1999
28	刘康生	数学科学学院	1999
29	陈学新	农业与生物技术学院	1999
30	何 勇	生物系统工程与食品科学学院	1999
31	张耀洲	生命科学学院	1999（调出）
32	曾 苏	药学院	1999
33	陈江华	医学院	1999
34	王玉新	机械工程学院	1999（调出）
35	郑 强	高分子科学与工程学系	2004
36	陈英旭	环境与资源学院	2004（开除）
37	徐建明	环境与资源学院	2004
38	陈 鹰	海洋学院	2004
39	周俊虎	能源工程学院	2004
40	鲍虎军	计算机科学与技术学院	2004
41	许祝安	物理学系	2004
42	周雪平	农业与生物技术学院	2004
43	喻景权	农业与生物技术学院	2004
44	廖可斌	人文学院	2004（调出）
45	应义斌	生物系统工程与食品科学学院	2004
46	王 平	生物医学工程与仪器科学学院	2004
47	来茂德	医学院	2004
48	宋金宝	海洋学院	2004
49	叶旭东	电气工程学院	2006
50	柯映林	机械工程学院	2006
51	庄越挺	计算机科学与技术学院	2006
52	李有泉	物理学系	2006

续表

序号	姓名	所属单位	获得时间
53	章晓波	生命科学学院	2006
54	杨德仁	材料科学与工程学院	2007
55	曹一家	电气工程学院	2007（调出）
56	孙笑侠	光华法学院	2007（调出）
57	周 昊	能源工程学院	2007
58	蔡袁强	建筑工程学院	2007
59	徐小洲	教育学院	2007
60	朱祝军	农业与生物技术学院	2007（调出）
61	何莲珍	外国语言文化与国际交流学院	2007
62	金建祥	控制科学与工程学院	2007
63	蔡秀军	医学院	2007
64	陈 劲	公共管理学院	2009（调出）
65	郁建兴	公共管理学院	2009
66	葛根年	数学科学学院	2009（调出）
67	高 翔	能源工程学院	2009
68	吴朝晖	计算机科学与技术学院	2009
69	冯冬芹	控制科学与工程学院	2009
70	沈志成	农业与生物技术学院	2009
71	华中生	管理学院	2009
72	李浩然	化学系	2013
73	汪以真	动物科学学院	2013
74	蒋建中	材料科学与工程学院	2014
75	黄先海	经济学院	2014
76	梁廷波	附属第二医院	2014
78	邱利民	能源工程学院	2015
79	苏宏业	控制科学与工程学院	2015
80	王文海	控制科学与工程学院	2015
81	王福俤	医学院	2015

浙江省"千人计划"入选者

序号	姓名	所属单位	年度	批次
1	何建军	光电科学与工程学院	2009	第一批
2	申有青	化学工程与生物工程学院	2009	第一批
3	李延斌	生物系统工程与食品科学学院	2009	第一批
4	范伟民	医学院	2009	第一批
5	白　勇	建筑工程学院	2009	第一批
6	蒋建中	材料科学与工程学院	2009	第一批
7	杨小杭	生命科学学院	2009	第一批
8	张仲非	信息与电子工程学院	2009	第一批
9	朱善宽	医学院	2010	第二批
10	闫克平	化学工程与生物工程学院	2010	第二批
11	杜一平	生物医学工程与仪器科学学院	2010	第二批（调出）
12	沈志成	农业与生物技术学院	2010	第二批
13	项春生	医学院	2010	第二批
14	韩　彤	浙江大学科技园发展有限公司	2010	第二批（创业）
15	唐睿康	化学系	2010	第三批
16	朱豫才	控制科学与工程学院	2010	第三批
17	徐　文	信息与电子工程学院	2010	第三批
18	盛　况	电气工程学院	2010	第三批
19	成少安	能源工程学院	2010	第三批
20	朱　俊	医学院	2010	第三批
21	黄飞鹤	化学系	2010	第三批
22	袁辉球	物理学系	2010	第三批
23	董恒进	医学院	2010	第三批
24	田　梅	医学院	2010	第三批
25	骆　严	医学院	2010	第三批

续表

序号	姓名	所属单位	年度	批次
26	管敏鑫	生命科学学院	2010	第三批(转入)
27	刘海江	海洋学院	2011	第四批
28	王林翔	海洋学院	2011	第四批
29	王文俊	化学工程与生物工程学院	2011	第四批
30	金传洪	材料科学与工程学院	2011	第四批
31	朱松明	生物系统工程与食品科学学院	2011	第四批
32	叶 升	生命科学研究院	2011	第四批
33	杨晓明	医学院	2011	第四批
34	金洪传	医学院	2011	第四批
35	余 红	医学院	2011	第四批
36	仓 勇	生命科学研究院	2011	第四批
37	周煜东	医学院	2011	第四批
38	陈望平	海洋学院	2011	第四批
39	梁金友	化学工程与生物工程学院	2011	第四批(调出)
40	陈启瑾	物理学系	2011	第四批
41	林 舟	地球科学学院	2011	第四批
42	王浩华	物理学系	2011	第四批
43	陈 焰	计算机科学与技术学院	2011	第四批(海鸥计划)
44	黄 勇	机械工程学院	2011	第四批(海鸥计划)
45	张晓晶	机械工程学院	2011	第四批(海鸥计划)
46	毛星原	材料科学与工程学院	2011	第四批(海鸥计划)
47	杨亦农	生命科学学院	2011	第四批(海鸥计划)
48	石贤权	生物系统工程与食品科学学院	2011	第四批(海鸥计划)
49	孙 仁	医学院	2011	第四批(海鸥计划)
50	王 朔	医学院	2011	第四批(海鸥计划)
51	黄永刚	航空航天学院	2011	第四批(海鸥计划)
52	王 能	经济学院	2011	第四批(海鸥计划)
53	朱 晨	地球科学学院	2011	第四批(海鸥计划)

序号	姓名	所属单位	年度	批次
54	周 毅	物理学系	2012	第五批
55	李铁强	生物医学工程与仪器科学学院	2012	第五批（辞职）
56	蔡庆军	航空航天学院	2012	第五批（放弃）
57	彭新生	材料科学与工程学院	2012	第五批
58	王亦兵	建筑工程学院	2012	第五批
59	黄 俊	生命科学研究院	2012	第五批
60	黄力全	生命科学研究院	2012	第五批
61	李学坤	生命科学研究院	2012	第五批
62	李正和	农业与生物技术学院	2012	第五批
63	周宏庚	管理学院	2012	第五批
64	黄 英	经济学院	2012	第五批
65	约翰·弗顿豪威尔	能源工程学院	2012	第五批（海鸥计划）
66	陈根达	建筑工程学院	2012	第五批（海鸥计划）
67	姚宇峰	航空航天学院	2012	第五批（海鸥计划）
68	陈 平	生命科学学院	2012	第五批（海鸥计划）
69	黄文栋	生命科学学院	2012	第五批（海鸥计划）
70	康毅滨	医学院	2012	第五批（海鸥计划）
71	詹姆士·麦克·维兰	生命科学学院	2012	第五批（海鸥计划）
72	徐明生	高分子科学与工程学系	2014	第六批
73	余路阳	生命科学学院	2014	第六批
74	王福俤	医学院	2014	第六批
75	俞绍才	环境与资源学院	2014	第六批
76	宋旭滨	能源工程学院	2014	第六批
77	王立铭	生命科学研究院	2014	第六批
78	钟 清	生命科学研究院	2014	第六批
79	何向伟	生命科学研究院	2014	第六批
80	赖蒽茵	医学院	2014	第六批

浙江大学年鉴

序号	姓名	所属单位	年度	批次
81	郭苏建	公共管理学院	2014	第六批
82	熊秉元	光华法学院	2014	第六批
83	邹益民	医学院	2014	第六批(海鸥计划)
84	李龙承	医学院	2014	第六批(海鸥计划)
85	陈绍琛	机械工程学院	2014	第六批(海鸥计划)
86	项 阳	计算机科学与技术学院	2014	第六批(海鸥计划)
87	陈延伟	计算机科学与技术学院	2014	第六批(海鸥计划)
88	朱 冠	生命科学学院	2014	第六批(海鸥计划)
89	Stefan Kirchner	物理学系	2014	第六批(外专千人)
90	Douglas B. Fuller	管理学院	2014	第六批(外专千人)
91	李小凡	地球科学学院	2014	第七批
92	路 欣	物理学系	2014	第七批
93	陈荣辉	控制科学与工程学院	2014	第七批
94	黎 鑫	机械工程学院	2014	第七批
95	闵军霞	转化医学研究院	2014	第七批
96	谢安勇	转化医学研究院	2014	第七批
97	唐 亮	公共管理学院	2014	第七批
98	Peter ten Dijke	生命科学研究院	2014	第七批(海鸥计划)
99	俞益洲	计算机科学与技术学院	2014	第七批(海鸥计划)
100	俞 皓	生命科学学院	2014	第七批(海鸥计划)
101	张绳百	材料科学与工程学院	2014	第七批(海鸥计划)
102	巫英才	计算机科学与技术学院	2015	第八批
103	李超勇	电气工程学院	2015	第八批
104	秦发祥	材料科学与工程学院	2015	第八批
105	张 兴	医学院	2015	第八批
106	Stijn van der Veen	医学院	2015	第八批

序号	姓名	所属单位	年度	批次
107	姬峻芳	生命科学研究院	2015	第八批
108	李相尧	医学院	2015	第八批
109	金松青	管理学院	2015	第八批
110	周好民	数学科学学院	2015	第八批(海鸥计划)
111	Atul Jain	地球科学学院	2015	第八批(海鸥计划)
112	张　春	机械工程学院	2015	第八批(海鸥计划)
113	吴伟明	海洋学院	2015	第八批(海鸥计划)
114	甘苏生	农业与生物技术学院	2015	第八批(海鸥计划)
115	冷　晓	附属第一医院	2015	第八批(海鸥计划)
116	黄涛生	医学院	2015	第八批(海鸥计划)

浙江省特级专家入选者

序号	姓名	所属单位	批准年度
1	杨肖娥	环境与资源学院	2005
2	樊建人	能源工程学院	2005
3	陈　纯	计算机科学与技术学院	2005
4	陈云敏	建筑工程学院	2005
5	田正平	教育学院	2005
6	李有泉	物理学系	2005
7	林正炎	数学科学学院	2005
8	郑小明	化学系	2005
9	朱　军	农业与生物技术学院	2005
10	崔富章	人文学院	2005
11	张涌泉	人文学院	2005
12	吴　平	生命科学学院	2005
13	褚　健	控制科学与工程学院	2005

续表

序号	姓名	所属单位	批准年度
14	刘 旭	光电科学与工程学院	2005
15	蔡秀军	医学院	2005
16	叶志镇	材料科学与工程学院	2008
17	杨树锋	地球科学学院	2008
18	刘祥官	数学科学学院	2008
19	杨华勇	机械工程学院	2008
20	刘树生	农业与生物技术学院	2008
21	朱利中	环境与资源学院	2008
22	姚 克	医学院	2008
23	王重鸣	管理学院	2008
24	束景南	人文学院	2008
25	金建祥	控制科学与工程学院	2008
26	林建忠	航空航天学院	2008
27	陈 鹰	海洋学院	2011
28	来茂德	医学院	2011
29	骆仲泱	能源工程学院	2011
30	王建安	医学院	2011
31	吴朝晖	计算机科学与技术学院	2011
32	杨德仁	材料科学与工程学院	2011
33	杨 辉	材料科学与工程学院	2011
34	喻景权	农业与生物技术学院	2011
35	庄越挺	计算机科学与技术学院	2014
36	严建华	能源工程学院	2014
37	杨立荣	化学工程与生物工程学院	2014
38	应义斌	生物系统工程与食品科学学院	2014
39	沈华浩	附属第二医院	2014
40	张土乔	建筑工程学院	2014
41	陈江华	附属第一医院	2014

序号	姓名	所属单位	批准年度
42	陈耀武	生物医学工程与仪器科学学院	2014
43	柯映林	机械工程学院	2014
44	高　翔	能源工程学院	2014

2016 年新增浙江大学光彪讲座教授

聘请院(系)	受聘人姓名	受聘人任职单位及职务
人文学院	Georg Northoff	加拿大渥太华大学哲学、心理学、医学教授
地球科学学院	Sean D. Willett	瑞士联邦理工学院(ETH)地质学系教授
航空航天学院	张永伟	新加坡高性能计算研究所首席科学家
信息与电子工程学院	谢亚宏	美国加州大学洛杉矶分校材料科学与工程系终身教授
医学院	姜有星	University of Texas Southwestern Medical Center at Dallas 教授

2016 年新增浙江大学求是特聘教授

序号	所在院(系)	姓　名	批准年度
求是特聘教授			
1	传媒与国际文化学院	王　杰	2016
2	航空航天学院	曲绍兴	2016
3	环境与资源学院	林道辉	2016

续表

序号	所在院（系）	姓名	批准年度
4	化学系	吴传德	2016
5	化学工程与生物工程学院	王靖岱	2016
6	农业与生物技术学院	马忠华	2016
7	农业与生物技术学院	林福呈	2016
8	浙江大学生命科学研究院	叶 升	2016
9	光电科学与工程学院	刘华锋	2016
10	传媒与国际文化学院	吴 飞	2016
11	物理学系	曹光旱	2016
12	地球科学学院	徐义贤	2016
13	机械工程学院	付 新	2016
14	海洋学院	张朝晖	2016
15	农业与生物技术学院	邬飞波	2016
16	医学院	王建莉	2016
求是特聘医师岗			
1	附属第一医院	王伟林	2016
2	附属第一医院	罗本燕	2016
3	附属第二医院	严 敏	2016
4	附属第二医院	项美香	2016
5	附属邵逸夫医院	张松英	2016
6	附属邵逸夫医院	范顺武	2016
7	附属妇产科医院	吕卫国	2016

浙江大学年鉴

2016 年新增浙江大学求是讲座教授

聘请院(系)	受聘人姓名	受聘人任职单位及职务
外国语言文化与国际交流学院	陆经生	上海外国语大学教授
经济学院	林 晨	香港大学经济与工商管理学院金融学讲席教授，副院长(分管研究)
光华法学院	叶俊荣	台湾大学教授
教育学院	Kim Plunkett	英国牛津大学实验心理学系认知科学教授
管理学院	于晓华	德国哥廷根大学教授(终身讲席教授)
公共管理学院	李连江	香港中文大学政治与公共行政系教授
数学科学学院	江迪华	美国明尼苏达大学终身教授
材料科学与工程学院	Joseph P. Heremans	美国俄亥俄州立大学材料科学与工程学系、物理系、机械与航空航天工程系教授，美国国家工程院院士
能源工程学院	陈 曦	美国哥伦比亚大学地球与环境工程系终身教授
建筑工程学院	Jin Yeam Ooi	英国爱丁堡大学教授
化学工程与生物工程学院	叶志斌	加拿大 Laurentian 大学教授，加拿大国家研究讲座教授
生物医学工程与仪器科学学院	Lee Miller	美国西北大学教授
信息与电子工程学院	李 烨	美国佐治亚理工学院电子工程系教授
农业与生物技术学院	Mondher Bouzayen	图卢兹大学教授，欧洲科学院"应用生命科学"学部院士
动物科学学院	管乐珞	加拿大阿尔伯塔大学农业食品与营养系教授
生命科学学院	Heven Sze	美国马里兰大学帕克分校研究教授
医学院	Lynn W. Enquist	美国普林斯顿大学分子生物学系终身讲席教授，美国艺术和科学院院士
转化医学研究院	邹伟平	美国密西根大学终身教授，转化医学主任，肿瘤免疫主任，免疫平台主任

聘请院（系）	受聘人姓名	受聘人任职单位及职务
附属第一医院	邵一鸣	中国疾病预防控制中心艾滋病首席专家,性病艾滋病预防控制中心病毒与免疫研究室主任,研究员
附属第二医院	孙伟劲	美国匹兹堡大学医学中心教授、消化道肿瘤内科主任及消化道肿瘤中心共同主任
附属儿童医院	范 杰	美国匹兹堡大学医学院外科学系终身教授
医学院	Bruno M. Humbel	瑞士洛桑大学电镜中心主任
求是高等研究院	蒋田仔	中国科学院自动化研究所脑网络组研究中心主任
材料科学与工程学院	杜善义	哈尔滨工业大学复合材料研究所教授,中国工程院院士
材料科学与工程学院	李 卫	钢铁研究总院教授级高级工程师,中国工程院院士
农业与生物技术学院	Michael F. Thomashow	密歇根州立大学—美国能源部植物研究实验室教授
电气工程学院	罗 安	湖南大学教授,中国工程院院士
建筑工程学院	马洪琪	云南澜沧江水电开发有限公司总工程师,中国工程院院士
化学工程与生物工程学院	江 雷	中科院理化所研究员,中国科学院院士,发展中国家科学院院士,美国国家工程院外籍院士
航空航天学院	邹鸿生	南京航空航天大学教授,国家"千人计划"特聘专家

2016 年浙江大学在职正高职名单

人文学院

Wang Xiaosong（王小松）　王云路　王志成　王 俊　王 勇　王海燕　王德华
方一新　孔令宏　丛杭青　包伟民　包利民　冯国栋　冯培红　吕一民　朱春秧
刘进宝　刘国柱　关长龙　池昌海　许志强　许建平　孙竞昊　孙敏强　严建强

苏宏斌　李咏吟　李恒威　杨大春　杨雨蕾　肖如平　吴小平　吴义诚　吴秀明
吴艳红　吴　笛　何善蒙　邹广胜　应　奇　汪维辉　汪超红　沈　坚　张　杨
张秉坚　张涌泉　张颖岚　张德明　陆敏珍　陈红民　陈　新　庞学铨　金　立
金晓明　金健人　周少华　周启超　周明初　胡小军　胡可先　祖　慧　姚晓雷
贾海生　徐永明　徐向东　徐　亮　陶　然　黄华新　黄河清　黄厚明　黄　健
黄　擎　曹锦炎　戚印平　盛晓明　盘　剑　章雪富　梁敬明　彭利贞　彭国翔
董小燕　董　萍　谢继胜　楼含松　廖备水　潘立勇

外国语言文化与国际交流学院

马博森　王小潞　王　永　方　凡　刘海涛　刘慧梅　许　钧　李　媛　吴宗杰
何莲珍　何辉斌　沈　弘　沈国琴　陈　刚　范捷平　周　星　郝田虎　高　奋
郭国良　黄天海　盛跃东　梁君英　蒋景阳　程　工　程　乐　褚超孚　瞿云华

传媒与国际文化学院

王　杰　王建刚　韦　路　李　杰　李　岩　吴　飞　何扬鸣　沈建平　张节末
陈　强　邵培仁　范志忠　赵　瑜　胡志毅　高力克　徐　岱　潘一禾

经济学院

Wang Ruqu（王汝渠）　　　马良华　马述忠　王义中　王志凯　王维安　方红生
史晋川　朱希伟　朱柏铭　严建苗　李建琴　杨柳勇　邹小芃　肖　文　汪　炜
汪淼军　陆　菁　陈菲琼　罗卫东　罗德明　金祥荣　金雪军　郑备军　赵　伟
顾国达　翁国民　黄先海　蒋岳祥　熊秉元　潘士远　戴志敏

光华法学院

今井弘道　　　　王为农　王贵国　王冠玺　方立新　叶良芳　朱庆育　朱新力
阮方民　李永明　李有星　何怀文　余　军　张文显　张　谷　陈林林　陈信勇
金伟峰　金彭年　周江洪　周　翠　郑春燕　赵　骏　胡　铭　胡敏洁　夏立安
钱弘道　翁晓斌　章剑生　葛洪义　焦宝乾

教育学院

于可红　王　进　王　健　方展画　丛湖平　田正平　刘正伟　李　艳　杨　明
肖龙海　肖　朗　吴　华　吴雪萍　汪利兵　张剑平　张　辉　林小美　周丽君
周谷平　郑　芳　祝怀新　顾建民　徐小洲　徐琴美　诸葛伟民　　　　盛群力
商丽浩　蓝劲松　阚　阅　魏贤超

管理学院

Douglas Brain Fuller　　　　王求真　王重鸣　王婉飞　王端旭　卢向南　包迪鸿
许庆瑞　邢以群　华中生　邬爱其　刘　南　刘　渊　寿涌毅　吴晓波　邹益民
汪　蕾　张大亮　张　钢　陈明亮　陈　凌　陈　熹　周　帆　周伟华　周宏庚
周欣悦　周玲强　宝贡敏　贲圣林　姚　铮　贾生华　徐晓燕　郭　斌　黄　灿
黄　英　韩洪灵　谢小云　熊　伟　霍宝锋　魏　江

公共管理学院

丁关良　卫龙宝　王小章　王诗宗　毛　丹　叶艳妹　冯　钢　刘卫东　米　红
许庆明　阮云星　阮建青　李金珊　杨万江　吴次芳　吴宇哲　吴结兵　何文炯
余逊达　余潇枫　汪　晖　张国清　张忠根　张蔚文　陆文聪　陈大柔　陈丽君
陈国权　陈建军　苗　青　范柏乃　林　卡　郁建兴　岳文泽　周洁红　周　萍
郎友兴　胡税根　姚先国　钱文荣　钱雪亚　郭红东　郭苏建　郭夏娟　郭继强
黄祖辉　曹正汉　韩洪云　傅荣校　靳相木　赖金良　蔡　宁　谭　荣　戴文标

马克思主义学院

马建青　王东莉　吕有志　刘同舫　张应杭　张　彦　段治文　黄　铭　程早霞
潘恩荣

数学科学学院

王成波　王　伟　王　梦　方道元　尹永成　孔德兴　卢兴江　卢涤明　包　刚
朱建新　刘康生　许洪伟　阮火军　孙方裕　孙利民　苏中根　苏德矿　李　方
李　冲　李　松　李胜宏　杨海涛　陈叔平　吴庆标　吴志祥　张立新　张庆海
张泽银　张　挺　张荣茂　张　奕　张振跃　陈志国　武俊德　胡　峻　邵传厚
谈之奕　黄正达　盛为民　董　浙　程晓良　蔡天新　蔺宏伟　翟　健

物理学系

Guo Yongfu(傅国勇)　　　Kirchner Stefan　　　Ma Zhiwei(马志为)　　　张富春
万　歆　王业伍　王立刚　王　凯　王晓光　王浩华　王　森　方明虎　尹　艺
叶高翔　冯　波　冯春木　宁凡龙　朱国怀　朱诗尧　许祝安　许晶波　阮智超
李有泉　李宏年　李海洋　肖　湧　吴建澜　吴惠桢　何丕模　应和平　沙　健
张　宏　张剑波　陆璇辉　陈一新　陈庆虎　陈启瑾　武慧春　罗民兴　罗孟波
金洪英　周　毅　郑大昉　郑　波　赵学安　赵道木　袁辉球　唐孝威　曹光旱
盛正卯　章林溪　鲁定辉　路　欣　谭明秋　潘佰良

化学系

丁寒锋　马　成　王从敏　王建明　王彦广　王　勇　王　敏　王　琦　王　鹏
方文军　方　群　史炳锋　吕　萍　朱龙观　朱　岩　邬建敏　汤谷平　许宜铭
苏　彬　李浩然　肖丰收　吴天星　吴传德　吴庆银　吴　军　吴　韬　何巧红
张子张　张玉红　张　昭　陈万芝　陈卫祥　陈林深　陈　敏　范　杰　林贤福
周仁贤　孟祥举　赵华绒　胡吉明　胡秀荣　侯昭胤　费金华　唐睿康　黄飞鹤
黄志真　黄建国　商志才　曹楚南　阎卫东　彭笑刚　傅春玲　楼　辉　滕启文
潘远江

地球科学学院

Jia Xiaojing(贾晓静)　　　Li Xiaofan(李小凡)　　　厉子龙　田　钢　朱扬明
刘仁义　孙永革　肖安成　邹乐君　汪　新　沈忠悦　沈晓华　陈生昌　陈汉林
陈宁华　杨树锋　林　舟　金平斌　夏江海　夏群科　徐义贤　黄克玲　黄智才

曹　龙　　章孝灿　　程晓敢　　翟国庆

心理与行为科学系

马剑虹　　何贵兵　　沈模卫　　张智君　　陈树林　　钟建安　　钱秀莹　　高在峰

机械工程学院

王庆丰　　王林翔　　王宣银　　甘春标　　付　新　　冯毅雄　　朱世强　　邹义杰　　刘振宇
刘　涛　　阮晓东　　纪杨建　　李　伟　　李江雄　　杨华勇　　杨克己　　杨灿军　　杨将新
何　闻　　余忠华　　邹　俊　　汪久根　　宋小文　　张树有　　陆国栋　　陈章位　　林勇刚
欧阳小平　　　　　　金　波　　周　华　　周晓军　　居冰峰　　柯映林　　贺　永　　顾临怡
顾新建　　徐　兵　　唐任仲　　陶国良　　梅德庆　　曹衍龙　　龚国芳　　葛耀峥　　傅建中
童水光　　谢　金　　谢海波　　谭建荣　　魏建华　　魏燕定

材料科学与工程学院

马向阳　　王小祥　　王　勇　　王智宇　　王新华　　毛传斌　　叶志镇　　皮孝东　　朱丽萍
朱铁军　　刘永锋　　刘　芙　　刘宾虹　　严　密　　杜丕一　　李东升　　李吉学　　杨杭生
杨　辉　　杨德仁　　吴进明　　吴勇军　　余学功　　宋晨路　　张　泽　　张　辉　　张溪文
陈立新　　陈胡星　　陈湘明　　罗　伟　　金传洪　　赵高凌　　赵新兵　　洪樟连　　钱国栋
徐　刚　　翁文剑　　凌国平　　高明霞　　涂江平　　黄靖云　　彭华新　　彭新生　　蒋建中
韩伟强　　韩高荣　　程　逵　　樊先平　　潘洪革

能源工程学院

马增益　　王　飞　　王树荣　　王智化　　王　勤　　王勤辉　　方梦祥　　甘智华　　叶笃毅
成少安　　刘建忠　　池　涌　　许忠斌　　严建华　　李晓东　　李　蔚　　岑可法　　杨卫娟
肖　刚　　吴大转　　吴学成　　吴　锋　　邱利民　　邱坤赞　　何文华　　余春江　　谷月玲
张小斌　　张学军　　张彦威　　陆胜勇　　陈光明　　陈志平　　罗　坤　　金志江　　金余其
金　涛　　周志军　　周劲松　　周　昊　　周俊虎　　郑水英　　郑传祥　　郑津洋　　赵　虹
郝志勇　　胡亚才　　俞小莉　　俞自涛　　洪伟荣　　骆仲泱　　顾超华　　倪明江　　高　翔
唐黎明　　黄群星　　黄镇宇　　盛德仁　　蒋旭光　　韩晓红　　程乐鸣　　程　军　　曾　胜
樊建人　　薄　拯

电气工程学院

Lin Zhiyun(林志赟)　　　　　　丁　一　　马　皓　　韦　巍　　文福拴　　方攸同　　甘德强
石健将　　卢琴芬　　卢慧芬　　吕征宇　　年　珩　　刘妹琴　　齐冬莲　　江道灼　　许　力
李武华　　杨仕友　　吴建华　　吴新科　　汪槱生　　何奔腾　　何湘宁　　辛焕海　　汪　震
沈建新　　宋永华　　张军明　　张森林　　陈国柱　　陈隆道　　陈辉明　　周　浩　　项　基
赵荣祥　　祝长生　　姚缨英　　徐文渊　　徐　政　　徐德鸿　　郭创新　　黄　进　　黄晓艳
盛　况　　彭勇刚　　韩祯祥　　颜文俊　　颜钢锋　　潘再平

建筑工程学院

Bai Yong(白勇)　　　　王立忠　　王　竹　　王亦兵　　王柏生　　王奎华　　王　洁　　王振宇
王海龙　　王殿海　　韦娟芳　　毛义华　　方火浪　　邓　华　　叶贵如　　冉启华　　边学成

吕朝锋　朱　斌　华　晨　刘国华　刘海江　闫东明　许月萍　李王鸣　李育超
杨贞军　杨仲轩　吴　越　余世策　余　健　张土乔　张仪萍　张永强　张　宏
张　燕　陈云敏　陈水福　陈仁朋　陈雪芳　尚岳全　罗尧治　罗卿平　金伟良
金贤玉　金南国　周　建　项贻强　赵　阳　赵羽习　柯　瀚　柳景青　段元锋
姚　谏　贺　勇　袁行飞　夏唐代　钱晓倩　徐日庆　徐长节　徐世烺　徐荣桥
徐　雷　凌道盛　高博青　高裕江　黄志义　黄铭枫　龚顺风　龚晓南　董石麟
葛　坚　蒋建群　韩昊英　童根树　谢　旭　谢霁明　楼文娟　詹良通　詹树林

化学工程与生物工程学院

Shen Youqing（申有青）　　Wang Wenjun（王文俊）　　于洪巍　王正宝　王　立
王靖岱　申屠宝卿　　包永忠　冯连芳　邢华斌　吕秀阳　任其龙　闫克平
关怡新　阳永荣　李　希　李　伟　李伯耿　李洲鹏　杨立荣　杨亦文　杨　健
吴坚平　吴林波　吴素芳　何潮洪　张兴旺　张安运　张　林　陈丰秋　陈圣福
陈纪忠　陈志荣　陈英奇　陈新志　范　宏　林东强　林建平　罗英武　单国荣
孟　琴　施　耀　姚善泾　姚　臻　夏黎明　徐志南　唐建斌　曹　堃　梁成都
温月芳　谢　涛　雷乐成　詹晓力　潘鹏举　戴立言

海洋学院

Chen Wangping（陈望平）　　George Christakos　Qi Jiaguo（齐家国）　马忠俊　王　岩
王晓萍　叶　瑛　孙红月　孙志林　李春峰　吴　斌　吴嘉平　冷建兴　宋金宝
张朝晖　陈　鹰　胡富强　贺治国　夏枚生　徐志伟　韩　军　楼章华　瞿逢重

航空航天学院

王宏涛　王　杰　王惠明　叶　敏　朱位秋　曲绍兴　吴丹青　吴　禹　余钊圣
应祖光　沈新荣　宋广华　宋开臣　宋吉舟　陆哲明　陈伟芳　陈伟球　陈建军
陈　彬　邵雪明　郁发新　金仲和　郑　耀　孟　华　钱　劲　陶伟明　黄志龙
崔　涛

高分子科学与工程学系

万灵书　马　列　王　齐　王利群　计　剑　朱宝库　江黎明　孙维林　孙景志
沈之荃　杜滨阳　李寒莹　邱利焱　宋义虎　张兴宏　陈红征　范志强　郑　强
胡巧玲　施敏敏　徐志康　徐君庭　高长有　高　超　涂克华

光电科学与工程学院

He Jianjun（何建军）　　He Sailing（何赛灵）　　Luo Ming Ronnier（罗明）
丁志华　马云贵　车双良　仇　旻　叶　辉　白　剑　冯华君　匡翠方　刘华锋
刘　旭　刘　承　牟同升　严惠民　李晓彤　李海峰　杨甬英　杨　青　时尧成
吴　兰　吴兴坤　岑兆丰　邱建荣　余飞鸿　沈永行　沈伟东　沈亦兵　张冬仙
林　斌　郑晓东　郑臻荣　姚　军　钱　骏　徐之海　徐海松　高士明　章海军
斯　科　舒晓武　童利民　戴道锌

浙江大学年鉴

信息与电子工程学院

Li Erping(李尔平)　　　Tan Nick Nianxiong(谭年熊)　　　Wang Hei(王曦)

Zhang Zhongfei(张仲非)　于慧敏　王匡　尹文言　史治国　冉立新　刘旸

江晓清　池灏　杜阳　李凯　李建龙　李春光　杨子江　杨冬晓　杨建义

何乐年　沈会良　沈海斌　沈继忠　张宏纲　张明　张朝阳　陈红胜　金心宇

金晓峰　金韬　周柯江　项志宇　赵民建　赵航芳　赵毅　徐文　徐杨

徐明生　章献民　董树荣　韩雁　程志渊　储涛　虞小鹏　虞露　魏兴昌

控制科学与工程学院

王文海　王宁　王保良　王慧　毛维杰　卢建刚　冯芹　朱豫才　刘兴高

刘勇　孙优贤　牟颖　苏宏业　李平　李光　杨再跃　杨春节　吴俊

宋执环　宋春跃　张光新　张宏建　张泉灵　陈剑　陈积明　陈曦　邵之江

金建祥　金晓明　周建光　赵春晖　荣冈　胡协和　侯迪波　黄文君　黄志尧

梁军　葛志强　程鹏　谢磊　熊蓉　戴连奎

计算机科学与技术学院

Uehara Kazuhiro　卜佳俊　于金辉　王跃宣　王锐　尹建伟　邓水光　史烈

冯结青　庄越挺　刘玉生　刘新国　许端清　孙守迁　孙建伶　孙凌云　寿黎但

李玺　李善平　杨小虎　吴飞　吴春明　吴健　吴朝晖　何钦铭　何晓飞

应放天　应晶　宋宏伟　宋明黎　张三元　张东亮　张国川　陈文智　陈为

陈刚　陈华钧　陈纯　陈越　陈焰　林兰芬　林海　罗仕鉴　金小刚

周昆　周波　郑扣根　姚敏　耿卫东　钱沄涛　高云君　高曙明　唐敏

黄劲　董玮　鲁东明　童若锋　鲍虎军　蔡登　潘云鹤　潘纲　魏宝刚

生物医学工程与仪器科学学院

王平　叶学松　田景奎　宁钢民　吕旭东　刘清君　李劲松　余锋　张琳

陈杭　陈祥献　陈耀武　周泓　封洲燕　段会龙　夏灵　黄海　潘杰

生命科学学院

丁平　于明坚　王金福　王根轩　毛传澡　方卫国　方盛国　卢建平　冯明光

吕镇梅　朱旭芬　朱睦元　齐艳华　寿惠霞　严庆丰　杨万喜　杨卫军　吴敏

邱英雄　余路阳　陈才勇　陈军　陈欣　陈铭　邵建忠　易文　罗琛

金勇丰　周耐明　郑绍建　赵宇华　莫肖蓉　高海春　常杰　章晓波　葛滢

蒋德安　程磊　傅承新

生物系统工程与食品科学学院

Li Duo(李铎)　　　Zhu Songming(朱松明)　　　王俊　王剑平　叶兴乾　冯凤琴

成芳　刘东红　李建平　吴坚　吴建平　何国庆　何勇　应义斌　应铁进

沈生荣　沈立荣　张英　陈启和　陈健初　茅林春　罗自生　郑晓冬　泮进明

胡亚芹　饶秀勤　徐惠荣　郭宗楼　盛奎川　蒋焕煜　谢丽娟　楼锡锦　裘正军

环境与资源学院

Philip Charles Brookes		Yu Shaocai(俞绍才)		王 珂	方 萍	卢升高
田光明	史 舟	史惠祥	吕 军	朱利中	刘维屏	李廷强	杨肖娥	杨 坤
杨京平	吴伟祥	吴良欢	吴忠标	何 艳	汪海珍	沈学优	张丽萍	陈 红
陈宝梁	陈雪明	林道辉	金崇伟	郑 平	官宝红	胡宝兰	施积炎	倪吾钟
徐向阳	徐建明	徐新华	黄敬峰	章永松	章明奎	梁永超	梁新强	童裳伦

动物科学学院

王佳堃	王敏奇	方维焕	占秀安	冯 杰	朱良均	刘广绪	刘建新	孙红祥
杜爱芳	李卫芬	杨明英	时连根	吴小锋	吴跃明	邹晓庭	汪以真	张才乔
陈玉银	邵庆均	周继勇	胡松华	胡彩虹	胡福良	钟伯雄	徐宁迎	黄耀伟
彭金荣	傅 衍	缪云根						

农业与生物技术学院

马忠华	王岳飞	王学德	王政逸	王校常	王晓伟	甘银波	石春海	卢 钢
叶庆富	叶恭银	田 兵	包劲松	师 恺	朱 军	朱国念	华跃进	邬飞波
刘树生	孙崇德	李 飞	李 方	李正和	李红叶	李 斌	李 鲜	杨景华
肖建富	吴建祥	吴殿星	何普明	余小林	汪俏梅	沈志成	宋凤鸣	张传溪
张国平	张明方	陈子元	陈仲华	陈利萍	陈昆松	陈学新	林福呈	周伟军
周艳虹	郑经武	胡 晋	涂巨民	施祖华	娄永根	祝水金	祝增荣	莫建初
夏宜平	柴明良	徐昌杰	徐建红	徐海君	徐海明	高中山	郭得平	唐启义
曹家树	章初龙	梁月荣	屠幼英	蒋立希	蒋明星	喻景权	程方民	舒庆尧
虞云龙	鲍艳原	蔡新忠	樊龙江	滕元文	戴 飞			

医学院

Chen Gongxiang(陈功祥)	Dante Neculai	Luo Yan(骆严)
Qian Dahong(钱大宏)	Stijn van der Veen	Tang Xiuwen(唐修文)
Wang Xiujun(王秀君)	Xiang Charlie Chunsheng(项春生)	
Yang Xiaohang(杨小杭)		

		丁克峰	丁美萍	刁宏燕	于晓方	王 伟	王伟林
王兴祥	王红妹	王良静	王青青	王英杰	王 迪	王 凯	王凯军	王炜琴
王建安	王建莉	王选锭	王晓健	王 爽	王雪芬	王福俤	王慧明	毛建华
方马荣	方向明	方 红	邓甬川	厉有名	平飞云	叶 娟	田 炯	田 梅
白雪莉	包爱民	包家立	冯友军	吕卫国	吕中法	吕时铭	朱心强	朱建华
朱益民	朱海红	朱善宽	任跃忠	刘 伟	刘 丽	刘迪文	刘鹏渊	江米足
汤永民	祁 鸣	许正平	那仁满都拉		孙文均	孙秉贵	孙 毅	纪俊峰
严世贵	严 杰	严 盛	严 敏	杜立中	李兰娟	李江涛	李 君	李明定
李学坤	李晓东	李晓明	李继承	李惠春	李 雯	杨亚波	杨廷忠	杨蓓蓓
杨 巍	肖永红	吴志英	吴希美	吴 明	吴育连	吴南屏	吴 健	吴继敏
吴瑞瑾	邱 爽	佟红艳	余 红	邹 键	应可净	应颂敏	闵军霞	汪 洌

汪　浩　　沈华浩　　沈岳良　　沈　朋　　沈　颖　　张　力　　张　丹　　张　兴　　张苏展
张　宏　　张　茂　　张松英　　张宝荣　　张建民　　张咸宁　　张晓明　　张敏鸣　　张鸿坤
陆林宇　　陆　燕　　陈　力　　陈丹青　　陈亚岗　　陈光弟　　陈　伟　　陈　伟*(同名同姓)
陈江华　　陈志敏　　陈丽荣　　陈玮琳　　陈　坤　　陈学群　　陈　晖　　陈　高　　陈益定
陈　智　　陈　鹏　　邵吉民　　范伟民　　范顺武　　林　俊　　欧阳宏伟　　　　　　罗本燕
罗建红　　罗　巍　　金永堂　　金　帆　　金　洁　　金洪传　　周天华　　周　韧　　周志慧
周建英　　周煜东　　周嘉强　　郑　伟　　郑树森　　郑　敏　　郑　敏*(同名同姓)
项美香　　赵士芳　　赵小英　　赵正言　　赵伟平　　赵经纬　　胡小君　　胡申江　　胡　汛
胡兴越　　胡红杰　　胡　坚　　胡　虎　　胡济安　　胡新央　　胡薇薇　　柯越海　　段树民
俞云松　　俞惠民　　施卫星　　施育平　　祝向东　　祝胜美　　姚玉峰　　姚　克　　袁　瑛
夏大静　　夏　强　　钱文斌　　徐立红　　徐志豪　　徐荣臻　　徐　骁　　徐　耕　　徐　晗
徐　雯　　凌树才　　郭国骥　　黄丽丽　　黄　河　　黄　建　　曹　江　　曹利平　　曹　倩
曹越兰　　龚方戚　　龚哲峰　　盛建中　　梁　平　　梁廷波　　梁　霄　　梁　黎　　董辰方
董　研　　董恒进　　韩春茂　　程　浩　　傅国胜　　舒　强　　鲁林荣　　温小红　　谢万灼
谢立平　　谢　幸　　谢鑫友　　楼　敏　　赖蒽茵　　虞燕琴　　詹仁雅　　詹金彪　　蔡秀军
蔡建庭　　蔡　真　　管敏鑫　　滕理送　　潘冬立　　戴一扬　　戴　宁

药学院

王龙虎　　王　毅　　毛旭明　　刘龙孝　　刘雪松　　孙翠荣　　杜永忠　　李永泉　　杨　波
连晓媛　　吴永江　　何俏军　　余露山　　应晓英　　陈枢青　　陈　忠　　陈建忠　　陈　勇
陈　新　　范骁辉　　胡永洲　　胡有洪　　侯廷军　　俞永平　　娄小娥　　袁　弘　　高建青
戚建华　　崔孙良　　蒋惠娣　　韩　峰　　程翼宇　　曾　苏　　游　剑　　楼宜嘉　　管文军
瞿海斌

校机关

Bai Qianshen(白谦慎)　　　　马银亮　　王志坚　　王家平　　王　勤　　冯建跃　　吕森华
朱天飚　　朱　原　　朱晓芸　　朱婉儿　　朱　慧　　任少波　　邬小撑　　刘向东　　刘继荣
李五一　　杨　卫　　杨世锡　　应　飚　　沈　杰　　陈　伟　　金蒙伟　　金　滔　　赵文波
胡旭阳　　洪　健　　夏文莉　　高其康　　蒋笑莉　　楼成礼　　雷群芳　　褚　健　　缪　哲

直属单位

干　钢　　马景娣　　王人民　　王靖华　　毛碧增　　方　强　　厉小润　　石伟勇　　叶均安
叶志毅　　叶健松　　史红兵　　刘永立　　刘震涛　　孙文瑶　　严力蛟　　杜永均　　李　宁
李肖梁　　杨建华　　杨晓鸣　　杨　毅　　肖志斌　　吴开成　　吴叶海　　吴伟丰　　吴　杰
余东游　　余祖国　　汪自强　　汪炳良　　沈　金　　沈建福　　张月红　　张　炜　　张彩妮
陆　激　　陈子辰　　陈志强　　陈　侃　　陈　波　　陈益君　　林咸永　　罗安程　　金更达
赵美娣　　胡东维　　胡慧珠　　胡慧峰　　秦从律　　袁亚春　　贾惠娟　　钱佳平　　钱铁群
徐　枫　　郭宏峰　　唐晓武　　黄争阿　　黄　晨　　龚淑英　　崔海瑞　　梁建设　　董丹申
董晓虹　　董辉跃　　蒋君侠　　傅　强　　鲁兴萌　　楼兵干　　虞力宏　　廖　敏　　樊晓燕

黎　冰　潘雯雯

其他单位

Cang Yong(仓勇)　　　　　　Feng Xinhua Hardy(冯新华)　　　　　Toru Takahata

王立铭　王　菁　王跃明　方征平　叶　升　叶　民　朱永平　朱永群　任艾明
刘培东　江全元　杨建刚　杨建军　杨　捷　吴　健　何　超　佟　超　余雄杰
汪方炜　沈　立　张立煌　陈卫东　陈晓冬　范衡宇　罗树明　周　琦　赵继海
赵　斌　胡征宇　胡海岚　姜展鹏　祝赛勇　费英勤　夏顺仁　夏总平　徐平龙
徐旭荣　徐金强　徐　瀛　郭　行　姬峻芳　黄　俊　梅乐和　葛朝阳　董　宏
谢新宇　靳　津

附属医院在职正高职名单

附属第一医院

于吉人　万　曙　马文江　马跃辉　马　量　王仁定　王春林　王临润　王悦虹
王　敏　王逸民　王照明　王慧萍　王　薇　方丹波　方雪玲　方　强　孔海莹
卢安卫　卢晓阳　叶琇锦　叶　锋　申屠建中　　　冯立民　冯智英　冯　强
冯靖祎　吕国才　朱　彪　朱慧勇　伍峻松　任国平　任菁菁　邬一军　邬志勇
刘小丽　刘凡隆　刘　忠　刘建华　刘　剑　刘　犇　汤灵玲　许国强　许　毅
阮　冰　阮凌翔　阮黎明　孙嫦娥　牟　芸　麦文渊　严森祥　苏　群　杜持新
李成江　李　谷　李夏玉　李雪芬　杨小锋　杨云梅　杨　芊　杨　青　杨益大
来江涛　肖文波　吴仲文　吴国琳　吴建永　吴福生　吴慧玲　何剑琴　何静松
余国友　余国伟　邹晓晖　汪国华　汪晓宇　汪　朔　沈月洪　沈丽萍　沈　岩
沈建国　沈柏华　沈　晔　沈毅弘　宋朋红　张冰凌　张芙荣　张幸国　张　珉
张　哲　张　萍　陆远强　陈卫星　陈　中　陈文斌　陈　军　陈李华　陈作兵
陈春晓　陈　峰　陈海红　陈　瑜　范　骏　林　山　林文琴　林向进　林　进
林建江　林胜璋　罗　依　季　峰　金百冶　金争鸣　金晓东　周水洪　周东辉
周燕丰　郑旭宁　郑秀珏　郑良荣　郑杰胜　郑　临　郑哲岚　郑祥义　孟海涛
项　尊　赵青威　赵雪红　赵　琼　赵　葵　胡晓晟　钟紫凤　俞　军　施继敏
姜玲玲　姜　海　姚　华　姚航平　姚雪艳　姚　磊　夏　丹　夏淑东　夏雅仙
顾新华　钱建华　倪一鸣　徐三中　徐小微　徐亚萍　徐　农　徐明智　徐建红
徐盈盈　徐靖宏　凌志恒　凌　玲　高　原　郭晓纲　谈伟强　陶谦民　黄红光
黄丽华　黄明珠　黄建荣　黄　健　曹红翠　盛吉芳　崔红光　章　宏　章渭方
梁伟峰　梁　辉　屠政良　彭志毅　董凤芹　蒋天安　蒋智军　韩　飞　韩　伟
韩　阳　韩威力　傅佩芬　童剑萍　童　鹰　谢小军　谢旭东　谢海洋　楼定华
楼险峰　裘云庆　虞朝晖　谭付清　滕晓东　潘志杰　潘　昊　潘剑威

附属第二医院

Yan Weiqi(严伟琪)　　　　丁礼仁　马岳峰　马　骥　王　平　王华芬　王华林
王志康　王连聪　王　坚　王利权　王　良　王国凤　王祥华　王跃东　王彩花

人　物

毛建山	毛善英	方肖云	方河清	占宏伟	叶招明	申屠彤超	冯　刚
冯建华	兰美娟	朱永坚	朱永良	朱君明	朱　莹	邬伟东	刘凤强	刘　进
刘雁鸣	刘微波	江　波	汤业磊	许凤芝	许东航	许晓华	许　璟	孙立峰
孙伟莲	孙建忠	孙　勇	孙　梅	孙朝晖	严君烈	劳力民	苏兆安	杜传军
杜　勤	杜新华	李天瑯	李方财	李立斌	李伟栩	李志宇	李　杭	李　星
杨旭燕	肖家全	吴　丹	吴立东	吴华香	吴琼华	吴勤动	吴　群	吴燕岷
别晓东	邱福铭	何荣新	余日胜	谷　卫	应淑琴	汪四花	汪慧英	沈肖曹
沈　宏	沈　钢	沈惠云	宋水江	宋永茂	宋震亚	张片红	张召才	张仲苗
张晓红	张　嵘	张　赛	陆志熊	陆新良	陈正英	陈芝清	陈　军	陈志华
陈　兵	陈其昕	陈国贤	陈　鸣	陈佳兮	陈学军	陈　钢	陈莉丽	陈　健
陈继民	陈维善	陈　焰	邵哲人	苗旭东	范国康	茅晓红	林志宏	林季建
林　铮	岳　岚	金晓滢	金静芬	周　权	周建维	周　峰	郑　强	郑毅雄
赵百亲	赵学群	赵晓刚	赵锐祎	胡未伟	胡学庆	胡　颖	胡颖红	施小燕
秦光明	柴　莹	晁　明	徐小红	徐　旸	徐　侃	徐根波	徐　峰	徐雷鸣
高顺良	高　峰	陶志华	陶惠民	黄建瑾	黄品同	黄　曼	崔　巍	麻亚茜
章燕珍	董爱强	董　颖	蒋正言	蒋国平	蒋定尧	蒋　峻	韩跃华	傅伟明
谢小洁	满孝勇	蔡思宇	蔡绥勃	颜小锋	潘小宏	潘文胜	潘志军	薛　静
戴平丰	戴海斌	戴雪松	魏启春					

附属邵逸夫医院

丁国庆	万双林	马　珂	王义荣	王　平	王　达	王先法	王观宇	王青青
王林波	王建国	王敏珍	王　谨	毛伟芳	方力争	方向前	方　青	方　勇
邓丽萍	叶有新	叶志弘	叶　俊	冯金娥	吕　文	吕芳芳	朱可建	朱先理
朱　江	朱玲华	朱洪波	朱　涛	庄一渝	汤建国	许　斌	孙晓南	孙蕾民
芮雪芳	严春燕	苏关关	李立波	李　华	李　华*（同名同姓）			李　红
李建华	李恭会	李毓敏	杨　进	杨丽黎	杨建华	杨树旭	肖　芒	吴加国
吴晓虹	吴　皓	何正富	何　红	何启才	何非方	余大敏	汪　勇	沈　洁
沈海刚	张志根	张　钧	张　剑	张　蓓	张　楠	张　雷	陈文军	陈丽英
陈肖燕	陈　炜	陈定伟	陈恩国	陈毅力	林小娜	林　伟	金　梅	周大春
周　伟	周　畔	周海燕	周斌全	郑伟良	项伟岚	赵凤东	赵文和	赵博文
赵　蕊	胡伟玲	胡孙宏	胡建斌	郦志军	钟泰迪	施培华	闻胜兰	洪玉才
夏肖萍	钱希明	徐玉澜	徐　妙	徐秋萍	翁少翔	高　力	高　敏	郭　丰
黄金文	黄学锋	黄　悦	盛洁华	章　辉	梁峰冰	董雪红	蒋晨阳	谢俊然
谢　磊	楼伟建	楼　岑	楼海舟	裘文亚	虞和君	虞　洪	虞海燕	蔡柳新
蔡　斌	潘孔寒	潘红英	潘宏铭					

附属妇产科医院

丁志明	万小云	王正平	王军梅	王建华	王桂娣	王新宇	毛愉燕	方　勤

冯素文　邢兰凤　朱小明　朱宇宁　朱依敏　庄亚玲　孙　革　杨小福　吴明远
邱丽倩　何晓红　余晓燕　邹　煜　应伟雯　张　珂　张信美　张晓飞　张　慧
陆秀娥　陈凤英　陈亚侠　陈晓端　陈新忠　林开清　金杭美　周庆利　周坚红
郑彩虹　郑　斐　胡文胜　胡东晓　胡燕军　贺　晶　钱洪浪　徐开红　徐　键
徐鑫芬　翁炳焕　高惠娟　黄秀峰　黄夏娣　董旻岳　韩秀君　程晓东　程　蓓
傅云峰　鲁　红　鲁惠顺　谢臻蔚　缪敏芳　潘永苗　潘芝梅

附属儿童医院

马晓路　王　珏　王继跃　石淑文　卢美萍　叶菁菁　付　勇　朱卫华　华春珍
刘爱民　江克文　江佩芳　汤宏峰　阮文华　李建华　李　荣　李海峰　李　筠
杨世隆　杨茹莱　吴　芳　吴秀静　吴　蔚　余钟声　邹朝春　汪天林　汪　伟
沈红强　沈辉君　宋　华　张泽伟　张洪波　张晨美　陈小友　陈飞波　陈　安
陈秀琴　陈英虎　陈学军　陈　洁　陈朔晖　陈理华　邵　洁　林　茹　尚世强
罗社声　竺智伟　金　姬　周雪莲　周雪娟　郑季彦　胡智勇　钭金法　俞建根
施丽萍　祝国红　袁天明　袁哲锋　夏永辉　夏哲智　徐卫群　徐亚萍　徐红贞
徐　珊　徐美春　高　峰　唐兰芳　唐达星　诸纪华　谈林华　黄晓磊　黄新文
章毅英　董关萍　蒋优君　蒋国平　傅君芬　傅海东　童美琴　楼金吐　楼晓芳
赖　灿　解春红　熊启星　戴宇文　魏　健

附属口腔医院

邓淑丽　刘　蔚　何　虹　何福明　张　凯　俞雪芬　施洁珺　黄　昕　程志鹏
傅柏平　谢志坚　樊立洁

2016 年新增兼职教授名录

姓名	聘请单位	聘用职务	受聘人工作单位
郭朝晖	数学科学学院	兼职研究员	宝钢中央研究院
Lynden A. Archer	化学工程与生物工程学院	兼职教授	美国康奈尔大学
陈竹梅	海洋学院	兼职研究员	中国电子科技集团公司电子科技研究院
陈孝平	医学院	兼职教授	华中科技大学同济医学院附属同济医院
王学浩	医学院	兼职教授	南京医科大学第一附属医院

姓名	聘请单位	聘用职务	受聘人工作单位
山下贵司	光电科学与工程学院	兼职专家	日本滨松光子学株式会社
原 勉	光电科学与工程学院	兼职专家	日本滨松光子学株式会社
Colm-cille Patrick Caulfield	航空航天学院	兼职教授	英国剑桥大学
Guan Heng Yeoh	能源工程学院	兼职教授	澳大利亚新南威尔士大学
谭纵波	建筑工程学院	兼职教授	清华大学
许再越	计算机科学与技术学院	兼职专家	中国外汇交易中心
董祚继	公共管理学院	兼职教授	国土资源部
刘 锋	生物医学工程与仪器科学学院	兼职教授	澳大利亚昆士兰大学
杨黎明	药学院	兼职专家	浙江瑞顺生物技术有限公司
苏 波	材料科学与工程学院	兼职教授	英国布里斯托大学
张幸红	材料科学与工程学院	兼职教授	哈尔滨工业大学
施 旭	传媒与国际文化学院	兼职教授	杭州师范大学
梁 萍	医学院	兼职教授	中国人民解放军总医院
田 捷	医学院	兼职研究员	中国科学院自动化研究所
黄凯文	医学院	兼职教授	台湾大学
崔 鹏	地球科学学院	兼职教授	中国科学院水利部
赵宇亮	药学院	兼职研究员	中国科学院高能物理研究所
陈年福	文化遗产研究院	兼职教授	浙江师范大学
蒋利军	材料科学与工程学院	兼职研究员	北京有色金属研究总院能源材料与技术研究所
朱国斌	光华法学院	兼职教授	香港城市大学
范 渊	计算机科学与技术学院	兼职研究员	杭州安恒信息技术有限公司
孟 群	计算机科学与技术学院	兼职研究员	国家卫生计生委统计信息中心
张宏军	海洋学院	兼职研究员	中国船舶工业系统工程研究院
曾道智	经济学院	兼职教授	日本东北大学

姓名	聘请单位	聘用职务	受聘人工作单位
仇华飞	马克思主义学院	兼职教授	同济大学
廉湘民	马克思主义学院	兼职研究员	中国藏学研究中心
吴孔明	农业与生物技术学院	兼职教授	中国农业科学院
陈春英	医学院	兼职研究员	国家纳米科学中心

大事记

导学团队接受表彰。

一月

1月8日 2015年度国家科学技术奖揭晓。浙江大学作为第一完成单位完成的4项成果获得表彰,其中获科技进步奖(创新团队)1项、自然科学奖二等奖1项、科技进步奖二等奖2项。

同 日 浙江大学、宾夕法尼亚大学和北京大学在浙江大学签署中美商学院合作谅解备忘录。

同 日 泰然金融集团向浙大教育基金会捐资共计1亿元人民币,设立浙江大学泰然互联网金融教育基金。

1月9日 建筑工程学院原院长董石麟院士及其夫人周定中女士向浙江大学教育基金会捐赠100万元,设立"董石麟周定中夫妇空间结构科技专项教育基金",用于支持空间结构学科发展。

1月12日 浙江大学2015年度研究生导师"教书育人"表彰会在玉泉校区举行。85位优秀研究生德育导师和20个研究生

二月

2月1日 教育部正式批复同意设立浙江大学爱丁堡大学联合学院和浙江大学伊利诺伊大学厄巴纳香槟校区联合学院两个非法人中外合作办学机构,这标志着浙大国际校区进入了实质性办学阶段。

2月16日 教育部同意浙江大学备案体育教育、西班牙语和微电子科学与工程3个本科专业,同意浙江大学设置信息安全1个本科专业。

三月

3月2日 附属第一医院的"浙一互联网医院"与"乌镇互联网医院"签订备忘录,达成战略合作。

3月6日 浙江大学校长吴朝晖一行

抵达美国旧金山,参加北加州校友会组织的校友见面活动,与200多位浙大校友共话母校发展。

3月7日 由浙江大学西部研究院与宁波航运交易所共同建设的海上丝路航运大数据中心揭牌仪式在紫金港校区举行,双方同时签署《海上丝路指数项目合作协议》。

同　日 应美国斯坦福大学邀请,浙江大学校长吴朝晖一行访问斯坦福大学,参观考察斯坦福交叉学科中心、斯坦福国际研究院和计算机系等机构,与相关负责人就两校在交叉研究和创新创业教育领域开展合作进行了对话与交流。

3月14日 浙江大学校长吴朝晖、发展委员会主席张浚生等前往上海,看望浙大在沪校友戴立信、沈允钢、陈宜张、金国章、潘镜芙、干福熹、景益鹏等7位院士。

3月13—22日 浙江大学代表团赴荷兰埃因霍温理工大学、法国巴黎综合理工学院、德国亚琛工业大学、柏林工业大学和慕尼黑工业大学等5所欧洲工程领域的著名院校进行交流访问。

3月16日 加拿大岩土工程专家摩根斯坦(NaftulyRuebin Morgenstern)受聘为浙江大学名誉教授。

3月17日 浙江大学佛教资源与研究中心(Buddhist Resource and Research Center)成立,浙大副校长罗卫东与国际文献保护基金会董事会主席、哈佛大学教授范德康签署备忘录,合作建设"佛教通用数字档案馆"(Buddhist Universal Digital Archive)。

3月30日 浙江大学举行2016年春季研究生毕业典礼暨学位授予仪式,本期毕业生共2,300余名。

3月31日 团中央书记处书记傅振邦来浙大就学校共青团、学联、学生会等组织改革进行专项调研。

3月31日—4月1日 "二十国新愿景:全球治理前沿问题国际论坛"(Vision 20:International Summit on Global Governance's New Frontiers,简称 V20 国际论坛)在浙江大学举行。

四月

4月8日 法国巴黎综合理工学院校长伊夫·德美(Yves DEMAY)和国立高等电信学院校长伊夫·玻林(Yves POILANE)访问浙江大学,并代表法国巴黎综合理工学院、巴黎高科国立高等电信学院、巴黎高科国立高等科技学院3所学校与浙大签订合作意向书。

同　日 在"一带一路"合作与发展协同创新中心的工作框架下,浙江大学与中科院地理资源所在北京签约并启动"科教结合、协同育人"项目,探索科教合作的有效路径,创新协同育人的体制机制。

4月10日 2017年诺贝尔经济奖得主、哈佛大学教授埃里克·马斯金受聘浙江大学名誉教授,并作客浙江大学"学术大师讲堂"。

4月11日 中科院院士李述扬受聘为浙江大学求是讲座教授。

同　日 浙江大学伊利诺伊大学厄巴纳香槟校区联合学院(以下简称 ZJU-UIUC 联合学院)成立。两校将在浙大海宁国际校区合作开展电气工程及自动化、电子与计算机工程、机械工程和土木工程等4个专业的本科学位教育。

4月12日　全国政协常委、教科文卫体委员会副主任程津培和全国政协委员、教科文卫体委员会副主任马德秀、陈小娅来浙江大学,就"高校创新创业教育""'互联网＋'与推动科技创新和科技型企业发展"进行联合调研。

同　日　唐仲英基金会总裁徐小春女士等到访浙江大学,并与浙大教育基金会签约捐赠,支持浙大中西部地区古代石窟壁画数字保护及资源库建设项目。

4月13日　浙江大学的"空气洗手装置"项目(Air Faucet System)在日内瓦市举办的第44届日内瓦国际发明展上获特别大奖和金奖。另外,浙大还获得1项银奖和1项铜奖。

4月15日　浙江大学与新疆维吾尔自治区文物局新一轮战略合作框架协议在浙大紫金港校区正式签署。

同　日　浙江大学举行"两学一做"学习动员大会。

4月21日　丹麦奥尔堡大学授予浙江大学光电学院邱建荣教授荣誉博士学位。

4月22日　浙江大学Cookie创客空间揭牌启用。

4月25日　浙江大学与云南省人民政府签署战略合作协议,双方将开展教育、科研、人才和社会服务等领域的全面合作。

4月29日　材料科学与工程学院教授杨德仁获"全国五一劳动奖章"和"浙江省劳动模范"称号。

同　日　浙江大学举行一流骨干基础学科建设支持计划启动会,共计13个一级学科被纳入支持计划。

五月

5月5日　两院院士、浙江大学前校长路甬祥向浙江大学赠送其著作《回眸与展望——路甬祥科技创新文集》并作专题报告,畅谈科技与产业创新的未来。

5月8日—13日　2016年强关联电子体系国际会议(International Conference on Strongly Correlated Electron Systems, SCES 2016)在紫金港校区举行。

5月11日　浙江捷昌线性驱动科技股份有限公司向浙江大学捐赠1,000万元,支持学生创新创业。

5月12日　李岚清向浙江大学赠送其作品《大美杭州》暨新书首发式在紫金港校区举行。

5月16日　医学院教授田梅和求是高等研究院、医学院双聘教授胡海岚获第十四届中国青年科技奖。

5月19日(美国当地时间)　Science(科学)杂志在线发表了浙江大学化学工程与生物工程学院教授邢华斌实验室与利莫瑞克大学、德克萨斯大学圣安东尼奥分校等单位的合作研究成果"Pore chemistry and size control in hybrid porous materials for acetylene capture from ethylene(杂化多孔材料孔化学和尺寸控制实现乙炔乙烯分离)"[Science,353(6295),141-144]。浙江大学为论文第一完成单位,邢华斌和利莫瑞克大学Michael J. Zaworotko教授、德克萨斯大学圣安东尼奥分校教授陈邦林为论文共同通讯作者,浙大化学工程与生物工程学院博士研究生崔希利和利莫瑞克大学的陈凯杰为共同第一作者。

5月21日 浙江大学在迎来119岁生日之际,正式启动纪念120周年倒计时一周年系列活动。

5月25日 中国文化遗产研究院与浙江大学签订《战略合作框架协议》。

六月

6月7日 浙江大学建筑规划设计学科产学研联盟成立。

6月17日 联合国教科文组织、浙江大学等8家机构在杭州共同签署《联合国教科文组织全球创业教育绿色发展杭州倡议》。

6月17—19日 经中国外交部G20峰会筹委会批准,由浙江大学联合2016年T20的牵头机构——中国社会科学院世界经济与政治研究所、上海国际问题研究院、中国人民大学重阳金融研究院共同主办的"二十国集团智库会议(T20)"之一——"创新、新经济与结构改革"国际会议在浙江省安吉县举行。

6月26—28日 校长吴朝晖赴天津出席2016年夏季达沃斯论坛。本届论坛主题为"第四次工业革命——转型的力量",国务院总理李克强出席开幕式并发表特别致辞。

6月29日 浙江大学2016届夏季研究生毕业典礼暨学位授予仪式在紫金港校区体育馆举行,本期共毕业研究生共2,966人。

6月30日 中组部"两学一做"学习教育协调小组督导二组在浙江大学就"两学一做"学习教育开展情况进行实地督导。

同 日 浙江大学2016届本科生毕业典礼在紫金港校区体育馆举行。本期共有5,700余名本科生毕业。

七月

7月6日 浙江大学第三次教育教学大讨论总结会在紫金港校区召开。

7月13日 校长吴朝晖赴云南省景东彝族自治县,与景东县委副书记、县长胡其武代表校地双方签订《浙江大学定点帮扶云南省景东彝族自治县框架协议》,并向景东县捐赠200万元浙江大学求是奖教金、求是助学金等。

7月26日 陈天洲捐献全部个人遗产,设立"浙江大学计算机学院陈天洲基金",用于资助计算机学院的在校学生。陈天洲生前是计算机科学与技术学院教授,去世时年仅44岁。

八月

8月9日 校长吴朝晖与新疆生产建设兵团党委常委、副政委卢晓峰在乌鲁木齐市签署全面战略框架协议。

8月10日 校长吴朝晖在新疆生产建设兵团与其第一师阿拉尔市、浙江省援疆指挥部、塔里木大学负责人签署两校两地战略合作协议。

8月22日 医学院临床医学(七年制)学生陈鹏飞获得第十届中国青少年科技创新奖。

8 月 23 日　中共浙江省委副书记、代省长车俊在校长吴朝晖的陪同下,赴浙江大学海洋学院调研,看望慰问暑期在校师生。

九月

9 月 4 日　浙江大学工程师学院与巴黎综合理工学院、巴黎高科国立高等电信学院、巴黎高科国立高等科技学院 3 所法国著名工程学院校签署协议,合作开展创新创业管理双硕士培养项目。

9 月 5 日　在 G20 杭州峰会期间,"美好青春我做主——艾滋病防治宣传校园行"活动在浙江大学紫金港校区礼堂举行。国家主席习近平夫人彭丽媛和出席 G20 杭州峰会外方代表团团长夫人,以及联合国艾滋病规划署、世界卫生组织负责人出席了活动。

9 月 8 日　在英国皇家工程院院士年会上,浙江大学电气工程学院国家"千人计划"特聘教授诸自强当选为英国皇家工程院院士(Fellow of The Royal Academy of Engineering)。

9 月 11 日　浙江大学 2016 级本科新生开学典礼在紫金港校区体育馆举行,本期新生共 6,000 余人。

9 月 12 日　浙江大学 2016 级研究生开学典礼在紫金港校区体育馆举行。本期新生 7,950 余人,其中硕士研究生 5,840 人。

同　日　浙江大学工程师学院(浙江工程师学院)举行开学典礼,首批来自全国产业界的 300 位新生入学。

9 月 13 日　教育部"长江学者"奖励计划特聘教授、著名翻译家许钧受聘成为浙江大学文科资深教授,全职加盟浙江大学外国语言文化与国际交流学院。

9 月 14 日　浙江大学与杭州经济技术开发区共建"浙江大学(杭州)创新医药研究院"签约仪式在紫金港校区举行。

9 月 18 日　中央统一战线工作调研检查组在浙江大学听取贯彻落实中央关于统一战线系列重大决策部署情况汇报。

9 月 19 日　香港宁波同乡会创会会长、浙江大学校董李达三博士携香港宁波同乡会代表访问浙大。

9 月 20 日　2010 年诺贝尔物理学奖获得者安德烈·海姆受聘为浙江大学名誉教授,并作客海外名师大讲堂。

9 月 22—25 日　在北京航空航天大学举行的 2016 年国际空中机器人大赛(亚太地区)上,浙江大学空中机器人队凭借 10 分钟内赶入 2 只羊的成绩获得第一名。

9 月 23—24 日　浙江大学在第二届"创青春"中国青年创新创业大赛互联网组全国赛暨 2016"互联青春创梦未来"中国青年互联网创业大赛决赛中获得 2 项金奖。其中"葱课 Congacademy"项目获正式创业组金奖、"云象区块链 BaaS 云服务平台"项目获意向创业组金奖。

9 月 26 日　青海原子城浙江大学爱国主义教育基地在位于青海省海北州的国家级爱国主义教育示范基地——原子城揭牌。

十月

10 月 12 日—15 日　浙江大学选送的 4 支参赛团队在湖北省武汉市华中科技大学举行的第二届中国"互联网+"大学生创

浙江大学年鉴

新创业大赛总决赛中获3项金奖和1项银奖，其中"绿之源节流计划——空气洗手"获大赛最佳创意奖，浙江大学获先进集体奖。

10月13日 2016联合国人力资源外联项目宣介会在浙江大学举行，这是该项目首次走进浙江大学进行宣介。

10月15日 2016年"求是颁奖典礼"在北京大学举行。浙江大学化学系特聘研究员金一政和材料科学与工程学院特聘研究员余倩获"求是杰出青年学者奖"。

10月21日 中国共产党优秀党员，著名化学家、教育家，浙江省政协原副主席，浙江大学原校长杨士林同志遗体告别仪式在杭州举行。

10月22日 由浙江大学佛教资源与研究中心、哈佛大学内亚与阿尔泰研究系、哈佛大学南亚学系和哈佛燕京学社联合主办的"佛教研究新趋势国际学术研讨会"在杭州举行。

10月26日 在"2016浙江省企业领袖峰会"上，浙江大学获得唯一"第二届浙江省工业大奖特别贡献奖"。

10月28日 校长吴朝晖与中共丽水市委副书记、市长朱晨签订合作协议书，启动新一轮丽水市人民政府和浙江大学的市校五年合作。

十一月

11月1日 浙江大学举行仪式，聘台湾潘氏企业集团董事长潘方仁先生为浙江大学校董。

11月3日 之江校区白房、小礼堂修缮竣工并通过验收，校园文保建筑重新投入使用。

11月8日 浙江大学与中国建设银行股份有限公司签订全面深化战略合作协议。

11月9日 中共浙江省委书记夏宝龙赴浙江大学紫金港校区宣讲党的十八届六中全会精神，与师生代表互动交流。

11月15日 浙江大学与南江机器人股份有限公司联合研发的四足机器人（赤兔）在世界互联网大会·互联网之光博览会上展出，这是目前中国唯一能够实现奔跑和跳跃的四足机器人。

11月21日 "德国慕尼黑大学—中国学术网第二届科学论坛"在浙江大学开幕。

11月21日 校长吴朝晖访问荷兰埃因霍温理工大学，并签署合作协议。两校将进一步开展研究生联合培养项目及埃因霍温大学特有的工程博士项目（PDEng）合作。

11月25日 校长吴朝晖出席在柏林自由大学举行的"中德高等教育与科技创新论坛"。

11月27日 校长吴朝晖与来访的国际行动理事会联席主席、爱尔兰前总理伯蒂·埃亨，哥伦比亚前总统安德烈斯·帕斯特拉纳，国际行动理事会秘书长托马斯·奥克斯沃西等，就如何加强智库合作进行深入交流。

11月28日 知名企业家、申通公司总裁陈小英女士向浙江大学捐赠4,000万元人民币，设立"浙江大学教育基金会陈小英医学教育教学奖励基金"。

十二月

12月13日 浙江大学聘新尚集团董事长兼总裁唐立新先生为浙江大学校董。

浙江大学年鉴

12 月 17 日　广西壮族自治区北海市人民政府与浙江大学签署战略合作框架协议。

12 月 19 日　浙江大学社会主义学院成立。

12 月 21 日　浙江大学心理科学研究中心成立。

12 月 22 日　中国科协党组书记尚勇在紫金港校区参观浙江大学机器人与智能装备科技联盟、2016 浙大制造·科技生活双年展、科技馆、创新×设计展、校史馆、紫金创业元空间等。

12 月 24 日　安徽浙大校友会名誉会长丁晓牧、副会长杨光等代表安徽校友为母校 120 周年华诞送上一方徽州歙砚——求是砚。

12 月 25 日　浙江大学大学生理想信念宣讲团在紫金港校区成立。

12 月 26 日　生物系统工程与食品科学学院发文授予裴正军、吴晓琴、胡亚芹、冯雷、叶尊忠、刘东红、应铁进等 7 人 2016 年度学院特别贡献奖。这是该奖自设立以来首度颁给一群"默默无闻"为本科人才培养做出突出贡献的教师。

12 月 26 日　浙江大学吴朝晖教授主持的"脑机融合的混合智能理论与方法"与郑树森教授主持的"肝癌肝移植新型分子分层体系研究"入选 2016 年度"中国高等学校十大科技进展"。

12 月 29 日　中国科学院院士朱诗尧加盟浙江大学。朱诗尧院士生于 1945 年，在量子光学、激光物理和光与物质相互作用等前沿研究领域中有重要的科学贡献。